世界传世藏书

【图文珍藏版】

历史知识大博览

赵征⊙主编

第五册

线装书局

俄国 1861 年农奴制改革

19 世纪前期，西欧主要国家都经历了资产阶级革命，先后走上了资本主义道路。但是，俄国仍旧是一个落后的封建农奴制国家。全国 90% 的人口是农奴，他们被束缚在土地上，受到贵族地主的压迫和剥削，过着贫困的生活。农奴没有人身自由，地主可任意打骂、虐待农奴，甚至将他们出卖。

受西欧资本主义经济的影响，俄国的资本主义工农业逐渐发展起来。在粮食生产发达的东部和东南部地区，地主开始采用雇佣劳动代替农奴劳动，农民阶级也日益分化。1860 年，俄国采用机器生产的工厂有 1 万多家，工人人数 86 万，其中，87% 是自由雇佣工人。工业中自由雇佣劳动力逐渐超过农奴劳动力。这一切都说明农奴制正在走向衰落。与西欧相比，俄国资本主义工业远远落后。19 世纪 50 年代中期，俄国的生铁产量仅为英国的 1/15；俄国的铁路有 1500 千米，而英国有 1.5 万千米；俄国出口的是农产品，进口的是工业品，逐渐沦为西欧各国的原料供应地。在农奴制下，农奴被束缚在土地上，无法满足工业对劳动力的需求。在地主强取豪夺下，广大农民也一贫如洗，无力购买工业品，严重限制着国内市场的扩大。农奴制的存在已经严重阻碍了资本主义工业的发展。

1853 年~1856 年，为了争夺黑海地区和君士坦丁堡，俄国与土耳其、英、法之间发生了克里木战争。俄国惨败，失去了在黑海保有舰队及保留要塞的权利。战争的失败进一步激化了俄国国内的阶级矛盾。战后，农民运动风起云涌。1858 年~1860 年，共发生了近 300 次农民起义。农民起义实质上是农民阶级自下而上消灭农奴制的尝试。沙皇专制统治的基础——农奴制正面临灭顶之灾。它如果继续保留，势必导致沙皇统治的垮台。在日益严峻的形势下，1856 年 3 月 30 日，沙皇亚历山大二世说："与其等待农民自下而上地起来解放自己，不如自上而下解放农民。"1861 年 3 月 3 日，亚历山大二世签署了废除农奴制的法令。

法令的主要内容是：一、宣布农民实现人身自由。地主再也不能买卖、交换农民，也不能干涉农民的家庭生活。农民有权用自己的名字订立契约、从事工商业活动；拥有动产和不动产；还可以改变身份，成为商人或市民。二、全部土地仍属地主所有，农民可以按照规定赎买一小块土地。赎金数额高出土地实际价格 2~3 倍。赎金的 20%~25% 由农民支付现金，其余由政府以有息债券代付，农民要在 49 年内向政府还本付息。三、把农民组织在原来的村社中。村社的公职人员由农民选举产生，但必须执行政府的一切法令，并隶属于地方行政机构。在村社上面又设置一个南地方贵族担任的调停人，负责处理地主与农民之间的关系，以保障地主的利益。同时，村社实行连环保，以约束农民按时完成各类赋役。

1861 年农奴制改革是沙皇以国家的名义实行的一次自上而下的改革。它为俄国资本主义的发展提供了必需的自由劳动力、资金和国内市场，使俄国工业迅速发展起来。80 年代，俄国基本上完成了工业革命，资本主义经济逐渐在国民经济中占据主导地位，顺应了资本主义发展的要求。农奴改革是资产阶级性质的改革，是俄国从封建生产方式过渡到资本主义生产方式的转折点。

改革使农奴人身得到解放，挣脱了封建生产关系的束缚，获得了一定的生产和生活资料，推动了农业的发展。但是，这次改革很不彻底，它实质上是地主阶级对农民的一次大规模掠夺。最好的土地被地主占有，农民得到的份地不仅比原来耕种的份地要小，而且还要缴纳高出地价 2~3 倍的赎金。当农民获得"解放"时，实际上已经变得一贫如洗了。他们大多无法独立经营，只能再向地主租地、借款，挣脱的枷锁又重新戴上。因此，改革保留了大量的封建残余，并没有触动沙皇专制统治，为以后俄国资本主义的发展带来了不良影响。

明治维新

19 世纪后半期，继欧洲和美洲的资产阶级革命之后，亚洲的日本也出现了一次在政治、经济、思想文化等领域的全面革新运动。这场以推行资本主义新政为目的的资产阶级革新运动，开始于明治年间，所以史称"明治维新"。

此前，日本是落后的封建国家。在 1603 年，德川家康消灭了各地的割据势力，在江户设置幕府，建立了德川家族的一统天下。名义上，首脑是天皇，但实权已落在德川家族的手中。德川幕府实际上对外代表国家，对内主持政府，根本不把天皇放在眼里。

德川幕府掠夺土地，并把土地分封给 270 家叫作"大名"的封建领主。大名又把领地分割成更小的单位，分赐给自己的家臣——武士。武士一般是职业军人，是幕府将军统治人民的主要工具。"士、农、工、商"被划在武士之下，受到等级身份制度的严格限制。还有 30 多万被称作"非人"和"秽多"的贱民，被排斥在士、农、工、商之外，过着悲惨的生活。

幕府推行闭关自守政策，不同其他国家建立任何关系。德川幕府以为这样就可以长治久安了。可他们万万没有想到，18 世纪后期，随着商品经济的发展，新兴的地主阶级和商业资本家为了争得政治上的地位，对幕府制度产生了强烈的不满，而广大的人民群众反抗的情绪也日趋高涨。接连爆发的农民起义和市民暴动，严重地动摇了幕府的统治。

正当此时，西方列强大举入侵日本。幕府屈服于列强的炮火，连续与列强签订了许多不平等条约和关税协定。大批农民和手工业者因为外来廉价商品的涌入而破产。民族矛盾和阶级矛盾迅速激化，反对幕府的斗争接连发生。1865 年 12 月，长州藩倒幕派击败保守派。随后，萨摩藩倒幕派大久保利通等人也控制了藩权。不久，这两股力量结成倒幕联盟，成为全国倒幕运动的核心，他们实行政治、经济改革，加强自己的实力，与幕府军队抗衡。

这一年的 12 月，压制倒幕派的孝明天皇去世，不满 15 岁的明治天皇即位。明治天皇虽然年幼，但颇有见识，对幕府将军把持朝政十分不满，他决定与倒幕派联合推翻幕府统治。他写了一份"讨幕密诏"，交到大久保利通他们手里。德川庆喜听到风声，感到形势对自己不利，决定先发制人，主动辞职。西南各诸侯一眼就看出这是对方的缓兵之计。于是，他们调兵遣将，很快把自己的部队调集到京都附近，准备发动宫廷政变。

1868 年 1 月 3 日，西南各诸侯率兵包围皇宫，解除德川幕府驻后宫警卫队的武装。他们簇拥着年少的明治天皇，召开御前会议，宣布大权全归天皇掌握。明治天皇随即颁布诏书，决定建立由他领导的新的中央政府。

德川庆喜连夜退居大阪，集中全部兵力，向京都进犯。政府军在京都附近迎击。夜半时分，双方展开了大厮杀。幕府军士气很低，而政府军却斗志旺盛，越战越勇。与此同时，改革派提出"减免租税""四民平等"口号，把农民和商人都争取到自己一边。因此，各种军用物资源源不断地由市民群众送到前线，并有许多市民直接参战。幕府军纷纷投降。德川庆喜仓皇撤退，逃到江户。政府军迅即包围江户。德川庆喜看到自己大势已去，向天皇投降。统治日本长达 200 多年之久的德川幕府垮台了。

1868 年 3 月～4 月间，明治政府先后颁布了《五条誓文》和《政体书》，从而提出推行资本主义新政的基本方针。从 1868 年～1873 年，新政府开展了大刀阔斧的维新运动。

维新运动的主要内容是：收回封建地主领地、取消封建身份等级制、扶植资本主义工商业、破除封建主义旧文化。这些有利于发展资本主义的改革措施，使日本摆脱了沦为殖民地的危机，走上了资本主义道路。日本由一个落后的封建社会，逐步转变为独立的资本主义强国。

但是，由于当时日本资本主义的发展水平不高，资产阶级的力量较为软弱，尚未形成独立的政治力量，因而国家的领导权落在中下级武士手中。他们虽然资产阶级化了，但仍保留着浓厚的封建主义因素，使日本逐步发展成为军事封建的帝国主义国家。

俾斯麦统一德意志

德意志在历史上曾经是一个长期分裂的国家，境内诸侯林立。1848 年～1849 年革命失败后，德意志各邦都恢复了反动的封建统治。19 世纪 50、60 年代，资本主义在德意志普遍发展起来。资本主义农业关系的进一步发展以及工业品市场的扩大，都给资本主义工业的发展创诸了有利条件。资本主义经济愈加发展，国家统一的要求就愈加迫切。当时存在着两条不同的统一道路：一条是由无产阶级领导，通过自下而上的革命，推翻各邦王朝，建立统一的德意志共和国。另一条是由容克阶级领导，通过王朝战争，自上而下地建立统一的君主国。可以说，德国的统一是历史发展的必然趋势。普鲁士最后完成了自上而下的统一。在普鲁士实现德意志统一的过程中，俾斯麦起了关键作用。

奥托·冯·俾斯麦（1815 年～1898 年），著名政治家和外交家，普鲁士王国和德意志帝国宰相。1815 年出生在普鲁士一个大贵族地主家庭。他的性格强暴蛮横、凶悍粗野，崇尚武力。1851 年～1858 年，俾斯麦担任普鲁士邦驻德意志联邦代表会的代表；

1859 年，任驻俄大使；1861 年，改任驻法大使；1862 年，得到国王威廉一世的赏识，出任普鲁士宰相兼外交大臣。俾斯麦对普鲁士统一德意志的能力深信不疑。他的哲学是："强权胜于真理。"他认为武力是取得政治和外交成就的基石。他曾反复对普鲁士人说："当代的重大政治问题不是用说空话和多数派决议所能决定的，而必须用铁和血来解决。德国所指望的不是普鲁士的自由主义，而是他的武力！"这就是著名的铁血政策。它是俾斯麦通过王朝战争实现德国统一的政策。俾斯麦代表容克地主和大资产阶级的利益，竭力主张以强权和武力统一德国。依靠"铁血政策"，俾斯麦先后发动了普丹战争、普奥战争和普法战争，自上而下地统一了德国。尽管统一后的德国保留了普鲁士的封建势力及其军国主义传统，但统一毕竟是一个进步的历史事件。

1864 年，德意志与丹麦在石勒苏益格—荷尔斯泰因发生领土纠纷。俾斯麦联合奥地利发动了对丹麦的战争，丹麦惨败。双方签订协定，石勒苏益格划给普鲁士，荷尔斯泰因划给奥地利。

奥地利是普鲁士统一德意志的最大阻力，所以对奥战争是不可避免的。1866 年 6 月，普鲁士挑起了普奥战争。意大利为了收复威尼斯也对奥作战。普鲁士军队很快占领德意志北部和中部各邦。7 月 3 日，普军在捷克的萨多瓦村附近重创奥军。经过调停，8 月 23 日，普、奥签订和约，规定：旧德意志邦联解散；奥国承认普鲁士成立北德意志联邦（由美因河以北各邦组成）；把施勒斯维希、霍尔施坦、汉诺威和法兰克福等地划归普鲁士，威尼斯归还意大利。此后，普鲁士于 1867 年成立了北德意志联邦，普鲁士国王为联邦元首。奥地利皇帝为了增强国势，于 1867 年兼任匈牙利国王，组成了奥匈帝国。

经过普奥战争，普鲁士统一了德国的整个北部和中部地区，只有德意志南部紧邻法国的 4 个小邦国仍旧保持着独立。俾斯麦想兼并这 4 个小国，但他知道，法国也有同样的想法，不打败强大的法国，德国的统一将不可能实现。同时，俾斯麦对法国境内的富裕地区阿尔萨斯和洛林早已垂涎三尺。所以，俾斯麦铁血政策的第三步，就是进行普法战争，打败法国。经过充分的准备，1870 年 7 月 19 日，普法战争爆发。战争爆发后，一方面由于法国的孤立和军事上的失误，另一方面由于普鲁士制定了周详的作战计划，不到一个半月，法国就被击败。9 月 2 日的色当战役，拿破仑三世当了俘虏，法国投降，普军大获全胜。普鲁士军队开进巴黎附近的凡尔赛宫，宣布以普鲁士为首的德意志帝国成立。普鲁士国王威廉一世为德意志帝国皇帝，俾斯麦为宰相。德意志的统一完全实现。

德国的统一是历史发展的必然趋势。它结束了长期的分裂状态，形成了统一的国内市场，为德国资本主义的迅速发展创造了有利的条件。统一后的德国成为欧洲和世界的强国，导致国际政治格局发生重大变化。但是，受铁血政策的影响，德国逐渐成为世界战争的策源地，给世界人民带来了巨大的灾难和痛苦。

巴黎公社起义

19世纪中叶，法国拿破仑三世的专制统治陷入危机。为了摆脱困境，法国于1870年7月19日对普鲁士宣战，但遭到了惨败。9月4日，法国人民举行革命，推翻了第二帝国，成立了"国防政府"。这时，普军继续向法国内地推进，法国成了防御侵略战争的一方。"国防政府"屈辱求和，普军得以长驱直入，包围了巴黎。10月31日，法军投降。巴黎人民极为愤慨，又爆发了旨在推翻叛国政府的第二次起义。起义虽然被镇压，但两次起义使无产阶级和人民群众受到了实战锻炼。爱国热情高涨的巴黎工人冲破政府限制，仅三个星期就组成了194个工人营队。1871年2月，巴黎无产阶级革命武装正式成立了国民自卫军中央委员会。

1871年1月28日，"国防政府"同普鲁士签订了割地赔款的停战和约。2月17日，梯也尔上台。由于消除了后顾之忧，法国资产阶级便集中全力对付国内特别是巴黎的工人武装。3月8日~17日，梯也尔政府向巴黎增调了2万名政府军，准备夺取国民自卫军的大炮，逮捕其中央委员会成员。18日凌晨，政府军占领了蒙马特尔停炮场，枪声惊醒了附近居民，大炮被抢的消息迅速传开。该区的国民自卫军战士立即集合起来，包括许多妇女、儿童和老人在内的人民群众也随同一起拥上蒙马特尔高地。偷袭的政府军很快就被赶到的国民自卫军击溃。

这时，巴黎的武装起义迅速展开。国民自卫军和人民群众自动拿起武器，建筑街垒，布置岗哨，派出巡逻队，集中分散的大炮。中央委员会领导武装起义，占领了部分地区。中午以后，国民自卫军开始向巴黎市中心挺进。22时许，国民自卫军进入市政厅，升起红旗。至此，中央委员会控制了巴黎全城，推翻了梯也尔政府。3月28日，巴黎公社进行了普选，一个崭新的无产阶级国家政权诞生了。

为了镇压革命力量，梯也尔一方面纠集反动军队的散兵游勇，另一方面请求俾斯麦释放战俘，重新拼凑和整顿了军队。此时，巴黎东面和北面普军15万大军压境，西面和南面凡尔赛军队伺机反扑，形势对公社极为不利。

公社方面却疏于防范。4月2日清晨，凡尔赛军炮轰巴黎，向巴黎城西的纳伊桥发起进攻。炮声震醒了巴黎，公社执行委员会当即决定进攻凡尔赛。3日清晨，公社匆忙调集4万人，分3路向凡尔赛进军。由于公社领导对军事形势盲目乐观，对大规模军事行动缺乏准备，致使出击部队各行其道，导致战斗的失利。

4月6日，凡尔赛军与东面和北面的普军对巴黎形成了包围。公社方面仅有1.6万人的作战部队和4.5万人的预备部队。但公社战士无所畏惧，与敌人浴血奋战。4月7日，西线5000名装备很差的部队，同9倍于己的敌人激战。17日，250名公社战士在贝康城堡抗击5000名敌军进攻达6个小时。在南线，公社战士为守卫炮台顽强战斗。到4月底，公社守住了巴黎西线和南线，给凡尔赛军以大量消耗。5月初，公社调整了巴黎防御部署。凡尔赛军发起全线总攻。公社虽在此时加强了军事指挥，但大局已难挽回。

5月21日下午，凡尔赛军进入巴黎，一场震撼世界的巷战开始了。为保卫公社政权，公社战士奋起抗敌，他们在街道和广场筑起街垒，同敌人进行殊死的战斗。27日，敌军开始围攻最后两个工人区。在拉雪兹神甫墓地，200名公社战士与5000名凡尔赛士兵展开肉搏，战至傍晚，大部分公社战士壮烈牺牲，被俘战士全部被枪杀在墓地的一堵墙前。这堵墙后来被称为"公社社员墙"。28日，公社战士坚守的最后一个街垒被攻克。巴黎人民的武装起义被凡尔赛军血腥镇压下去了。

巴黎公社起义是一个划时代的伟大革命，是无产阶级推翻资产阶级统治，建立无产阶级国家政权的第一次伟大尝试，在国际工人运动史上留下了不可磨灭的功绩。

第二次工业革命

从19世纪70年代~20世纪初，科学技术飞速发展，人类历史上又发生了一次新的工业革命，它被称为"第二次工业革命"。

第一次工业革命和资本主义的迅速发展，使得自然科学在19世纪取得重大突破。在物理学方面，法拉第证明了电磁感应现象，伦琴发现了放射现象；在化学方面，分子—原子结构学说确立，门捷列夫制定了化学元素周期表；在生物学方面，细胞学说建立，达尔文创立了生物进化论学说。这些重大突破，为自然科学与生产技术相结合，把科学原理转化为技术，直接运用到生产中去，奠定了有力的基础。而世界市场的出现和资本主义世界体系的基本形成，又推动了商品的生产。因此，人们追求更高的生产效率，渴望有更好的机器和更强大的动力。这些条件，使第二次工业革命的发生成为可能。

第二次工业革命最主要的表现是电力的广泛应用。1866年，德国人西门子制成发电机。4年后，比利时的格拉姆发明了电动机。于是，电力作为一种新能源开始用来带动机器。此后，以电为能源的产品迅速被发明出来，如电灯、电车、电报、电话以及电焊技术等。电的广泛使用，造成对电力的需求大增。于是有了法国人马·德普勒关于远距离送电技术的发明，美国发明家爱迪生建成了第一座火力发电站，将输电线路结成了网络。制造发电、输电和配电设备的电力工业纷纷建立和发展起来。

这次工业革命的另一个重要表现是内燃机的发明和应用。从70年代~90年代，德国人奥托、戴姆、狄塞尔先后发明了以煤气为燃料的四冲程内燃机、以汽油为燃料的内燃机和柴油机。这就解决了交通工具的发动机问题，引起了这一领域的革命性变革。80年代，汽车诞生；90年代，许多国家建立起汽车工业，并牵动了内燃机车、远洋轮船、拖拉机和装甲车、飞机等的制造和使用，也促使石油开采与炼制业迅速发展起来。

化学工业也在这一时期兴起。无机化学工业、有机化学工业都相继建立和发展起来。纯碱、硫酸的生产，煤焦油的综合利用，促成了一系列新发明和新产品的出现。如化肥、化学药品、人造染料、人造丝和人造纤维等。炸药工业更成为化学工业的重要部门，瑞典人诺贝尔因发明火药和无烟火药而成为世界名人。

第二次工业革命在规模、深度和影响上都远远超过第一次工业革命，出现了不少新的特点。

第一，它有坚实的科学基础。所有成果都是科学技术运用于生产实践而创造出来的。没有热力学、电磁学、化学等的突破性成就，绝不可能出现新的工业革命。科学技术是第一生产力的原理得到了充分体现。

第二，它侧重于基础工业、重工业、化学工业、能源工业等部门，具有更强的经济改造能力和社会改造能力，使主要资本主义国家首先实现工业化。城市人口远远超过了农村人口。

第三，它是在几个先进大国同时起步，相互促进下进行的。其中，德国人贡献尤多，其次是美国人，英国与法国也有一些重要的发明。而且，某一国的重大发明，很快就被别国所吸收。你追我赶，经济发展迅速。到1900年，美、德、英、法4国的工业产值，已占全世界工业产值的72%。

第二次工业革命极大地促进了生产力的发展，人类社会进入电气时代。它改变了资本主义的工业结构，新兴工业部门，如电力工业、石油开采业、石油化工业、汽车制造业等重工业迅速发展起来，重工业逐渐取代轻工业在资本主义工业体系中占据主导地位。随着生产力的发展，生产和资本高度集中，引起了生产关系的变化，产生了垄断组织，垄断经济逐渐成为整个国民经济的基石，世界主要资本主义国家开始进入帝国主义阶段。垄断还进一步造成资本主义经济发展的不平衡。老牌国家英国和法国，经济发展相对缓慢。新兴的美国和德国经济发展相当快，工业总产值超过英、法而位居世界第一和第二。俄国和日本经济也迅速发展。这就刺激了帝国主义列强对世界霸权和殖民地的掠夺，加深了列强之间的矛盾，造成国际局势的紧张，最终酿成第一次世界大战。

电话和无线电技术的问世

在人类社会的生产和社会活动中，信息交流是一件十分重要的事情。在科学技术极不发达的条件下，人们采取的远距离通讯手段非常落后，给军事、经济生产和生活都带来了极大的不便。而在科学技术高度发达的现代社会，利用各种各样的现代化通讯工具，我们在瞬息之间就可以完成长距离的，甚至是环球的信息交流。英国人贝尔在1876年发明的电话，可以说是当今社会最为方便、最实用的一种。

贝尔，1847年出生于英国的一个声学世家。他从小就喜欢思考问题，经常对家里的东西拆拆卸卸。15岁时，他对老式水磨进行了改进，使水磨的生产效率大大提高。后来，贝尔移居加拿大和美国，发明了一种帮助聋哑人恢复听力的仪器。他还对留声机做了改进。

贝尔研制电话的经历要从世界近代社会对信息传递速度的需求和19世纪电报的发明说起。

在近代，整个世界的社会生产力和科学技术已经有了极大的发展。当时，火车、轮船已经开始作为传播信息的工具了。但是，要进行远距离甚至越洋通讯，还是要消耗很长的时间。人们渴望出现一种既简单又迅速地信息传递工具。17 世纪末 18 世纪初电被发现后，立刻被引入了通讯工具的研制领域。

从 1832 年起，美国的莫尔斯开始了利用电磁原理研制有线电报的活动。1837 年，他发明了一台电磁式电报机。同时，他利用长短脉冲信号的不同组合，编出了英文字母电报编码。1844 年，他在华盛顿和巴尔的摩之间架设了一条实验性电报线路，正式完成了电报传讯的重大试验，有线电报正式出现。

聪明好学、勤于思考的贝尔可以方便地利用前辈科学家发明的电报与亲友进行通讯联络，有意无意地观察着电报机工作的过程，这对他后来发明电话起到了重要的作用。

要研制电话，首先要解决的技术问题是如何把声音信号转变成电流信号，然后再把电流信号转变成声音信号。1875 年，贝尔再一次对波士顿的电报机做了认真的观察。他认为，电报机之所以能够把电流信号和机械运动进行相互转换，关键是使用了一个电磁铁。于是，贝尔开始设计制造电磁式电话。经过无数次的探索和失败，贝尔获得了成功。1876 年 6 月，电话问世了，并且很快在全世界得到了普及。

电话的研制成功，使人类的感官功能得到了极大的扩展。人类的通讯进入了一个革命的时代。贝尔对人类社会的进步做出了巨大的贡献。随着通讯技术的不断发展，无线电技术也在 19 世纪末 20 世纪初出现。

1887 年，德国物理学家赫兹通过实验，证明了电磁波现象，科学界把电磁波叫作"赫兹电波"。有些科学家就想利用这种"赫兹电波"来传递信息。法国的物理学家爱德华·布冉利、英国的物理学家奥利弗·约瑟夫·洛奇和俄国的科学家波波夫等，都分别进行了各种试验，为无线电的发明奠定了一定的基础。

"赫兹电波"的研究也吸引了马可尼。联系到当时架设有线电话、电报的困难情况，他提出了大胆的设想：能不能利用这种"赫兹电波"进行远距离通讯呢？在这种兴趣指引下，从 1894 年开始，马可尼广泛搜集有关"赫兹电波"和电报通讯方面的资料，并认真研究了当时一些科学家利用电磁波进行通讯的想法及思路，决定进行无线电报的实验。通过不断的努力和对实验设备的不断改进，终于在 1895 年的一天，马可尼成功地进行了无线电波传递实验。

在英国的援助下，马可尼成功地进行了 12 千米距离的通讯。1896 年，马可尼在英国获得了无线电发明的专利。1897 年，马可尼在英国的西海岸，成功地进行了无线电跨海通讯实验。这是人类第一次不用导线把信号传过海湾，完全实现了无线电通讯。1901 年 12 月，马可尼的无线电通讯试验取得了决定性的成功。他成功地实现了从英国的康沃尔到加拿大的纽芬兰长达 3000 多千米的无线电跨洋通讯。这就标志着无线电报已经成为全球性的事业。后来，马可尼又进一步改进无线电报装置，研制出水平定向天线，并把整流管用于无线电通讯装置上。

无线电报装置的发明，实现了人类历史上第一次远距离无线电通讯，使地球上不同区域之间的距离大大缩短。无线电技术在人类传递信息和接收信息方面起着越来越大的作用。

在电话机出现以后

1877年2月，贝尔在马萨诸塞州演示了如何使用电话。而此时的华生在22.4公里外的波士顿，他们俩唱歌、交谈，并首次通过电话交换新闻。在场的人们惊奇、兴奋到了极点。第二天《波士顿环球报》刊登了这条新闻，并配以《电话传送——通过电线以人的声音发现的第一条新闻》的标题。这条消息在北美各家报纸上互相转载，欧洲的科技杂志上也有报道。

对于贝尔的电话机，那位与之争夺发明权的美国工程师格雷表现出不屑一顾："它只能在科学界里制造点小轰动。""作为一件科技性的玩具，它很精致。但是我们早已能用电报在特定的时间做更多的事。"他坚信电话将永远无法超越电报。他对贝尔在费城博览会中的演示也毫无兴趣。他说自己只听见了"一个极模糊的嗡嗡响的声音"。

电话机虽然得到了媒体热情的报道和人们惊喜的欢呼，但也引起了迷信的人们的猜疑。"不见其人，只闻其声"在当时实在是件稀罕事儿，录音设备也尚未发明，大多数人只在鬼怪故事中听说过"不见其人，只闻其声"的情形。有些人觉得电话中的声音神秘，超自然，甚至是邪恶的。甚至有人公开宣称电话是魔鬼的工具。在人们对电话做出种种反应的同时，贝尔依然埋头于改进电话装置，并努力向世人介绍这种新事物。很快，第一台交换机于1878年开通了。经历了一场场沸沸扬扬的争论后，人们开始逐渐接受它。在人们接受这一新事物的过程中，有许多在今人眼里看来是荒诞的故事，然而却是真实的，由此，也可以看出当时人们对于电话机是何等的不理解。

1880年的一天，贝尔乘火车去北卡罗来纳州时，火车出了故障停了下来。乘务员找到贝尔，敬了个礼，说："请原谅，先生，您是否就是电话的发明者？"

"是的。"贝尔回答。

"您身边是否带着电话？"乘务员问，"我们需要同最近的车站取得联系，寻求帮助。"

贝尔不得不向他解释，哪怕他的口袋里真的有一部电话机，乘务员的主意也是不现实的。

另外还有个故事，说的是一个妇女去看病。她回家后对丈夫说："医生的妻子疯了。她在墙上挂了个盒子，还时不时地对着盒子说话，假装在同别人交谈。"

电话进入加拿大蒙特利尔之际，当地天花肆虐。人们纷纷传言，病菌是通过电话线传播的。故而当局不得不出动一队士兵，驱散在电话局外示威的人群。

五一国际劳动节的创立

1889年7月14日，在无产阶级革命导师恩格斯领导下，国际社会主义者代表大会在法国巴黎隆重开幕，宣告第二国际成立。这次大会上，法国代表拉文提议：把1886

年5月1日美国工人争取八小时工作制的斗争日，定为国际无产阶级、劳动人民的共同节日。与会代表一致同意，通过了这项具有历史意义的决议。从此，五一国际劳动节诞生了。

为什么要把这一天定为国际劳动节呢？这还得从19世纪80年代的美国工人运动说起。

当时，在美国和欧洲的许多国家，资本家为了榨取更多的剩余价值，不断采取增加劳动时间和劳动强度的办法来残酷地剥削工人。在美国，工人们每天要劳动14到16个小时，有的甚至长达18个小时，但工资却很低。沉重的压迫和剥削激起了无产者巨大的愤怒。他们知道，要争取生存的条件，就只有团结起来。工人们提出的罢工口号，就是要求实行八小时工作制。

1877年，美国历史上第一次全国性罢工开始了。工人阶级走向街头游行示威，要求政府改善劳动与生活条件，缩短工时，实行八小时工作制。不久，罢工队伍日渐扩大，工会会员人数激增，各地工人也纷纷参加罢工运动。

在工人运动的强大压力下，美国国会被迫制定了八小时工作制的法律。但是，资本家根本不予理睬，这项法律只不过是一纸空文。

忍无可忍的工人决定将这场争取生存权利的斗争推向一个新的高潮。1884年10月，美国和加拿大的8个国际性和全国性工人团体，在美国芝加哥举行集会，决定于1886年5月1日举行总罢工，迫使资本家实施八小时工作制。

这一天终于来到了。5月1日，美国2万多个企业的35万工人罢工上街，举行了声势浩大的示威游行，各种肤色、各个工种的工人进行总罢工。仅芝加哥一个城市，就有四五万名工人涌上街头。美国的主要工业部门处于瘫痪状态。

罢工运动的巨大力量使当局和资本家极为恐慌。他们不甘心答应工人的条件，便露出狰狞的面目。5月3日，芝加哥当局终于撕下了"民主"的假面具，用暴力镇压工人。他们组织罢工破坏者在警察的保护下混进工人的罢工队伍，故意制造混乱，并以此为借口，当场开枪打死6个工人。这一暴行，激起了全市工人的极大愤慨，他们决心为死难的工人兄弟们报仇！

第二天晚上，3000多名工人聚集在芝加哥秣市广场，为死难工友们举行追悼会，声讨当局的暴行。

追悼会秩序井然。在大会即将结束的时候，突然，有200名武装警察冲进了会场。工人们纷纷抗议。警察冲进广场，会场顿时大乱。资本家故意制造事端，埋伏在工人队伍中的资本家走狗，故意向人群投掷一颗炸弹。4名工人当场倒卧在血泊之中。

政府随后调动大批军警，疯狂向工人队伍开枪，有200多名工人被打死打伤，更多的工人被逮捕起来。随后，资产阶级的报纸大造舆论，诬蔑提出八小时工作制的人是"投掷炸弹者"。当局顺水推舟，把8名工人领袖交付法院，诬告他们犯了杀人罪。

8月20日，法院判处7人绞刑，1人15年徒刑。工人不服，向州最高法院上诉，裁决是维持原判。工人又向联邦最高法院上诉。法院根本就不受理此案。这激起了美国各地工人群众的强烈抗议。但政府当局仍然于次年11月杀害了其中4名工人领袖。美国芝加哥工人的鲜血，燃起了全国工人斗争的烈火，并迅速蔓延到欧洲和其他地区。

全世界的工人阶级纷纷举行罢工运动，抗议美国政府的行为，支援工人的斗争。

在世界进步舆论的广泛支持下，尤其是全世界工人运动的斗争下，美国政府终于在一个月后，宣布实施八小时工作制。美国工人运动终于取得初步的胜利。

中华人民共和国成立后，中央人民政府于1949年12月将每年5月1日定为法定劳动节。

飞机的出现

1903年12月17日，在美国北卡罗来纳州一个海滨小镇上，自行车修理工——威尔伯·莱特和奥威尔·莱特兄弟，驾驶着亲手设计的飞行器——飞机，一飞冲天，从此开创了人类的动力飞行史。

莱特兄弟出生于美国的俄亥俄州。年幼时，他们就表现出对飞行的强烈兴趣。兄弟俩都十分热衷于飞行研究。他们经常阅读、讨论有关飞行的报道和文献，关注着飞机研究的进程。为了获得经费，他们经营自行车生意。在制造和修理自行车的工作中，他俩掌握了大量机械和力学方面的实际知识。同时，他们吸取前人在飞机制造上不重视理论的教训，学习研究了许多基础理论和航空方面的文献。德国人利达尔曾说过："谁要飞行，谁就要模仿鸟。"莱特兄弟就经常在地上仰卧着，一连几小时连续不停地观察鸟的起飞、盘旋、落地。他们发现，鸟在拐弯时，往往会将翼尖和翼边转动和扭动，以保持身体平衡。他俩首先把这种现象与空气动力学原理相结合，移植到飞机设计上。他们设计制造了一个小型风洞实验室，对各种飞机结构和翼型进行模拟实验和数字计算，研究过去飞机不能升上天空的原因，并设计新的翼型和推进器。在风洞实验中，他们发现把主翼两端的后缘向上拉升时，就能保持左右两方的稳定，这正是鸟的平衡方法之一。为了验证他们的理论和设计，取得改进飞机

莱特兄弟

的资料，他们制造了翼端卷曲、装有活动方向舵的滑行机。从1900年~1902年，他们先后进行了1000多次滑翔飞行实验，获得了大量的宝贵数据。

1903年，莱特兄弟在取得了大量滑翔飞行经验之后，计划往滑翔机上安装当时最

先进的汽油活塞发动机，接着又试制了螺旋桨。一架以轻质木材为骨架，帆布为基本材料的双翼飞机制造成功。兄弟俩将其命名为"飞行者号"。该机的双层机翼能提供升力，活动方向舵可以操纵升降和左右盘旋，发动机推动螺旋桨，驾驶者俯卧在下层主翼正中操纵飞机。

1903 年 12 月 17 日，一个寒冷的冬日，浓厚的冬云把整个天空遮蔽得严严实实。在美国北卡罗来纳州基蒂霍克的一片荒沙丘上，莱特兄弟开始了人类历史上的第一次试验飞行。弟弟奥威尔坐上飞机开始发动，"飞行者号"徐徐离开沙丘。1 米、2 米、3 米……"飞行者号"在 12 秒内飞行了约 35 米。"成功了!""飞行者号"刚刚落地，沙丘上的 5 名观众和莱特兄弟就欢呼起来。虽然这次试飞时间很短，飞行距离很近，但它用事实打破了比空气重的机器不能飞行的断言，实现了人类历史上第一次驾驶飞机飞行，开辟了人类航空科学技术的新纪元。"飞行者号"被人们公认为世界上第一架飞机。

这次试飞成功，极大地鼓舞了莱特兄弟。1908 年，他们又创造出连续飞行 2 小时 20 分 23 秒的新纪录，使飞机在世界上赢得了声誉。莱特兄弟的成功，立即引起了世界科学界和军事界的极大注意。从那时起，航空事业的发展速度惊人。1910 年，德国人尤卡斯制出了金属飞机；1914 年，飞机出现在第一次世界大战战场上；1941 年，英国人怀特制成了喷气机；1947 年，飞机突破了声障；1960 年，又突破了热障，飞行速度达到了音速的 3 倍。飞机成了人们又一种先进的运输工具。

今天，在世界各地机场起降的飞机，运用的仍然是由莱特兄弟发现并确立的基础飞行理论。然而，莱特兄弟当初没有想到的是，由他们起步的航空业，已经发展成为影响世界格局、全球经济和人们日常生活的一股不可忽视的力量。

由于飞机的出现，人类开始全面进入水、陆、空三栖时代。飞机让人类的生存空间成为真正意义上的"地球村"，也为探索辽阔的宇宙空间提供了可能。

汽车的发明

毫无疑问，汽车对于现代生活的影响是巨大的，因为它从根本上改变了人们的日常生活，这些就连它的发明者也是始料不及的。

在很长的时间里，人们所使用的最快的交通工具是马车。随着近代工业革命的兴起和蒸汽机的出现，欧洲有人设想制造出一种能自动在路上行驶的"不用马拉的马车"。

1769 年，世界上最早的一辆以蒸汽为动力的"汽车"出现在法国。它的时速只有 5 千米，而且每过 15 分钟就得停下来休息一会儿。尽管当时的试验并未完全成功，但却迈开了人类研制汽车的第一步，为后来实用型汽车的出现打下了基础。后来，瓦特对蒸汽机的成功改进和伏特发明了电池，促进了实用型蒸汽汽车和电动汽车在 19 世纪初的出现。1802 年，英国人理查德·特利韦切克又制造出了一种时速为 10 千米的蒸汽汽车。接着，各种各样的蒸汽汽车不断制造出来。

19 世纪末，汽油机的发明促进了新型动力汽车的研制。现代意义上的汽车的发明者实际上是德国的戈特利布·戴姆勒和卡尔·本茨。戴姆勒为了给各种交通工具提供动力，设计了一种快速运转的发动机，并运用了新的热管燃烧装置。燃料由传统的煤气燃料改为液体燃料（汽油）。与此同时，本茨也制成了四冲程内燃发动机，不同的是，他运用电子打火装置，利用火花塞使发动机获得了令人惊叹的速度。1886 年 7 月，本茨首次试开他的三轮汽车。车子由金属管构架，漂亮而又轻巧。它其实是世界上第一辆真正的汽车。此后，汽车制造作为一种工业，迅速在欧洲和美洲国家兴起。1892 年，杜利亚兄弟制造出了美国最早的汽油汽车。1903 年，美国制造出后来以完成横穿美洲大陆而闻名的帕卡特汽车。美国通用汽车公司于 1905 年制造出凯迪拉克牌汽车。设计者将发动机装在座椅下，使汽车像自行车那样靠链条传动后轮。1907 年，意大利生产出了以车速快而著称的菲亚特汽车。1907 年，英国制造出了噪音小、故障率低的劳斯莱斯汽车。从此，汽车作为一种崭新的交通工具走进了人们的生活。

在 19 世纪末 20 世纪初，汽车的数量毕竟还很少。一方面，这种昂贵的时髦玩意儿，只有阔佬才买得起。一般的平民百姓，只能在报纸上看看一些有关汽车的报道。另一方面，当时的汽车不管是蒸汽汽车还是汽油汽车，操作上都极为复杂，使得汽车不容易得到普及。

在这种情况下，一些技术人员利用自己有限的场地和资金，对汽油、汽车机械系统等各个方面进行了改进，试图制造出更加实用、便于普及的汽车来。在这些技术人员中，亨利·福特取得了巨大的成功。他引进流水线来生产"T"型车，效果十分显著。各个部件在不同车间里生产出来，然后以精确的时间被送到连续运转的主传送带上。一辆汽车从开始到完成最后的拼装只需 93 分钟。福特的流水线生产使汽车更加便宜，因而销量大增，拥有一部汽车再也不是贵族们的专利了。1908 年，福特推出了操作简易、经久耐用的大众型汽车，由此揭开了大众型汽车生产的序幕，并促进了汽车的普及。

汽车普及后，它的技术不断走向现代化。20 世纪 50 年代，汽车的整体结构代替了框架结构，车身的某些部件被设计成支撑结构。这样，发动机和底盘就可以直接与车身相连。从那时起，成千上万的汽车都采用了这种制造方法。

汽车的大众化时代开始了，它带来了全新的挑战。汽车驾驶者的安全成了设计师考虑的重要课题之一。最新的安全设计是气囊。在发生事故的时候，它会瞬间弹出以保护前座乘客。就像刹车时防止车轮阻滞的 ABS 系统一样，气囊的设计也得依赖现代电子系统。电子系统还控制着催化式排汽净化器内废气的净化，以及发动机里的燃烧过程，以确保汽车尽可能无污染地运行。

汽车的普及大大改变了人们的生活方式和生活节奏，促进了交通的发展，缩短了城市与乡村的距离。

汽车改变了我们的世界，又有谁能知道，未来的汽车将会把我们带到何方。

俄国十月革命

第一次世界大战给俄国人民带来了无穷的灾难，各族人民掀起了反战争、反沙皇专制制度的革命浪潮。1917年3月15日（俄历2月27日），工人和革命士兵在彼得格勒发动武装起义，推翻了沙皇政府。统治俄国300多年的罗曼诺夫王朝垮台了。这次革命史称"二月革命"。

二月革命以后，俄国出现了两个政权并存的局面，一个是资产阶级临时政府，它掌握着各级权力机构；另一个是工人士兵代表苏维埃，它得到工人、士兵、农民的支持，拥有实权，但它只是辅助性政权。两个政权并存的局面不可能长久维持下去，随着形势的发展，其中一个必然要化为乌有。

在这种复杂的形势下，1917年4月，长期流亡国外的列宁回到了彼得格勒。他在党的会议上做了被称为《四月提纲》的报告。列宁指出，俄国革命必须从资产阶级民主革命向无产阶级社会主义革命过渡；无产阶级和贫苦农民必须夺取政权，建立苏维埃共和国。列宁还号召布尔什维克党积极准备新的革命。《四月提纲》指明了俄国革命的方向。

1917年7月，俄军在前线的进攻遭到惨败。消息传到彼得格勒以后，工人和士兵满腔怒火。他们走上街头，举行示威，要求全部权力归苏维埃，游行遭到临时政府派的血腥镇压，史称"七月革命"。两个政权并存的局面不复存在，临时政府掌握了全部权力，开始大肆逮捕布尔什维克和革命群众。布尔什维克党的活动转入地下。

8月，布尔什维克党召开代表大会，确定了武装起义的方针。9月，俄军最高总司令科尔尼洛夫下令向彼得格勒推进，企图武力镇压革命力量，建立军事独裁政权。在布尔什维克党的领导下，科尔尼洛夫的叛乱被粉碎。国内阶级的力量对比发生巨大变化。临时政府的支柱——军队瓦解。布尔什维克党的威信空前提高，革命形势日趋成熟。布尔什维克党决定通过武装起义把政权交给无产阶级政党领导的苏维埃掌握。

1917年秋冬，俄国人民掀起了新的革命浪潮，武装起义的时机成熟。11月6日晚，列宁来到彼得格勒的斯莫尔尼宫，亲自领导武装起义。11月7日，彼得格勒武装起义开始了，革命群众迅速占领了彼得格勒的主要桥梁、火车站、邮电局、国家银行和政府机关等战略要点。晚上，革命群众占领临时政府的最后堡垒冬宫。资产阶级临时政府被推翻，彼得格勒武装起义取得了胜利。

当起义军攻打冬宫之际，全俄工兵代表苏维埃第二次代表大会于11月7日晚在彼得格勒的斯莫尔尼宫开幕。大会通过了列宁起草的《告工人、士兵和农民书》，宣告"各地全部政权一律转归工兵农代表苏维埃"。8日，大会一致通过了和平法令，谴责帝国主义战争的罪行，建议各交战国缔结不割地、不赔款的和约。大会批准了苏维埃政府的成立。政府骨干包括人民委员会主席列宁，内务人民委员李可夫，外交人民委员托洛茨基，民族事务人民委员斯大林。代表大会最后选举了自己的领导机构——全俄中央执行委员会。

在彼得格勒起义的影响下，到1918年3月，全国各地相继建立了苏维埃政权，苏维埃俄国的首都也从彼得格勒迁到莫斯科。

十月革命的胜利具有伟大的历史意义。它为当时处于同样遭遇的各国无产阶级树立了榜样。毛泽东曾高度评价这场革命："十月社会主义革命不只是开创了俄国历史的新纪元，而且开创了世界历史的新纪元。"

华盛顿会议

第一次世界大战前，在远东和太平洋地区争霸的是英、法、俄、日、德、美6国。战后，德国败北，沙俄消亡，法国则忙于医治战争创伤和处理欧洲事务。因此，在亚太地区便形成了英、美、日3国角逐争霸的局面。在远东和太平洋地区，主要矛盾是美、日矛盾。大战期间，日本趁欧美国家忙于战事之机，夺取了德国在中国和太平洋上的殖民权益，形成了远东和太平洋地区事实上的独霸局面，从而加剧了列强间的利害冲突。美、英、日3国在亚太地区展开的激烈争斗，主要表现在3国的海军军备竞赛上。美国看出要在海上获得优势，还需要花些时间，便想通过外交途径来制约竞争对手。

1921年8月11日，美国正式向远东互有利害关系的8个国家：英、日、中、法、意、比、荷、葡发出邀请，参加华盛顿会议。1921年11月12日，华盛顿会议开幕。美国在会议中居主导地位，列入会议正式议程的问题有两项：一是限制海军军备；二是太平洋及远东问题。

经过近3个月的争吵，会议于1922年2月6日闭幕。会议缔结了7项条约和12项决议案，主要有《四国条约》《五国海军协定》《九国公约》和中、日《解决山东悬案条约》。

美国主张废除英日同盟。英日同盟问题虽然未被列入会议议程，但第一次世界大战后，英日同盟成为美国争霸远东和太平洋地区的障碍。因此，美国把废除英日同盟视为自己的头等大事。经美、英、日代表私下磋商和法国同意，1921年12月13日，四国共同签署了《关于太平洋区域岛屿属地和领地的条约》，简称《四国条约》。条约规定：缔约各国相互尊重它们在太平洋区域内岛屿属地和领地的权利；如上述权利遭到任何国家侵略或威胁时，缔约国应进行协商，以便联合或单独地采取对付措施；条约生效后，英日同盟应予终止。《四国条约》以体面的形式埋葬了英日同盟，这是美国外交史上的一大胜利。

关于中国"门户开放"原则的《九国公约》与中、日解决山东问题的条约方面，在华盛顿会议上，中国政府迫于中国人民反帝斗争的压力，提出了取消《凡尔赛条约》中关于山东的条款，要日本放弃"二十一条"等一系列正当要求。由于美、日矛盾激化，中国政府的一些反日要求得到了美国的支持。1922年2月4日，中日签订了《解决山东悬案条约》及《附约》，规定：恢复中国对山东的主权，日军撤出山东，归还胶济铁路，但中国要以铁路产值偿还日本。山东问题的解决，为贯彻美国的意图扫除了障碍。1922年2月6日，与会九国共同签署了《九国公约》，公约声称尊重中国的独立和领土完整，遵守在中国之"门户开放"和各国商务实业机会均等的原则。

华盛顿会议是巴黎和会的延续，它在承认美国在远东及太平洋地区占优势的基础上，建立了战后帝国主义列强在亚太地区新的国际关系结构后，被称为"华盛顿体系"。由凡尔赛体系和华盛顿体系构成的帝国主义国际关系新格局，标志着帝国主义战胜国完成了全球范围内对世界秩序的重新安排，史称"凡尔赛—华盛顿体系"。它调整了帝国主义的关系，暂时缓解了它们的矛盾，并巩固了它们的既得利益。20 世纪 30 年代，随着资本主义政治经济危机的加深，德、日先后建立了法西斯专政，形成了欧、亚两个战争策源地，该体系开始局部瓦解。1939 年 9 月，德国突袭波兰，英、法对德宣战，第二次世界大战全面爆发，该体系彻底崩溃。

巴黎和会的召开

第一次世界大战刚刚结束，帝国主义列强就着手拟定对德和约，重新瓜分世界。1919 年 1 月 18 日，战胜国与战败国媾和的巴黎和会在凡尔赛宫召开。参加会议的有 27 个国家（包括中国）的代表，苏维埃俄国未被邀请，同盟国国家未获准列席会议。

会议由美、英、法、意、日 5 大国各出 2 名代表组成的最高理事会（"十人会议"）控制。到 3 月，"十人会议"分为由英、法、美、意 4 国首脑组成的"四人会议"和由此 4 国外长及 1 名日本代表组成的"五人会议"。"四人会议"排除了日本最高代表。而日本为换取欧洲列强支持它在亚洲的侵略要求，也不愿在欧洲事务中多开口，因此，它被称为"沉默的伙伴"。在"四人会议"中，意大利对战争贡献甚少，势单力薄，奥兰多首相大受冷落。这样，巴黎和会的主宰实际上是英国首相劳合·乔治、法国总统克雷孟梭和美国总统威尔逊。

和会开了半年之久。美、英、法、日、意等战胜国都想多分得一些赃物，削弱战后与自己争霸的对手，所以彼此之间矛盾重重，钩心斗角，经常闹得不可开交。法国为了称霸欧洲大陆，力图彻底削弱德国。而美、英想让德国继续保持一定的实力来牵制法国称霸，竭力反对法国的主张，并且迫使法国在德国问题上做出让步。日本的主要目标在远东，它想独占德国在中国山东的权益。这一要求虽遭美国反对，但日本以拒绝加入国联和签署和约相威胁，迫使美国改变了态度。美、英、法、日还背着中国炮制出一个严重损害中国主权的解决山东问题的方案。此外，帝国主义列强还在国际联盟等其他问题上明争暗斗。主要战胜国在经过几个月的讨价还价之后，最终达成了协议，拟定了对德和约。德国试图对和约的条件作有利于自己的修改，但遭到拒绝，被迫无条件接受和约。6 月 28 日，战胜国在凡尔赛宫签订了《协约国及参战各国对德和约》，即《凡尔赛和约》。由于大会将战前德国在山东的特权转交给日本，严重损害了中国的利益。消息传到中国，群情激愤，引发了反帝爱国的"五四运动"。在群众运动的强大压力下，中国代表拒绝在和约上签字。

《凡尔赛和约》共 15 部分，440 条。第一部分是《国际联盟盟约》，规定国际联盟是维护世界和平的国际组织；其余则是有关处置德国的条款。处置德国的条款十分苛刻，内容主要涉及疆界、赔偿、殖民地和限制军备4个方面。按照和约，德国丧失掉原有领土的1/8和人口的1/10。德国还须交出全部殖民地，并按委任统治原则交给战胜国，德国的海外殖民地被英、法、日、比等国瓜分。和约还规定限制德国军备，解除德国武装，解散德军总参谋部，废除普遍义务兵役制，陆军总数不得超过10万人，禁止生产和进口坦克、装甲车等重型武器，不准拥有潜艇和飞机等。关于德国的赔偿问题，和会未能在赔偿总数上达成协议，只是规定成立特别赔偿委员会，由它在1921年5月1日前确立赔偿总额（后来确定德国总共应该赔款1320亿金马克），在此之前，德国应先交付200亿金马克等。

《凡尔赛和约》是帝国主义重新瓜分世界的真实记录。英、法、日等国的主要目标基本实现，而美国攫取世界霸权的计划遭到了失败，因此，美国没有在和约上签字。其实，帝国主义国家之间只是暂时的妥协，它们之间固有的矛盾没有，也不可能消除。《凡尔赛和约》以及随后签订的各项条约，构成了"凡尔赛体系"。帝国主义列强经过近5年的时间，在欧洲、近东和非洲确立了资本主义世界的新秩序。

和会分赃不均导致凡尔赛体系内部矛盾重重，为第二次世界大战的爆发埋下了祸根。

苏联建国

苏维埃社会主义共和国联盟，简称苏联。它是在俄国十月革命胜利的基础上建立起来的。

十月革命胜利以后，俄国各地区的被压迫民族纷纷建立起自己的民族国家和民族政权组织。从1917年底~1921年，乌克兰、白俄罗斯、立陶宛、拉脱维亚、爱沙尼亚、阿塞拜疆、亚美尼亚、格鲁吉亚等宣布成立独立的民族国家，除立陶宛、拉脱维亚、爱沙尼亚外，其他先后建立了苏维埃政权。在外国帝国主义武装干涉和国内反革命武装叛乱的严峻形势下，它们建立了密切的军事、经济和外交方面的联系，签订了相互合作条约。为了打破帝国主义的包围和封锁，尽快恢复被战争破坏的国民经济，进一步巩固和壮大无产阶级政权，联合各民族人民共同走上社会主义道路，各苏维埃共和国需要建立更加紧密的合作关系。

1922年8月，俄共（布）中央政治局成立专门委员会，由斯大林主持工作。负责讨论各苏维埃共和国联合的问题，9月，委员会通过了斯大林提出的《关于俄罗斯苏维埃联邦共和国同各独立苏维埃共和国的相互关系的决议草案》。这个"自治化"方案严重削弱了各苏维埃共和国的独立自主权。各苏维埃共和国在讨论这个决议草案时产生了严重分歧，少数赞成，多数反对。

列宁严厉批评了斯大林的"自治化"方案。他认为各苏维埃共和国必须保持平等的地位，联合成为新的民主联盟国家，建立平等的、民主的苏维埃社会主义共和国联盟国家。他坚持俄罗斯联邦、乌克兰、白俄罗斯、南高加索联邦（包括阿塞拜疆、亚美尼亚、格鲁吉亚3个苏维埃共和国）必须按照自愿和平等的原则加入新的联邦制国家，建立新的全联盟中央机构。根据列宁的建议，委员会重新制定了联合决议草案，确认乌克兰、白俄罗斯、南高加索联邦共和国同俄罗斯联邦共和国必须缔结关于组成新的联邦制国家的条约，选举新的全联盟中央执行委员会，作为统一联邦制国家的最高权力机关。

1922 年 12 月 30 日，苏联第一次苏维埃代表大会在莫斯科举行。大会批准了《苏维埃社会主义共和国联盟成立宣言》和《苏维埃社会主义共和国联盟成立条约》，宣告苏维埃社会主义共和国联盟正式成立。1924 年 1 月，苏联通过了第一部宪法，把苏维埃共和国联盟的形式固定下来。

苏联成立宣言和苏联成立条约、1924 年苏联宪法及其他立法对联邦制国家的运行做出了一些原则规定：苏联是由各个平等的苏维埃共和国自愿联合组成的社会主义联邦制国家；各加盟共和国享有主权国家地位，在苏联宪法规定的分权范围内独立行使自己的国家权力；各加盟共和国享有自由退出联盟的权利。联盟国家最高权力机关为联盟苏维埃代表大会，苏维埃代表大会闭会期间联盟中央执行委员会为最高权力机关。

1922 年 12 月成立时，苏联由俄罗斯联邦、南高加索联邦、乌克兰、白俄罗斯 4 个苏维埃共和国组成，此后，1924 年~1936 年，中亚地区先后成立了乌兹别克、塔吉克、土库曼、哈萨克、吉尔吉斯 5 个苏维埃共和国，它们作为主权共和国加入了苏联。1936 年 12 月初，将南高加索联邦划分成阿塞拜疆、亚美尼亚、格鲁吉亚 3 个主权苏维埃共和国并加入了苏联。1940 年 6 月，苏联政府派兵进驻波罗的海地区的立陶宛、拉脱维亚、爱沙尼亚 3 国。8 月，3 国资产阶级政府相继垮台，苏联将 3 国变为苏维埃共和国并入苏联。到 1940 年，先后有 15 个加盟共和国加入苏联。苏联成为一个统一的、多民族的社会主义联邦制国家。

国际联盟的建立

第一次世界大战结束后，饱受战乱之苦的各国人民强烈反对帝国主义战争，渴望和平。早在战争结束之前，一些参战国和中立国的政治家们就认为有必要建立一个新的国际体系来防止如此巨大的灾难再度发生。1915 年，英国成立"国际联盟协会"；美国成立"美国实现和平联盟"。1918 年 1 月，英国首相劳合·乔治表示，英国的作战目的之一就是"通过建立某种国际组织来限制军备和减少战争的危险"。美国总统威尔逊则在"十四点"原则中特别强调，"成立一个具有特定盟约的普遍性的国际联盟"。到战争结束时，英、法、美等国都已制定了成立国际联盟的方案。

1919 年 1 月 25 日，巴黎和会全体会议通过了由最高委员会提出的关于建立国际联盟的建议，并决定把它作为总的和平条约的不可分割的一部分。随后，和会成立了以威尔逊为主席的委员会，起草《国际联盟盟约》。各主要战胜国都力图使自己的方案体现在盟约之中。然而，由于盟约起草委员会主要由英、美代表组成，又以英、美的联合草案作为讨论的基础，因此法、日等国的要求并未全部得到满足。

1919 年 4 月 28 日，巴黎和会通过《国际联盟盟约》。1920 年 1 月 20 日，《凡尔赛条约》生效，国际联盟在日内瓦正式成立。当时的会员国有 44 个，战败国和苏俄被排除在外，后来逐渐发展到 63 个。

《国际联盟盟约》共 26 条，主要包括国际联盟的组织机构和职能，建立国际联盟的目的、达到目的的手段以及管理殖民地的委任统治制度。

国际联盟的主要机构是会员国全体代表大会、行政院和常设秘书处。《国际联盟盟约》宣称，国际联盟成立的宗旨在于"促进国际合作，保证国际的和平与安全"。为此，盟约提出了会员国为实现这一宗旨应尽的义务与职责。

第一，裁减军备。会员国"必须将本国军备减至最少之限度，以足以保卫国家的安全及共同实行国际义务为限"，但是这种泛泛规定对各国政府并没有真正的约束力。事实上，它们反而时时以国家安全的需要和实行国际义务为由而不肯裁军。

第二，会员国有相互尊重并保持领土完整和行政独立，以防御外来侵略的义务。会员国应当保证共同反对侵略和消除战争威胁。如果发生争端，应将争端提交仲裁或交行政院审查，并对破坏盟约而进行战争的国家采取政治、经济、军事上的制裁。但是盟约在这方面有许多漏洞，不仅给侵略者以可乘之机，也使操纵国际联盟的列强可以对条文做出不同解释。

第三，会员国要"维护各国间基于正义与荣誉之公开邦交"，凡是各国之间订立的与《国际联盟盟约》不符合的条约均应废止。但是在对战败国的和约中的许多条款，恰恰是战前或战争过程中列强订立的秘密条约的兑现。

第四，盟约规定了"委任统治"制度，把德国的殖民地和奥匈帝国的领地交给国际联盟，由国际联盟把它们委托给英、法、比、日等主要战胜国进行统治。"委任统治"制度是列强为了维护殖民统治而对旧有的殖民体系进行的一种改造，没有改变殖民统治的实质。

在创建国际联盟的过程中，威尔逊起了很大作用。但国际联盟的成立并未使美国获得多少实际利益，也未实现美国攫取战后世界领导权的计划。这引起了美国统治集团内部的争吵。美国参议院以《国际联盟盟约》损害了美国的利益为借口，拒绝承认威尔逊已经签字的《凡尔赛和约》，拒绝加入国际联盟。

国际联盟是世界上第一个政治性的国际组织，它反映了 20 世纪的世界已经发展成为一个息息相关的整体的现实。但是在帝国主义强权政治存在的情况下，它实际上成为英、法所操纵并被美国所支持的维护战后国际秩序的外交工具。第二次世界大战的爆发使国际联盟名存实亡。1946 年 4 月，国际联盟正式宣告解散。

甘地领导非暴力不合作运动

提起印度，人们马上就会联想到一位苦行僧式的人，他剃着光头；无论走到哪里，他都会引起阵阵激动的欢呼，会有一群信徒自愿跟随着他。他就是印度独立运动的领导人、国大党领袖莫汉达斯·卡尔姆昌德·甘地。

甘地出身于印度一个古老的家族。在印度这个等级森严、种姓界限分明的社会，

这种优越的出身使他有机会到英国接受高等教育。这种教育使甘地认清了印度社会中存在的不平等和印度作为英国殖民地的屈辱现实。他下决心一定要改变这种状况。于是，还在国外时，他就开始从事反对种族歧视的斗争。大学毕业后他在南非做律师。回到印度后，他成为印度民族独立运动的领袖。

甘地笃信宗教，他创造了一种独特的争取印度民族独立的方式，叫作"非暴力不合作运动"。它包括两部分内容："非暴力抵抗"和与英国殖民者"不合作"的态度。具体内容有：辞去英国人授予的公职和爵位；不参加殖民政府的任何集会；不接受英国教育，以自设的私立学校代替英国统治者的公立学校；不买英国货，不穿英式服装，自己纺纱织布；不买英国公债，不在英国银行存款等等。

"非暴力不合作运动"在1930年的"食盐进军"中达到了高潮。这一年，英国殖民当局制定和颁布了食盐专营法，垄断食盐生产，任意抬高盐税和盐价，引起了当地人民的强烈不满。甘地号召印度人民用海水煮盐，自制食盐，以此抵制当局的食盐专营法。此时已是60岁出头的甘地身体力行，带领一群人，从印度北部阿默达巴德城修道院出发，步行向南，到海边煮盐。一路上，日晒风吹，蚊叮虫咬，甘地却毫不介意，沿路还向群众宣传。发表演说。经过24天的徒步跋涉，到达海边时，他的队伍已有上千人。

甘地和他的信徒在海边坚持了3个星期。每天清晨，他们先在海边祈祷；然后，打来海水，蒸煮、分馏、过滤、沉淀。劳动是艰苦的，对于经过多次绝食斗争而疾病缠身的甘地来说更不轻松，但他自始至终参加劳动，直到被捕入狱。

印度各报章对甘地的"食盐进军"进行了广泛报道。沿海各地纷纷响应甘地的号召，自制食盐。与此同时，全国各地都开展了反对英国殖民统治者的斗争，罢工、罢课、游行示威，请愿运动一浪高过一浪。殖民当局十分惊恐，他们逮捕了甘地和国大党其他领导人，并下令取缔国大党。

甘地被捕的消息传开，举国沸腾。数万名请愿者要求与甘地一同坐牢。当局逮捕了6万多人，引起了人民的更大愤怒。不久，各地爆发了武装起义，印度的民族独立运动脱离了"非暴力"的轨道，走向暴力革命。

英国殖民当局吓坏了，他们想起甘地的"非暴力"主张，便改变了策略。1931年1月，殖民当局释放了甘地，撤销了取缔国大党的禁令。随后，殖民当局与甘地达成了协议：甘地改变不合作态度，停止不合作运动。而当局则释放政治犯，允许沿海人民煮盐。这就是《甘地—艾尔文协定》。

协定只是满足了印度人民部分要求，印度依然没有获得独立。这与甘地为之奋斗的印度独立的目标相去甚远。此后，他继续为印度的独立而奋斗。

爱因斯坦创立相对论

量子物理与相对论是近代物理学的两大支柱，前者为集体智慧的结晶，后者却几乎是爱因斯坦一人的心血。单凭这一点，爱因斯坦（1879年~1955年）无疑是20世纪最具代表性的物理学大师。

自 1895 年起，16 岁的爱因斯坦便开始认真思考一个问题："假如我以光速跟随一束光飞行，我会看到哪些奇异景象？比方说，这束光若是由一座时钟反射出来，我应该看到一座静止的时钟，也就是说在我眼中，时间是静止的；可是在别人看来，同样的钟却在滴答滴答走，这是不是矛盾呢？"他的这个"臆想实验"，已经埋下了发明狭义相对论的种子。

当时古典物理学已是山雨欲来风满楼。有 3 个看似矛盾的现象孕育着革命的火种：一是实验证明太阳与地球竟然没有相对运动；二是马克士威方程组在伽利略的变换下竟然会变形；三是马克士威方程组无法解释电磁感应的"对称性"。

对此，人们提出的解决方案，都是在古典物理学架构下的折中理论，缺乏逻辑的完备性与体系的严密性。

1905 年，爱因斯坦对这类问题已经苦思十载，他需要的只是临门一脚。在与好友贝索偶然的一场讨论后，灵感终于浮现。爱因斯坦突然意识到，解决问题的关键在于必须挑战传统的"绝对时间"与"同时性"这类概念。其实"绝对时间"并不存在，而时间与光速之间有密不可分的关系。

爱因斯坦很快就写好了狭义相对论的历史性论文《论运动物体的电动力学》。他用两个公设作为出发点：1. 光速恒定：在任何惯性坐标系中，不论光源是静止还是运动的，光速一律是常数。2. 相对性原理：物理定律在任何惯性坐标系中都具有相同形式。

根据上述两项公设，爱因斯坦导出了精确的"洛伦兹变换"，再利用这个变换导出长度收缩、时间膨胀、同时性的相对性，以及质量随速度增加的公式和新的速度合成法则，由此形成一套崭新的时空观。这个理论后来被称为狭义相对论。

惯性坐标系只是个理想状况，在真实物理世界里，重力场无所不在，而物体受重力作用就会做加速度运动。爱因斯坦原先的构想，是直接推广狭义相对论来涵盖各种非惯性坐标系。然而不久他就得到一个令人沮丧的结论：在狭义相对论的架构下，绝对不可能有完善的重力理论。

爱因斯坦只好另辟蹊径，1907 年某天，他坐在瑞士专利局的办公室里，脑中突然闪出一个灵感："一个在半空中坠落的人，完全感觉不到自己的重量，应该觉得自己好像置身于惯性坐标系！"

爱因斯坦后来说这是他一生中最重要的一个念头。耐人寻味的是，它和那个以光速飞行的臆想实验有异曲同工之妙：一个是以光速飞行，抵消了光速，因而看到一座静止的时钟；一个是在重力场中坠落，抵消了重力加速度，因而感觉不到任何重力。

根据这个想法，爱因斯坦写出第一篇有关广义相对论的论文，提出广义相对论的两个公设：一、等效原理：加速度造成的"重量感"与真正的重力效应一模一样。二、广义相对性原理：物理定律在任何坐标系中都具有相同形式。

爱因斯坦钻研广义相对论经历了一段曲折的历程。最主要的困难，在于当时物理学界所熟知的数学工具似乎都挠不到痒处。

1912 年，爱因斯坦终于意识到传统的几何学不适用于重力场，于是开始学习"黎曼几何"与"张量分析"。掌握这些理论之后，他终于逐步建立起广义相对论的完备体系：以四维时空的弯曲几何结构表现重力场。牛顿的重力理论自此功成身退。

电视的发明

　　当今社会，电视机已经成为我们必不可少的家用电器。电视给我们带来了新闻、经济、科技以及文化等各个方面的信息和知识，是人们接收信息的重要途径。然而，当我们坐在电视机前，欣赏精彩的电视节目时，我们是否想过，电视机是谁发明的呢？严格说来，电视机并不是由哪一个人独立发明的。发明电视机所需要的技术和电子元件是许多科学家的贡献；而且，世界上的电视机是根据机械扫描系统和电子扫描系统两种研究思路和原理发明出来的。不过，由于英国人贝尔德首先于1925年发明了机械扫描式电视机，一般都认为是贝尔德发明了电视机，把人类带进了电视时代。

　　1837年，电气工程师史密斯发现硒这种物质在阳光下能够产生电，而且一旦遮住阳光，电就消失了。美国工程师肯阿里根据这个发现，在两块金属板中间夹上硒，发明了光电池。从1875年开始，他开始用光来传送图像的试验。当贝尔发明的电话在世界上广泛应用后，波兰人尼布可重新进行利用光电池传送景物的试验。1884年，德国技师尼普柯利用人的"视觉暂留"特性，发明了机械的扫描盘。1901年，意大利人马可尼发明了无线电通讯技术。1912年，德国人耶斯塔和盖特两人发明了"光电管"。几年后，美国人富雷斯特发明了能把微弱电流放大的三极管。这些为电视机的发明提供了不可缺少的元件和技术准备。正是在这样的历史条件下，贝尔德利用已有的研究成果，开始了电视技术的研究工作。

　　贝尔德1888年出生于英国的苏格兰，从小就有着丰富的想象力，长大后对当时许多科学家进行的图像传送实验非常感兴趣。大学毕业后，他在一家电气公司里工作。1922年后，贝尔德辞去了电气公司的工作，在家里从事科学研究。当时，许多科学家在设想，既然能够进行远距离发射和接收无线电波，那么就一定能用无线电来发射图像。这个思路启发了贝尔德，他决心实现"用电来传送图像"的设想。贝尔德搜集了大量的资料，对需要掌握的技术和理论都进行了深入的研究，最后完成了电视机的设计工作，并制造出了第一台简单的机械扫描式电视机。

　　1925年，贝尔德在伦敦一家大商店里演示了他的电视。虽然图像十分模糊，但当人们在这台电视机里可以忽隐忽现地看到从几英尺以外传送来的图像时，还是感到非常有趣。1926年1月，贝尔德在伦敦的皇家学院正式演示了经过改进的电视机，这在科学界引起了强烈的轰动。此后，贝尔德将自己的全部精力投入到新型电视机的研制上。1927年~1928年间，贝尔德先后在伦敦与格拉斯哥之间、在伦敦与纽约之间，以及在大西洋航行的船上，用电话线成功地试验了他的电视机。接着，贝尔德建立了一个电视公司，并且于1929年首次播送了英国广播公司的电视节目。

　　20世纪30年代，贝尔德转向研究彩色电视、立体电视与大屏幕电视，并有所成就。1932年，他成功实现了超短波电视转播。

　　就在贝尔德研制机械系统电视并取得成功的同时，世界上其他一些科学家也在进行着类似的研究，如美国人詹金斯等。但是，机械扫描系统电视机所播出的影像的鲜明度是有限的。美籍俄国人兹沃赖金以及法恩兹沃思等人在美国一些大公司的支持下，开始研制具有相对高清晰度的电子系统电视机，并于 30 年代中期取得了成功。1935年，纽约帝国大厦设立了电视台。1936 年，该电视台成功地把电视节目传送到 70 千米以外的地方。1936 年，英国也采用了电子电视系统。电视技术很快在世界范围内传播开来。

20 世纪 30 年代大危机的爆发

1929 年 10 月，以纽约股票市场的崩溃为标志，美国爆发了一场资本主义生产过剩危机。它很快由美国向欧洲、加拿大、日本等主要资本主义国家蔓延，并波及许多殖民地、半殖民地国家和地区，席卷了整个资本主义世界。这次危机前后持续了 4 年，使整个资本主义世界经济损失 2500 亿美元，比第一次世界大战的物质损耗还多 800 亿。它成为到目前为止资本主义世界最为严重的一次经济危机。

20 世纪 20 年代中期，对西方资本主义国家来说，是经济繁荣的大好时光。股票投机成风，人们似乎从不怀疑这个市场有朝一日会突然崩溃。1929 年 10 月 24 日，这一天突然乌云密布，股市暴跌，被西方世界称作 "黑色星期四"。纽约股票市场开盘后一个小时内就抛出了 1300 万股，超出正常标准的 100 万股以上。虽然花旗银行、大通银行和其他两个大银行的总裁们在摩根公司大厦策划买进 2.4 亿美元进行干预，仍然无济于事。10 月 29 日这一天更糟，总共抛出股票 1650 万股。到 12 月底，纽约市场股票价值总共下跌了 450 亿美元左右。1929 年~1932 年间，由于跌价而造成的证券贬值，美国为 840 亿美元。股市风波迅速席卷金融、工业、农业等各个领域，一场空前的世界经济大危机开始了。

在整个大危机期间，金融货币、信用和财政陷入全面危机。股票价格指数下降的幅度，美国为 51%，德国为 32%，日本为 45%。1931 年 5 月 11 日，奥地利最大的信用银行倒闭，各国随即引起向银行挤兑存款风潮，国际货币体系和传统金本位制面临严峻挑战。1931 年 7 月 13 日，德国达姆塔特国民银行宣告破产。1931 年 9 月 21 日，英国宣布放弃金本位，禁止黄金出口，英镑贬值近 1/3。随后，日本等 56 个国家纷纷宣布放弃金本位，货币贬值。此后，资本主义世界货币体系四分五裂，分裂成若干个区域性的货币体系。它造成了国际支付体系的普遍受阻、资本输出几乎停止和对外贸易的大萧条。1929 年~1933 年，美国破产的银行共 10500 家，占银行总数的 49%。美国的进出口在 1930 年为 10.1 亿美元，而 1933 年只有 10 万美元。英、法、德、日的进出口总额都减少了 61% 以上。

大危机使工业生产大幅度下降，大量企业倒闭，无数工人失业。1932 年的工业生产总值与 1929 年相比，美国下降了 46.2%，德国下降了 40.2%，日本下降了 37.4%，意大利下降了 33.2%，法国下降了 31.9%，英国下降了 20%。危机使资本主义世界的工业大约倒退了 20 年。重工业损失尤为严重。美国的机床制造业下降了 80%，生铁下降了 79.4%，钢铁下降了 75.8%（倒退了 28 年），汽车下降了 74.6%．采煤下降了 40.9%。大危机使失业人数达到有史以来的最高纪录。美国的失业率高达 24.9%，德国为 26.3%，英国 21.3%。

大危机的蔓延造成了世界农业危机，涉及粮食种植业、畜牧业、林业等技术作业部门，造成生产的大破坏，农民收入大幅度减少，大量农民破产。在大危机的打击下，资本主义各国的国民收入大幅度下降，人民生活严重恶化。

伴随着资本世界的经济大危机，整个西方世界出现了社会大动荡，法西斯主义思潮泛滥，社会主义运动兴起，大规模的反饥饿运动和工人罢工运动高涨，各国面临严重的政治危机。

这次大危机的明显特点是持续时间长、危害程度深、渗透各个领域，涉及全世界，影响深远。在大危机的谷底过后并未出现繁荣，而是持续萧条，到 1937 年又发生了短暂的经济危机。由于第二次世界大战的爆发，各国的经济才逐渐好转。

这次大危机是资本主义社会的周期性生产过剩危机。在某种意义上，这次大危机是第一次世界大战后，资本主义基本矛盾激化的结果。

资产阶级为了摆脱危机，维护本国的统治，分别走上了不同的道路。美国实行罗斯福新政，在资本主义民主的范围内，强化国家对资本市场的干预；德、意、日为争夺国际市场则疯狂对外侵略扩张，最终导致了第二次世界大战的爆发。

德意日法西斯的兴起

1929 年~1933 年的世界经济危机沉重打击了资本主义世界。各国统治阶级寻找不同的出路。德、日两国逐渐建立法西斯专政，对资本主义的发展道路和国际关系产生了深远影响。大危机使战争成为 20 世纪 30 年代的主题。

第一次世界大战以后，意大利经济衰退，政治混乱，工农运动高涨，中央政府近于瘫痪。在这种情况下，墨索里尼趁机组织了法西斯党。1922 年 10 月，墨索里尼率党徒队伍进入罗马，在意大利建立起法西斯专政。墨索里尼独揽大权，成为意大利的独裁者。

1929 年~1933 年的经济危机严重地打击了意大利。意大利本来就资源短缺，资金匮乏，经济危机更使它雪上加霜。墨索里尼企图以对外侵略，转移人们对国内危机的注意力。因此，他加紧武力扩张，重新瓜分世界的野心迅速膨胀。

世界经济危机也严重打击了德国。经济危机激化了社会阶级矛盾。德国社会各阶层对软弱无能的政府普遍不满。在政治危机日益严重的情况下，垄断资产阶级决意让希特勒上台。1933 年初，希特勒出任德国总理。不久，他又集总统和总理大权于一身，称为国家元首。

希特勒一上台，就着手建立法西斯恐怖专政。1933 年，纳粹党制造了国会纵火案，然后嫁祸于德国共产党，借此逮捕了大批共产党人和进步人士。纳粹党还解散了一切工会，取缔了其他一切政党。纳粹政权加强思想控制，焚毁大量进步书籍，妄图毁灭人类先进的思想文化成果。希特勒统治期间，成千上万的左派人士，不经法律程序就被盖世太保投入集中营。希特勒还大搞国民经济军事化，疯狂扩军备战。1935 年，德国撕毁《凡尔赛和约》。世界大战的欧洲策源地终于在法西斯德国形成了。

1929 年～1933 年的经济危机对日本的打击同样严重。为摆脱严重的经济、政治危机，日本以军部为主力的法西斯好战势力迅速抬头。他们积极怂恿向外侵略扩张。1931 年 9 月 18 日，日本发动了蓄谋已久的"九一八事变"，很快便霸占了中国整个东北。世界大战的亚洲策源地形成了。

1936 年 2 月 26 日，日本军部法西斯内部的少壮派军官，率领 1400 多名士兵在东京发动"二二六"兵变，袭击首相官邸等重要政府部门，刺杀了很多重要官员。这次兵变使军部势力更加强大，新上台的内阁完全受它的摆布。日本加紧实行全面军国主义化。1937 年 7 月 7 日，日本帝国主义发动了全面侵华战争。

德国、意大利、日本 3 个法西斯国家，在侵略扩张过程中，逐渐紧密地勾结起来，组织侵略集团，力图控制全世界。1936 年，德国和意大利秘密签订《德意议定书》，形成了柏林—罗马轴心。1936 年 11 月 25 日，德国同日本签订了《反共产国际协定》。1937 年，意大利也加入。这样，3 国结成了侵略性的军事政治集团，称为柏林—罗马—东京轴心，又称轴心国集团。历史的车轮滚向第二次世界大战。

罗斯福新政

1929 年～1933 年规模空前的经济危机，严重地打击了美国的国民经济。危机过后，美国的工业总产值比 1929 年减少了 46%。到 1933 年 3 月，失业大军到达 1700 万人。在危机年代，农产品生产也相对过剩，市场价格急剧下跌。1933 年，美国的国民收入下降到 400 多亿美元。

经济危机给美国人民带来了深重的灾难。广大劳动人民陷于半饥饿状态。罢工人数不断增长，1930 年为 15 万，到 1933 年已超过了 100 万。面对严重的经济危机，当时的美国总统胡佛仍然实行自由放任政策，在加强国家对经济的干预这个重大问题上踯躅不前，导致社会更加动荡不安。在这种形势下，富兰克林·罗斯福当选为美国第 32 届总统。

1910 年，罗斯福当选为纽约州的参议员，开始了政治生涯。之后他又两次当选为纽约州州长。罗斯福是个目光远大、讲求实际的资产阶级政治家，有良好的组织才能。1933 年 3 月，罗斯福就任总统后，宣布实行反危机的政策，即所谓"新政"，其目的是在不改变经济基础的条件下摆脱经济危机，缓和国内的阶级矛盾和斗争。

罗斯福首先着手金融方面的整顿工作，下令所有银行暂时休业；制订紧急银行条例，把对银行的监督权和整顿权授予总统，让有偿付能力的银行尽快开业；建立联邦存款保险公司，由政府出面保障存款，以恢复银行的信誉，防止新的挤兑风潮。由国家拨款几十亿美元资助各银行及私人信贷机构。到 1934 年 7 月 1 日，几乎国内所有银行均全部复业。银行的信誉得到恢复，银行的活动逐渐展开，并受到政府机构一定的监督。

罗斯福的另一重要财政措施是宣布禁止黄金出口，停止美钞兑换黄金，放弃金本位制，发行以国家有价证券作保证的纸币 30 亿美元。这使美元大幅度贬值，有利于向国外倾销产品，刺激了生产的发展。为了防止黄金投机和外流，私人的黄金储备和金币的使用一律被禁止。

"新政"的中心措施是国家对工业的调整。1933 年 6 月，国会通过了国家产业复兴法。该法有 3 部分内容。

第一部分由国家调节各企业主之间的关系。工业企业被分为 17 类，每类企业都应制定"公平竞争规章"。其宗旨是恢复工业企业的公平竞争；不公平的竞争，是"应该取缔的邪恶"。

第二部分由国家调节雇主与工人之间的关系。它规定，工人有权组织起来，可选派代表与雇主进行谈判，签订"集体合同"；雇主不得以工人参加何种工会作为雇用条件；雇主必须遵守最高工作时数和最低工资限额，不得雇用童工。当时规定了 8 小时工作日制，最低工资每周为 12.5 美元。

第三部分是关于以工代赈，举办公共工程和成立劳动营的问题。从 1933 年~1939 年，国家为实现公共工程计划开支 180 多亿美元左右。计划的实施解决了一部分人的就业问题，但未能彻底解决问题。

1933 年 5 月，国会通过了农业调整法。该法的基本目的在于缩减农业生产，消除农产品的"过剩"现象，从而把农产品的价格恢复到 1909 年~1914 年的水平。政府与农民签订合同，国家给农民适当的补贴，让农民缩减耕地和屠宰牲畜。法案实施后，农产品价格虽略有提高，但受惠者只是大农业垄断组织和富裕农民。

"新政"作为挽救 30 年代大危机的救急措施，在历史上留下了深远的影响。它利用国家权力对资本主义生产关系进行改革，对资本主义经济的自发发展施加影响，加进一些计划性、组织性的成分，在一定程度上缓解了经济危机，缓和了阶级矛盾。经济逐渐复苏，到第二次世界大战前，已经接近 1929 年的水平。"新政"是资产阶级民主范围内的国家干预，从而避免了走上战争的道路。同时，它大大加强了美国的国家垄断资本主义，成为现代美国国家垄断资本主义的开端，对战后的资本主义世界产生了重大的影响。

纳粹对犹太人的种族灭绝暴行

德国法西斯在第二次世界大战期间对犹太人的血腥屠杀和迫害在人类历史上是少见的。

纳粹排犹主义的一些基本原则深深扎根于德国，成为德国政治思想的一个组成部分。

18 世纪以来，"犹太人问题"一直是德国的一个政治问题。20 世纪初，排犹主义成为德国社会中一股强大的政治力量，它决定着政党和政权的兴衰。纳粹的上台，使排犹主义走向了极端。

1938 年 11 月 9 日夜间，上百名犹太人被杀死，3 万名犹太人被拖进集中营，几百座犹太教堂被焚毁，大约7500家犹太人商店玻璃橱窗被捣毁。是夜因而得名："水晶之夜"。之后，把犹太人驱除出德国社会的势头进一步加剧。

希特勒从一开始就是纳粹政策的主要决策人。

1938年11月，一个德国官员被一个波兰犹太人杀死。希特勒抓住这个事件大做文章。1938年，希特勒制订了3项法令，向全体犹太居民勒索10亿马克的罚款。他还颁布了一项法令，把犹太人从德国的经济生活中彻底排除出去。后来，他又采取了3项措施，严格限制犹太人对产业的控制权，同时还实施了一种变相的犹太人居住区制度。

二战爆发的前一年，在欧洲其他国家，犹太人的境况也同样恶化。随着波兰的全面溃败，犹太人最担心的事情终于出现了。德军攻占一个又一个城市，百般施行对犹太居民的暴力行为。1939年底以前，有25万以上的犹太人被德国军队、党卫队、当地反犹太分子以及犯罪分子杀害。

德国人加紧把犹太人驱逐进犹太人区和强迫劳动营。开始时，他们只是从街头抓走一些犹太人。后来，德国人干脆强迫犹太人当局每天提供一定数量的劳动力。这段时期，纳粹分子把犹太人赶上装牲口的货车，让他们在无水、无粮的情况下长途受苦，其目的无非是要这批人在途中死亡。

在德国境内，战争的第一年加深了犹太人的苦难。许多小城市把犹太居民全部驱逐出去。这种情况在东部边境和侵占的波兰地区尤为激烈。

1941年6月，希特勒开始进攻俄国。6月中旬，希姆莱奉希特勒的命令，决定着手消灭东欧犹太人的工作。党卫队内组成了一些特别行动队。此外，希姆莱还采取各种办法把大规模屠杀设备运到奥斯威辛集中营去。

在整个东欧，特别是在德军侵占的俄国各地区，特别行动队就地屠杀了大批的犹太人和当地居民。这些人是被机枪击毙、被毒气熏死、被活活饿死，或是用其他方法被消灭掉的。在这些屠杀中，死亡的人数共达200多万。

1942年1月，纳粹官员奉戈林之命在万湖举行了一次重要会议。会上决定，要把他们能够抓住的1100万犹太人全部消灭，甚至有一半犹太血统的人也要他们在死亡和绝育之间进行选择。与此同时，在海德里希的指挥下，消灭犹太人的政策扩大到已经落入纳粹手里的全部犹太人。从1942年到1943年，犹太人由法国、比利时、荷兰、奥地利、捷克、匈牙利和巴尔干各国，不断地被送往东方和北方。在奥斯威辛集中营，每一次只要花一刻钟的时间就可以杀死2000名犹太人，这种屠杀一天可以干上3~4次。到盟军控制整个欧洲的时候，大约有600万犹太人已被消灭。

我们很难理解，科学和技术的进步为什么会被残忍地、蓄意地用以屠杀将近600万的犹太人？这一场灾难是罕见的，它留给人类的教训，人类应该永远记取。

珍珠港事件

1941年12月7日，日本海军航空母舰机动部队对美国海军太平洋舰队基地珍珠港实施了战略突袭，这一事件被称为珍珠港事件。

　　珍珠港是美国在太平洋上的主要海军基地，位于夏威夷群岛的瓦胡岛南端，东距美国圣弗朗西斯科（旧金山）2090 海里，西距日本横滨 3400 海里，是美国通往亚洲和澳洲的交通枢纽。为了遏制日本的扩张，美国太平洋舰队自 1940 年夏季开始就以珍珠港为基地活动于太平洋上。第二次世界大战爆发后，随着欧洲战局的进展和《德意日三国同盟条约》的签订，为了夺取美、英、荷在东南亚和西南太平洋的殖民地，日本加速了南进的战争准备。1941 年初，日本联合舰队总司令山本五十六上将拟定了袭击珍珠港的计划。

　　袭击珍珠港是日本发动太平洋战争计划的重要组成部分。其企图是：以突然袭击摧毁美国太平洋舰队，夺取制海、制空权，消除对日本南进的威胁。为此，日本组成以联合舰队第 1 航空舰队 6 艘航空母舰（舰载机约 400 架）为核心，由 14 艘作战舰只（2 艘战列舰、3 艘巡洋舰、9 艘驱逐舰）作掩护，3 艘潜艇作先导，7 艘油船提供补给的机动部队，由第 1 航空舰队司令南云忠一海军中将直接指挥。南云忠一做了详细的计划和战前准备：在突击日日出前 1～2 小时，部队抵达瓦胡岛以北约 200 海里海域展开。尔后舰载机出动，袭击珍珠港内的美国舰船和岸上航空基地。突击结束后，出战部队立即撤离，返回日本内海。为监视美军舰船行动并防止其逃逸，南云忠一另外派出 27 艘潜艇组成先遣部队，事先潜入夏威夷海区，担任侦察、监视和截击任务。此外，5 艘特种潜艇在作战海域配合舰载机攻击港内的美军舰船。在准备过程中，日本派遣间谍搜集珍珠港和太平洋舰队的情报，并对突击部队进行严格训练——鱼雷机编队进行低空浅水鱼雷攻击训练、水平轰炸机编队进行空中投弹训练、特种潜艇进行夜袭训练等。与此同时，日军还对航空鱼雷进行改装。使之适于在珍珠港空投。为达到突然性，日本利用谈判作为掩护，采取伪装和保密措施隐蔽其作战企图；机动部队则选择航程较远且冬季多风暴、船只往来较少的北航线隐蔽航渡。袭击日期确定在 12 月 7 日（星期日）。

　　美国受孤立主义影响，推行"先欧后亚"战略，希望通过谈判缓解美日矛盾，并认为日本不敢贸然发动战争。珍珠港驻军低估了日本海军远洋作战能力，缺乏警惕，疏于戒备。

　　1941 年 12 月 7 日（夏威夷时间）清晨，瓦胡岛上一片歌舞升平的和平景象。飞机整整齐齐地排列在机场上，军舰被洗刷得干干净净，列队排在码头上。谁也没有想到，一场大灾难正悄悄降临。

　　12 月 7 日 4 时 30 分，日本的机动部队在瓦胡岛以北约 230 海里的海域展开。特种潜艇已在珍珠港附近活动。5 时 30 分，机动部队发现港内舰船密集，岛上各机场飞机成排，高炮阵地只有少数人值勤，舰艇没有防空准备。6 时，日军第一波飞机 183 架（40 架鱼雷机、51 架俯冲轰炸机、49 架水平轰炸机和 43 架战斗机）起飞，从瓦胡岛西部进入，7 时 55 分开始攻击。从 3 时 55 分起，美军曾多次发现日本潜艇逼近，但未采取任何防范措施；7 时后，发现大批飞机抵临，又误认为是己方飞机，未予以重视。7 时 15 分，日军第二波飞机 171 架（54 架水平轰炸机、81 架俯冲轰炸机和 36 架战斗机）起飞，从瓦胡岛东部进入，8 时 55 分开始攻击。整个袭击持续了约两小时，袭击过程中只遇到轻微抵抗。日军击毁击伤了美国太平洋舰队停泊在港内的全部 8 艘战列舰和 10 余艘其他主要舰只，击毁美机 232 架，击伤美军 3681 人。日军仅损失飞机 29 架、潜艇 1 艘和特种潜艇 5 艘。但是，太平洋舰队的 3 艘航空母舰因出海执勤而免遭袭击，岸上油库和重要设施也未被击中，这为太平洋舰队的重建保存了力量。

珍珠港事件标志着太平洋战争的爆发。日军给美国太平洋舰队以重创，掌握了太平洋上的制海、制空权，为进攻菲律宾、马来亚和荷属东印度创造了条件。而美国也在 1941 年 12 月 8 日宣布对日作战，将强大的国家机器转入了战时的轨道，第二次世界大战进入一个新的阶段。

斯大林格勒保卫战

斯大林格勒（现名伏尔加格勒），是苏联内河航运干线伏尔加河下游西岸的重要港口，也是苏联南方铁路交通的枢纽和重要工业城市，还是重要的军事基地。第二次世界大战中著名的斯大林格勒保卫战就发生在这里。

德军在围攻列宁格勒不久，于 1942 年 7 月 17 日，投入 150 万的兵力进攻斯大林格勒。希特勒甚至定下了 7 月 25 日以前攻占斯大林格勒的计划。苏联军民在斯大林的号召下，誓死抗敌，人人都投身到反击德国法西斯的斗争中去。

德军集中了 40 个师的精锐部队，每天出动上千架次飞机，把 100 多万颗炸弹投向这座城市，斯大林格勒的建筑几乎全被炸毁。

9 月 13 日，德军 17 万人，500 辆坦克向保卫斯大林格勒的苏军发起猛攻。德军在几个也段突破苏军防线，进入市区阵地。

在这危急的时刻，苏军进行了英勇的抵抗。苏联人民也团结起来，人人手执武器在废墟中同冲进市区的德军展开搏斗，前面的倒下了，后面的冲上去。一场最为残酷、最为激烈的市区争夺战开始了。

9 月 14 日，争夺市中心的激战达到了白热化的程度。德军死伤惨重。据守斯大林格勒和苏军战士，抱着与城共存亡的决心和德军浴血战斗。

为了争夺火车站，德苏双方交战激烈，一周内火车站 13 次易手。

为了争夺被德军占领的马耶夫岗高地，近卫军猛扑高地东北面的陡峭斜坡，冲入战壕与德军展开了白刃搏斗，终于把高地夺回。

守卫巴甫洛夫大楼的激战持续了 58 个昼夜，德军用火炮、迫击炮进行射击，还派飞机向楼房轰炸。楼房虽被炸得面目全非，却始终未被摧毁。苏军坚守楼房，给敌人一次又一次的还击。

7.5 万名苏联姑娘，成为高射炮手、无线电兵、卫生员和护士，她们把自己的青春奉献给伟大的斯大林格勒保卫战。拖拉机厂的工人们一边反击敌人，一边在弹片横飞的车间里坚持生产。人人都是战士，到处都是战场。希特勒的军队陷入人民战争的汪洋大海中。希特勒原想速战速决，但斯大林格勒人民的顽强反击，使德军陷入困境。从 9 月 13 日到 26 日，德军每天几乎伤亡 3000 多人，但仍然不能占领全城。德军的士气一天天低落下去。

严寒的冬季终于来到了。毫无过冬准备的德国士兵陷入饥寒交迫中，很多士兵被冻死，德国的战斗力一天天衰弱下去。战争的形势逐渐开始变化。

11月19日，苏联红军终于迎来了激动人心的时刻：斯大林发布了大反攻的命令。

11月23日，苏军把33万德军困在包围圈中。德军弹尽粮绝，他们处在死亡的恐惧之中。德军司令鲍罗斯向希特勒发出突围撤退的请求。希特勒则命令不许投降，德军必须死守阵地。鲍罗斯陷入万分绝望的情绪中，他向希特勒发出最后一份急电：部队将于24小时内最后崩溃。万般无奈的希特勒急忙发出一份电令，升鲍罗斯为陆军元帅，其余117名军官也各升一级。希特勒希望通过封功加爵，加强德军将士光荣殉职的决心。

接到电令的鲍罗斯彻底失去了希望。1943年2月2日，坚持了6个月的斯大林格勒大会战终于结束了。9万多名德国官兵，其中包括鲍罗斯在内的24名高级将领，穿着单薄的衣衫，抓紧裹在身上的满是血污的毛毯，在零下24℃的严寒下，一步一拐地走向寒冷的西伯利亚战俘营。

斯大林格勒战役给希特勒法西斯以致命的打击。德军再也无力进行大规模的进攻，他们一步步后退，开始走下坡路。苏联红军则开始大反攻，陆续收复失地，并攻入德国本土。苏联人民和全世界人民都从斯大林格勒大战的胜利中看到了胜利的希望，也坚定了彻底打败德国的信心。斯大林格勒保卫战的胜利，是苏德战争的转折点，也是第二次世界大战的伟大转折。

诺曼底登陆

第二战场，指的是在第二次世界大战中，美、英在欧洲开辟的反法西斯德国的战场，也就是以英国为基地，横渡英吉利海峡，在欧洲西部登陆，直接对德国作战。这一计划是由苏、美、英三国在德黑兰会议上决定的，登陆地点选在法国西部的诺曼底。美国将军艾森豪威尔被任命为最高总司令，盟军确定于1944年6月在诺曼底登陆，6月5日是计划的行动日。

6月4日，港口阴云密布，空气潮湿。美参谋长比尔·基恩送来艾森豪威尔推迟24小时行动的通知。1944年6月5日晨，艾森豪威尔来电：攻击开始日不变，星期二，6月6日。

6月6日，5000艘舰只浩浩荡荡地从普利茅斯港出发。就在地面部队乘军舰驶向海峡之前，盟军的空降部队已在深夜出发，他们要提前空投到德军"大西洋壁垒"后面。1.6万名美军官兵和5000名英军官兵分乘1000架飞机空降在德军阵地后面，其中美军第82和第101空降师降落在"犹他"滩，英军第6空降师则在奥恩河畔卡昂附近降落。这次空降虽然由于飞行员的急躁和天气恶劣，降落点较分散，但部队已开始夺取要害部位。不久，德军出现了混乱和恐慌，桥梁、公路和部分据点被盟军空降兵攻占，而盟军损失却不到15%。

空降行动后，6日早上6点30分，柯林斯的第7军开始在"犹他"滩登陆。此前，约 360 架美国轰炸机对海滩实施了轰炸。海军战舰从 5 点 36 分开始对射程内的所有防御工事实施了共 56 分钟的炮击。登陆部队的 32 辆"谢尔曼"坦克有 24 辆上了岸，载有 105 毫米火炮的两栖车辆也上了岸。经过轻微的战斗，德军第 709 师的 1 个团很快投降了。雷·巴顿的新编第 4 师一马当先，于当天傍晚推进了约 10 千米。2.3 万名美军登上了"犹他"滩，美国在这天的战斗中仅损失 197 人。

与"犹他"滩相反，"奥马哈"海滩的登陆战异常残酷。64 辆坦克中，攻击东海滩的 32 辆坦克仅有 5 辆上了岸，几十辆两栖车辆也大部分沉没。整个登陆行动，仅一半左右的坦克和可怜的几辆车登上了海滩。空军的轰炸没有达到目的，海军却摧毁了约 1/2 或 2/3 的德军阵地；"奥马哈"海滩的德军第 716 师的 1 个团得到精锐第 352 摩托师的强有力支援。水下障碍、水雷及海滩的低堤对登陆部队十分不利。德军在壕沟中向低地猛烈炮击和射击。6 点 30 分，第 5 军的第 29 师第 116 团及"大红一师"的第 16 团，还有水下爆破工兵部队遭到德军火炮、迫击炮和机关枪的猛烈阻击。激战进行了几小时，海滩血流成河，大多数坦克被毁。6 小时后，登陆部队拼命作战，才占据了 10 米滩头阵地。据统计，美军至少有 2500 人伤亡。

登普西率领的第 2 集团军准备在黄金滩、朱诺滩、索德滩登陆。受暗礁和地形的影响，第 2 集团军的登陆推迟了一个半小时。当英军第 50 师的两栖坦克登陆时，守军很快后退，英军在黄金滩推进了约 7 千米，但未到达计划的目的地贝叶。由加拿大人组成的第 3 师，登陆前就损失了 8 辆坦克，他们英勇杀敌，向前推进了约 7 千米。他们的巡逻装甲车甚至到达了贝叶—卡昂公路；在索德滩，英军第 3 师的 28 辆坦克在登陆前就沉没了 16 辆，上岸的 12 辆坦克摧毁了德军的大炮阵地，前推进了约 7 千米，并在奥恩河岸与第 6 空降师取得了联系。在登陆当天，第 2 集团军共有 7.5 万名官兵及 8000 名伞兵登上滩头，损失仅 3000 人。但是，英军未到达"霸王"行动计划中的重要目的地——卡昂。

盟军的登陆取得了胜利，15.6 万人中仅损失 8000 人，大部队越过了"大西洋壁垒"。

诺曼底登陆的胜利，宣告了盟军在欧洲大陆第二战场的开辟，意味着纳粹德国陷入两面作战、腹背受敌的困境，彻底粉碎了德军企图以西线部队挫败美英登陆后再抽出 50 个师转用于苏联战场的如意算盘。到 1944 年 8 月，德国的最后失败已不可避免。

雅尔塔会议的召开

1945 年 2 月 4 日~11 日，苏、美、英三国首脑斯大林、罗斯福、丘吉尔，为加快取得反法西斯战争的最后胜利，解决战后的重大问题，在苏联的克里木（又译克里米亚）半岛的雅尔塔举行了会议。

当时，第二次世界大战进入后期，苏联和英美等国的军队从东西两线向德国本土推进，德国法西斯败局已定。在远东和太平洋地区，日本法西斯军队尚在负隅顽抗。这次会议，是为了协调盟国关系，商讨最后打败德、日的计划及研究处置战败国、安排欧洲事务和战后和平等重大事务。

雅尔塔会议秘密签订了《雅尔塔协定》，发表了《克里米亚声明》，从而确立了雅尔塔体系。雅尔塔体系的内容包括4个方面：1. 如何最后打败德、日法西斯，如何处置战败国，以防止法西斯主义东山再起；2. 重新绘制战后欧亚的政治地图，特别是重新划定德、日、意法西斯国家的疆界及其被占领区的归属和边界；3. 建立联合国组织，作为协调国际争端，维持战后世界和平的机构；4. 对德、日、意的殖民地以及国联的委任统治地实行托管计划，原则上承认被压迫民族的独立。

雅尔塔会议协调了盟国的行动，加快了战胜德、日法西斯的步伐，为夺取反法西斯战争的最后胜利和争取实现战后世界和平做出了贡献。但是，雅尔塔会议上，美苏首脑背着中国达成了苏联对日作战的条件：

一、外蒙古（当时称蒙古人民共和国，现称蒙古国）的现状须予以维持。

二、日本在1904年日俄战争中，从沙俄手中夺取的"权益"须予以恢复，即：库页岛南部及邻近一切岛屿须交还苏联；中国大连商港须国际化，苏联在该港的优越权益须予以保证，苏联租用旅顺为海军基地须予以恢复；中东铁路和南满铁路由中苏共同经营。

三、千岛群岛须交予苏联。

这些秘密条件严重地损害了中国的主权和利益，说明雅尔塔会议带有明显的大国强权政治色彩。

雅尔塔会议反映出苏、美、英特别是苏美两国在战后世界安排问题上的不同意图和矛盾，对战后国际格局有着重大影响。第二次世界大战不仅使国际格局发生了转变，而且使第三次科技革命提前到来。第二次世界大战严重削弱了英法，它们沦为二等国家，使以欧洲为中心的国际关系舞台成为历史，逐渐取而代之的是美苏两极格局。

雅尔塔体系的主要内容是在开罗会议、德黑兰会议、雅尔塔会议和波茨坦会议上确定的。它建立在美苏两极格局基础上，美苏凭借其军事、经济实力划分势力范围。美国在第二次世界大战后军事、经济实力膨胀，意欲领导整个世界；而苏联的军事力量也由于战争而迅速壮大，希望在国际事务中发挥更大的作用。于是，由于意识形态的差异，国家利益的冲突，两大国由战时的盟友变为战后的对手，其对峙经历了"冷战"和"争霸"两个阶段。

二战后，出于遏制共产主义的需要，美国对苏联推行除战争以外的冷战政策。冷战政策在舆论上的表现是丘吉尔发表的"铁幕演说"，它是冷战的信号；冷战政策在政治上的表现是杜鲁门主义，它是冷战的宣言书、美国全球扩张的标志；冷战政策在经济上的表现是马歇尔计划的实施，它是杜鲁门主义在经济上的大规模运用；冷战政策在军事政治上的表现是组建北大西洋公约组织。北约和华约的建立是两大阵营对峙局面形成的标志。

在六七十年代，由于苏联推行霸权主义政策，中苏关系恶化，社会主义阵营动荡分裂，东欧国家也反对苏联的控制，并积极谋求同西方发展关系。同时，欧共体和日本经济迅速崛起，要求在经济、政治上独立自主，不愿唯美国马首是瞻，美国再也不能像以前那样随心所欲地去支配西欧各国，资本主义阵营分裂。80年代末90年代初，随着东欧剧变和苏联解体，两极格局最终瓦解，国际关系出现多极化趋势。

原子弹的发明

1945 年 8 月初，第二次世界大战进行到了尾声。为了促使日本尽快投降，8 月 6 日和 9 日，美国将两颗原子弹分别投到了日本的广岛和长崎。8 月 14 日，日本政府宣布无条件投降。

原子弹在日本的爆炸，虽然加速了日本投降的进程，但也造成了大量平民的无辜伤亡。这个结果，与科学家研究利用原子能的初衷背道而驰。科学家的本来目标是为人类寻求一种新的能源，而由于第二次世界大战的需要，人类首次对原子能的使用却是制造出了屠杀人类自己的毁灭性武器。

19 世纪初，居里夫妇发现了放射性元素——镭；卢瑟福发现了放射性元素的核蜕变能够释放出能量。1932 年，卢瑟福的学生查德威克发现了中子，而中子不需要很高的能量就能够打入原子核，引起核反应。1934 年，法国物理学家约里奥·居里夫妇宣布，他们发现用阿耳法粒子轰击铝、硼等物质可以产生人工放射性物质。意大利科学家费米利用这个成果，用中子生产人工放射物质。他在 1935 年获得了两个重大的发现：第一，在中子轰击铀的产物中，可能有一个地球上不存在的新元素；第二，用慢中子实现核反应成为可能。1938 年，德国科学家哈恩和斯特拉斯曼对中子轰击铀以后的产物进行分析，发现铀原子核在中子的轰击下会分裂为两半。犹太科学家梅特纳小姐对这个发现做了分析，她发现裂变后，铀的总质量比裂变前的要小，即有一部分铀的质量消失了。根据相对论，消失的质量转变成了能量，即每裂变一个原子就可以释放出大约两亿电子伏的能量。这种"裂变反应"的观点立即震惊了世界科学界。因为，它说明铀分裂时可以放出两个中子，而这两个中子又可能引起两个铀核分裂。于是，从 1 个铀核裂变就能够引起更多个铀核裂变。这样一种链式反应将释放出无比巨大的能量。

由于铀裂变的发现，人类找到了释放原子能的途径——通过链式反应，不断提供核分裂所需要的大量中子。所以，在第二次世界大战即将全面爆发的情况下，不少科学家就意识到，可以利用核裂变的原理制造出空前破坏力的原子弹。

1939 年夏，德国科学家开始讨论利用原子能的问题。移居美国的西拉德等科学家，得知这个消息后非常担忧。他决定促使美国注意德国可能研制成原子弹的问题。西拉德阐述了研制原子弹对美国安全的重要性，得到罗斯福总统的支持。

从 1940 年起，美国和英国都开始了研制原子弹的工作。1941 年底，美国调动大批科技人员投入到原子弹的研制工作上来。1942 年，英国和加拿大的科学家也来到美国一起参加研制工作。1942 年 8 月，美国制定了研制原子弹的"曼哈顿工程计划"。1942 年 12 月，在物理学家费米领导下，美国建成了世界上第一个实验型石墨反应堆，并首次实现了对链式反应的人工控制，这标志着人类利用原子能时代的开始。

1945 年 7 月 16 日，一颗安装在铁塔上的试验原子弹终于爆炸了。一团巨大的火球陡然升起，然后是蘑菇云、震耳的轰鸣和耀眼的光芒，真是天崩地裂！看到自己亲手

释放出来的魔鬼要比想象出来的还要可怕百倍，在场的所有科学家都被惊呆了。科学家制造出了如此威力无比的杀人武器。几乎所有的科学家都反对使用原子弹，但在8月6日和9日，美国还是将当时仅有的两颗原子弹投到了日本的广岛和长崎。

原子弹的出现对世界和平构成了极大的威胁，有人把原子弹称为核发展时代的"私生子"。不过，军事核技术的发展和军用核工业体系的形成，为民用核动力技术准备了条件。

1952年，苏联和美国同时建成了核反应堆。同年6月，苏联的原子能发电站开始运转供电。1956年10月，英国第一号原子能发电站开始运转。1957年，美国的第一座核电站建成发电。此后，不少国家开始积极建设核电站，用原子能代替煤发电。核电站迅速发展起来。目前，全世界已有30多个国家或地区建立了数百座核电站。

核电站的建立标志着人类对能源的利用已经进入了原子能时代。当然，人类对原子能的和平利用还仅仅是开始，随着科学技术的进步，原子能的利用将会出现更加广阔的前景。

联合国的建立

联合国是一个由主权国家组成的维护世界和平与安全的国际组织，是当今世界上最大的国际组织，1945年10月24日在美国旧金山成立，总部在美国的纽约。目前，联合国共有190多个会员国。联合国是在反法西斯联盟的基础上建立起来的普遍性的国际组织。它的建立，反映了世界人民爱好和平的共同愿望。

1943年10月30日，莫斯科三国外长会议结束时，中、苏、美、英四国共同发表声明，第一次正式提出建立联合国的问题。1944年7月18日，中、苏、美、英在华盛顿近郊的敦巴顿橡树园举行会议，草拟联合国宪章。会议通过了《关于建立普遍性国际组织的建议案》，基本上勾画了联合国的蓝图。1945年4月25日，联合国成立大会在旧金山举行，出席会议的有50个国家的代表。6月25日，《联合国宪章》通过。10月24日，宪章正式生效，这一天被定为联合国日。

根据《联合国宪章》，联合国的宗旨是：维持国际和平与安全；发展国际间以尊重人民平等权利及自决原则为基础的友好关系；促成国际合作，以解决国际间经济、社会、文化及人类福利性质的国际问题。为了实现上述宗旨，联合国本身及其会员国应该遵循的原则是：会员国主权平等；所有会员国都必须遵守宪章规定的义务；各国必须以和平手段解决国际争端；各国避免使用武力；联合国不得干涉任何国家的内部事务等。

联合国有6个主要机构。其中，联合国大会、安全理事会、经济及社会理事会、托管理事会和秘书处设在纽约联合国总部，国际法院设在荷兰的海牙。

联合国大会由全体会员国组成，是主要的审议机构，每一会员国享有一个投票权。维持国际和平与安全、接纳新会员国、制定联合国预算等关键问题以2/3多数决定通过，其他事项以简单多数决定通过。大会每年举行一届常会，从9月份持续到12月份，如半数以上会员国或安理会提出请求，可举行特别会议或紧急特别会议。

安全理事会（简称安理会）的主要责任是维持国际和平与安全。它在联合国中居于首要的政治地位。安理会有 15 个理事国，中国、法国、俄罗斯、英国和美国为常任理事国，其他 10 个非常任理事国由大会选举产生，任期两年。除关于程序问题的表决外，只要任何一个常任理事国投票反对（否决），安理会就无法做出肯定的决定。安理会可采取措施强制执行其决定，并且可以实行经济制裁或武器禁运。

经济及社会理事会是讨论国际经济和社会问题以及拟订政策建议的中心论坛。它在大会的领导下，讨论经济、人道主义、社会发展、妇女地位、预防犯罪、麻醉药品以及环境保护等问题，协调联合国及联合国系统各组织的经济和社会工作，在加强国际合作，促进发展方面发挥着关键作用。

托管理事会主要对 11 个托管领土实行国际监督，并确保采取适当措施促使其自治或独立。到 1994 年，所有托管领土都已实现自治或独立。鉴于其工作已大致完成，托管理事会已修订议事规则，使其在需要时开会。

国际法院（亦称世界法院）是联合国的主要司法机关，由大会和安理会联合选出的 15 名"独立法官"组成，负责对国家间的争端做出裁决。

秘书处根据大会、安理会和其他机构的指示，执行联合国实际事务工作和行政工作。秘书处的首长秘书长，是联合国的行政首脑，由安理会推荐，大会委派，任期 5 年，可以连任，主要负责提供通盘行政指导。

联合国在维护世界和平与安全、协助解除国际危机、解决长期冲突方面发挥了重大作用。它采取了维持和平和人道主义援助的行动，努力防止爆发冲突，为战后世界的持久和平奠定了基础。

第三次科技革命

第三次科技革命，又称新科技革命，兴起于 20 世纪 40、50 年代。它以原子能技术、航天技术和电子计算机的应用为代表，另外还包括人工合成材料、生物技术和遗传工程等高新技术。它极大地推动了人类社会的发展，这一浪潮至今方兴未艾。

19 世纪末 20 世纪初，科学理论的重大突破成为新科技革命的理论基础。爱因斯坦相对论的提出和量子力学的诞生，在物质观、时空观、运动观和方法论方面，将人类对自然界的认识从宏观世界引向微观世界。原子物理学揭开了核裂变的奥秘，使人工利用原子能成为可能。在第二次世界大战中，由于战争的需要，各国都集中物力、财力和人力，研究威力巨大的新式武器。战后，苏、美、英等国为了增强在国际市场上的竞争能力，加大科研方面的投入，大力开发新产品，促使科研水平不断提高。而战后初期形成的控制论、信息论和系统论成为第三次科技革命的理论依据。

第三次科技革命具有不同于先前科技革命的明显特征。首先，科学技术在推动生产力的发展方面起着越来越重要的作用，科学技术直接转化为生产力的速度加快。其次，科学和技术密切结合，相互促进，具有科学、技术、生产一体化的趋势。第三，科学技术各个领域之间相互渗透和分化，在高度分化的基础上又高度综合。现代科技发展出现了两种趋势：一方面，学科越来越多，分工越来越细，研究越来越深入；另一方面，学科之间的联系越来越紧密，科学研究朝着综合的方向发展。

无论在广度上还是在深度上，第三次科技革命对世界产生了极其深刻的影响。

第一，它极大地推动了生产力的发展，促进了劳动生产率的提高和国民财富的增长。据统计，从18世纪以来，世界工业的年增长以1951年~1976年间的速度为最快。如果以1950年各国农业生产指数为100计算，那么到1977年各主要西方国家的农业生产指数分别是：法国187，英国171，联邦德国181，意大利170，美国181，日本248。可以说，当代资本主义经济所取得的成就及其优势地位，主要是通过科学技术的进步和知识创新实现的。在新科技革命下，提高劳动生产率，主要通过生产技术的进步、劳动者素质和技能的不断提高实现的。而电子计算机控制的自动化技术，使人的劳动从直接参加生产转变为对生产过程的控制，这就要求劳动者必须具备相应的文化水平和科技水平，否则无法同现代化的生产资料相结合。新科技革命由于采用现代管理与决策理念，使劳动组织的管理日益科学化，对企业管理的"民主参与"也就应运而生。

第二，它促进了社会经济结构和社会生活结构的变化。在发达资本主义国家，国民经济中的第三产业的比重上升，超过了第一、第二产业；产业结构中的技术密集型企业发展速度大大超过传统的劳动密集型企业，信息产业逐渐兴起。

人们的日常生活也发生变革。它所创造的大量新产品改变着人类的生活，甚至影响着人类的思想道德观念。现代化通讯手段的出现，改变了人们交流信息的传统方式，也在改变了传统的人际交流方式。国际互联网使人们观察、认识外部世界的方式和方法也发生变化。

第三，它推动了国际经济格局的调整，拉大了发达国家和发展中国家的差距。科技在国际经济竞争中的地位越来越重要。新科技革命加速了生产和资本的国际化、一体化和集团化。随着各国经济的相互依存、相互渗透，经济区域化趋势加强，如以欧共体为中心的欧洲，以美国为中心的北美经济一体化，以日本为中心的亚太经济圈。这对发展中国家的地位越来越不利。西方七国1987年的经济实力占世界的60%，而人口只占12%。1950年，发达国家与发展中国家的国民生产总值相差23倍，1985年扩大为44倍，1990年更扩大为56倍，并且有进一步扩大的趋势。

随着第三次科技革命的发展，知识经济已经初露端倪。为了增强自己的地位，科技立国、科技兴国、科技强国日益成为许多国家的国策。

杜鲁门主义和马歇尔计划

1947年3月12日，美国总统杜鲁门在致国会的关于援助希腊和土耳其的咨文中，提出了以"遏制共产主义"为核心的对外政策的指导思想，这一咨文被称为"杜鲁门主义"。

第二次世界大战后，德、意、日三个国家遭到重创，英、法的力量也严重削弱，美国却依仗在战争中发展起来的雄厚的经济、军事实力，在资本主义世界取得了统治地位。1947年2月21日，英国照会美国国务院，声称由于国内经济困难，无法再给希腊和土耳其以经济和军事的援助，希望美国继续给予援助。希腊和土耳其扼东地中海，地处国际交通要道的汇合点，具有重要的战略地位，尤其黑海海峡，是黑海通往地中海、大西洋的门户，历来为大国必争之地。

第二次世界大战前，希腊和土耳其一直是英国的势力范围。战后，由于英国实力的全面衰退，美苏在这一地区的争夺异常激烈。1945年6月，苏联向土耳其提出缔结新条约的要求，包括把1921年割让给土耳其的土卡尔斯和阿尔汉达两地归还苏联，苏联在达达尼尔海峡建立陆海空军基地等。土耳其拒绝了苏联的要求，两国关系顿时紧张起来。美国乘机向土耳其提出开放和联合管制达达尼尔海峡的要求，并提供贷款，全面支持土耳其，美国在海峡地区的影响不断扩大。战后，希腊的人民武装力量蓬勃发展。1946年秋，希腊共产党领导人民掀起了武装斗争，不断取得胜利，希腊政府处于风雨飘摇之中。在这种情况下，

杜鲁门

希腊向英国提出加紧援助的要求。但英国已经难以收拾希腊的局面。1947年2月21日，英国照会美国，表示"由于军事和战略上的原因，不应该允许希腊和土耳其落入苏联控制之下"，要求美国挑起全面援助希、土的担子。"希、土危机"不仅为美国提供了取代英国、夺取东地中海控制权的可能，而且为美国提出全球性扩张的纲领、抛出冷战政策提供了契机。

在咨文中，杜鲁门指出希腊遭到由共产党人领导的"恐怖主义活动的威胁"，一旦它作为独立国家"陷落"，不但将危及土耳其和整个中东地区，而且将给欧洲一些"力争维持其自由和独立地位"的国家带来"灾难性"的影响。他把"希、土危机"比喻为希特勒和第二次世界大战的再现，宣称世界已分为两个敌对营垒，一边是"自由制度"，一边是"极权政体"，每个国家都面临着两种不同毕活方式的抉择，美国负有领导"自由世界"的使命，以抗拒共产主义。他诬指"极权主义"和任何国家的民族民主革命都"危害着国际和平的基础和美国的安全"。声称美国的政策必须是支持各国"自由人民"抵抗少数武装分子或外来压力所施行的征服活动；必须帮助各国人民以他们自己的方式去解决有关他们各自命运的问题。他要求"立即采取果断的行动……在1948年6月30日截止的期间向希腊和土耳其提供4亿美元的援助"，并要求选派文职和军事人员前往增援。杜鲁门在解释这篇咨文时说："这就是美国对共产主义暴君扩张浪潮的回答"，是"向全世界说明，美国在这个新的极权主义的挑战面前所持的立场"；"我相信，这是美国外交政策的转折点，它现在宣布，不论什么地方，不论直接或间接侵略威胁了和平，都与美国的安全有关"。由此可见，杜鲁门主义远不止是援助希、

土，而是美国在全世界范围内扩张的宣言，是对苏联发动全面"冷战"的宣战书。它是美国对外政策转变的完成，标志着美国对外政策已彻底摆脱了孤立主义的影响，开始由局部扩张转变为全球扩张。1947 年 5 月 22 日，杜鲁门正式签署《援助希、土法案》。1947 年~1950 年，美国援助希、土两国 6.59 亿美元。1949 年，在美军指挥下希腊革命被扑灭。

杜鲁门主义是美国对外政策的重大转折点。它与马歇尔计划共同构成美国对外政策的基础，标志着美苏两国由战时的盟国变为战后的敌国，美苏之间的"冷战"正式开始。

美苏争霸

1953 年 3 月，斯大林逝世。9 月，赫鲁晓夫就任苏共中央第一书记。他开始逐步改变同西方尖锐对抗的政策，提出了一套争取同美国平起平坐，实现苏美合作，共同主宰世界的基本战略目标。这一战略目标在 1956 年 2 月的苏共二十大上得到了确认。

赫鲁晓夫执政中期，苏联的经济和军事实力大增，缩短了同美国的差距。同时，从世界范围来看，国际关系力量对比也发生了变化，美国称霸世界的计划屡屡受挫。这些都使得苏联有可能从新的实力地位出发，执行新的外交政策。

外交战略和实力对比的变化，直接影响了美苏争霸局面的形成。其中，苏联推行霸权主义政策，是美苏争霸局面形成的主要原因。美苏争霸形成的时间是 20 世纪 50 年代中期，到 90 年代结束，大致经历了 3 个阶段：

第一阶段：50 年代中期~60 年代初期，双方争霸的特点是既缓和又紧张。

50 年代中期，对奥地利和约的签订，结束了战后奥地利被美、苏、英、法 4 大国分割占领的局面，奥地利成为中立国家。条约对世界局势特别是欧洲局势的缓和起了积极的作用。西方国家认为，这是苏联的一次实质性让步，东西方关系开始"解冻"。

1955 年苏联和联邦德国建立大使级外交关系。苏联承认联邦德国是面对现实的一种选择，它改善了苏联在国际上的形象，壮大了苏联"和平攻势"的声势；同时，也使西方难以回避民主德国作为一个主权国家的事实。

1959 年 9 月，赫鲁晓夫同美国总统艾森豪威尔在马里兰州的戴维营举行了会谈。虽然赫鲁晓夫的美国之行没有取得什么实际成果，但他认为这本身就给人以美苏平起平坐，共同主宰世界事务的印象。美国在实际上也承认了苏联与美国同是超级大国的事实。在戴维营会谈期间，美国还公开希望赫鲁晓夫对中国施加压力。而赫鲁晓夫为了迎合美国，也企图以牺牲中国的利益来换取"美苏合作"。这样，中苏关系逐步恶化。

紧张方面的事例有两个："柏林墙"的修筑和"古巴导弹危机"。

"柏林墙"是德国分裂和欧洲分裂的标志，是东西方冷战的象征。柏林墙筑起两个星期后，苏联撕毁美、苏两国为期 3 年的禁止核试验的协议，恢复了一系列核试验。美国也不甘示弱，肯尼迪总统下令恢复地下核试验。美、苏双方之间核军备竞赛迅速升级。

第二阶段：60年代中期~70年代末，这一阶段的特点是苏联进攻，美国防守。

1964年上台执政的勃列日涅夫积极扩张军备。到70年代，就军事力量的对比而言，苏联已经从战略劣势转为战略均势，并且日益显示出超过美国的趋势。同时，苏联的经济实力同美国的差距也大为缩小。日益增强的实力，特别是军事实力，成为勃列日涅夫积极进攻战略的支柱。

迫于形势的变化，1969年尼克松担任美国总统后，对美国的对外战略进行了重大调整，从战略进攻转为战略防御。其基本倾向是收缩美国的海外态势，收缩的重点是亚洲。为此，尼克松在亚洲采取了两大步骤：一是美军从越南撤出，二是开始同中国实现关系正常化。但是美国仍不失为资本主义世界最强大的国家，没有放弃它的霸权政策。

第三阶段：80年代~90年代，美国强硬，苏联收缩。

1981年里根就任美国总统，在整顿国内经济的同时，对美国的全球战略做出了重大调整，开始对苏联重新采取强硬态度。80年代中期担任苏联最高领导人的戈尔巴乔夫开始放弃争夺军事优势的做法，转而裁减军备。

1987年，两国签署了全部销毁两国中短程核导弹的条约。苏联在对外战略上由扩张转向全面收缩。1991年，苏联解体。美苏争霸，遂告结束。

北约和华约的建立

《北大西洋公约》，简称《北约》。1949年4月4日，美国、加拿大、英国、法国、比利时、荷兰、卢森堡、丹麦、挪威、冰岛、葡萄牙和意大利12个国家在美国首都华盛顿签订《北大西洋公约》。公约共14条，它规定：缔约国实行"集体防御"，当缔约国遭到"武装攻击"，其他缔约国应"采取视为必要之行动，包括武力之使用"。公约于1949年8月24日开始生效。根据公约，成立了北大西洋公约组织。北大西洋公约组织的最高权力机构为部长理事会，理事会由成员国国家元首及政府首脑、外长、国防部长组成，常设理事会由全体成员国大使组成。最主要的作战机构为欧洲盟军最高司令部，最高司令由美国将军担任，统率各成员国拨交他指挥的军队。北约总部设在布鲁塞尔，它是实现美国全球战略目标的军事政治集团。

北约组织成立后，成员不断增加。希腊和土耳其于1952年加入，联邦德国和西班牙分别于1955年和1982年加入该组织。

20世纪90年代，随着华约组织的解散和苏联的解体，欧洲的政治与安全形势发生了巨大变化，北约开始向政治军事组织转变。

1990年7月，北约宣布冷战结束。为适应新形势的需要，北约开始全面调整战略。1991年12月，北约决定与部分中东欧国家成立北大西洋合作委员会。1992年，北约允许它的军队离开成员国领土到其他地方参与维和行动。1994年1月，北约通过了与中东欧国家以及俄罗斯建立"和平伙伴关系"的计划。1997年5月，旨在取代北大西洋合作委员会，加强北约同欧洲和欧亚大陆的非北约国家之间安全关系的欧洲—大西洋伙伴关系理事会正式成立。1997 年 7 月，北约东扩计划正式启动。1999 年 3 月，波兰、捷克和匈牙利正式成为北约新成员。这是实现北约东扩计划的实质性一步。北约东扩后，其前沿地区向俄罗斯边境推进了 650~750 千米。北约的战术航空兵从波兰境内已能威胁到俄罗斯的圣彼得堡、摩尔曼斯克、库尔斯克和沃罗涅日等重要城市。

由于北约东扩直接影响到俄罗斯在中东欧地区的利益，并对俄国安全构成威胁，因此从一开始就遭到俄罗斯的强烈反对。然而，北约东扩已是大势所趋，俄罗斯与北约经过多次较量和妥协，1997 年 5 月 27 日，双方签署了《北约与俄罗斯相互关系、合作与安全基础文件》。该文件承诺让俄罗斯对北约事务有一定程度的发言权，以换取俄罗斯对北约东扩的默认。2022 年 2 月 24 日，俄乌战争爆发。这场战争是北约持续东扩，挤压俄罗斯战略空间和生存空间的结果。而乌克兰近些年采取的外交策略是俄乌战争爆发的原因之一。俄乌战争中，俄罗斯的战略诉求是以战促谈，逼乌克兰签订城下之盟，迫使乌克兰放弃加入北约的意图，从而获得安全保障。

截止到 2022 年 7 月止，北约的成员国目前有 30 个，它们是美国、加拿大、英国、法国、德国、意大利、希腊、荷兰、比利时、卢森堡、西班牙、葡萄牙、丹麦、挪威、冰岛、匈牙利、波兰、捷克、斯洛伐克、罗马尼亚、保加利亚、爱沙尼亚、拉脱维亚、立陶宛、斯洛文尼亚、克罗地亚、阿尔巴尼亚、黑山、北马其顿、土耳其。

华沙条约组织是根据《华沙条约》建立的军事集团。1955 年 5 月 5 日，联邦德国正式成为北约的一员。由于它处于东西方对峙的最前沿，它加入北约对于苏联和东欧国家无疑是巨大的威胁。鉴于这种形势，苏联与东欧各国采取了针锋相对的措施。5 月 14 日，苏联、捷克斯洛伐克、保加利亚、匈牙利、民主德国、波兰、罗马尼亚、阿尔巴尼亚在华沙缔结了 8 国友好合作互助条约，通称《华沙条约》，简称《华约》。条约宣称，缔约国将致力于"国际和平和安全"，并以"和平方法解决国际争端"；条约规定设立武装部队联合司令部和政治协商委员会等组织。总部设在莫斯科。武装部队联合司令部的总司令和参谋长一直由苏联人担任。苏联在民主德国、波兰、匈牙利、捷克斯洛伐克等国驻军几十万。华约组织是与北约组织相抗衡的欧洲两大军事集团之一。它的建立，使东西方之间最终形成了两大对立的军事集团，使两大阵营的对峙具有了明显的军事对抗色彩，从而使"冷战"气氛达到了高潮。华约组织后来成为苏联控制东欧的工具。1968 年 8 月，苏联以华约组织名义，出兵侵占了捷克斯洛伐克。同年 9 月阿尔巴尼亚退出该组织。1990年 10 月，民主德国并入联邦德国，民主德国不复存在。1991 年 4 月 1 日，华约组织宣布解散其军事机构，7 月 1 日，华约 6 个成员国领导人在布拉格签署议定书，宣布华约结束。至此，华约组织正式解散，两大阵营的对峙宣告结束。

日本的崛起和发展

第二次世界大战结束后初期，日本借助有利的国内外条件成功地了推行民主化改革和恢复经济的重点倾斜政策。20 世纪 50 年代中期~70 年代中期，日本经济进入了高速发展时期，成为资本主义世界第二经济大国，令世界各国刮目相看。80年代以来，日本实施稳定经济增长、新科技立国和全球贸易战略，缩短了和美国的经济差距，超过了苏联，成为世界第二经济大国，并与超级大国美国展开激烈的贸易竞争。日本的经济发展道路和模式成为许多经济学家和社会科学工作者关注和研究的课题。

1945年~1955年是日本经济恢复的时期。1945年10月11日，麦克阿瑟代表盟国提出日本民主化改革的5项要求，揭开了日本政治、经济民主化改革的序幕，其措施主要是：实施农地改革；打击和解散财阀；修改日本国宪法；逮捕战犯，进行整肃。这些措施，铲除了日本军国主义和法西斯势力的政治、经济基础，发展了资产阶级民主势力，对生产关系进行了局部调整，为资本主义的高速发展扫清了道路。

这一时期，日本经济的恢复和发展还依赖于朝鲜战争的天赐良机、美国的援助以及日本政府采取的重点干预政策。

1956年~1973年，是日本经济高速发展的时期。日本经济的高速发展得益于政府的强化干预，实行以自由市场经济为主，政府干预为辅的混合经济体制；得益于政府的中长期经济计划。同时，下列因素对于日本经济的持续高速发展也起了重要的作用：持续不断的设备投资和资金的高积累和高投资政策；科技立国和科技兴国，积极引进国外的先进科学技术，发展本国的工业技术体系；教育优先，大力追加教育经费，加强基础教育、技术教育和继续教育，充分利用海外廉价资源，大力发展外向型贸易；推行专业协作化和经营管理现代化，亲密劳资关系；推行亲密劳资关系的企业管理经营体制；越战的刺激和军备开支的削弱。

1955年~1970年间，日本经济的年增长率为10.35%，其中，1966年~1970年间为12.2%。1950年，日本的国民生产总值在西方国家中占第7位，1960年超过加拿大，1966年超过法国，1967年超过英国，1968年超过联邦德国，一个仅占世界陆地面积0.3%的岛国一跃而成为资本主义第二、世界第三经济大国。

自70年代以来，日本经济继续发展。到1985年，各主要发达国家的国力以美国为100计算，联邦德国为54，日本则为61，日本成为名副其实的经济大国。1987年，日本经济实力超过苏联，成为仅次于美国的世界第二经济大国。德国《银行家》杂志1992年7月提供的数字表明，在世界上最大的20家银行中，日本占了11家。

日本经济的发展，也带来了美日经济上的矛盾。经济战由纺织品大战逐渐扩及汽车、家用电器、电脑等各个领域。

随着经济实力的膨胀，日本力图在政治上有所作为。20世纪80年代，日本开始了新的远航，提出了日本"国际化"的口号。1983年，日本明确提出了要成为政治大国的主张。

为了加快走向政治大国，日本加强日美同盟关系，以同美国的合作与协调为外交基轴；立足亚洲，在美、日、欧三角中谋求亚洲代言人的角色；谋求建立"日元圈"；加强防务力量，向军事大国方向发展，国内逐渐出现了为军国主义势力的复活铺路的倾向；争当安理会常任理事国；谋求中国和其他亚太国家的理解和支持；力图扩大日本文化的世界性影响。

从欧共体到欧盟

　　第二次世界大战严重削弱了西欧主要资本主义国家，它们丧失了在国际事务中的主导地位。虽然在 20 世纪 50 年代初，西欧各国经济已经逐渐恢复和发展，但已无法恢复昔日的地位。西欧各国要重新在战后的国际事务中发挥有力的影响，进一步发展，就必须联合起来，实现欧洲的统一。而法德的和解是欧洲联合的关键。法国担心西德经济和军事实力的恢复会对其他欧洲国家安全构成威胁。为此，法国首先考虑的是建立一个国际机构，将西德和法国及其他一些欧洲国家的重工业统一管理起来，以便从物质基础上防止德国再次成为军事强国。

　　1951 年 4 月 18 日，根据法国外长舒曼的建议（即舒曼计划），法国、联邦德国、意大利、荷兰、比利时和卢森堡在巴黎签订《欧洲煤钢联营条约》，把各自的煤钢工业联合起来，建立煤钢联营，共同管理 6 国煤钢的生产、投资、价格和原料分配等。条约把西德重整军备的关键工业部门置于共同管理和监督之下，可以保证这些资源不再被用于军国主义目的，从而为欧洲统一铺平了政治道路。随着经济实力的增强，西欧 6 国决定进一步加强联合。1957 年 3 月 25 日，6 国在罗马签订《罗马条约》，决定建立欧洲经济共同体，即共同市场和欧洲原子能共同体。1967 年 7 月，上述 3 个组织完全合并，总称欧洲共同体。1973 年，英国、爱尔兰、丹麦加入；1981 年，希腊加入；1986 年，西班牙和葡萄牙加入。至此，欧共体扩大为 12 个成员国。

　　欧共体在发展过程中，它的主要政策有：一、实现关税同盟，成员国之间逐步降低直至取消关税，工业品在内部自由流通。统一对外关税率至 1968 年 7 月已完成，关税同盟是共同市场的基础，也是共同体经济一体化的支柱；二、实施共同的农业政策，在内部逐步统一农产品价格，促进农产品的自由流通，对进口的农产品提高关税以保护内部农业生产。建立共同的农业基金，奖励出口和促进农业结构改革；三、建立货币联盟，以欧洲货币单位为核心，各成员国根据本国货币和欧洲货币单位中心，汇率确定相互之间的货币汇率。对非成员国实行浮动汇率；在 1978 年欧洲货币体系运行以来的基础上，欧元于 1999 年正式启动。四、促进政治联盟，成立欧洲理事会并产生了欧洲议会。

　　欧共体使西欧关系得到缓和、稳定，成员国经济实力大大加强，国际地位明显增强，成为与美苏抗衡的重要力量，反映了世界多极化的趋势。

　　1991 年 12 月 10 日，在荷兰通过的《马斯特里赫特条约》，决定将欧共体改称为欧洲联盟。1993 年，欧洲统一大市场诞生，从此，欧盟成员国之间正式实施商品、资本、人员、劳务 4 大生产要素的自由流通，欧盟成了一个统一的经济实体。

　　1995 年，奥地利、瑞典、芬兰又加入欧盟。目前，欧盟拥有 15 个成员国和 3.8 亿人口，是世界上第二大经济实体，其 1999 年的国内生产总值达到 7.809 万亿欧元，仅次于美国（8.729 万亿欧元）。

　　欧盟的主要机构有：1. 理事会：决策机构，分为欧洲理事会和欧盟理事会。前者负责确定大政方针，每半年举行一次例会，必要时召开特别首脑会议；后者负责日常决策，拥有欧盟立法权。理事会实行主席国轮值制，任期半年，对外实行"三驾马车"代表制。2. 欧盟委员会：常设执行机构，负责实施欧共体条约和理事会做出的决定；向理事会和欧洲议会提出报告和立法动议；处理欧盟日常事务；代表欧盟对外联系及负责经贸方面的谈判。3. 欧洲议会：监督、咨询机构，拥有部分立法权。此外，欧盟还设有欧洲法院、欧洲审计院和经社委员会等机构。这些机构的职能是在保持每个成员国的独立权利基础上，实现欧洲的统一。

人类登月飞行和太空探险

千百年来，人类一直向往能插上翅膀，探索宇宙的奥秘。在古代，嫦娥奔月的神话表达了人们飞向月球的愿望。但是，当时科学技术落后，脱离地球的引力束缚去太空旅行只是一个梦。

近代以来，科技发展日新月异。1923年，奥伯特论述火箭飞行原理的《飞往星际空间的火箭》出版。1924年，齐奥尔科夫斯基论述多级火箭的专著出版。火箭靠自身的燃料燃烧喷出气体的反作用力飞行。如果物体达到7.9千米/秒的速度，就可以围绕地球运行而不落下来。这个速度就是第一宇宙速度。如果速度达到11.2千米/秒，我们就可以摆脱地球引力束缚在太阳系内飞行。这个速度为第二宇宙速度。当速度大于16.7千米/秒，我们就可以飞出太阳系了，这就是第三宇宙速度。

1957年10月4日，苏联第一颗人造卫星上天，拉开了人类航天时代的序幕。1961年4月12日，苏联宇航员加加林乘坐"东方1号"宇宙飞船环绕地球飞行一圈，历时108分钟，写下了人类航天飞行的新篇章。加加林也成为第一位进入太空的人。

月球是距离地球最近的天体，是人类进行太空探险的第一站。1959年，苏联发射的月球2号探测器在月球着陆，这是人类的航天器第一次到达地球以外的天体。同年10月，月球3号发回第一批月球背面的照片。1970年，月球16号把100克月球土壤送回地球。

美国人也不甘落后，在20世纪60年代开始了征服月球的"阿波罗"计划，目的就是登上月球实地考察。在1961年到1967年间，9个"徘徊者"探测器，7个"勘探者"探测器以及5个月球轨道器先后对月球进行考察。它们拍摄了照片并分析了月球的土壤，为登上月球做好了充分的准备。紧接着，"土星5号"运载火箭先后向月球发射了17艘"阿波罗"飞船。其中，"阿波罗"1~3号是试验用的飞船，4~6号是无人飞船，7号飞船载人绕地球飞行，8~10号载人绕月飞行，11~17号是载人登月飞行。

1969年7月16日，美国"阿波罗11号"飞船，载着阿姆斯特朗、奥尔德林和柯林斯在美国肯尼迪航天中心升空。到达月球轨道后，由柯林斯驾驶飞船绕月飞行，而阿姆斯特朗和奥尔德林驾驶登月舱于7月20日在月球表面静海降落。阿姆斯特朗第一个登上月球。他说出了下面这段意味深长的话："对于一个人来说，这只是一小步；但对人类来说，这是巨大的一步。"他们在月球表面上进行实地科学考察，并把一块金属纪念牌插上月球，上面镌刻着"公元1969年7月，来自行星地球上的人首次登上月球。我们是全人类的代表，我们为和平而来"。他们在月球上安装了月震仪，采集了月球岩石和土壤。在完成月面考察任务以后，他们进入登月舱，离开月球回到月球轨道上的指令舱中，与柯林斯会合后开始返回地球，完成了这一史无前例的航天飞行。此后，又有5次成功的登月飞行，宇航员们总共在月球上停留了约300小时。人类对月球的认识大大加深了。

1994年，美国发射了"克莱门汀号"无人驾驶飞船，对月球进行了新的地貌测绘，为在不久的将来建立月球基地和月基天文台做准备。

1998年1月6日发射升空的"月球勘探者"，携带中子光谱仪探测氢原子，最终发现在月球两极的盆地底部存在水。

人类对于未知世界的探索是永无止境的。人们并不满足于对月球的了解，目标又转向了太阳系中的八大行星。随着科技的飞速发展，人们有望在不远的将来直接登上火星进行实地考察，彻底弄清火星生命问题。

到目前为止，人类只登上了月球，这不能不说是一个小小的遗憾。展望21世纪，人类将插上科技的翅膀，在更加广阔的宇宙空间纵横驰骋！

不结盟运动的形成

不结盟运动是当代国际政治舞台上一支重要的力量，它形成于20世纪60年代。它坚持独立自主、非集团的原则；坚持和平、中立、不结盟的宗旨；坚持反帝、反殖的方向，在国际事务中发挥着重要的作用。

不结盟运动的兴起是国际形势发展的必然结果。第二次世界大战结束后，亚洲、非洲和拉丁美洲地区的民族解放运动蓬勃发展，出现了一系列新兴的民族独立国家。这些新兴国家大都选择了独立、自主、不结盟的发展道路。与此同时，美国、苏联两个超级大国为了争夺世界霸权，力图控制广大的亚、非、拉中间地带，对这些国家的独立、主权和安全构成越来越大的威胁。

在这种形势下，一些国家的领袖，如铁托、尼赫鲁、纳赛尔、苏加诺、恩克鲁玛等逐渐形成了共同的国际意识，主张参与国际事务，推动新兴国家联合起来，反对新老殖民主义，反对大国干涉，维护世界和平。1956年7月，铁托、纳赛尔、尼赫鲁发表《联合声明》，反对把"世界分成强有力的国家集团"，提出"应该建立世界规模的集体安全"，"应该继续并且鼓励奉行不同政策的各国领袖之间的接触和意见交换"。后来，在1960年第15届联合国大会期间，铁托、纳赛尔、尼赫鲁、恩克鲁玛和苏加诺协商召开不结盟会议事宜，这5个领导人被称为不结盟运动的创始人。在铁托和纳赛尔的积极努力下，由埃及、南斯拉夫、印度、印度尼西亚、阿富汗5国（后来它们被称为"不结盟运动的发起国"）发起，1961年6月在埃及首都开罗召开不结盟国家首脑会议的筹备会议，规定了参加不结盟国家首脑会议的5项标准：1. 必须执行以和平共处和不结盟为基础的独立政策，或者表现出与这一政策相一致的倾向；2. 必须一贯支援民族独立运动；3. 不得是参与两大阵营纠纷的军事同盟的成员；4. 不得是有大国参加的、卷入两大阵营纠纷的区域性防御条约或双边条约的成员；5. 不得赞成在其领土上为两大阵营之一的利益建立军事基地。筹备会议决定于 1961 年 9 月正式召开不结盟国家和政府首脑会议。

1961 年 9 月，第一次不结盟国家和政府首脑会议在南斯拉夫的贝尔格莱德举行。会议通过了《不结盟国家的国家和政府首脑宣言》。宣言指出："只有殖民主义、帝国主义和新殖民主义的各种表现形式都被消除……之后，持久和平才能实现"；不结盟国家"决意协同做出努力来制止各种新殖民主义和帝国主义统治的一切形式和表现"。宣言宣布与会各国全力支持阿尔及利亚、安哥拉、突尼斯、古巴以及其他为争取和维护民族独立而斗争的各国人民。宣言要求各大国签订全面彻底的裁军条约，以缓和国际紧张形势；认为"现在的军事集团……不时引起国际关系恶化"，"不结盟国家应该参与有关世界和平与安全"的国际问题的解决。宣言要求消除殖民主义遗留下来的经济不平衡状态，废除国际贸易的不等价交换，稳定原料和初级产品价格。宣言还要求恢复中华人民共和国在联合国的合法权利。不结盟国家和政府首脑会议的举行，标志着不结盟运动正式开始，它推动了国际政治力量由美苏两极向多极化方向转化。不结盟运动所确立的不结盟、独立自主的原则和反帝、反殖的立场，受到越来越多的第三世界国家的承认和支持，从而促进了第三世界的壮大。

不结盟运动在反对帝国主义、殖民主义，促进亚、非、拉各国民族解放运动的深入发展；在反对霸权主义、强权政治，维护第二三世界国家的独立、主权和平等地位；在反对超级大国的侵略和战争政策，保卫世界和平；在改革旧的国际经济关系，建立国际经济新秩序等方面，做出了不懈的努力。

不结盟运动开始后，其队伍不断扩大。到 1983 年，已有 119 个国家加入，占世界国家总数的 2/3；人口 20 多亿，占世界总人口的 1/3。不结盟运动作为第三世界最大的政治性国际组织，已成为当代国际社会中强大而充满生气的政治力量，在国际事务中的作用越来越显著。

第三世界的兴起

第三世界兴起于 20 世纪 50 年代中后期~70 年代初期，由超越两大阵营的发展中国家所组成，它成为一支影响世界政治经济发展的举足轻重的力量。

第二次世界大战后，在亚、非、拉出现了一系列新兴的独立国家。为了维护主权独立和发展经济，这些国家既需要国际合作，又不愿介入美苏争霸，它们采取不与任何大国结盟的外交政策。这一支独立的政治力量被称为"第三世界"。

第三世界的兴起，主要包括 3 方面的内容：一是亚、非、拉大批国家经过长期斗争，取得民族独立或在捍卫国家主权的斗争中取得重大胜利；二是第三世界国家以万隆会议和不结盟运动的形成为标志，团结起来进行反帝、反殖、反霸斗争，对建立战后国际政治新秩序产生了重大影响；三是以"七十七国集团"的形成为标志，第三世界国家打破西方发达国家操纵国际市场，建立国际经济新秩序。

第二次世界大战后，殖民体系逐渐崩溃，亚、非、拉地区的民族解放运动蓬勃发展。在东亚，随着日本的投降，越南、朝鲜、中国3国经过艰苦斗争，建立人民政权，获得民族独立，并走上社会主义道路；在南亚，经过印度人民的长期斗争，英国被迫同意印度独立。其他地区的国家如雅律宾、缅甸、锡兰（斯里兰卡）、印度尼西亚、马来西亚、新加坡等也纷纷宣布独立。

在亚洲人民掀起民族独立运动高潮的同时，非洲人民的独立斗争也在不断升温。1952年，埃及爆发反帝反封建的"七月革命"，以纳赛尔为首的"自由军官组织"发动武装起义，推翻英国控制的法鲁克王朝，实现了独立。1956年，纳赛尔宣布将苏伊士运河收归国有，并打败英、法、以的侵略，取得了苏伊士运河战争的胜利。阿尔及利亚民族解放阵线发动反法武装起义，迫使法国于1962年承认阿尔及利亚独立。阿尔及利亚的独立，给非洲其他国家以极大的鼓舞。在它的影响下，民族解放运动席卷非洲。到60年代末，英、法在非洲的殖民统治基本被摧毁。

拉美民族运动主要表现为捍卫民族主权的斗争，其中具有代表性的是古巴革命和巴拿马人民收回运河主权的斗争。

亚、非、拉一系列国家的独立和捍卫民族主权斗争的胜利，形成了战后世界一大政治力量。他们为反对西方国家的控制和掠夺，又展开了争取建立国际政治经济新秩序的斗争。

万隆会议也叫亚非会议。1955年，包括中国在内的20多个国家参加的万隆会议，反映了亚非人民团结反帝、反殖的共同愿望，会议体现了反对殖民主义，维护民族独立，反对侵略战争，捍卫世界和平，促进各国友好合作的精神。它表明亚、非、拉国家开始作为一支新兴的政治力量登上国际政治舞台。1961年不结盟运动正式形成，所谓"不结盟"是不与美苏这样的大国结盟，它奉行独立、自主、非集团的政策。这一政策获得广大第三世界国家的支持，到80年代不结盟运动已有101个成员国，包括了第三世界的大多数国家，它成为国际事务中的一支重要力量。

随着越来越多的第三世界国家加入联合国，第三世界在联合国中的作用大大加强。这改变了超级大国在联合国为所欲为的现象。1971年，在第三世界的共同努力下，中华人民共和国在联合国的合法地位得到了恢复，中国恢复了常任理事国地位。这进一步加强了第三世界在联合国的作用，使第三世界成为一支独立的、对国际政治发展起重要作用的政治力量。

第三世界的兴起，冲击着战后国际关系中的两极格局。随着第三世界力量的日益壮大，它在国际政治和经济事务中发挥着愈来愈大的作用。

南南合作

"南南合作"是指发展中国家间的经济合作，是建立在平等、自愿、互助、互利基础之上的，以建立国际经济新秩序为主要内容。20世纪50年代的万隆会议揭开了南南合作的序幕。在20世纪60年代，随着不结盟运动的兴起和"七十七国集团"的成立，南方国家开始进行整体性的合作，同时，兴起了许多区域性经济和贸易组织。

进入 20 世纪 70 年代，绝大多数殖民地国家都已获得独立，南南合作有了良好的发展机遇，并取得突出成就，其标志是石油输出国组织（欧佩克）登上世界舞台。发展中国家通过欧佩克作为一个集体采取行动，干预世界石油市场，从中获取合理的利润。这是南方集体自力更生道路上的一个里程碑，是发展中国家第一次联合起来共同行动与北方争夺对一种重要产品的生产和价格的控制权。整个 70 年代在南方国家的集体斗争中，商品价格不断得以调整，许多南方国家经济增长显著。南南贸易大幅度增长，从 1970 年到 1981 年之间，南南贸易在世界贸易总额中所占比例几乎增加了一倍。

20 世纪 80 年代以来，南南合作走向地区一体化。1980 年成立的拉丁美洲一体化协会取代了 60 年代初建立的拉丁美洲自由贸易协会，进一步推动该地区一体化的进程。同时，海湾合作委员会、阿拉伯合作委员会和马格里布联盟的诞生，也推动了中东和北非一体化的发展。1985 年南亚区域合作联盟产生加强了南亚国家的合作。进入 90 年代以来，南南合作的发展趋势在不断加强。

拥有 128 个成员国的"七十七国集团"也在积极开展活动。1991 年 11 月，在德黑兰举行部长级会议，发表《德黑兰宣言》。1992 年 2 月在哥伦比亚召开的联合国贸易会议上，协调了南方国家的立场。第三世界国家在争取和平与发展、维护主权和独立、反对霸权主义和强权政治等基本问题上，达成共识。

南南合作地区集团化趋势也在不断加强。在亚洲，东南亚国家联盟继续发展壮大。1995 年 7 月底，在文莱举行的第 28 届东盟外长会议上，正式接纳越南为其第七个成员国，并希望把老挝、柬埔寨和缅甸三国也纳入进来。

在非洲，各国为加强经济合作和一体化采取务实措施，取得很大的进展。1991 年 6 月，非洲 51 个国家在非洲统一组织第 27 届首脑会议上签署了《建立非洲经济共同体条约》。1994 年 5 月，非洲经济一体化开始起步。

1992 年南部非洲 10 国决定把南部非洲发展协调会议改组为南部非洲发展共同体，随后接纳南非和毛里求斯为新成员国，为该共同体注入新的活力。1994 年年底，东南非地区 22 国首脑会议批准建立东南非共同市场。1994 年 1 月，西非货币联盟和西非经济共同体合并成立西非经济和货币联盟。

在拉美地区，20 世纪 90 年代以来，出现新的一体化组织。

1989 年 7 月，墨西哥、哥伦比亚和委内瑞拉成立三国集团，支持中美洲和平进程和一体化。1995 年伊始，三国集团的自由贸易区正式启动。

安第斯集团在 20 世纪 90 年代又重新活跃起来，于 1991 年开始建立安第斯自由贸易区。1995 年 9 月 5 日，安第斯集团总统理事会第七次会议决定建立安第斯一体化体系。

1991 年 3 月，阿根廷、巴西、乌拉圭和巴拉圭四国总统在巴拉圭首都亚松森签署《亚松森条约》，宣布建立共同市场，推动拉美地区的经济一体化进程。1995 年 1 月，南方共同市场正式启动。

拉美地区常设性政治协调机构——里约集团也有发展，1994 年 9 月，里约集团在里约热内卢举行第八次首脑会议，与会各国就许多问题进行了广泛的交流，达成广泛的共识。

古巴导弹危机

1962 年，加勒比海地区发生了一场震惊世界的古巴导弹危机。这场危机，差一点引发一场核战争。在人类进入核时代以来，在美苏军备竞赛和争夺世界霸权的激烈斗争中，没有任何一次危机达到如此惊心动魄的程度。

1959 年 1 月，古巴人民推翻了巴蒂斯塔独裁政权，成立共和国。时年 32 岁的卡斯特罗出任总理。1961 年 4 月，美国中央情报局策划支持 1000 多名雇佣军在古巴的吉隆滩登陆，企图通过武力颠覆古巴共和国。这一行动失败后，美国一方面并未完全放弃对古巴的武力威胁；另一方面，对古巴政策又转向了经济上的全面制裁和禁运，企图通过卡断其经济命脉来扼杀年轻的古巴共和国。与此同时，赫鲁晓夫为了同美国争夺世界霸权，力图在拉丁美洲寻找立足点。为此，他逐步加强了对古巴的经济和军事援助。苏联以"保卫古巴"为名，从 1962 年 7 月开始，把进攻性导弹秘密运进古巴。

苏联导弹运进古巴，很快就被美国察觉。1962 年 10 月 22 日，肯尼迪向美国和全世界发表广播讲话，通告苏联在古巴部署核导弹的事实，认为美国必须立即对古巴实行"隔离"，以阻止进攻性武器运入古巴。讲话还包括以下内容：增强对古巴一切行动的监视；从古巴发射的任何导弹都被认为是苏联对美国的攻击，必须对苏联做出充分的报复性反应；加强美国在古巴境内关塔那摩海军基地的力量，命令其他部队随时做好准备；要求美洲国家组织和联合国开会讨论苏联对西半球安全的威胁并采取必要的行动；要求赫鲁晓夫从古巴撤走所有导弹。23 日，肯尼迪签署公告，从 24 日起对古巴实施海上"隔离"，拦截检查一切前往古巴的船只；在实施"隔离"期间，美国在加勒比海海域部署了舰只，在佛罗里达集结重兵，数百架战略轰炸机携带核弹升空待命；海外的军事基地也进入戒备状态，并通过卫星密切监视古巴的一切军事活动。

危机之初，苏联做出了强硬的反应。赫鲁晓夫宣称，对于美国"史无前例的侵略"和走向"发动世界热核战争"的行为，苏联将进行最强烈的回击，苏联船只不会听从美国海军的封锁，不会停航和接受检查。苏联还要求美国从世界各地拆除其军事基地，要求安理会讨论制止美国破坏和平的问题。同时，苏联和华沙条约组织的武装力量，进入戒备状态。一时之间，世界濒临核大战的边缘。

但是，美苏并不愿意真的触发双方之间甚至世界范围的核大战。美国留有余地，苏联更是色厉内荏。10 月 24 日，苏联驶往古巴的船只开始返航。26 日，赫鲁晓夫提出，愿意在联合国监督下从古巴撤出进攻性武器，并表示不再向古巴运送这种武器，交换条件是美国撤销对古巴的封锁，并保证不再入侵古巴。27 日，肯尼迪发表声明，要求苏联在联合国监督下从古巴撤出导弹，美国保证不入侵古巴。28 日，赫鲁晓夫表示同意撤除在古巴的核武器，让联合国代表到古巴核实。11 月 1 日，卡斯特罗宣布，拒绝联合国视察，并提出维护古巴主权和领土完整等要求。11 月 8 日~11 日，苏联从古巴运走了 42 枚导弹，并在公海上接受美国"船靠船的观察"。20 日，肯尼迪宣布赫鲁晓夫答应将在 30 天内撤走在古巴的全部"伊尔—28 型"轰炸机，并宣布取消对古巴的海上封锁。双方的武装力量先后解除戒备状态，危机终于结束。

古巴导弹危机是美苏争夺霸权、进行核讹诈和玩弄战争边缘政策所造成的，也是美苏用包括核武器在内的军事力量进行的一次空前的对抗。危机的解决虽然避免了核大战，但其影响却是深远的。它暴露出核时代超级大国对抗的风险和核讹诈政策的局限。结果，这场危机加上此前发生的柏林危机，戏剧性地成了美苏冷战以至整个国际关系缓和中一个转折点。在以后的斗争中，两国都较为谨慎地避免直接对抗，特别是避免核武器对抗，并谋求妥协与合作以维持核垄断。

戈尔巴乔夫的"新思维"

戈尔巴乔夫上台执政的时候，苏联已经处于内外交困的境地。在国内，国民经济的发展已陷入停顿状态，社会矛盾日益严重。在外部，苏联自 20 世纪 70 年代末期以来所奉行的全球进攻战略，开始遭到西方集团的全面反击。美国总统里根于 1983 年提出关于建立反弹道导弹防御系统的战略防御倡议。1983 年 3 月 23 日，美国总统里根宣布，为了确保美国及其盟国在可能发生的美、苏核大战中立于不败之地，美国已制订了《总统战略防御倡议》，其主要内容是建立以定向能（激光、粒子束、微波等）武器为主，包括攻击卫星、反弹道导弹的多层综合防御系统，用以在可能发生的核大战中拦截并击毁对方发射过来的弹道导弹，保护美国及其盟国的生命和财产的安全。因此项计划扩展到宇宙空间并涉及太空武器，故称"星球大战"计划。美国政府于 1985 年 1 月 4 日正式公布。1993 年 5 月美国政府宣布结束"星球大战计划"，并将发展文基反导弹防御系统转为发展陆基反导弹防御系统，改战略防御计划局为弹道导弹防御局。"星球大战"计划的出笼，是美、苏核军备竞赛加剧的结果。美国提出的"星球大战计划"使苏联面临着在新一轮军备竞赛中被拖垮的危险，对阿富汗的长期作战也使苏联付出了惨重的代价。可以说，在戈尔巴乔夫上台执政之时，苏联原有的内外政策已无法施行。为了配合国内的改革，戈尔巴乔夫对苏联的外交政策实施了大幅度的调整，提出了外交"新思维"。

戈尔巴乔夫的外交"新思维"是一个内容庞杂的思想理论体系，其核心思想是"全人类的价值高于一切"。所谓"全人类的价值"，主要指的是超阶级的"人性""道德伦理""人道主义"等价值观念。

戈尔巴乔夫反复宣称，应把"全人类的道德伦理准则作为国际政治的基础"，使国际关系"人性化""人道主义化"和"民主化"。他还提出了"新思维"的一系列原则：世界是一个相互依赖的整体，因此要排除两大社会体系之间的对抗；核战争会毁灭全人类，因而就不再是实现政治、经济、意识形态和其他目的的手段。所以要建立一个没有战争、没有军备竞赛的世界；和平共处不再是阶级斗争的特殊形式，国家关系要实现非意识形态化，要把对话和相互谅解作为目标。此外，"新思维"还包含关于苏联应采取的外交方针和策略的内容，比如加强改善苏美关系，追求苏美合作，承认

历史大事

世界的多极化和各国的独立自主，要放弃从前的霸权主义政策等等。

戈尔巴乔夫外交"新思维"的基本目标是：第一，为国内的改革创造良好的外部环境，缓和国际紧张局势；第二，保持超级大国的地位，发挥对世界的主导性影响。在实施政策的具体方式上，戈尔巴乔夫主要采取了以对话代替对抗、以收缩代替扩张、以退让代替争夺的方式。在他执政的末期，苏联走上了对西方迁就、顺从乃至屈服的道路。

为了实现外交政策的基本目标，戈尔巴乔夫在涉及对外关系的诸领域中，以"新思维"为指导，进行了诸多方面的活动：以大规模的撤军、裁军作为改善对外关系、改善国际形象、缓和国际局势的基础；将放弃苏美对抗、谋求苏美合作为外交工作的重心。他上台后，在政治、军事、经济等方面主动采取了一系列改善苏美关系的行动，甚至不惜做出重大的让步；在"欧洲大厦"的口号下，谋求同西欧的合作，谋求西方国家的经济援助；在苏联与东欧各国的关系方面，对东欧的剧变给予积极的评价；主动改善同亚洲地区各国的关系，提出一系列减少亚太地区军备竞赛、军事对抗、建立安全机制的建议和主张。

德国统一

战后，东西方特别是美苏之间长期而全面的对抗，致使德国统一的问题迟迟得不到解决。1949 年，联邦德国和民主德国先后建国，1955 年两德分别加入北约和华约，1973 年又同时加入联合国，1975 年一起参加"欧安会"首脑会议最后文件的签字，民主德国与联邦德国并存进一步得到确认。直到 1989 年秋东欧形势出现急剧变化之前，两德和美、苏、英、法四大国都没有认真考虑过德国统一的现实性和可能性。

民主德国的经济是东欧国家中最好的，但它的人均国民产值仅及联邦德国的一半。民主德国百姓被联邦德国的高生活水平所吸引，不少人逃往联邦德国。民主德国政府筑柏林墙阻止居民外流，但收效不大。1989 年 10 月 7 日，民主德国庆祝建国 40 周年。柏林、莱比锡等城市爆发示威游行，要求扩大民主，实行改革，放宽出国旅行。警察用高压水龙冲散游行队伍，拘捕数百人。全国形势动荡不安。执政 18 年之久的昂纳克被迫于 10 月 18 日辞职，各级党政领导也大量易人。12 月 8 日～9 日和 16 日～17 日，统一社会党举行非常代表大会，决定将党的名称改为"德国统一社会党—民主社会主义党"，宣称民主德国应建立一个实现民主、建立法制、社会平等的民主社会主义社会。

1989 年 11 月 9 日，民主德国开放柏林墙，允许居民自由过境。两天中，有 75 万民主德国人涌进联邦德国。这股洪流把象征分裂的柏林墙"推倒"，使统一问题成为全德人民共同关心的焦点。联邦德国总理科尔抓住时机，于 11 月 28 日提出德国统一的十点计划。民主德国政府反对科尔的计划，但是不久，就改变了态度，于 1990 年 2 月 1 日建议两德通过缔结睦邻条约、建立邦联、主权移交邦联、民主选举等 4 个阶段实现统一。

在迅猛的统一浪潮推动下，美、苏、英、法四大国不断调整对德政策。1990 年 2

月13日，两德同四大国在渥太华共同制定了先由两德解决与统一有关的"内部"问题，再由两德同四大国一起解决与统一有关的"外部"问题，即所谓"2+4"方案。

1990年3月18日，民主德国举行人民议院选举，结果基督教民主联盟、德国社会联盟和民主觉醒三党组成的德国联盟选胜。4月12日，新政府组成，有24名成员，民主社会主义党被排除在外。5月18日，两德财政部长签署了关于建立货币、经济和社会联盟的国家条约。7月12日起，东西柏林的边界卡全部撤销，柏林墙被拆除。

两德于7月6日开始关于政治统一问题的谈判。1990年8月31日，两德签署了实现政治统一的第二个国家条约，规定东西柏林合并，民主德国加入联邦德国。

德国统一涉及欧洲各国的利益和安全，而德国作为第二次世界大战中的战败国，一直受美、苏、英、法四大战胜国的某种监控。因此，科尔政府利用"2+4"外长会议，积极开展外交活动。科尔政府"保证忠于北约和欧共体"，明确表示承认波兰西部边界，并在第三次"2+4"巴黎外长会议上就德波边界问题达成全面协议。苏联坚决反对统一后的德国归属北约。科尔为争取苏联交出德国统一的"最后一把钥匙"，决心从德苏之间的双边交易突破。7月15日，他表示永远承认战后边界；答应把德国统一后的武装力量裁减到37万；允诺向苏联提供120亿马克的无偿援助和近100亿马克的低息贷款等，从而换取了戈尔巴乔夫的点头。1990年9月12日，在莫斯科举行了第四次"2+4"会议，各国外长签署了《最后解决德国问题的条约》。

莫斯科条约照顾到各方的利益。它宣布，统一的德国对内对外拥有完全的主权并可自由结盟。条约确定德国现有领土和边界的最终性，规定苏军在1994年底前撤离原民主德国的地区。德国声明奉行和平政策，放弃制造、拥有和控制核武器、生物武器以及化学武器，并保证在4年内裁军45%。10月1日，四大国外长在纽约发表联合宣言，宣布从10月3日起中止四大国对德国和柏林的权利和责任。至此，德国统一的一切问题都已完满解决。

1990年10月3日，民主德国正式并入联邦德国。柏林国会大厦升起了联邦德国国旗。分裂了40多年的德国重新实现了统一。

艾滋病肆虐全球

艾滋病（AIDS）的全称是获得性免疫缺陷综合征（Acquired Immune Deficiency syndrome，缩写为AIDS），是由艾滋病病毒——免疫缺陷病毒（Human Immune Deficiency Virus，缩写为HIV）引起的一种严重传染病。艾滋病病毒侵入人体后，严重破坏人体的免疫功能。病人因抵抗疾病的能力极速下降而感染多种疾病，如带状疱疹、口腔霉菌感染、肺结核、肠炎、肺炎及脑炎等，后期常常发生恶性肿瘤，最终因长期消耗，全身衰竭而死亡。艾滋病病毒存在于感染者的体液和器官组织内，感染者的血、精液、阴道分泌液、乳汁、伤口渗出液中含有大量艾滋病病毒，具有很强的传染性。泪水、唾液、汗液、尿等在不混有血液和炎症渗出液的情况下含此种病毒很少，没有传染性。

艾滋病发源于非洲，后由移民传入美国。1981年6月5日，美国亚特兰大市疾病控制中心首次介绍了他们发现的 5 例艾滋病病人的病史。1982 年，此病正式被命名为"艾滋病"。不久，艾滋病迅速蔓延到了各大洲。

艾滋病传染途径主要有 3 条：

1. 性接触传播。包括同性及异性之间的性接触。与 HTV 性传播有关的高危人群为：男性同性恋者、妓女、嫖娼者、双性恋者、性乱者。美国调查发现，同性恋者的 HIV 感染率高达 20%～30%，西方国家 70% 的 HIV 感染者为男性同性恋者。在非洲、东南亚一些国家，80% 以上 HIV 感染因异性性接触所致，女患者中 81% 为妓女。这些国家中，异性性活动是 HIV 的主要传播方式。

2. 血液传播。包括：输入污染了 HTV 的血液或血液制品；静脉药瘾者共用受 HIV 污染的、未消毒的针头及注射器；注射器和针头消毒不彻底或不消毒，特别是儿童注射未做到一人一针一管，危险更大；口腔科器械、接生器械、外科手术器械、针刺治疗用针消毒不严密或不消毒；理发、美容、纹身等的刀具、针具，浴室的修脚刀不消毒；和他人共用刮脸刀、剃须刀或共用牙刷；输用未经艾滋病病毒抗体检查的血或血液制品，以及类似情况下的骨髓移植和器官移植等。

3. 母婴传播。也称围产期传播，即感染了 HTV 的母亲在产前、分娩过程中及产后不久将 HTV 传染给胎儿或婴儿，可通过胎盘，或分娩时通过产道，也可通过哺乳传播。

艾滋病的传播非常迅速，自 1981 年美国疾病防治中心发现第一例艾滋病至今，全球感染艾滋病的人数已超过 6000 万。因患艾滋病而死亡的人数达 2500 万之多，艾滋病已成为威胁人类生命的最大杀手，已成为当今世界最为关注的公共卫生问题。世界卫生组织确定每年的 12 月 1 日为国际艾滋病日，以引起国际社会和各国政府的重视。

由于至今还没有治疗艾滋病的特效药，也没有可用于预防的有效疫苗，一旦发病，病人一般都会在不长的时间内死亡。所以目前艾滋病还是一种病死率高达 100% 的极为严重的传染病。

虽然人类还没有找到一种可以治疗艾滋病的方法，但是我们仍然可以预防它：洁身自爱，遵守性道德；进行安全的性行为，每次发生性行为时都正确使用避孕套；及时、规范的治疗性病；避免不必要的输血和注射，进行穿破皮肤的行为时保证用具经过严格的消毒；戒断毒品，不共用注射器注射毒品；避免母婴传播。

艾滋病是世界性瘟疫，它威胁着整个人类社会，任何地方都没有人能逃避艾滋病的追踪，无论在大城市的豪宅，还是在乡间隐居之所。因此，被称为"当代瘟疫"和"超级癌症"的艾滋病已引起世界卫生组织及各国政府的高度重视。自从发现艾滋病的那一天起，人类就开始与艾滋病展开了不屈的抗争。为避免这一世纪瘟疫给世界造成更大的创伤，人类应该以最快的速度采取切实行动，在公众中大力普及预防艾滋病的常识，加强对艾滋病的防治，最大限度地减少死亡人数和控制艾滋病的蔓延。

克隆技术的出现

克隆，是 Clone 的音译，意思是无性繁殖，克隆技术即无性繁殖技术。英国罗斯林研究所首次利用体细胞克隆成功了克隆羊多利，这在生物工程史上揭开了新的一页。

在自然界，有不少植物具有先天的克隆本能，如番薯、马铃薯、玫瑰等插枝繁殖的植物。而动物的克隆技术，则经历了由胚胎细胞到体细胞的发展过程。20世纪50年代，美国的科学家以两栖动物和鱼类作研究对象，首创了细胞核移植技术，他们研究了细胞发育分化的潜能问题、细胞质和细胞核的相互作用问题。1986年，英国科学家魏拉德森第一次利用细胞核移植法克隆出一只羊，以后又有人相继克隆出牛、羊、鼠、兔、猴等动物。我国的克隆技术也颇有成就，80年代末，中国克隆出一只兔；1991年克隆羊成功；1993年克隆出一批山羊；1995年克隆出牛。而美国最近克隆猴取得成功，日本科学家也声称他们繁殖出200多头"克隆牛"。以上所述的克隆动物，都是用胚胎细胞作为供体细胞进行细胞核移植而获得成功的。

1997年2月，英国罗斯林研究所宣布克隆成功的小羊多利，是用乳腺上皮细胞作为供体细胞进行细胞核移植的，它翻开了生物克隆史上崭新的一页，突破了利用胚胎细胞进行核移植的传统方式，使克隆技术有了长足的进展。整个克隆过程如下：科学家选取了3只母羊，先将一只母羊的卵细胞中所有遗传物质吸出，然后将之与另一只6岁母羊的乳腺细胞融合，形成一个含有新遗传物质的卵细胞，并促使它分裂发育成胚胎。当这一胚胎生长到一定程度时，再将它植入第三只母羊的子宫中，由它孕育并产下克隆羊多利。多利酷似提供乳腺细胞的6岁母羊。小羊多利是世界上第一个利用体细胞克隆成功的动物。克隆多利的成功，从理论上说明了高度分化细胞，经过一定手段处理之后，也可恢复受精卵时期的合子功能。这说明了在发育过程中，细胞质对异源细胞核的发育有调控作用。它对生物遗传疾病的治疗、优良品种的培育和扩群等提供了重要途径，对物种的优化、濒危动物的种质保存，对转基因动物的扩群均有一定作用。

克隆小羊多利的成功，在世界各国引起强烈的反响，有的看作福音，有的则视为祸水。笔者以为对新技术应采取支持态度，生物克隆取得突破，最大的好处是培养大量品质优良的家畜，丰富人们的物质生活，使畜牧业的成本降低，效率提高；还可提供某些药物原料以提高人类免疫功能等等。在小羊多利之前，罗斯林研究所曾培育出一只奶中含治疗血友病药物原料的转基因羊，一家公司以50万英镑的高价买去。如果利用体细胞大批"复制"这只羊，就可挽救更多患者的生命。另外，利用克隆技术可以大量复制珍稀动物，挽救濒危物种，调节大自然的生态平衡，为人类造福，何来忧患呢？当然，克隆技术也可能带来负面影响，一些克隆动物在遗传上是全等的，一种特定病毒或其他疾病也会带给克隆出来的动物，这将会带来灾难。无计划克隆动物，会扰乱物种的进化规律，干扰性别比例，这种对生物界的人为控制会带来许多意想不到的危害。但只要制订科学的克隆计划，这种负效应就可以避免。

至于克隆人，这是一个没有意义的研究课题，克隆技术只能复制出外貌特征相同的生物，不能克隆出被复制者原有的才能。即使有人能克隆出酷似历史上的伟大领袖、伟大科学家那样的人物，也仅在外貌上相同，却缺乏伟大领袖、伟大科学家那样的思想、气质、才能。这样的克隆具有什么意义？至于有人主张克隆人用于医学上人体器官的移植，这也是不可行的。因为克隆出来的人也享有人权，如果克隆人不肯捐赠器官，发明者也不能侵犯人权。而且，最重要的是克隆人不符合世界形势和国情，当今世界人口急剧膨胀，不少国家已实行计划生育，控制人口增长，在这种情况下怎么斥巨资做违背社会发展规律的事呢？

温室效应和全球变暖

大多数人认为温室效应与全球变暖有着密切的联系。但是，温室效应也是使地球适宜人类居住的有利的自然现象之一。

温室效应并不新鲜，地球从中受益已经几十亿年了。温室效应就是保温效应——天然温室效应保持地球平均温度比无温室效应时高出大约 30℃。温室效应现象的原理以及术语由法国数学家约瑟夫·傅立叶（1768～1830 年）于 1827 年第一次提出。1859年，爱尔兰物理学家约翰·丁铎尔（1820～1893 年）用实验证明了傅立叶的观点是正确的，他的实验显示包含水蒸气和二氧化碳的空气能够保温。

20 世纪的早期，科学家已注意到地球气候先前已经发生过剧变，而现在我们正在享受着一段相对温暖的时期，即间冰期。意识到二氧化碳对温室效应所起的作用，瑞士物理化学家斯凡特·阿伦尼乌斯（1859～1927 年）怀疑地球冰期可能是由大气中二氧化碳浓度降低引起的，然后，他计算了人类活动向大气中排放的二氧化碳量，认为经过相当长的一段时间，这种排放可能带来相反的效应。1896 年，阿伦尼乌斯首先提出工业气体的排放可能导致地球经历一个变暖期，而不是变冷期。但这预期的还是很遥远的未来，所以阿伦尼乌斯自己也没怎么在意它。

40 年后，即 1939 年，阿伦尼乌斯的观点被英国气象爱好者柯兰达（1889～1964年）重新提起。柯兰达研究了有关的历史气象记录之后，提出地球温度的升高与大气中的二氧化碳的含量存在着一定的联系。柯兰达的观点遭到许多气候学家的反对，他们认为地球的能量收支平衡使这种联系不可能存在，他们坚持认为大气中任何过量的二氧化碳都会被海洋吸收。

柯兰达的观点埋下了一个有关地球变暖问题争议的种子，并且从那时起，人们开始更加关注地球变暖问题。但是，支持柯兰达观点的科学家并没有找到具有说服力的证据。气候学家迫切需要更优的模型和更多的数据。20 世纪后期，各种相关数据为这一观点提供了支持。

20 世纪 60 年代，科学家可以很精确地测量大气中的二氧化碳浓度，在所监测的几年中，大气中二氧化碳的浓度确实在迅速上升。在整个 20 世纪，科学家一直都在试图揭开地球气候系统复杂的运作机制真相，但他们还不可能做出一个确定的预测。这种不确定成了反对者否定该观点的把柄，也增加了该观点支持者的焦虑感。

20 世纪 80 年代，从全世界收集来的气候数据表明全球的温度已经上升，但逐渐增强的温室效应还只是假设的导致全球变暖的原因之一。气候模型开始将海洋、云等对热吸收作为变量。1988 年成为一个转折点，这一年是全球自有气象记录以来最热的一个年份（从这一年起，全球的最高温度已经被刷新了许多次了）。也就是在这一年，公众开始意识到全球变暖的严重性。美国气候学家詹姆斯·汉森一再重申，大气中二氧化碳浓度的增加将导致全球变暖。

1890~1990年的100年间，大气中的二氧化碳浓度从280ppm增加到345ppm。到20世纪90年代早期，人类活动每年向地球大气中排放66亿吨的二氧化碳——其中有55亿吨来自矿物燃料燃烧，11亿吨来自雨林的焚烧。除此之外，其他温室气体也正以更快的速率增加：甲烷每年增加1%；氟氯化碳（CFCs、）每年增加6%。这两种气体在地球大气中所占的总比例低于二氧化碳，但是它们对太阳辐射热的吸收能力却更强。

到20世纪末，科学家达成了一个普遍的共识：全球正在显著变暖并且其原因是人类活动以及不断增强的温室效应。气候模型为人类提出了预警，全球变暖将会导致海平面上升、暴风雨、洪水，以及随之而来的干旱。一些国家已开始采取措施限制本国温室气体的排放。为了21世纪的地球免受气候变暖的威胁，1997年12月，84个国家联合签署了《京都议定书》（2005年起生效），但是美国没有签订议定书，不过美国也在努力地降低温室气体排放。

"9·11" 事件

2001年9月11日是美国政府及人民心中永远的痛。

就在这一天，当今世界上唯一的超级大国美国，遭遇了迄今为止人类历史上最为严重的恐怖袭击事件。从早晨8点51分起，纽约、华盛顿等地先后发生连环恐怖袭击的灾难事件。纽约世贸中心、美国国防部所在地——五角大楼先后遭到恐怖主义分子劫持的波音757、767飞机猛烈撞击。世贸双塔轰然倒塌，3000多人死亡和失踪。"9·11"事件被美国政府称为美国历史上的第二次"珍珠港事件"。

首当其冲的是纽约的标志性建筑——世贸中心的两座110层的大厦。当地时间早上8时51分，一架飞机撞向世贸中心的其中一座大楼。大楼随即发生爆炸，滚滚浓烟从上部冒出。18分钟后，在当地电视台进行现场直播时，一架小型飞机从相反的方向高速而精确地撞向世贸中心的另一座大楼。大楼随即也发生巨大爆炸。世贸中心的两座"双子星"大楼上端各出现了一个硕大的黑洞。世贸中心被撞击后不久，美国国防部五角大楼也遭到了袭击。一架飞机在早上9时47分撞向美国国防部所在地五角大楼，并造成大火。与此同时，美国国务院门外也发生一起汽车炸弹爆炸事件。

由于美国世贸中心和五角大楼遭到恐怖分子袭击，美国纽约证券交易所、纳斯达克市场、芝加哥期货交易所和芝加哥商品交易所等各大证券交易所均停止交易。在东部时间上午9时32分，美国股市宣布停市，外汇市场也出现了大幅的震荡。受它的影响，欧洲股市遭到重挫；不久，拉美股市也全部停盘。

一连串事件发生后，美国进入戒备状态，政府下令所有机场暂时关闭，飞机停飞，华尔街股市停市，白宫和国防部均紧急疏散。美国总统布什发表声明，称这是一起明显的针对美国的恐怖袭击事件。布什发誓要追查到底，严惩元凶，要开展一场打击恐怖主义的全球战争。世界各国领导人也很快发表讲话，严厉谴责这一恐怖袭击事件，并对美国人民表示同情。美国认定流亡的沙特大亨本·拉登及其领导的"基地组织"策划并组织了"9·11"事件，并要求庇护他的阿富汗塔利班政权立刻将其交出，但遭到拒绝。于是，美国在10月7日发动了对阿富汗的战争。

"9·11"事件以后，反恐怖斗争逐渐呈现出白热化和僵持不下的局面。一方面，美国组织起国际反恐统一战线，取得了对阿富汗战争的胜利。阿富汗塔利班军事组织遭受重创，本·拉登基地组织的老巢被端；另一方面，国际恐怖势力更加肆虐。美国发动对伊拉克的战争后，国际恐怖势力相继在世界各地掀起新一波报复性恐怖袭击浪潮。

"9·11"事件后，主要大国不同程度地调整了安全战略，导致国际反恐合作与传统军事竞争同步发展，国际安全形势中的不确定性因素明显增大。外交上，反恐成为现阶段国际关系特别是大国关系的重要黏合剂。但是，美国致力于反恐斗争的同时，没有疏忽防范潜在的战略竞争对手。它力图谋求建立所谓新帝国，加剧了国际形势的紧张与不确定性。

伊拉克战争

伊拉克战争是以美国为首的美英联军对伊拉克发动的战争。战争在2003年3月20日爆发；5月2日，美国总统布什正式宣布战争结束，整个战争持续了44天。实际上，在4月14日美军攻占伊拉克总统萨达姆的家乡提克里特之后，美军大规模的军事行动已经基本结束。这是继1991年海湾战争之后，美国对伊拉克进行的第二次战争。

美国发动伊拉克战争的主要借口有两个：一是伊拉克有大规模杀伤性武器，二是伊拉克是许多国际恐怖组织的后台老板。在美国看来，这不仅严重威胁着美国的安全，也威胁着整个世界的安全。因此，美国希望通过战争，推翻萨达姆政府，消除美国的安全隐患，进而控制伊拉克石油，推行其改造中东的新战略。

在持续44天的伊拉克战争中，美英联军的空中力量进行了4次大的作战行动。

"斩首"作战行动。战争一开始，美英联军没有进行夺取制空权的大规模轰炸。在3月20日的首轮空袭中，联军仅对伊领导人的地下隐蔽所、萨达姆及其亲属和高级助手的住地进行了突然的"斩首"攻击，企图一举除掉萨达姆，打乱伊军指挥体系，使伊处于群龙无首的状态，缩短战争进程。

"震慑"作战行动。3月22日，美英联军突然开始对伊拉克实施猛烈空袭。轰炸的主要地区是巴格达。美军对萨达姆的官邸、指挥中心、政府主要部门等目标进行了"饱和轰炸"。美军希望通过突然的大规模轰炸，对整个伊拉克造成立即失去抵抗能力的震慑效果，并以此瓦解伊军的抵抗意志，从而达到在战争初期就实现速战速决的目的。

"切断蛇头"作战行动。这主要是通过精确轰炸，摧毁伊拉克的通信指挥系统，彻底切断萨达姆与军队的联系。3月28日，美军向伊拉克国家通讯中心大楼投放了被称为"掩体粉碎机"的钻地炸弹。3月30日，巴格达邮电通讯大楼和一个通讯中心被摧毁。3月30日，美军飞机轰炸了阿拉伯复兴社会党总部。美国还把伊拉克电视台的发射器作为打击目标。3月26日，美军向巴格达电视台发射了电磁脉冲炸弹，致使电视台信号中断。

支援地面作战行动。在开战第二天，美英联军就开始了地面作战。因此，美英空中力量将支援地面作战作为重要的任务。正是在空中力量的掩护、支援下，美地面部队才得以快速向巴格达推进。3月22日，也就是开战之后的第3天美军就推进到巴格达以南的纳杰夫、纳西里耶一线。此后，美军在卡尔巴拉、纳杰夫、纳西里耶等地与伊军形成了对峙局面。在这种情况下，美空中力量迅速调整了战略，从3月25日开始，空中打击的重点转向伊军地面部队，特别是伊拉克共和国卫队，同时对美英地面部队的作战行动提供近距空中支援。在空中力量的支援下，美地面部队直取巴格达国际机场，挺进到巴格达市中心广场。

伊拉克战争是美国在新世纪推行所谓"先发制人"国家安全新战略的第一场局部战争，也是美国谋求建立单极世界策略的重要组成部分。美国发动伊拉克战争，忽视了联合国安理会，改变了中东地区的大国政治的传统形态，削弱了大国在中东的地位。可以说，以美国为首的世界单边主义将会在今后相当长的时间内左右着世界政治格局。伊拉克战争也暴露出两极格局终结10余年来，国际形势中新的不确定因素在增多，世界并不太平。维护世界和平、促进共同发展的历史任务依然艰巨。但总的来看，这毕竟是一场局部战争，不可能改变国际格局的基本趋势和发展方向。国际关系体系尽管受到伊拉克战争的极大冲击，但和平与发展仍是当今时代的主题，世界多极化的总趋势仍在曲折中发展。

从2003年3月20日美国发动"斩首行动"至今，美国发动这场战争的目的——武力推翻萨达姆政权、铲除伊拉克大规模杀伤性武器、控制伊拉克经济与石油战略资源、按照美国的意图开始伊拉克的政治重建进程——大部分已经实现。如今，伊拉克的民主政府已经成立，萨达姆也已经被处死，但伊拉克的混乱局面恐怕还要持续一段时间。

神奇的火星车

2004年1月3日，美国宇航局就"勇气"号火星探测器即将登陆火星的实验举行了新闻发布会。

"对于'勇气'号能平稳降落在火星上的古谢夫环形山上，我们没有表示过怀疑，成功几率高达99%，原因之一就是'勇气'号有安全气囊的保护。而且，宇航局将在'勇气'号登陆10分钟内得到它登陆的消息，'勇气'号登陆的第一个信息将在当地时间4号凌晨获得……"美国宇航局官员介绍道。

"在穿过火星大气层的6分钟过程中，由于摩擦将产生高温，过程如同炼狱一样。"美国国家宇航局太空科学研究负责人威勒介绍道。

负责本次火星探索计划的专家马克·阿德勒补充道："据刚才发来的消息称，'勇气'号火星探测器状况良好，已经做好了登陆准备。"

　　国内外的数名记者又询问了很多关于'勇气'号登上火星的消息，在场的每一个人都为将目睹这激动人心的一刻而感到激动。

　　其实，火星车登上火星并不是首次。数十年来，各国共筹划了30多次火星探测，其中20多次以失败告终。苏联1971年的"火星3号"首次登陆火星，但只从火星表面发回了20秒钟的数据后就没有消息。之后发射的"火星4号"未能进入火星轨道，"火星5号"和"火星6号"也因为出现了各种故障而归于失败。

　　1997年，美国"火星探路者"探测器携带的第一代火星车"旅居者"（又叫索杰那）首次在火星大地上行驶。7年后，"勇气"号和"机遇"号再次登上火星。这一代火星车的性能远远高于第一代。与第一代相比，"勇气"号和"机遇"号的设计寿命是"旅居者"设计寿命的3倍。

　　与"旅居者"相比，"勇气"号和"机遇"号在个头和能力等许多方面都高出一筹。例如，"勇气"号和"机遇"号存储器的容量是"旅居者"的1000多倍；"勇气"号和"机遇"号均长1.6米、宽2.3米、高1.5米，重174公斤，而"旅居者"只有65厘米长，重仅10公斤；"勇气"号和"机遇"号装有9台相机，分辨率高，而"旅居者"只携带了3台相机，分辨率也较低，等等。

　　"勇气"号和"机遇"号火星探测器分别于2003年6月和7月发射升空，并计划于2004年1月3日和24日登陆火星。

　　2004年1月3日20时35分，"勇气"号终于在火星表面成功着陆，并于20时52分向地球发回了第一个信息。监测登陆过程的数百名工作人员在收到这一信息后一片欢腾，人们期待着"勇气"号能在火星上发现水和生命存在的迹象。

　　"现在已经按预计的时间打开了降落伞，实际上比我们预测的时间稍晚一些。"

　　"雷达已经开始捕捉地面的图像了，我们的减速火箭会在20多秒钟以后打开。"

　　"雷达已经捕捉到地面的情况了。"

　　帕萨迪纳的宇航局喷气推进实验室里一片沸腾。

　　从实验室里的大屏幕上可以看到，"勇气"号先是在耐高温表层的保护下，以大约1.9万千米的时速冲入130千米厚的火星大气层，由于空气阻力的作用，在距火星表面8千米左右时，时速降至1600千米，此时直径10多米的降落伞自动打开。当"勇气"号连同降落伞一起接近火星地面时，它的外层气囊弹出。在距地面约12米时，降落伞自动断开，"勇气"号被气囊包裹得严严实实。登陆时，被气囊包裹的"勇气"号像皮球一样在火星表面！进行长达数分钟的弹跳、翻滚，直到最后落稳。此时，气囊内的气体自动放出，原来鼓鼓囊囊的火星车这时候像是被一层帆布包着。

　　"勇气"号着陆的古谢夫环形山区域地势平缓，有利于火星车的弹跳。着陆后的"勇气"号进行了一星期的设备自检，在地面人员的操纵下，它在火星表面考察数日，并把用相机所拍摄的图像发回地球。

　　"勇气"号和"机遇"号共耗资2亿美元，是自"哥伦比亚"号航天飞机失事后美国宇航局最大的一项太空计划。

　　"旅居者"在火星上共移动了约105米，而"勇气"号和"机遇"分别在火星表面行驶了4000米和5000米。

第四章 战争风云

亚述战争

古亚述（今伊拉克境内的美索不达米亚地区），位于底格里斯河和幼发拉底河流域北部，东北靠扎格罗斯山，东南以小扎布河为界，西临叙利亚草原。它是古代西亚交通贸易中心。

因为被周边民族包围，还经常受到外族进攻的威胁，加之国土、资源又非常有限，亚述人养成了好战的习性。他们对土地贪得无厌，并且征服越多就越感到征服之必须，相信只有对外不断地发动征服战争，才能保住自己已经获得的一切。亚述人甚至把战争看作是"神"的旨意、"神圣"的事业。亚述战争就是这"神圣"事业的突出表现。

亚述战争始于前8世纪~前7世纪末，是亚述帝国对外扩张的一系列战争。

在那西尔帕二世（前883年~前859年）统治时期，他征服了北部叙利亚。后继者沙尔马纳塞三世（前839年~前824年），与南叙利亚开战，并取得了最终的胜利，又获得了巴比伦尼亚地区的宗主权。

前8世纪后期，铁器普遍使用，成了亚述统治者对外实行军事扩张的重要手段。提格拉特帕拉沙尔三世（前745年~前727年）在位时期把国家建成了一个庞大的军事机器，常备军的规模大大超过了近东任何其他民族。其军队包括战车兵、骑兵、重装和轻装步兵、攻城部队、辎重队，甚至还包括工兵，是一个具有较高水平的合成军队，大大加强了亚述的军事力量，为亚述对外发动扩张战争提供了有力的保证。

前744年，提格拉特帕拉沙尔三世进军东北，征服了乌拉尔图的同盟者米底各部落。次年，他又西征乌拉尔图的北叙利亚各同盟国获胜，俘敌7万余人，乌拉尔图王败逃。前742年，亚述军再次西征叙利亚，围攻阿尔帕德城，历时3年终于取胜。前739年，叙利亚、巴勒斯坦、腓尼基及阿拉伯等地区19国联合反抗亚述。亚述大军在黎巴嫩山区与之会战，又获胜利，各国降服。前732年，亚述军攻下反叛的大马士革，大肆屠杀，并在此设置亚述行省。前714年，萨尔贡二世奔袭乌拉尔图腹地，最后攻占其宗教中心穆萨西尔，掠获大批金银财宝。至此，乌拉尔图锐气尽挫，无力再与亚述抗衡。前688年，亚述军攻陷巴比伦城，俘迦勒底王，从此亚述控制巴比伦，称霸两河流域达数十年。

亚述占据叙利亚后，埃及不甘心丧失了其在这一地区的优势，因此极力鼓动和支持叙利亚境内各小国反叛亚述。为了征服埃及，前671年，亚述国王阿萨尔哈东率军越过西奈半岛侵入埃及，攻克埃及旧都孟菲斯。前663年，阿萨尔哈东又挥师南下，一度攻陷底比斯。不过，埃及人为摆脱亚述统治而进行的斗争从未间断，约前651年，埃及法老普桑麦提克终于彻底驱逐亚述占领军。

前7世纪，埃兰古国（今伊朗西南部的胡齐斯坦）成为一军事强国。为了争夺巴比伦这一战略要地，埃兰与亚述战事迭起。从前652年起，亚述国王巴尼拔率军苦战3年，终于击败了巴比伦和埃兰等军队。前648年，巴比伦城被攻陷，巴比伦王自焚而死。随后，身披甲胄的亚述骑兵进攻并打垮阿拉伯骆驼兵，降服了阿拉伯。前642年~前639年，亚述对埃兰发起强大攻势，蹂躏埃兰各地，最后攻入苏萨，洗劫了全城，埃兰王提比特胡班兵败身死。此后，埃兰沦为亚述属地。

亚述虽然取得了令人眩目的胜利，但在事实上已危机四伏了。一方面，亚述军队被持续不断的战争拖得精疲力竭，大伤元气；另一方面，由于其在战争中的行为异常残暴，所到之处城镇都被毁为废墟，财物被掠夺，居民被杀戮或被掳走，人口锐减导致生产力下降，因此这种残暴的政策导致到处都出现反抗。前614年，米底军队乘亚述军队在外作战内部空虚之机，攻陷千年古都亚述城。前612年，迦勒底和米底联军又攻陷帝国首都尼尼微，亚述王自焚于宫中，亚述帝国灭亡。

希波战争

前559年，居鲁士二世统一波斯，建立阿契美尼德奴隶制王朝。为了扩张版图，强大本国力量，他及以后的继承者不断对外发动侵略战争。当时，小亚细亚地区的各个希腊城邦经济甚为发达，政治亦为较先进的民主制，于是波斯帝国将其作为首个侵占目标。

前6世纪中叶，波斯帝国侵占小亚细亚西部沿岸希腊人建立的各城邦。

前513年，大流士一世进一步控制了黑海海峡和色雷斯一带，直接威胁到希腊半岛诸城邦的安全与利益。

前500年，希腊城邦米利都爆发反波斯起义，雅典、埃维厄等城邦援助。但是，坚持数年后，几个城邦联军仍然不敌波斯大军。前494年，联军被波斯军队镇压下去，米利都城被毁，同米利都一道举兵起义的一些希腊城邦也遭残酷洗劫，波斯完全征服了依阿尼亚地区。

不过，波斯国王野心并不止于此。前492年，大流士一世借口雅典和埃维厄曾援助米利都，决定出兵希腊。他首先运用外交攻势，离间希腊诸城邦的关系。然后，他在前490年，出动陆海军共25000人，进攻雅典和埃维厄两国。

很快，埃维厄城便被波斯军队攻陷，整个城被洗劫一空，所有市民被贬为奴隶。

面对波斯大军压境，雅典派米提阿德斯组编一万重装步兵，前赴波斯军的着陆地点马拉松平原，与波斯军队展开激战。针对波斯习用的中央突破战术，统帅米提阿德斯故意将精兵置于两翼，中路弱兵接敌即后撤，两翼迂回包抄以求歼灭敌人，结果波斯军队被围，被完全击败。此役，雅典军只有192人阵亡，而波斯军则损失了6400人。

马拉松大战成为古代战争史上以少胜多的范例之一。

在马拉松大战获胜后，雅典一位名叫斐力庇第斯的士兵跑回雅典报捷，但他因为极速跑了42.196公里，在报捷后便倒地身亡。后世为了纪念马拉松大战和斐力庇第斯，就举行同样距离的长跑竞赛，并定名为马拉松长跑。这便是马拉松长跑的来源。

虽然马拉松大战给波斯军队造成了一定的损失，但是对这个庞大的帝国来说并不是重大的打击，因此波斯帝国在战后积极备战，时刻寻找机会进攻希腊。希腊方面，前481年，以斯巴达和雅典为首的希腊三十多个城邦，在科林斯召开了结盟大会。会上决定建立军事同盟，推举拥有强大陆军的斯巴达为盟主，组建希腊联军，准备抗击波斯再次入侵。

前480年，大流士一世的继承者薛西斯一世亲率陆军30万、战舰1000艘，再度进军希腊。波斯军渡过赫勒斯滂海峡，分水陆两路沿色雷斯西进，迅速占领北希腊，逼近温泉关。斯巴达国王列奥尼达率领先期到达的希腊联军约7000人扼守地势险要的温泉关。斯巴达人欧利比阿德斯指挥希腊海军控制阿提密喜安海峡。

8月中旬，波斯军向温泉关发起猛攻，希腊联军顽强抗击，波斯军屡攻不克，损失惨重。但是后来，由于当地一希腊人把波斯军引到希腊守军侧后，致使列奥尼达及300名斯巴达人腹背受敌，壮烈牺牲。接着，波斯陆军长驱直入，占领中希腊，进入雅典城；海军绕过阿提卡半岛南端的苏尼翁角，进入狭窄的萨拉米斯海峡。

9月下旬，萨拉米斯海战开始，波斯舰队在数量上占绝对优势，呈围攻态势。希腊舰队隐藏在艾加莱奥斯山后，编成两线战斗队形，勇敢地发起攻击。结果，希腊战船因船体小，运动自如，能够灵活地袭击敌舰；而船体硕大的波斯战船调度失灵，陷于被动挨打的境地，甚至自相碰撞而沉没，波斯海军遭受重大损失，薛西斯一世率残部仓皇败逃回国。受此影响，波斯陆军退至北希腊。

次年8月中旬，希波双方陆军在布拉底附近举行决定性会战。斯巴达统帅包桑尼率领希腊联军约10万人，重创占有明显优势的波斯陆军。至此，波斯人的远征希腊计划又一次以失败告终。

随着波斯军的失败，以雅典为首的希腊联军日益强大起来，他们乘胜反攻。前478年，雅典舰队占领赫勒斯滂，打开通向黑海的通路。同年，雅典联合爱琴海沿岸各城邦成立提洛同盟。前476年，希腊联军在西门指挥下攻占色雷斯沿海地区、爱琴海许多岛屿和拜占庭。前468年，希腊海军在欧里墨东河口大败波斯舰队。前449年，希腊海军在塞浦路斯以东海域重创波斯军。同年，双方媾和，签订《卡利亚斯和约》。根据和约，波斯放弃对爱琴海、赫勒斯滂和博斯普鲁斯海峡的控制，承认小亚细亚西岸希腊诸城邦独立。长达50余年的希波战争至此结束，雅典成为爱琴海地区霸主。

伯罗奔尼撒战争

希波战争以后，希腊世界形成了两大联盟：以雅典为首的提洛同盟和以斯巴达为首的伯罗奔尼撒同盟。为防止波斯人卷土重来，希腊继续保留同盟的存在。但随着时间的推移，雅典逐渐把同盟变成了发展自己利益的海上帝国。为了达到自己的目的，它动用同盟国金库的资金，试图把其他同盟国都降至臣属地位，哪一个造反，就以武力镇压，把它当作被征服国，接管其海军，勒索其贡赋。雅典的手段如此横暴，引起了斯巴达人的疑虑。

因担心雅典不久就会把其霸权扩张至全希腊，对自己会造成诸多不利，斯巴达人于是在经济、政治等各个方面与雅典人展开了激烈的争夺，以遏制雅典人的进一步扩张。经济上，双方为争夺奴隶、原料和商品销售市场，不断发生争端；政治上，双方的矛盾也日益尖锐，雅典支持各邦的民主派，斯巴达支持各邦的贵族派。这样，双方相互敌对、各不相让、冲突不断，终于使大部分域邦都卷入了一场大战——伯罗奔尼撒战争。

前435年，伯罗奔尼撒盟员科林斯与其殖民地克基拉发生争端，雅典出兵援助克基拉，迫使科林斯退兵。前432年，雅典借口科林斯的殖民地波提狄亚隶属于提洛同盟，要求波提狄亚与科林斯断绝关系。双方矛盾进一步加剧。同年秋，在科林斯鼓动下，伯罗奔尼撒同盟要求雅典放弃对提洛同盟的领导权，遭到拒绝，于是战争爆发。

前431年3月，伯罗奔尼撒盟国底比斯袭击雅典盟邦布拉底，引起战端。同年5月，斯巴达国王阿基丹姆二世率军入侵阿提卡，战争全面展开。斯巴达拥有步、骑兵约6万人；雅典拥有步、骑兵约3万人，另有战船300艘。斯巴达的战略是，发挥陆军优势攻占阿提卡，离间提洛同盟各成员国，以包围和孤立雅典。雅典执政者伯里克利的对策是：陆上取守势，海上取攻势，袭击伯罗奔尼撒沿海地区，逼斯巴达求和。前427年前后，米蒂利尼等城邦发生反雅典起义，陆上形势对雅典不利。前425年，雅典海军攻占美塞尼亚两岸的皮洛斯及其附近的斯法克蒂里亚岛，并煽动斯巴达的奴隶暴动，使斯巴达也陷入困境。前422年，双方在爱琴海北岸重镇安姆菲波利斯激战，雅典主战派首领克里昂和斯巴达将军伯拉西达均战死。前421年，雅典主和派首领尼西阿斯与斯巴达缔结《尼西阿斯和约》。条约规定：交战双方退出各自占领地，交换战俘，保持50年和平。

《尼西阿斯和约》签订后，双方却都没有履行他们的诺言，谁也不愿意交出土地。在签约后的几年中，虽然双方没有进行大的战役，但违犯条约的事时有发生。

前415年5月，雅典由阿尔基比阿德斯与尼西阿斯等率领战舰130多艘，轻装步兵1300人，重装步兵5100人，出征科林斯殖民地西西里，与科林斯、斯巴达军激战。由于尼西阿斯优柔寡断、指挥不力等原因，全军于前413年9月覆没，尼西阿斯被杀。经此战，雅典海上优势完全被打垮。

西西里之战后，斯巴达又开始加强陆上进攻。前413年，斯巴达军大举入侵阿提卡，并长期占领德凯利亚（雅典城北部），破坏和消耗雅典力量。雅典与外界联系受阻，农业生产完全瘫痪，城内2万奴隶工匠逃亡，经济严重恶化。为做最后角逐，雅典倾其财力再建舰队，并于前412年~前411年先后在阿拜多斯、基齐库斯打败斯巴达舰队。斯巴达则寻求波斯援助，增建舰队，以与雅典海军做最后的较量。前405年，斯巴达海军在莱山德指挥下，在赫勒斯滂附近的羊河全歼科侬所率雅典海军，继而从海陆两面包围雅典城。前404年雅典投降，被迫接受屈辱的和约：雅典宣布解散提洛同盟，加入伯罗奔尼撒同盟；拆毁从雅典城到出海口的长墙工事；撤除所有海军并只允许保留 12 艘船只。

从此，斯巴达取代雅典而成为希腊霸主。

亚历山大东征

前 404 年，伯罗奔尼撒战争结束，希腊遭受了前所未有的破坏，元气大伤。趁希腊各城邦混乱不堪、无力外御的时候，北方近邻国家马其顿国王腓力二世凭借其强大的军事力量，先后夺取了一个个衰落的希腊城邦。前 338 年，马其顿军队大败希腊联军于喀罗尼亚城下，确立了在全希腊的霸主地位。随后，腓力二世又制定下一个侵略目标，准备远征东方的波斯帝国及其他文明世界。然而，前 336 年，腓力二世遇刺身亡，年仅 20 岁的亚历山大继承了王位。

为了完成父亲称霸世界的遗愿，亚历山大于前 334 年初春亲率一支以马其顿军为骨干的希腊联军，包括约 3 万步兵、5000 骑兵、160 艘舰船，渡过赫勒斯滂海峡（今达达尼尔海峡），开始进行持续 10 年的东征。当时，波斯帝国在昏君大流士三世的统治下，内政腐败，国势日衰。波斯在小亚细亚边境地区仅部署骑兵 2 万、希腊雇佣兵 2 万、舰船 400 余艘。亚历山大以快速的攻势轻易地征服了小亚细亚半岛。

前 333 年，亚历山大的军队在伊苏斯大败波斯军队，大流士三世落荒而逃。大流士三世的母亲、妻子和两个女儿被俘，损失步兵、骑兵约 10 万人，辎重全部丢失。此役后，亚历山大的军队获得战争主动权，打开了通往叙利亚、腓尼基的门户。次年，亚历山大挥军南下，沿地中海东岸前进，攻占叙利亚，顺利进入埃及，自封为法老，并在尼罗河河口兴建亚历山大城，作为继续东征的后方基地。

大流士三世逃回国内，遣使求和，并企图将女儿许配给亚历山大，但遭拒绝。气恼不过，大流士三世决定与亚历山大决一死战。前 331 年 10 月，大流士三世在底格里斯河东岸的高加米拉以西与波斯军主力对阵。大流士集结了来自 24 个部族的军队，号称百万，有刀轮战车 200 辆、战象 15 只。东征军此时仅有步兵 4 万、骑兵 7000 人。但是，大流士三世依然没有摆脱惨败的厄运，东征军骑兵主力纵队利用中央突破，打开缺口，迅速楔入敌阵，直逼大流士大营，大流士遁逃。接着，东征军乘胜南下夺取巴比伦，占领波斯都城苏萨和波斯利斯，以及米底古都埃克巴坦那，摧毁了大流士政权，掳掠金银和其他战利品无数。据罗马历史学家普鲁塔克的记录，驮运财宝的骡子大约有 2 万头、骆驼约 5000 只。前 330 年春，亚历山大引兵北上追击大流士三世，其被部将谋杀，波斯帝国遂亡。这样，马其顿军队征服了波斯的全部领土，一个横跨欧、亚、非三洲的亚历山大帝国建立起来。

灭掉波斯以后，亚历山大率军由里海以南地区继续东进。前 327 年，亚历山大大军经安息（今帕提亚）、阿里亚、德兰古亚那，北上翻越兴都库什山脉，到达巴克特里亚（今大夏）和粟特。前 325 年侵入印度，亚历山大大军占领印度河流域。亚历山大还企图征服恒河流域，但是经过多年远途苦战，士兵疲惫不堪，再加上印度人民的顽强抵抗及疟疾的传染、毒蛇的伤害，兵士拒绝继续前进，要求回家。于是，亚历山大不得不放弃东进计划，于前325年7月从印度撤兵。前324年春，亚历山大率领东征军返回巴比伦，东征即告结束。

布匿战争

前273年，罗马统一了意大利半岛，成为地中海地区一大强国。接着，罗马开始向外扩张，于是与早已称霸西地中海的迦太基发生冲突，引发了两国之间的战争。当时，迦太基人被罗马人称为"布匿"，故它们之间的战争被称为布匿战争。

前264年，地处意大利、西西里海峡要地的麦散那城邦由于雇佣兵起义，麦散那向迦太基和罗马两方求救。迦太基和罗马先后派兵前来干预，双方为各自利益互不相让，终于导致了第一次布匿战争的爆发。

经过交战，罗马击败迦太基军，占领梅萨纳（今墨西拿）城，继而占领西西里岛大部分地区。但迦太基具有海上优势，仍控制着西西里岛西部地区和沿海一些要塞。为夺取海上优势，罗马迅速扩建海军，并发明了新的海战技术装备——接舷吊桥（前端有铁钩，两侧装栏杆）。这样，不习水战的罗马士兵就可沿长板冲向敌船，在甲板上打一场陆地战，发挥罗马军团人数多的优势。

前241年，罗马的200艘战舰在伊干特群岛大败迦太基海军，迦太基不得不求和，赔款3200塔兰特，罗马取得了西西里及其他一些岛屿；然后又乘迦太基雇佣兵起义之机，出兵占领了科西嘉和撒丁尼亚两个岛屿。罗马取得第一次布匿战争的胜利，并掌握了地中海西部的制海权。

战败后，迦太基并不甘失败，随时想着复仇，夺回失地。前221年，迦太基任命25岁的汉尼拔为主帅，向罗马宣战。于是，第二次布匿战争开始了。

前219年，汉尼拔率迦太基军攻占与罗马结盟的西班牙城市萨贡托。

前218年4月，汉尼拔率领9万名步兵、1.2万名骑兵和37只战象，越过了比利牛斯山脉，又巧妙渡过罗尼河，开始了对意大利的远征。汉尼拔率军用了33天时间，克服了许多难以想象的困难，越过了欧洲有名的阿尔卑斯山麓，到达意大利北部的波河平原，在提楔诺河和特雷比亚河地区连挫罗马军。

前217年，汉尼拔率军穿越毒气弥漫的沼泽地带，在特拉西梅诺湖附近的山口设伏，一举歼灭罗马追兵两万余人，并继续挥师南下。

前216年8月，汉尼拔军与瓦罗率领的罗马军在奥费达斯河岸的坎尼地区展开了一场大战。汉尼拔事先了解到当地每天午后刮东南风，于是指挥部队紧急转移，处于上风方向，并把部队布成一个新月形阵势，从侧面把罗马军卷入口袋之中，重重包围起来，最后全歼罗马军队。这一战，罗马人损失极大，据说有7万人被杀，瓦罗和370名骑兵逃出重围，得以生还。这就是著名的坎尼之战，它是西方军事史上第一个合围之战，显示了汉尼拔的卓越军事才能。此后，罗马采取迁延战术，积蓄力量。

前204年，罗马将领西庇阿（大西庇阿）进攻迦太基本土，汉尼拔奉召回国救援。

前 202 年秋，双方在扎玛城附近进行最后的决战。汉尼拔仍按常规列队和战法，西庇阿则不循常规，他把一、二、三线各部队重叠配置，中间留出空道，以便让战象通过。交战开始以后，当汉尼拔军的战象冲到西庇阿军前沿时，西庇阿的一线部队突然鼓角齐鸣，喊声大作，汉尼拔军的战象受到惊吓，有的停滞不前，有的转身向自己的战阵冲去，还有的受罗马军的投枪击伤后逃跑。西庇阿抓住这一有利时机，命令骑兵迂回包抄，同时将三线兵力集中起来，向汉尼拔军正面猛攻，一鼓作气，终于取得了胜利。此战，汉尼拔军战死约 2 万人，汉尼拔落荒而逃。战后，迦太基被迫求和，接受了十分苛刻的条件，失去了一切海外属土，赔款 1 万塔兰特，战舰除留 10 艘外全被凿毁。从此，迦太基的海上霸主地位彻底破产，罗马成了西地中海的霸主。

在第二次布匿战争惨败后，迦太基在军事上虽无力再与罗马竞争，但其商业发展迅速，物质财富迅速增加，这引起了罗马的妒忌。罗马唯恐迦太基东山再起，蓄意消灭迦太基。

前 149 年，罗马进犯迦太基，第三次布匿战争爆发。罗马派执政官孟尼留斯率 8 万步兵、4000 骑兵、600 艘战舰围攻迦太基城，两年不克。前 147 年，罗马新任执政官（小）西庇阿率军加强围攻，断绝迦太基人与外界的联系，使城内发生饥荒。前 146 年春，（小）西庇阿率军强攻迦太基城，终于将其攻克。迦太基 5 万残存居民沦为奴隶，城市被一烧而光。

至此，持续一个多世纪的布匿战争，以迦太基的灭亡而告结束。这次战争时间之长，规模之大、两国人民蒙受痛苦和灾难之深，都是历史上空前的。今天，迦太基这个名字已不复存在，当今的突尼斯城是在古老的迦太基废墟上建起来的。至于战胜国罗马，它的损失也是相当惨重的，许多城镇被毁坏，田园荒芜，无数的居民惨遭屠杀。据前 220 年的户口调查，罗马成年男子共 27 万，到前 207 年只有 13.7 万，损失近一半。

高卢战争

前 78 年，罗马执政官苏拉病故，罗马的政局陷入混乱，各派将领相继拥兵自重。前 60 年，步入政坛的三位新生实力派人物恺撒、克拉苏斯和庞培组成"前三头同盟"。在同盟中，恺撒实力最弱。恺撒深知，他要超过另外两头，就必须掌握强大的军队和拥有雄厚的资财，这是斗争中的最大资本。于是，他决定执政官任满后前去高卢，任总督一职。

高卢是罗马共和国北部的一大片土地，包括今天的意大利北部、法国、卢森堡、比利时、德国以及荷兰、瑞士的一部分，土地肥沃，物产丰富。恺撒要以高卢行省为基地，开疆拓土，招兵买马，增加实力与威信，为夺取更大权力准备条件。前 58 年，恺撒出任高卢总督。随之，恺撒对高卢人发起了掠夺战争。高卢战争包括八次军事行动。

前 58 年，在比布拉克特交战中，恺撒的 4 个军团击败企图从现在的瑞士地区向西南迁徙的人数最多的高卢部落之一海尔维第人。

同年，恺撒击败日耳曼部落联军，将其赶过雷努斯河（今莱茵河）。

前 57 年，恺撒征服了比尔及人和其他东北部的高卢部落。至此，他已征服了整个高卢。

但是，恺撒前期的征服只是停留在武力镇压的层面上，没有建立完备的行政体系进行统治，因此激起了高卢部落多次起义。为镇压这些起义，恺撒又对高卢发起了五次战争。

前 56 年，恺撒击败韦内蒂人和阿奎达尼人的起义。

前 55 年，恺撒袭击韦内蒂人的同盟军——日耳曼部落的乌西佩特人和滕克特里人，并渡过莱茵河将他们歼灭。为瓦解高卢人的同盟军，恺撒于前 55 年秋天率两个军团在不列颠群岛登陆，遭到当地人的顽强抵抗。经过几次交战，恺撒同不列颠人签订和约，率军返回高卢。

前 54 年，恺撒率领 5 个军团和 2000 名骑兵渡过拉芒什海峡，试图再次占领不列颠群岛。恺撒军队在战斗中多次获胜，但由于在当地部落中没能找到同盟军，因此未能牢固控制不列颠群岛。

前 54~前 53 年间，恺撒指挥军队镇压埃布龙人、阿杜阿蒂基人、内尔维人、特雷维里人和其他部族的起义。

前 52 年，高卢人在阿尔韦尼人部落酋长维尔琴格托里克斯领导下爆发了全面的大起义，所有人都拿起了武器，汇集到了一起，把怒火喷向恺撒，准备与恺撒在阿列西亚城决战。这次起义军包括步兵 25 万、骑兵 8000 人。恺撒听说起义军在阿列西亚城集结，便率军队将该城包围。恺撒命士兵在城外环绕城池修建一道 17 千米的工事，另外还修建一道长 20 千米的对外防御工事，防备起义军增援部队的进攻。起义军坚守了一个多月，城中的粮食渐渐匮乏。这时，援军从四面八方而来，先后对罗马军队防线进行三次大的围攻，战斗进行得异常激烈，但终究未能突破敌人的防线。不久，恺撒的罗马军队援兵也到来，从背后向起义军的援军发起了进攻，起义军大败，全线崩溃。第二天，维尔琴格托里克斯率起义军打开城门投降，罗马军队大获全胜。至此，高卢战争结束。

罗马波斯战争

继希波战争、亚历山大东征等一系列战事之后，以希腊罗马为代表的西方文明和以西亚波斯为代表的亚洲东方文明之间的较量和争斗仍不断继续着。

224 年，波斯贵族阿尔达希尔灭安息王国，建立萨珊新波斯帝国。萨珊波斯继承了安息与罗马抗衡的传统，在亚美尼亚、叙利亚边境与罗马展开针锋相对的斗争。231 年，阿尔达希尔一世致书罗马皇帝塞维鲁，要求罗马势力退出亚洲，于是罗马波斯战争正式开始。

232 年，萨珊波斯打败罗马军队，并通过和约获得亚美尼亚。260 年，萨波尔一世同罗马帝国军队交战，大败罗马军，并俘虏罗马帝国皇帝瓦勒良。286 年，罗马煽动亚美尼亚起事，萨珊被迫撤退，以后又丧失底格里斯河以西之地。375 年以后，罗马帝国忙于应付哥特人等日耳曼蛮族的入侵而无暇东顾，波斯也因抵御匈奴人的侵扰无力继续向罗马挑战。476 年，罗马帝国为蛮族所灭，东罗马帝国拜占庭以君士坦丁堡为都城，继续占有巴尔干半岛、小亚细亚、亚美尼亚、叙利亚、巴勒斯坦、上美索不达米亚、埃及、利比亚等地区，是一个横跨三大洲的大帝国。487 年，萨珊波斯的科巴德一世上台执政，他指挥由波斯人、匈奴人和阿拉伯人组成的联军从拜占庭帝国手中夺走了上美索不达米亚和亚美尼亚。502 年，联军攻陷阿米达城。505 年，双方媾和，拜占庭以 1000 磅黄金为代价复得阿米达城，双方维持原有边界，处于和平状态 20 年。

527 年，拜占庭皇帝查士丁一世去世，查士丁尼一世继位。为恢复昔日罗马帝国的版图，他对内厉行改革，加强中央集权，对外积极向东、西两个方向举兵扩张。他向东方的征讨，重开了罗马波斯战争，与萨珊波斯帝国为争夺两河流域断续进行了近 80 年的战争。这场分为三个阶段。

第一阶段（527 年～562 年），527 年，查士丁尼一世任命 22 岁贝利萨留为统帅，向波斯宣战，双方在两河流域重镇德拉进行了一次有决定意义的会战。530 年，波斯 4 万精兵进攻德拉。当时，贝利萨留身边只有训练很差的罗马人和雇佣兵 2.5 万人御敌。在此情况下，贝利萨留令一支骑兵埋伏于城外一"丁"字形壕沟内，当波斯军猛烈攻城时，埋伏的骑兵突然从背后杀出，配合守城部队一举挫败波斯军进攻。此后，查士丁尼一世为夺回原属西罗马帝国的领土，于 532 年与波斯王媾和，拜占庭撤回德拉城驻军，向波斯支付 1000 磅黄金。540 年，波斯撕毁和平协议，攻占拜占庭东方重镇安条克，侵入亚美尼亚和伊比利亚。查士丁尼一世被迫将贝利萨留调回东方战场。后来，由于鼠疫流行，双方于 545 年再次讲和，缔结 5 年停战协定，拜占庭收复波斯占领的全部领土，支付赎金 2000 磅黄金。549 年，双方围绕南高加索拉济卡地区的归属问题再战，于 562 年又一次签订和约，波斯放弃对科尔奇斯的领土要求，拜占庭每年向波斯支付黄金 1.8 万磅，有效期 50 年。

第二阶段（562 年～591 年）。在这一阶段，拜占庭查士丁尼二世、提比略二世和莫里斯先后为帝，把进攻的矛头指向东方，与波斯重点争夺亚美尼亚。572 年，拜占庭军攻占德温。次年，波斯军攻占德拉。此后，拜占庭军在亚美尼亚连续战败。589 年，波斯发生内乱，拜占庭支持被废黜的波斯王库斯鲁二世复位。591 年，库斯鲁二世登上波斯王位。波斯将亚美尼亚的大部分和伊比利亚的一半割让给拜占庭，并订立"永久和平协定"。

第三阶段（591 年～628 年）。库斯鲁二世继位不久便撕毁"永久和平协定"，于 602 年对拜占庭发动战争，征服了整个小亚细亚，洗劫叙利亚，占领安条克、大马士革等地。614 年，波斯军攻占耶路撒冷，把基督徒奉为神灵的"圣十字架"连同当地居民掠往首都泰西封。为拯救帝国，拜占庭皇帝希拉克略实行改革，加强行政管理，健全军队组织，提高军人地位，以"圣战"号召全国军民同"异教徒"波斯人决一死战。622 年，希拉克略率军攻占小亚细亚，627 年在尼尼微重创波斯军，628 年兵临波斯首都泰西封。631 年，波斯王被迫与希拉克略结城下之盟，将小亚细亚全部领地和"圣十字架"交还拜占庭，归还抢自拜占庭的一切财物，偿还数年军费。波斯两手空空，一无所获。

至此，长达 400 年的罗马、波斯战争结束。

诺曼征服战争

1051 年，在访问伦敦时，诺曼底公爵威廉与表兄弟英王爱德华讨论王位继承问题，爱德华无子，对威廉的要求没有提出异议。英格兰大贵族戈德温的继承者哈罗德也许诺日后奉威廉为王。

1066 年 1 月，爱德华病逝，临终前却让哈罗德为王位继承人，英国政治机构的核心贤人会议（贤人会议是一种由国王主持召开的、会期不定、人数不等的高层会议，与会者主要有被称为"贤者"或"智者"的高级教士和世俗贵族，包括国王的近臣、王族宠幸和地方长官等）也决定由哈罗德继承王位。不久，哈罗德在威斯敏斯特教堂加冕称王。这对威廉来说是一次沉重的打击，他决定用武力夺取王位，征服英国，建立自己的王国。

为创造有利的形势，威廉派使节游说当时最有影响的封建领袖罗马教皇亚历山大二世和神圣罗马帝国皇帝亨利四世，向他们控告哈罗德背信弃义，是一个篡位者和发伪誓的人。教皇支持威廉的行为，还赐给他一面"圣旗"。亨利四世也表示帮助威廉夺回王位。丹麦国王出于个人野心，也支持威廉。很快，威廉便拼凑出一个反对哈罗德的松散联盟。为解除后顾之忧，他与东面的弗兰德人订立同盟，在西面征服了布列塔尼，在南部占领了梅因。这一切为他入侵不列颠创造了有利条件。1066 年春，威廉在里里波尼城召开封建主会议，制定进攻英国的方案。

1066 年 8 月，封建主托斯蒂格为哈罗德夺走了自己的伯爵领地而起兵反叛，挪威国王哈拉尔德三世怀着个人野心同托斯蒂格联手行动。他们一度兵临英格兰北部重镇约克城下，但在 9 月 26 日为哈罗德所败。就在哈罗德获胜庆祝的次日，威廉的军队巧合地从第费斯河口出发进军英格兰。28 日，威廉的军队没遇任何抵抗便在佩文西湾登陆。此时，英格兰东南沿海地区门户大开，直到伦敦都无重兵防守。10 月 1 日，哈罗德得知这一消息后，立即飞马赶回伦敦。由于事发突然，哈罗德来不及大规模动员，手下兵力只有未获充分休整的 5000 余人迎击威廉。

10 月 13 日，双方在黑斯廷斯相遇，准备决战。哈罗德选择威尔登山地的山背最高处作为统帅部所在地，将亲兵部署在峰顶两侧，在中央构成坚固的防守，两翼则是民兵把守。威廉将军队分成左中右三路，每一路又分三个方阵，第一线是弓箭手，第二线是重装步兵，第三线是骑兵。他亲自指挥中央的诺曼底战士，并在队前打起教皇赐予的"圣旗"。

14 日，战斗开始。

诺曼人排成一线，沿山坡向山顶推进。当两军接近时，诺曼弓箭手开始射箭，英格兰人凭借盾牌护身，用长矛、标枪、战斧向敌人发起冲击。英军居高临下，兵器锐利，给诺曼人严重杀伤。威廉左翼开始向山下败退，中央的诺曼人也受到影响后退。

在败退之中，威廉保持镇静，重整旗鼓，让骑兵在前，步兵随后，向英军发起第二次进攻。结果仍无法突破对方密集的防线。

两次进攻失败后，威廉吸取教训，改变战术，用佯败将敌人引开坚固有利的阵地，诺曼士兵向后退到谷底、上山，待敌人追击时，居高临下予以痛击。

哈罗德没有识破威廉的计谋，追击时损兵折将，实力受到削弱。威廉抓住这一战机发动最后反攻。哈罗德中箭身亡，英军阵脚大乱，全线崩溃。

乘决战胜利的威势，威廉率军长驱直入，先后占领坎特伯雷、韦斯特汉姆、西尔、吉尔福德等地，接着又横扫北部，进军伦敦。伦敦投降代表向威廉表示屈服，并奉他为国王。1066 年 12 月 25 日，威廉在威斯敏斯特教堂被加冕为英国国王。

十字军东征

11 世纪末，西欧社会生产力有了长足的发展，手工业从农业中分离出来，城市崛起，已有的财富已不能满足封建主贪婪的欲望，他们渴望向外获取土地和财富，来扩充政治、经济势力；许多不是长子的贵族骑士不能继承遗产，成为"光蛋骑士"，热衷于在掠夺性的战争中发财；许多受压迫的贫民也幻想到外部世界去寻找土地和自由，摆脱被奴役的地位；欧洲教会最高统治者罗马天主教会，企图建立超自己的"世界教会"，确立教皇的无限权威……诸多原因促使他们把目光转向了地中海东岸国家。

1095 年，当中东地区混乱不堪、君士坦丁堡皇帝阿历克修斯一世向罗马教皇乌尔班二世求援，以拯救东方帝国和基督教的时候，早已垂涎东方富庶的西欧教俗两界，由天主教会发起，以从异教徒塞尔柱突厥人手中夺回"圣地"耶路撒冷为目标煽动宗教狂热，开始了十字军东征。

十字军东征持续 200 年之久，大规模的军事行动有 8 次。参加东征的人有骑士、农民、小手工业者等，他们胸前和臂上都佩有"十"字标记，故称"十字军"。

第一次东征（1096 年~1099 年）：1096 年春，法国隐修士彼得和德国小骑士穷汉华尔特率领由一些贫苦农民组成的十字军东征，在小亚细亚被塞尔柱突厥人击败，几乎全军覆没。同年秋，诺曼骑士博希芒德等率领以法国贵族为主的骑士十字军约 3 万人，渡海侵入小亚细亚，攻占塞尔柱突厥人都城尼西亚。次年，各路十字军约 10 万人集聚君士坦丁堡，随后攻占埃德萨、安条克，分别建立埃德萨伯国和安条克公国。1099 年 7 月，十字军攻占耶路撒冷，建立耶路撒冷王国。但是，十字军在当地横征暴敛，激起了城乡人民多次起义。为控制征服的土地和人民，十字军建立了僧侣骑士团：圣殿骑士团（神庙骑士团）和医院骑士团（约翰骑士团）。

第二次东征（1147 年~1149 年）：1144 年，塞尔柱突厥人占领爱德沙。为此，法国国王路易七世和"神圣罗马帝国"皇帝、德意志国王康拉德三世率军出征。结果，德意志十字军在小亚细亚被土耳其人击溃，法国十字军攻占大马士革的企图也落了空。

这次东征未达到任何目的。

第三次东征（1189 年～1192 年）：由"神圣罗马帝国"皇帝红胡子腓特烈一世、法国国王奥古斯都腓力二世和英国国王理查一世率领。腓特烈一世率其部队，沿上次远征的陆路穿越拜占庭，法国人和英国人由海路向巴勒斯坦挺进。由于十字军内部矛盾重重，此次远征也没有达到目的。德意志十字军一路上伤亡惨重，腓特烈一世还在横渡萨列夫河时溺死，军队随之瓦解，只剩下一些残兵败将继续东征。腓力一世占领了阿克港后，于 1191 年率部分十字军返回法国。理查一世攻占了塞浦路斯，并建立了塞浦路斯王国，但又卖给了原耶路撒冷国王。1192 年，理查一世与埃及苏丹萨拉丁签订和约。据此和约，提尔（今苏尔）到雅法的沿海狭长地带归耶路撒冷王国所有，耶路撒冷仍然留在穆斯林手中。

第四次东征（1202 年～1204 年）：由教皇英诺森三世策划，本来是要攻打埃及，但在威尼斯商人的干预下，十字军反而进攻信奉同一宗教的商业竞争对手拜占庭，占领君士坦丁堡和拜占庭在巴尔干的大部地区，建立了"拉丁帝国"。

第五次东征（1217 年～1221 年）：由奥地利公爵利奥波六世和匈牙利国王安德烈二世所率十字军联合部队对埃及进行远征。十字军在埃及登陆后，攻占了杜姆亚特要塞，但被迫同埃及苏丹订立停战协定并撤离埃及。

第六次东征（1228～1229 年）：在"神圣罗马帝国"皇帝腓特烈二世率领下，十字军使耶路撒冷回到基督教徒手中，但 1244 年又被穆斯林夺回。

第七次东征（1248～1254 年）：在法国国王路易九世率领下，十字军很快攻取了达米埃塔。接着，进攻开罗。结果，十字军被拜巴尔率领的奴隶骑兵打败，路易九世的弟弟阿图瓦伯爵被杀，路易九世被俘。1250 年，法国以大笔赎金赎回路易九世，但直到 1254 年才被释放回国。

第八次东征（1270 年）：由法国国王路易九世领导，进军突尼斯。十字军在突尼斯登陆不久，路上发生传染病，路易九世染病身亡。路易九世的儿子兼继承人腓力三世马上下令撤退。此后，十字军在东方的领地基本被埃及攻占。

1291 年，十字军丧失最后一个据点阿卡。至此，十字军东征，以失败告终。

英法百年战争

自 11 世纪法国对英国发动"诺曼征服"——以诺曼底公爵威廉（约 1028 年～1087 年）为首的法国封建主对英国的征服后，英国诸王通过与法国一系列联姻，均成了法国诸王大片领土上的主要封臣。法王企图收回这些领地，英王不仅不肯放弃，反而进一步与法国争夺毛纺业中心佛兰德，于是双方矛盾日益深化。

1346 年，英王爱德华三世终于提出要求享有全部法兰西王国的继承权。1328 年，法国卡佩王朝绝嗣，支裔华洛瓦家族的腓力六世继位，英王爱德华三世以卡佩王朝前国王腓力四世外孙的资格，争夺卡佩王朝继承权。1337 年爱德华三世称王法兰西，腓力六世则宣布收回英国在法境内的全部领土，战争遂起。从 1337 年到 1453 年，英法两国断续打了百余年，史称"百年战争"。这场战争大体可分四个阶段。

第一阶段（1337年~1360年），英法双方争夺佛兰德尔和基。1337年10月，英王爱德华三世自称法王，率军进攻法国。1340年6月，爱德华三世在斯勒伊斯海战中击败法国舰队，1346年7月，英军占领法国卡昂。8月，英军在阿布维尔以北的克雷西村大败法国陆军。次年，英军占领法国重镇加来。1356年9月，爱德华三世之子"黑太子"在普瓦捷之战中生擒法王约翰二世及其众臣。1360年，法国被迫签约《布勒丁尼和约》，承认英国对加来和西南地区大片领土的占领。

第二阶段（1368年~1396年），法王查理五世欲报仇雪恨，夺回英国所占的地区。1368年，查理五世率军配合加斯科涅反英暴动，收复大片失地。1372年，法舰队在拉罗谢尔打败英国舰队，重新控制西北沿海海域。英王为避免法国的领地全部丢失，与法国签署停战协定，只保有五个港口，分别是波尔多、巴约纳、布雷斯特、瑟堡和加莱、波尔多与巴约纳间的部分连接地区。

第三阶段（1415年~1429年），英王亨利五世利用法国内部矛盾，即勃艮地派和阿曼雅克派发生内讧，而农民和市民发生起义，重新提出对法国王位的要求。1415年，英军在阿赞库尔战役中大败法军，并随即与勃艮地公爵结盟，攻占法国北部大部分地区。在无法组织有效抵抗的情况下，法王查理六世于1420年5月21日在特鲁瓦签订几乎等同于承认法国亡国的和约——《特鲁瓦和约》，将法国沦为英法联合王国的一部分。英王亨利五世随即宣布自己为法国的摄政王，并有权在查理六世死后承继法国王位。

第四阶段（1429年~1453年），新法王查理七世和新英王亨利六世争夺法国王位。1422年，英王室宣布未满周岁的亨利六世兼领法国国王。此时，法国太子查理已控制法国中部和南部。1428年，英军进攻法国南方要地奥尔良城。1429年，法国香槟地区农家女贞德自告奋勇，向太子查理请战，率法军解奥尔良之围。7月，太子查理加冕，称查理七世。贞德率军攻打巴黎，不克，次年在战斗中被勃艮第派军队生俘，以女巫罪被活活烧死。这激起了法国的民族义愤，使法军做出大反攻。

1435年9月，勃艮第公爵腓力三世臣服于查理七世，加强了法国抗英力量。此后8年，法军收复北方大部领土。1450年，法军解放诺曼底，并在巴约勒之战中重创英军。1453年7月，法军在卡斯蒂永之战中再次打败英军。10月19日，波尔多的英军投降，法国收复了除加莱外的全部领土，百年战争至此完全结束。

胡斯战争

9世纪末，捷克形成一个独立的国家。虽然形成历史较晚，但是捷克发展很快，到11~12世纪出现了许多手工业和商业城市，布拉格成为国内的经济中心。这里，捷克对外贸易也发展起来，从捷克向多瑙河上游、匈牙利、威尼斯等地输出的有马、牛、皮革、粮食、银、麻布等。到13世纪，捷克国王被列为罗马帝国七大选侯之一。

捷克丰富的土地资源和矿藏，引来了德国封建主贪婪的目光和野心。12~13世纪，

德国人开始向捷克大规模移民，包括教士、僧侣、商人、手工业者等。德国人大量移民的结果，使捷克国内形成了一个德国教俗封建主、城市贵族和矿山主的特殊社会集团，他们和捷克大封建地主相勾结，共同剥削捷克人民，致使捷克农民、城市平民身受民族和阶级的双重压迫，"像流亡者一样住在自己的国内"。到13世纪，德意志的世俗封建主控制了捷克的城市和矿山，占有广阔领地，高级教士基本上控制了捷克的教会。捷克人民对此强烈不满。

15世纪初，捷克伟大的爱国志士、神学家、布拉格大学教授兼伯利恒教堂的传教士约翰·胡斯发起反对罗马教皇和德意志天主教会的改革运动，主张改革教会，否认教皇具有最高权力，这引起了德国教士以及罗马教廷的仇恨。1414年，胡斯被召参加在康斯坦次举行的宗教会议，结果被逮捕。同年7月6日，胡斯在康斯坦次广场上以异端罪名被焚死。

胡斯的死激起了捷克人民极大的愤慨。1415年9月，捷克人民在布拉格举行多次集会，抗议教皇和皇帝，驱逐德国教士。到1419年，大规模的农民战争在胡斯改革的旗帜下爆发了。

1419年7月30日，布拉格市民在胡斯派哲里夫斯基等人领导下举行起义，广大城乡纷纷响应。经过斗争，起义者将德意志贵族和教士扔出窗外，没收其财产，接管市政机关，队伍也得到了扩展壮大，规模达到6万多人。

面对大规模的武装起义，罗马教皇马丁五世和德意志神圣罗马帝国皇帝西吉斯蒙德立即进行镇压。他们组织了10余万人的十字军，在1420年～1431年期间，展开了5次大规模征讨。

当时，起义军包括两派，即以捷克中产阶级和小贵族等为主要成员的圣杯派和以农民、手工业者和矿工为主要成员的塔博尔派。起初，他们联合行动，共同对敌，采取灵活机动的战术，于1420年在布拉格城郊的维斯特夫山、1422年在库特纳霍拉和涅梅茨布罗德、1426年在乌斯季、1427年在塔霍夫、1431年在多马日利采的作战中，先后粉碎了十字军优势兵力的进攻，但是后来由于教皇和德皇施展阴谋诡计，拉拢圣杯派，离间两派，致使起义失败了。

1433年，教皇、德皇与圣杯派秘密签订了《巴塞尔协定》。1434年5月，在里旁会战中，圣杯派与封建天主教势力勾结一起，发动联合进攻，击败了塔博尔派起义军。至此，胡斯战争结束。

蔷薇战争

英法百年战争后，英国内部各封建贵族利用自己手中握有的武装蠢蠢欲动，企图掌握国家的最高统治权。经过一番分化组合，贵族分为两个集团：一方是兰开斯特家族，以红蔷薇为标志，支持者主要在英国的北部和西部；另一方是约克家族，以白蔷薇为标志，支持者主要在英国的南部和东部。这两个封建集团之间为争夺英国王位继承权进行了长达30多年的自相残杀。

1453 年，兰开斯特家族派系的英王亨利六世患病。于是，英国建立摄政理事会，强大的约克家族首领约克公爵理查·金雀花任摄政王。对此，兰开斯特家族不能容忍，依靠西北部大封建主的支持，欲废除摄政。1455 年，亨利痊愈，理查很快被亨利的王后玛格利特赶出朝廷。因为亨利是个无能昏庸的领袖，强力和上进的玛格利特王后实际上是兰开斯特派系的领袖。被赶出朝廷后，理查很不甘心，终于付诸武力，双方的长期混战从此开始。

1455 年 5 月，亨利六世下令在莱斯特召开咨议会。理查以自己赴会安全无保证为理由，率领他的内侄、骁勇善战的沃里克伯爵及数千名军队随同前往。亨利六世在王后玛格利特和执掌朝廷大权的萨姆塞特公爵的支持下，也率领一小股武装赴会。5 月 22 日，双方在圣阿尔朋斯镇附近相遇，发生冲突。经数次交战，亨利六世的军队被打败，亨利六世中箭负伤被抓获。战后，亨利六世被迫妥协，宣布理查重新任摄政王。

理查重新任摄政王后，以玛格利特王后为首的兰开斯特家族积极准备，欲铲除理查势力。1460 年 7 月 10 日，双方在北安普顿发生第二次战斗。结果，兰开斯特军队又被沃里克伯爵的军队打败，亨利六世再次被抓住。这次战斗胜利后，理查提出了王位要求，迫使亨利六世宣布他为摄政和王位继承人，这就意味着亨利六世的幼子失去了王位继承权。

王后玛格利特闻讯大怒，她从苏格兰借到一支人马，集合了追随兰开斯特家族的军队，在理查的领地骚乱。理查匆忙前去征剿，由于轻敌冒进，被包围在威克菲尔德城。12 月 30 日，在内外夹攻下，理查的军队四散逃跑，理查及其次子爱德蒙被杀死。

1461 年 2 月 26 日，理查的长子爱德华进入伦敦欲继承亨利六世的王位。3 月 4 日，他在沃里克伯爵和伦敦上层市民的支持下自立为王，称爱德华四世。称王后，爱德华为巩固自己的王位，抓紧召集军队，准备进攻玛格利特的军队。3 月 29 日，双方在约克城附近展开决战。经过激烈战斗，兰开斯特军队被击败，玛格利特带着亨利六世和少数随从仓皇逃亡苏格兰。

1465 年，亨利六世再次被俘，被囚禁在伦敦塔中，玛格利特只好携幼子逃往法国。

随着多次战斗的胜利，爱德华的王位得以巩固。但是，约克家族的内部矛盾在这时也开始激化起来，集中表现在爱德华四世和沃里克伯爵的斗争上。开始，爱德华将沃里克赶往法国。不久，沃里克在法王路易十一支持下卷土重来，爱德华逃往尼德兰，依附于他妹夫勃艮第公爵查理。1471 年 3 月 12 日，爱德华的军队与沃里克在伦敦以北的巴恩特决战。结果，沃里克本人被杀。

1471 年 5 月 4 日，爱德华俘获了从南部港口威第斯偷偷登陆的玛格利特王后，将她和她的独生幼子及许多兰开斯特贵族杀死。之后，他又秘密处死了囚禁的亨利六世。至此，兰开斯特家族被诛杀殆尽，只有远亲里士满伯爵亨利·都铎流亡法国，他声称自己是兰开斯特家族事业的继承人。

1483 年 4 月，爱德华四世去世，其弟理查德登上王位。上位后，理查德使用残酷和恐怖手段处决不驯服的大贵族，没收其领地。其所作所为，促使兰开斯特家族和约克家族部分成员都联合在兰开斯特家族的亨利·都铎周围来反对他。

1485 年 8 月，理查德的军队同亨利·都铎的 5000 人军队激战于英格兰中部的博斯沃尔特。在战斗中，由于理查德军中的斯坦利爵士率部 3000 人公开倒戈，理查德的军队遂告瓦解，理查德战死。

从此，出身兰开斯特家族的亨利·都铎登上了英国王位，称亨利七世。为缓和政治紧张局势，他同爱德华四世的长女伊丽莎白（约克家族的继承人）结婚，并将原两大家族合为一个家族。至此，蔷薇战争结束。

伊土战争

中世纪，奥斯曼土耳其帝国和伊朗萨菲王朝都信奉伊斯兰教，是西亚地区的两个大帝国，但由于派别不同，萨菲王朝奉什叶派为国教，土耳其则信奉逊尼派，他们之间争夺宗教统治权和两河流域领土的斗争十分激烈。

在奥斯曼帝国内部有许多什叶派教徒，萨菲王朝有一段时期利用自己的代理人在安纳托利亚四处活动，鼓动叛乱反对逊尼派土耳其人的统治，以对奥斯曼帝国构成威胁。对此，在 1513 年，土耳其苏旦塞利姆一世残酷镇压了什叶派教徒的叛乱，屠杀 5 万之众，并乘机对伊朗的萨菲王朝发动了战争。这样，伊土战争就爆发了。伊土战争包括三个阶段。

第一阶段（1514 年~1555 年）：1514 年 8 月 23 日，土耳其耶尼切里兵团在大炮配合下摧毁了伊军抵抗，击败沙赫伊思迈尔一世，占领伊朗首都大不里士。1515 年，在科奇希萨尔一战，伊朗军队再次败北。到 1516 年，土耳其军队已占领了西亚美尼亚、库尔德斯坦和包括摩苏尔在内的北美索不达米亚。1516 年~1517 年，土耳其又占领了叙利亚、黎巴嫩、巴勒斯坦、埃及、希贾兹和阿尔及利亚部分领土。1536 年，土耳其占领格鲁吉亚西南的部分领土。1555 年 5 月，两国在阿马西亚城缔结和约，伊朗保有所占外高加索领土，土耳其则把阿拉伯、伊拉克并入自己的版图，两国平分了格鲁吉亚和亚美尼亚，确认卡尔斯城区为中立区。

第二阶段（1578 年~1639 年）：1578 年，土耳其撕毁 1555 年和约，修复卡尔斯城，开进外高加索境内，并占领南格鲁吉亚的部分土地。8 月 10 日，土耳其军队进入北阿塞拜疆并占领希尔万。1579 年起，土耳其军队夺取整个阿塞拜疆和伊朗西部地区。但是在沙赫阿拔斯一世在位期间（1587 年~1629 年），伊朗东山再起，不仅收复了被土耳其侵占的西部领土，而且吞并了一些新的领土，如中亚地区的阿富汗等。后来，由于忙于对乌兹别克封建主进行战争和镇压国内民众起义，阿拔斯一世被迫于 1590 年 3 月同奥斯曼土耳其帝国签订了屈辱性的《伊斯坦布尔和约》。根据条约，伊朗几乎把整个外高加索和卢里斯坦、库尔德斯坦大部领土（伊朗西北部）都割让给了奥斯曼帝国。

1602 年，阿拔斯在完成一系列军事改革和外交政策后，第一次主动对土耳其发动了战争。土耳其面对伊朗的攻势有些力不能支。1603 年~1604 年，伊朗军队在苏菲安附近的数次交战中打败了土耳其军队，攻占并洗劫了大不里士、纳希切凡等城市。1602 年~1612 年的 10 年战争，伊朗大获全胜，1613 年 11 月签订的《伊斯坦布尔和约》肯定了伊朗的全部战果。

由于对《伊斯坦布尔和约》心怀不满，土耳其于1616年对伊朗采取报复行动，但在3年的战争中再遭败绩，1618年的《萨拉卜和约》重申了《伊斯坦布尔和约》的内容。伊朗乘战争获胜之机大大扩展了自己的领土，遂准备进行新的战争。1623年，伊朗军队入侵阿拉伯伊拉克，引发了1623年~1639年战争。阿拔斯一世趁伊拉克人民反对土耳其苏丹穆斯塔法一世统治举行起义之机，兴兵攻占巴格达，继而占领了整个阿拉伯伊拉克。

鉴于土耳其对欧洲的征战屡遭挫折，因而苏丹穆斯塔法四世在位期间（1623年~1640年），致力于征服东方。1625年，土耳其军队占领了阿哈尔齐赫，从伊朗手中夺得了萨姆茨赫－萨塔巴戈公国，并将它变为自己的一个省。土军还进犯了亚美尼亚和阿塞拜疆，占领了北美索不达米亚和摩苏尔，但围攻巴格达9个月未能成功。1630年，土军洗劫哈马丹城，全城居民均遭屠杀。1639年5月，伊土签订《席林堡（佐哈布）条约》。伊土边界保持现状，但阿拉伯伊拉克划归土耳其。

第三阶段（1723年~1746年）：1723年春，土军乘萨菲王朝崩溃之机侵入外高加索，先后占领第比利斯、整个东格鲁吉亚、东亚美尼亚和阿塞拜疆。同时，土军还征服了伊朗西部的卢里斯坦省。土耳其的胜利直接威胁到沙皇俄国在高加索的利益。彼得一世1722年至1723年对波斯的远征和土耳其的军事胜利，迫使伊朗沙赫塔赫马斯普二世同俄国签订1723年的《彼得堡条约》。1724年6月，俄土《君士坦丁堡条约》在伊斯坦布尔签订。条约规定，1723年俄伊彼得堡条约列举的里海沿岸所有地区转归俄国，外高加索其余地区、伊朗西部和克尔曼沙阿、哈马丹两城转归土耳其。

土耳其强占大片领土后仍感不足，于是又在1725年进军伊朗东部并攻占加兹温。1730年，伊朗的实权人物纳迪尔率军打败土军的进攻，并将其驱逐出哈马丹、克尔曼沙阿和南阿塞拜疆。塔赫马斯普二世为提高个人声望，令纳迪尔镇压阿富汗阿布达利部族霍拉桑起义，自己亲征土耳其，但在1731年的哈马丹城下一战被土军击败。1732年，他被迫与土耳其签订和约，承认土侵占的阿拉斯河以北外高加索永久归属土耳其。1732年，纳迪尔推翻塔赫马斯普二世，同俄国签订《拉什特条约》，答应肃清外高加索土军后把库拉河以北归还俄罗斯帝国，以换回吉兰省。1735年6月，纳迪尔率7万大军在卡尔斯城下打败了8万土军。此战后，萨菲伊朗重新获得统一稳定。

为夺回土耳其控制的阿拉伯伊拉克和外高加索，纳迪尔沙赫于1743年对土耳其再次发动战争，不过战争三年，未分胜负，只好议和。伊土战争到此结束。

奥土战争

当奥斯曼土耳其帝国占领君士坦丁堡和东部地中海后，直接威胁到了巴尔干邻近的波兰、捷克、匈牙利、奥地利等国。这些国家不断与奥斯曼土耳其人发生争斗，以哈布斯堡家族为首的多民族国家奥地利在长期争斗中实力不断得到提升，逐渐成为阻碍奥斯曼帝国扩张的强劲对手。从此，奥地利哈布斯堡王朝和奥斯曼帝国为争夺东南

欧和中欧的霸权，双方展开了长达 300 年的战争。这场战争伴随着奥斯曼帝国的衰亡过程，以此分为三个时期。

第一个时期（1526 年～1533 年）：奥斯曼帝国前强盛时期与奥地利的战争。

1526 年 8 月，土耳其军队在摩哈奇附近打败匈牙利和捷克联军，占领了匈牙利东部地区。战后，匈牙利王国其余领土归奥地利哈布斯堡王朝管辖。这时，匈牙利内部呈现两派，一部分贵族选立斐迪南为王，借以与土耳其对抗；奥斯曼土耳其国王苏里曼一世支持另一部分贵族选立查帕尔亚为王，反对斐迪南，与哈布斯堡王朝发生直接冲突。

1529 年，苏里曼一世向匈牙利中部发起进攻，9 月占领布达，入侵奥地利，开始围攻维也纳。但是，土军屡攻不克，最后由于粮秣匮乏和疾病流行被迫撤退。1530 年，奥地利与土耳其进行和谈，但未达成任何协议。1532 年夏，双方重又开战，奥军在查理五世统率下，阻止了土军的进攻。1533 年 7 月，奥土双方在伊斯坦布尔签订和约。根据条约规定，匈牙利西部和西北部仍归奥地利管辖；奥地利每年向土耳其苏丹纳贡 3 万杜卡特（古威尼斯金币）；匈牙利其余部分归土耳其控制，奥地利军队保证不对驻军进攻。

第二个时期（1540 年～1547 年）：奥斯曼帝国中强盛时期与奥地利的战争。

1541 年～1543 年，土军趁奥地利大部兵力被牵制在意大利北部和法国东部边境之际，对匈牙利西部发起攻势，先后占领布达和埃斯特格。1544 年，奥地利与法国媾和，奥军得以抽出与法作战的兵力阻止土军的前进。1547 年，奥土双方签订《亚得利亚那堡和约》，奥地利把匈牙利中部地区割让给土耳其，承认土耳其对匈牙利大部地区的统治。

1551 年～1562 年，奥土双方为争夺特兰西瓦尼亚而展开争斗。1552 年，土耳其军队攻占特梅什瓦尔（今蒂米什瓦拉）；1553 年，攻占埃格尔。此后，双方呈胶着状态。

1592 年～1606 年，战争由土耳其挑起，双方各有胜负。1606 年，双方缔结《席特瓦托罗克和约》，奥地利首次被承认为平等的缔约一方，它无须每年向土耳其苏丹纳贡，但需一次付清 20 万杜卡特。

1660 年～1664 年，土军大举进犯匈牙利西部地区。1664 年 8 月，双方在拉布河畔的圣戈特哈特附近进行决战，土耳其军队遭奥地利军队迎头痛击失利，双方缔结《瓦什瓦尔和约》，土耳其从特兰西瓦尼亚撤军，但该地区仍属奥斯曼帝国所有。

第三个时期（1683 年～1791 年）：奥斯曼帝国后强盛时期与奥地利的战争。

1683 年～1699 年，土耳其企图联合对奥地利哈布斯堡王朝不满的匈牙利封建主的军队进行对奥战争。1683 年 7 月，土耳其宰相穆斯塔法率军 15 万围攻奥地利首都维也纳。8 月，波兰国王索别斯基率领由波兰、巴伐利亚、萨克森组成的"基督教联合战斗部队"约 3 万人驰援奥军，在奥军配合下将土军击败，歼敌 2 万余人。年底，援军和奥军联合将土军逐出匈牙利地区。此后，奥地利与波兰、威尼斯结成"神圣同盟"（俄国也于 1686 年加入）。奥军同盟军乘胜进击，先后于 1688 年、1690 年和 1697 年多次与土军作战，皆取得胜利。

在 1697 年 9 月的泽特战役中，奥军获得大胜，土军亡 3 万余人，损失全部火炮和辎重。这迫使了土耳其与奥地利及联军的议和。1699 年，奥地利、波兰、威尼斯与土耳其签订《卡尔洛维茨和约》；1700 年，俄国、土耳其签订《伊斯坦布尔和约》。根据这两个条约，奥地利获得除巴纳特之外的整个匈牙利、斯拉沃尼亚、特兰西瓦尼亚和克罗地亚的广大地区；波兰获得第聂伯河西岸乌克兰南部和波多里亚；威尼斯获得摩里亚和爱琴海中的土属各岛；俄国获得亚速夫要塞。这是联军对奥斯曼帝国的第一次分割。

1716 年～1718 年，乘俄土战争的胜利之势进攻奥地利。1716 年 8 月，奥军统帅欧根亲王率军 6 万在多瑙河中游对土军发动进攻，连续获胜。次年 8 月，奥军攻克贝尔格莱德，土耳其被迫求和。1718 年 7 月，双方签订《帕萨罗维茨和约》，奥地利取得巴纳特塞尔维亚北部、波斯尼亚和瓦拉几亚部分地区。

1737 年～1739 年，奥地利因塞尔维亚北部地区未被许诺挑起战争。1737 年 1 月，奥军挑起战争，初期互有胜负，但到 1739 年 7 月，奥军惨败，被迫媾和。双方于 9 月签订《贝尔格莱德和约》，奥地利将其所占有的塞尔维亚北部，以及波斯尼亚和瓦拉几亚部分地区，割让出来还给土耳其。

1788 年～1790 年，根据 1781 年奥俄同盟条约，奥军对土军发起进攻。1787 年俄土战争爆发后，奥地利依约于 1788 年初对土耳其宣战。9 月，奥军遭到惨败。1789 年 10 月，奥军在苦战之后终于攻占贝尔格莱德。此后，法国爆发大革命，奥地利面临着新的威胁，又因担心俄国在巴尔干的扩张，便急于结束东面战争，与土耳其单独议和。1791 年 8 月，双方签订《锡斯托夫条约》。根据条约，奥地利交还贝尔格莱德，换取了波斯尼亚的部分地区。双方还达成协议，在解决双方冲突时不再诉诸武力，并且转而相互合作。

至此，奥土战争结束。

立窝尼亚战争

立窝尼亚（今爱沙尼亚和拉脱维亚大部地区）位于芬兰湾南岸，是波罗的海东岸地区的交通枢纽，战略地位十分重要，因此成为邻国觊觎的对象。为争夺波罗的海东南岸地区和出海口，俄国在这里同立窝尼亚骑士团、波兰、立陶宛、瑞典等国进行了一系列战争，史称立窝尼亚战争。

1558 年 1 月，俄国沙皇伊凡四世借口立窝尼亚骑士团与立陶宛结盟反对俄国，派兵 4 万攻入立窝尼亚，占领纳尔瓦、多尔帕特（今塔尔图）等要塞，挑起战争。立窝尼亚封建主无力抵御，遂与波兰国王兼立陶宛大公西吉斯孟德二世缔结条约，得以保护。

1560 年，俄军再次攻入立窝尼亚，占领大片领土。邻国各国趁机介入，瑞典出兵占领爱斯特兰（今爱沙尼亚北部），波兰、立陶宛则控制了立窝尼亚的其余地区。为全部占领立窝尼亚，俄国入侵立窝尼亚的战争，发展成为俄国对瑞典、波兰和立陶宛的战争。

　　1563 年初，伊凡四世亲率 8 万人从南方攻入立陶宛，夺占了军事重镇波洛茨克。后因俄国发生内讧，俄军前线指挥官库尔布斯基倒戈，投向立陶宛，使战场形势剧变，对俄国不利。1569 年，波兰王国和立陶宛大公国合并为波兰立陶宛王国，加强了同俄国争夺的力量。1576 年，波兰立陶宛王国又与瑞典、土耳其、克里木汗国结成同盟，对俄国的战争有了新的发展。1579 年，巴托里率军反击占据立窝尼亚的俄军，不仅夺回军事重镇波洛茨克，而且进入俄国境内，先后占领涅韦尔、大卢基等地，并于 1581 年包围普斯科夫。同时，瑞典在北方对俄国发动进攻，占领纳尔瓦、科列拉，并向卡累利阿进军。到 1581 年末，芬兰湾南岸的出海口几乎全在瑞典军队控制之下。

　　多面树敌，俄国难以应付，被迫求和。1582 年，俄波两国签订停战协定，立窝尼亚大部分地区和波洛茨克划归波兰。1583 年，俄瑞两国签订停战协定，纳尔瓦和芬兰湾全部海岸归瑞典。至此，立窝尼亚战争结束，俄国放弃在立窝尼亚所占领的全部领土。

胡格诺战争

　　16 世纪 40 年代，加尔文教开始在法国传播，称为胡格诺教。法国南部的大封建贵族信奉加尔文教，企图利用宗教改革运动来达到夺取教会地产的目的。他们与北方有分裂倾向的信奉天主教的大封建贵族有深刻利害冲突，最终演变成长期内战。战争以纳瓦尔国王亨利、孔代亲王亨利一世、海军上将科利尼的加斯帕尔德二世为代表的胡格诺派为一方，以 A·J·圣安德烈元帅和蒙莫朗西公爵安纳为首的天主教派为另一方。

　　1562 年 3 月 1 日，吉斯公爵率军队在瓦西镇屠杀举行宗教仪式的胡格诺教徒，死伤近 200 人，由此胡格诺战争爆发。在这场战争中，新旧两派之间进行了七次激烈的对抗。

　　第一次对抗（1562 年~1563 年）：瓦西镇屠杀一事立刻引起胡格诺派强烈抗议，孔代亲王随之率胡格诺派武装占领奥尔良、里昂等地，战火迅速蔓延起来。12 月，双方军队进行德勒之战，两派的统帅孔代亲王和蒙莫朗西公爵都被对方俘虏。1563 年 2 月，吉斯公爵在率军围攻奥尔良时遭暗杀，而新教军方面，纳瓦尔国王安托万亦死于鲁昂作战中。3 月，由太后卡特琳出面，促成双方被囚统帅谈判议和，发布安布瓦斯敕令，使新教徒获得信仰自由和在指定地点举行宗教仪式的权利。

　　第二次对抗（1567 年~1568 年）：1567 年 9 月，孔代和科利尼率新教军队劫持太后和查理九世未遂，包围巴黎。11 月 10 日，在巴黎北郊圣德尼一战，双方不分胜负。德意志新教选侯派兵驰援胡格诺派，天主教徒和宫廷屈服。1568 年，双方签订《隆朱莫条约》，重申安布瓦斯敕令。

　　第三次对抗（1569 年~1570 年）：1568 年 9 月，查理九世在天主教派的压力下撤销先前发布的宗教宽容敕令，禁止胡格诺教徒举行任何宗教仪式，一切官吏和法官都必须宣誓效忠天主教会，新教牧师必须在两个星期之内离开法国，双方的第三次战争由此爆发。1568 年 8 月，天主教军队逮捕新教徒首脑孔代亲王和海军上将科利尼。

1569 年 3 月，天主教军队在雅尔纳克大败新教军队，孔代阵亡。10 月 3 日，蒙孔图尔战役，科利尼又被击败。1570 年 8 月，太后卡特琳签署圣日耳曼敕令，使新教徒获得礼拜自由和在几个设防安全区自派总督的权利。

第四次对抗（1572 年~1573 年）：1572 年 8 月 23 日~24 日夜间，当胡格诺派的重要人物正聚集巴黎，庆祝其领袖波旁家族的亨利的婚礼时，亨利·吉斯率军发动突然袭击，杀死胡格诺教徒 2000 多人。由于 24 日正值圣巴托罗缪节，因此这一血腥的夜晚在历史上被称为"圣巴托罗缪之夜"。这次大屠杀之后，法国再次出现分崩离析的局面。胡格诺派首先在南部和西部组成联邦共和国，对抗中央政权。1573 年 6 月，查理九世签署《拉罗竭尔和约》，准许新教徒在拉罗竭尔、尼姆和蒙托邦举行教仪，给予这些城市信仰自由。

第五次对抗（1574 年~1576 年）：1575 年，新教派发动全面起义，胡格诺教徒全部动员起来，为圣巴托罗缪之夜的屠杀报仇雪恨。1576 年 5 月，亨利三世签署了博利厄敕令，谴责圣巴托罗缪之夜的大屠杀，同意为死难者昭雪，除巴黎和王室住地外，一切法国城市都有权举行新教仪式。敕令还给予胡格诺教徒担任公职的权利，准许他们占有在政治上、军事上居于优势的 8 个城市，在城市里建立混合司法机构，高等法院也设立特别法庭，以保证进行公正的辩论。

第六次对抗（1576 年~1577 年）：博利厄敕令引起天主教派的强烈不满。1576 年，吉斯在北方组织"天主教神圣同盟"，自行征税、招募军队，要求恢复王国的宗教统一，拒绝执行敕令，两派战争又起。战争中，胡格诺派遭受重大挫折，中部的拉夏里戴和西部的布鲁日落入天主教同盟手中。1577 年 9 月，两派缔结《贝日拉克和约》，规定解散天主教同盟，限制博利厄敕令给予新教徒的自由和权利。新教徒只能在每个区的一个城市和自己的安全区内举行宗教仪式，他们对安全区只有 6 年的支配权。

第七次对抗（1585 年~1593 年）：1585 年开始，法国国内开始了"三亨利之战"。各方首领分别是国王亨利三世、吉斯公爵亨利、波旁家族的亨利。1585 年，波旁家族的纳瓦尔国王亨利成为法国王位最有资格的继承人，但罗马教皇却将他革出教门，宣布剥夺他的王位继承权。体弱无子的法王亨利三世，也迫于压力撤销了历次和解性的敕令。于是，胡格诺派教徒便又在亨利的旗帜下应变。新旧教派各自招募军队，爆发新的战争。在 1585 年~1589 年的战争中，双方各有胜负，都伤亡惨重。1589 年，纳瓦尔国王亨利继承了法国王位，改称亨利四世。但是，当时的天主教徒，仍占法国人口的 90%，单凭王位和军事胜利并不能统治法国。由于农民起义蔓延和西班牙的武装干涉，新旧教派都为维护共同利益而寻求妥协。1593 年，亨利四世改奉天主教，受到巴黎欢迎；1598 年，他颁布南特敕令，承认一国两教，从而使宗教战争得以结束。

英西海战

15、16 世纪，西班牙称霸海上，垄断了许多地区的贸易，殖民势力范围遍及欧、美、非、亚四大洲。据统计，到 16 世纪末，世界贵重金属开采中的 83% 为西班牙所得。为了保障海上交通线和在海外的利益，西班牙建立了一支庞大的"无敌舰队"。

在这段时期，英国也在迅速发展。15世纪以后，英国的资本主义萌芽迅猛发展，海外贸易不断增加，海外扩张野心也日益加大。

这样，一山不容二虎，双方必然发生矛盾，从而发展为战争。从16世纪60年代开始，英西两国的海上争斗日益增多。1587年，英国海盗公然袭击了西班牙本土港口，抢劫了西班牙国王的私人财宝船；同年，西班牙扶植的信奉天主教的玛利亚被信奉新教的伊丽莎白女王处死。为了对英国的挑衅进行报复，西班牙国王腓力二世决心对英国开战。

1588年5月，腓力二世强令梅迪纳·西多尼亚公爵率领无敌舰队从里斯本出发，向英国本土进军。这时，"无敌舰队"共有舰船134艘，船员和水手8000多人，摇桨奴隶2000多人，船上满载2.1万名步兵。西班牙的战舰外形壮观，性能良好，但就是体大，机动性能不强。

英国方面，女王伊丽莎白一世为了迎战，已将皇家海军、各大船主、商人以至海盗们的舰船统统集中起来，共有舰船197艘，水兵1.45万人，步兵1500人，任命霍华德勋爵为舰队司令，而以海盗出身并有丰富的航海经验和作战指挥能力的德雷克与霍金斯分任副司令。英国的战舰性能虽不如西班牙，但由豪金斯做了改进，船体小、速度快、机动性强，而且火炮数量多、射程远。

7月29日，无敌舰队到达利泽德角附近海区，进入英吉利海峡。此时，英国舰队竟在西军毫未觉察的情况下尾随而来。英舰队派出小舰群快速挺进，不断袭扰和迟滞西班牙舰船，并在31日击沉西舰船3艘，揭开海战序幕。

8月2日，在波特兰附近海域，英军再次袭击西舰队；4日，在怀特岛附近击伤西班牙的旗舰。西舰队一直在遭受袭扰的状况下继续北进，终于在6日进入多佛尔海峡，锚泊在加莱水域。在此，双方进行了有名的加莱海战。

进入加莱后的第二天夜间，英国人乘西班牙船员都已进入梦乡之时，把6艘旧船点燃，船内装满易燃物品，船身涂满柏油，让其驶向西班牙舰队。结果西班牙许多船只被烧毁或撞坏。

8月8日，两军在加莱东北海上进行了会战。战斗开始，英国战舰行动轻快，在远距离开炮，炮火又猛又狠；而西班牙开炮向英舰射击，却不能命中英舰，英国舰只尽可能避免进入西班牙火炮射程之内，在远处灵活闪避，活动自如。这种远距离炮战使西班牙舰队的步兵和重炮不能充分发挥作用。激烈的炮战持续了一整天，直到双方弹药用尽，轰击才告终止。无敌舰队被打得七零八落，两只分舰队的旗舰中弹、撞伤，一个分舰队司令被俘。剩下的西班牙舰只借着风势向北逃窜，准备绕过苏格兰、爱尔兰回国。

狼狈逃窜的西班牙舰队弹尽粮绝，更倒霉的是在海上接连遇到两次大风暴，有的船只翻沉了。不少士兵、船员被风浪冲到爱尔兰西海岸，被英军杀死。到1588年10月，无敌舰队仅剩43艘残破船只返回西班牙，以近乎全军覆没的结局惨败。

朝鲜壬辰卫国战争

1590 年，集大封建领主和大军阀头目于一身的丰臣秀吉结束了长达 120 余年的战国混乱时代，统一了日本全国。随后，他便开始了实施蓄谋已久的战略计划——通过侵略战争，建立一个包括朝鲜、中国和日本的"三国为一"的封建大帝国，以使日本称霸亚洲大陆，奴役其他民族。另外，他也希望通过发动侵略战争转移国内人民斗争的视线，缓和国内阶级矛盾，以及满足日本对财富的需求。

此时，朝鲜统治阶级正在内讧，党派之争如火如荼，即一派是世袭的官僚贵族，称为勋旧派；另一派是地方中小地主出身的受过书院教育的新官僚，称为士林派。两派明争暗斗，弄得民不聊生、武备松弛、国力大衰。丰臣秀吉看到这是一个极好的侵略机会，于是对朝鲜发动了长达 7 年的侵略战争。

1592 年（壬辰年）4 月，丰臣秀吉组建了 22 万人的军队，建立了拥有数百艘舰船和 9000 名船员的舰队，分批向朝鲜沿海进发，朝鲜壬辰卫国战争开始。在釜山登陆后，日本侵略军长驱直入，两月间相继攻占开城、京城（今首尔）、西京（今平壤），挺进咸镜道，逼近中国边境。

朝鲜军队连连失利，大片国土陷入敌手，国王宣祖李昖急派人向宗主国中国明朝求援。鉴于丰臣秀吉不仅要征服朝鲜，还将侵略中国，明朝廷遂决定援朝抗倭。同年秋，明朝廷派遣以陈璘为总兵、李如松为副将的 5 万余大军赴朝抗倭。

1593 年 1 月，朝鲜爱国官兵在明军的支援协同下，一举收复西京、开城，直指京城。朝鲜名将李舜臣指挥的朝鲜水军龟船队，在玉浦、唐项浦、泗川、闲山岛、釜山等海域连创日军，掌握了制海权。广大朝鲜民众竞相奋起，打击敌人，迫使日军官兵疲惫，溃不成军。

5 月，日军被迫退守庆尚、全罗两道沿海城市，并派使臣要求议和。8 月，朝日双方开始议和，但日本要求朝鲜割让南部九道，这种无理要求自然遭到拒绝。

谈判拖延 3 年，未能达成协议。1597 年初，和谈破裂。2 月，丰臣秀吉又出兵 14 万人侵朝鲜，东西两路并进，连占要塞。当时，朝鲜政府中了日本离间之计，罢免了李舜臣水军统制使职务，重用庸将元钧，致使朝鲜水师几乎全军覆没。后来，在朝野强烈要求下，李舜臣再次被起用。他以仅存的 12 艘舰船和 130 名水兵为基础重建水师，于 10 月在鸣梁海战中击沉日舰 30 余艘，消灭日军 4000 余人。

应朝鲜政府要求，明朝廷又动员川、陕、浙、蓟、辽等地步兵及福建、吴淞水师等，再次出兵援朝。同年 9 月，朝中联军在稷山、青山等地重创日军，迫其退守蔚山、泗川、顺天。

1598 年 8 月，丰臣秀吉病死，遗嘱撤军。10 月，朝中联军进攻蔚山、顺天。11 月 19 日，日本侵略军万余官兵乘 500 余艘舰船行至露梁海域，遭朝中联合舰队致命打击，日本海军几乎全部被歼，小西行长败逃。激战中，朝鲜名将李舜臣和中国老将邓子龙壮烈牺牲。至年底，残余日军或逃或被歼，战争结束。

三十年战争

13世纪以后，哈布斯堡王朝统治下的神圣罗马帝国皇权日益衰微，各邦诸侯割据称雄。各邦诸侯因为信仰不同宗教产生矛盾，分别组成新教（路德教、加尔文教）联盟和天主教联盟。天主教联盟由奥地利、西班牙、德意志天主教联盟组成，得到罗马教皇和波兰的支持；新教联盟由法国、丹麦、瑞典、荷兰、德意志新教联盟组成，得到英国、俄国的支持。

1617年，神圣罗马帝国皇帝马提亚斯派遣耶稣会教士进入捷克（波希米亚），意图在波希米亚复兴天主教，并任命哈布斯堡皇室的斐迪南二世为捷克（波希米亚）国王。斐迪南二世是一名狂热的天主教徒，他当上国王后对捷克的新教徒进行大规模的逼害，并禁止新教徒的宗教活动，拆毁他们的教堂。于是，在1618年5月23日，捷克首都布拉格的新教徒发动起义，冲进王宫，将神圣罗马帝国皇帝的两名钦差从窗口投入壕沟，史称"掷出窗外事件"，它成为三十年战争的开端。

三十年战争分为四个阶段：捷克阶段（1618年~1624年）、丹麦阶段（1625年~1629年）、瑞典阶段（1630年~1635年）及法国——瑞典阶段（1636年~1648年）。

捷克阶段：布拉格起义后，起义军进展顺利，6月进抵维也纳近郊。斐迪南逼于形势，表面上假意答允与起义军进行谈判，实际上在暗地里向天主教同盟求助。不久，天主教同盟即出兵援助，并赞助神圣罗马帝国皇帝大量金钱；西班牙也出兵进攻巴拉丁。最终，神圣罗马帝国和西班牙军队击败捷克和巴拉丁联军。

丹麦阶段：神圣罗马皇帝和天主教同盟的胜利，直接威胁法国和荷兰的安全。1625年，法国首相黎世留倡议英国、荷兰、丹麦缔结反哈布斯堡联盟，英、荷两国则怂恿丹麦出兵。1626年，捷克贵族瓦伦斯坦和天主教同盟的军队打败丹麦和新教联军。丹麦国王被迫于1629年5月在律贝克签订和约，保证以后不再干涉德国的内务。

瑞典阶段：打败丹麦后，神圣罗马帝国势力伸延到波罗的海，并计划在波罗的海建立一支强大的舰队。瑞典国王害怕从此神圣罗马帝国会超越瑞典，取得在波罗的海的优势地位。因此在法国的资金援助下，于1630年7月出兵，在波美拉尼亚登陆进攻神圣罗马帝国的军队。1631年9月17日，瑞典军队于布赖滕费尔德会战打败了神圣罗马帝国的军队，占领了波美拉尼亚。次年，瑞典军先后占领美因茨、奥格斯堡和慕尼黑。11月，神圣罗马帝国军队与瑞典军进行吕岑会战，瑞典再度获胜，但主帅古斯塔夫二世国王亦阵亡，从此瑞典军丧失进攻能力。借此机会，神圣罗马帝国皇帝联合西班牙盟军，于纳德林根会战大败瑞典军，逼使瑞典军撤回波罗的海沿岸。联盟中的萨克森与勃兰登堡则于1635年5月与神圣罗马帝国皇帝签订《布拉格和约》。

法国—瑞典阶段：神圣罗马帝国再次获胜，法国大为震惊，终于直接出兵，与瑞典联合对哈布斯堡王朝作战。战争开始后，双方蹂躏所占领的对方地区，掠夺和杀戮居民。法军采取多点进攻和破袭交通等手段疲惫对方。到1643年5月，法军大败西班牙军；1645年3月，瑞军重创神圣罗马帝国军；1648年5月，法瑞联军在楚斯马斯豪森会战和朗斯会战中获得巨大胜利。至此，神圣罗马帝国皇帝无力再战，被迫求和。瑞典军的节节胜利，引起丹麦王的嫉妒和恐惧，乘瑞典军深入南德时期，丹麦对瑞典宣战。经过 3 年（1643 年~1645 年）战争，瑞典从海陆两路围逼丹麦，丹麦被迫求和。战至此时，双方都已元气大伤，10 月双方达成和解协议，缔结了两个和约——《奥斯纳布吕克条约》与《明斯特和约》，合称《威斯特伐利亚和约》，至此三十年战争完全结束。

英荷战争

荷兰独立后，经济发展迅速。经过短短几十年的发展，到 17 世纪上半叶，荷兰成为欧洲的造船中心。那时，世界各国间的贸易交往主要依靠海上交通。荷兰的商船队拥有 1.6 万余艘船只，是法国、英国、西班牙和葡萄牙四国商船总吨位的四分之三，是世界运输船只的三分之一。可以说，荷兰人基本垄断了世界的贸易，足迹遍及五大洲各个角落，因此被称为"海上马车夫"。

在发展海外贸易的同时，荷兰也积极对外扩张建立殖民地。它于 1619 年在爪哇建立第一个殖民据点巴达维亚（今雅加达），然后由爪哇向西侵占苏门答腊岛，向东从葡萄牙手里夺取香料群岛（今马鲁古群岛），还相继侵占了马六甲和锡兰（今斯里兰卡）。在亚洲东部，它一度侵入中国领土台湾，在日本九州岛的长崎取得了商业据点。1652 年，荷兰在南非建立了好望角殖民地，为它在亚洲的殖民扩张取得了强大的中继站。在北美，它以哈得逊河流域为基础，建立了新尼德兰殖民地，并在河口夺取曼哈顿岛建立新阿姆斯特丹。在南美洲，荷兰殖民者占领了安得列斯群岛中的一些岛屿。

荷兰在海上的扩张以及垄断，成了当时英国实行海外扩张的最大障碍和威胁，于是英国多次发起了对荷兰的战争，大规模的战争主要有三次。

第一次战争（1652 年~1654 年）：1652 年 7 月 8 日，两国舰队在多佛海峡宣战。起初，英国海军封锁了多佛海峡和北海，拦截荷兰商船，荷兰则组织舰队护航。后来，双方海战逐渐由封锁反封锁的贸易战发展为主力舰队间争夺制海权的决战。1653 年 8 月，英国击败荷兰，控制了制海权，使依赖贸易生存的荷兰经济瘫痪。1654 年 4 月 14 日，两国签订《威斯敏斯特和约》，荷兰承认英国的海上霸主地位。

第二次战争（1664 年~1667 年）：1664 年，英军占领荷兰在北美的殖民地新阿姆斯特丹，改名纽约。1665 年 1 月 24 日，荷兰对英宣战。6 月 22 日，英国舰队在洛斯托夫特海战中重创荷兰舰队。1666 年 5 月，经过修整恢复，荷兰舰队再次与英国舰队交战，击败了英国舰队，8 月进入泰晤士河攻打伦敦。结果，荷兰舰队遭到英国岸炮和海军的联合打击，遭到重创，英国重获制海权。9 月 10 日，伦敦发生大火，城市大部遭焚毁，无力继续战争，试图与荷兰和谈。1667 年 6 月 19 日，德·奈特率领荷兰舰队趁机进入泰晤士河偷袭了伦敦，歼灭了驻泊泰晤士河的英国舰队，破坏了船厂，并封锁了泰晤士河口。1667 年 7 月，英国被迫签订《布雷达和约》，英国占有新阿姆斯特丹，但将英军在战争期间占领的苏里南（在南美）归还荷兰。

第三次战争（1672 年~1674 年）：1672 年 5 月，英法联合对荷兰宣战，分别从陆地和海上发动进攻，荷兰无法抵挡法军进攻，被迫掘开海堤淹没国土，才使法军撤退。1673 年 3 月荷兰海军击退英国舰队。6 月，英法联合舰队与荷兰进行了两次斯库内维尔德海战，8 月法国退出战争，英荷都无力继续战争，于 1674 年 2 月签订《威斯敏斯特和约》，规定《布雷达条约》继续有效。至此，英荷战争结束。

俄土战争

为了发展本国经济，扩张在外势力，俄罗斯帝国从 17 世纪开始便不断发起对奥斯曼土耳其帝国的战争，争夺奥斯曼帝国及其属国的领土和权益。俄土战争断断续续持续到第一次世界大战结束，战区集中在巴尔干、克里木、高加索、黑海等地区，重要的战争有 11 次。

第一次俄土战争（1676 年~1681 年）：土耳其在波土战争中占领了波多利亚后，依靠右岸乌克兰的盖特曼多罗申科的支持，企图统治整个右岸乌克兰。1674 年，左岸乌克兰的盖特曼萨莫伊洛维奇被选为乌克兰的总盖特曼（军队指挥官的头衔，地位仅次于君主）。右岸乌克兰的盖特曼多罗申科表示不服，于 1676 年率部 1．2 万人占领了盖特曼都城奇吉林，企图借助土耳其军队恢复自己的统治。萨莫伊洛维奇率领俄国、乌克兰联军很快就包围了奇吉林，于 8 月 2 日攻克该城，俘获多罗申科。随后，俄国、乌克兰联军与土耳其军、鞑靼军为争夺奇吉林继续进行斗争，多次击败其袭击。1681 年 1 月 23 日，土耳其被迫签订了《巴赫奇萨赖和约》，确定第聂伯河为两国势力边界，承认左岸乌克兰与俄国的合并。

第二次俄土战争（1686 年~1700 年）：1686 年，俄国加入由奥地利、波兰和威尼斯组成的反土同盟。随后，在 1687 年、1689 年，俄军 V・V・戈利岑公爵统帅对克里木进行了两次远征；1695 年、1696 年，彼得一世两次远征亚速。后来，由于俄瑞战争迫近，以及其他盟国与土耳其缔结了和约，俄国政府也于 1700 年同土耳其缔结了《君士坦丁堡和约》，亚速和延伸到米乌斯河的亚速海沿岸一带归属俄国。

第三次俄土战争（1710 年~1711 年）：兵败波尔塔瓦战役后，瑞典国王查理十二世逃入土耳其境内避难求援。于是，1710 年，俄土战争爆发。1711 年，彼得一世亲征普鲁特河，陷入土耳其和鞑靼军队的重围，被迫签订《普鲁特和约》，放弃亚速。

第四次俄土战争（1735 年~1739 年）：在波兰王位继承战争中取胜后，1735 年，俄国向土耳其宣战，企图夺取黑海北岸和克里木半岛。1736 年 5 月 31 日，俄军米尼赫元帅的第聂伯河集团军攻占彼列科普，然后又占领克里木汗国首都巴赫奇萨赖，但由于瘟疫流行，粮秣和饮水不足，部队被迫撤回乌克兰。1736 年 6 月 30 日，俄军拉西将军指挥的顿河集团军攻占亚速。1737 年 7 月，顿河集团军在区舰队的协同下强渡锡瓦什湖，在萨尔吉尔河交战中击溃了克里木汗的军队。7 月 13 日，第聂伯河集团军攻克奥恰科夫。

同年，奥地利参战，但奥军屡战屡败。为了接应瓦拉几亚和波斯尼亚的奥军，俄军于 1739 年初向摩尔达维亚展开进攻，使战争发生了转折。8 月，第聂伯河集团军在斯塔武恰内战役中击溃土军。根据摩尔达维亚代表团的请求，摩尔达维亚并入俄国。9 月，俄国面临瑞典入侵的威胁，而盟国奥地利又退出战争，同土耳其签订了《贝尔格莱德和约》，亚速再次归俄国所有。

第五次俄土战争（1768 年～1774 年）：为了阻止俄国在波兰的势力进一步扩大，1768 年 9 月 25 日，土耳其在法奥两国支持下对俄宣战。俄国将戈利岑将军的第 1 集团军从基辅调往霍京，将鲁缅采夫将军的第 2 集团军调到第聂伯河与顿河之间的地带应战。

1768 年 12 月，俄军第 2 集团军击退侵入乌克兰领土的克里木汗卡普兰·格来的军队。在多瑙河战区，戈利岑在对霍京的两次进攻失利后，被迫于 1769 年 6 月率部撤回德涅斯特河。11 月，土耳其驻军由于缺少给养，放弃了霍京。第 1 集团军在新任指挥官鲁缅采夫的指挥下向雅西展开进攻，于 10 月 7 日占领该城；第 2 集团军由帕宁将军指挥沿南布格河作战。1769 年 7 月，海军上将斯皮里多夫的分舰队从波罗的海驶入地中海参战。

1770 年，第 1 集团军在里亚巴亚墓地附近及拉尔加河和卡古尔河河畔击溃了土耳其军。同年，俄国分舰队在切什梅海战中击溃了土耳其舰队，保障了俄国在爱琴海的制海权，并完成了对达达尼尔海峡的封锁。随后，俄军攻占了宾杰里要塞，相继夺取了伊兹梅尔、基利亚、布拉伊洛夫和阿克尔曼。

1771 年，第 1 集团军在多瑙河区舰队的协同下占领了久尔久（今朱尔朱），封锁了图尔恰和伊萨克恰要塞。多尔戈鲁科夫将军的第 2 集团军在亚速海区舰队的协同下，于 6 月 25 日攻下了彼列科普，并占领了克里木。

俄国在陆战和海战中的胜利迫使土耳其于 1772 年 5 月 30 日在久尔久同俄国签订停战协定。11 月 12 日，俄国又同克里木汗萨希布·格来缔结条约，规定克里木脱离土耳其，成为俄国的保护国（1783 年，克里木汗国完全归属俄国）。

1773 年，鲁缅采夫集团军渡过多瑙河，包围了锡利斯特拉要塞。但由于兵力不足，鲁缅采夫集团军被迫撤回多瑙河彼岸。

1774 年 6 月，鲁缅采夫率俄军 5.2 万人强渡多瑙河，大胜土军，迫使土耳其签订《库楚克—凯纳尔吉和约》，俄国获得了第聂伯河和南布格河之间的地区和刻赤海峡，打通了黑海出海口。

第六次俄土战争（1787 年～1792 年）：在第五次俄土战争失败后，土耳其重整旗鼓，计划复仇。土耳其要求俄国归还克里木，承认格鲁吉亚为土耳其属地，授权土耳其检查通过海峡的俄国商船。

1787 年，土耳其舰队向停泊在金布恩附近的俄国护卫舰发起攻击，但被俄军击溃。在陆战方面，土耳其登陆兵 5000 人在金布恩附近遭到苏沃洛夫军的急剧突击，几乎被全歼。1788 年，俄军围攻并夺取了霍京和奥恰科夫要塞。1789 年，俄、奥、乌联军先后击溃了多瑙河附近的土军。1790 年，俄军黑海舰队在锡诺普海域、刻赤海峡和坚德拉岛海域的海战中接连实施突击，击败了土耳其舰队。12 月 22 日，苏沃洛夫所部以强大攻势仅用一天就一举攻克土耳其坚固设防的伊兹梅尔要塞。这一战在欧洲引起了强烈的震惊，并基本上决定了俄土战争的结局。苏沃洛夫因此战一举成名，成为俄罗斯一代名将。苏沃洛夫在给沙皇叶卡捷琳娜二世的奏表中是这样描述伊兹梅尔之战的："没有任何一个堡垒比伊兹梅尔更坚固，没有任何一个抵抗比伊兹梅尔更激烈，但是它在我皇的宝座之下倒下来了，这是英勇进攻的结果。"这句话后来被镌刻在苏沃洛夫的纪念碑上。

1791年，俄军取得了巨大胜利。6月15日，库图佐夫将军所部强渡多瑙河，在巴巴达格附近击溃土军2.3万人；7月3日，古多维奇将军所部在西高加索攻克阿纳帕；7月9日，俄军主力在默钦战役中重创土军；8月11日乌沙科夫在卡利亚克里亚角击溃土耳其舰队。俄军在陆战海战中的胜利迫使土耳其签订《雅西和约》（1792年1月），承认俄国兼并克里木和格鲁吉亚。

第七次俄土战争（1806年～1812年）：从1805年起，俄国忙与法国、伊朗交战，土耳其趁机挑起战事，使与俄国签订的关于俄国船只自由通过海峡的条约遭到破坏，并擅自更换摩尔达维亚和瓦拉几亚公国大公。对此，俄国政府于1806年11月～12月派米赫尔松将军的摩尔达维亚集团军进驻土耳其傀儡控制的摩尔达维亚和瓦拉几亚。12月30日，英国站到了俄国一边，其舰队企图控制达达尼尔海峡两岸工事和埃及沿海。

1807年，俄国分舰队封锁了达达尼尔海峡，并在达达尼尔海战和阿索斯海战中战胜了土耳其舰队。在巴尔干和高加索两战区，俄军也多次击败土军。俄军接连胜利，而英国的战略企图却未能如愿，于是英国退出战争。英俄联盟解体，俄国也不愿再消耗下去，便在8月与土耳其签订了停战协定。

1809年春，战火重燃。在高加索战区，俄军与阿塞拜疆民军、格鲁吉亚民军协同作战，将土军逐出波季和苏呼米卡列，并攻占了阿哈尔卡拉基要塞。普罗佐罗夫斯基元帅率俄军8万人（1809年8月起由巴格拉季昂将军指挥），在拥有140艘舰船的多瑙河区舰队的配合下强渡了多瑙河，相继夺取了伊萨克恰、图尔恰、巴巴达格、默钦、伊兹梅尔、布拉伊洛夫等要塞。1810年5月，俄军在新任总司令卡缅斯基将军的指挥下，占领了帕扎尔吉克、锡利斯特拉和拉兹格勒诸要塞。9月，鲁什丘克要塞和久尔久要塞的守军投降。10月，攻占洛维奇，但未能久留（1811年1月28日，俄军再次攻克该城）。

1811年，俄军在库图佐夫的率领下，在7月4日鲁什丘克战役中和12月5日斯洛博齐亚战役中大破土军，迫使其投降。接着，库图佐夫又巧妙地运用外交策略，迫使土耳其在《布加勒斯特和约》（1812年5月）上签字，确定比萨拉比亚和西格鲁吉亚并入俄国。

第八次俄土战争（1828年～1829年）：在纳瓦里诺海战中击败土埃联合舰队之后，俄、英、法内部出现了争夺土耳其所属势力的矛盾，土耳其苏丹便借此撕毁了俄土两国以前缔结的所有协定，并于1827年12月宣布对俄进行"神圣战争"。1828年4月26日，俄国向土耳其宣战。俄国将维特根施泰因元帅的集团军9.5万人调到多瑙河战区，迎战侯赛因巴夏的15万军队；将帕斯克维奇将军的军队（2.5万人）调到高加索战区迎战5万土耳其军。

经过多次激烈交战，俄国保住了南乌克兰、克里木、比萨拉比亚及高加索的部分领土，并在黑海沿岸牢固地树立了自己的地位。俄国利用希腊独立战争，进一步南下，再次蹂躏摩尔多瓦、瓦拉几亚，后经保加利亚直逼君士坦丁堡。根据 1829 年 9 月俄土《亚得里亚堡条约》，俄国获得多瑙河口及其附近岛屿和黑海东岸，土耳其承认格鲁吉亚、伊梅列季亚、明格列利亚并入俄国。

第九次俄土战争（1853 年～1856 年）：1853 年 1 月，俄国沙皇尼古拉一世向土耳其苏丹提出，要求将土耳其境内所有东正教居民由俄国保护，力图把土耳其变为俄国的保护国，进而，俄国可以独占黑海海峡，打通进入地中海通道，实现其扩张野心。俄国的这一企图为英法所不能容忍。在英法的支持下，土耳其苏丹拒绝了俄国的最后通牒。随后，俄国于 7 月初出兵 8 万人占领了土耳其帝国的属地摩尔多瓦和瓦拉几亚并拒绝了苏丹提出的撤军要求。10 月，土耳其政府向俄国宣战。

1854 年 3 月底，英、法正式向俄国宣战，1855 年初，法国附庸撒丁王国也宣布参加对俄战争。在英、法联军参与下，俄军日渐衰弱，无力把战争进行下去，1856 年 3 月 30 日，双方签订《巴黎和约》，俄国把比萨拉比亚南部归还摩尔多瓦，实行黑海中立化，禁止外国舰队通过海峡。

第十次俄土战争（1877 年～1878 年）：1877 年，俄国利用巴尔干斯拉夫人的民族解放战争，打着"解放"的旗号，对土宣战。俄军在罗马尼亚军队的配合下，攻克普列文；在保加利亚军队的支援下，连续攻克索菲亚和亚得里亚堡，兵临君士坦丁堡。形势对土耳其极为不利，但俄国的军事行动也引起了欧洲列强的极大不满。于是，俄土双方在 1878 年 1 月 31 日宣布停火，3 月 3 日签订了《圣斯特凡诺和约》。根据和约，俄国建立了受其保护的大保加利亚国，并获得大片土地和巨额赔款。由于英国的干涉，俄军想要控制博斯普鲁斯海峡的目的未能达到。同年 6 月～7 月，欧洲列强召开了柏林会议，对俄土和约做了修改，迫使俄国仅仅得到它在克里木战争中所失去的南比萨拉比亚以及巴统、卡尔斯等地。

第十一次俄土战争（1914 年～1918 年，即第一次世界大战期间）："一战"期间，俄国和英、法结盟，企图谋取君士坦丁堡，但都惨败，土耳其军趁机打下整个高加索，甚至进军南俄草原。但这也加速了自身的灭亡。1915 年 1 月，俄军发动反攻，土耳其的第九集团军大败，损失约 7 万多人。

经过这一系列战争，俄国疆域进一步扩大，南部边界伸展到黑海，西部边界推进到普鲁特河，东部边界越过高加索山脉。而奥斯曼帝国则在战争中不断被削弱，以致日益衰落，成为列强宰割的对象。

西班牙王位争夺战

1700 年 11 月 1 日，西班牙国王查理二世去世，没有子嗣承继王位。按照亲属关系，既可由奥地利哈布斯堡王朝的人继承，也可以由法国波旁王朝的人继承。由于法国外交的积极活动，查理二世生前立遗嘱要把王位传给路易十四的孙子安茹公爵腓力，但规定法、西不得合并。1701 年，法王宣布腓力为西班牙国王，同时兼为法国王位继承人，称腓力五世（1700年～1764在位）。

当时，西班牙除其本土外，还有意大利的大部分、西属尼德兰，以及遍布美洲、亚洲、非洲的辽阔土地。这就是说，如果法国得到西班牙王位继承权，也就意味着可以得到更多的殖民利益。英国不能容忍法国独霸欧洲，因而与荷兰、奥地利、普鲁士、德意志诸侯国、葡萄牙、萨伏依等结成反法同盟，支持奥地利的查理大公继承西班牙王位。1702年5月，反法同盟正式对法国宣战，西班牙王位争夺战开始。

战争初期，法军在欧陆的进展颇为顺利，先后攻占了尼德兰、意大利、西班牙和德意志境内部分地区。1704年7月，英军攻占直布罗陀。8月，英国马尔伯勒公爵统率大陆军进军巴伐利亚，与奥地利欧根亲王的部队会合，随后取得布伦海姆会战的胜利，挫败法军进军奥地利的企图，扭转了战局。1706年5月，英军在拉米伊再败法军。同时，反法同盟军也在其他战线取得了胜利。9月，欧根率军大败包围都灵的法军，使同盟军收复了整个意大利北部地区。在西班牙，盟军成功地抵御了法军对巴塞罗那的进攻，并趁法军混乱之机，从葡萄牙出击的高尔韦军于6月底占领了西班牙首都马德里。1707年，英、奥海军一度围困土伦港。此后，英、奥陆军继续配合作战，在1708年的奥德纳尔德会战和1709年9月的马尔普拉凯会战中，先后击败法国军队。

从1710年起，双方形成了僵持局面。这时，反法同盟军虽然有着兵力上的优势（同盟军共有16万人，法军只有7.5万人），但却不再主动进攻法国。这是因为反法同盟军的主力英国鉴于俄国在同期的北方战争中获胜，为防俄国从此称霸北欧，必须赶快对法停战，以抽身制衡俄国。另外，英国也担心奥地利势力增长将对己不利。因此英国开始独自与法国进行和谈，停止对法的战事。由于英国态度的转变，再加上各国经历多年战乱已无心恋战，于是反法同盟各国都停止了主动进攻，逐渐与法国停战。

1713年4月11日，以法国和西班牙为一方，以英国、荷兰、勃兰登堡、萨伏依和葡萄牙为另一方，签订了《乌得勒支和约》。1714年，奥法又签订《拉什塔特和约》。西班牙王位争夺战最终结束。

七年战争

法国大革命前，欧洲各大国卷入了一场世界性的大战，即七年战争。这场战争的起因是，英国试图打击和削弱法国，扩大殖民地，建立海上霸权；普鲁士企图吞并萨克森，并将波兰变为其附属国；奥地利企图削弱竞争对手普鲁士，夺回西里西亚；法国力图吞并英王的世袭领地汉诺威，遏制普鲁士的崛起，保护海外殖民地；俄国企图夺取东普鲁士和波兰，向西部扩张领土；瑞典则要夺取普属波美拉尼亚。其中，对全局起决定的作用是英法矛盾、普奥矛盾和俄普矛盾三对矛盾。

七年战争的陆战主战场是欧洲，主要是反普同盟各国同普鲁士交战；在北美、印度和海上，主要是英、法之间作战。

反普同盟与普鲁士的交战

1756年8月28日，普鲁士国王腓特烈二世先发制人，亲率9.5万人的军队对萨克森发动突然袭击，七年战争由此爆发。在普军预有准备的军事行动面前，萨克森军很快陷入包围，被迫投降。

在普军对萨克森军形成包嗣时，奥地利派出一支军队火速增援，双方在埃格尔河和易北河会合处的洛沃西采遭遇。结果，奥军未能突破普军防御，无法挽回萨克森的败局，普军以胜利告终。

1757年初，普军南下，大规模入侵奥地利的波希米亚，打算在法军和俄军增援前逼降奥地利。5月6日，普军向布拉格发起进攻，击败布劳恩元帅指挥的6万奥军，并将其围困在布拉格。后来，前来增援的奥军道恩元帅于6月18日在科林附近击溃了普军，解除了普军对布拉格的包围。此役之后，腓特烈已经不可能在法国和俄国参战之前迫降奥地利，速胜希望破灭。

从布拉格撤军后，腓特烈二世审时度势，选择一路追击。11月，普法两军进行了经典的罗斯巴赫会战，法军大败。

罗斯巴赫会战后，普军主力由西向东进，截击进入西里西亚的奥军，于12月进行了洛伊滕会战，取得全胜。

1758年1月，俄军占领东普鲁士，腓特烈二世率主力迎击。8月，普鲁士与俄奥联军进行库勒斯道夫战役，普军被击败。此时，英军在汉诺威击败法军。

9月，奥军占领德累斯顿，普军转入防御。这时，俄奥联军内部发生矛盾给了普军喘息之机。1760年7月，普军在西里西亚以少胜多击败俄奥联军，8月普军在利格尼茨击败奥军，11月在托尔高战役中再次击败防守坚固阵地的奥军，普鲁士以巨大的代价保住了萨克森领地，得以恢复实力。

英、法之间的战争

在海上和海外战场，英法两国进行了激烈的争夺。1756年4月，法国海军击败英国舰队，占领地中海的梅诺卡岛。1758年，英军攻占布雷顿角，包围路易斯堡，易斯堡投降。第二年9月，英军攻占魁北克。1759年，法国舰队在拉古什和基伯龙被英舰队消灭。1760年，英国占领整个法属加拿大。1761年，英国占领法国在印度的殖民地。

战争进行到1762年初，交战双方都已精疲力竭。普鲁士几乎濒临绝境，此时事有意外转机：1762年俄国女沙皇病逝，新沙皇彼得三世是腓特烈二世的狂热崇拜者，他登基后立即同腓特烈二世结盟，俄军撤退，归还了占领的全部领土，瑞典也跟着退出战争，普鲁士得以起死回生。10月底，俄国正式退出七年战争。俄国退出，反普同盟随之瓦解。1763年2月10日，英法签订《巴黎和约》，法国被迫将整个加拿大割让给英国，并从整个印度撤出，只保留5个市镇。15日，普奥签订《胡贝尔图斯堡和约》，普鲁士同意撤出萨克森，而奥地利承认西里西亚归普鲁士所有，奥地利未能收复西里西亚领地。至此，七年战争结束。

美国独立战争

在七年战争中，为争夺对北美殖民地的控制，英国与法国进行了长期的战争。最后，英国打败法国，控制了北美大部分地区，不过因长期的战争而导致财政困难。于是，英国政府不断地向北美各殖民地增加税收，并实行高压政策，对殖民地进行蛮横的压榨和残酷的剥削。此时，受启蒙思想影响的殖民地人民民族意识已经逐渐觉醒，对于英国的盘剥和束缚开始不满，双方矛盾日益尖锐，最终导致战争爆发。

1775 年 4 月 18 日，英国驻马萨诸塞的总督托马斯·盖奇将军出动 800 名英军奔袭康科德，搜集殖民地民兵的武器，并意图一并拘捕该地的"通讯委员会"成员，但却被殖民地居民得悉，并通知了民兵组织"一分钟人"。一分钟人得知消息后，当晚派人驰赴列克星敦和康科德报信，并立即做出防卫。4 月 19 日清晨 5 时左右，英军遭到列克星敦的民兵阻拦，英军突然开火，民兵猝不及防，死伤十多人。随后，民兵与英军正式交火，美国独立战争第一枪正式打响。

1775 年 6 月 15 日，第二届大陆会议举行，会议上决定殖民地居民组建正规的大陆军，乔治·华盛顿为总司令。随之，华盛顿率大陆军采取持久作战以消耗英军的策略，与英军展开长期的斗争，北美独立战争全面展开。美国独立战争分为三个阶段。

第一阶段（1775 年~1778 年），为战略防御阶段，主战场在北部。1775 年 6 月 17 日，波士顿民兵在邦克山战斗中与装备精良的英国正规军展开了第一次正面交锋，显示了北美民兵惊人的战斗力，大大鼓舞了殖民地人民为独立而战的斗志。1776 年 7 月 4 日，大陆会议正式宣布脱离英国而独立。1776 年 12 月，纽约失陷，为了保存军力，华盛顿放弃纽约，独立战争进入困难时期。1776 年 12 月 25 日，华盛顿率部渡过特拉华河，奇袭特伦顿黑森雇佣军兵营成功，接着又在普林斯顿重创英军，使陷入低潮的美国独立战争重新获得了活力。1777 年 7 月，伯戈率 7000 英军在萨拉托加地域遭到 1.2 万美军和游击队的围攻，5000 英军被迫于 10 月 17 日向美军投降。萨拉托加之役成了这场战争的转折点，促使法国、西班牙、荷兰先后对英宣战。形势的变化，迫使英军于 1778 年 6 月放弃费城，退守纽约。随之，北部战争出现僵持的局面。

第二阶段（1778 年~1781 年），为战略相持阶段，主战场转向南部地区。1778 年 2 月法美签订军事同盟条约，法国正式承认美国。6 月法英开战。1779 年 6 月，西班牙对英作战。1780 年，俄国联合普鲁士、荷兰、丹麦、瑞典等国组成"武装中立同盟"，打破英国的海上封锁。1780 年 12 月，荷兰加入法国方面对英作战。北美独立战争扩大为遍及欧、亚、美三大洲的国际性反英战争，英国陷入空前孤立的境地。1781 年，在吉尔福德之战中，英军伤亡惨重。在大陆军和民兵的持久消耗下，英军渐感力量不支。4 月，英军向北退往弗吉尼亚。纳撒内尔·格林将军乘势挥师南下，在民兵游击队配合下，拔除英军据点，收复了除萨凡纳和吉尔斯顿之外的南部国土。

第三阶段（1781 年~1783 年），为战略反攻阶段。1781 年 8 月，康沃利斯率 7000 名英军退守弗吉尼亚半岛顶端的约克敦。此时，在整个北美战场的英军主要收缩于纽约和约克敦两点上。1781 年 8 月，华盛顿亲率法美联军秘密南下弗吉尼亚。与此同时，德格拉斯率领的法国舰队也抵达约克敦城外海面，击败了来援英舰，完全控制了战区制海权。9 月 28 日，1.7 万名法美联军从陆海两面完成了对约克敦的包围。在联军炮火的猛烈轰击之下，康沃利斯走投无路，于 10 月 17 日投降。约克敦战役后，北美大陆战事基本停止。

1782 年 11 月 30 日，美国与英国的代表在巴黎签订初步停战条约。1783 年 9 月 3 日，英王代表与殖民地代表在凡尔赛宫签订《巴黎和约》，英国正式承认美利坚合众国成立。

拿破仑战争

1789 年，法国大革命的爆发让欧洲各王室感受到了威胁。1792 年，法国国民公会宣布：废除国王路易十六并处决，成立法兰西第一共和国。新兴的资产阶级对封建阶级的威胁是如此严重，欧洲各国于是公开出兵干涉。

1793 年，奥、普、英、荷、西、撒丁、那不勒斯等国家结成第一次反法联盟，出兵进攻法国，遭法国民军顽强抵抗。1796 年—1797 年，拿破仑·波拿巴特率军进攻意大利，取得了蒙特诺特、洛迪、里沃利等一系列作战的胜利，迫使奥地利于 1707 年 10 月签订《坎波福米奥和约》，从而促使第一次反法联盟彻底瓦解。

1798 年 12 月，英国联合俄、奥、葡萄牙、土耳其和那不勒斯等国，结成第二次反法联盟，企图推翻法国督政府，夺回被法国占去的领土。在联军进攻下，法军在北意大利、荷兰与多瑙河上游等地区相继失败。次年 10 月，远征埃及的拿破仑·波拿巴特返回法国，于 11 月 9 日发动政变，成立以他为第一执政的执政府。从此，拿破仑·波拿巴特掌握了法国的军政大权，并发动了一系列战事，史称拿破仑战争。

1800 年 5 月，拿破仑·波拿巴特率军攻入意大利，于 6 月取得马伦戈会战的胜利。12 月，法军又在霍恩林登击败奥军。1801 年 2 月，奥两国签订《吕内维尔和约》，第二次反法联盟随之解体。

1805 年 4 月~8 月，英、俄、奥、瑞典和西西里王国等国结成第三次反法联盟，商定由奥俄出兵 50 万，在大陆进攻法国。结果，法军大败俄奥联军，法奥签订《普雷斯堡和约》，俄军撤离奥地利，第三次反法联盟失败。

1806 年 9 月，英、俄、普、萨克森和瑞典等国结成第四次反法联盟。10 月 14 日，法军与普萨联军在耶拿和奥尔施泰特交战，联军惨败，法军乘胜席卷普鲁士。11 月，俄国对法宣战。1807 年 2 月和 6 月，法俄两军在埃劳和弗里德兰进行会战，俄军失败。随后，法国同俄、普分别签订《蒂尔西特和约》，第四次反法联盟宣告破灭。

1807 年 11 月，法军入侵葡萄牙。1808 年 3 月~4 月，法军抢占西班牙的战略要地，并占领马德里。从此，法军开始了延续 6 年多的伊比利亚半岛战争。几十万法军被困在半岛人民和英国远征军的游击战火之中，直到法兰西帝国覆灭为止。

1809 年 1 月，英国和奥地利结成第五次反法联盟。拿破仑·波拿巴特虽然开始两线作战，并在 5 月 21 日~22 日的阿斯璃恩—埃斯灵会战中，遭到了自他统兵作战以来的第一次失败，但到 7 月 5 日~6 日进行瓦格拉姆会战时，他又再次将奥军击败，并通过《申布伦和约》的签订，使第五次反法联盟自行解体。

1812 年 6 月，拿破仑·波拿巴特率大军 60 多万人入侵俄国。战争初期，俄军被迫后撤。8 月 17 日进行斯摩棱斯克会战后，俄军继续后退。9 月 14 日法军进入莫斯科。10 月 18 日，俄军开始反攻，法军被撤出莫斯科，尔后节节败退，到 12 月，几乎全军覆灭。拿破仑·波拿巴特的侵俄战争，以丧失 50 多万人的惨败告终。

1813 年 2 月，俄普结盟。3 月，普鲁士对法宣战。随后，俄、英、普、西、葡和瑞典等国结成第六次反法联盟（奥地利于 8 月加入）。在这次抗击联盟的战争中，拿破仑·波拿巴特多处转战，虽然接连获得小胜，但却还是挡不住联军的多路逼近。3 月 30 日，巴黎守军投降。4 月 6 日，拿破仑·波拿巴特被迫退位，并被放逐到厄尔巴岛。

1815 年 3 月 1 日，拿破仑·波拿巴特从厄尔巴岛秘密逃回法国，20 日进入巴黎，重新掌握政权（史称"百日"王朝）。出席维也纳会议的俄、英、普、奥、瑞典等国代表当即结成第七次反法联盟，决定出兵 70 万，分 5 路进攻法国。6 月，拿破仑·波拿巴特率法军主动出击；16 日进行利尼会战，普军失利后退；18 日进行滑铁卢会战，英军在普军配合下彻底击败法军。拿破仑·波拿巴特逃回巴黎，22 日再次退位，被放逐到圣赫勒拿岛，直至去世。

英缅战争

缅甸位于中国、印度两国之间，是连接南亚与东南亚的纽带，战略地位十分重要。18 世纪中叶，英国在取得对印度的控制权后，便多次派人前往缅甸谈判，企图迫使缅甸与其签订不平等条约，并进行侦察活动，为其对缅甸殖民扩张做准备。到 19 世纪初，为了打通印度与马来半岛英属殖民地的联系，并打开从西南入侵中国的门户，进一步扩大对亚洲国家的殖民侵略，英国便把侵略扩张的矛头指向了缅甸。在 1824 年至 1895 年的 70 多年时间里，英国殖民统治者连续对缅甸发动了三次侵略战争。

第一次侵缅战争（1824 年~1826 年）：1824 年 3 月 5 日，英国借口缅甸威胁英属印度的安全对缅发动战争。英军凭借优势兵力，接连胜利。1826 年 2 月，英军进占蒲甘和杨达波。2 月 24 日，缅甸政府被迫签订《杨达波条约》。条约规定，缅甸交出 1000 万卢比的赔款，承认曼尼普尔、卡恰尔、贾因提亚为英国领地，把丹那沙林、阿萨姆和阿拉干割让给英国。

第二次侵缅战争（1851 年~1862 年）：1851 年，仰光市长处罚了两名违法的英国船长。英国借口缅甸虐待英商，发动了第二次侵缅战争。同年 11 月 17 日，印度总督达贺胥侯爵派海军准将兰伯特率舰队到缅甸挑衅。1852 年 2 月 18 日，达贺胥侯爵向缅甸发出最后通牒，要缅甸政府负担兰伯特舰队从印度到仰光所耗费用，并且仰光市长要向被处罚的英国船长赔礼道歉、赔偿损失。4 月 1 日，戈德温率领的英印殖民军队向缅甸发动进攻，抢占缅甸南部沿海城市和三角洲地区，10 月进占卑谬，12 月推进到美获。12 月 20 日，达贺胥侯爵宣布下缅甸为英国殖民地。不堪忍受英国殖民统治的缅甸各族人民展开了长期顽强的斗争，英殖民当局用了 5 年时间才控制了这一地区。1862年，英国殖民者把阿拉干、丹那沙林和勃固三个地区合并组成"英属缅甸"，加强了对下缅甸的殖民统治。

第三次侵缅战争（1885 年~1895 年）1885 年 10 月 22 日，英国借口缅甸政府对英资孟买缅甸贸易公司贩运柚木偷税漏税活动处以罚款是迫害英国商人，在 11 月 14 日向缅发动了进攻，仅用了 14 天时间就占领了曼德勒。1886 年 1 月 1 日，上缅甸被宣布为英属殖民地。英国殖民者的强盗行径激起了缅甸各族人民的强烈反抗，各地抗英斗争此起彼伏，声势浩大，给侵略者以沉重打击。英军占领曼德勒以后，增兵 4 万人，耗费大量军费，花了 10 年时间，到 1895 年才把各地的抗英斗争镇压下去。至此，整个缅甸成为英国的殖民地，英缅战争结束。

英国阿富汗战争

阿富汗是南亚西北端的一个内陆国家，东南接南亚次大陆，可下印度洋；西北邻中亚和西亚，能抵地中海。全国五分之四的面积为山地和高原，平均海拔 3500 多米的兴都库什山横陈境内，是中亚与南亚间的重大障碍。阿富汗特殊的地理位置和地形，使其成为南亚与中亚和西亚的交通要冲，战略地位十分重要，历来是兵家必争之地。

19 世纪初，英国殖民者为建立从北非到印度的势力范围带，把矛头指向了阿富汗。而野心勃勃的沙俄为南下印度洋，夺取暖洋出海口，也对阿富汗垂涎三尺。南北两大势力不断在阿富汗发生碰撞。英国殖民者为与沙俄争夺对中亚地区的控制权，不惜三番五次出兵阿富汗，从 1839 年至 1919 年连续对阿富汗发动了三次侵略战争。

第一次侵略战争（1839 年~1842 年）：1839 年 4 月，为了推翻多斯特·穆罕默德领导的亲俄阿富汗政府，建立傀儡政权，英军 3 万多人进军阿富汗。英军很快就攻占了坎大哈和加兹尼，兵临喀布尔城下。多斯特·穆罕默德向俄求援遭拒，只好逃到布哈拉避难，英国随即在喀布尔建立傀儡政权。

为回击英国侵略军，阿富汗人民揭竿而起，展开抗英游击战争。1841 年 11 月 2日，喀布尔爆发起义，各地游击队举行联合反攻。起义军英勇作战，势不可当，当晚就占领了喀布尔全城。随后，起义军攻占了喀布尔至巴拉·喜萨尔要塞间的全部据点，后又击毙英国公使麦克诺顿，英军被迫同意从喀布尔撤军。此后，游击队又包围了贾拉拉巴德和坎大哈，收复了加兹尼，英傀儡政权彻底垮台。

英国殖民者不甘心失败，增调援军，首先解了贾拉拉巴德和坎大哈之围，尔后从东、南两个方向大举进攻喀布尔。1842 年 9 月，经浴血奋战，阿军终因力量悬殊，主动撤离了喀布尔。但阿富汗人民并没有屈服，抗英斗争更加高涨。英军唯恐再遭惨败，在救出人质后，慌忙于 10 月 12 日撤回印度。以后 30 多年，英国殖民者未敢再向阿富汗发动侵略战争。

第二次侵略战争（1878 年~1881 年）：19 世纪 70 年代，英俄两国在阿富汗南北两翼不断进行侵略扩张，将边界向前推进直接与阿富汗领土接壤，对阿构成新的直接威胁。阿富汗为寻求庇护，接受了沙俄提出的包括出兵援阿等条款的条约草案，拒绝了英国使团来访。英国殖民当局不能容忍阿与俄结盟，便以使团遭拒为借口出兵侵阿。

1878年11月，英军3.5万人分3路入侵阿富汗。因阿富汗统治者一心指望俄国援助，采取不抵抗政策，而这时沙俄的战略重点在欧洲，不愿在阿与英国摊牌，于是英军便很快占领了坎大哈、贾拉拉巴德等城。1879年5月26日，阿富汗被迫同英国签订了丧权辱国的《甘达马克条约》，阿成为英国的附属国。

《甘达马克条约》的签订激起国内一片义愤。9月8日，喀布尔再次爆发人民起义，愤怒的士兵和群众包围了殖民者官邸，杀死了英国总督。10月12日，英军再度占领喀布尔，对爱国者和广大市民进行疯狂报复。各地抗英武装没有屈服，以加兹尼为基地，给英军以重创。

1880年7月27日，抗英军2.5万人在坎大哈附近与英军打响了著名的迈万德会战。战斗开始后，抗英军首先以炮火压制敌两翼的炮兵和骑兵，掩护步兵前进。尔后，步、骑兵紧密配合，乘势发起猛攻，使英军溃不成军，只是援军赶到才免遭全歼。今天，当人们从查曼沿着乔迪梅旺德大街西行，有一个东方市场，市场中心的迈万德塔，是为纪念阿富汗的一位爱国女英雄而建的。在这次战斗中，阿富汗姑娘玛拉莱挺身而出，号召全村男子保家卫国，与阿军合击敌人，终于取得辉煌胜利。玛拉莱的英雄事迹传颂一时，她是阿富汗历史上第一位杰出的女性。

到了12月，10万起义大军在喀布尔包围英军，英殖民当局调来大量增援部队才把抗英军镇压下去。

在阿富汗人民的英勇抗击下，英殖民当局被迫同阿富汗统治者签订妥协性协定，同意阿内政自主，但外交受英控制。1881年4月，英殖民军放弃了侵占阿富汗的打算，全部撤出阿富汗。

第三次侵略战争（1919年~1921年）：1919年2月，阿富汗改革派控制政权后，宣布阿富汗独立，不承认任何外国特权，并采取联苏抗英的政策。英殖民者拒不放弃它在阿享有的特权，在阿边境集结兵力，准备发动新的侵略战争。

5月3日，英国侵略军3.4万人分为3路入侵阿富汗。阿富汗人民为独立自由而战，奋起抗争，并得到了印阿边境少数民族起义军的大力支援。阿军的英勇抗击使英侵略军处境困难，被迫放弃了原来作战的计划。6月3日，双方停火，进行谈判。1921年11月22日，英阿签订和约，英国承认阿富汗独立。至此，阿富汗人民抗英战争取得了彻底胜利。

美墨战争

美国独立后，便在北美大陆大肆扩张。1823年，总统詹姆斯·门罗提出"美洲是美洲人的美洲"的口号，确立了扩张领土、称霸美洲的基本国策。很快，美国政府的侵略目光便落到了近邻大国墨西哥身上。

1835 年，墨西哥得克萨斯和加利福尼亚的美国移民奴隶主发动武装叛乱，墨西哥政府出兵镇压，美国竟直接出兵干涉，并支持得克萨斯于次年宣布独立。1845 年 7 月，美国总统詹姆斯·波尔克正式宣布把得克萨斯并入美国的版图。对美国这种侵犯内政的行为，墨西哥非常不满，与美国的矛盾加剧，两国之间爆发了一些小冲突。借此，波尔克下令扎卡里·泰勒将军带兵进入得克萨斯。泰勒渡过纽埃西斯河，不顾墨西哥提出的撤军要求，一直进军到格兰德河畔并开始在那里建筑布朗堡。于是，冲突爆发。1846 年 4 月 24 日，墨西哥骑兵进攻并俘虏了一支美国在格兰德河附近的部队。1846 年 5 月 13 日，美国政府向墨西哥宣战，5 月 23 日墨西哥向美国宣战，美墨战争正式开始了。

战争爆发后，美军企图以海军封锁墨西哥湾，以陆军兵分两路向墨西哥北部和西部进攻，夺占墨西哥首都，迫其政府就范。1846 年 5 月 18 日，泰勒将军率领 6000 名美军从得克萨斯南下，越过格兰德河向墨西哥北部进攻。阿里斯指挥的墨军对入侵的美军进行了节节抵抗。经过激战，美军于 9 月和 11 月先后占领了蒙特雷和萨尔蒂约。在此期间，由卡尼指挥的 1600 名美军于 6 月从得克萨斯西进，经过长途跋涉和零星战斗，顺利地攻占了新墨西哥和加利福尼亚。1847 年 1 月 13 日，在圣费尔南多，墨西哥残余武装力量向美军投降。至年底，墨西哥大部分国土沦入美国之手。

詹姆斯·波尔克

从 1847 年 2 月开始，美国再次向作战前线大量增派兵力，企图攻下墨西哥城，控制整个墨西哥。3 月 9 日，美国陆军总司令斯科特将军亲率美军 1.3 万余人在韦拉克鲁斯实施美国战争史上首次大规模的两栖登陆作战。美军登陆成功后，迅速向墨西哥城逼近。墨军集中 3 万兵力，在圣安纳总统指挥下，先后在墨西哥城外围的塞罗戈多、孔待雷拉斯、丘鲁武斯科、莫利诺德尔雷伊、查普特佩克等地，抗击美军进攻达数月之久。与此同时，民兵和游击队也不断袭扰美军的后方和补给线。9 月 14 日，墨西哥城最后还是陷入了美军之手。

墨西哥城沦陷后，英勇不屈的墨西哥人民与美军展开了大规模的游击战。无奈之下，美军调集 2 万人专门同游击队作战，残酷镇压墨西哥人民的反抗。墨西哥政府本来可以抓住机会组织反攻，转败为胜。但墨西哥统治者一味妥协，还解除了圣安纳的总统职务，成立了以培尼亚为临时总统的新政府。培尼亚上台后，立即呼吁与美国举行和谈。1848 年 2 月 2 日，美墨双方签订《瓜达卢佩·伊达尔戈条约》。条约规定，墨西哥正式割让得克萨斯、新墨西哥和加利福尼亚共 230 万平方千米的土地给美国。至此，美墨战争结束。

法越战争

　　19世纪50年代是法国的极盛时期，拿破仑三世（路易·拿破仑·波拿巴）统治下的法兰西第二帝国为了开辟新的市场，对外疯狂地实行掠夺扩张政策，一面出兵突尼斯，一面又把黑手伸向了印度支那。印度支那的越南、老挝、柬埔寨三国蕴藏有丰富的矿产资源，在亚洲南部具有重要的战略地位。如果法国控制了印度支那，就可以此地为跳板，入侵中国南部。此时，越南阮朝封建统治集团在战胜西山之后，倒行逆施，竭力维护封建生产关系，扼杀刚刚出现的资本主义萌芽，使国内阶级矛盾日益尖锐复杂。于是，利用这有利时机，法国开始了侵越战争。从1858年起至1884年，法国对越南发起的战争主要有三次。

　　第一次法越战争（1858年~1862年）：1858年9月1日，法国海军上将里戈·德热努亚率领法国和西班牙联军侵占了土伦（岘港）要塞和港口，拉开了法越战争的序幕。1859年2月18日，法军攻占了越南南部重镇西贡。1860年，法国因参加侵华战争，其远征军基本兵力被调往中国战区，在越南南方仅留下一支不足1000人守备部队据守西贡和堤岸两市之间的筑垒地域。而这时拥有2.5万人的越军却没有利用这一有利时机对法军发起攻势。

　　侵华战争结束后，1861年1月，一支新的法国和西班牙远征军（8000多人、70多艘战舰、80艘运输船、500火炮）开进西贡。至1862年夏，法西远征军占领了嘉定、定祥、边和、永隆四省，以及美荻、巴嘉等大城市。

　　在法军不断扩大侵略的时候，越南北方发生了农民武装起义，越南统治者害怕这场起义发展成为社会革命，力图尽快与法国缔结和约。此时，法国正准备进行墨西哥远征，也无心在印度支那继续扩大侵略范围。1862年6月5日，越南代表在西贡签署了《同法国和西班牙友好条约》。根据这一条约，法国获得了嘉定、定祥、边和三省和昆仑岛。越南承诺，未经法国同意，不能将领土割让给其他强国；为法国贸易开放湄公河及其支流和3个港口；允许基督教传教士在越南境内自由传教。此外，越南需向法、西两国赔款2000万法郎。

　　第二次法越战争（1873年~1874年）：在第一次侵越战争后，法国殖民者进一步推行侵略扩张政策，在巩固了对越南南部东三省控制的基础上，又先后侵占了西三省，越南投降派代表潘清简不战而降，把整个南部割让给了法国。为了打开中国西南大门，法国殖民者于1873年开始向越南北方扩张。法军很快就攻占了河内城堡，随后又在红河三角洲一带攻城略地，控制了越南北方的大部分重要城镇。

　　在这次战争中，被占领地区的越南军民展开了轰轰烈烈的游击活动，缴获法军船只，烧毁亲法基督教城镇。法军加尼尔将军也在1873年底的一次战斗中毙命。此外，在越南北部边境地区活动的中国农民起义军黑旗军受越南政府邀请，由刘永福率领千余人配合越南军民抗战。1873年12月21日，黑旗军在河内近郊击毙法国侵略军头目安邺，大获全胜。

然而，腐败的越南统治者害怕抵抗的胜利招致法军更大的报复，急于求和。1874年3月15日，双方签订了第二次《西贡条约》。条约规定：法军将在阮朝的统治区内维持治安；越南承认法国对交趾支那（越南语，意思是"南部"）享有无可争辩的控制权；允许法国人利用红河作为与中国西南经商的通道。

　　第三次法越战争（1882年~1884年）：1883年5月19日，中国黑旗军再次接受越南政府邀请与越南军民一起击退法军的侵略野心。在河内城西纸桥一战中，中越军民伏击法军的一个分队，歼敌100余人，击毙李威利等军官30多人，迫使法军残部龟缩河内。法国以此为借口，再次宣战。

　　1883年8月，法军分兵两路，一路沿红河进攻黑旗军，一路由海上进攻越南首都顺化。8月19日，法国人攻占位于红河三角洲的海阳城。8月20日，法军从海上进攻越南首都顺化的一支分舰队，占领掩护首都的顺安要塞。这时，越南统治集团内部出现分歧，最终投降派胜利。1884年6月6日，越法在顺化签订了《顺化条约》。从此，越南南方各省沦为法国殖民地，中部各省获得被保护国地位，北方的主权形式上仍归越皇所有，但与中部不同，北方受法国官员控制。不难看出，保护条约使法国完成了把越南变为殖民地的法律程序。

普奥战争

　　拿破仑战争结束后，根据1815年维也纳会议的决议，德意志的土地上建立了以奥地利为首的德意志联邦，包括34个封建君主国和4个自由市。其中，奥地利和普鲁士是该邦联中最大的两个国家，它们为争夺在德国的领导地位长期进行斗争。

　　1861年，普鲁士威廉一世登上王位。为实现兼并全德的野心，威廉一世立即大肆扩充军备，任命具有新思想罗恩为军政部长，毛奇为总参谋长，着手进行军事改革。接着，他任命以拥护帝制闻名的俾斯麦为首相兼外交大臣，推行铁血政策，欲以强权和武力统一德国。

　　经过全面战争准备，到1866年上半年，普鲁士可以说是万事俱备，只欠东风，即寻找战争借口。1866年6月，普鲁士以有权共同占有石勒苏益格—荷尔斯泰因为由，出兵奥地利控制的荷尔斯泰因，从而挑起战争。随后，双方各自形成自己的阵营，意大利和一些北德的中小邦加入普方；巴伐利亚、汉诺威、萨克森等加入奥方。

　　6月17日，奥地利首先发表宣战书；18日，普鲁士对奥宣战。这场战争在南、西、北三个战场同时展开，以北线波希米亚为主战场。

　　南线意大利战场：6月20日，意大利对奥宣战。24日，两军在库斯托查交战，意军惨败，无力再战。在意大利获胜后，奥军没有继续发展攻势，放弃了威尼斯，只留少量兵力驻防，而将大部分兵力迅速调回多瑙河沿线，以支援形势紧迫的北战场作战。

　　西线德意志战场：宣战后，普军迅速开进奥地利的盟邦汉诺威、萨克森等毗邻国家。在普军的强大威势下，萨克森军队被迫撤至摩拉维亚地区，并与奥地利的军队会合，并入贝奈德克将军指挥的北方军团。6月29日，冯·法尔肯施泰因率领普军大败汉诺威军队，迫使汉诺威王奥格尔格投降。

北线波希米亚战场：1866年7月3日，普奥两军相会在柯尼希格莱茨附近的萨多瓦村，进行了决定性的会战。奥方兵力约23.8万，普方兵力为29.1万。结果，贝内德克指挥的奥军被毛奇率领的强大普军击败，死伤4.3万人，普军仅损失9000人。此役决定了整个战争的命运，奥地利军队已无力再战。

8月23日，普奥签订《布拉格和约》。条约规定：奥地利退出德意志邦联；把汉诺威、黑森、拿骚、法兰克福、石勒苏益格、荷尔斯泰因等地并入普鲁士；威尼斯归还意大利。至此，普奥战争结束。

戊辰战争

19世纪50年代，日本沦为西方列强的殖民地，百姓苦不堪言，腐朽的德川幕府已无力挽救民族危机。于是，开国、尊皇、攘夷、佐幕、倒幕等各派势力纷纷兴起，欲要推翻德川幕府，建立新政权。为此，它们之间展开了激烈的斗争。

1867年，日本孝明天皇去世，明治天皇即位。12月19日，倒幕派在明治天皇的支持下发动宫廷政变，实行"王政复古"，即天皇从幕府收回统治权，下令剥夺德川家的将军之职，废除幕府制度。紧接着，倒幕派要求德川将军"辞官纳地"，交出统治地区。但幕府不甘灭亡。1868年1月1日，德川幕府以清君侧为名向倒幕派宣战。次日，幕府军由大阪出发进军京都。戊辰战争爆发。

为迎击幕府军，明治新政府派萨摩、长州两藩的部队前往京都附近的鸟羽、伏见等地交战。经两天激战，幕府军被打败，退至江户（今东京）。

3月3日，明治天皇下令以有栖川富炽仁亲王为东征大都督，率兵5万进行东征。该军一路连胜，至4月初进抵江户城郊。在新政府军的强大压力下，幕府将军德川庆喜被迫于5月3日献城投降。

幕府倒台后，近畿以西的中立各藩宣布效忠新政府。但是，东北地区的会津、庄内两藩结成同盟，继续与新政府对抗。后来，他们又得到仙台、米泽、新发田、长冈等31个藩的支持，并于6月结成"奥羽越列藩同盟"。

9月，4.3万新政府军分三路进击会津等地。激战两个多月，终于将奥羽越列藩同盟军队摧毁。但是，幕府海军指挥官梗本武扬率舰艇8艘逃往北海道，建立了武士共和国，继续抵抗。到1869年6月，新政府军终于攻克榎本武扬的最后据点五棱郭，迫其投降。

至此，戊辰战争宣告结束，德川幕府覆亡。

美国南北战争

美国取得独立后，南方和北方沿着两条不同的道路发展。北方实行先进的资产阶级自由劳动制度，工业资本主义迅速发展；南方实行的则是落后的种植园黑人奴隶制度，严重阻碍美国资本主义的进一步发展。于是，南北矛盾和斗争日趋激烈。

起初，南北斗争主要围绕西部土地展开。北方要求在西部地区发展资本主义，限制甚至禁止奴隶制度的扩大；南方则力图在西部甚至全国扩展奴隶制度。双方矛盾到19世纪50年代在局部地区已酿成武装冲突。在奴隶主的进逼面前，北方人民发起了声势浩大的"废奴运动"，南方黑奴也不断展开暴动。在人民斗争的推动下，北方资产阶级开始主张废除奴隶制度。1854年，共和党成立。1860年11月，反对奴隶制扩张的共和党人林肯当选为总统，使奴隶主占优势的民主党人丧失了联邦政权。于是，南部11个州先后退出联邦，并于1861年2月宣布成立"南部同盟"，另立以种植园奴隶主戴维斯为总统的政府，定都蒙哥马利（后迁里士满），造成国家分裂局面。4月12日，南部同盟军首先炮击并占领了联邦军驻守的萨姆特堡要塞，挑起了内战。4月15日，林肯发布讨伐令，并征召志愿兵7.5万人，镇压南部叛乱，随后又宣布对南部沿海实行封锁，战争正式展开。这场战争分为两个阶段。

第一阶段（1861年~1862年）：攻下萨姆特堡后，南军迅速占领哈珀斯费里和诺福克海军基地，继而进占了铁路枢纽马纳萨斯城，威胁联邦首都华盛顿。在强大舆论压力下，林肯决定在华盛顿与里士满之间的马纳萨斯地区与南军决战。

1861年7月21日，北军3.5万人向里士满进军。南军2.2万人在铁路枢纽马纳萨斯列阵相迎。战争开始，北方麦克道尔将军认为南军不堪一击，向南军发起猛烈攻击，没想南军指挥官是名将托马斯·杰克逊，击退了北军5次冲锋。不久，南军9000援军赶到，发起反攻。缺乏训练的北军一触即溃，丢下大批枪支弹药逃回华盛顿。

马纳萨斯之战惨败，促使联邦议会授权总统征召50万志愿兵，使联邦兵力增至80万人。1862年初，林肯命令50万联邦军在东西两线发动全面攻势。

在西线方面，北军节节胜利，几乎打通了南北大动脉密西西比河。海军也攻克了南方最大港口新奥尔良。

但在东战场，北军又连遭惨败。北军司令麦克莱兰拥有重兵10万，却几个月按兵不动，因为他把敌人的5万人马当成了15万。后在林肯催促下，他才发动半岛战役，企图攻占里士满。6月25日至7月1日，罗伯特·李率南军迎击，展开七日会战，以机动寻找战机，调动北军，然后寻找北军薄弱环节发起进攻，把北军逐出了里士满附近的半岛，取得保卫首都的胜利。接着，罗伯特·李乘胜北上，于8月底与北军进行第二次马那萨斯会战。他以小部队把北军主力吸引到阵地上，主力机动，从侧翼和后方发起进攻，然后正面、侧面夹击，一举击溃了北军。直到9月，北军才在安提塔姆会战中顶住了南军攻势。在海战方面，虽然北方海军占压倒优势，但南方的装甲战舰也给北方带来很大麻烦。

第二阶段（1863年~1865年）：联邦军在战场上的连续失利和各阶层人民的强烈要求，促使林肯政府认识到必须采取强硬的革命方式进行斗争，下决心解决黑人和奴隶制这一核心问题。1862年9月22日，林肯毅然发表了《解放宣言》，宣布从1863年1月1日起美国400万黑人奴隶获得解放。同时，林肯还实行了一系列革命政策，如颁布《宅地法》，把西部土地分给人民；武装黑人；实行征兵制；改组军事指挥机构，撤换了同情奴隶主、作战消极的麦克莱兰，任命格兰特为总司令，向富人征累进所得税，镇压"铜头蛇"反革命分子……这些措施极大地调动了北方广大人民的积极性，有近百万人踊跃参军，其中有23万黑人士兵，从而使战争步入了新阶段。从1863年起，北方军队采取了主动进攻的战术，双方进行了三次大战。

西洛维尔战役

1863年4月~5月，北军胡克率领的波托马克军团13万人同罗伯特·李指挥的南军6万人在昌西洛维尔激战。罗伯特·李克服兵力上的劣势，以少量兵力正面牵制北军主力，亲率主力迂回包抄北军，从侧翼和背后袭击北军，一举将北军击溃，北军损失了1.7万人，南军损失1.2万人。这是南方取得的最后一次战役的胜利。

葛底斯堡战役

1863年6月，罗伯特·李率军8万攻入宾夕法尼亚州，北方告急。林肯急召波托马克军团11万人迎击。这次，北军已由悍将米德指挥。米德率军9万人在交通枢纽葛底斯堡堵住南军，激战3天，歼灭南军2.8万人，取得胜利。这一仗扭转了东线战局，从此北方完全掌握了主动权。

维克斯堡战役

维克斯堡是控制密西西比河和西部铁路网的战略要地，南军在此严密设防，号称"南方的直布罗陀"。从1863年2月开始，格兰特率3个军团7万多人围攻此堡。因敌工事坚固，几次进攻受挫。格兰特便采取围闲战术，切断了敌军所有的供应线。经过几个月围困，堡内敌军弹尽粮绝，北军又连续47天炮轰，迫使南军于7月4日投降。此战，北军共俘敌3.7万，内有15名将军，缴获大炮172门。至此，北方控制了密西西比河，将南方领土一切两半。

三次大战后，南军气数已尽，北军士气越来越高，不断发起强大攻势。1863年11月，北军又取得查塔努加战役胜利，击溃南军4.6万，从而取得了向南部进军的前进基地。1864年，北军向南方发起三路攻势。在东战场，格兰特经荒野战役、冷港会战，使南军主力消耗殆尽。在西线，谢尔曼指挥10万大军插入南方腹地，9月攻占南方最大工业城市亚特兰大。11月15日起，谢尔曼又挑选6.2万精兵，发起"向海洋进军"，一个多月大军长驱300多英里，所到之处，实行"三光"政策，烧毁种植园、城镇和村庄，摧毁工厂企业。南方到处火光冲天，一片废墟。12月21日，大军攻占了萨凡纳，完成了摧毁南方后方的任务。在海上，北方海军对南方实行"窒息式封锁"，完全切断了南方对外联系。

南方已山穷水尽，濒临崩溃的边缘，北军发起最后攻势。1865年1月，谢尔曼配合格兰特南北夹击南军。4月2日~3日，格兰特率兵先后攻占彼得斯堡和里士满。9日，罗伯特·李率残部2.8万人在阿波马托克斯向格兰特投降。26日，约翰斯顿也率部向谢尔曼投降。至此，历时4年的南北战争宣告结束。

普法战争

在普奥战争结束之后，普王威廉一世又趁胜进攻，陆续吞并北部 4 个支持奥地利作战的邦国，并于次年组建了以普鲁士为首的北德意志联邦，辖 22 个邦国和 3 个自由市，3100 万人口。至此，普鲁士确立了其在德意志的统治地位。不过，德国的统一还没有最后完成，因为巴伐利亚、巴登、维尔腾堡和黑森达姆斯塔德等西南四邦仍保持着独立地位。这四邦紧邻法国，拿破仑三世不愿德国强大，极力施加影响，不让四邦统一于德国。于是，威廉一世决心借助武力解决同法国的纷争。

1870 年，流亡巴黎的西班牙女王伊莎贝拉二世宣布退位，西班牙政府想请威廉一世的堂兄去当国王。因害怕普西联合，腹背受敌，所以法国对此事表示强烈反对，于同年 7 月 13 日严词命令威廉一世不要让自己的堂兄去当国王。对这种无礼态度，威廉一世甚是不满。于是，他把此事告知首相俾斯麦，商量对策。随后，俾斯麦以西班牙王位继承问题制造争端，并在报纸上公布"埃姆斯密电"——以后普王将无视于法国。这下，拿破仑三世被激怒了。7 月 19 日，法国向普鲁士宣战，普法战争爆发。

宣战后，拿破仑三世自以为力量强大，一心计划着集中兵力先敌出击，企图抢先越过莱茵河向法兰克福推进，迫使德意志各邦国脱离普鲁士保持中立，然后联合奥地利取道耶拿去进攻柏林，最后击败普鲁士。可是，在宣战后为时两周的动员阶段，由于组织计划不周和后勤保障混乱，法国军队集结迟缓，到 7 月底仅在边境地区集结 8 个军约 32 万人，8 月初才临时编成 2 个军团并任命指挥官，而作为法军总司令的拿破仑三世，也迟迟没有走上前线。而多年来一直励精图治的普鲁士在总司令普王威廉一世和总参谋长毛奇将军的统领下，则早已制定了周密的动员计划和作战方案。法国宣战以后，普军利用普遍义务兵役制的优势，充分发挥铁路运输的机动能力，很快就在边境地区集结 47 万人马，并按预先编成的 3 个军团展开，迅速进行反击作战。

8 月 2 日，法军窜入普境并首先发动进攻。在兵力数量和作战指挥两方面都占巨大优势的普军立即迎头痛击，很快把法军击退，随之实行分割围剿，迫使法军 1 个军团退守梅斯要塞，另 1 个军团逃回腹地夏龙。紧接着，普军发起追击，把逃到夏龙的法国军团压向北面，最后将其围困于色当城。

9 月 1 日，两军在色当城决战。上午，普军占领符里济、栋舍里等地，切断了法军由色当经梅济埃尔西撤的铁路，进而插到法军侧后的圣芒若和弗累涅一带，堵住了法军向比利时撤退的通路。中午，普军完成了对夏龙军团的合围，并开始进行猛烈的炮击。下午，法军数次突围失败，拿破仑三世自知已无力挽回败局，于下午 4 时半下令挂起白旗。2 日，拿破仑三世率领 1 位元帅、39 名将军和 8.3 万余法军，向普王威廉一世投降。可是，力图争夺霸主地位的普王并没有就此罢休，而是挥军直扑巴黎。

9 月 4 日，巴黎爆发革命，推翻第二帝国，成立第三共和国，组成了以特罗胥将军为首的国防政府。但国防政府并不想组织抗敌，而是一成立就阴谋镇压人民起义，策划投降。9 月 19 日，普军包围巴黎。法国各地人民奋起抗敌，广泛展开游击战，袭击普军后勤供应线，但在困守梅斯要塞的法军投降后，主力丧失，法国陷入无力反击的混乱之中。1871年1月5日，普军开始炮击巴黎。法军数次突围均未奏效。1月18日，普王威廉一世在凡尔赛宫加冕为皇帝，宣布成立德意志帝国。

1月22日，法国政府镇压巴黎人民起义后，同德军指挥部进行了最后的谈判，于1月26日签订巴黎投降的条约，1月28日在凡尔赛普军大本营签订了停战三周的协定。2月26日，双方草签《凡尔赛和约》。和约缔结后，资产阶级政府勾结民族敌人向巴黎工人发动进攻，于是爆发了伟大的巴黎公社起义。3月18日，巴黎人民起义成功，巴黎公社宣告成立。5月10日，法国外交部长茹尔·法夫尔与德意志帝国首相俾斯麦在德国美因河畔的法兰克福城签订了正式和约，规定法国割让阿尔萨斯和洛林予德国，并赔款50亿法郎。普法战争至此正式结束。

美西战争

19世纪末，美国进入了帝国主义时期。美国垄断资本财团迫切需要开辟新的市场、投资场所和原料产地，于是美国开始准备实施对外扩张。这时，世界已经被英、法等殖民大国瓜分完毕，美国还无力抵抗，而老朽帝国西班牙已是日薄西山，昔日的庞大帝国仅剩下古巴、波多黎各和亚洲的菲律宾，于是美国决定首先拿西班牙开刀。与此同时，西属殖民地菲律宾和古巴先后爆发了反对西班牙殖民统治的武装起义，这为美国争夺殖民地创造了非常有利的环境。美国抓住这一"天赐良机"，大造战争舆论，于1898年4月25日正式向西班牙开战。

美国宣战后，战斗首先在菲律宾打响。1898年，菲律宾起义军已解放了全国大部分国土，包围了马尼拉。美国趁此机会，以支援菲律宾人民的名义，出兵参战。4月27日，杜威率领早已在香港待命两个月的美国亚洲舰队启航驶往菲律宾。5月1日晨，双方在马尼拉湾展开了激烈的海战。战至中午，7艘西舰全被击沉，西军伤亡381人，美方仅轻伤8人。马尼拉湾海战决定了西班牙在菲律宾的结局。

7月底，麦里特率领美远征军第八军1.5万人从美国赶来。此时，马尼拉已被2.5万菲律宾起义军包围。为独占马尼拉，美军私下与西班牙总督达成了秘密协定，在不许菲军入城的情况下，西班牙把马尼拉转让给美国。8月13日，美军向马尼拉发起假总攻。西军略做抵抗后，便缴械投降。战斗刚一结束，杜威便以武力逼起义军撤至郊区。美军建立了军政府，独占了马尼拉。

古巴是美西战争的主战场。5月底，美舰艇24艘对古巴海岸形成了严密的封锁。随后，美军出动陆军开往古巴。6月22日，美第五军近1.7万人在海军炮火掩护下，在圣地亚哥以东顺利登陆。此时，古巴起义军已解放大部分国土，并包围了圣地亚哥。美军在与古巴起义军经过会谈后，开始协同作战。至7月3日，美军攻古了圣胡安山，埃尔卡内也被攻占。同日，双方舰队在圣地亚哥湾展开了激烈的海战。经4小时激战，西舰队全军覆灭。随后，美军和古起义军围攻圣地亚哥。7月16日，西军弹尽粮绝，2.4万军队放下了武器。但是，美军又同在菲律宾一样单独与西班牙谈判，禁止起义军入城，美军又独享了胜利果实。

在菲律宾、古巴作战过程中，美军还夺取了其他一些战略要点。6 月 20 日，美军攻占了太平洋上的重要战略岛屿关岛。7 月 4 日，美军又占领威克岛。7 月 25 日，纳尔逊·迈尔斯指挥 3000 美军登陆波多黎各，建立了军事基地。8 月，美国又增兵 1 万，分四路围攻波多黎各首府圣胡安。在付出 50 人的伤亡后，美军攻占了波多黎各全岛。

1898 年 12 月 10 日，美西两国签订了《巴黎和约》。西班牙把菲律宾、波多黎各和关岛割让给了美国。至此，美西战争以美国的胜利而告终。

英布战争

19 世纪下半叶，在荷兰人的后裔布尔人居住的奥兰治河畔和德兰士瓦境内，先后发现了蕴藏量十分丰富的金刚石矿和金矿。于是，欧洲大批淘金者和找钻石者纷纷涌入南非。在这些人中，数英国人最多。在短短几年里，英国人便掌握了大部分采矿权，组织了数个大公司，其中最大的是塞西尔·罗得斯的三个大公司。此外，德国人也在该地区建立了强大的经济和政治势力。英、德展开了激烈的角逐。

为了控制所有矿区，英国力图占领德兰士瓦，吞并布尔人建立的奥治兰自由邦和德兰士瓦省的南非共和国。1899 年秋，英国开始在两个布尔族共和国边境附近集结军队。为防止英国入侵，布尔人靠拢德国，对抗英国，于 1899 年 10 月 11 日对英宣战。

战争初期，布尔人处于攻势。皮埃特·茹贝尔指挥布尔军队先后攻克了纽卡斯尔和格论科两个城市，包围了莱迪史密斯、马弗京和金伯利。12 月的最后一周，在科伦索、斯托姆贝赫和马格斯方丹 3 条战线上，布尔军击退了英军解围部队的进攻，先后占领了莱迪史密斯、金伯利和马弗京城，英军损失惨重。这一战败消息被当时伦敦报纸称之为"黑色星期"，欧洲新闻界将英国在南非的失败作为紧急消息来报道。大英女王政府很是震惊，准备反击。维多利亚女王派出两名经验丰富的殖民地统帅负责远征部队：罗伯茨勋爵为指挥官，基钦纳勋爵任参谋长。

1900 年 1 月，大批援军集结南非，英军已拥有 20 余万人。2 月，罗伯茨将军率领英军转入反攻。2 月 28 日，英军攻破了莱迪史密斯；3 月 31 日，英军占领金伯利；同月，英军占领奥治兰自由邦；5 月底，英军占领德兰士瓦首都比勒陀利亚。时至此，布尔人的败局已定。

但是，战争并未结束。10 月，包达和狄维难特率领的人数约 2 万的布尔军队，化成小股突击队，展开了顽强的游击战争。然而，由于他们本身也是以殖民者的态度对待当地黑人，所以他们的反英斗争没有取得土著居民的同情和支持。英军指挥部为了摧毁游击队的抵抗，将军队扩充到 25 万人，采取了"焦土"战术，广泛建立了筑垒发射点（碉堡）配系。

1902 年 5 月 31 日，布尔人被迫签订和约，承认奥治兰自由邦和德兰士瓦省的南非共和国并入英国。至此，英布战争以布尔人的失败告终。

日俄战争

中日甲午战争之后，日本军国主义的侵略野心更大了，日本更是肆无忌惮地推行侵略中国、乔并朝鲜的"大陆政策"。这样，日本同沙皇俄国推行的侵略中国、吞并朝鲜、独占亚洲、称霸太平洋的"远东政策"发生了尖锐矛盾。尤其是，《马关条约》规定割让辽东半岛给日本，这更加引起了沙俄的不满。于是，沙俄为获得不冻港旅顺，控制中国东北地区，联合法、德对日施压，最后中国给日本白银 3000 万两作为"赎辽费"赎回辽东半岛，史称"三国干涉还辽"。逼日还辽不久，沙俄便以"还辽有功"为借口，攫取了在中国东北修筑中东铁路及其支线等特权。同时，沙俄还以"保护铁路"为名出兵中国东北，进而向朝鲜渗透。后来，沙俄又强行向中国政府租借旅顺和大连。

在"三国干涉还辽"之后，日本一直不甘心退出辽东半岛，准备以武力迫使俄国让步。

1903 年，日俄瓜分中国东北和朝鲜的谈判破裂。1904 年 2 月 6 日，日本宣布断绝日俄外交关系。2 月 8 日，日军偷袭旅顺口，对俄国不宣而战。2 月 9 日，俄国对日宣战，2 月 10 日，日本正式对俄宣战。

2 月，日本黑木第一军 6 万人在仁川登陆，迅速北上。5 月初，日军强渡鸭绿江，击败沙俄沿江守军 3 万余人，攻入中国境内，占领重要据点九连城、凤凰城，取得对俄陆上作战的第一个胜利。

5 月 5 日，奥保巩第二军 5 万人在貔子窝附近登陆，进攻沙俄金州守军。双方经激战后，俄军后撤，日军夺取大连，取得重要补给基地，并切断旅顺俄军与辽阳俄军主力的铁路交通。辽阳俄军奉命救援旅顺，双方在瓦房沟交战，俄军战败。野津第四军接着又在大孤山登陆，与第二军分道北上，会合第一军进攻辽阳。

6 月初，乃木希典率第三军进攻旅顺，7 月占领营口。

8 月，日海军在旅顺港附近摧毁俄国太平洋舰队主力，夺得黄海、日本海域的制海权，旅顺俄军陷入重围。与此同时，日军在总司令官大山岩指挥下，一、二、四军会攻辽阳，取得重大胜利。

10 月 7 日，俄军渡沙河企图包围日军，日军全线出击，大举反攻。至 16 日，俄军撤至奉天，双方大规模战斗暂停，呈现胶着状态。

1905 年 1 月，日军攻陷俄军控制的海军要塞旅顺口。3 月，日俄双方共投入 55 万兵力，在奉天（今沈阳）展开决战，结果俄军遭到惨败，伤亡和被俘 9 万余人，日军伤亡 7 万人。奉天之战后，俄军退守四平一线。5 月 27 日～28 日，日本海军在对马海峡几乎全歼了由波罗的海舰队主力编成、前来远东增援的俄太平洋第 2、3 分舰队。此时战争胜负已定。随后，日军又占领了库页岛的一部分。至此，大规模军事行动停止。

9 月 5 日，日俄两国经美国斡旋，结束战事，在美国签订了《朴次茅斯和约》，背着中国擅自在中国东北划分"势力范围"。根据条约，俄国将过去所霸占我国的库页岛南半部（北纬 50 度以南）及其附近一切岛屿割让给日本，将旅顺、大连及附近领土领海的租借权让给日本，俄国还承认朝鲜为日本的"保护国"。至此，日俄战争以日胜俄败而告终。

巴尔干战争

巴尔干半岛位于欧洲的东南部，地处欧、亚、非三大洲的汇合处，既控制着地中海和黑海的门户，也控制着通往印度洋的航路，战略地位十分重要。自古以来，巴尔干地区就是各大国觊觎的对象，被称为"反复爆炸的火药桶"。

14 世纪后，巴尔干地区一直处于奥斯曼土耳其帝国殖民统治和奴役之下，巴尔干各族人民迫切要求摆脱土耳其的奴役，建立独立的民族国家。到了 19 世纪末~20 世纪初，随着土耳其帝国的日益衰落，尚未被瓜分的土耳其及其统治下的巴尔干半岛，又成为奥匈帝国、俄罗斯帝国等国家瓜分的重要目标。所以，这里一直存在着错综复杂的矛盾，既有帝国主义列强之间的矛盾，也有巴尔干各族人民与帝国主义矛盾，还有巴尔干人民同土耳其封建统治者的矛盾，以及巴尔干各国和各民族之间的矛盾。所有这些矛盾、特别是列强之间的矛盾使巴尔干半岛地区经常发生纠纷、冲突和战争。

1912 年 3 月至 8 月间，已经独立的保加利亚、塞尔维亚、希腊和门的内哥罗 4 国先后结成反土同盟，即巴尔干同盟。随后，帝国主义各国出于自己的侵略目的，都插了进来。俄、英、法站在巴尔干同盟一边，德、奥则支持土耳其。这样巴尔干的局势更加复杂化。

10 月 9 日，门的内哥罗首先对土耳其采取战争行动。随后，巴尔干同盟各国先后对土耳其宣战，第一次巴尔干战争全面爆发。10 月 22 日，门的内哥罗军队与塞尔维亚伊巴尔部队共同对色雷斯北部和阿尔巴尼亚北部的土军进攻，保加利亚军队越过保土边界向南推进。10 月 24 日，塞尔维亚各集团军向马其顿的土军发起总攻。11 月 1、2 两日，希腊军队向萨洛尼卡展开进攻，同时在海上实施夺取爱琴海诸岛屿的战役。巴尔干盟军势如破竹，各路土军皆被粉碎。11 月 28 日，阿尔巴尼亚宣布独立。

巴尔干同盟的胜利引起了欧洲列强的不安。俄国担心保军占领君士坦丁堡，影响其实现对黑海海峡的控制；德国和奥匈帝国则因利益所在不愿看到土耳其覆灭。为此，欧洲列强开始插手巴尔干战争，或阻止、或调解巴尔干同盟对土耳其的战争，防止土耳其帝国覆灭。在各大国压力下，保加利亚、塞尔维亚与土耳其于 1912 年 12 月签订停战协定。1913 年 5 月 30 日，土耳其被迫与巴尔干同盟签订《伦敦和约》，几乎丧失在欧洲地区全部领土。

第一次巴尔干战争后，巴尔干同盟因战果分配不均而矛盾激化。保加利亚企图独占马其顿；塞尔维亚没有得到亚得里亚海出海口，要求在马其顿得到补偿；希腊企图扩大在马其顿的占领区；罗马尼亚要求从保加利亚获得南多布罗加。欧洲列强则利用巴尔干各国矛盾，加紧对该地区的争夺。俄、法支持塞、希，奥匈支持保加利亚。

1913 年 6 月 29 日，保加利亚突然向驻马其顿的塞、希军队发起攻击。7 月初，塞、希军队发起反攻，迫使保军撤退。7月10日，罗马尼亚对保宣战，占领多布罗加，并向索菲亚进军。7月21日，土耳其乘机攻占阿德里安堡，保加利亚军队全线溃退，国王斐迪南一世被迫投降求和。8月10日，主要交战双方签订《布加勒斯特和约》。9月29日，保、土又签订《君士坦丁堡和约》。根据条约，保加利亚丧失在第一次巴尔干战争中获得的大部分土地。

至此，巴尔干战争结束。

第一次世界大战

19世纪末20世纪初，各大列强为增强本国国际上的势力，缓和国内阶级矛盾，积极推行对外扩张和侵略政策，在世界各地以武力争夺殖民地。这时，老牌殖民帝国英、俄、法占据了世界绝大部分殖民地，而德、日、美等新兴的帝国主义国家所拥有的殖民地却相对很少，这种不均衡导致帝国主义国家之间的矛盾尖锐起来，新兴的帝国主义国家强烈要求瓜分老牌的帝国主义国家的殖民地。为此，各国纷纷扩军备战、寻找同盟。

早在1882年5月，德国、奥匈帝国和意大利在维也纳签订同盟条约，形成了侵略性的军事政治集团——同盟国。1892年~1907年，俄、法、英三国先后签订协约，逐步形成了与同盟国相对立的协约国。两大军事集团的对立，加速了双方扩军备战和争夺战略要地的步伐。巴尔干半岛和地中海成为双方争夺的焦点。

1914年6月，奥匈帝国皇位继承人斐迪南被塞尔维亚族青年用手枪打死，成为第一次世界大战的导火线。7月28日，奥匈帝国以此事为借口向塞尔维亚宣战。8月1日，德国对俄宣战；同月3日，德国对法宣战；同月4日，英国对德宣战。从此，大战全面展开，先后卷入战争的达33国，总人口达15亿。这场战争主要分为西线战场、东线战场、巴尔干战场和意大利四个战场。

西线战场，主要是英、法、比军同德军作战

1914年8月，德军发起闪电式进攻，在法比边境击败英法联军，分5路攻入法国。9月，英法组织马恩河会战，击退德军，粉碎了德军的速战速决战略，德军退至埃纳河一线。至此，西线大部分地段转入持久的阵地战，双方形成僵持局面。

1916年，德军将作战重点转回西线，与法军爆发凡尔登会战。结果，在激战7个多月后，德军仍不能攻取凡尔登。7月初，英法联军在索姆河西岸与德军爆发索姆河战役，战况更为惨烈。英军虽然在这场战争里首次使用坦克，但战事仍未有重大突破，西线再次变为胶着对峙状态，不过协约国开始掌握战争的主动权。

1917年，德军从3月开始连续组织5次大规模进攻，不仅未能击败英法军，反而大量消耗了自己的力量，最后只得撤退至兴登堡防线，从此只能作消极防御。英法联军也从4月起多次发动攻势，开始无大进展，直到8月，才在亚眠战役中取得决定性

胜利。

东线战线，主要是俄军同德、奥军作战

1914年8月，俄军首先发起进攻，在东普鲁士战役中遭惨败，但在加利西亚打败了奥军。10月，土耳其参加同盟国一方作战，对协约国构成新的威胁。1915年，德军将主力集中到东线，连续发动进攻，俄军接连败退，到9月才抗住德军攻势。1916年，俄军乘德军重点回攻西线之际，于6月发起进攻，取得胜利，并促使罗马尼亚加入协约国。8月，奥德联军进攻罗马尼亚，至年底占其大部分领土。1917年11月，俄国十月革命爆发并取得胜利，建立了苏维埃政府和第一个社会主义国家。次年3月，苏俄与德国签署《布列斯特—立陶夫斯克条约》，并宣布退出世界大战。

巴尔干战场，主要奥军同塞军作战

1914年8~12月，奥军3次攻入塞尔维亚，都被塞军赶出国境。德军被迫分兵增援。次年10月，保加利亚加入同盟国，出兵协助德奥军作战，并一起攻占了塞尔维亚。

意大利战场，主要是意大利同奥军作战

由于意大利与奥匈帝国之间存在着尚未收复的达尔马提亚问题，意大利于1915年加入协约国一方，对德国和奥匈帝国宣战。6月~12月，意军发动多次进攻，但进展不大，双方转入阵地战。1917年5月~8月，意军连续发动进攻，迫使奥军向德国求援。10月，德奥军组织卡波雷托战役，击败意军。12月，意军得到英法军支援，挡住了德奥军的攻势。此后，意军重新充实调整，到1918年10月发起维托里奥威尼托战役，大败奥军，迫使奥匈帝国投降。

其他战场，主要海上战场、远东战场等

在海上，1916年5月，英德双方进行了战中最大规模的日德兰海战。最终，舍尔海军上将率领的德国公海舰队以相对较少吨位的舰只损失击沉了更多的英国舰只，从而取得了战术上的胜利；杰利科海军上将指挥的皇家海军本土舰队成功地将德国海军封锁在了德国港口，使得后者在战争后期几乎毫无作为，从而取得了战略上的最终胜利。

在远东，日本参战后，除派兵强占中国山东外，还夺占了德国在南太平洋的岛屿殖民地。

俄国退出战争后，德国得到了片刻喘息之机，但德国的各盟国——奥斯曼土耳其帝国、保加利亚帝国和奥匈帝国却因持续作战，致使经济崩溃，国内各民族发生起义，无力再战。

1918年9月26日，英法美联军发动总攻，同盟国土崩瓦解。9月29日，保加利亚

投降；10 月 30 日，土耳其投降；11 月 30 日，奥匈投降。11 月初，德国十一月革命爆发，德皇威廉二世退位，社会民主党组成临时政府，宣布成立共和国。11 月 11 日，《贡比涅森林停战协定》签订，德国投降。至此，历时 4 年零 3 个月的第一次世界大战以协约国的胜利告终。

第二次世界大战

第一次世界大战结束后，帝国主义时代所固有的各种基本矛盾一个也未解决，而又增加了战胜国与战败国的矛盾以及帝国主义战胜国之间的矛盾。如战败国德国对《凡尔赛和约》的严厉惩罚和约束怀恨在心；战胜国意大利因未能获得英、法许诺的领土而不满；战胜国日本扩张要求日益强烈等等。由于德、日、意等国的实力很快得到恢复和加强，他们要求重新瓜分世界，成为英、法、美等国的对手。随着 1929 年~1933 年世界资本主义经济危机的爆发，帝国主义制度的各种基本矛盾重新尖锐化并愈演愈烈，终于发展到诉诸战争。德、意、日三国相继发动了局部侵略战争，包括日本侵占中国东北三省、日本对苏联的战争挑衅、意大利侵略埃塞俄比亚、德、意武装干涉西班牙内战、德国吞并奥地利和肢解捷克斯洛伐克等战争，最后终于导致了第二次世界大战的爆发。

1939 年 9 月 1 日，德国进犯波兰，第二次世界大战由此开始。这场战争分为四个阶段。

第一阶段（1939 年 9 月~1941 年 6 月）：德国向波兰开战后，英、法先后发出照会，要求德国停止进攻，从波兰领土撤出一切军队，德国置之不理。3 日，英、法政府对德宣战。但是，英、法宣而不战。9 月 28 日，波兰被迫停止抵抗。

占领波兰后，德国回师进军西线，于 1940 年在西欧发动闪电攻势：4 月，攻占丹麦、挪威；5 月，入侵荷兰、比利时、卢森堡，绕过马其诺防线攻入法国。6 月，英、法联军战败，法国投降，英军被迫撤出西欧大陆。与此同时，意大利对英法宣战，出兵北非。1941 年 6 月，在德军支援下，意大利夺取英、法在北非和地中海的殖民地。

另外，在这一阶段，日本帝国主义对中国的侵略也进一步扩大了。日军开始向中国内地进攻，占领华南地区，并侵占了法属印度支那北部。

第二阶段（1941 年 6 月~1942 年 11 月）：1941 年 6 月 22 日，苏德战争爆发。苏德战争初期，德军凭借优势兵力和闪击攻势，占领苏联大片领土。苏联军民在苏联共产党和斯大林领导下，对德军进行顽强抵抗，在 1941 年 9 月至次年 4 月的莫斯科会战中，首次挫败德军，粉碎其"闪击战"计划。

1941 年 12 月 7 日，日军奇袭美海军基地珍珠港，太平洋战争爆发。次日，美、英对日宣战。接着，中国、荷兰、澳大利亚、新西兰等国对日宣战；德、意对美宣战。此后，中国战场成为亚洲战场的主战场，也成了世界反法西斯战场的重要战场，中国军民顽强抗击了日本陆军的主力，有力地支援了太平洋盟军和东南亚人民的抗日斗争。1942 年 5 月，美军在中途岛海战中挫败日军，初步掌握了作战海域的主动权。

第三阶段（1942 年 11 月～1943 年 12 月）：在 1942 年 7 月至次年 2 月的斯大林格勒会战中，苏军歼灭德军 150 万，取得了第二次世界大战的转折性胜利。随后，苏军又取得库尔斯克会战、第聂伯河会战的胜利，完全掌握了战争主动权。1942 年 11 月，英、美军在北非登陆，于次年 5 月将德、意军逐出北非。1943 年 7 月，英、美军在西西里岛登陆；9 月，意大利投降。由此，法西斯集团开始瓦解。在亚洲，中国人民在日军的反"扫荡"中取得重大胜利。同时，美军在太平洋战场上转入反攻。

第四阶段（1944 年 1 月～1945 年 9 月）：1944 年，苏军对德军连续发动 10 次突击，解放全部国土，并在东欧、南欧和北欧不断与德军交战。同年 6 月，英、美盟军在诺曼底登陆，开辟欧洲第二战场，使德军陷入三面包围之中。1945 年初，苏军和英、美军攻入德国本土。5 月 2 日，苏军攻克柏林；8 日，德国投降。

同时，亚洲和太平洋战场的对日作战也不断胜利发展。中国战场继 1944 年局部反攻后，1945 年相继发起更大规模的春季攻势和夏季攻势。太平洋战场上，到 1945 年 6 月，美英军全部摧毁了日本本土的外围防线。8 月 6 日和 9 日，美军在日本广岛和长崎投下了原子弹。加速了日本侵略战争的失败。

8 月 8 日，苏联对日宣战，9 日进军中国东北，围歼日本关东军。15 日，日本投降。9 月 3 日，日本签署投降书，第二次世界大战宣告结束。

苏德战争

1941 年春，德军侵占巴尔干半岛后，便开始在东欧集结兵力，加紧完成对苏联的作战部署。德国对苏作战计划——"巴巴罗萨"方案确定：集中优势兵力沿三个战略方向实施闪电式进攻，把苏军主力消灭在苏联西部地区，然后长驱直入进抵阿尔汉格尔斯克、伏尔加河、阿斯特拉罕一线，使用空军摧毁乌拉尔工业区，最终击败苏联。

1941 年 6 月 22 日，德军按照"巴巴罗萨"方案分三路以闪电战的方式突袭苏联。7 月 3 日，斯大林号召全体苏联人民团结起来，全力以赴同希特勒法西斯作殊死斗争，苏德战争全面爆发。这场战争分为三个阶段。

第一阶段（1941 年 6 月～1942 年 11 月）：战争爆发后，德军因准备充分、武器装备占有优势且突然袭击，一举突破了苏军防御。仅 3 个星期，德军便夺占了立陶宛、拉脱维亚和爱沙尼亚全部、白俄罗斯和乌克兰大部，并侵入俄罗斯西部各州，进抵列宁格勒远接近地，威胁斯摩棱斯克和基辅。苏联仓促应战，节节败退，被迫转入战略防御。

9 月底，德军封锁列宁格勒，攻占斯摩棱斯克、基辅等城市。11 月，德军北、中、南三路军兵临莫斯科城下，莫斯科岌岌可危。苏军在最高统帅部的指挥和敌后游击队的配合下，改以积极防御疲惫和消耗敌人作战策略，并于 12 月初转入反攻。

1942 年 4 月，经 5 个月艰苦奋战，苏军取得了莫斯科保卫战的重大胜利，粉碎了德国的"闪击战"计划，初步稳定了苏德战场的局势。1942 年 11 月，苏军守住了斯大林格勒，并挡住了进攻高加索的德军，为集结兵力转入战略反攻创造了条件。

第二阶段（1942年11月~1943年12月）：1942年11月19日，苏军以斯大林格勒方面军和西南方面军、顿河方面军组成两个突击集团，从斯大林格勒南北两翼实施大规模反攻，合围德军第6集团军全部和第4装甲集团军1部。随后，苏军击退前来援救被围集团的德军2个突击集团，至1943年2月2日，苏军围歼进攻斯大林格勒的德军主力，取得斯大林格勒会战的胜利。从此，苏德战场的战略主动权转到了苏联方面，苏德战争和整个第二次世界大战出现了历史性转折。

与此同时，苏军通过高加索会战、列宁格勒会战、沃罗涅日-哈尔科夫战役、伏罗希洛夫格勒—罗斯托夫战役，向顿河上游、库尔斯克和哈尔科夫方向发展进攻，先后收复库尔斯克、哈尔科夫和顿巴斯北部地区，并突破德军对列宁格勒的封锁。此外，苏军在高加索方向继续发展进攻，至1943年4月初解放北高加索大部地区。

1943年7月，苏军在库尔斯克会战中与德军展开了第二次世界大战中规模最大的坦克交战，歼敌50余万人。此役的胜利，使德军曼施坦因的南方集团军完全丧失战略进攻能力，被迫转入全线防御。至年底，苏军收复近一半左右的失地，解放了布良斯克、斯摩棱斯克和基辅等城市。至此，德军在苏德战场遭受严重挫败，被迫全线退却并转入仓促防御。

第三阶段（1943年12月~1945年5月）：为尽快歼灭入侵之敌，苏军最高统帅部计划在波罗的海到黑海的整个战线上展开全面进攻，通过一系列战略性进攻战役彻底打败德军，解放全部国土。从1943年底~1944年冬，苏军收复了全部失地，并进军芬兰和挪威，攻入罗马尼亚、保加利亚、波兰、捷克斯洛伐克、匈牙利和南斯拉夫等国领土。

1945年春，为配合盟军在西线阿登地区击退德军的反扑，600多万苏军在北起波罗的海南至多瑙河的广阔战线上发起进攻，胜利地进行了一系列战略性进攻战役，不断追歼残余德军。5月2日，苏军攻克德国首都柏林。5月8日，德国无条件投降。

太平洋战争

1940年，德国侵占西欧。此时，在远东，英、法、荷的力量薄弱，美国正忙于支援抗德战争，无力东顾。日本军国主义认为，这是推行"南进"战略（侵占东南亚，独霸西南太平洋）的好机会。于是，1941年12月8日凌晨（日本时间8日3时20分，夏威夷时间7日7时50分），日军在联合舰队司令山本五十六指挥下，偷袭美国在太平洋最大的海空军基地夏威夷群岛的珍珠港，轰炸菲律宾，登陆马来半岛。同日，美、英对日宣战，11日，德、意对美宣战，太平洋战争爆发。

战争开始后，美军缺乏准备，只是进行防御和牵制性作战，遭受严重损失；英、荷力量薄弱，更是不堪一击。不到半年时间，日军便侵占了香港、马来西亚、菲律宾、关岛、新加坡、缅甸、印度尼西亚等地，处于暂时的军事优势。面对日本帝国主义的野蛮侵略，被占领国家和地区的人民，纷纷拿起武器，打击日本侵略者。

1942年春，美国建立太平洋和西南太平洋两个战区司令部，开始增加兵力，加强对日作战。5月~6月，美军尼米兹将军率领的太平洋舰队在珊瑚海首挫日军后，又在中途岛海战中取得击沉日航空母舰4艘、重创日本联合舰队的重大胜利，使战局出现了有利于盟军的转折。同年8月至次年2月，美军在瓜达尔卡纳尔岛登陆，经过反复激烈争夺，最终击败日军，使太平洋战场的战略态势出现根本转折，盟军开始由守势转为攻势。

1943年11月22日至26日，中、英、美三国签订《开罗宣言》，确认联合对日作战，直到日本无条件投降。由此，盟军转入全面反攻。

1944年10月，美军尼米兹指挥的太平洋战区部队和麦克阿瑟指挥的西南太平洋战区部队分别占领中太平洋的马绍尔群岛、马里亚纳群岛与西南太平洋的新几内亚及帕劳群岛。1945年春，美军先后取得莱特湾大海战和莱特岛争夺战、吕宋岛登陆战的巨大胜利，控制了整个菲律宾群岛。1945年上半年，盟军乘胜发动新攻势，相继攻占缅甸，夺取硫黄岛和冲绳岛，同时加强对日本本土的战略轰炸。5月8日，德国投降，日本完全陷入孤立。

8月6日和9日，美国先后在广岛和长崎投掷原子弹。8月9日，苏联出兵中国东北，并进军萨哈林岛南部和千岛群岛。与此同时，中国军民迅速转入全国规模的战略反攻。在各国抗日军民的共同打击下，亚太地区的日本侵略军迅速土崩瓦解。8月15日，日本天皇宣布日本无条件投降。9月2日，日本投降签字仪式在驻泊东京湾的美国"密苏里"号战列舰上举行。至此，太平洋战争和第二次世界大战宣告结束。

印巴战争

第二次世界大战后，随着世界许多国家民族解放运动的蓬勃发展和印度人民反帝反殖斗争的日益高涨，英国政府不得不同意向印度移交政权。但是，为了达到撤走后仍能控制印度的目的，英国利用印度教和伊斯兰教两大教派政党的对立，继续推行"分而治之"的政策，极力制造印度各民族、各教派、各党派之间的矛盾，扩大分裂。1947年6月3日，印度总督蒙巴顿提出了"蒙巴顿方案"，即将印度一分为三——印度教徒的印度、伊斯兰教徒的巴基斯坦和王公土邦，规定各王公土邦有权按自愿原则选择加入上述两个国家，或保持同英国的旧有关系。如此一来，印度两大教派政党，即国大党和穆斯林联盟围绕国家统一还是分治，以及争夺各王公土邦，展开了激烈斗争。

1947年8月印度和巴基斯坦正式分治后，分治矛盾以及民族、宗教、领土等各种矛盾愈益加深，双方围绕克什米尔邦的归属问题发生了三次战争。

第一次印巴战争（1947年~1949年）：英国从印度撤军后，印度和巴基斯坦都要求克什米尔加入它们，但克什米尔土邦主哈里·辛希望保持其独立地位，因此推迟对这个问题的决定。

为争夺克什米尔，1947年10月22日，一支由亲巴基斯坦的部落和巴基斯坦士兵组成的军队（巴基斯坦称"克什米尔解放军"）从巴基斯坦西北边省入侵克什米尔，目标直指克什米尔首都斯利那加。克什米尔军队由于较为分散，很快被击溃。哈里·辛逃往印度，向印度政府求援。印度借此机会也进军克什米尔，克什米尔战争即第一次印巴战争由此爆发。

随着印度军队的介入，克什米尔解放军入侵受到很大的阻碍。到1947年底，除喜马拉雅山脉高地地区外，未能继续进军。1948年6月，喜马拉雅山地区的克什米尔解放军也在列城外郊被击退。此后，双方未能取得更多的战略优势，进入僵持状态。12月31日，双方达成停火协议，于1949年1月5日生效。协议规定，巴基斯坦占据克什米尔的2/5，印度占据3/5。克什米尔丧失了在英属殖民时期享有的独立国家地位。

第二次印巴战争（1965年~1966年）：1965年2月，印度陆军在航空兵的支援下突然占领了巴基斯坦控制的库奇兰恩北部地区。3月起，印度以进行"箭头"演习的名义向库奇兰恩地区持续增兵，使地区的兵力达到3个旅，并夺取了巴基斯坦的几个哨所。

起初，巴基斯坦认为库奇兰恩是不毛之地，因此对印军的侵入只是提出了抗议而未采取实质性的行动。但不久传出库奇兰恩地区可能蕴藏石油及其矿产资源的消息，于是巴基斯坦遂向库奇兰恩地区派出了第8师的两个旅。在对峙中，双方发生了对射，冲突进一步升级，战争爆发。

为了从印军手中夺回失去的地方，在强大火力支援下，巴基斯坦军向印军发起了猛烈进攻，并从印军手中夺回了一些哨所。印军伤亡了大量士兵，被迫向东撤退了30多千米。战斗至7月，由于库奇兰恩地区地势狭小、水网遍布，不适合大规模的作战行动，双方在英国首相道格拉斯·霍姆的调停下，于7月1日签订停火协议。

印巴双方刚宣布签订停火协议，没想到，印度内政部长当天即发表谈话，宣称，克什米尔是印度的一部分，是"不容辩论和谈判的既定事实"。这番言论大大激怒了巴基斯坦。8月5日，大批号称"自由战士"的穆斯林武装人员进入印控克什米尔地区，对印军的哨所、补给仓库、车队进行袭击。穆斯林武装人员很快被印军所镇压。为进一步打击穆斯林武装，印军至8月下旬在停火线一带集结了6个师的兵力，并越过停火线向巴控区发起了进攻，战火燃到了巴基斯坦。

面对印军咄咄逼人的进攻，巴基斯坦感到克什米尔局势的严重性。8月31日晚，巴总统阿尤布·汗紧急召开有陆军司令穆萨、空军司令努尔·汗等高级军官参加的作战会议，会议决定出动正规部队对克什米尔西部的查木布和乔里安地区的印军实施反击。此次反攻计划代号为"大满贯行动"。

经过激烈交战，在巴军具有相对空中优势（巴基斯坦的主力战机为当时较为先进的美制F-86"佩刀"式飞机和F—104"明星"式飞机，其中"佩刀"式飞机上装备有AIM-9"响尾蛇"红外制导空空导弹，而印空军没有装备空空导弹。AIM-9"响尾蛇"导弹能够在3000米外发射，是巴空军的撒手锏。在空中格斗中，4架印军战机被击落，致使印军飞机不敢轻易升空）的情况下，印军连连败退。战至9月，"大满贯行动"告一段落，巴军不但解了"自由战士"之围，还乘势夺取印控克什米尔约500平方千米的土地，使克什米尔首府斯利那加门户洞开。

印军在克什米尔兵败消息传到国内后，引起了印度朝野的极大震动。印内阁连夜召开会议，决定实施一项更为大胆的计划，开辟新的战场，即越过印巴边境线，直接对巴本土发动攻击。9月6日凌晨，印军不宣而战，突然向巴基斯坦发起大规模进攻。

巴基斯坦对印军的突然袭击毫无准备，节节败退，很快就退到了亚克尔运河边。亚克尔运河是拉合尔的最后一道天然屏障，如果此地失守，印军将直捣拉合尔，尔后向巴基斯坦腹地进攻，后果不堪设想。巴军决心坚守亚克尔运河，不再后退半步。9月6日，巴总统阿尤布·汗宣布全国进入紧急状态，并向军队下达了总动员令。然而此时巴军的主力尚在克什米尔战场，国内的陆军预备队寥寥无几，如果单靠现有的陆军肯定支撑不住，于是巴政府将扭转战局的希望全都寄托在空军身上。

9月6日，巴空军司令努尔·汗下令对印本土纵深的5个机场和3个雷达站发动突袭。突袭非常成功，仅在帕坦科特基地一处就击毁了未来得及起飞的7架米格-21和5架"神秘"式飞机。在空战中，F-86战斗机击落了近10架印军战机。经过近两天的激战，巴空军在空中击落印机19架，在地面击毁35架，而自己仅损失6架F-86飞机、1架F-104飞机和1架B-57轰炸机，印空军战机从此再也不敢轻易上天，巴空军夺取制空权。巴空军为地面部队提供了火力支援，初步扭转了战局。

利用绝对的空中优势，巴军不断取得战争的主动权。战到16日，印巴双方沿亚克尔运河形成对峙。23日，在联合国的调停下，印度和巴基斯同意全线停火。1966年1月4日至9日，在苏联政府的斡旋下，印巴两国同意撤退到1965年8月5日前所在地区。第二次印巴战争就此结束。

第三次印巴战争（1971年）：1971年3月，巴基斯坦东部人民联盟领袖拉赫曼进行分裂活动，宣布独立。随后，巴基斯坦叶海亚军政府对分裂活动进行镇压。巴基斯坦陷入内乱。趁此机会，印度决定出兵支持东巴独立。

1971年11月21日，印军对东巴发动大规模进攻。印军的作战企图是：东攻西守，速战速决，一举夺占东巴。12月3日，印军也开始向西巴采取军事行动，印巴战争全面爆发。12月16日，印军占领东巴首府达卡。在西巴方面，双方都没取得决定性胜利。在东巴胜利后，印度总理宣布进攻西巴的印军于17日22时30分单方面停火。巴基斯坦接受了印度的停火建议，西巴战场的作战行动也宣告结束。印巴战争结束后，东巴脱离巴基斯坦，成立了孟加拉共和国。

中东战争

1947年11月29日，联合国第181号决议规定：英国于1948年8月1日之前结束在巴勒斯坦的委任统治，并撤出军队；两个月后，在巴勒斯坦的土地上建立两个国家，即阿拉伯国和犹太国（以色列）。根据分治决议的蓝图，阿拉伯国国土可达11203平方公里，约占当时巴勒斯坦总面积的43%，人口中阿拉伯人为72.5万人，犹太人为1万人；犹太国国土为14942平方公里，约占巴勒斯坦总面积的57%，人口中阿拉伯人为49.7万人，犹太人为59.8万人。

对于分治决议，阿拉伯人非常不满，因为在巴勒斯坦地区的阿拉伯人有120多万，占总人口的三分之二强，但分到的领土只占巴勒斯坦总面积的43%。更令他们难以容忍的是，阿拉伯国的领土支离破碎，互不相连，大部分是丘陵和贫瘠地区。犹太国则不然，犹太人虽仅有 60 万，不到总人口的三分之一，而其领土却占巴勒斯坦总面积的 57%，大部分又位处沿海地带，土地肥沃。于是双方的早已有的矛盾进一步变得尖锐，以致发生冲突和斗争，终于爆发了大规模的战争，史称中东战争。至今，双方之间发生的大规模战争一共有五次。

第一次中东战争（1948 年～1949 年），也称巴勒斯坦战争，以色列称独立战争。1948 年 5 月 14 日，以色列国正式成立，并趁英军撤出之机，抢占划给阿拉伯人的地区。阿拉伯人反对不公正的决议，15 日，6 个阿拉伯国家向以色列宣战。在美国的干涉下，到 1949 年 3 月止，阿拉伯国家先后同以色列签订停战协定。通过这次战争，以色列占有了巴勒斯坦五分之四的土地。

第二次中东战争（1956 年～1957 年），也称苏伊士运河战争。1956 年 7 月，埃及总统纳赛尔宣布将受英、法控制的苏伊士运河收归国有。英法为了夺回对运河的控制权，于 10 月 29 日伙同以色列进攻西奈半岛和加沙地区，发动了第二次中东战争。在埃及人民的抗击下，以色列 5 日宣布停火，英、法 6 日停火。英、法和以色列军队在 12 月和次年 3 月，先后撤出埃及。

第三次中东战争（1967 年），也称六日战争。1964 年 5 月 28 日至 6 月 4 日，巴勒斯坦各界代表在阿拉伯联盟的支持下，在耶路撒冷东城区举行了第一次巴勒斯坦国民大会，确定组成巴勒斯坦解放组织执行委员会（简称巴解），建立了巴勒斯坦武装力量"法塔赫"。法塔赫以消灭以色列、建立独立的巴勒斯坦国为目标，这对以色列构成了威胁，双方之间又一次战争不可避免。1967 年 6 月 5 日，以色列在美国的支持下，对阿拉伯国家发动了第三次中东战争。经过 6 天闪电式袭击，埃及、约旦、叙利亚三国分别于 8 日到 11 日同意与以停火。在这场战争中，以军使三个阿拉伯国家遭受了巨大的损失，占领的土地是它战前的 4 倍。

第四次中东战争（1973 年），也称十月战争、赎罪日战争。第三次中东战争后，埃及、叙利亚为收复失地，积极扩军备战。1973 年 10 月 6 日，埃、叙两军乘以军过赎罪日，从西、北两线同时向以军发动突然袭击。战至 24 日，以军基本上粉碎了埃、叙两军的作战企图，并完成了对苏伊士城、埃军第三军团的包围。阿拉伯国家在战局不利的形势下，与以色列达成停火。

第五次中东战争（1982 年），也称以色列入侵黎巴嫩战争。1982 年 6 月 4 日，以色列趁阿拉伯国家之间关系处于分裂不和之机，在美国的支持下，以摧毁巴解武装力量为战略目标，发动了对黎巴嫩大规模入侵的第五次中东战争。6 月 4 日，以色列出动飞机空袭贝鲁特和黎南部巴解游击队基地。9 日，90 架以军飞机空袭贝卡谷地，叙军的地空导弹基地连被摧毁。经一系列战斗后，叙军被迫撤至距以色列北部边界炮火射程之外的地区，叙以双方宣布停火，但巴解仍在战斗。12 日在贝鲁特遭到猛烈轰炸一天后，以色列和巴解组织同意停火。可是，以军与叙军、巴解游击队仍发生大规模战斗。8 月 21 日，在联合国部队监护下，巴解部队从贝鲁特分散撤往 8 个阿拉伯国家。到此，中东战争暂时告一段落。

朝鲜战争

在第二次世界大战中，美、苏、英等国曾多次讨论过战后恢复朝鲜统一与独立的问题。1945年8月，美国提议以北纬38°线为界，由美、苏分别在朝鲜南、北部接受日本投降，得到苏联同意。8月，苏军和朝鲜人民军解放了"三八线"以北地区。9月，美军在仁川登陆，控制了"三八线"以南地区。12月，苏、美、英莫斯科外长会议达成一项关于在朝鲜建立临时政府的协议。由于苏、美意见对立，会后两国围绕建立什么样的临时政府展开了尖锐斗争。

1948年8月15日，美国扶持朝鲜南部李承晚集团建立了大韩民国。9月9日，朝鲜北方成立了以金日成为主席的朝鲜民主主义人民共和国。双方都宣称对整个朝鲜半岛拥有主权。于是，朝鲜从此形成南北分裂的局面，南北边境武装冲突频繁。

1950年6月25日，朝鲜民主主义人民共和国声称，李承晚在美国操纵下突然向三八线以北地区进行了全面的武装侵犯，于是下令军队越过三八线，发动了对大韩民国的突然进攻，朝鲜南北之间终于爆发大规模内战。

美国总统杜鲁门在朝鲜内战爆发第三天即决定公开插手战争，命令麦克阿瑟将军使用海、空军全力支持南朝鲜军队作战。并且，美国还操纵联合国安理会通过决议，组成以美国为首、由16个国家参加的"联合国军"，对朝鲜内战进行武装干涉。面对强敌，朝鲜人民军表现出了很强的战斗力。6月28日，夺取汉城；7月20日，占领大田；7月24日，占领木浦；7月31日，占领晋州。大韩民国国防军和美军被一直逼退到釜山。此时，朝鲜人民军已占领朝鲜半岛90%的土地，92%的人口。

9月15日，麦克阿瑟登上旗舰麦金利山号亲自督战，在美英两国三百多艘军舰和五百多架飞机掩护下，美军第十军团成功登陆仁川，从朝鲜军队后方突袭，切断朝鲜半岛的蜂腰部一线，迅速夺回了仁川港和附近岛屿。9月22日，撤退到釜山环形防御圈的联合国军乘势反击，9月27日仁川登陆部队与釜山部队水原附近会合，一日之后重夺汉城。

因战事进展极其顺利，麦克阿瑟将军要求乘势追击，将共产主义逐出整个朝鲜半岛。10月1日，联合国军越过三八线北犯，19日占领平壤。此时，战火已燃烧到中国边境，中国安全受到严重威胁。

面对来犯的联合国军，中国多次警告都被拒绝，于是中国组成以彭德怀为司令员的中国人民志愿军赴朝参战。从1950年10月25日起，中国人民志愿军以"运动战"为主，发挥近战、夜战特长，连续进行了5次战役，把联合国军从鸭绿江边赶回到三八线以南地区。12月6日，中、朝军队收复平壤。1951年1月4日，中、朝军队占领汉城。战至6月10日，战线稳定在三八线南北地区，双方转入战略防御，展开阵地战与政治谈判交织进行的斗争。

1952年，中朝军队依托以坑道为骨干同野战工事相结合的坚固防御阵地，击退了联合国军的多次攻势，并进行了著名的上甘岭战役和多次全线战术反击，粉碎了对方的"绞杀战"和细菌战。

由于在军事上和政治上的失败并受到国内外的压力，美国政府被迫于 1953 年 7 月 27 日在《朝鲜停战协定》上签字。

越南抗美战争

日内瓦协议签署后，美国取代法国干涉越南事务，支持南越吴廷琰集团镇压越南南方人民的反独裁斗争。1960 年 12 月 30 日，越南南方民族解放阵线宣告成立，武装斗争蓬勃发展。虽然有美国的军事援助，但政治上的腐败导致越南共和国总统吴廷琰的政府民心丧尽，无力阻止越南反政府武装。1961 年 5 月，为了进一步帮助越南共和国政府，美国总统肯尼迪派遣一支美国国防军特种部队进驻越南共和国，开启了美国国防军战斗部队进入越南的先河。从此，越南人民抗美战争开始。这场战争分为三个阶段。

第一阶段（1961 年~1964 年）：为"特种战争"阶段。战争主要在南方进行。1961 年，美国国防军特种部队根据斯特利——泰勒计划，在南方大量建立"战略村"，发动所谓特种战争，企图在 18 个月内平定南方人民的革命斗争。1962 年 4 月，美驻越援军司令部成立，指挥南越伪军作战。南方人民在北方人民的支援下，积极开展游击战，变"战略村"为打击美、伪军的"战斗村"。1963 年 1 月，在北村战斗中，南方人民给敌以沉重打击，粉碎了美国的战争计划。1964 年，美国开始执行两年内平定南越的约翰逊——麦克纳马拉计划。12 月，南方军民在平也战役中取得胜利，致使美国的特种战争计划全面宣告破产。

第二阶段（1964 年~1968 年）：为局部战争阶段。约翰逊继任美国总统后，把特种战争逐步升级为以美军为主、南越伪军为辅的局部战争。侵越美军迅速增至 54.3 万人。1965 年 3 月，美国开始执行"南打北炸"的战略方针，一方面派空军对北方实施全面轰炸；一方面派地面部队在岘港登陆，在南方直接承担作战任务。

1968 年初，越南南方军民发动"春季攻势"，向西贡、顺化、岘港等 64 个大中城市、省会及军事基地展开猛烈进攻。同年 3 月，约翰逊政府被迫宣布部分停止对北越的轰炸。5 月，越美巴黎谈判开始。11 月，美国宣布完全停止对越南北方的轰炸。至此，"局部战争"失败。

第三阶段（1969 年~1975 年）：为战争"越南化"阶段。1969 年 1 月，尼克松就任美国总统。7 月，尼克松政府提出"越南化"，采用"用越南人打越南人"的手段，同时宣布美军将逐步撤出越南。为挽回败局、体面撤军，美伪军加紧对解放区实行"扫荡"，但在越南人民的顽强抵抗下，美伪军的几次进攻均遭惨败，美军的讹诈政策被粉碎。1973 年 1 月 27 日，美国被迫在结束越南战争的协定上签字。

3 月，美国地面部队撤离越南，但在南方仍留下 2 万多名军事顾问，继续推行战争"越南化"政策，支持拥有 110 万人的阮文绍伪军，蚕食解放区。1975 年 3 月~4 月，越南军民发动总进攻，打垮南越傀儡政权，解放了西贡，完成了南北统一，越南抗美战争结束。

苏联入侵阿富汗战争

20 世纪 70 年代，苏联推行勃列日涅夫的全球战略，加紧与美国争夺世界霸权。为实现南下印度洋、控制中亚枢纽地区的战略企图，苏联从 1973 年起对阿富汗进行政治、经济、文化和军事渗透，并扶植亲苏政权。但到 1979 年，阿富汗总理阿明发动政变，处死了总统塔拉基，自己兼任总统。苏联认识到，阿明政权不能实现苏联在阿富汗的利益，决定实施南下战略，除掉阿明。

1979 年 12 月 27 日，苏联派遣 8 万多人的现代化军队，大举侵入阿富汗，占领了阿富汗首都喀布尔及其他大城市，处死了阿明。随后，苏联扶植卡尔迈勒组成亲苏政权，卡尔迈勒担任阿富汗人民民主党总书记、阿富汗革命委员会主席和政府总理等职。

苏军占领阿富汗，遭到了阿富汗各族各阶层人民的强烈谴责和广泛的反抗。十几支穆斯林爱国武装在喀布尔市郊、坎大哈、赫拉特和全国的山区要塞展开了抗苏斗争。1981 年，其中的几个抵抗组织联合成立了阿富汗圣战者伊斯兰联盟，并开始接受美国、巴基斯坦、沙特阿拉伯和埃及等国的军事援助，在全国开展抵抗苏军入侵的斗争。鉴于苏军强大的战斗力优势，阿富汗人民主要采用的是游击战术，以疲惫和消耗苏军为主要目的。经几年发展，阿富汗人民武装已经扩大至 10 万人，致使苏联从根本上粉碎阿富汗抵抗力量的计划失败，陷入了反游击战争的泥潭之中。

随着苏军伤亡的逐渐增加，苏联国内人民的不满情绪不断增大。旷日持久的反游击战给苏联国民经济背上了沉重包袱，苏联在阿富汗投入的军事费用占整个国民生产总值的 12%。另外，由于苏联入侵阿富汗战争是非正义战争，所以受到国际社会的强烈反对。

面对国际、国内各种不利形势，苏联领导人戈尔巴乔夫认为，在阿富汗继续没完没了地进行这场战争是得不偿失的，决心尽快结束这场战争。1988 年 2 月，戈尔巴乔夫公开发表了从阿富汗撤军的声明。1989 年 2 月 15 日苏联撤出最后一批侵阿苏军。至此，这场战争以双方军事力量斗争处于僵持状态告终。

两伊战争

伊朗和伊拉克虽然两国同是伊斯兰教国家，但素来不和。一是因为，位于波斯湾西北部的长约 100 公里的阿拉伯河，是伊朗和伊拉克南部的自然边界，也是两个国家重要石油出口通道。为争夺阿拉伯河的控制权，双方的矛盾日益尖锐化。二是因为，两国的穆斯林虽多数属于激进的什叶派，但两国什叶派穆斯林在国家政治生活中的地位迥然不同。在伊朗，建立了以什叶派高级教士集团为核心的、政教合一的伊斯兰共和国；在伊拉克，则建立了以萨达姆·侯赛因为首的伊拉克复兴党政府，虽然什叶派穆斯林占国内人口的多数，却处于被统治地位，激进的什叶派对此十分不满，长期与政府进行对抗。由于这两个主要问题一直未得到较好解决，双方经常发生各种各样的冲突，以致发生了大规模的战争。

1980 年 9 月 22 日晨，伊拉克总统萨达姆趁伊朗在霍梅尼上台后政局动荡、经济恶化、军心不稳、伊美断交的时机，下达了对伊朗的军事目标发动"威慑性打击"的命令。接着，伊拉克出动大批作战飞机，袭击了伊朗首都德黑兰、大不里士、阿瓦士、克尔曼沙赫、提斯浦尔等共 15 个城市和 7 个空军基地。两伊战争爆发。

23 日凌晨 3 时，伊拉克出动地面部队 5 个师，又 2 个旅、1200 余辆坦克，分北、中、南三路向伊朗发起进攻。至 29 日，伊拉克军队深入伊朗境内 15 千米~30 千米，占领了近 400 平方千米领土，控制了阿拉伯河东岸地区。

面对初战不利的形势，伊朗一面命令前线部队作殊死抵抗，一面征召预备役人员，向前线增兵，并动员全民参战。到 10 月底，伊朗军队终于挡住了伊拉克军队的全面进攻。此后，伊拉克军队尽管占领了伊朗的库尔德省和舒什、马里万等一些城市，但进展不大，伊朗逐步稳住了战局。

从 1982 年 3 月起，伊朗军队转入反攻，先后集中主力发动了代号为"胜利行动"和"圣城行动"的两次进攻战役。至 5 月 24 日，伊朗军队重创伊拉克军队，迫使其纷纷撤回国内，伊朗领土还在伊拉克手中的只有西部的席林堡和梅赫兰两个较为重要的边界城镇及其周围的狭长地带。6 月 29 日，伊拉克宣布已将其军队撤出所占伊朗领土，两国边界又恢复战前状态。

为了不给伊拉克喘息之机，1982 年 7 月 13 日晚，伊朗军队突破伊拉克防线，深入到伊拉克境内 20 余公里。伊拉克利用本土作战的有利条件，动用 10 万兵力进行反击，对进攻的伊朗军队进行围歼，挫败了伊朗军队的攻势。此后，伊朗的攻势基本停止，战争进入双方消耗的僵持状态。

从 1984 年 4 月起，伊拉克采取"以战迫和"方针，在地面和海上连续向伊朗发起主动出击。在局部地区，伊拉克对伊朗军队发动一系列的小规模袭击，并在战斗中多次使用化学武器。与此同时，伊拉克还利用其空中优势，发动了举世震惊的"袭船战"。

面对伊拉克的进攻，伊朗力争速战速决。从 1986 年 2 月起，伊朗先后进行了代号为"曙光"8、9 号攻势和"卡尔巴拉"1、2、3、4、5、6 号攻势，但是收效不大。至 1988 年 7 月，伊朗所占伊拉克领土几乎全部丧失。

为使两伊战争尽快结束，联合国安理会于 1987 年 7 月 20 日通过了要求两伊立即停火的第 598 号决议。从 8 月 25 日开始，在联合国秘书长主持下，两伊外长举行了多次会谈。由于双方在边界划分、战争责任、赔偿、交换战俘等问题上分歧很大，致使谈判毫无结果。

1988 年，是两伊战争出现重大转折的一年。2 月~4 月，双方使用了数百枚导弹袭击对方的城镇，掀起了一场空前规模的"袭城战"。此后，在相持中，伊拉克渐渐占了上风。4 月 17 日，伊拉克军队对法奥地区的伊朗守军发动了代号为"斋月"的攻势，经过两天激战，于 18 日下午全部收复被伊朗占领两年之久的法奥地区。伊朗在欲战不能、欲罢不忍的境况下，被迫于 1988 年 7 月 18 日宣布同意接受联合国安理会 598 号决议。8 月 20 日，两伊双方实现停火，两伊战争结束。

美国空袭利比亚战争

利比亚位于非洲北部，北临地中海，是世界较大的石油输出国之一。利比亚原是一个亲美国家，美与利签署过多项经济技术和军事协定，使美国在利比亚有巨大的经济利益，并建有军事基地。1969年8月1日，上尉军官奥马尔·穆阿迈尔·卡扎菲发动武装政变，推翻了持亲美立场的"联合王国"，建立了阿拉伯利比亚共和国并担任国家元首。

卡扎菲执政后，他先后收回了美国在利比亚的空军基地，废除了同美签订的军事和经济技术协定，限制美国舰船在利比亚领海的行动，最终在1982年与美断交。与此同时，利比亚又从苏联购买了多达100亿美元的军火，向苏联提供了5个海空军基地的使用权，成为苏在中东地区的重要盟友。从此，美国视利比亚为苏联"支持恐怖分子"活动的基地。

1981年8月19日，两架利比亚飞机用导弹攻击正在锡得拉湾水域演习的美海军飞机，被美机悉数击落，两国矛盾进一步激化，美国遂决定对利实行作战行动。从1981年8月~1986年3、4月，美国对利比亚实施了三次大规模的空袭作战。

第一次空袭（1973年~1982年）：1973年，利比亚根据国家安全需要，宣布地中海南部的锡德拉湾为其领海。1981年8月18日，美第6舰队不顾利比亚的多次警告，派出舰艇20余艘、飞机200多架进入锡德拉湾进行演习。8月19日晨7时许，利2架苏-22型战斗机飞临美演习区，美2架F-14型战斗机立即起飞，进行高速拦阻。当双方相距约6千米时，利机向美机发射了1枚AA-3型"环礁"空对空导弹，未能命中目标。美机立即还击，将利机击落1架。随后，美机又发射导弹，将另一架利机击落。1982年，两国断交。

第二次空袭（1986年3月）：1985年12月，罗马、维也纳相继发生恐怖事件，其中有3名美国人遇害死亡。美国认为利比亚是支持恐怖活动的一个基地，决心对其实行军事报复。1986年3月23日，美海军3支航空母舰编队，集中近50艘各型舰艇、240架飞机，进入锡德拉湾进行挑衅性军事演习。23日深夜，美派出飞机和水面舰只越过利宣布为不可逾越的"死亡线"，深入到距利海岸仅60千米的海面、空中活动。24日下午，利比亚发射6枚防空导弹，并出动飞机。随后，美国以利比亚首先开火为借口进行报复。24日夜晚，美军以A-6攻击机"鱼叉"导弹击沉利"战士"号导弹快艇后，又用"哈姆"反辐射高速导弹击毁利比亚"萨姆-5"雷达制导站二处。24日夜11时，三艘准备反击美军的利导弹巡逻艇遭到美机攻击沉没。至25日，美军共击沉利导弹快艇四艘，摧毁利导弹基地两处，利军死亡150人，美军无一损失。27日16时，美军宣布结束演习，撤出美舰。

第三次空袭（1986年4月）：1986年4月6日，西柏林一舞厅发生爆炸，造成数十名美国军人伤亡。美国认为此举为利比亚报复所致。4月9日，美国总统里根批准袭击利比亚的"黄金峡谷"计划。4月14日，美军FB-111型歼击轰炸机24架、KC—10

和 KC-13 型加油机 30 架、EF-111 型电子干扰机 5 架，分别从伦敦附近机场起飞。同日，地中海第 6 舰队的各型攻击机 26 架、电子干扰机 14 架和预警机 2 架，从航空母舰先后升空。至 15 日 1 时，两队飞机会合，于凌晨 2 时对利比亚五处军事目标（的黎波里 3 个、班加西 2 个）实施空袭。整个攻击持续 12 分钟，投掷炸弹 100 吨，利比亚军用设施遭严重破坏，4 架米格-23 和伊-16 飞机被炸毁，100 余人被炸死，600 余人受伤，利总统住所被击中，卡扎菲本人幸免于难。

马岛战争

马尔维纳斯群岛，也称福克兰群岛，位于靠近南美洲大陆的大西洋洋面上，是南大西洋通往太平洋的战略要地。1833 年，英国以马岛最先由英国人发现为由，用武力从阿根廷手中夺取了马岛，1943 年向岛上派出了第一位总督。此后，阿根廷保留了对马岛的主权要求，两国纷争一直延续下来。

1981 年，阿根廷通货膨胀率高达 600% 以上，国内生产总值（GDP）下降 11.4%，制造业产量下降为 22.9%，薪资成长只达到 19.2%；国内的受到越来越多支持的工联决定发动长期性大罢工，民众对政府的满意度降低。为了应对严重的国内经济形势和社会矛盾，以总统加尔铁里为首的阿根廷政府选择通过发动马岛战役，以其胜利的结果来转移公众的焦点。

1981 年 3 月 26 日，阿根廷不顾英国警告，出动 3 支海军特混舰队，分别于 4 月 2 日和 3 日实施登陆突击行动，一举夺取了马岛、南乔治亚群岛和南桑德韦奇群岛等 3 个群岛。

对阿根廷的行动，英国做出了迅速反应。马岛被占当日下午，英国政府立即召开内阁会议，做出了同阿根廷断交，并派出特混舰队收复失地的决定。4 月 3 日，英国成立了以撒切尔夫人为主席的战时内阁。战时内阁决定成立联合作战司令部，并在其下建立第三一七特混舰队司令部、登陆部队司令部和第三二四潜艇特混部队司令部，具体负责收复马岛的作战行动。50 岁的海军少将伍德沃德和 54 岁的海军陆战队少将穆尔，分别被任命为特混舰队司令官和登陆部队司令官。随后，英国进行紧急出征准备。

4 月 5 日，英特混舰队第一梯队由英本土各港口和直布罗陀出航。同日，国防部发布了经英国女王签署的征用商船的命令。被征用各类商船达 67 艘，100 余万吨。4 月 7 日，英国宣布，自 4 月 12 日格林威治时间 4 时起对马岛周围 200 海里海域实行海上封锁。

针对英国的反应，阿根廷完善了岛上的行政和作战指挥机构，成立了南大西洋战区司令部。从 4 月 2 日到 12 日，阿根廷从海上和空中向马岛紧急空运人员和物资，使岛上兵力达到 1.3 万人。

4 月 12 日，英军开始对马岛周围 200 海里海域实施封锁，经阿森松岛向马岛开进。4 月 23 日，英军夺取了阿军防守薄弱的南乔治亚岛。随后，英军对马岛海域实施严密封锁，将封锁圈从海上扩展到空中。

5月7日，英特混舰队指挥部最后通过了代号为"萨顿"两栖登陆计划。5月12日，作为特混舰队后续部队的第五步兵旅乘"伊丽莎白二世女王"号客轮从南安普敦启程，开赴战区。5月11至14日，英军特种部队"特别舟艇中队"的突击队员摧毁了英选定登陆点附近的贝卜尔岛上的机场等目标。5月20日，英国登陆突击编队完成集结。21日凌晨，登陆行动全面展开。

在查明英军登陆情况后，阿根廷军队立即组织了大规模空中反击。但由于实力的限制和英军的抗击，阿军并没能起到完全破坏英军登陆计划的作用。在猛烈的空袭下，至5月25日晚，英军第一梯队5000多人连同3.2万多吨作战物资全部上陆完毕，登陆场面积达到150平方公里。从这时起，激烈的战斗就从海上移到了陆地。

6月11日黄昏，英军两个旅共8个营向阿军主阵地发起总攻。经3天激战，于14日晨突破了阿军的最后一道防线。当日下午，英军穆尔少将同阿根廷守岛部队司令官梅嫩德斯少将举行会晤，同意自格林威治时间当日19时起实行正式停火。6月19日，英特混舰队的一支特混小队又夺取了南桑德韦奇岛。至此，马岛战争宣告结束。

美国入侵巴拿马战争

1903年，在美国的支持下，巴拿马脱离哥伦比亚的统治，获得独立。同年，美、巴签订了修建巴拿马运河，以将太平洋和大西洋连接起来的不平等条约，美取得修建和经营运河的永久垄断权和运河区的永久使用、占领和控制权。1914年巴拿马运河建成，美国完全控制运河区，把运河西岸16.1公里范围划为运河区，设立美军南方司令部，不许巴拿马人入内，运河区成了"国中之国"，严重侵犯了巴主权和领土完整。此后，美国一直是运河的主要用户和受益者，每年运河总收入约3亿多美元，绝大部分为美国所得，巴拿马只能得到很少的零头。

为收复巴拿马运河的主权，巴拿马人民长期不断斗争。经过努力，两国终于在1977年签订了新的运河条约，新条约规定：1999年12月31日午时之后，运河完全交由巴拿马管理；从1990年起，运河区管理委员会的主任由巴拿马人担任，美国的南方司令部必须同时撤离运河区。条约已经签订，但是失掉巴拿马运河的管理权势必会给美国带来严重的政治、经济和战略后果，因此美国便千方百计地保留它在运河和运河区的利益。

为了保持在巴拿马运河区的利益，美国企图扶植一个听命于美国的巴拿马政权，去取代坚决主张收回运河主权的以诺列加为首的巴拿马政权。为迫使诺列加下台，美国政府使用了种种手段，对巴拿马采取经济制裁、外交诱逼、军事威胁，支持巴拿马国内反对派掀起"倒诺浪潮"。1989年10月3日，巴拿马部分中下级军官发动军事政变失败后，美国总统乔治·赫伯特·沃克·布什批准一项300万美元的拨款，专供中央情报局策动第二次军事政变。与此同时，美国秘密向巴拿马增兵4500人，空运了大量坦克、装甲车、武装直升机。

1989年12月16日晚9时，4名美国军官乘车经过巴拿马国防军司令部所在的大街时，与巴拿马国防军的士兵发生冲突，双方拔枪射击，美海军陆战队的一名军官被打死。美国随即以此为借口入侵巴拿马，战争爆发。

1989 年 12 月 20 日凌晨 1 时，美 F-117 隐形轰炸机从内华达州托诺帕基地起飞侵入巴领空，轰炸里奥阿托巴军高炮阵地。与此同时，美海军"海豹"小队一部袭击诺列加私人机场，炸毁其座机；另一部袭击诺列加专用船只卫兵并炸沉该船，切断诺列加从空中和海上转移的退路。

接着，美军 5 支特遣队同时向巴军 27 个重要目标发动进攻。"红色特遣队"兵分两路，以空降和地面攻击占领巴拿马城附近托里霍斯国际机场，控制帕科拉河大桥；"尖刀特遣队"在炮火、坦克和直升机掩护下，攻占并烧毁巴国防军司令部大楼；"太平洋特遣队"乘 20 架 C-141 运输机分两批机降托里霍斯机场，支援"红色特遣队"扼守帕科拉河大桥，以阻止驻西马隆堡基地的巴军驰援巴拿马城；"永远忠实特遣队"抢占巴拿马运河上的泛美公路大桥，守卫运河区内的霍华德空军基地；"大西洋特遣队"攻打巴拿马第二大城市科隆，占领麦登大坝、供电中心、水电站等重要运河设施。

战斗打响后，巴拿马政府通过电台呼吁全国军民拿起枪，坚决抵抗美军。但是，仅 8 个小时，美军便击溃巴军的抵抗。15 个小时后，美军摧毁巴军主要军事设施，控制巴军大部分兵营，并推翻了诺列加政府，反对党总统候选人恩达拉，在美国监护下就任巴拿马总统。诺列加躲进梵蒂冈大使馆避难。

1 月 3 日，在美、巴、梵三方的种种压力下，诺列加被迫做出了"自愿投降"的选择。晚 8 点 48 分，诺列加被带上"黑鹰"直升机。1990 年 2 月，美国撤走了大部入侵巴拿马美军。

海湾战争

伊拉克对科威特觊觎已久，1961 年拒不承认科独立，并企图以武力将其吞并，因遭英国干预和其他阿拉伯国家反对，才于 1963 年承认其独立。此后，因边界问题与科威特多次发生纠纷和冲突。两伊战争后，伊拉克陷于经济困境，要求科威特减免债务，并指控科威特超产石油和偷采边境石油，导致伊石油收入锐减，要求科赔款和道歉；同时还向科提出重划边界和租用布比延岛与沃尔拜岛 99 年的要求。对此，科威特严厉拒绝。于是，伊拉克准备以武力吞并科威特。

1990 年 8 月 2 日凌晨 1 时（科威特时间），在经过周密准备之后，伊拉克三个师越过伊科边界，向科威特发起突然进攻。与此同时，一支特种作战部队从海上对科威特市实施直升机突击。拂晓时分，东西对进的两支部队开始攻打科威特市内目标。上午 9 时，伊军基本控制科威特市。下午 4 时，伊军占领了科威特全境。

伊拉克入侵科威特事件引起了全世界极大震惊。美国对伊拉克的入侵行动迅速做出反应，这固然是出于维护美国在整个中东的利益，控制那里的石油资源的需要，但更重要的是企图通过海湾战争，确立美国在"建立冷战后世界新秩序"中的主导地位。8 月 7 日，美国总统乔治·赫伯特·沃克·布什签署了针对伊拉克的"沙漠盾牌"行动计划，下令美军进驻沙特阿拉伯，同时着手组建多国部队。

8月8日，美国首批调往中东的部队，有第82空降师1个旅和F-15型战斗机2个中队以及海军陆战队一部。到11月10日，到达海湾的美陆、海、空军已达23万人。同时，美国还把最新式的武器也运到了海湾。8月13日以后，英国、比利时、澳大利亚、加拿大、法国、荷兰、意大利、苏联、孟加拉等国，以及埃及、摩洛哥、叙利亚等阿拉伯国家，也相继加入了以美国为首的多国部队。强大的多国部队大军压境，联合国的经济制裁和美国等国的海上封锁，使伊拉克成了与世隔绝的孤岛。

为对付美国的"沙漠盾牌"和联合国布置的经济制裁，伊拉克树起了"人质盾牌"。8月18日，伊拉克宣布将美、法、英、日、澳、德等国数千名外交人员、侨民、旅游者集中起来，转移到空军基地、炼油厂、饮水净化厂等军事设施和经济目标区之内，宣告：如果美国和多国部队发动进攻，那么这数千人质将成为第一批牺牲品。

为了避免战争爆发，联合国安理会从各方面努力进行调解，企图迫使伊拉克做出让步，但都遭拒绝。11月29日，联合国安理会通过第678号决议。决议规定，伊拉克在1991年1月15日前从科威特撤军，否则授权联合国成员国使用一切必要手段维护、执行安理会有关决议。此后，国际社会各方一直为和平解决海湾危机积极奔走着。

1991年1月13日，联合国秘书长德奎利亚尔飞抵伊拉克，进行了最后的和平努力，仍告失败。1月16日美国东部时间上午10时30分，布什总统签署了给美军中央总部司令施瓦茨科普夫的国家安全指令文件，命令美军向伊拉克开战。海湾战争由此爆发。这场战争分为两个阶段。

空中战役阶段（1991年1月17日~2月23日）：1月17日，多国部队航空兵空袭伊拉克，发起"沙漠风暴"行动。战争的第一天，多国部队出动飞机一千多架次。为尽量减少人员伤亡，以美国为首的多国部队利用高技术优势，实行"先炸后攻"的战略方针。第一步轰炸伊后方战略目标，第二步轰炸伊军前沿阵地。经过两个多星期的狂轰滥炸，多国部队基本掌握了制空权。

持续至第38天，在近10万架次飞机的狂轰滥炸下，伊拉克军事力量遭到严重削弱，第一线部队损失50%，第二、三线部队损失25%，并有1400辆坦克、1200门火炮、800余辆装甲车和所有防空雷达被击毁。伊拉克所发射的"飞毛腿"导弹，90%为美军"爱国者"地对空导弹摧毁。此时，多国部队认为，伊军已失去整体作战能力，准备发起地面进攻。

地面战役阶段（1991年2月24日~2月28日）：1991年2月24日凌晨4时，多国部队利用空袭阶段的作战效果，向伊军发动了第二次世界大战以来最大的海、陆、空立体式的地面进攻。多国部队兵分四路，第1路从海上向科威特东部实施两栖登陆；第2、第3路从陆上越过科、沙边境进入科境内；第4路从沙特越过边境进入伊拉克，向幼发拉底河包抄，切断伊军退路。此外，多国部队还在伊后方进行伞降。在多国部队的凌厉攻势下，伊拉克的"萨达姆防线"很快就被突破。

26日，伊拉克正式通知联合国安理会，表示无条件从科威特撤军。27日，伊拉克军全部撤出科威特。28日，美国总统布什宣布中止战斗。至此，空袭38天之后的海湾战争最后经100小时的地面较量之后，以伊拉克军队的惨败而告结束。

第五章　历史名人

荷马

　　相传荷马是古希腊诗人，他因《荷马史诗》而闻名世界，流传千古。同时，他也是一位四处游吟的盲歌者，用音乐和歌声诠释着自己艰辛而快乐的生活。虽然荷马这个人是否真实存在，目前尚无定论，但是《荷马史诗》在西方文学界的贡献是无可争辩的。

　　有关荷马的生平及身世，目前还没有可靠的传记资料，但古代曾有过种种神话般的传说。按照公元前 5 世纪希腊历史学家希罗多德的说法，荷马约生于公元前 850 年。当时正值希腊氏族解体、奴隶制开始形成时期，即英雄时代。关于荷马的出生地，也是众说纷纭、莫衷一是，但史诗中使用的语言可以表明，荷马应该来自爱琴海东岸的伊奥尼亚。

　　传说中，荷马是一个盲人，他常常带着一把破旧的七弦琴流浪在热闹的街巷，以歌乐维持生计。据资料显示，古代的职业歌手或文学艺人中，常以盲人居多。他们有的是因为生病导致失明而选择这种职业，有的则是被人弄瞎而成为专事歌乐的奴隶。从《荷马史诗》精彩的视觉形象的比喻来看，如果荷马真的是盲人，也一定不是天生的，否则那些鲜明而逼真的刻画就无法解释。

　　毫无疑问，荷马的名字之所以永垂不朽，与他的杰出作品《荷马史诗》密不可分。《荷马史诗》是人类早期最宏伟的文学杰作，它被认为是欧洲文学史上最早的艺术珍品。

　　《荷马史诗》共分为两部——《伊利亚特》和《奥德赛》，共 48 卷，27 803 行，其规模宏大，内容丰富，用神话的形式描绘了氏族社会向奴隶制社会过渡时期希腊广阔的社会生活，在艺术上和思想上都堪称是古代文化的集大成者。其中，《伊利亚特》24 卷，共 15 693 行，描写的是希腊人围攻特洛伊城的故事，以奥德修斯攻占了特洛伊城，希腊人取得胜利而告终。另一部史诗《奥德赛》也是 24 卷，共 12 110 行，描写的是特洛伊战争后，希腊英雄伊达卡王奥德修斯在归途中海上历险的故事。故事的结果是奥德修斯和他的儿子一起杀死了求婚人和背叛他的奴隶，重新登上了伊达卡王的宝座。这两部史诗中所体现的集体主义和英雄主义精神，肯定正义、斥责邪恶等，对我们来说具有很大的认识论意义和研究价值。

　　至于《荷马史诗》是在什么时候完成的，现在还无法确定。据说在公元前 6 世纪，雅典统治者庇西特拉图曾经命令文人学士在宫廷里对《荷马史诗》进行过记录整理。如果这一说法的确属实，世人就要感谢庇西特拉图了，因为史诗若不是在刚刚问世时就被记载下来，恐怕这样的鸿篇巨制是很难完整地被保留下来的。

在公元前 3~前 2 世纪，亚历山大港博学园的学者对这两部史诗又进行了加工编订，这才有了我们今天所见到的《荷马史诗》，即史诗的最后定稿。从此，希腊人一直把它们看作是自己民族至高无上的艺术精品而加以保留并使之流传。

《荷马史诗》在西方古典文学界享有很高的声誉，无产阶级的伟大导师马克思曾给予它极高的评价，说它具有"永久的魅力"，是"一种规范和高不可及的范本"。

历史上究竟有没有荷马这个人？《伊利亚特》和《奥德赛》真的出自他之手吗？这是西方学术界争论已久的两个问题。我们先将荷马其人是否真实存在搁置一边，仅从《荷马史诗》开创了西方文学的先河来说，此著的作者就值得后人永远纪念。

泰勒斯

泰勒斯是人类历史上第一位哲学家、天文学家、几何学家，此外，他在敷学、农学等方面也有很高造诣，是名副其实的"科学之祖"，被尊为"希腊七贤之首"。泰勒斯的一生丰富多彩，他是一面飘扬在愚昧社会上空的鲜明旗帜。

由于历史悠久，史料缺乏，我们现在已经很难查考泰勒斯的出生年月和生平事迹，只能根据现有的资料大概了解与他有关的一些信息。

相传，泰勒斯出生在地中海东岸爱奥尼亚地区的希腊殖民地城邦——米利都城。他的父亲是一位奴隶主，因此，泰勒斯从小就受到了很好的教育。青年时期，泰勒斯曾到过埃及和巴比伦，他分别从埃及学到了先进的几何知识，从巴比伦学到了先进的天文知识，这些经历为他以后的发现奠定了坚实的基础。回国后，泰勒斯亲自创办了米利都学派，即古希腊朴素唯物主义学派，从而形成了西方哲学史上第一个哲学学派。

泰勒斯的哲学观点用一句话来总结就是"水生万物，万物复归于水"，他认为世界本原是水。这对后世科学和哲学的发展具有指导性作用。因此，恩格斯称泰勒斯的观点是"一种原始的、自发的唯物主义"。

当时，自然科学还很落后，人们把一切自然现象都看成是神灵的创造和安排。一天，在地中海东岸小亚西亚地区曾发生了一次日食。当明亮的太阳渐渐被一团黑影遮住时，人们异常恐惧、惊恐万状，以为是魔鬼来到了人间，并且将要吃掉太阳。然而，泰勒斯却不相信这种太阳被魔鬼吃掉的说法，认为这只是存在于自然界中的一种自然现象，与魔鬼无关。于是，在接下来的几年里，泰勒斯开始对日食进行了不懈的研究，最终掌握了日食发生的规律，并在一次日食预报中证实了自己的猜想。

泰勒斯对天文学的另一个重要贡献就是测量出了太阳的直径。在古希腊，人们仅仅通过目测，一直认为太阳非常小，大概只有 0.33 米左右。善于思考的泰勒斯对这说法又产生了怀疑，经过长期反复的观察、思考和计算后，泰勒斯终于公布了自己的测量结果。他认为太阳非常大，直径大约是黄道的 1/720，大约是 131 万千米。我们已经知道太阳的直径是 139 万千米，泰勒斯当年的计算结果只比这个数字小一点，他能在当时的社会条件下得出这个结果，简直是个奇迹。

有一天晚上，泰勒斯独自走在旷野之间，抬头看着天空。虽然当时满天星斗，但是他却预言第二天会下雨。突然，他的脚不小心踩到一个大坑里，随后整个身体也掉了进去。当路人把他救起时，他说的第一句话就是："你知道吗？明天会下雨啊。"从此，有了这样一种评价：天文学家是只知道天上的事情而不知道脚下发生什么事情的人。两千年之后，德国哲学家黑格尔说："一个民族只有有那些关注天空的人，这个民族才有希望。如果一个民族只是关心眼下脚下的事情，这个民族是没有未来的。而泰勒斯就是标志着希腊智慧的第一个人。"

除哲学和天文学外，泰勒斯在数学、农业方面也有杰出的贡献。他在埃及求学期间曾运用射影等比定律得出了金字塔的高度，这在当时是一项了不起的成果。在农业方面，泰勒斯看到古希腊各城市历法混乱，于是引进了古埃及的太阳历，这也是世界上第一种太阳历，对农业生产非常有帮助。

大约在公元前 547 年，泰勒斯逝世，人们在他的墓碑上刻着这样的话：这里长眠的泰勒斯是最聪明的天文学家，是米利都和爱奥尼亚的骄傲。

柏拉图

柏拉图是古希腊伟大的哲学家、思想家。尽管后世学者对他的政治思想褒贬不一，但正如英国哲学家波普尔所说："柏拉图的影响是无法估量的，人们可以说，西方的思想，或者是柏拉图的，或者是反柏拉图的，但在任何时候都不是非柏拉图的。"

柏拉图是古希腊哲学家中第一个留有大量著作的人，是他把古希腊哲学推到了高峰，建立了一个庞大的以"理念论"为核心的客观唯心主义哲学体系。他和老师苏格拉底、学生亚里士多德并称为古希腊三大哲学家。

柏拉图原名阿里斯托勒斯，因为他自幼身体强壮，胸宽肩阔，所以体育老师就替他取了"柏拉图"一名。"柏拉图"希腊语意为宽阔。

约在公元前 427 年，柏拉图出生于雅典的一个贵族家庭，母亲是雅典民主制创始人梭伦的后代，父亲阿里斯顿是阿提刻最后一个王的后裔。优越的家族条件使柏拉图从小就受到了最好的教育，他很小的时候，父亲就为他请了三位启蒙老师，其中一位教文法、修辞法和写作，另一位教美术和音乐，还有一位则教他体育。

柏拉图不仅热爱写作，而且在美术老师的指导下，对美的东西的辨别能力也越来越强。后来，柏拉图在美学上的一些理论和见解，可以说和他童年的启蒙教育密不可分。

柏拉图 20 岁时，师从当时雅典最有学问的苏格拉底。苏格拉底顽强的探索精神、对智者派的轻视和厌恶，都给柏拉图留下了深深的印象并感染了他。从公元前 407 年开始，柏拉图在苏格拉底身边整整学习了 8 年，深得苏格拉底哲学的真谛，成为苏格拉底最优秀的学生。

公元前399年夏天，苏格拉底被雅典法庭以"腐蚀青年思想"的罪名处死，对柏拉图的打击非常大，也使他对雅典政府非常不满。从此，柏拉图不愿再直接参与政治活动，决心一心一意地纪念苏格拉底，集中转入对哲学的研究，从而寻找一个理想的社会制度，建立一个更理想的国家。为了建立这个理想国，柏拉图随即离开雅典，进行了一次长期的海外漫游。这也是形成柏拉图思想体系的重要阶段。公元前387年，经过12年的游历后，柏拉图在雅典纪念英雄阿加德穆的圣殿附近的园林中创建了欧洲历史上第一所固定学校——学院，并一边教学，一边著书立说。这吸引了希腊各地很多的学者前往，其中以亚里士多德最为突出。

柏拉图主持学院的时间有四十多年，12年的游历生活和教师兼作家的双重身份为他著述作品打下了坚实的基础。他一生共写了36部著作，是古希腊哲学家中第一个留有大量著作的人，作品中大都是关于道德和哲学的著作。其中，《理想国》是柏拉图最著名的代表作，包括哲学、教育、文艺、伦理以及政治等内容，涉及了他思想体系的各个方面，但最主要的还是讨论所谓的"正义国家"的问题。

除哲学外，柏拉图在文艺、美学等方面也有自己成套的理论主张。他认为美的事物是美的理念的仿制品，这是柏拉图唯心主义美学观的基调。柏拉图一生写了大量著作，主要有《理想国》《法律篇》《政治家篇》。《理想国》代表了他中期的政治思想，《法律篇》和《政治家篇》则是晚期的作品。

约公元前347年，柏拉图在一个弟子的婚礼上说要小睡一会儿，从此就长眠未醒。柏拉图一生都在为理想国而奋斗，他设计理想国时，认为一个国家应该有三种人：护国者、卫国者和供养者。他理想地认为他们没有矛盾，会各安其位，各行其是，国家完美和谐，这就是柏拉图理想国的美好前景。

亚里士多德

如果说柏拉图是一位综合型的学者，那么亚里士多德就是一位百科型的学者。他几乎在每一个学术领域都留下了自己的著作，对科学做出了巨大贡献。他是一位名副其实的"百科全书式的学者"。

亚里士多德对世界的贡献令人震惊。他至少撰写了170种著作，其中流传下来的有67部。当然，仅以数字衡量是远远不够的，更为重要的是亚里士多德令人折服的渊博学识。他的著作内容繁多，涉及天文学、地理学、地质学、物理学、胚胎学、解剖学以及生理学，在那个年代简直就是一部百科全书。

公元前384年，亚里士多德出生在希腊北部爱奥尼亚殖民地斯塔吉拉城。亚里士多德刚满10岁那年，他的父亲尼科马卡因为医术高明而被马其顿国王阿穆塔指定为宫廷御医，亚里士多德一家的地位也因此显赫起来。

父亲希望亚里士多德继承自己的事业，所以亚里士多德从小就学习医学知识，父亲还对他进行了严格的实践训练，这也使他从小就养成了尊重事实、尊重经验、精益求精的作风。在学习医学的过程中，亚里士多德遇到了许多有关生命奥秘的问题，这引发了他对生物学以及整个自然的强烈兴趣。

公元前367年，17岁的亚里士多德来到雅典，就读于柏拉图开办的学院，钻研各种知识达20年。尽管亚里士多德生于富贵之家，但他一直是一个勤奋执着的人。在柏拉图学院的学习中，枯燥乏味的纯学术理论使心烦的听众一个个溜之大吉，但只有亚里士多德留了下来，理智地汲取着柏拉图思想的光华。

因为亚里士多德勤奋、刻苦而又聪慧，所以深得柏拉图的赏识，逐渐成为同学之中的佼佼者。在柏拉图的影响下，亚里士多德又对哲学推理产生了兴趣。虽然他对柏拉图极其尊敬，但却在学术上保持着自己的独立，创立了与柏拉图根本不同的哲学体系，并因此留下了"吾爱吾师，吾更爱真理"的千古名言。

柏拉图去世后，亚里士多德于公元前343年回到马其顿，受聘担任王子亚历山大的老师，为期3年。这位当时年仅13岁的王子，便是后来著名的亚历山大大帝。在这3年间，亚里士多德一直坚持读大量的书，观察动物和人的活动行为，笔耕不辍。

公元前335年，亚历山大登上王位之后，亚里士多德回到雅典，在吕克昂开设了自己的学校，并招收了一大批学生。他在雅典住了12年，那时正是亚历山大进行军事扩张的时期，亚历山大曾给老师提供了大量的资金援助，以便他进行学术研究，这也许是有史以来第一次科学家接受国家资助从事学术研究，但也是几个世纪中的最后一次。在这里，亚里士多德把一些研究领域交给学生去做，然后把自己和学生的发现汇集起来，使学术产量以前所未有的速度增长。

公元前323年，亚历山大去世，反马其顿者占据了雅典，由于亚里士多德是亚历山大的老师，所以被人以"不信神"的罪名起诉。回想起76年前苏格拉底的命运，亚里士多德逃离了雅典。公元前322年，亚里士多德在流亡中去世，享年62岁。1600年后，亚里士多德的作品被重新发掘，成为复兴运动的火种。

亚历山大大帝

亚历山大，生于马其顿王国首都派拉城，父亲是马其顿阿吉德王朝国王腓力二世，母亲是希腊世界西方蛮国伊庇鲁斯公主奥林匹亚丝。据传说，亚历山大是天神宙斯之子。在他出世之前，母亲奥林匹亚丝梦见过雷电，而派拉城区有一座女神殿失火焚毁，以致人心惶惶，几个占卜师都说是大灾难来临的前兆，但有一人则说："女神殿的焚毁日，已有一个男孩在同日诞生，此儿以后将要灭亡全亚洲。"

亚历山大幼时师从著名学者亚里士多德，学习口才、文学、科学、医学和哲学等方面的知识，并表现出了极大的兴趣和才能。不过，亚历山大更爱军事，喜欢过金戈铁马的生活。16岁时，亚历山大便率领部队镇压马其顿北部的起义；18岁时，亚历山大经喀罗尼亚战役消灭了闻名希腊的底比斯神圣团队，巩固了父王在马其顿的统治地位。

前336年，腓力二世被他的旧友保萨尼阿斯刺杀身亡，20岁的亚历山大被马其顿军队中的重臣兼外交家的安提帕特推举为新国王，称亚历山大大帝。

上台后，亚力山大大帝通过减少税收的政策赢得了马其顿人民和军队的支持。同年末，亚历山大大帝带领军队采取表面议和、却暗渡陈仓的策略，进入原被腓力二世统治的特萨利，他成为特萨利新的世袭统治者。亚历山大大帝之后南下，使得底比斯投降，雅典也再次臣服。至此，亚历山大赢得希腊各同盟的承认。前335年，亚历山大大帝重征马其顿北部色雷斯地区，稳固了他在希腊的地位，也为东征小亚细亚稳固了北部防线。从此，亚历山大大帝开启了马其顿帝国征服世界的时代。

前334年，亚历山大大帝以父亲被波斯人刺杀（亚历山大大帝认为保萨尼阿斯刺杀父亲是波斯国王大流士三世指使）和"解放小亚细亚希腊城邦"为由，出征小亚细亚。

前333年秋季，马其顿军队（3~4万人）和大流士三世的军队（12~13万人），在小亚细亚古城附近的伊苏斯（今土耳其伊斯肯德仑北）进行交战，几乎全歼波斯军，大流士落荒而逃。

前332年，在泰尔围城战中，亚历山大大帝收到大流士的一封书笺，大流士提出为了达成和平协议，他愿把半个波斯帝国割让给亚历山大，但亚历山大大帝没有答应。随后，亚历山大大帝征服埃及，并建立今天埃及著名的港口城市亚历山大市。在那里，年仅24岁的亚历山大大帝被誉为法老，称之为太阳神阿蒙之子。

前331年，经高加米拉会战，亚历山大大帝的4万步兵和7000骑兵击败了大流士的20万步兵和4.5万骑兵，庞大的波斯帝国至此崩溃，大流士逃出战场。

取得高加米拉会战胜利之后，亚历山大大帝乘胜追击。在追击途中，波斯军为了防止大流士三世向亚历山大投降，把他们的国王暗杀了，时年为前330年。其后，柏萨斯成为大流士的继承人。经3年奋战，亚历山大大帝击败了柏萨斯，攻克了整个伊朗东部地区。到这时，亚历山大大帝已经征服了整个波斯世界。但是，亚历山大大帝的征服欲望并没有得到满足。

前327年，亚历山大大帝挥军进入印度河流域。在印度河以东的海达佩斯河，亚历山大大帝和前来抗击的印度国王波拉斯进行了双方最后的一次大战。结果，亚历山大大帝的马其顿军彻底击溃了波拉斯的军队，波拉斯被俘，他的两个儿子和一个孙子都战死在了战场上。因为钦佩波拉斯的勇敢，也为了赢得当地人的拥护，亚历山大大帝在战后并没有杀波拉斯，仍然让他作印度国王，而波拉斯本人也因此对亚历山大死心塌地地效忠。

海达斯佩斯会战后，亚历山大大帝手下的军队已经厌战，他不得不停止远征，于前326年开始带军西归。至此，马其顿帝国版图形成。马其顿帝国横跨欧、亚、非大陆，西起希腊、马其顿，东到印度河流域，南临尼罗河第一瀑布，北至药杀水（今锡尔河）。

前324年，亚历山大大帝带领军队回国。回国后，亚历山大大帝大力整编军队，欲图再开展征服世界的战争。但是，前323年6月初，亚历山大大帝在巴比伦突然因发热病倒，10天后就去世了，当时他还不满33岁。

亚历山大大帝死后，因为他没有确定继承人，所以部下军官为争夺领地而陷入公开的争斗。最终，亚历山大大帝的帝国被分割为四部分，卡山德统治希腊，吕辛马库斯占据色雷斯，塞琉古一世得到了美索不达米亚和伊朗，托勒密一世分得黎凡特（指地中海东部诸国）和埃及。

阿基米德

　　阿基米德是科学界中一颗璀璨的巨星，他在诸多领域做出过杰出贡献，曾荣获"数学之神""力学之父""流体力学创始人"等美誉。阿基米德这个辉煌的名字，已经深深刻在了世人的心中。

　　阿基米德是古希腊与欧几里得、阿波罗尼奥斯并称的三大数学家之一。他进一步发展了穷竭法，并运用穷竭法求出了 π 的值，进行了球面积和体积的计算。他还独创了一套记大数的方法。阿基米德同时又是卓越的物理学家，提出了杠杆原理和浮力定律。此外，他还是一位了不起的发明家，主要发明有：螺纹式绞水机、抛石机和滑轮组起重机等。

　　公元前 287 年，阿基米德出生在希腊殖民城市西西里岛的叙拉古，他的父亲菲迪阿斯是位天文学家。父亲严谨的治学态度深深地熏染了年幼的阿基米德，据说，他从小就善于思考，热爱学习。公元前 276 年，11 岁的阿基米德孤身一人离开家乡，前往埃及托勒密王朝的首都亚历山大港。亚历山大港位于尼罗河的出海口，是古代世界的学术中心。在这里，具有深远眼光的统治者们为学者们提供了优厚的待遇和研究条件，使科学家们能在这里专心从事研究和创造。

　　初到亚历山大港的阿基米德投身于柯农门下，开始系统地学习数学、天文学、物理学和哲学。柯农是欧几里得的弟子，在他的精心教授下，阿基米德很快便在数学、力学等方面表现出了非凡的才能。几年之后，当阿基米德重归故里时，他已经成为希腊科学领域群星中的一员了。

　　阿基米德的才华首先在数学领域得到了充分的展示。他在这方面的贡献主要是关于球面积和体积的计算，即发展与加深了前辈欧多克斯发明的穷竭法。

　　有趣的是，阿基米德的每一项重要科学成就都有一个生动的传说，最为人们熟知的是有关浮力定律的发现经过。叙拉古国王怀疑金匠为他打造的王冠不是纯金的，请阿基米德在不破坏王冠的前提下完成这一鉴定工作，这让阿基米德伤透了脑筋。一天，他在仆人的侍候下进入澡盆洗澡，澡盆里的水随着他身体的下浸溢了出来，看着这些溢出来的水，阿基米德顿时灵感大发。他一下子想到，溢出的水的体积正好应该等于他自身的体积。如果把王冠浸在水中，根据水面上升的情况，就可以知道王冠的体积，然后再拿与王冠同等重量的金子放在水里浸一下，就可以知道它的体积是否与王冠相同了。想到这里，阿基米德激动万分，一下子从浴盆里跳起来，光着身子跑了出去，他边跑边喊："尤里卡（希腊语：发现了）！尤里卡！"现在，世界最著名的发明博览会以"尤里卡"命名，正是为了纪念阿基米德。

　　阿基米德一生走过了 75 个春秋，他的去世更具有传奇色彩。敌人在对叙拉古围困了整整两年之后，终于占领了这座城市。敌方首领十分钦佩阿基米德的才华，所以下令任何人也不准伤害这位伟大的科学家。可是这项命令依然没能挽救阿基米德的命运，这位老科学家在敌兵面前，依然全神贯注地研究一道深奥的数学题。最终，他的这一行为激怒了位鲁莽的罗马士兵，他拔出剑刺死了这位古希腊最优秀的科学精英。

阿基米德死后，被葬在他长久生活的西西里岛上。为了纪念他，人们在他的墓碑上刻上了圆球和外切圆柱体的标记，以示他对科学的贡献。

阿育王

阿育王，是印度摩揭陀国孔雀王朝第三世王，孔雀王朝开祖旃陀罗笈多王之孙，频头娑罗王之子。他继承并发展了祖父和父亲统一印度的事业，使孔雀王朝成为印度历史上第一个统一的大帝国。他还是一位佛教徒，是印度保护佛教最有力的统治者，后来成了佛教的护法。阿育王的知名度在印度帝王中无与伦比，他对印度历史的影响同样也是居印度帝王之首。

阿育王一生的业绩可以明显分成两个部分，前半生是"黑阿育王"时代，后半生是"白阿育王"时代。

"黑阿育王"时代

祖父创立了孔雀王朝，并击败了入侵的希腊人；父亲巩固了孔雀王朝，扩展了国土，消灭了16个国家。祖父和父亲的伟大业绩深深影响着年幼的阿育王，他也渴望建功立业。

但是，阿育王并不被父王宠爱，因为他性格狂暴。18岁时，阿育王被任命为阿般提省总督。当时，旦叉始罗城叛乱，父王派他前去征伐，望其战死。没想到，阿育王平定了叛乱，杀人无数，声威大震。前273年，父王病重，阿育王回国争夺王位。传说，他为了坐稳宝座，杀死了99个兄弟。最终，阿育王排除了一切反对势力，于前269年举行了灌顶仪式（即登基仪式）。

即位后，阿育王仍改变不了凶狠嗜杀的作风。传说，他专门挑选最凶恶的酷吏去设立"人间地狱"残害百姓。

在这一时期，阿育王发动了一系列统一南亚次大陆的战争，曾征服过湿婆国等。其中，规模最大的一次是前261年远征孟加拉沿海的羯陵伽国的战争。通过这次战争，阿育王基本完成了统一印度的事业，帝国版图几乎包括整个印度次大陆——西北部包括阿富汗、俾路支、信德，与波斯接壤；东部至布拉马普特拉河流域，包括迦摩缕波（今阿萨姆）及孟加拉；北方包括迦湿弥罗（今克什米尔）、尼泊尔低地；南部至迈索尔。但是，这次战争也造成了"人间惨剧"，10万人被杀，15万人被掳走，死伤数十万。正是因为在这次战争中目睹伏尸成山、血流成河的场面，阿育王深感痛悔，恻隐之心被唤醒，于是停止武力扩张。随后，他同佛教高僧优波毱多次长谈之后，终于被感召，决心皈依佛门，彻底改变统治策略，开启了"白阿育王"时代。

"白阿育王"时代

阿育王采用佛教作为他的宗教哲学，努力实践"达摩"政策，包括诚实、仁慈和非暴力。他不仅放弃了狩猎，开始食素，更有意义的是他采用了各种人道的政治方针，如建立医院和政治保护区、废除许多粗暴的法律、建筑公路、兴修水利等。他还设立特别的政府官员——达摩官吏——教导人们要虔诚，要相互促进友好关系。由于阿育王特别注重发展佛教，因而佛教在当时声望最高，被誉为国教。不过，阿育王也没有迫害其他教派，相反对婆罗门教和耆那教也予以慷慨捐助。

经过一系列变革措施，阿育王使孔雀王朝进入前所未有的繁盛时期，这一时期也是古代印度历史上空前强盛的时期。由于阿育王强调宽容和非暴力主义，他在民众的欢呼声中统治了长达41年的时间。

恺撒大帝

恺撒大帝，生于古罗马名门望族，其直系亲属有多人担任过罗马执政官、大法官等职务。他的父亲曾任罗马行政长官，母亲出身权势很大的奥莱利·科塔家族，外祖父卢西乌斯·奥莱利乌斯·科塔曾在前119年担任过执政官，叔父塞克斯图斯·尤利乌斯于前91年晋升为执政官，姑母茱莉娅嫁给了罗马民主派的领袖马略。生活在这样的家庭环境中，恺撒从小就有非凡的抱负和志向，幻想着权力和荣誉。

为了自己的理想和抱负，恺撒很早便接受了各种各样的教育，包括演讲辩论、哲学、法律、军事等。他博览群书，学业日益长进，具有很高的文学天赋，十几岁就发表了《赫库力斯的功勋》和悲剧《俄狄浦斯》。后来，他写下了我们熟知的具有很高文学和史学价值的《高卢战记》《内战记》等战争回忆录。除文学外，恺撒精通骑马、剑术等，他肌肉发达，体魄非常强健。13岁时，恺撒经姑父提携，当选朱庇特神祭司。

前87年，罗马境内的民主派和共和派发生争斗，共和派领袖苏拉率领数万大军大肆捕杀民主派人士，并宣布马略及其支持者为"罗马公敌"。恺撒是马略的当然支持者，处境非常危险，只好离开罗马。

前78年，苏拉去世，恺撒回到罗马。回到罗马后，恺撒经过努力，先后担任军事保民官、账务官、市政官、祭司长和大法官等。前61年，恺撒出任西班牙行省总督。在西班牙任职期间，他率军征服了许多部落，扩大了罗马的疆域。

前60年，恺撒载誉回国，被选为罗马共和国的执政官。为了巩固自己的地位，抵抗元老院贵族势力，恺撒与庞培、克拉苏组成"前三头同盟"。"三头"中，庞培手握兵权，克拉苏最为富有，恺撒在民众中的声望最高。三人结盟后，势力大增，反对恺撒的声音渐小。

前58年，恺撒的执政官任期期满，恺撒担任高卢（今法国地区）总督，管理阿尔卑斯山南侧的高卢（位于意大利北部）、伊利里可姆（今"塞黑"沿海地区）和纳博尼兹高卢（今法国南部沿海地区）。这时，恺撒统帅4个罗马军团，大约有2万将士。相比庞培和克拉苏，恺撒的实力较弱，于是恺撒刚上任便发动了高卢战争。前58年~前51年期间，恺撒夺取了整个高卢地区，大体上包括今天的法国、比利时以及瑞士、德国、荷兰的部分地区。通过高卢战争，恺撒的实力大大加强，威望也得到进一步加强，罗马民众称他为英雄，但这又增加了元老院政敌的嫉恨，庞培也担心恺撒会威胁到自己。

前49年，元老院向恺撒发出召还命令，命令恺撒回罗马，恺撒回信表示希望延长高卢总督任期，元老院不但拒绝，还发出最终警告，恺撒如果不立刻回罗马，将宣布恺撒为国敌。恺撒气不过，于1月10日至11日的夜晚，率领部队越过意大利北部的卢比孔河，长驱直入抵达罗马城，以表示对元老院的蔑视。这时，庞培倒向元老院一方，宣布保卫共和国。（前53年，克拉苏死于征服帕提亚的战争中。）于是，罗马内战爆发。这场内战持续了4年，最终以恺撒的彻底胜利结束。庞培兵败后逃往埃及，途中被人刺死。

前45年，恺撒被宣布为终身独裁官。为巩固独裁统治，扩大统治基础，恺撒采取一系列改革措施：对政敌实行宽大怀柔政策，对上层人物也采取宽容态度，对平民百姓则施以恩惠；改组元老院，把元老院的名额增加到900人，其中包括一些非元老出身的奴隶主；向一些行省扩大罗马公民权，使山南高卢、西班牙等地的诸多城市取得罗马公民权；逐步建立官僚机构，增加高级官员的数目，财务官由20人增至40人，市政官由4人增至6人，行政长官由8人增至16人；改进行省的管理制度，提高各行省城市的自治权；改革税制，规定由国家征收直接税；改革历法，制定了通常称为"儒略历"的罗马太阳历。这些改革措施不仅适应了罗马地区和各地的社会经济发展，而且体现了罗马地区和各行省、各地方城市奴隶主的利益，为恺撒称王罗马树立了强有力的正面形象。这也使得一些固守传统的元老贵族派感到恐慌，于是策划谋杀恺撒。

前44年3月15日，以尤斯·卡西乌斯、马可斯·布鲁图斯、德基摩斯·布鲁图斯为首的60多位共和派阴谋者在元老院刺杀了恺撒。据说，他死时身上有23处剑伤，倒在庞培雕像的脚下。恺撒死后，他被列入众神行列，被尊为"神圣的尤利乌斯"。

查士丁尼大帝

查士丁尼大帝，色雷斯人，生于一个农民家庭。年轻时，他随叔父查士丁走上罗马的仕途，在战场上经受血与火的考验。后来，查士丁靠卓越的战功被拥立为东罗马帝国皇帝，由于没有后嗣，便将查士丁尼培养为继承人。527年，查士丁尼继位登上皇帝宝座。

查士丁尼生活的年代，昔日罗马帝国的辉煌已不复存在。395年，东西罗马帝国分裂。476年，西罗马帝国被蛮族所灭。查士丁尼是一个虔诚的基督教徒，他从小就立志恢复昔日罗马帝国的全盛局面，并将正统的基督教义传播到这个帝国的每一寸土地。当成为东罗马帝国皇帝后，查士丁尼便开始实践重振罗马的计划，将重建一个政治上、

宗教上双重统一的罗马帝国。

为恢复对罗马故土的统治，查士丁尼登位后便发动对外战争，征服周边国家。从527年开始，查士丁尼在东方与波斯萨珊王朝进行了长期战争（527年~532年、540年~561年）。533年，查士丁尼不惜向伊朗纳金求和，以稳定东方，集中全力征服西方。534年，他派贝利撒留攻占北非的汪达尔王国，当年就攻下了其首都迦太基城，灭了这个昙花一现的国家。535年，贝利撒留率军进攻意大利的东哥特王国，于555年将其消灭。555年，贝利撒留还利用西哥特王国的内讧，出兵占领了西班牙的沿海地区。随后，科西嘉、撒丁尼亚、巴利阿利群岛以及达尔马提亚等地，也先后并入东罗马帝国版图。此时，查士丁尼基本占领了古罗马帝国的大部分土地。

在内政方面，查士丁尼花费很大精力进行行政改革，如反对政府腐败等。在他的倡导下，兴建或修复了许多城堡、修道院和教堂，其中包括君士坦丁堡的圣索菲亚大教堂。查士丁尼最大的功绩是编撰了《罗马民法大全》。

查士丁尼即位第二年，便成立了罗马法编撰委员会，由著名法学家特里波尼亚领导，通过对400多年来罗马历代元老院的决议和皇帝的诏令进行编辑，终成《查士丁尼法典》。533年，查士丁尼又下令编写《学说汇纂》，其中收录了许多罗马法学家的法学解释。同年《法学阶梯》也被发布，这是一部法学的教科书。565年，《新律》发表，其中收录了《查士丁尼法典》发表后施行的法律。以上四部法律被后人统称为《罗马民法大全》。

《罗马民法大全》代表着罗马法的最高成就，对后世大陆法系民法典的制定有着深远的影响。近代欧洲各国的法律，除了英国自成体系之外，多深受罗马法的影响，并由此影响到亚非美等国家的法律。因查士丁尼的突出贡献，后人称他为"法律之父"。

通过一系列对内对外政策，查士丁尼为东罗马帝国打下了稳固的基础，他统治结束的时候，东罗马帝国已经是地中海沿岸的强权帝国。这个帝国在历史的风吹雨打中延续了近千年之久，后来一度成为亚欧大陆西部文明世界的唯一火种。

彼得大帝

彼得大帝，生于莫斯科。他是沙皇阿列克谢·米哈伊洛维奇和他的第二个妻子维塔利娅·纳利什基娜的独生子。彼得不到4岁时，米哈伊洛维奇就去世了。因为米哈伊洛维奇与第一任妻子生有13个孩子，所以就王位的继承人问题，彼得与同父异母的兄弟姐妹展开了一场漫长的殊死斗争。

1682年刚满10岁的彼得大帝与同父异母的哥哥伊凡五世同时即位。但是即位不久，异母姐姐索菲亚·阿列克谢耶夫娜便发动兵变、上台执政，彼得被迫和母亲逃往莫斯科郊外忍辱偷生。直到1689年8月，索菲亚企图废掉彼得的阴谋失败，被送进修道院，彼得才开始掌握实权，亲自执政。

彼得生活的时代，西欧早已走上了资本主义发展的道路，而僻处欧洲最东部的俄国仍在落后的封建农奴制泥沼中蹒跚而行。同西欧各国相比，俄国几乎还在中世纪时期，封建农奴制的盛行造成了俄国经济的极端落后。为了巩固统治，并使俄国摆脱落后，彼得执政后断然采取措施，向西欧学习。

1697 年~1698 年，彼得到英国、荷兰、德国等国做了一次长途旅行。这次旅行为他日后的统治定下了基调。在这次旅行中，彼得以下士的身份，使用化名鲁尤特尔·米海伊洛夫。在旅行期间，他为荷兰的荷兰东印度公司当了一段时间的船长，后又在英国造船厂工作，还在普鲁士学过射击。他非常重视学习西方的先进科学技术，自称是"一个寻师问道的学生"。他走访工厂、学校、博物馆、军火库，甚至还参加了英国议会举行的一届会议，考察了英国的国家制度。总之，他尽了最大的努力学习西方的文化、科学、工业及行政管理方法。

1698 年夏，拥护索菲娅的党羽发生叛乱，彼得闻讯紧急回国镇压了叛乱。随后，彼得开始在俄国进行全面改革，实行富国强兵的政策，即现代化、西方化政策。这次改革的主要内容如下：

政治方面，建立完整的中央集权统治，加强工作效率。彼得剥夺了贵族领主杜马会议的职能，代之以参政院，下设 11 个委员会（实际上相当于西方国家的"部"）负责具体工作；罢黜大教长，代之以宗教院，使教会成为国家政权的一部分；划分行政区域，将全国分为 50 个省。彼得还颁布了一个"职能表"，将文武官员分成 14 个不同的等级，所有的官员不管门第出身，都要从最低一级做起，靠功绩晋升。

经济方面，大力鼓励工商业的发展，允许企业主买进整村的农奴到工厂做工，批准外国人在俄国开办工厂。

军事方面，改进军事设备，如制造与购买新式武器，开办各类军事学校，建立正规的陆海军等。

文化教育方面，简化斯拉夫字母，使俄文字母现代化；创办俄国第一家报纸；建立科学院；推行学校教育。

传统习俗方面，彼得也主张实行西方化。彼得颁布法令，规定人人不得蓄胡子（虽然他后来对此项法令做了修改），要求宫廷人员必须穿西装，鼓励吸烟和喝咖啡。彼得还专门出版了一本生活教科书《青春宝典》，其中从品德的培养一直到青年人应该如何做客、工作和居家的行为方式等都有明确的规定。

外交方面，这是彼得最重要的政策。通过对内改革，俄国逐渐变得富有强大，于是彼得开始对外发动战争，以掠夺领土，树立国威。在彼得亲自率领下，俄军先后在南部与土耳其交战，在北部与瑞典交战，并最终取得了胜利。通过战争，俄国吞并的领土大体上包括爱沙尼亚、拉脱维亚和芬兰附近的一片重要领土，虽然征服的领土并不很大但却很重要，因为它给俄国提供了波罗的海上的一个出口，一个"瞭望欧洲的窗口"。战胜瑞典后，彼得还在涅瓦河两岸征服瑞典所获的土地上建立了一座新城市——圣彼得堡（即后来的列宁格勒）。1712 年，彼得将首都从莫斯科迁到圣彼得堡。从此，圣彼得堡成了俄国与西欧交往的主要地点。

虽然为了推行国内政策和进行对外战争，彼得不可避免地强行增收赋税、进行一些强压政策，从而树立了许多对手，引起一些叛乱事件（后被镇压下去），但是彼得的现代化、西方化政策给俄国带来变化，还是受到大多数俄国人的拥护。1721 年 10 月，俄国枢密院尊称彼得为"大帝"和"祖国之父",俄国正式改称"俄罗斯帝国"。至今,彼得被公认为是俄国沙皇中最伟大的沙皇。

乌尔班二世

奥托·拉普利,生于法国马恩河畔的一个贵族家庭。他从小受到良好教育,先后在苏瓦松和兰斯求学,约在 1055 至 1067 年任兰斯教区助祭长(在中世纪时,"助祭长"是一个很有权势的职务)。1070 年,拉普利进入克吕尼修道院。在修道院,他表现非常出色,深得高级教士希尔德布兰德赏识。1073 年,希尔德布兰德当选为罗马教皇,称格利哥里七世。随后,格利哥里七世邀请拉普利到罗马教廷任职。在罗马教廷任职期间,拉普利尽心尽责,对教廷事务兢兢业业。其间,他帮助格利哥里七世镇压了敌对教皇克莱门特三世的反抗势力,威望大增,深得格利哥里七世之心,更被重用,被提升为意大利奥斯提亚枢机主教。格利哥里七世去世后,拉普利经过努力,于 1088 年 3 月 12 日当选为罗马教皇,人称乌尔班二世。

当上教皇后,乌尔班二世继续推行前教皇格利哥里七世的"教权至上"的政策,重申神职不得由世俗王权任命,提出主教应由神职人员和教徒选举产生。为此,他与克莱门特及其后台德皇亨利四世进行了多次斗争,终于在 1096 年打败了克莱门特,维护了教皇的地位。1098 年 3 月,乌尔班二世在意大利皮亚琴察宗教会议上通过了他的"改革法"。这些改革大多数条例被后来中世纪最著名的《革拉先教会法规歧异汇编》采纳,成为 12 世纪教会法典的一部分,在罗马教会沿用数百年。除了这些事件外,乌尔班二世在位期间最大的事件是发动了第一次十字军东征,他也因此"闻名"世界史。

11 世纪末,属于突厥族一支的塞尔柱人在小亚细亚崛起,称雄西亚,打败了拜占庭帝国军队,占领了基督教的圣地耶路撒冷。这一消息传到西欧,引起西欧基督教徒的普遍不满。当时,罗马天主教会作为国际神权政治的中心,正有吞并东正教迫使东方穆斯林改宗的企图。于是,罗马教廷利用基督教徒的不满情绪,煽起宗教狂热。

1095 年 11 月 28 日,乌尔班二世发动了极有煽动性的著名演说"以父为名",号召逐鹿争雄的西欧各君主王侯停止"私战",到东方去同异教徒斗争,夺回被突厥人占领的圣地。乌尔班二世还把东方描绘成珠宝满坑、金银遍地,香料、胡椒、陶器、桃杏枣瓜等果品和丝织的奢侈品比比皆是。当时,西欧各封建主因经历长期战乱急于向外扩张寻找财富,遭受封建压迫的农民也迫切希望到东方寻找生路,所以听了乌尔班二世的演说后,与会者热烈鼓掌高声狂呼,积极响应。

1096 年,由贫苦农民、无地骑士和亡命徒的组成的队伍最先出征。接着,法、德、英封建主的武装队伍十万人分几路向东方进发。出征的战士身着十字徽号军服,在天主乌尔班前宣誓,终身效忠教皇,不得违背,否则以绝罚论处。乌尔班二世本想亲自出征,但因敌对教皇残余势力依然在顽抗,所以不敢贸然前往,只得向各路十字军派出教皇代表代行督战。

1099 年 7 月,十字军攻陷耶路撒冷。同月 19 日,乌尔班在罗马去世。临死前 3 个月，他还在罗马召开宗教会议，再次鼓吹十字军东征。

十字军东征从 1096 年开始，到 1291 年结束，前后持续了将近 200 年，其在世界史上的作用是毋庸置疑的。虽然它给参战国人民带来了深重的灾难，但它为西欧与拜占庭、伊斯兰各国之间的密切往来起了巨大作用，当时拜占庭和伊斯兰各国远比西欧先进。这种往来为欧洲文艺复兴开辟了道路。在十字军东征中的最大受益者是罗马教廷，它利用东征夺取了西欧封建主手中的霸权，同时又从占领的地方夺来大量财富，使得罗马教廷的政治、经济势力在这 200 年间发展到了顶峰。

米尼兹

在人类文明史上，埃及王国所起的作用可谓久驻长存，璀璨辉煌。谈到埃及，自然得说米尼兹。

在米尼兹出生的时候，埃及是一个还未统一的国家，有两个独立的王国，一个位于北方尼罗河三角洲，另一个远在南方的尼罗河流域。由于尼罗河向下顺流入海，河口出现在地图的底部，因此埃及人把北部的三角洲称为"下埃及"，而把南部王国称为"上埃及"。米尼兹就生活在上埃及的一个叫西尼斯的镇上。

一般来说，下埃及比上埃及在政治、经济、文化等方面更为发达。但却是上埃及的米尼兹成功地征服了北方，统一了全国。大约在前 3100 年，米尼兹征服了北部埃及王国之后，自称"上下埃及国王"，继任的历代国王在数千年中都沿用了这一王号。传说，米尼兹在位的时间长达 26 年。

在两个王国原来的边界上，米尼兹建立了一个新城市孟斐斯。由于孟斐斯位于中部地区，很适合作为统一后国家的首都。因此，孟斐斯很长时期都作为埃及的首都，它的废墟离今天的开罗不远。

统一的埃及王国建立后，埃及在社会和文化方面迅速发展起来，米尼兹领导埃及人开启了璀璨辉煌的埃及文明。尽管我们对那个遥远的过去所发生的事件了解得非常有限，但是我们看看埃及王国给后世留下的影响则可窥一斑而知全豹：埃及王国建立的一些政治机构和社会机构存在于世长达 2000 年之久，而相对说来又没有发生什么变动；象形文字的应用得到了迅速发展，建筑和其他技术也是如此；埃及王同建立几百年后，埃及在经济、文化等方面超过了附近地中海国家及其他国家。可以说，自米尼兹以后 2000 年的大部分时期中，埃及在经济、文化等方面都是当时世界上最先进的国家之一。

叶卡捷琳娜女皇

叶卡捷琳娜，德国人，生于奥得河畔的什切青市（今波兰境内）。她的父亲是德国安霍尔特——策尔布斯特王族一名职业军官，后被封为公爵，封地是安哈尔特一采尔勃斯特公国，母亲是德国霍尔施坦戈多普王族的公主。因为父亲长年在军队服役，所

以叶卡捷琳娜自小就在母亲管束下成长。她小时候受到了很好的教育，仅家庭教师就有好几个。

13岁时，一个偶然事件改变了叶卡捷琳娜的命运，使她与同年代贵族小姐有了不一样的命运。1742年，她的远房表哥卡尔·彼得·乌尔里希，即彼得三世，被他的姨妈俄罗斯女皇伊丽莎白选中，成为俄罗斯皇位继承人。于是，卡尔·彼得顿时身价倍增，很多德国公国的适龄公主都梦想嫁给他。身为安哈尔特公爵一家也不例外。因为父亲的关系，叶卡捷琳娜与未来俄罗斯皇位继承人的联姻方案，得到了普鲁士国王腓特烈的支持。1744年，通过挑选，叶卡捷琳娜被女皇伊丽莎白选为卡尔·彼得的未婚妻。1745年，她与卡尔·彼得结婚，并皈依东正教，改名叶卡捷琳娜。

但是，婚后的叶卡捷琳娜并不幸福，因为卡尔·彼得早已另有新欢。结婚8年，她仍然没有生育。叶卡捷琳娜整日幽处深宫，只好靠读书排遣寂寞。起初，她开始漫无目的地读小说，后来无意中读到了伏尔泰的作品，自此开始对政治哲学类书籍感兴趣。她找来了厚厚的十卷本德国史，坚持每八天必须读完一卷，又通读了四卷本哲学史，还有大量的俄文书籍。一段时间以后，叶卡捷琳娜具备的知识深度，竟然让她读懂了孟德斯鸠艰深的《论法的精神》一书。这些书籍深深影响了叶卡捷琳娜，促使她有了在俄国建立一番政绩的打算。从此，她通过各种手段笼络周围的人，使他们支持拥护她。

叶卡捷琳娜女皇

1762年，伊丽莎白女王去世，彼得三世即位。7月9日，叶卡捷琳娜在宫廷近卫军的支持下发动政变，迫使彼得三世退位。9月22日，她在莫斯科加冕，成为俄国女皇。

执政后，叶卡捷琳娜女皇在政治、经济、外交等方面都做了重大调整。在政治上，她强化专制制度，将农奴制推上了发展顶峰，贵族的势力得到大大加强；在经济上，她鼓励发展工商业，取消对贸易的限制，鼓励农副产品出口，使俄国的工商业获得了较为迅速的发展；在文化教育方面，她大搞"开明君主专制"，介绍西方先进的民主和自由思想，并积极举办各类学校，使国民素质得以提高，促使俄国涌现了大量的科学家、教育家、文学家等。

在对外政策方面，叶卡捷琳娜继承了彼得大帝的衣钵，积极推行扩张政策，力图使俄罗斯帝国称霸世界。在位34年，叶卡捷琳娜发动了6次对外战争。她对土耳其发动了两次战争，侵占了黑海沿岸的大片土地；她打败了瑞典，伙同普鲁士、奥地利3次瓜分波兰；她还侵占了立陶宛、白俄罗斯和西乌克兰的大部分土地，置格鲁吉亚为保护国。由此，俄国版图扩大了67万平方千米，为以后俄国称霸欧洲铺平了道路。

1789 年法国大革命爆发后，她又力图组织反法联盟，积极参与欧洲君主国镇压法国大革命，在俄国历史上开创了干涉欧洲革命的先例，使俄国成为欧洲宪兵。

叶卡捷琳娜的文治武功，让俄罗斯帝国跨进了世界列强行列。叶卡捷琳娜时代的俄罗斯帝国是名副其实的欧洲最强国家之一。其后，俄罗斯在 19 世纪的强势，很大程度上得益于叶卡捷琳娜时代奠定的基础。因此，俄国人尊奉她为"大帝"，俄国贵族把她统治的时期誉为"贵族的黄金时代"，并称她为"贵族的女皇"。

明治天皇

明治天皇，日本第 122 代天皇。他是孝明天皇的第二皇子，母亲是英照皇太后，但真正的生母是中山庆子，又名典侍庆子。1860 年，随着五个兄弟相继早夭，他被定为储君，并赐名睦仁。

在睦仁即位以前，以德川庆喜为首的德川幕府掌管着日本全国的军政事务，实行闭关锁国政策。1854 年，美国海军终于打开了日本的国门。德川幕府屈服于列强的炮火，被迫与美国签订《日美亲善条约》。接着，俄、荷、英、法等国也纷纷侵入日本，日本面临着沦为半殖民地的严重危机，令有识之士忧心忡忡。

为了摆脱民族危机，发展民族资本主义，以中、下级武士为核心的倒幕派决心推翻德川幕府的统治，进行变法维新，其代表人物有吉田松阴等。但是，德川幕府害怕变革会危及自己的统治，竭力阻止进步思想的传播。1859 年，包括吉田松阴在内的 7 名志士被处死。随即，倒幕的怒火熊熊燃烧起来，遂成不可阻挡之势。

1866 年 12 月 25 日，孝明天皇突然去世，15 岁的睦仁即位，称明治天皇。与压制倒幕运动的父皇不同，明治天皇早就对幕府把持朝政的行为十分不满，所以他上台后立即组织倒幕派发动政变，掀起倒幕运动，宣布"王政复古"，以剥夺德川庆喜的全部权力。到 1868 年初，德川幕府终于被推翻，德川庆喜被迫把政权交给了明治天皇。

总揽统治大权后，明治天皇立即组织新政府。1868 年 4 月 6 日，明治天皇发布具有政治纲领性的《五条誓文》，即"广兴会议，万机决于公论；上下一心，盛行经纶；官武一途以至庶民，各遂其志，人心不倦；破旧有之陋习，基于天地之公道；求知识于世界，大振皇基"。9 月 3 日，明治天皇下诏将江户改称东京。10 月 23 日，改年号为明治。1869 年 5 月 9 日，迁都东京，并颁布一系列改革措施，史称"明治维新"。

1. 政权机构方面

1869 年 6 月，明治政府强制实行"版籍奉还""废藩置县"政策，250 个地方藩主被剥夺了土地和人民的所有权，取而代之的是 3 府 72 县，地方长官由中央直接任免。从此，日本建立了中央集权式的政治体制，天皇拥有无限权力。

2. 社会体制方面

废除传统时代的"士、农、工、商"身份制度，将过去的公卿诸侯等贵族改称为"华族"，大名以下的武士改为"士族"，其他从事农工商职业和贱民一律称为"平民"。

为减轻因"版籍奉还"而连带的财政负担，政府通过公债补偿形式，逐步收回华族和士族的封建俸禄。

此外，明治政府颁布《废刀令》《户籍法》等。

3. 经济方面

引进西方近代工业技术；改革土地制度，废除原有土地政策，许可土地买卖，实施新的地税政策；废除各藩设立的关卡；统一货币，并于1882年设立日本银行（国家的中央银行）；撤销工商业界的行会制度和垄断组织，推动工商业的发展，即实行"殖产兴业"。

"殖产兴业"，是明治政府的基本国策之一。在初期，政府利用地税改革得到的财政收入，由国家创办一系列新式的"模范工厂"，同时鼓励私人创办企业，部分上层武士也转化成资本家。后期，政府将许多官营的企业转让给私人资本家经营。日本最早的一批企业巨头，就是在明治时期成长起来的。

4. 教育方面

发展近代义务教育，将全国划分为8个大学区，各设1所大学，下设32个中学区，各有1所中学，每1个中学区下设210个小学区，每一所小学区下设8所小学，总计全国有8所公立大学，245所中学，53760所小学。

教育机关颁布《考育敕语》，灌输考道、忠君爱国等思想。

此外，选派留学生到英、美、法、德等先进国家留学。

5. 军事方面

改革军队编制，陆军参考德国训练，海军参考英国海军编制；颁布征兵令，凡年龄达20岁以上的成年男子一律须服兵役。到1873年时，作战部队动员可达40万人。

此外，明治政府还发展国营军火工业。到了明治时代中、后期，军事预算急剧增加，约占政府经费的30%~45%，实行军国主义、武士道精神。

6. 交通方面

改善各地交通，兴筑新式铁路、公路。到1914年，日本全国铁路总里程已经超过7000公里。

7. 司法方面

仿效西方制度，于1882年订立法式刑法，于1898年订立法、德混合式民事法，于1899年订立美式商法。

8. 宗教方面

政府大力鼓励神道教，宣扬忠于天皇的思想。

经过20多年的发展，至20世纪初，日本内部取得了脱胎换骨的变化，可谓国富军强。基于此，明治政府开始把下一步目标转向对外扩张方面。1894年~1895年，明治天皇发动中日甲午战争。1904年~1905年，发动日俄战争。这两次战争都取得了胜利。从此，明治天皇越发确立了至高无上的地位。

1912年7月30日，明治天皇因尿毒症去世，享年61岁。明治天皇在位45年期间，日本资本主义迅速发展，并走上了军国主义、帝国主义的道路。1914年，日本政府建立明治神宫，把明治天皇神格化。

欧几里得

欧几里得是人美科学思想史上的一盏指路明灯，他第一次使数学理论系统化，并使几何学逐渐成为一门独立发展的正式学科体系。数学史上的光辉著作《几何原本》是欧几里得的传世之作。

欧几里得是希腊杰出的数学家，希腊亚历山大派的创始人。关于他的生卒年月和出生地现在已经无法考证了。据雅典柏拉图学院晚期的导师普罗克洛斯在他的《几何学发展概要》一书中介绍，欧几里得是托勒密一世（约公元前367~前282年）时代的人，早年求学于雅典的柏拉图学院，深受柏拉图的影响。

约公元前300年，欧几里得应托勒密王的邀请，来到埃及都城亚历山大的缪塞昂学院进行研究并讲学。在缪塞昂学院，他曾用最简单的方法，将人们认为似乎不可能做到的事变成了现实。

柏拉图学院是雅典著名的哲学家柏拉图开设的，他学识渊博，尤其在哲学方面有很高的建树。柏拉图认为要学好哲学，必须先学习数学，因为数学是通向理念世界的准备工具。因此，柏拉图学院门口还挂着一块木牌，上面写着："不懂数学者，不得入内！"正因如此，数学研究在他的学院里得到了空前的发展，同时也培养出了亚里士多德等许多著名的学者。

欧几里得在柏拉图学院学习时，曾拜亚里士多德为师。亚里士多德是希腊历史上最伟大的思想家、哲学家和科学家，他将自己的才华都无私地奉献给了这位聪明的学生，欧几里得也因此受到了良好的教育。

在欧几里得当时生活的时代，古希腊的科学文化已经比较发达，由于当时人们的生活和生产条件的发展所需要，再加上柏拉图学院的良好学习气氛，几何学已经逐渐发展起来了。但是这些内容大多支离破碎，彼此不相联系，所以在实践中发挥不了太大的作用。后来，欧几里得逐渐认识到了这一点，便萌发了将这些既有的几何知识组织在一个完整的演绎体系中的想法。

他首先确定了最基本的几条不证自明的命题作为演绎系统的出发点，然后再从这些最基本的命题出发，用逻辑推理的方法论证以后的命题。这就是亚里士多德的逻辑推理思维。

确定公设和公理是欧几里得的独创，也是他对几何学的一个伟大贡献，其中最著名的是平行公设。把公设和公理选定之后，接下来的工作是将剩下的几何命题作为定理从公理和公设中推断出来。欧几里得非常成功地做到了这一点。他将几何独立的知识组成了一个有机整体，用定义和公理成功地来研究图形的性质。

几年之后，欧几里得的鸿篇巨制《几何原本》终于问世了，它就像一颗重磅炸弹在西欧爆炸开来。这本划时代的著作分13卷，共有467条定理。它把当时的自然科学推到了时代的顶峰，为后人提供了一个严密的逻辑理论体系。因此，该书的问世对所有伟大的思想家都有一股强大的魔力。同时，这部传世之作又孕育出一个全新的研究领域——欧几里得几何学，简称"欧氏几何学"。

1607 年，我国明代杰出的科学家徐光启和意大利传教士利马窦合译了《几何原本》一书，才将"几何"传入了中国。

由于欧几里得对几何学的杰出贡献，以至于他的名字都成了"几何"的代名词，他当之无愧地被人们称为"几何学之父"。

马可·波罗

马可·波罗是古代世界著名的旅行家，他在元世祖忽必烈统治期间来到中国，游历了 17 年之久，并著成了具有很高学术价值和史料价值的《马可·波罗游记》一书。马可·波罗作为将中国介绍给西方的第一人而永载史册。

马可·波罗是将中国介绍给西方的第一人。他通过游记和口述，把我国的煤、育蚕、造币、印刷术的情况介绍到了西方，还把建筑艺术和城市规划等成就向世界广为传播。在沟通中外文化、交流科学技术等方面起了巨大的促进作用。

马可·波罗于 1254 年出生在意大利威尼斯的一个商人世家。公元 1260 年，马可·波罗的父亲尼古拉·波罗和叔叔马菲·波罗从事国际贸易，由君士坦丁堡辗转来到布哈拉。在这里，他们遇到了元朝的使臣并相处融洽，使臣便劝说他们一同前往。于是，他们于 1266 年到达了欧洲商人从未到过的中国。忽必烈见到这两个威尼斯人非常高兴，询问了罗马教廷以及西方各国的治国、打仗和宗教上的一些问题，波罗兄弟均一一作答。忽必烈非常满意，就命人写了国书，请他们送到罗马教廷，请求教皇派一些精通工艺的人来中国授艺和传教。

1269 年，波罗兄弟回到威尼斯。这时尼古拉的妻子早已离开人世多年，儿子马可·波罗也已经长成了一个 15 岁的英俊少年。由于原来的教皇已去世，新教皇尚未选出，波罗兄弟无法执行忽必烈大汗的使命，只得暂留家中等待罗马教廷的消息。在这期间，他们向马可·波罗讲述了大量在中国的见闻，这引起了马可·波罗的浓烈兴趣。两年后，当新教皇格里高利十世将回信和礼物交到波罗兄弟手中，命令他们去中国向忽必烈大汗复命的时候，年轻的马可·波罗便随他们一同前往了。

波罗三人的中国一行历尽了艰辛，历时三年半后，终于在 1275 年抵达中国。元世祖忽必烈召集文武百官盛会欢迎，并将马可·波罗留在宫中任职。马可·波罗聪明能干，深得元世祖的赏识和器重。

波罗三人在元朝生活了 10 多年，思乡之情日益迫切。1286 年，伊儿汗国的阿鲁浑汗派使臣到元室来求婚，忽必烈选出卜鲁罕家族的少女阔阔真为元室公主，准备远嫁阿鲁浑汗。这时，马可·波罗刚好从东南亚一带出使回来，伊儿汗国的使臣见马可·波罗精通地理，熟悉航海，便与波罗三人商量从水路返回。波罗三人当然求之不得，便奏请元世祖批准，元世祖虽面有难色，也只好答应，但要求他们回意大利与家人团聚一段时间后，仍然返回中国。1294 年，他们将阔阔真送到了伊儿汗国。在回意大利的途中，三人得知了忽必烈去世的消息，很是悲痛，同时打消了重返中国的念头。

1295 年，他们回到了阔别 24 年的故乡威尼斯。1298 年，威尼斯与热那亚发生了一场战争，马可·波罗受伤被俘，被投入热那亚监狱。在狱中，他的难友鲁思蒂谦是一位小说家，他精通法文，劝马可·波罗把自己在中国的所见所闻写成书。于是，由马可·波罗口述、鲁思蒂谦笔录的《马可·波罗游记》就这样诞生了。

1299 年，马可·波罗获释，回到威尼斯，此后，再也没有外出远游。1324 年，70 岁的马可·波罗在威尼斯去世。

《马可·波罗游记》对中国文明及东方的地理状况做了详尽的描述，该书大大开阔了西方人的视野，引起人们对东方文明的普遍向往，成为文艺复兴运动的主要动力之一。

但丁

但丁是意大利民族文学的奠基人，被恩格斯誉为"中世纪的最后一位诗人，同时又是新时代的最初一位诗人"。他的代表作《神曲》在思想性和艺术性等方面均达到了时代的先进水平，是一座划时代的里程碑。

但丁的创作反映了从中世纪向资本主义过渡时期意大利广泛而深刻的社会矛盾，他批判封建统治阶级的寡廉鲜耻，否定神权统治和教会至上，揭露教会的罪恶，同时歌颂知识与理性，肯定现实生活的价值和意义，赞美对美好爱情的追求，体现了人文主义思想的萌芽，成为文艺复兴时期即将到来的预言者。

1265 年 5 月的一天，但丁出生在佛罗伦萨一个没落的小贵族家庭。关于他家的一些情况，留传下来的资料不多。据但丁在《神曲》里透露的一些，我们可以知道，他是古罗马人的后裔，他的曾祖父卡恰圭达是个贵族，死于十字军东征时期。他的父亲则是当地法庭的文书，这个时候，但丁的家道已经中落，与一般市民差不多了。

少年时期的但丁生活很艰苦，他把全部的精力都用在学习上，并得到了当时的著名学者布鲁奈托·拉蒂尼的精心指导，不但精通了拉丁文、诗学、修辞学和古典文学，还在哲学、音乐和绘画等方面有所研究。他潜心攻读荷马、维吉尔、奥维德的诗卷，在知识与智慧的海洋里汲取了丰富的养料。除此之外，但丁还在修道院旁听课程，深入阅读了哲学家波依修斯的《论哲学的安慰》、阿奎那的被称为中古时期经院哲学百科全书的《神学大全》，又认真研究了亚里士多德的哲学体系。这样，但丁在中古文化的各个领域，都打下了坚实的基础，成为一个学识渊博的人。

少年时期，但丁曾热烈地爱慕过佛罗伦萨一位富人的女儿贝阿特丽采，但她后来嫁给了一个银行家，不到 25 岁便死了。但丁得知她的死讯后，陷入了巨大的悲痛之中，为了赞美和怀念这位自己深爱的女子，他将自己多年来写给贝阿特丽采的 30 首抒情诗结集出版，取名《新生》。这是意大利文坛上"温柔的新体"诗派的重要作品之一。

1289 年，但丁参加了同代表封建贵族的吉伯林党的战役，1302 年，由于敌党掌握了政权，但丁的全部家产被没收，并被判处终生流放。

流放初期，但丁写了三部著作。《飨宴》是意大利第一部用俗语写成的学术性论著，他打破了中世纪学术著述必须使用拉丁文的规矩。与《飨宴》几乎同时写作的是《论俗语》，这是最早的一部关于语言学诗律的著作。1309年，但丁又写成了《帝制论》一书。

在流放后期，但丁开始创作使他成为不朽诗人的巨著《神曲》，这部呕心沥血的著作，是但丁坎坷一生的思想和艺术探索的结晶，代表了当时欧洲文学的最高成就。《神曲》全诗分《地狱》《炼狱》《天堂》三部分，共计14233行。《地狱》《炼狱》大约完成于1313年，《天堂》在他逝世前不久才脱稿，创作了将近10年。但丁写这部长诗的主题和立意是非常明确的，目的就是要反映苦难的现实，启迪人心，表现出人类如何由迷雾经过苦难的磨炼，再达到真和善的境地的过程。

1321年9月14日，56岁的但丁在意大利东北部拉文纳去世。一颗文学巨星就此陨落，然而他绚烂夺目的光芒却永存人世。

贞德

贞德是法国历史上的民族女英雄，在英法百年战争的后期，她担负起民族解放的重任，勇敢反抗英军的侵略，建立了无数功勋。最终，为了祖国的解放事业，贞德献出了自己年轻的生命。因此，她被册封为圣女，爱到历代法国人民的敬仰。

在中世纪几百年间，英法两国通过王室的联姻建立起千丝万缕的联系。14世纪时，因为王位继承权问题和争夺法国境内富庶的佛兰德尔地区，英法两国展开了激烈的斗争，终于酿成一场旷日持久的战争，从1337年一直持续到1453年，长达116年，史称"百年战争"。贞德就是从百年战争中涌现出来的民族女英雄。

1412年，贞德出生于法国东北部香槟和洛林交界处一个叫杜瑞米的村子里，父亲和母亲都是虔诚的天主教徒，对子女管教很严。受到父母虔诚信仰和正直品德的影响，贞德从小就善良、温和，性格坚强。

杜瑞米是法国的领地，与勃艮第公爵的领地相邻。当贞德还是一个孩子的时候，她的家乡就屡次遭到勃艮第人的洗劫，饱受战争的苦难。另外，国家政治衰败、人民的生活遭受着痛苦，这一切都深深地刺痛着贞德的心，并使她很快地成长起来。当时，在英军统治下的法国北部人民的抗英活动非常激烈，贞德在人民抗英救国的氛围中长大，产生了强烈的爱国主义思想，同时决心投入救国战争中去。

英军于1428年占领巴黎后，倾注全力向通往法国南部的门户——奥尔良发动进攻，妄图吞并整个法国。法国太子及宫廷面对敌人强大的攻势。惊慌失措，国家危在旦夕。在这个关键时刻，年仅17岁的贞德辞别亲人，离开家乡，主动向太子查理请缨，要求带兵抗击侵略者。陷于绝望的查理答应了她的请求，并赐予她军旗、战马和佩剑。

1429年4月27日，贞德身穿铠甲，骑着雪白的战马，率领救援军3000余人进军奥尔良。她女扮男装，在战场上冲锋陷阵，身先士卒，英勇冲杀。在贞德的带领下，法国士兵艰苦激战，终于击退英军，解除了奥尔良之围。这成为法国反败为胜的关键一仗，也是整个百年战争的转折点。法军因此士气高昂，乘胜追击，并连克数城。一时间，贞德的爱国精神和英雄业绩在法国广为传颂，人们把她看作法国的救世主，尊敬地称她为"奥尔良的女儿"。

但是，贞德的声誉和影响却引起了封建统治集团的嫉妒和不安，在抗英战争还未取得彻底胜利之时，他们便企图谋害她。1430 年，在军事重镇康边附近的一次战斗中，贞德被英国侵略者在法国的帮凶勃艮第集团俘获，并以 4 万法郎为代价卖给了英国。英国人将贞德囚禁了一年后，于 1431 年 5 月 30 日将她作为女巫烧死在卢昂的火刑柱上。那一年，贞德未满 20 岁。

贞德虽然死了，但她却永远活在法国人民的心中。1453 年，在贞德爱国主义精神的感召下，法国终于取得了百年战争的最后胜利。1920 年，梵蒂冈教廷为贞德平反，将她册封为圣女，平复了 500 年来的冤屈。为了缅怀历史上的这位女英雄，法国每年都会在兰斯举办圣女贞德节。

哥伦布

赌徒还是航海家？商人还是探险家？智慧、勇敢和信念才是哥伦布成功的秘诀。哥伦布发现新大陆是人类有史以来最惊人的地理大发现，同时也是人类挑战自我，征服世界的一次伟大胜利。

作为一个传奇式的探险家，哥伦布的一生有着极不寻常的经历。他一度成为人们心目中的英雄，后来却又遭到冷遇。新大陆的发现开启了到新世界探险和殖民的时代，既为日益增多的欧洲人口找到了新的安家落户之地，又为欧洲的经济发展提供了新的资源。同时，这一发现也导致了美洲印第安文明的毁灭。

哥伦布于 1451 年出生在意大利热那亚一个纺织工人家庭。由于家庭经济拮据，他从小就没有受过正规的教育。但哥伦布十分好学，利用闲暇时间自学了许多知识。从14 岁起，哥伦布就开始随着货船在地中海上航行，并当过水手。期间，哥伦布有幸接触了许多远洋航行的书籍，尤其是《马可·波罗游记》使他对东方产生了浓厚的兴趣和强烈的好奇心，他时刻向往着东方之行，想看看富庶的中国和日本究竟是什么样子，并开始关注从托勒密那里传下来的关于地球周长的数值。他坚信如果西行去亚洲，一定可以缩短航程。

1476 年，哥伦布参加了热那亚的一支护航舰队，在一次海盗袭击中，他负伤落水游上了葡萄牙国土。从此，哥伦布便在这个国家里学习航海知识，参加远洋航行，并与在葡萄牙服务的一位著名意大利航海家的女儿结了婚，这更加深了他对航海的兴趣。

1478 年，哥伦布将探索通往东方航路的建议书正式呈报给了葡萄牙国王，但未被采纳。1485 年，哥伦布的妻子去世了，他心灰意冷地带着自己的独生子来到了西班牙。在那里，因为有贵族的支持，他的远航计划逐渐传到了西班牙宫廷。经过几年的周旋，他终于说服国王为他的探险航行提供了一切所需。

1492 年 8 月，哥伦布终于把自己的设想变成了现实。他率领"圣玛丽亚"号等 3 艘船和水手87 人从巴罗斯港启航，横渡大西洋，于 10 月抵达巴哈马群岛中的圣萨尔瓦多岛。哥伦布一直认为那里是日本附近的一个地方，却不知道它位于现在的美洲。继而又航行至古巴、海地等岛，次年返抵巴罗斯港，这是欧洲人第一次登上亚洲大陆。哥伦布虽然没有见到马可·波罗所描写的中国文明，但他坚信自己到了亚洲。

这次出行使哥伦布闻名天下，并被西班牙国王授予了海军司令和总督的头衔。1493 年 9 月，哥伦布组织了第二次更大规模的远航，来到了北美大陆，但发现土地并不像想象的那样富饶。于是在 1498 年，哥伦布又做了第三次远航，到达了南美洲加勒比海沿岸各地，结果仍然大失所望。哥伦布一直认为这里是亚洲的一个海岛。

哥伦布的三次航行虽然遇到了很大挫折，但也给美洲大陆带来了巨大的影响，新大陆被发现的消息很快在欧洲广泛流传。1502 年，不甘心的哥伦布又做了第四次远航，这一次到达了中美大陆，但终未找到梦寐以求的黄金和珠宝。1506 年 5 月 20 日，哥伦布在贫病交加中死去，而他西行到亚洲的目标也只有留给别人去完成了。

达·芬奇

达·芬奇是欧洲文艺复兴时期杰出的艺术家、科学家，他以博学多才而著称，在绘画、力学、光学、天文学、地质学、气象学、机械设计等方面都有不少创见和发明。达·芬奇与米开朗基罗、拉斐尔并称为"文艺复兴三杰"。

"上天有时将美丽、优雅、才能赋予一人之身，令他超群绝伦，显出他的天才来自上苍而非人间之力。列昂纳多正是如此。他的优雅与优美无与伦比，他的才智之高可使一切难题迎刃而解。"这是文艺复兴时期的传记作家瓦萨里对达·芬奇的溢美之词。

列昂纳多·达·芬奇于 1452 年 4 月 15 日出生在佛罗伦萨附近托斯卡纳山区的芬奇镇，他是一个私生子，从小是在继母和祖父的管教下长大的。很小的时候，达·芬奇就显示出了出众的艺术才华，唱歌、绘画、吹笛子样样精通，但他最喜欢的还是绘画。18 岁时，父亲把他送到著名画家、雕塑家韦罗基奥的画室学习。在韦罗基奥的严格教导下，经过 9 年学艺生活的磨炼，达·芬奇打下了良好的艺术创作和科学发明的基础。

达·芬奇

1472 年，20 岁的达·芬奇协助老师完成了祭坛画《基督受洗》《受胎告知》等优秀作品，表现出卓越的艺术才华，使老师大为吃惊。1476 年，达·芬奇离开韦罗基奥画室开始独立作画，成为一名职业画家，并于 1480 年建立了自己的画室，创作了《拈花圣母》《博士来拜》和《圣哲罗姆》等画作。其中，《拈花圣母》表现了人物的温和、娴静，整个画面和谐优美，而另外两幅则真实而深刻地刻画出栩栩如生的人物形象。

1482 年，达·芬奇离开佛罗伦萨来到米兰，开始了长达 17 年之久的生活。1484 年，他又受邀为莫罗大公的祖父制作骑马的全身塑像，9 年后，这座 6 米高的泥塑模型终于完成，并在公爵城堡广场公开展出，一时间轰动米兰。与此同时，达·芬奇还完成了两幅著名的油画作品——《岩间圣母》与《最后的晚餐》，其中，《最后的晚餐》是世界最著名的宗教画。

1499 年 10 月，法国军队占领了米兰。同年 12 月，达·芬奇回到了他久别的故乡佛罗伦萨。在这里，达·芬奇利用大量时间研究人体比例构造和人的脸部构造，并完全掌握了其中的奥秘。他将人物与自然有机地结合，并能栩栩如生地表现出人物的动作和光线的明暗。他能够尽最大可能通过面部表情和人物语言来表现"灵魂的感受"，并能再现人物脸部的神秘感。

《蒙娜丽莎》是达·芬奇的传世名画，创作于 1503~1506 年间，画面着重表现蒙娜丽莎的微笑，有很深的用意。在中世纪黑暗的岁月里，封建统治和基督教禁欲主义残酷地摧残了西欧人民近千年，人们早已失去了理想自由和幸福生活的权利。文艺复兴的到来，唤起了人们丧失已久的笑容，充满着新时代、新人物的自信和乐观，洋溢着对未来、对真善美的渴望。达·芬奇用艺术形象表明，人从禁欲主义中解放出来后，可以自由而明朗地微笑。

1513 年，61 岁的达·芬奇再次离开佛罗伦萨，开始了漂泊不定的生活。1519 年 5 月 2 日，达·芬奇因病在法国逝世，享年 67 岁。

达·伽马

达·伽马是葡萄牙著名的航海家、探险家，他开辟了东西方的新航路，使葡萄牙从一个落后而又弱小的国家变成了世界强国，并且加速了整个欧洲和全世界范围内从封建主义向资本主义的过渡。同时，也在世界航海史上写下了光辉的一页。

达·伽马是第一位从海路绕过非洲好望角抵达印度的航海家，他的远航开辟了西欧与印度之间的直达海路，他运回的珍品宝物使整个欧洲为之轰动。从此，葡萄牙便开始成为印度洋的控制者，并开始了向东方扩张的新时代。

瓦斯科·达·伽马于 1460 年出生在葡萄牙海滨市镇锡尼希一个破落的贵族家庭。他的父亲埃斯特沃·达·伽马是葡萄牙贵族，曾任锡尼希城堡司令官。据说，达·伽马曾在埃武拉城的某处学习过数学和航海。

1492 年，为了报复法国对葡萄牙航运业的破坏，达·伽马奉国王约翰二世之命截掠法国船只，并出色地完成了这项任务，为他以后远征印度创造了条件。后来，哥伦布发现新大陆的消息激励了西班牙国王曼努埃尔一世，他开始策划前往印度的航行。最终，达·伽马被选为率领远征军的指挥官。

1497 年 7 月 8 日，达·伽马率领着由 4 艘船只，170 多人组成的舰队从里斯本南面的雷斯特洛出发。7 月 26 日，在迪亚士的护送下，达·伽马一行到达佛得角群岛。为了躲避几内亚湾的激流，舰队远离非洲沿岸，深入南大西洋，共行驶了 393 天，于 11 月初到达好望角北部的圣赫勒拿湾。11 月 19 日，船队到达好望角，在遭受了三天三夜暴风雨的袭击后，终于在 11 月 22 日绕过好望角，又开始沿非洲东海岸向北航行。

1498 年 5 月 20 日，达·伽马的舰队战胜重重困难，终于抵达印度南部最大的商港卡利卡特。然而，葡萄牙人在东非沿海粗暴的行为使卡利卡特人非常厌恶，同时，长期垄断这里经济贸易的阿拉伯人更把这群危险的竞争者视为"异端"。于是，这年 8 月 29 日，达·伽马被迫率领舰队离开卡利卡特开始返航。1499 年 1 月 8 日，达·伽马一行经历了千辛万苦终于到达马林迪。曼努埃尔一世对达·伽马开辟新航路的行为表示赞赏，并授予他贵族的称号。

1502 年 2 月，为建立葡萄牙在印度洋的霸权，国王派达·伽马向印度洋作第二次航行，并任命他为葡萄牙海军上将，指挥整个舰队的航行。6 月 14 日，达·伽马一行到达东非的苏发拉，并宣布葡萄牙对该地的主权。1502 年 12 月 2 日，达·伽马下令轰击卡利卡特，并屠杀了近 40 个土著欣德斯渔人，征服了卡利卡特和马拉巴南部重镇柯钦。

1503 年 9 月，达·伽马回到里斯本，在他青少年时代生活的埃武拉城过起了隐居生活。1519 年，他被封为维迪奎埃拉伯爵。后来，由于落后的葡萄牙远远跟不上它向东方扩张野心的步伐，所以国王约翰三世再次起用了年过花甲的达·伽马。

1524 年 9 月，作为葡萄牙在印度的总督，达·伽马第三次到达马拉巴。但这时他已年迈体衰，无力再挽救葡萄牙人竭力经营的"东方帝国"。同年 12 月 24 日，达·伽马在当时葡萄牙殖民统治的中心柯钦港病逝，时年 64 岁。

哥白尼

哥白尼是世界近代天文学奠基人，也是一位永不知疲倦的学者。他创立的"太阳中心说"，是天文学上的一次伟大革命，引起了人类宇宙观的重大革新。哥白尼也因此成为人类文明史上的伟大科学家。

伟大的波兰天文学家哥白尼把统率整个宇宙的支配力量赋予了太阳，认为各个天体都有其自然的运动。他创立的"太阳中心说"在经历了漫长的 3 个世纪的斗争后，最终推翻了 1 000 多年来一直占据着统治地位的"地心说"。

1473 年 2 月 19 日，哥白尼出生于波兰维斯瓦河下游托伦城一个富裕的家庭。父母双亡的不幸给小哥白尼稚嫩的心灵上留下了难以愈合的创伤。在亲戚的安排下，哥白尼与哥哥由舅舅瓦兹洛德抚养。瓦兹洛德是瓦尔米亚地区的大主教，而且是这个地区文艺复兴运动的先驱。舅舅家里良好的文化氛围和大量的藏书使哥白尼眼界大开。

1491 年，哥白尼以优异的成绩迈进了波兰首都克拉科夫大学的校园。舅舅瓦兹洛德为哥白尼兄弟安排了舒适的生活条件，让他们一心一意地学习。在克拉科夫的学习生涯，是哥白尼成为一个天文学家的开始。教天文学和数学的沃伊切赫教授给了他很大的影响。沃伊切赫在青年哥白尼的内心深处播下了敢于向传统理论与权威提出质疑的种子，正是这粒种子激励哥白尼实现了那具有划时代意义的发现。

后来，舅舅又将哥白尼送到意大利的博洛尼亚大学去学"教会法"。在那里，哥白尼用相当多的精力去研究古希腊哲学家和天文学家的著作，学会了天文观测技术，并获得了宗教法博士学位。

1506 年，法国入侵意大利的战争爆发，哥白尼不得不终止学业，回到祖国波兰。1507 年的春天，他开始撰写第一篇天文学论文《浅说关于天体运动的假设》。1510 年年底，论文顺利完成，并且获得了很多人的支持。这是哥白尼早期科学研究的成果。

1512 年，舅舅去世之后，哥白尼被派往波罗的海海滨的弗龙堡教堂任职，并作为一名神父在这里度过了 30 年的时间。在这座偏僻的海边小城中，哥白尼用自己并不充裕的业余时间开始了漫长的探索历程。由于巍峨的弗龙堡建立在小城中一个地质坚固的高岗上，哥白尼便自己动手建立了一座用自制的仪器进行天文观测的小小的"天文台"。哥白尼后来所著《天体运行论》一书中引用的观察材料，大都是这时记录下来的。

1541 年夏天，受主教的邀请，哥白尼与助手雷蒂克来到主教驻地卢巴瓦，共同商讨《天体运行论》的出版事宜。从卢巴瓦归来后，雷蒂克先完成了一本名为《初讲》的小册子，为新书的出版投石问路，轰动了整个欧洲的学术界，这无疑是对《天体运行论》出版的一个强有力的推动。1543 年 5 月，《天体运行论》终于在德国的纽伦堡出版了。

《天体运行论》又名《论天球的旋转》，在这本书中，哥白尼通过大量的天文现象的内在联系，深入地揭示了地球围绕太阳运行的科学真理。以"日心说"取代"地心说"，从根本上打破了"地球是上帝特地安排在宇宙中心"的宗教神话，为后人开辟了一条大胆挑战权威、勇于探索真理的道路。

1543 年 5 月 24 日，出版商为哥白尼寄来一本《天体运行论》，然而他却没有力气看一眼这本凝聚了自己一生心血的书。这一天，这位伟大的科学家永远离开了人世，他终于可以安心地休息了。

米开朗基罗

米开朗基罗，一位多才多艺、知识渊博的艺术大师，他集雕刻家、画家、建筑家、诗人等多种头衔于一身。在长达 70 余年的创作生涯中，他历经坎坷，执着创作，为人类文明增添了许多不朽的篇章。

米开朗基罗是文艺复兴时期雕塑艺术最高峰的代表，他以坚毅的个性，严肃的艺术表现手法，通过对人类自身充满活力的歌颂以及对命运抗争的悲剧性的刻画，表达了他的道德观和对人类前途的深切关注。

米开朗基罗·波纳罗蒂于1475年3月6日出生于佛罗伦萨附近的卡普里斯一个地方行政长官的家庭，6岁丧母，父亲是一个暴烈、烦躁的人。他刚出生时就被寄养在一个石匠家，是在石匠妻子的哺育下长大的，正如他后来所说："我是全靠奶娘的奶水，才拿起雕刻刀和锤子来的。"

童年时代，米开朗基罗曾在一个拉丁语学校学习，13岁进入吉兰达约的画室，且成绩非常优异，据说，这令他的老师也嫉妒起来。第二年，米开朗基罗开始喜欢一种更具有英雄气息的艺术，于是师从贝尔托尔多学习雕塑，这一学就是4年的时光。在这里，年轻的米开朗基罗阅读了许多古籍，沐浴着柏拉图研究风气，他的思想被感染了，沉湎于怀古的生活之中。他不但接触了大量的古代雕塑收藏品，获得了绘画和雕塑技巧的最初经验，心中还出现了一个崇高的信念——成为一名古希腊式的雕塑家。在老师的指导下，他雕刻了《半人马与拉庇泰人之战》。这座骄傲的浮雕，反映出米开朗基罗成熟时期的武士式的心魂与粗犷坚强的手法，对他后来的雕塑风格产生了不可估量的影响。

1501年的春天，佛罗伦萨的执政官和米开朗基罗签下了雕刻《大卫》的合同。这是一块高达5米的圆柱形石头，中间有一个丑陋的窟窿。就是用这块石头，米开朗基罗雕成了举世闻名的《大卫》。

《大卫》石像连同基座高5.5米，是以《圣经·旧约》中所记载的以色列国一个牧人的儿子为原型的。当非利亚人侵犯时，他勇敢杀敌，打退了敌人，挽救了民族，成为以色列的民族英雄和首领。米开朗基罗通过雕塑这位英雄表达了自己对国家炽热的情感。

完成《大卫》后，米开朗基罗的名字已被列入伟大雕刻家的史册里。这时，他还不满30岁，他的艺术风格也更趋成熟。

米开朗基罗的另一件著名的雕塑是《摩西》。在这座雕塑中，他把这位基督教圣经故事中古代犹太人的领袖塑造成了半神化的英雄人物。这件作品包含了艺术家对祖国命运的高度关注，使人感受到疾恶如仇和大义凛然的内心力量。

壁画《创世纪》是米开朗基罗为罗马城梵蒂冈西斯廷礼拜堂拱顶而创作的。整个壁画的面积是538.68平方米，包括几百个人物。他一人爬在18米高的脚手架上仰头作画，以超人的毅力历时4年多才艰难地完成了这些宏伟惊人的"巨人世界"。《创世纪》完成以后，37岁的米开朗基罗已背驼腰弯，视力急剧下降。

米开朗基罗晚年时开始从事建筑设计和诗歌创作，其中，他设计的罗马圣彼得大教堂的祭坛部分和罗马的卡皮托利广场建筑群最具代表性。1564年2月18日，89岁的米开朗基罗逝世，在去世的前一刻，他还在自己的工作室中忙碌着。

麦哲伦

麦哲伦是西班牙著名航海家和探险家，第一次环球航行的发起人与领航者，第一个绕过了美洲最南端的人。麦哲伦的突出贡献不在于环球航行本身，而在于其大胆的信念和对航海事业的出色指挥，他对后世航海和科学事业做出了巨大贡献。

1480 年，菲迪南·麦哲伦出生于一个葡萄牙贵族之家，据说出生地点大概在波尔图。少年时期，麦哲伦一直在里斯本的宫廷里当宫内侍从。1505 年，他应征加入葡萄牙首任东方总督弗朗西斯科·阿尔梅达指挥的葡萄牙海军舰队，前往印度作战。1511 年，麦哲伦随舰队参加了攻占马六甲海峡的战役。

1512 年，麦哲伦回到里斯本，次年赴摩洛哥参加进攻阿萨莫尔要塞的战斗。在攻占中，脚部负伤，因而终生行走不便。1514 年，麦哲伦回到葡萄牙，以在战争中为祖国立过汗马功劳为由要求享受优良的待遇，但遭到拒绝，国王反而因听信别人的谗言而对他下了驱逐令。

1517 年，麦哲伦放弃葡萄牙国籍，来到西班牙朝廷为国王查理一世效力。为了完成哥伦布当年没能完成的事业，从西面到达真正的东方，开辟盛产香料的摩鹿加群岛（今印度马鲁古群岛）的新航线，打破葡萄牙人对香料贸易的垄断，麦哲伦向西班牙国王呈上了自己的远征计划。1518 年 3 月，西班牙王室批准了麦哲伦的远征计划，并允诺若航行中发现新的土地，他及他的子孙将享有治理权。1519 年 9 月 20 日，麦哲伦率领一支由 5 艘船，270 名海员组成的船队由西班牙南海岸的圣卢卡尔港启航，并于 9 月 26 日到达了加纳利群岛。此后，他们又向西南方向航行，经过风平浪静的几内亚海岸，于 12 月 13 日到达巴西的里约热内卢海湾，随后转向南行驶。

1520 年 6 月，麦哲伦带领船队继续南下，10 月份终于发现了他梦寐以求的南美大陆最南端的海峡通道，后来，这个海峡就被称为"麦哲伦海峡"。1521 年 3 月 6 日，麦哲伦到达了马里亚纳群岛，在其中的关岛登陆，补充新鲜食物。这里离香料群岛已经不远了，但麦哲伦并没有直接开往香料群岛，而是到达了今天菲律宾群岛的宿务岛。当时西班牙国王规定，船队如能扩大王室版图，效力者将有重赏，因此，富庶的宿务岛引起了麦哲伦的极大兴趣，他决心把这个异国的岛屿变成西班牙的殖民地。

在宿务岛，麦哲伦对当地的统治者与手下的人进行威胁利诱，软硬兼施，企图让其成为西班牙忠实的基督教徒。但就在这时，麦哲伦介入了当地土著的内讧，战斗打响了，岛上的居民用标枪、利箭向来犯者投来。麦哲伦一行寡不敌众，节节败退。

1527 年 4 月 27 日，麦哲伦在一次战斗中被杀身亡。虽然他成为人类近代殖民主义的开路先锋，但却在企图奴役菲律宾人民的战斗中受到了应有的惩罚。麦哲伦被杀害后，他的船队继续西航，回到西班牙，完成了第一次环球航行。当时船上只剩下 18 个人，因为他们已经极度疲劳衰弱，所以面目憔悴，亲戚朋友都认不出他们了。

虽然麦哲伦没有亲自完成环球远航，但他带领探险队员们进行了一次伟大的从东向西跨太平洋的航行，证明了大地球形理论的正确，向世人展现了地球真实的地理构成，使欧洲的知识阶层从古典学者的绝对权威中解放了出来。

伊丽莎白一世

伊丽莎白一世是英国历史上著名的女王，被誉为一代英主。在她长达45年的统治时期里，英国由一个弱小的国家发展为最主要的列强国，国力达到了极盛的黄金时代。同时，她的治国才能得到了各国君主的称道。

伊丽莎白一世的统治期在英国历史上被称为"伊丽莎白时期"，亦称"黄金时代"。教皇西克斯图斯曾这样评价："她是一位妇女，是半个岛屿的主人，然而她使得西班牙、法兰西、神圣罗马帝国和一切国家都惧怕她。"

1533年9月7日，伊丽莎白·都铎诞生在泰晤士河畔格林威治附近的王宫，母亲波琳是亨利八世的第二任妻子。1534年，伊丽莎白被宣布为王位继承人。然而好景不长，在伊丽莎白年仅3岁时，波琳因不贞罪被亨利八世处死，伊丽莎白也被宣布为私生女，失去了王位继承权。波琳死后，亨利八世再娶，生下太子爱德华。1547年，亨利八世逝世，他在遗嘱中规定：爱德华如无嗣，则由他与凯瑟琳生的玛丽继位，玛丽若无嗣则由伊丽莎白继位。

爱德华继位后，由国舅西摩摄政，继续推行亨利八世的宗教改革。然而，6年以后，爱德华便早亡，玛丽·都铎按照遗嘱继承了王位。玛丽·都铎是一个狂热的天主教徒，在她统治期间，新教教徒遭到迫害，约有300多人惨死在她的手下，一时被人们称为"血腥玛丽"。玛丽对信奉新教的伊丽莎白也心怀嫉恨，她根据反叛的新教贵族的诬告，将伊丽莎白囚禁在伦敦塔，后又软禁在西部七八十千米外的一座王宫内。2年后，虽然解除了软禁，但伊丽莎白又被送往乡村，在那里，她度过了一段田园生活。

1558年，玛丽逝世，25岁的伊丽莎白继位。年轻的女王受命于危难之际，她是在内外交困的形势下继承王位的。为了博得人民的爱戴，伊丽莎白即位后的第一件事就是恢复亨利八世的宗教改革，以缓解国内宗教危机；另一方面，伊丽莎白还修改了爱德华时期的公共祈祷书，使之也能为天主教徒所接受；同时，她对英国的清教徒也加以限制，并力图避免不同教派间的教义争论。这种中庸温和的宗教政策在一定时期内有利于稳定国内形势。1559年，第一届国会通过《至尊法令》，宣布女王为英国所有教会和僧侣团体的最高领导，一切神甫和官吏都必须宣誓效忠女王并不得服从国外天主教势力。这就确立了国教的统治地位，沉重打击了国外天主教势力。

1588年7月，西班牙派出100多艘舰船的"无敌舰队"远征英国。55岁的伊丽莎白亲自到军营巡视并发表演说，鼓舞士气，结果"无敌舰队"大败而归。这一战役的胜利，对英国产生了决定性的影响。从此，英国取代了西班牙海上霸权的地位，开始了大规模的海外扩张。伊丽莎白时代达到鼎盛时期。

伊丽莎白统治的最后10年，国内矛盾渐趋尖锐。下层社会的动荡、资产阶级的不满以及不断发生的宫廷倾轧，使伊丽莎白晚年变得忧郁、孤僻、多疑，身体也渐渐衰弱。1603年3月24日凌晨，伊丽莎白女王逝世，终年70岁。

培根

　　培根是文艺复兴晚期出现的一位英国哲学家、文学家，他为促进人类的科学进步做出了积极的贡献。马克思曾给予培根很高的评价，称他为"英国唯物主义和整个现代实验科学的真正始祖"。

　　培根是科学的鼓动家、未来科学时代的预言家。著名科学史家迪克斯特说："培根在近代科学史上的作用同希腊瘸腿诗人第泰尔斯相似，虽然自己不能打仗，但他的诗篇却鼓舞了士兵英勇作战。"

　　培根于 1561 年 1 月 22 日出生于英格兰一个新贵族家族。父亲是伊丽莎白女王的掌玺大臣，母亲是位男爵的女儿，很有学问。父亲在宫廷中的高位和家庭中浓厚的学术气氛，无疑促进了培根的成长。

　　1573 年，12 岁的培根进入剑桥大学读书。在校期间，他如饥似渴地博览群书，吸取科学知识，下定决心要以自己的努力，来改善人类的处境。他的这一理想随着他的成才而越来越坚定，以至于后来成为宏伟的志向。

　　1576 年，大学毕业的培根获得了一次赴法考察的机会，并作为英国驻法大使的随员到法国。这次法国之行使培根学到了很多自然科学知识，受益匪浅。1579 年，家里传来了父亲去世的消息，培根从法国回国奔丧，从此经济拮据，他靠借债完成了自己的法律学业，于 1582 年成为一名律师。1584 年，培根进入议院，受到伊丽莎白女王的重用，1596 年，他被聘为女王的特别法律顾问。尽管在法律界不乏晋升机会，但培根却因在政治上触怒了伊丽莎白女王而受到冷遇。

　　在这种情况下，培根开始沉浸于学习与思考中，完成他的一批研究成果。1597 年，他出版了著名的《论说文集》。《论说文集》前后三个版本，内容非常丰富，详细地记载了培根思想的产生、形成和发展过程。这本书虽然称不上是鸿篇巨制，但却是培根用心血凝练而成的结晶及生活经验的积累。

　　1603 年，英国女王伊丽莎白去世，詹姆士一世登基，培根开始青云直上，不久便与一位高级市政官的女儿结了婚，曾任掌玺大臣，升大法官，授子爵，还担任过英国国务大臣等要职。

　　就在培根的仕途达到巅峰的时候，在一次申诉委员会上，他却被人指控受贿，最后被上议院处以罚款、监禁并免除一切职务的惩罚，他的政治生涯也因此告终。尽管如此，培根并没有失去勇气，他开始从事学术著述。他的晚年工作远比他身居高位时所做的事情更有价值，撰写了两本《论风》，于 1622 年发表。他晚年对此颇有感叹："我是把才能误用在自己最不适宜的事物之上了。"

　　培根运用他的文学才能为国王提供了一套法规汇编，强调学校应传授百科全书式的知识，对教育改革提出了自己的意见。晚年的培根身处逆境，令他最伤心的莫过于失去恩宠。1626 年，培根在一次冷冻防腐的科学实验中因受风寒而在阿伦德尔伯爵的寓所里去世，享年 65 岁。

虽然培根一生中的大部分时间在担当政治家的角色，但他的主要贡献还在于哲学和科学研究上。在哲学方面，培根开创了以认识论研究为中心的新时代。在科学方面，他把科学知识提高到前所未有的地位，提出"知识就是力量"的著名口号。这对当时的认识原则和方法都是一场革命，也为后来科学的迅速发展奠定了思想基础。

莎士比亚

莎士比亚是欧洲文艺复兴时期最重要的作家，英国卓越的戏剧家和诗人，也是迄今为止人类最伟大的戏剧大师。他的戏剧大大丰富了人类的文学宝库，是人类文化史上一份极为宝贵的遗产。

莎士比亚，一个我们耳熟能详的名字。他用丰富生动而又充满个性的语言，为人们展现出一幅幅充满悲欢离合的动态画卷。莎士比亚的戏剧大大丰富了人类的文学宝库，是人类文化史上一份极为宝贵的遗产。正如法国大文豪雨果所说："这种天才的降临，使得艺术、科学、哲学或者整个社会焕然一新。"

1564 年 4 月 23 日，莎士比亚出生在英国中部沃里克郡斯特拉福镇一个富商家庭。7 岁时进入斯特拉福文学学校，学习古典文学、修辞学、拉丁语和法语等。14 岁时，由于家道中落，莎士比亚辍学回家，协助父亲料理生意。

1582 年，18 岁的莎士比亚与比他大 8 岁的安·赫瑟维结了婚。婚后育有 3 个孩子。1586 年，22 岁的莎士比亚只身离开斯特拉福前往伦敦。当时的伦敦正处于女王伊丽莎白一世统治的鼎盛时期，政治上相对安定，民族文化（尤其是戏剧艺术）开始走向繁荣，很快就有了一批正式的剧院。这一时期，莎士比亚对戏剧产生了浓厚的兴趣，开始在剧院打杂，后来当了跑龙套的演员，逐渐又扮演了一些重要角色，并担任了导演。

1588 年前后，莎士比亚开始进行戏剧创作。由于这时英国正处于昌盛时期，所以莎士比亚的作品基调明朗、激昂，充满了乐观情绪。从 1588~1600 年，莎士比亚共完成了 10 多部历史剧和喜剧、两首长诗和 150 首十四行诗，其中，历史剧主要有《亨利六世》《理查三世》《理查二世》《亨利四世》《亨利五世》《约翰王》等 9 部。

除了历史剧，莎士比亚这一时期还创作了一批成就很高的喜剧：《无事生非》《驯悍记》《仲夏夜之梦》《威尼斯商人》《温莎的风流娘儿们》《皆大欢喜》《第十二夜》等。其中，《威尼斯商人》《无事生非》《皆大欢喜》《第十二夜》被称为莎士比亚的四大喜剧。这些作品描写纯洁的爱情，嘲讽了封建伦理观念和教会禁欲主义。

16 世纪末期，英国社会的阶级矛盾开始尖锐化，封建王朝与资产阶级的关系变得越来越紧张，人民生活状况不断恶化，整个社会动荡不安。从这之后，莎士比亚的剧作充满了沉郁、晦暗的气氛。这一时期，他创作了 7 部悲剧和 3 部喜剧，其中，《哈姆雷特》《奥赛罗》《李尔王》和《麦克白》被称为莎士比亚的四大悲剧。

1609 年后，莎士比亚的创作风格发生了很大的转变，主要以传奇剧和神话剧为主。1609~1612 年，他创作了《辛白林》《冬天的故事》和《暴风雨》等传奇剧，其中，《暴风雨》是莎士比亚传奇剧中的代表作。

　　历史剧《亨利八世》是莎士比亚的最后一本剧本。《亨利八世》演出时，一场大火烧毁了剧场，从此，他再也没有写过一部剧本。

　　1613 年，49 岁的莎士比亚离开伦敦剧院，回到了斯特拉福镇。1616 年初，由于朋友聚会饮酒而得了热病，4 月 23 日，这位戏剧之王与世长辞，享年 52 岁。

伽利略

　　伽利略是意大利伟大的物理学家、天文学家。他的一生经历了很多坎坷，但是任何困难都不能改变他对科学执着的态度。伽利略凭借自己越挫越勇的性格和严谨务实的科学态度，给后世留下了一笔宝贵的精神财富。

　　伽利略是第一个坚持科学实验的必要性的人，他拒绝那种认为科学问题可以由可信赖的权威决定的观念以及那种没有坚实实验基础的复杂演绎体系。爱因斯坦评论说："伽利略的发现以及他所用的科学推理方法，是人类思想史上最伟大的成就之一，而且标志着物理学的真正开端。"

　　伽利略一生的研究领域非常广，并且在其涉猎的每个领域中都有建树。他通过对运动进行科学分类，总结出落体定律和惯性定律原理，成为经典力学的开创者。他用自制的望远镜观察天体，对天文学做出了巨大贡献。此外，伽利略在热学、磁学、光学等方面，也取得了不俗的研究成果。

　　1564 年 2 月 15 日，伽利略出生在比萨城里一个衰落的望族家庭中。父亲是一位非常出色的音乐家和数学家，在意大利颇有名望。由于受父亲的影响，伽利略从小就爱好机械和数学，显示出良好的从事科学研究的天赋。

　　1581 年，17 岁的伽利略考入比萨大学医学院。19 岁那年，由于听了数学家利奇的讲课，伽利略认真地读起欧几里得和阿基米德的著作，尤其对有"科学实验的创始者"之称的阿基米德的著作着迷。随着教育程度的不断提高，他的兴趣也逐渐从医学转向了数学和科学。

　　1583 年，因无钱支付学费，伽利略被迫离开了学校。也正是在这一段时间里，他培养了对自然科学终生的兴趣。1586 年，伽利略写出了第一篇研究论文《小天平》，1588 年又写出了《固体内的重心》，并提交给佛罗伦萨的学士院。这篇论文得到了承认，朋友们都称他为"新时代的阿基米德"。1589 年，伽利略获得了数学教授的职位。

　　1591 年，伽利略做了著名的"两个铁球同时着地"的实验，并对此提出了自己的看法：所有物体不论重量如何，从同一高度落下的速度是相同的。尽管这个实验取得了很大的成功，但还是遭到了很多老学者的诋毁。之后，他转到帕多瓦大学执教，潜心于学术和实验。

　　1610 年，伽利略回到了佛罗伦萨，继续从事他的物理学和天文学研究。由于望远镜的发明及由此而做出的一系列发现，伽利略闻名遐迩，但同时由于他公开支持哥白尼的日心说而遭到教会势力的反对。

　　1624 年，乌尔班八世当上教皇，他是伽利略的崇拜者。第二年，新教皇暗示对伽利略的禁令已经无效。1632 年，伽利略在佛罗伦萨出版了《关于两大世界体系的对话》一书，该书内容新颖，形式活泼，语言通俗，很快在市民之间流传开来，使哥白尼的学说传播得更为广泛。

1632 年 8 月，此书被教会下令禁止销售，伽利略很快就受到罗马宗教审判所的审判，并于 1633 年 6 月被判处终身监禁。被监禁后，伽利略继续从事早期的力学研究，于 1637 年写出了《关于两种新科学的对话》，并在荷兰出版。

1642 年 1 月 8 日，伽利略在罗马教廷的迫害下含冤而死，成为科学界一大损失。

1979 年，罗马教廷在一次公开集会上承认伽利略被教廷"错误定罪"。300 多年前的冤案终于昭雪。

开普勒

开普勒，德国近代著名的天文学家、数学家、物理学家和哲学家。他以数学的和谐性探索宇宙，在天文学方面做出了巨大的贡献。开普勒是继哥白尼之后第一个站出来捍卫太阳中心说并在天文学方面有突破性成就的人物，被后世的科拳史家称为"天上的立法者"。

开普勒是近代自然科学的开创者之一，在科学与神权的斗争中，他坚定地站在了科学的一边，推动了唯物主义世界观的发展，使人类科学向前跨进了一大步，马克思也称他是自己所喜爱的英雄。

1571 年 12 月 27 日，约翰内斯·开普勒出生在德国南部魏尔镇一个没落的贵族家庭，母亲是一家旅馆主的女儿，父亲则是一个性格乖戾的酒徒。1574 年，不幸落在了年仅 3 岁的小开普勒身上——天花不仅在他脸上留下了无法抹去的烙印，同时也严重地影响了他的视力。然而，就是这样一位身体残疾的孩子，却在贫困与备受歧视的生活中顽强地追求着自己的理想。16 岁时，开普勒以优异的成绩获得了奖学金，从而成为著名的图宾根大学的学生。进入大学后，开普勒将兴趣转向了天文学。1594 年，在恩师的举荐下，开普勒来到奥地利格拉茨大学担任天文学教师，从此与神秘的宇宙结下了不解之缘。

早在约公元前 500 年，古希腊的毕达哥拉斯学派便认为整个宇宙是一个由比例关系决定的和谐的整体，而开普勒正是毕达哥拉斯学派的追随者。通过对当时所发现的六颗行星（土星、木星、火星、地球、金星、水星）的轨道半径（8∶15∶20∶30∶115∶195）比例的观察，开普勒惊喜地发现，用五种正多面体正好可以表示出这六大行星的轨道半径。

1596 年，开普勒将这些发现发表在了他的第一本重要著作《宇宙的神秘》一书中。虽然他所得出的行星运动的结果与当时的观测数据相吻合，但这其实只是一种巧合。当更多的行星被发现后，开普勒的正多面体图形便不再适用了，然而，当时的开普勒却深受鼓舞。

1600 年，开普勒来到第谷身边，一起开始了天文学史上一段最富有启发性的合作。

在第谷身边，开普勒接触到了许多丰富而又精确的观测资料，并逐渐发现自己所构造出的宇宙体系存在着许多漏洞，于是，开始重新寻找他的宇宙秩序。

1601 年，第谷在布拉格去世了，开普勒继任成了鲁道夫二世的宫廷数学家。这时，他开始利用第谷留下的观测数据重新计算六大行星的运行轨道，经过 4 年多的整理与试探，开普勒终于找到了行星的轨道形状——确认其为椭圆形。从此，在天文学历史上持续了几千年的圆运动的学说宣告结束。之后几年，著名的开普勒行星运动三大定律也陆续诞生：①所有行星的轨道都是椭圆的；②由行星到太阳连一条线（物理学上称"矢径"），这条线在相同的时间扫过的面积相等；③所有行星轨道的半长轴的三次方与公转周期的二次方的比值都相等。（用公式表示为：$R^3/T^2 = K$）

1630 年，59 岁的开普勒因为生活困苦，不得不前往雷根斯堡索要被拖欠了 20 多年的薪水，但这位为天空立法的巨人却因伤寒而逝于途中。

开普勒虽然在落魄中离开了人世，然而，他那具有无限生命力的精神光彩，却永远伴随着人们，并为照亮后人前进的道路而放射出永久的光芒。

克伦威尔

奥利弗·克伦威尔，英国乃至世界近代史上一位杰出的政治家、军事家、宗教领袖。他是 17 世纪英国资产阶级革命的先驱，也是英国清教徒革命的首脑人物、议会军的指挥官。他领导议会军赢得了英国内战的胜利，是英国议会民主制的奠基人。

提起英国的资产阶级革命，就不能不重温克伦威尔辉煌的革命生涯。克伦威尔是一位杰出的军事将领，他最主要的贡献是在英国内战中击溃了保皇党人的力量。可以毫不夸张地说，如果没有他，在英国内战中，议会军最终的胜利就不可能到来。这一胜利的结果，是民主政府在英国的确立和加强。

1599 年，奥利弗·克伦威尔出生于英国东部亨丁顿郡一个贵族家庭。父亲是一位虔诚的清教徒，曾任亨丁顿议会议员、郡治安法官等职。克伦威尔就是在这样一个享有封建特权的乡绅世家中长大的。

1616 年，克伦威尔进入剑桥大学攻读法律和历史，并在这里受到了大主教洛德清教思想的影响。1617 年，由于父亲突然去世，克伦威尔不得不放弃在剑桥大学的学习而返回家乡。两年后，克伦威尔再度离开家乡，来到英国的政治、经济、文化中心——伦敦，学习法律。在这期间，克伦威尔的思想日趋成熟，志向渐渐转向政治方面，为日后当选议会议员和郡治安法官准备了条件。

1628 年，克伦威尔当选为亨丁顿议员，开始登上政治舞台。但是第二年，查理一世就决定解散议会，实行独裁专治，直到 1640 年在对苏格兰人作战需要资金的情况下，才召集了一个新议会，克伦威尔再次当选为议员。1642 年 8 月，克伦威尔在英格兰中部竖起战旗，开始讨伐议会，英国内战爆发了。

在历时 4 年的内战中，克伦威尔战功卓著。他招募了一支主要由自耕农组成的上千人的轻骑兵，号称"铁骑军"。"铁骑军"击败国王军，扭转了议会派初时失利的局面。1645年1月，议会又授权他建立一支2万多人的"新模范军"，6月，这支军队在内兹比战役中一举摧毁了国王军的主力，议会军取得了内战的首次胜利。

然而和平并没有到来，1647年，查理一世潜逃，并重新纠集王党军队，再次挑起内战，第二次内战爆发。1648年8月，克伦威尔率兵击溃苏格兰军队，9月，占领苏格兰军队首都爱丁堡，取得了第二次内战的胜利。次年，查理一世被送上了断头台，英国宣布为共和国。

克伦威尔在稳定了国内局势后，于1649年9月率军侵入爱尔兰，镇压当地民族起义。之后，又北上苏格兰，彻底消灭了查理一世儿子率领的军队，为3年后苏格兰与英格兰的合并做好了准备。

为了争夺殖民地，克伦威尔凭借强大的军事力量，于1652~1654年对荷兰发动战争，迫使荷兰接受《航海条例》。1654年，又取得在葡萄牙殖民地通商的特权，从西班牙手中夺取了奴隶贸易中心牙买加和敦刻尔克。

1658年，克伦威尔的身体状况急剧恶化，同年9月3日，在伦敦病逝，时年59岁。同年11月23日，克伦威尔被葬于威斯敏斯特大教堂。而他所期望的君主立宪制，直到1688年才得以实现。

牛顿

牛顿，17世纪英国伟大的数学家、物理学家、天文学家和自然哲学家，他把自己的整个生命和毕生精力都献给了科学事业。牛顿的科学成就不胜枚举，既为我们今天的科学研究奠定了基础，也为他在科学史上赢得了崇高的地位。

曾有人说过这样的话："中世纪的一千多年来，自然界和自然规律都隐藏在黑暗中。上帝说：'让牛顿出生吧！'于是一切都变成光明的了。"毫无疑问，牛顿为人类进步所做的贡献具有里程碑的意义。

1643年1月4日，牛顿出生在英国北部的一个小镇。他是一个遗腹子，父亲在他出世前就去世了，母亲在他3岁时改嫁了，牛顿就与年迈的外祖母过着贫困孤苦的生活。幼年的牛顿对学习毫无兴趣，成绩也很一般，但他却特别喜爱手工，制作了不少风车、风筝等精巧的器械。9岁时，牛顿做了一个测

牛顿

量时间的仪器——日晷，天赋初显。12岁时，在舅舅的安排下，牛顿开始在镇上的格兰瑟姆的中学上学。但在学校里，他经常受到大同学的欺辱，这使他意识到自己之所

以受人侮辱，很大原因就是在学习上不如别人。此后，牛顿开始用心钻研功课，且进步飞速，令老师和同学们都惊讶不已。

正当牛顿准备在求知的道路上吸收更多的东西时，继父去世，迫于生活，母亲不得不让牛顿回到家中料理农庄。牛顿一边帮助母亲耕种，一边仍然勤奋地学习，抽空就躲在树下聚精会神地读书。他这种好学的精神感动了舅舅，于是舅舅劝服母亲让牛顿复学。复学后的牛顿特别珍惜这来之不易的机会，更加勤奋地学习，一年后，他以优异的成绩进入剑桥大学三一学院深造。

在剑桥大学，牛顿开始接触到大量自然科学著作，经常参加学院举办的各类讲座，包括地理、物理、天文和数学。牛顿的第一任教授伊萨克·巴罗是个博学多才的学者。这位学者独具慧眼，看出了牛顿具有深邃的观察力、敏锐的理解力，于是将自己的数学知识全部传授给了牛顿，并把牛顿引向了近代自然科学的研究领域。在即将大学毕业时，牛顿研究出了二项式定理，取得了一生中的第一个重要成果。

1665 年，牛顿大学毕业时，由于成绩突出，被继续留在剑桥攻读。同年，英国爆发了可怕的鼠疫，大学停课，牛顿返回故乡住了两年。在这两年中，牛顿建立了微积分、光学理论、万有引力定律、三大运动定律等伟大的成就。

1667 年，鼠疫风波平息，牛顿返回剑桥。1669 年，巴罗教授辞职，推荐牛顿继承他的位置，此后，牛顿在剑桥工作了 20 多年。

1704 年，牛顿被推举为皇家学会的会长。这一时期，他整理出版了《光学》《三次曲线枚举》《微积分》等数学和光学著作。

1727 年 3 月 20 日，85 岁的牛顿在睡梦中安然逝世，由于他对国家贡献卓著，被葬于威斯敏斯特教堂的公墓里。他是英国历史上第一个获得国葬的自然科学家。

牛顿一生未婚，他把自己的一生全部用来探索自然。他的《光学》和《自然哲学的数学原理》两部巨著，成为科学史上永放光彩的两座丰碑。可以说，牛顿奉献给人类的，是从真理海洋中捞取的一粒珍珠。牛顿在科学史上的地位是举世公认的，他的理论每时每刻都对科学的发展和人类思想的进步产生着深刻的影响。

巴赫

巴赫是举世闻名的德国古典音乐大师，他是第一个把各国不同风格的音乐成功糅合在一起的人，被世人尊称为"音乐之父"。巴赫为人类谱写出了诸多不朽的传世乐章，他的诞生，对人类、对音乐来说都是一个幸运。

巴赫是一位多产的作曲家和杰出的演奏家，他一生创作的各类乐曲多达 800 余首。他承上启下，将几个世纪以来的音乐予以总结和发扬。他在音乐的创作上形式多样，内容深刻。在巴赫以后出现的伟大音乐家，几乎全部受过他的滋养——贝多芬、舒曼、雷格尔……无数后代音乐家用他们的音乐语言，表达着对巴赫的敬意。

1685 年，世界上著名的音乐大师约翰·塞巴斯蒂安·巴赫诞生在德国中部图林根州的爱森纳赫市，这是一个富有音乐传统的城市。巴赫的家族可称得上是音乐世家，他的祖父和父亲都是乐师。巴赫在音乐中降生，在音乐中生长，这无疑为巴赫音乐才华的萌生与发展提供了一个良好的环境。

巴赫在幼年时就受到了严格的音乐训练，做音乐师的父亲亲自为他上启蒙音乐课，亲手教他拉小提琴，为他打下了坚实的音乐基础。然而童年无忧的生活是短暂的，在他 9 岁那年，母亲去世了，第二年，他又失去了父亲，成了孤儿。这时，担任风琴师的大哥承担起了抚养弟弟的责任，并在闲暇之余指导他继续学习音乐。在困境中，兄弟俩相依为命，他们走街串巷，靠唱歌乞食。作为一个孩子，巴赫从小就背起了音乐这个既沉重又美丽的"十字架"。

15 岁时，巴赫离开兄长开始独立生活，他转学到吕讷堡，到当地的寺院当"乐童"。在那里，他先后学习了小提琴、管风琴，不但不辞辛苦地将一本本著名作曲家的乐谱认真抄写，而且通宵达旦地练琴，钻研演奏技巧。

1703 年，18 岁的巴赫已成为一名出色的管风琴手，在魏玛的阿恩斯塔德城任教堂管风琴师。从此，巴赫开始倾注心力谱写他的作品。他创作了著名的《离别随想曲》《D 小调托卡塔曲》《G 大调幻想曲》等。除了未涉及歌剧外，他的作品包括各种体裁，其中以管风琴作品占的比重最大。

尽管巴赫的音乐修养很高，但他却常因破坏教会的清规戒律而受到严厉的惩罚，例如教会规定妇女不许参加教会合唱，巴赫却常把他表妹领进教堂，因此引起教会不满，受到监禁的惩罚。

1708—1723 年，巴赫在魏玛、寇顿任宫廷乐长，这是他艺术创作的第一个鼎盛期，创作了许多杰作，如《风琴乐曲》《古钢琴曲》以及被人们称为"世俗康塔塔"的作品。

1723 年，巴赫到莱比锡托马斯教堂及其附属歌唱学校担任乐长和教师，并创作了《约翰受难曲》。这部作品把《约翰福音》中所记载的耶稣受难的情节，完全用音乐表达了出来。巴赫创作这部受难曲的目的，是要使信徒们对耶稣受难有更深刻的认识，表达了人类从耶稣的拯救中所得到的圣荣光华。

晚年，巴赫常因一些繁琐的公务而浪费了大量宝贵的时间，他不得不辞去了大部分公职，以便有更多的时间创作。1750 年，巴赫因突然中风逝世，享年 65 岁。

伏尔泰

在法国启蒙运动的学者中，伏尔泰是被公认的领袖和导师，他的文学成就最高，文学作品数量也最多。伏尔泰用笔杆进行了 60 多年的反封建斗争，影响遍及全世界，他将永远受到世界人民的崇敬和爱戴。

伏尔泰的一生是战斗的一生，他的斗争锋芒直指封建专制制度。他的斗争目的就是要把人们从中世纪的蒙昧和宗教迷信的思想禁锢中解放出来，以期建立一个平等、自由、幸福的"理性王国"，即理想化的资产阶级王国。伏尔泰的威望和贡献，是法国启蒙思想家中最大的。

伏尔泰，原名费朗梭阿·马利·阿鲁埃，伏尔泰是他的笔名。1694 年 11 月 22 日，伏尔泰出生在巴黎一个富有的公证人的家庭。伏尔泰幼年时就能背诵拉·封丹的《寓言》，12 岁已能作诗，并开始对神学表示怀疑。16 岁那年，伏尔泰中学毕业，没有继续学习法律，成了一个没有职业的文人，经常写一些讽刺诗和即景诗。1715 年，号称"太阳王"的路易十四去世，年仅 5 岁的曾孙路易十五继位，由奥尔良公爵菲利浦摄政。路易十四时代是法国封建王权的鼎盛时代，教会的权力大大增长，强烈的阶级矛盾成为推动历史发展的动力，启蒙运动应运而生。

就在这时，伏尔泰充当了启蒙运动的旗手，开始用自己手中的笔向糜烂腐败的宫廷挑战。1717 年，伏尔泰因为写了揭露宫廷淫乱风气的讽刺诗，被投入了巴士底狱。在狱中，伏尔泰并没有停止思考和写作，他以希腊神话中一个乱伦的故事来影射宫廷生活。这部名叫《欧第伯》的剧本在他出狱后在巴黎上演，受到一致好评，伏尔泰也因此在法国文学界名声大振。1725 年，因为顶撞了一个贵族，伏尔泰被驱逐出法国，开始了漫长的流亡生涯。

1726—1729 年，流亡英国的伏尔泰认真考察了英国的政治、经济、文化和科学成就。正是在这一时期，他的哲学观点乃至整个世界观开始形成。1729 年，伏尔泰回到巴黎，历史剧《布鲁杜斯》和悲剧《采儿》是这个时期的代表作品。1734 年，伏尔泰在鲁昂出版了《英国通讯录》，被认为是"投向旧制度的第一颗炸弹"，一经问世就被法院判为禁书，当众焚毁，伏尔泰被迫流亡到荷兰，寄居在友人夏德莱侯爵夫人家中。

1749 年，夏德莱夫人去世，伏尔泰在普鲁士国王腓特烈二世的邀请下来到了普鲁士，想把国王和宫廷作为自己实现启蒙运动的手段，但当他痛苦地认识到不可能实现时，随即挂冠而去，决定不再和任何君主来往。

离开普鲁士后，伏尔泰在法国与瑞士边境的佛尔纳购置了房屋和地产，在这里度过了富裕的晚年。1774 年，路易十五去世，新即位的路易十六无法阻止法国人民对伏尔泰的拥护和爱戴，于是允许伏尔泰于 1778 年返回巴黎，人们夹道欢呼，无比热烈地迎接这位 84 岁高龄的老人，场面胜过了欢迎任何一位国君。

同年的 5 月 30 日，伏尔泰病逝。由于受到教会的迫害，伏尔泰的遗体不得不被秘密运到香槟省安葬。后来，法国人民在先贤祠地宫的中心设置了伏尔泰的假墓，以纪念这位大革命的先驱。

富兰克林

本杰明·富兰克林是 18 世纪美国杰出的科学家、思想家和政治活动家。除了在电学上的贡献外，富兰克林还是美国独立战争的老战士。他参加起草了《独立宣言》和美国宪法，积极主张废除奴隶制度，深受美国人民的崇敬。

18 世纪中期，电学史上出现了一位叱咤风云的勇士，他冒着生命危险从天空中攫取雷电，揭开了电的秘密，他的名字叫本杰明·富兰克林。

1706 年 1 月 17 日，富兰克林出生在北美的波士顿城，他的父亲原是英国漆匠，当时以制造蜡烛和肥皂为业。后来因受宗教迫害，举家迁到了北美大陆。富兰克林 8 岁入学读书，虽然学习成绩优异，但由于家中孩子太多，无法负担他读书的费用，所以他到 10 岁时就不得不离开学校，回家帮父亲一起做蜡烛。富兰克林一生只在学校读了这两年书。

12 岁时，父亲把富兰克林送到哥哥詹姆士经营的小印刷所当学徒，自此，他当了近 10 年的印刷工人。富兰克林年纪虽小，但在印刷厂里却很快掌握了排字、校对、印刷、装订等技术。同时，富兰克林从未间断过学习，他从伙食费中省下钱来买书，还利用工作之便结识了几家书店的学徒，这样，能够看到的书就更多了。富兰克林常常在晚上将书店的书借来，通宵达旦地阅读，第二天一大早便归还。他阅读的范围很广，从自然科学、技术方面的通俗读物，到著名科学家的论文以及名作家的作品，几乎全都读过。

17 岁那年，富兰克林离开了哥哥的印刷所，独自来到伦敦，后来又辗转来到费城。在那里，他从印刷工人开始，一直到拥有自己的印刷作坊，自己办报纸，走过了一段艰辛的谋生之路。

1736 年，富兰克林当选为宾夕法尼亚州议会秘书。1737 年，任费城副邮务长。虽然工作越来越繁重，可是富兰克林每天仍然坚持学习。为了进一步打开知识宝库的大门，他孜孜不倦地学习外国语，先后掌握了法文、意大利文、西班牙文及拉丁文。他广泛地接受了世界科学文化的先进成果，为自己的科学研究奠定了坚实的基础。

1748 年，富兰克林离开自己从事了 30 多年的印刷工作，开始进行科学研究。1745 年，荷兰人发明了一种能充电、放电的"莱顿瓶"，大大促进了电学实验。后来，经过反复的实验，富兰克林终于大胆提出了用正电和负电来说明两种电荷的性质。在 1752 年 7 月一个雷雨交加的傍晚，富兰克林冒着生命危险，利用风筝做了一次名载青史的捕捉天电实验，并最终证实：天上的雷电与人工摩擦产生的电具有完全相同的性质，从而打破了雷电是上帝之火的谬论。之后，富兰克林又根据这一实验，成功地发明了避雷针。

美国独立战争爆发后，富兰克林参加了第二届大陆会议和《独立宣言》的起草工作。1776 年，已经 70 岁高龄的富兰克林又远涉重洋出使法国，争取到法国和其他欧洲国家人民对北美独立战争的支援。1787 年，他积极参加了制定美国宪法的工作，并组织了反对奴役黑人的运动。

1790 年 4 月 17 日，84 岁的富兰克林溘然逝去。4 月 21 日，费城人民为他举行了隆重的葬礼，两万人参加了出殡队伍，他们为富兰克林的逝世服丧一个月，以表示对这位德高望重的科学家、思想家和政治活动家的悼念。

华盛顿

乔治·华盛顿是美利坚合众国的开国总统，被尊称为"美国之父"。作为美国独立战争的领导人和组织者，他以非凡的战略眼光和在逆境中无比坚强的精神，将美国人民带入一个没有殖民压迫的新世界，演奏出一曲反对压迫、争取自由的民族交响乐。

人们常说：一个伟人就是人类历史的一座丰碑。而作为一个军事家和民族英雄，华盛顿理应被列入伟人的行列。他是战争时代最伟大的将军，和平时期最杰出的领袖，同胞心目中最伟大的人物。是他缔造了一个新的美国，并指引它度过了建国的最早年代。他的思想一直照耀着美国人，他确立的政策、原则都为后来的美国人所遵守，为美国的强盛奠定了基础。

1732年2月22日上午10时左右，一个男婴在北美弗吉尼亚州一个庄园的老屋里降生了，父亲奥古斯丁为其取名为乔治，这就是后来成为美国国父的乔治·华盛顿。

1743年，华盛顿的父亲去世，兄长劳伦斯承担起了对他的关怀和爱护。在兄长的庄园里，他接触到一些名门望族，并学会了英国上流社会的道德观念、礼仪典章和温文尔雅的风度。在此阶段，他还熟练掌握了测量技术，并被任命为政府测量员。几年的测量生活，使华盛顿适应了野外的艰苦生活，学会了与印第安人交往。这一段生活经历，对华盛顿的命运，包括对美国人的命运都产生了巨大的影响。

华盛顿20岁时，兄长劳伦斯也去世了，整个大农场由华盛顿继承和管理。他经常骑马到弗吉尼亚各处去观察，对西部广袤无垠的土地产生了强烈的兴趣。1752年，华盛顿被任命为弗吉尼亚南区的副长官。1755年，爆发了英法七年战争，华盛顿骁勇善战，因其出色的表现被委任为弗吉尼亚民兵总司令。

1763年，英国政府在北美殖民地颁布法令，禁止向阿勒根尼山以西移民，并制定了《茶叶税法》，加紧了对殖民地的剥削和压迫。面对殖民者的高压政策，1774年9月5日至10月26日，各殖民地代表在费城举行了第一届大陆会议。华盛顿代表弗吉尼亚州参加，极力主张殖民地和宗主国完全分离。

1775年4月19日，波士顿来克星顿的枪声揭开了美国独立战争的序幕。1775年5月，第二届大陆会议召开，华盛顿依然代表弗吉尼亚州出席了会议。会上，代表们一致通过组织大陆军的决定，并推举华盛顿担任大陆军总司令。担任总司令后，华盛顿率领军队全身心地投入战争中，于1776年3月17日迫使英军退守哈利法克斯港，独立战争取得胜利。

1776年7月4日，大陆会议通过了《独立宣言》，庄严宣布北美13个殖民地从此脱离英国殖民者的统治而独立，美利坚合众国诞生了。1789年2月4日，华盛顿被选为美利坚合众国的首任总统，在华盛顿执政的8年期间，他凭借自己的威望和高明的政治手段，使13个原本争吵不安的州在建国初期的困难年代中保持一团和气。

1799年12月14日，华盛顿因喉炎去世，终年67岁，美国及欧洲各地举行了隆重的悼念活动。美国政府还将"华盛顿哥伦比亚特区"命名为华盛顿。1800年，美国首都正式从费城迁到华盛顿，以此来纪念这位国父级的人物。

瓦特

詹姆斯·瓦特是改良蒸汽机的发明者。他的发明具有划时代的意义，直接导致了第一次工业技术革命的兴起。瓦特的创造精神、超人的才能和不懈的钻研精神为后人留下了宝贵的精神和物质财富。

1736年1月19日，在英国造船业中心格拉斯哥附近的小城格里诺克，詹姆斯·瓦特出生了，他是这个家庭的第六个孩子。由于小瓦特的4个哥哥和1个姐姐都相继夭折，所以母亲对于小瓦特的到来，倾注了全部的心血和关爱。然而小瓦特天生就体弱多病，母亲的娇宠并没有给他带来更多的健康，反倒助长了他高傲和孤僻的性格，使他从小就显得不合群。小瓦特的聪明才智在中学时就逐渐显露了出来，被公认为是可以顺利迈入大学的一名好学生。

然而，天有不测风云，在瓦特中学毕业前夕，一连串的不幸突然降临在他的家中：弟弟遭遇海难、母亲忧伤而死、父亲的生意面临破产。各种变故使家里的经济状况陷入困境，因此他失去了上学深造的机会，走上了出外谋生的道路。

1754年，18岁的瓦特来到格拉斯哥一家钟表店学手艺，但由于收入过低而不能维持生活。第二年，他又来到伦敦当学徒，凭借自己的勤奋好学，很快掌握了别人用三四年的训练才能学会的技艺。1756年，瓦特重新回到格拉斯哥，在格拉斯哥大学当了一名仪器设备维护员。1757年，瓦特在格拉斯哥获得了"大学数据仪器制造者"的头衔，成为这所大学的编外员工，并拥有了一个装备齐全的物理研究室。

在大学里，瓦特还结识了一批良师益友，其中就有著名的物理学家布莱克。瓦特从他那里学到了许多热学知识，也曾对他提供过热心的帮助。布莱克利用瓦特为他特制的精密仪器仪表，完成了一系列的科学实验，最终确立了特定热和潜热等理论。同样，布莱克的潜热学说对瓦特日后进行的蒸汽机研制实验，也产生了巨大的影响。

1763年，瓦特开始向改进蒸汽机迈进，并在这一领域里苦苦摸索、研究了20多年，终于完成了对纽可门蒸汽机的三次革新。瓦特的发明，使蒸汽机变成了适用于一切工业部门的动力机械，并迅速被纺织、冶金、造纸、食品、建筑等各行业广泛应用。1807年，第一艘蒸汽轮船制造成功，1814年，第一台实用的蒸汽机车问世。这许多以蒸汽为动力的机械装置的发明，无一不是瓦特蒸汽机发明的结果。可以说，没有瓦特的发明，就不会有近代工业革命的发展。

詹姆斯·瓦特

1775年5月22日，经过博尔顿的努力，瓦特蒸汽发动机的专利有限期被延长到1800年。他们成立了博尔顿——瓦特公司，合伙进行蒸汽机的改进与制造。1806年，瓦特获得了格拉斯哥大学授予的名誉博士学位。1814年，由于瓦特的伟大贡献，他获得了一项最大的荣誉——当选为法国科学院院士。当时，瓦特已到了古稀之年，他的儿子小瓦特成为发动机公司的合伙人。退休后的瓦特健康状况仍然很好，他经常以顾问工程师的身份工作，并继续发明一些有用的机器。

1819 年 7 月，瓦特兴趣盎然地在伦敦游览了一番，可是回到家后，83 岁的他突然病倒了。同年 8 月 19 日，这位对人类发展做出巨大贡献的科学家安详地离开了人世。

杰弗逊

杰弗逊是第三任美国总统，他是美国独立运动的领导人之一，美国的开国元勋和建国功臣。杰弗逊起草的《独立宣言》具有世界性的影响，成为光辉千古的不朽篇章。他是美国自由主义的代言人和创始人，在美国历史上可以与华盛顿、林肯比肩。

杰弗逊不但是一位名垂青史的政治家，还是一位百科全书式的人物。他精通 7 种语言，而且还是小有名气的发明家、建筑师、农业专家、小提琴手和宗教专家。

1743 年 4 月 13 日，托马斯·杰弗逊出生在弗吉尼亚州沙德威尔一个种植园主家庭。他的父亲对子女的教育非常重视，所以杰弗逊 5 岁时就开始读书，少年时就通晓拉丁文和希腊文。杰弗逊 14 岁时，父亲去世，他继承了大片的地产。

1760 年 3 月，17 岁的杰弗逊进入威廉斯堡的威廉——玛丽学院学习。毕业后，他又转攻法律。24 岁时，杰弗逊取得了律师资格，一直执业到独立战争爆发。

1769 年，杰弗逊当选为弗吉尼亚州议会议员，从此开始了他的政治生涯。受英国哲学家洛克和法国启蒙思想家卢梭的影响，杰弗逊深信"天赋权利说"和"社会契约说"，认为被压迫的人具有天赋的自由与平等的权利，倾向民主自由的政治思想已露端倪。随着北美殖民地经济的发展与英国对殖民地压迫政策的加强，北美殖民地与英国的矛盾日益尖锐，爆发了殖民地人民争取独立的革命。由于在群众中具有广泛的社会基础，杰弗逊便成为争取独立的殖民地人民的左翼领导人之一。

1775 年 5 月，32 岁的杰弗逊作为弗吉尼亚州的代表，出席了在费城召开的第二届大陆会议，并被选为起草《独立宣言》第一稿的执笔者。在《独立宣言》中，杰弗逊再次肯定了"天赋权利说"。

1776 年 10 月，大陆会议结束之后，杰弗逊返回弗吉尼亚立法机关，为实行几项重大改革发挥了主导作用。1776 年，杰弗逊当选为战时州长，当 1780 年英军进攻弗吉尼亚时，杰弗逊虽然恪尽职守，但由于缺乏军事领导经验而使弗吉尼亚议会遭到了破坏。他因此受到各方面的责难和批评，于 1781 年辞去州长职务，回到了家乡。

1789 年，在新总统乔治·华盛顿的提名下，杰弗逊就任国家第一任国务卿。除了主持外交事务和国内事务外，他还亲自参与了国会大厦——白宫的设计与建造。1793 年，在华盛顿总统任期将尽时，杰弗逊也递上了辞呈，再次回到家乡。1796 年，原任副总统的亚当斯当选为总统，杰弗逊当选为副总统。

1801 年，由于不满亚当斯政府颁布的 4 项摧残人民民主权利的法令，杰弗逊决心通过选举之路竞选总统。在 1805 年的大选中，他如愿当选为美国第 3 任总统。担任总统期间，杰弗逊精兵简政，大力发展农业和工商业，废除了国产税，减轻了税收，并颁布新土地法和禁止奴隶贸易，将美国疆土扩大了一倍，为美国资本主义的发展提供了有利的条件。

1809 年，杰弗逊卸任后，把全部精力都献给了教育事业。从 1819—1825 年，年逾古稀的杰弗逊为创建弗吉尼亚大学东奔西走，在他去世前一年这所大学终于建成了。1826 年，托马斯·杰弗逊去世，享年 83 岁。

拉瓦锡

拉瓦锡是法国化学家，他掀起的化学革命是 18 世纪科学发展史上最辉煌的运动之一。拉瓦锡的化学革命思想及其实践，还为近代化学带来了前所未有的系统性，因此他被称为"近代化学之父"。

安托万——劳伦特·拉瓦锡，1743 年 8 月 26 日出生于巴黎一个富裕的家庭，父亲是一位颇有名气的律师。5 岁那年母亲因病去世，拉瓦锡从此在姨母的照料下生活。在家庭教师的辅导下，他渐渐对科学产生了极大的兴趣。1754 年，拉瓦锡进入当时著名的马扎林学院。他 18 岁时考入法政大学，21 岁毕业取得法学硕士学位。按照父亲的安排，拉瓦锡继承了父业，成为一名律师。但他对科学的热情丝毫没有减退，仍醉心于天文学和化学。在他的办公抽屉里，常常放着各种各样的石头，甚至卷宗里也能抖出矿粉来。

1765 年，拉瓦锡基于对石膏物理与化学性质的系统研究，发表了首篇化学论文，并引起了法国科学院的注意，法国科学院一致决定发表他的论文。第二年，拉瓦锡又因改良城市街道照明的设计而荣获科学院的金质奖章，正是这件事促使拉瓦锡下决心投身科学。他毅然放弃律师职务，开始专心从事科学研究工作。

18 世纪后半叶，化学理论相当混乱，主要原因在于当时统治化学理论领域的燃素说。拉瓦锡用金属燃烧增重的实验公开对燃素说进行质疑，并发现燃烧的本质，最终把统治化学界近 80 年之久的燃素说彻底推翻了，他用崭新的燃烧理论给化学研究带来了一系列的革命。

拉瓦锡在研究中一直遵循"没有充分的实验根据，从不推导严格的定律"的原则。这种尊重科学事实的思想，使他能把前人所做的一切实验看作只是建议性质的，而不是教条，从而批判地继承了前人的工作成果，敢于进行理论上的革命。拉瓦锡的科学思想和科学方法，长期以来一直是人们学习和研究的内容。

1768 年，拉瓦锡被任命为法国皇家科学院的副会员，这时，科学研究已成为他生活的重要内容。为了获得科学研究的经费，拉瓦锡违心地当上了一名"包税人"，同时也结识了包税公司经理的女儿——金发碧眼的玛丽。1771 年，拉瓦锡与 13 岁的玛丽结婚了，玛丽性情温柔，多才多艺，常常陪伴在拉瓦锡身边，帮助他一起做实验。拉瓦锡的著作里的许多插图都是他的妻子亲手绘制的。虽然他们一生没有孩子，但他们生活得非常愉快，这为拉瓦锡更好地从事科学研究创造了安宁愉快的气氛。

此后，拉瓦锡逐渐在化学研究上取得了重大的突破，成为著名的化学家，引领了一场化学革命。就在拉瓦锡的巨著《化学纲要》出版这一年，法国大革命爆发了。当革命越来越失去控制的时候，许多科学家都受到迫害，拉瓦锡作为一名著名的科学家，也没能幸免，他以阴谋反对人民的罪名被捕入狱，并被判处死刑。在草率的审判中，一位好心的律师提醒法官："拉瓦锡先生可是一位全欧洲闻名的科学家啊！"可大法官回答："共和国不需要科学家。"

1794年5月8日，拉瓦锡被送上了断头台，科学界的一颗巨星就这样陨落了，同时代的人以及后人无不扼腕痛惜。

伏特

伏特是意大利物理学家、化学家，他的主要成就是发明了伏特电堆。伏特的成就受到各界普遍赞赏，科学界用他的姓氏命名电势差（电压）的单位——"伏特"，简称"伏"。

亚历山德罗·伏特，于1745年2月18日出生在意大利科莫城的一个贵族家里。他从小就喜欢与人争论，因此培养了良好的口才。16岁以前，伏特已经掌握了很多种语言，但他最感兴趣的还是自然科学，尤其是物理学、化学和电子学。

伏特24岁时开始发表科学论文，在静电研究中初露头角。1774年，伏特被聘为科莫大学预科物理学教授。次年，他发明了起电盘，可以替代莱顿瓶储存电荷。1778年，伏特发现并分离出甲烷气体，被任命为帕维亚大学自然哲学教授。1782年，伏特成为法国科学学会的一名成员。

1800年，经过多年的反复实验，伏特终于发现，经过酸浸的金属会产生更强的电效应。根据这个发现，伏特做了许多锌板和铜板，然后将一块锌板和一块铜板放在一起，再用一块浸透酸的呢绒压上，以后不断照此一层层重复，叠到30层左右，形成一个柱状，便产生了很强的电池。这是人类历史上首次获得的持续电流，当时称"伏特电堆"或"伏特柱"。

由于伏特的贡献巨大，当时的法国执政官拿破仑于1801年9月26日特地召伏特到巴黎参加一次学术会议。在那次会议上，伏特当众做了实验演示，拿破仑提名他为法国研究院院士，还授予他一笔奖金和一枚特制的金质奖章。

1815年，伏特被任命为帕维亚大学哲学系主任。4年后，为了能与家人团聚，伏特回到家乡科莫休养。1827年3月5日，伏特病逝，享年82岁。

詹纳

詹纳是英国杰出的医生，牛痘接种法的发明者。他是第一个应用免疫法为人类消灭传染病的人，从而掀开了全人类对抗传染病的新篇章。因此，他的名字永我史册。

天花是一种烈性传染病，通过接触和飞沫就能传染。据史料统计，16~18世纪曾有数百万人死于天花。牛痘接种法的发明与推广，终于赶走了这个瘟神，成为医学史上划时代的事件。而它的发明者，就是18世纪英国一名普通的乡村医生——爱德

1749 年 5 月 17 日，詹纳出生在英格兰格洛斯特郡伯克利的一个小村庄。13 岁时，他曾给邻近的外科医生当学徒，8 年师满后，又赴伦敦到圣乔治医院学习医学。在那里，他跟随杰出的外科医生、学者亨特学习了生物学和解剖学，并深受亨特严谨的作风和实验主义观点的熏陶和影响。

1773 年，詹纳返回家乡，开始了行医生涯。5 年后，他加入当地的格洛斯特郡医学会，并大力倡导医学学术活动。由于天花肆虐，詹纳于 1780 年开始进行牛痘预防天花的试验观察。1792 年，詹纳获得圣安德鲁大学医学学位，并获得正式外科医师执业资格。

经过长达 16 年的摸索后，1796 年 5 月 14 日，詹纳一改以往谨慎行事的作风，大胆跨出了关键性的一步，第一次给人体进行牛痘接种。试验的成功，证实了牛痘预防天花的作用，由此拉开了向天花宣战的序幕。

同时，各种反对言论也像污泥浊水一样铺天盖地而来。面对各种势力的攻击和中伤，詹纳保持沉默，在家乡继续为村民们免费接种牛痘。忙碌之余，詹纳也到各地宣扬种痘的好处。短短几年时间，牛痘接种法已为世人所承认和赞誉。

1802 年，英国议会为了对詹纳表示感谢，授予他一笔一万英镑的奖金，几年后又追加了一笔两万英镑的奖金。1823 年初，詹纳在家乡伯克利逝世。

歌德

歌德是世界文学史上最杰出的作家之一，德国最伟大的诗人、思想家、剧作家。他的创作把德国文学提高到欧洲的先进水平，被恩格斯推崇为文艺领域里"真正的奥林匹亚神山上的宙斯"。

哲学家谢林曾说："歌德活着的时候，德国就不是孤苦伶仃的，不是一贫如洗的，尽管它虚弱、破碎，它精神上依然是伟大的、富有的和坚强的。"

1749 年 8 月 28 日，歌德出生于德国莱茵河畔的法兰克福。他的父亲是皇家顾问、法学博士，喜爱收藏书籍和美术作品，母亲是当时法兰克福市长泰克斯尔扎尔的女儿。在这种家庭环境里，歌德从小就受到艺术的熏陶。父亲对歌德寄予厚望，从他出生起就有计划地对他进行教育，因此，歌德 8 岁时就能阅读德文、法文、英文、意大利文、拉丁文、希腊文等多种文字的书籍。

1765 年 8 月，在父亲的坚持下，歌德违背自己学习古典文学的意愿，到莱比锡学习法律。1770 年 4 月，他转到斯特拉斯堡大学继续完成学业。后来，他在一次舞会上认识了夏绿蒂和她的未婚夫。歌德很喜欢夏绿蒂，但他知道自己没有希望，所以非常苦恼。1774 年，他以夏绿蒂为素材写成了优秀的小说《少年维特之烦恼》。

1775 年，歌德在法兰克福与 16 岁的丽莉·斯温曼订婚，但终因家长反对而未能结成连理，但这段感情却促使他写成了《丽莉之歌》。1775 年 11 月，应卡尔·奥古斯特公爵的邀请，歌德来到魏玛，次年进入魏玛宫廷参政，开始了他近 10 年的政治生涯。

在这里，他爱上比他年长 7 岁的有夫之妇史坦因，与她产生了一段炽烈的感情，后来又逐渐淡化。1786 年 9 月，歌德开始了意大利之游，这为他日后的写作积累了丰富的素材。

1788 年 6 月，歌德再次回到魏玛，认识了魏玛公国一位文书的女儿——克里斯蒂安·沃尔波乌斯。歌德对这位普通、单纯的姑娘产生了强烈的爱情，于是不顾宫廷贵族们的闲言碎语与之同居，并于次年生了一个儿子，取名为奥古斯都。直到儿子 18 岁时，他们才正式举行婚礼。

1794 年，歌德与席勒成为好朋友，从此开辟了"以歌德和席勒的友谊为特征"的德国古典文学全盛时期。在 10 年时间里，他们在创作上互相帮助，各自写出了他们的名作。在席勒的促进下，歌德创作了巨著《浮士德》。两位文学巨人 10 年的相处与合作，把德国古典文学推向了高峰，并使魏玛这座小小的公国都城一跃成为当时德国与欧洲的文化中心。

1821 年，歌德开始编辑自己的生平著述。1823 年，歌德因心脏病前往玛丽恩巴德疗养，认识了少女乌尔莉克，求婚被拒后，写下抒情诗《玛丽恩巴德哀歌》。1828 年 6 月，歌德的靠山魏玛公爵逝世，这对歌德是个沉重的打击。1830 年 10 月 27 日，他的爱子奥古斯都也死在意大利的罗马，老年丧子之痛使他陷入了无限的悲伤之中。

1832 年 3 月 16 日，由于受凉感冒，歌德卧病在床。3 月 22 日，这位伟大的诗人溘然长逝，享年 83 岁。

莫扎特

莫扎特是欧洲维也纳古典乐派的代表人物之一。虽然他只活了 35 个年头，但他留给后人许多梦幻般的美好、憧憬和抚慰。如今，从他笔下流出的每一段音符，都已成为音乐史上的经典之作。

莫扎特是一个充满激情的人，他在音乐上的贡献是极其巨大的。在他短暂的一生中，共创作了 600 多部音乐作品，对于一个音乐家来说，这个数目是相当惊人的。他是当之无愧的"音乐奇才"。

1756 年 1 月 27 日，沃尔夫冈·阿梅丢斯·莫扎特诞生在奥地利小城萨尔兹堡一栋五层楼的分租公寓里。他的父亲在当时皇室的宫廷乐队中任乐师，母亲也出身于音乐世家，有着良好的音乐素养。

年幼的莫扎特就显示出了过人的音乐天赋。莫扎特 4 岁时，在父亲的指导下很快就能弹奏小步舞曲，5 岁时，他做出了生平的第一支乐曲——小步舞曲。父亲发现他惊人的音乐天赋后，于 1762 年 1 月带着年仅 6 岁的莫扎特和 10 岁的女儿南内尔，开始了漫长的欧洲旅行演出。在数场演出中，莫扎特的音乐才能得到了充分展示，同时也被冠以"音乐神童"的美誉。

长期的旅行演出，虽然使莫扎特困顿不堪，但也使他大大拓宽了视野。在法国期间，莫扎特领略到宗教音乐的魅力，创作了不少音乐作品，出版了最初的 4 首小提琴和钢琴奏鸣曲，这时他才只有 7 岁。在英国，他欣赏到了亨德尔的清唱剧，受到德国作曲家巴赫的指导，并在这里出版了 6 首古钢琴和小提琴奏鸣曲、3 部交响乐及 1 部包括 43 首小型作品的曲集。在意大利，他聆听了著名的多声部合唱《赞美歌》后，竟凭记忆写出了全部多声合唱的总谱，因此罗马教皇授予他"金距轮"奖章和骑士称号。1770 年 8 月，鲍伦亚音乐学院又授予他院士的称号。同年 12 月，莫扎特的歌剧《米特利达特·黑海王》在米兰歌剧院上演成功，他终于实现了自己钟爱的歌剧梦想。

1772 年，16 岁的莫扎特终于结束了长达 10 年之久的漫游生活，回到家乡萨尔斯堡，在大主教的宫廷乐队里担任首席乐师。尽管莫扎特享有极大的荣誉，可在大主教眼中，他不过是一个普通的奴仆。

1781 年 6 月，莫扎特与大主教公开决裂，成为欧洲历史上第一位公开摆脱宫廷束缚的音乐家。在当时的社会条件下，这种举动无疑极其大胆而英勇。因为，这意味着艰辛、饥饿甚至死亡。

1785 年，莫扎特读了一本名为《费加罗的婚礼》的小说后，难以抑制自己激动的心情，于 1786 年全速谱写《费加罗的婚礼》，用其美妙的音乐手法描写了剧中平民与贵族之间新颖有趣的情景，这部社会性喜剧对封建贵族制度的揭露和讽刺起着很大的作用。

1788 年，莫扎特回到维也纳，他在不到几个月的时间内，创作出了最后 3 部交响曲——《降 E 大调交响曲》《G 小调交响曲》和《朱庇特交响曲》。这些曲子拥有成熟丰富的灵感构思，是莫扎特最能给听众以感官享受的作品，也是他的巅峰之作。

1791 年深秋，在完成最后一部歌剧《魔笛》后，莫扎特不顾重病，凭着一股狂热的干劲开始创作大型宗教音乐作品《安魂曲》。然而，他还没写完，健康状况就迅速恶化。1791 年 12 月 5 日，年仅 35 岁的莫扎特离开了这个世界。

道尔顿

道尔顿是英国物理学家、气象学家、著名化学家。他首创了用化学元素符号表示元素的方法，并编制了世界上最早的原子量表。此外，由于他的提议，人们开始对色盲症进行研究。道尔顿用勤奋努力的汗水，奠定了他在世界科学史上的里程碑地位。

艰苦奋斗、追求科学真理是道尔顿一生的写照。他性情孤僻，沉默寡言，然而对科学却一往情深。在 50 多年中，他完成著作 50 多部，发表科学论文 116 篇，是科学界的"常青树"。

1766 年 9 月 6 日，约翰·道尔顿出生在英国坎伯兰的伊格尔斯菲尔德村。他的父亲是一名纺织工人，养活着 6 个子女，家庭十分拮据。由于交不起学费，道尔顿被迫中途辍学，从 12 岁开始在教会学校教书，同时受雇干农活。1781 年，15 岁的他应表兄之邀，在表兄办的学校里做助理教师，几年后，表兄退休，道尔顿接替了校长的职务。在此期间，道尔顿在学者豪夫的辅导和鼓励下，学到了许多科学知识。同时，他开始对自然界进行观察，搜集动、植物标本，特别是每天详细记录气候变化。这为他日后从事科学研究打下了坚实的基础。

　　1793 年，道尔顿出版了他的第一部科学著作《气象观测文集》，对气象学的发展起了一定的启蒙作用。同年，曼彻斯特文学哲学学会创办的新学院聘道尔顿为讲师，讲授数学和自然哲学。曼彻斯特交通便利，文化发达，在这里很容易接触到新知识，加速了道尔顿在科学上的成长。然而，这所新学院只看重道尔顿的名声，却无意于培养他，安排给他的教学任务很重，根本没有时间从事科学研究，道尔顿为此非常烦恼。于是，他于 1799 年毅然辞掉了讲师的职务，租房建立了自己的实验室，并一边学习研究，一边招收了几位学生私人授课。在这里，道尔顿完成了原子论的实验证明和他的名著《化学哲学新体系》。

　　道尔顿凭着敏锐的科学头脑和卓越的实验才能，将原子学说引入科学主流，指导化学走出了杂乱的、纯属描述自然现象的阶段，进入了现代化学的新时代，而且为整个自然科学的发展提供了重要的基础，将人们带入了一个真空的原子世界。

　　由于化学原子论的创立，道尔顿赢得了许多荣誉。1816 年，他被选为法国科学院通讯院士；次年，又被选为曼彻斯特文学哲学学会会员；1822 年，被选为英国皇家学会会员；1826 年，英国政府授予他金质奖章；1832 年，牛津大学授予他最高荣誉——法学博士学位。此外，他还被柏林学院和慕尼黑学院选为名誉院士。

　　道尔顿的一生是清苦的，他终生没有结婚，完全将生命献给了崇高的科学事业。1837 年，道尔顿患了轻度中风，行动不方便，但他仍坚持做实验并继续教课。1842年，已经 76 岁的道尔顿最后一次参加英国科学促进会的年会。当会员们关切地询问他的身体状况时，他说："我还能做化学实验，不过每一次实验所费的时间，要比过去多三四倍；我的计算能力虽然衰退，算起数来很缓慢，但还能计算。"

　　1844 年 7 月 27 日清晨，道尔顿在笔记本上记录了当时的气压和温度，在"微雨"两字之后，滴下了一大滴墨水，他的手腕再也握不住笔了。次日清晨，道尔顿带着淡淡的微笑走完了自己忙碌而充实的一生。

拿破仑

　　拿破仑是人类历史上最具魅力的狂飙人物，他是杰出的政治家和军事家，法兰西第一帝国的创建者，历史因他而显得分外精彩。他颁布的《拿破仑法典》，确立了资本主义社会的立法规范，至今仍是大多数国家法律的蓝本。

　　拿破仑是最受崇拜的历史人物之一，也是最令人热血沸腾的人物，因为他是一位无与伦比的天才军事家。拿破仑的一生几乎都是在战争中度过的，他从一个不起眼的科西嘉岛民，一跃成为世人瞩目的法兰西帝国的缔造者，叱咤欧洲 20 余年。他因为出色的作战才能而成为杰出的政治军事家，并跻身皇帝之位，又因作战失败而退位和被流放。但无论是功与过，还是成与败，法国人，乃至全世界人都会经常提起他，赞颂他。

　　1769 年 8 月 15 日，拿破仑·波拿巴出生在科西嘉岛阿雅克修城一个贵族家庭。他从父亲那里继承了机智与敏捷，从母亲那里继承了骄傲、勇敢和细心。家族的辉煌与荣耀促使拿破仑从小就立志做一个不平凡的人。

1779年，拿破仑被送入布列纳军事学校学习。1784年10月，又进入巴黎军校学习，专攻炮兵学。在军校学习期间，拿破仑尤其喜爱学习数学、军事和历史。1785年9月，从巴黎军校毕业后，拿破仑任炮兵少尉，在法国南部炮兵团服役。4年后，法国大革命爆发，在其后几年中，新的法国政府陷入了数场对外战争中。

在1793年的土伦包围战中，拿破仑首次展示了自己的军事才能，他将英军赶出土伦，被雅各宾政府破格提升为准将。1799年11月9日，在多数督政官的支持下，拿破仑发动了"雾月政变"。之后，由西哀耶斯、罗热·迪科与拿破仑同为临时执政，12月，颁布共和八年宪法，新宪法规定"拿破仑公民为第一执政"。1802年8月，元老院同意拿破仑为终身执政。1804年11月6日，法兰西共和国改为法兰西帝国，拿破仑为法兰西皇帝，称拿破仑一世，同年12月2日，拿破仑一世加冕称帝。

随着法兰西帝国的强盛，拿破仑将反封建的民族战争转变为对外掠夺其他民族的侵略战争。1806年11月20日，他颁布大陆封锁令，对英国实行全面封锁。1807年11月，又率领大军强占葡萄牙，由此引起了1808—1814年的反抗拿破仑的西班牙战争。1808年3月，拿破仑率领数万法军进军西班牙首都马德里。5月2日，马德里人民举行起义，7月19日，两万法军在拜兰投降。1812年6月24日，不吸取失败教训的拿破仑又开始入侵俄罗斯帝国，9月，数十万法军占领了莫斯科，但俄国人民奋起反抗，拿破仑军队几乎全军覆没。

1814年3月31日，反法联军攻占巴黎，法兰西第一帝国土崩瓦解，拿破仑被流放至地中海的厄尔巴岛，他3岁的幼子继承了皇位。

1815年3月20日，这个军事天才再次创造了历史罕见的奇迹，他不费一枪一弹攻进了巴黎，重新登上皇帝宝座，开始了他的百日统治。欧洲各国又组成了第七次反法同盟。1815年6月18日，法军在滑铁卢战役中兵败，拿破仑再次退位，被流放到大西洋圣赫勒拿岛。

1821年5月5日，圣赫勒拿岛上掀起了最猛烈的风暴，太阳落山时分，拿破仑停止了呼吸，终年52岁。1861年4月，拿破仑一世的灵柩被安置在巴黎的圆顶大堂。

贝多芬

贝多芬是音乐史上最伟大的音乐家之一，为世界留下了许多具有深远影响的作品。同时，他也是一位昂扬的斗士，贫穷、疾病、孤独伴随他的一生，但他却用痛苦给世界创造了欢乐。人类将永远铭记这位音乐奇才。

路德维希·凡·贝多芬于1770年12月16日生于德国科隆附近的波恩，父亲是一个天性顽劣而酗酒的男高音歌手，母亲是一个富人家的仆人。贝多芬在很小的时候就展示出了极高的音乐天分，但生活的重担让他过早地承担了家庭的责任。

贝多芬17岁时，母亲去世，他担负起了照顾两个弟弟的责任。不久，欧洲大革命爆发了。贝多芬当时处于音乐的尝试期，从革命的浪潮中获得了很多启发，他读了荷马、莎士比亚等伟大作家的作品，并把这些人文思想运用到自己的音乐创作中。22 岁那年，他离开了波恩，前往音乐之都维也纳。那时他变得很自信，经常出入贵族家庭演奏音乐，在经济上已经完全独立了，并且得到了人们的尊重，他尽情地享受着音乐带给他的快乐。从维也纳开始，贝多芬走上了一条通往成功的路。

后来，他师从音乐家海顿，但他在海顿身上获得的东西是基于友谊上的帮助和艺术上的立场，他没能从海顿那里学习作曲，因为海顿无法教给他音乐创作之类的东西。所以，他又跟约翰·舒乃克学习作曲方法，为他的音乐创作奠定了基础。

贝多芬在维也纳的头 10 年，创作出了一些名曲。这一时期，他对社会和政治等问题又有了进一步的了解，并且能在音乐中得以充分表达。虽受耳疾的困扰，但他仍然没有放弃对音乐的追求。1801 年，他爱上了朱丽埃塔·圭恰迪妮，为她作了那首著名的《月光奏鸣曲》，而自己的残疾和圭恰迪妮的稚气与自私并未使他们结合，这些都使贝多芬苦恼。

1802 年的夏季，贝多芬去海林根城度假，这一时期他开始向命运抗争，《第二交响曲》就在这样的情况下完成。他的创作热情继续高涨，他将自己所独有的坚毅精神表现在《第三交响曲》（即《英雄交响曲》）中，这首交响乐就像贝多芬个人经历的一部自传。

1807 年末至 1808 年初，贝多芬完成了自己最为著名的作品之一《第五交响曲》（即《命运交响曲》）。他在交响曲第一乐章的开头，便写下一句引人深思的警语："命运在敲门"，并被世人引用为本交响曲具有吸引力的标题。这首乐曲声望非常高，演出次数颇多，可谓交响曲之冠。1808 年，他的另一部代表作《第六交响曲》（即《田园交响曲》）问世，整首曲子朴实无华，宁静而安逸，得到了听众的大力赞扬。

1810 年，贝多芬爱上了茜丽柴·玛尔法蒂，并为她写了一首独奏的钢琴小品《A小调巴加泰勒》，这就是后来著名的钢琴曲《致艾丽丝》。爱情的狂热为贝多芬带来了灵感，《第七交响曲》和《第八交响曲》就是在这样的状态下完成的。

当贝多芬创作最为辉煌的《第九交响曲》（即《欢乐颂》）时，他的耳朵已经全聋，身体状况十分恶劣，但他以超人的毅力，用 6 年的时间将此作品完成。《第九交响曲》的胜利，在贝多芬的心中留下了光荣的标记，因此，他在此后几年的音乐创作中，每支曲子都以一副新的面目呈现在世人面前。

贝多芬虽然一生都受疾病的折磨，但他却在痛苦中寻找欢乐，为我们留下了许多不朽的音乐作品。1827 年 3 月 26 日，贝多芬永远闭上了双眼，他终于脱离了疾病的缠绕，同时也不得不与钟爱一生的音乐挥手告别。

安培

我们所熟知的安培是表示电流的单位，它是以法国的物理学家安培的名字命名的。安培在他的一生中，只有很短的时期从事物理学工作，可是他却能以独特、透彻的分析，论述带电导线的磁效应，因此被称为"电动力学的先创者"。

安培 1775 年生于法国里昂一个富商家庭，他天资聪明，被人称为神童，早在 12 岁时，就已显现出很高的数学天赋。他跟随著名数学家拉格朗日学习数学，很快掌握了丰富的数学知识，并且在哲学、历史、文学等方面都有着较深的造诣。

然而，法国大革命的到来中断了安培平静的少年生活。1793 年，他的父亲在大革命中被处死，年仅 18 岁的安培失去了生活的依靠，不得不一边工作一边学习。后来，他成为一位教员，教授中学物理和数学。

安培 24 岁时又受到了一次打击，他的妻子因病去世。在很长的一段时间里，安培非常绝望，他变得消沉、忧郁。"真正的英雄绝不是没有卑下的情操，只是永不被卑下的情操所屈服罢了。"这位天才的物理学家最终走出了悲伤的阴影，重新振作起来。他离开了里昂那个令他伤心欲绝的地方，前往巴黎，开始系统地进行科学研究。

丹麦物理学家奥斯特在 1820 年 4 月的一次晚间讲演中，无意之中将灵敏的指南针放在了一条非常细的铂导线下边。接通电源的瞬间，奇迹出现了：磁针竟然晃动了一下。奥斯特惊喜万分，又反复实验，他发现磁针在电流周围都会偏转，于是发表了《关于磁体周围电冲突的实验》的论文，向学术界宣告了电流的磁效应，引起了世界物理学界的震动。

安培深受奥斯特的启发，多次重复了奥斯特的实验，终于发现了电流的方向和它产生的磁场方向有着一定的关系，可以用右手来表示它们之间的关系，这就是著名的右手定则。

安培的可贵之处，就在于他善于思索。当他发现了电流的方向和它产生的磁场方向的规律后，他又设计了一个实验，证实了两股电流各自产生的磁场也会相互施加作用力，并且推断出作用力的数学计算方法，这就是我们今天熟知的安培定律。

此后，安培又研究了通电螺线管的特性，为现代电磁铁的制作提供了原型。

1821 年，安培进一步提出了分子电流假说。新学说在当时却不为人所重视，因为还没有人能够站在这位科学巨匠的高度去认识物质的电结构。但是 70 年后，随着科学的进一步发展，人们终于证实了安培的假说，从而揭开了磁现象的电本质。

1827 年，安培出版了他的《由实验导出的电动力学现象的数学理论文集》一书。这是电磁学史上一部重要的经典论著。在书中，他系统地提出了"电动力学"的概念，并引进了"电静力学"的概念来总结过去关于静电荷的研究，并且一直被沿用到今。

1836 年 6 月 10 日，安培在因公前往马赛的途中不幸去世。因为他发现了电流的磁效应，所以使测量电流的大小成为可能，从而使电动力学真正走上了定量实验的发展道路。人们为了纪念他在电学上的贡献，将电流的单位命名为"安培"，使其名垂青史。

达盖尔

达盖尔是法国发明家，他拍摄出了世界上第一张光学照片。艺术家的气质和执着的追求成就了达盖尔事业的成功，他为摄影史开启了光辉的一页。

浪漫而富有艺术气质的法国人在18世纪时，一直致力于摄影技术的研究，达盖尔的出现让这一美丽的梦想变成了现实，使摄影技术深入人类生活的方方面面。

1787年11月18日，雅克·达盖尔出生在法国巴黎附近的高梅依里，这是一个到处充满艺术元素的城市，他在这里度过了自己的童年生活。1803年，他来到法国巴黎歌剧院给总设计师当助手，后来又给全景画家做助手，在外出写生时，他也经常使用当时很流行的针孔暗箱。并且，他还设计出一种"暗箱式万花筒"，把暗箱的原理应用到剧场的布景设计上，他把风景画通过阳光映在幕布上。后来，他在暗箱里装上磨光镜头和反射镜，使幕布上的布景更加逼真动人，他一直想把影像永远固定在幕布上，于是在这个方面不断做着研究和试验。

因为达盖尔只接受过有限的正规教育，缺乏物理和化学知识，所以研究进展缓慢。1827年。一位名叫尼普斯的科学家发现了一种显影的方法：将沥青和薄荷油混合液涂在金属版上，但是这种方法不易获得成功。达盖尔在借鉴尼普斯成功经验的基础上，对感光材料和摄影术进行着不断地研究。1835年，达盖尔取得了革命性的突破，他将一块进行过化学处理的银版放入照相机，没等影像在板上出现，就马上把它抽出来，放到水银蒸气中显影，影像很快就出现了。这次虽然取得了成功，但影像却不能永久保存。1837年，他将这套方法的知识产权卖给了法国政府，从而阻止了这项发明自由地流入世界，达盖尔也因此受到了法国政府给予的终生补助。

1838年，达盖尔在铜板上涂上碘化银，成功地研制出了摄影技术上最早的银版感光材料。但是，显影技术的研制虽然花费了达盖尔很多的时间，而最终的成功却源于一次偶然的发现。1839年的一天，达盖尔正在用碘化银薄片在太阳下感光，忽然间风云突变，满天的乌云遮住了太阳。无奈之下达盖尔只好将这张感光不足的薄片暂时放进了一个装着各种化学药品的箱子里。3天后，当他再次准备将薄片感光时，却惊奇地发现薄片显示出了非常清晰的图像。经过仔细地观察和分析，他终于找到了答案：原来是从打碎了的温度计里流出了一些水银，散落在药柜里，正是这些水银起了显影的作用。经过反复试验，达盖尔终于证实了自己的猜想。于是他将碘化银薄片进行短时间的感光，再用少量水银显影，最后使用苏打碱溶液冲洗定影，就获得了清晰的照片。经过多年的研究，达盖尔终于发明了完整的摄影技术。

1839年8月15日，达盖尔向法国社会各界展示了他拍摄出，来的世界上第一张光学照片，整个巴黎立即被轰动了。退休以后，他一直研究轻便快速的感光版。1851年，达盖尔在法国去世。

如今，摄影技术已经被广泛运用于每一个科研领域，在工业和军事上都有着许许多多的应用，是人类历史上最具有实际意义的发明。

法拉第

法拉第是英国著名的科学家，他一生并未受过正规教育，但却凭借着自己的勤奋努力和不懈追求最终带给了人类许多化学、电化学、电磁学等领域的新发现。历史将永远记住这位伟大的科学家。

法国作家大仲马这样评价法拉第："他的为人异常质朴，爱慕真理异常热烈，对于各项成就，满怀敬意；别人有所发现，力表欣羡，自己有所得，却十分谦虚。"

1791年9月22日，迈克·法拉第出生于英国伦敦郊区的纽因顿。由于家境贫寒，法拉第13岁就开始帮助父亲做铁匠工作。当时英国的图书出版业很发达，因此，图书装订行业收入颇丰，于是父亲后来将法拉第送到书店当学徒。乘此机会，法拉第在工作之余完全沉浸在读书的乐趣之中。

学徒期满的法拉第在一家印刷店里当装订工。一个很偶然的机会，他得到了一张科学演讲会的入场券，会场设在皇家学院，演讲者则是当时名气很大的戴维。戴维的雄辩口才和卓越才华深深地吸引了法拉第，他发现自己竟然能听懂戴维的演讲，这让他很兴奋。至此，法拉第决定离开印刷店，投身科学。于是他给皇家学会写了一封信，希望能到皇家研究院的实验室里工作，但信寄出后一直没有消息。后来他得知戴维在一次实验中炸伤了眼睛，需要一名抄写员帮他整理实验记录和文稿，便争取到了这份工作。戴维眼伤恢复后，法拉第又回到期刊装订部工作。

1813年1月，法拉第又大胆地给化学家戴维写信，并把自己曾抄得很工整的演讲记录寄给他。戴维很快回信给他，并竭力推荐他去皇家学院的实验室，至此，科学的大门终于向他打开了。后来，法拉第同戴维夫妇去欧洲考察，在近两年的考察中，他眼界大开，获得了许多教育之外的东西，为他在事业上的成功奠定了坚实基础。回国后，他继续投入研究中，1816年起，他连续3年发表了18篇论文，在科学界崭露头角。

1821—1831年，法拉第重点研究怎样将磁变成电的问题。他在研究中发现，变化的磁场在导体中能够产生电流，这个发现被称为电磁感应。既而，法拉第对牛顿的"空间除了粒子以外什么也没有"的说法表示怀疑。他在一根磁棒周围撒了一些铁屑，铁屑被磁化成无数个小磁针，它们所指示的方向都是磁棒周围对着磁棒作用力的方向，因各点方向不同，所以形成一条条的曲线。法拉第把这些曲线叫作"力线"，并用实验证明，两个磁极之间的空间充满着力线，他把这个充满磁力线的空间称为"磁场"。现代化的发电机都是根据法拉第的电磁感应原理制成的。

此外，法拉第在化学方面也做出了不少贡献，他发明了使气体液化的方法，成功地液化了氯气，接着又实现了硫化氢、二氧化氮等气体的液化。在电化学的方面，法拉第更是做出了开创性的工作，电解、电极、阳极、阴极等名词都是由法拉第最先提出的。

法拉第一生的发明、发现共计158项。然而，面对接踵而来的各种荣誉，他始终虚怀若谷。1867年8月25日，法拉第去世，永远离开了他热爱的科学领域。遵从他的遗愿，墓碑上只刻有他的姓名和生卒日期，但是并不影响生活在电气时代的人们永远记住他！

巴尔扎克

巴尔扎克是 19 世纪现实主义文学最杰出的作家之一，他的许多经典名著已成为世界文学史上不朽的作品。恩格斯曾经这样评价巴尔扎克："我认为他是比过去、现在和未来一切作家都要伟大的现实主义大师。"

巴尔扎克是欧洲现实主义文学的奠基人和杰出代表，他生活在法国大变革、大动荡时期，因此，他的作品大都表现了那个时期人们的生活，揭露了资本主义的罪恶以及人与人之间赤裸裸的金钱关系。

1799 年 5 月 20 日，天才作家奥瑙利·德·巴尔扎克诞生于法国中部的图尔城，父亲是 1789 年法国大革命后的暴发户，母亲是巴黎银行家的女儿。巴尔扎克一出生便生活在法国大动荡、大变革时期，他经历了拿破仑执政、波旁王朝复辟、第二共和国 3 个时期。家庭环境和社会环境为他以后的文学创作提供了丰富的素材。

巴尔扎克中学毕业之前一直寄住在外，没有母爱和家庭温暖的童年生活使巴尔扎克刻骨铭心。1814 年，他随同全家迁居巴黎，两年后，巴尔扎克考入巴黎大学法律系。在大学期间，巴尔扎克阅读了大量的书籍，其中包括历史、哲学、文学等。巴黎的生活扩大了巴尔扎克的视野，使他看到了法国资本主义社会的罪恶。大学毕业后，他不顾父母反对，毅然放弃了律师的风光职业，而选择了艰辛的文学创作道路。但是文学并不能让他过上衣食无忧的生活。从 1825 年起，为了能发大财，巴尔扎克经营印刷厂、办书局、开银矿……结果，他债台高筑，被警察四处搜捕，走投无路时，他又开始回到文学创作中。

1829 年，巴尔扎克完成了一部历史小说《朱安党人》，这是他的第一部重要作品，也是《人间喜剧》的第一部，标志着巴尔扎克的创作风格开始从浪漫主义转变为现实主义。1830—1831 年，巴尔扎克创作了 23 部小说，著名的有《苏城舞会》和《驴皮记》。此外，他还写了近 200 篇杂文、小品、随笔、政论等，巴尔扎克一时成了巴黎家喻户晓的人物。长篇小说《欧也妮·葛朗台》的发表则标志着巴尔扎克现实主义创作方法走向成熟。

1833 年，巴尔扎克与出版商签订了 12 卷《19 世纪风俗研究》合同，即《人间喜剧》的最初构想。此后的近 20 年是巴尔扎克创作的巅峰时期。在这段时期里，他以超人的毅力和才智，夜以继日地进行创作，终于完成了一部规模空前，内容丰富的惊世之作——《人间喜剧》。这部作品写尽了法国人民生活的各个层面，被称为"社会生活的百科全书"，为后人研究分析变革时期的法国社会提供了丰富的素材，是欧洲文学史上一座不朽的丰碑。同时，《人间喜剧》的序言是一篇创作宣言，是巴尔扎克现实主义创作理论的结晶，也是人类文化史、思想史上划时代的经典文献。

巴尔扎克在晚年还创作了《幻灭》第三部、《贝姨》《邦斯舅舅》等十几部小说，其中《贝姨》是他晚年的杰作。

1850 年 3 月 14 日，巴尔扎克与德·韩斯迦夫人在乌克兰举行了婚礼。然而，同年

历史名人

的 8 月 18 日，51 岁的巴尔扎克在巴黎病逝，被安葬在拉舍兹神甫公墓。

普希金

普希金是俄国文学史上最伟大的作家，他在诗、小说等文学领域中有诸多经典的作品。富有开创精神的一生使他成为俄国人民永远崇拜并引以为荣的艺术之神和民族之魂。

普希金于 1799 年 6 月 6 日诞生在莫斯科一个家道中落的贵族家庭，他的父亲热爱诗歌艺术，母亲是一个混血儿，普希金的童年是在一个充满文学气息的氛围中度过的。

1801 年，俄国新沙皇亚历山大一世上台，他吸取前任教训，放松了外国书刊进入俄国的检查，并开办了一些新的高等学校，欧洲思潮和文学思潮大量涌入，因此，俄国出现了一次小小的"文艺复兴"。1811 年，普希金在皇村中学上学，在学校里他接受了进步教师所传播的先进思想，并逐渐形成自己的政治观点和文学观点。在校期间，普希金经常和同学们一起写诗，成为公认的最有才华的诗人，此间他发表了第一篇诗作《致诗友》。

毕业后，普希金被分配到外交部任职。但他无意仕途的腾达，一心扑在了文学创作上，写了一系列的政治抒情诗。《自由颂》是他这一时期的著名作品，但在当时并未发表，因为里面有让沙皇感到害怕的诗句，不过它以手抄本的形式在社会上广为传诵。

1818 年，普希金创作了一首著名的政治抒情诗——《致恰达耶夫》。这首诗是献给皇村时他结交的挚友恰达耶夫的，诗中充满了爱国主义激情，它所表达的已不再是诗人个人的情感，而是一代革命青年的共同心声。

普希金的政治诗在社会上产生了巨大影响，引起了当局的注意，他被流放到了南方。4 年的流放生活唤起了他强烈的创作欲望。其中《高加索的俘虏》《强盗兄弟》《巴赫契萨拉依的喷泉》是他浪漫主义诗歌的杰作。1826 年 12 月，普希金为西伯利亚苦役犯写了一首著名的诗——《寄西伯利亚囚徒》。1900 年，列宁曾在《火星报》上把诗中的第二句用作刊头词，在中国，则将它译成"星星之火，可以燎原"。

1827 年，普希金完成了浪漫主义叙事长诗《茨冈》，这首诗表现了诗人对自由的赞美，是俄国文学中积极浪漫主义的巅峰之作，标志着诗人的创作由浪漫主义向现实主义的过渡。诗体小说《叶甫盖尼·奥涅金》创作于 1823 年冬天，直到 1830 年秋才完成。这部作品以它新颖的题材、灵活的结构、丰富多彩的语言在世界文学史中占据着重要的地位。1831 年，普希金与美丽的冈察洛娃结婚。此间，他创作了历史小说《上尉的女儿》，这部小说是他的"压卷之作"，具有很高的文学价值，成为世界古典文学中的经典之作。

长期以来，普希金猛烈抨击沙皇专制制度，引起了贵族们的强烈不满，他们采用各种手段对他进行打击报复。一次，他们让冒险家乔治·丹特士设下圈套，使普希金卷入一场决斗，最终普希金倒在了他的枪下。1837 年 1 月 29 日，这位伟大的诗人因为负伤失血过多，永远离开了人世，年仅 38 岁。"俄国诗歌的太阳沉落了。"他的早逝令俄国进步文人大为感叹。

雨果

在 19 世纪这个造就伟人的世纪，雨果是璀璨群星中最亮的一颗，他的文学成就超越时空，光耀历史。雨果的身上凝聚了一个时代的精粹。他的作品无论是从体裁的驾驭上，还是对事物的观察、分析上，都成为文学中无与相媲的巨人。

雨果是法国最杰出的文学大师，是法国积极浪漫主义的一面旗帜。在他 60 多年的创作生涯中，为世人留下了许多优秀的文学作品。

维克多·雨果 1802 年 2 月 26 日生于法国南部的欠尚松城，祖父是木匠，父亲是共和国军队的军官，曾被拿破仑的哥哥西班牙王约瑟夫·波拿巴授予将军衔，是这位国王的亲信重臣。雨果很小的时候，就对文学表现出了独特的敏感，他对拉丁文和西班牙语的熟悉速度异于常人。在崇尚"自由教育"的母亲的指导下，雨果阅读了大量伏尔泰、卢梭、狄德罗等人的作品，给他日后为自由而战作了理论铺垫。

1814 年，12 岁的雨果开始接受正规的学校教育。在学校里，他的诗歌创作得到了学监毕斯卡拉的赞赏。1820 年，年轻的雨果以出色的诗歌作品荣获了法国著名学府图卢兹学院的金百合花奖和金鸡冠花奖，而且还成了学院中最年轻的院士。1822 年，雨果的第一部书《短歌集》出版，诗集的一版再版让雨果名利双收。几年之后，他完成了一部献给父亲的剧本《克伦威尔》，并为这本书撰写了序言。后来，由于作品的篇幅过长而没有搬上银幕，但这本书的序言却引起了强烈的反响。在序言中，雨果阐明了他的选择和立场，旗帜鲜明地向古典主义展开全面进攻，成了浪漫主义运动的宣言。此后，他又发表了著名的诗集《东方集》，在画家和艺术家中引起了巨大轰动。1830 年，雨果的悲剧《欧那尼》上演，该剧在法兰西剧院连演 100 场，场场爆满。《欧那尼》的巨大成功，成为浪漫主义最后战胜古典主义的标志。

1834 年，雨果的小说《巴黎圣母院》轰动了整个欧洲文坛，它甚至对法国的建筑艺术也产生了深远影响，主人公卡西莫多、爱丝米拉达成为经典的艺术形象。1845~1848 年，雨果倾注全部精力来创作《悲惨世界》，但是后来由于战乱、流亡等原因，这项工作被迫停止。直到 1860 年，雨果对这部小说又开始了新一轮的创作，1 年之后，他终于完成了这部杰作。比利时书商阿贝尔·拉克卢瓦以 30 万法郎买下了此书 12 年的版权。《悲惨世界》共分 5 个部分，仿佛一部气势恢宏的史诗，这部作品是浪漫主义与现实主义的交融体，创作方法倾向于现实主义，小说也突出了浪漫主义的对比原则，夸张的人物塑造表达出浓郁的批斗效果。

晚年，雨果除发表《村园集》《祖父乐》《精神四凤集》等诗集外，还创作了长篇历史小说《九三年》，该作品真实地表现出革命与反革命之间的残酷斗争。

1885 年 5 月 18 日，雨果染上了肺炎，肺部充血，病情严重，5 月 22 日下午 1 时 30 分，这位崇尚"自由、平等、博爱"的文坛巨星陨落。在弥留之际，他为世人创造了最后的佳句："人生便是白昼与黑夜的斗争。"

达尔文

　　达尔文是英国杰出的科学家，他是进化论的提出者。达尔文的进化论是科学史上一次革命，极大地推动了近代科学的发展。而他锲而不舍的钻研精神、实事求是的科学态度和生命不息、战斗不止的顽强毅力，也成了人类追求真理的典范。

　　达尔文在生物学的发展史上最杰出的贡献就是提出了生物进化论，他首次把生物学完全放在科学的基础之上，冲破了生物学被神学所禁锢的堡垒，实现了生物学的伟大革命。进化论、能量守恒和转化定律及细胞学说被誉为19世纪自然科学的三大发现。

达尔文

　　1809年2月，查尔斯·达尔文出生在英格兰什罗普郡的什鲁斯伯里小镇。他的父亲是一位负有盛名的医生，他的祖父则是18世纪一位思想敏锐的哲学家、气象学家、博物学家、诗人和医生，也是进化论的先驱之一，曾写过一些以进化为主题的诗作。毫无疑问，达尔文日后能成为皇家学会的成员和科学进化论的创始人，与他家庭环境的熏陶是分不开的。

　　1825年，16岁的达尔文进入爱丁堡大学学习医学，后又被送到剑桥大学学习神学，但他最感兴趣的是自然科学，所以将大量的时间用于阅读自然科学书籍、采集和研究昆虫。在学习期间，他认识了植物学教授亨斯罗，这对他一生有很大的影响。亨斯罗教授经常带达尔文去野外考察，培养了达尔文的观察和研究能力。经过亨斯罗教授的推荐，达尔文于1831年以博物学家的身份参加了"贝格尔"号军舰的环球航行。这是他一生中最重要的一段经历，对他的事业起到了极为重要的作用。

　　根据这次考察的结果，1837年7月，达尔文开始写第一本记录有关物种起源事实的笔记。他研究了大约150个品种的鸽子，并把这些家鸽与野生岩鸽在外部形状和骨骼构造等方面进行比较，形成了人工选择理论。这一理论启发了达尔文，经过深入分析研究，他终于提出了"自然选择"学说。这个学说是达尔文生物进化理论的核心部分。

　　1844年，达尔文写出了长达230页的《物种起源问题的论著提纲》，建立起了《物种起源》的主要框架。历经20年的艰辛创作，这部生物史上划时代的巨著终于在1859年11月24日问世。这本鸿篇巨作包含了14章的内容，援引了大量证据证明在自然选择作用下的物种进化规律，它通过家鸽与野生鸽子的比较，提出了"选择"的作用。随后他又将这种"选择"推及自然界，通过大量事实证明了"自然选择"对于生物进化的重要作用。

在这部巨著的附言中，达尔文写下了几句颇具预见性的关键语句，例如：所有的动植物也许都是从单一的原始种类遗传下来的。在当时这只不过是达尔文尝试性的结论，但100年后却得到了准确的证实。

达尔文在自传中写道："我一生中主要享受和唯一的职业就是科学研究，工作带来的兴奋使我有时忘记甚至驱走了平时困扰我的病痛。"的确如此，达尔文将一生都献给了科学事业。1882年4月19日，这位伟大的科研工作者平静地走完了自己的一生，并被安葬于牛顿的墓旁。

南丁格尔

南丁格尔是现代护理专业创始人，她毕生致力于护理事业的改革与发展，取得举世瞩目的辉煌成就。这一切，使她成为今世人敬仰和赞颂的伟大女性。

在我们的印象中，医院的一切总是那么整洁、安静，而又安排得井井有条。身穿白衣的护士们从一张病床走到另一张病床，按照医生的指示护理着病人。这些勤劳的妇女通常都很镇静、友好和愉快，他们尽可能使病人的生活舒服，尽可能解除病人的痛苦。事实上，在一个半世纪前，情况就大不相同，而为促成这些变化做出最大贡献的人就是弗罗伦斯·南丁格尔，她被人们誉为"提灯天使"。

佛罗伦斯·南丁格尔1820年5月12日出生于英国一个名门富有之家，她的父亲毕业于剑桥大学，是一名统计师，母亲也出生于英国望族。南丁格尔曾在巴黎大学就读，父母对她给予厚望，希望她能从事一份体面的职业，所以起初非常反对她去做护理工作。

1849年，南丁格尔结识了当时在德国护理史上颇具影响力的泰德尔·弗利德纳。次年，她到弗利德纳夫妇在恺撒斯畏斯城创办的女执事训练所见习两周，并写下了论文《莱茵河畔的恺撒斯畏斯学校》，呼吁英国淑女们到恺撒斯畏斯担任女执事。

南丁格尔于1853年担任伦敦患病妇女护理会监督。1854—1856年，在克里米亚战争中，南丁格尔以慈善之心为交战双方的伤员服务。许多士兵从克里米亚返回英国后，把南丁格尔在战地医院的业绩编成小册和无数诗歌流传各地。有一首诗在50年之后仍在英国士兵们重逢时传诵，诗中称南丁格尔是"伤员的保卫者、守护神，毫不谋私，有一颗纯正的心，南丁格尔小姐，是上帝赐给我们最大的福恩"。由于在战争期间的卓越贡献，当时英国维多利亚女王授予南丁格尔圣乔治勋章和一枚美丽的胸针。

1857年，在南丁格尔的努力下，英国皇家陆军卫生委员会和军医学校成立。1860年，她在英国圣托马斯医院建立了世界上第一所正规护士学校。南丁格尔把护理工作从社会底层提升到了受人尊敬的地位。她撰写的主要著作成为医院管理、护士教育的基础教材。

南丁格尔的办学思想由英国传到欧美及亚洲各国。瑞士慈善家吉恩·亨利·敦安在她的影响下，于1863年在日内瓦成立了国际红十字会。

1901年，南丁格尔因操劳过度，双目失明。1907年，爱德华七世授予南丁格尔功绩勋章，她成为英国历史上第一个接受这一最高荣誉的妇女。

1910 年 8 月 13 日，南丁格尔在睡眠中溘然长逝，享年 90 岁。她生前留下的遗嘱长得出奇。她在遗嘱中不厌其烦地、一件件地详细交代了分赠和处理所有遗物的指示。遗嘱里特别叮嘱："埋葬我那凡间躯壳的一抔土，不要有任何纪念性的建筑。"如果这样做不可能，则请把她的遗体"就近入土"，并只立一个简单朴素的十字形墓碑，上面不留姓名，只刻缩写字母和年份。

为了尊重她本人的遗言，她被安葬在家族墓地里。棺木由六名英国陆军军士抬着，安葬到一个很普通的墓穴中。纪念这位巾帼英雄的只有镌刻在家族墓碑上的一行小小的铭文："F. N.，1820 年生，1910 年卒。"

1912 年，国际护士会将 5 月 12 日定为国际护士节，以缅怀和纪念这位伟大的女性。

托尔斯泰

托尔斯泰是 19 世纪俄国最杰出的现实主义大师，也是世界最伟大的小说家之一。托尔斯泰的一生是探索的一生，是为人类寻找幸福出路的一生。他的作品，无一不留下他探索的深深足迹。列宁称托尔斯泰为"俄国革命的一面镜子"。

托尔斯泰曾经说："我写作是因为我喜欢，虽然我知道它是一项非常艰辛的工作，但是我还是要写。"这正是他一生不懈追求的写照。

1828 年 8 月 28 日，列夫·尼古拉耶维奇·托尔斯泰出生于俄国图拉省一个贵族伯爵世家。他 2 岁丧母，13 岁丧父，家庭的不幸使托尔斯泰的心智过早成熟。

托尔斯泰自小在家庭中接受的是贵族式教育，1844 年 6 月，托尔斯泰进入喀山大学东方语言系。大学期间，他大量阅读哲学、文学方面的书籍并受到卢梭接近自然、过俭朴生活的哲学影响，开始怀疑宗教，厌恶上流社会。他不满学校腐化的教学制度，最终申请退学回到波良纳庄园，并在此居住长达 60 年。

1851 年，托尔斯泰随大哥尼古拉一起入伍高加索，参加了在克里米亚战争中的塞瓦斯托波尔的保卫战争，并担任炮兵连连长。在高加索服役的 5 年中，托尔斯泰读了很多文学作品，并确立了他一生的事业——文学创作。

在战斗之余，托尔斯泰创作了自传体三部曲的前两部《童年》《少年》以及《塞瓦斯托波尔的故事》等小说。《童年》发表在《现代人》杂志上，小说描写了一个敏感的生于贵族家庭并喜欢作自我剖析的儿童的精神成长过程。之后，他在作品《少年》中，继续描写了主人公的精神成长过程，体现了他新的道德追求和批斗意识的觉醒。1856 年，托尔斯泰完成了自传性的中篇小说《一个地主的早晨》和自传体三部曲中的最后一部《青年》。其中，影响较大的是《一个地主的早晨》，这篇小说首次表现了托尔斯泰对农民问题的探索，主人公聂赫留道夫反映了当时托尔斯泰思想的主要特征。

1859 年，托尔斯泰在波良纳庄园创办学校，试图用教育改良社会，并把这作为他一生的主要任务。因学校规模不断扩大，声誉日渐提高，沙皇政府对他施加了极大的压力，学校被迫停办。此后，托尔斯泰与莫斯科名医别尔斯的女儿索菲亚结婚。婚后生活十分幸福，这极大地激发了他的创作热情，他先后创作了中篇小说《哥萨克》及长篇小说《战争与和平》等。《战争与和平》一经问世，便在俄国文坛上引起了空前的轰动，被称为是近代的《伊利亚特》。

经过 5 年的艰辛创作，托尔斯泰又完成了另一部轰动文坛的长篇小说《安娜·卡列尼娜》。作者通过主人公安娜追求自由爱情的悲剧和青年地主列文改革社会的悲剧两条主线，深刻地反映了农奴制度改革后的俄国社会现实。

《复活》是托尔斯泰历经 10 年创作的艺术结晶，是继长篇小说《安娜·卡列尼娜》之后集中宣传"托尔斯泰主义"的重要作品，以其卓越的现实主义风格成为世人皆知的经典著作。

托尔斯泰晚年创作了大量的小说、剧本、文论以及政论。其中，较著名的有短篇小说《舞会之后》，剧本《活尸》等。

1910 年 10 月 28 日，托尔斯泰在不被家人理解的痛苦中离家出走。不料，途中得了肺炎，于 11 月 7 日逝世，享年 82 岁。

诺贝尔

诺贝尔是瑞典杰出的发明家、实业家。他成功研制了炸药，并不断进行完善，在炸药的发展中起到了开创性的作用。诺贝尔热爱科学，呼吁和平，创立了以其名字命名的奖金，用以鼓励在科学、文学以及人类和平等方面做出重大贡献的人。

诺贝尔是一个蜚声四海、妇孺皆知的名字。他设立的诺贝尔奖，如今已成为世界上首屈一指的奖励基金，是对人类最高智慧的鼓励和奖赏，激励着每一位为人类做出贡献的杰出人物。

1833 年 10 月 21 日，艾尔弗雷德·诺贝尔生于瑞典斯德哥尔摩，他的父亲是位发明家和实业家。诺贝尔出生后，父亲的家业已经破产，家庭境况开始衰落。诺贝尔从小接受的正规教育很少，但受父亲的影响，他从小就热衷于发明创造。16 岁时，诺贝尔已成为优秀的化学家，并可以流利地说英、法、德、俄、瑞典等多国语言。

在父亲的鼓励下，诺贝尔前往欧洲考察学习。在考察中，新的科学知识像涌出的泉水一样，让诺贝尔不知疲倦地吸收着。返回家中后，他先在父亲的工厂工作，这个工厂主要负责给当时的沙皇俄国供应战争物资。战争的结束给诺贝尔父亲的工厂带来了负面影响，很快工厂就破产了。诺贝尔留在了俄国，创立了一家制造钻孔工具的工厂，此时，他对硝化甘油炸药产生了极大的兴趣。虽然当时已有许多科学家进行炸药的研究了，但由于硝化甘油的威力太大，他们不知道如何控制这种具有强烈爆炸性的液体。诺贝尔经过认真研究，决定为硝化甘油寻找一种相宜的控制方法。

1860 年春天，诺贝尔在斯德哥尔摩市郊建起了一座研制硝化甘油炸药的实验工厂。他花费大量的时间查阅资料，进行着各种各样的实验。然而不幸的事发生了，工厂突然发生了爆炸，诺贝尔的弟弟兼助手连同工厂被凶猛的大火吞没了，诺贝尔则从浓烟中爬出，幸免于难。这次事故是诺贝尔研制炸药过程中遇到的最大一次灾难。

弟弟的惨死让父母悲痛欲绝，公众也对诺贝尔采取敌对态度，但他没有被眼前的困境压倒，继续投入研究中。他决定发明一种更易于操作的、比较安全的炸药。1867 年，诺贝尔研制出了黄色炸药，并获得了发明权。它的研制成功使得硝化甘油能以更安全的方式生产，也更容易操作。之后，诺贝尔发现了硅藻土，经过反复实验，制成了硝化甘油和硅藻土合为一体的固体炸药。它最大的优点在于，不会因为震动、撞击、加温而自发地引起爆炸。随后，诺贝尔给这种炸药取名为"达纳炸药"，并申请了专利。此后，他又研制成功了爆炸胶，降低了炸药的生产成本。经过近 9 年的时间，诺贝尔又发明了无

艾尔弗雷德·诺贝尔

烟炸药。这种炸药不仅便宜，而且可以无限期储存。爆炸胶和无烟火药被认为是世界火药史上最杰出的发明，诺贝尔成为名副其实的"炸药大王"，随之而来的是滚滚财富和诸多名誉。

然而，诺贝尔是一个有使命感的和平主义者。在遗嘱中，他将94%的财富用来设立了一个年度奖基金，以奖励全世界在物理学、化学、生理学或医学、文学及和平事业中"对人类做出巨大贡献"的人。1896 年 12 月 10 日，这位科学家与世长辞，享年63 岁。

伦琴

伦琴是德国物理学家，他是第一位认识到 X 射线是一种不同于阴极射线的科学家。广博的知识、深厚的造诣、严谨的工作态度和顽强的毅力，最终使伦琴高瞻远瞩地揭示了前人所未知的新现象。

威尔姆·康拉德·伦琴于 1845 年出生在德国的一个商人家庭。3 岁时，全家迁往荷兰，伦琴在荷兰接受教育直到 1865 年。同年，他考取了瑞士的苏黎世综合工业学院，师承两位著名的物理学家，一位是创立热力学第二定律的鲁道夫·克劳修斯，另一位是伦琴的导师奥古斯特·孔特。这时他已经发表了 48 篇科学论文。

1895 年 11 月的一个傍晚，伦琴正在做阴极射线管中气体放电的实验，这项研究首先要进行大气人工放电的实验。在一个长长的玻璃管两端，一边封入一个正极，一边封入一个负极，当高压电流通过后，管内气体就会放电，同时发出夺目的光彩。伦琴在实验室内正重复着这一众所周知的实验，为了避免可见光的影响，伦琴特地用黑色

纸板将玻璃管包起来，并在暗室中进行实验。当他接通高压电源使阴极射线管发光时，他眼前突然闪过一丝绿色的荧光，当切断电源后，荧光也随之消失。伦琴再三重复这个实验，每次都出现同样的荧光。终于，他发现神秘的荧光是由不远处的一个镀有亚铂氰化钡（一种荧光材料）的小屏发出来的。

小屏为什么能发光呢？为了弄清问题的究竟，伦琴仔细查看了放电管和发出荧光的小屏，但找不到设备上的任何变化。放电管虽然能发出阴极射线，但它在空气中只能通过几厘米，不可能照射到 2 米远的小屏上。伦琴又重复了这一实验，他把小屏不断挪远，但每次都有荧光出现。伦琴心想，一定是放电管又发出了一种新的射线。伦琴是一个严谨的人，他决定反复进行实验，以验证他的猜想。他分别把木头、铝、橡胶等物质放在放电管与荧屏之间，但结果都被这种神奇的射线所穿透。最后，伦琴找来一块铝板，终于挡住了这种射线。

伦琴对这一新发现紧追不舍，竭尽全力做出全面的检验以得出"完美无瑕的结果"。他在实验室中高度兴奋地连续工作了 7 周，最终确定这是一种新的射线，但因其性质不明，伦琴将它命名为 X 射线。实验结果还表明，X 射线以直线方式进行传播，不受磁场干扰而发生偏转现象，尤其是这种射线具有很强的穿透性，只有少数几种物质对它有吸收能力。

之后，伦琴又做了一个十分有趣的实验，他请自己的妻子来到实验室，让她把手放在用黑纸包严的照相底片上，然后用 X 射线对准手照相。显影后，伦琴夫人的手骨像清晰地呈现在底片上，连手指上的戒指也十分清晰。这是一张具有历史意义的极其珍贵的照片。3 个月后，维也纳医院首次采用 X 射线为人体进行拍片，一个重大发现被如此迅速地应用到实际中也是很少见的。

1895 年 12 月 28 日，伦琴将他的新发现公之于众，几天后便引起了轰动。其反应之强烈，传播之迅速，实为科学史上所罕见。伦琴也因此获得了许多荣誉，其中有 1896 年德国皇帝威廉二世授予他的勋章，也有 1901 年第一届诺贝尔物理学奖。1923 年，伦琴逝世，享年 78 岁。

爱迪生

爱迪生是美国历史上最伟大的发明家之一，他一生痴迷于发明创造，是世界上少有的发明奇才，对人类文明的发展做出了巨大的贡献。爱迪生共拥有 1093 项发明的专利权，其中，电灯、留声机、电影放映机的发明具有划时代的意义。

如今，爱迪生似乎已经成为发明创造的代名词，他的一生充满了传奇色彩。

1847 年 2 月 11 日，托马斯·阿尔瓦·爱迪生出生在美国俄亥俄州一个叫米兰的小镇，父亲塞缪尔是个木材商人，母亲南希是一个苏格兰裔的加拿大人，他们一共生了 7 个孩子，爱迪生是最小的一个。爱迪生刚出生时身体羸弱，医生及家人认为他先天性不足。

1855 年，8 岁半的爱迪生进了当地的一所白人学校，后来他因为调皮，被学校开除回家。9 岁那年，在母亲南希的指导下开始阅读《自然与实验哲学》，书中讲的是物理和化学上的试验。依据书中的图，他做了很多试验，为日后的发明创造奠定了坚定的基础。

1859 年，爱迪生在火车上卖报纸，他用赚来的钱买了化学药品，放在火车上，在卖报的空暇时间里进行化学实验。有一天，火车经过一处曲折的路基，车身忽然震动起来，实验室里一个放着磷块的玻璃瓶掉在地上打得粉碎，磷因摩擦起了火，把车厢地板也烧坏了。火被扑灭后，车长狠狠地打了他一巴掌，并把他赶下火车。虽然没有发生什么大事，但是爱迪生却因那一巴掌导致听力严重受损。

19 世纪 60 年代，收报机的发明成为爱迪生个人生活的转折点，它标志着爱迪生成为了发明家。1869 年 6 月，爱迪生来到纽约，寻求更大的发展空间。他为华尔街的老板发明了一台股票行情自动收报机，换取了 4 万美元的收入，自此在海内外声名远播。

1871 年，爱迪生与梅莉·史迪威结婚。此后，他将家搬到新泽西州，建立了世界上第一个工业研究所，被称为"发明工厂"。在此期间，爱迪生将自己的发明才能发挥到了极致，除了改进电话，留声机、实用化的发电机都是在这里发明的。

除了留声机，爱迪生的另一项重要发明就是电灯。电灯的试验是爱迪生花费心血最多的一项试验。据说他为了找到合适的材料作灯丝，试验过 1600 多种耐热材料，还是没有成功。在一次偶然的机会中，他在一本杂志上看到英国工程师斯旺用炭丝做成白炽灯的报告，从中受到启发。他将棉线烧成炭丝，将这种炭丝装进灯泡，再小心地抽干灯泡中的空气，当电灯通电时，发出了亮光，持续了 45 个小时，电灯照明终于实现了。此后，经过不断改进，他又找到了新的发光体——日本竹丝，发光时间可持续1000 多个小时，达到了耐用的目的。

1884 年，爱迪生的太太不幸病逝，他沉浸在无限的悲痛之中。后来，经朋友介绍，他又与一位叫米勒的小姐结婚。不久，他又热情饱满地投入新的研究中。1889 年，爱迪生又开始了电气领域的另一项发明——电影。1894 年，他拍摄了世界上第一部叫作《列车抢劫》的电影，爱迪生再一次声名大噪。

爱迪生晚年虽然疾病缠身，双耳失聪，但充沛的精力使他与年轻时毫无二致。1931 年 10 月 18 日凌晨，这位人类最为杰出和贡献最多的发明家、科学界少有的奇才在美国去世，享年 84 岁。

贝尔

在通信方式如此便捷的今天，如果我们再回头去看看昔日那个时代，或许无法想象与外界失去联系的生活会是怎样的。贝尔的命运是与那细细的电话线连在一起的，电话的发明给他带来了无尽的荣誉，也给人类带来了翻天覆地的变化。

亚历山大·格雷厄姆·贝尔于 1847 年出生在苏格兰爱丁堡市，他的父亲和祖父都是著名的语音学家。贝尔很小的时候，父亲就教他怎样清晰、有顿挫地发表演讲，还经常让他自己练习。在父亲的潜移默化下，贝尔对语音复制产生兴趣，并一心想为有听力障碍的聋哑人排忧解难。

贝尔在学校接受的教育很少，正规的学校不能让他产生浓厚的兴趣，于是家人把他送到了伦敦大学学习声学专业。由于受小时候的影响，他学习兴趣渐渐高涨，很快掌握了人体发声器官和收听器官的构造，这为他发明电话奠定了基础。

1873 年，贝尔被任命为波士顿大学演说系教授。可是没过多久，贝尔就辞去了教授职务，潜心于电话的设计和实验工作。同时，他去求教美国电气物理学家亨利教授。亨利教授给了他极大的鼓舞，拍拍他的肩膀说："你这是一件了不起的发明，干吧！"

科学的道路是艰辛的，天才的火花最终转换成伟大的发明，其间要经历的磨难是常人难以想象的。此时的贝尔既缺经费，又没有技术上的帮助，幸运的是，贝尔 1875 年回到波士顿，结识了一位聋儿学校的校长哈伯德，经费的问题才得以解决。后来，贝尔又结识了年轻的电学专家沃森，两位年轻人克服重重困难，以顽强的毅力进行着实验。

尽管哈伯德认为改进电报机比研制电话更重要，但他还是在贝尔不知情的情况下替他申请了专利。事实证明，这位脾气古怪的老人的做法是对的。因为就在当天下午，另一个发明家格雷也申请了此项专利，如果不是哈伯德先生，电话发明的历史或许就要改写了。

贝尔电话的专利申请于 1876 年 3 月 3 日核准生效，这天正好是他 29 岁的生日，这项发明后来也成为美国商业史上最赚钱的发明之一。

尽管贝尔在哈伯德的帮助下申请了专利，但真正的电话传声是在 1876 年 3 月 10 日的实验中实现的。想要获得清晰的声音，最大难点在于改变电阻。贝尔设想，在振动膜上装一根金属针，并使针尖接触稀硫酸的液面，振动膜一振动，硫酸液体表面的针便上下浮动，引起电阻的变化，接着以电脉冲的方式传递给受话器一方的电路和电磁铁。

之后的两个月，贝尔和沃森又做了很多试验和探索，贝尔还向两个科学团体——美国艺术与科学院及麻省理工学院艺术和科学协会宣布了他们的发明。1876 年 7 月底，为迎接美国百年大庆，政府打算在费城举办一个百年成就展。在众多的发明中，科学家们选中了电话作为展品。这次展览成为电话发展和贝尔生活中具有重大意义的事件。

虽然电话发明使贝尔成了富翁，但是他从来没有中断研究工作。后来，他还发明了几项有用的仪器。1922 年，贝尔在波士顿去世。

普朗克

量子论开辟了量子学的新纪元，作为第一个提出量子论的物理学家，普朗克在这一领域的研究对于理论物理的发展和对整个自然界的理解极为重要，他当之无愧地成为这场革命的英雄。

马克斯·普朗克于 1858 年 4 月 23 日出生在德国基尔市，他的父亲是基尔大学的法学教授。普朗克 11 岁时，因为父亲的工作调动，全家迁至慕尼黑。他在慕尼黑度过了快乐的少年时期，并进入慕尼黑高级中学学习。

大学期间，普朗克跟随亥姆霍兹、基尔霍夫和克劳修斯学习，普朗克是克劳修斯的敬仰者。1879 年 7 月 28 日，普朗克选择热力学的可逆转换问题作为博士答辩论文，从而获得了哲学博士学位。次年，他接受慕尼黑大学的教职，5 年后接受基尔大学的聘任。1889 年普朗克成为柏林大学物理学教授，当时，那是德国物理学家最盼望得到的高级职位。

1900 年 10 月 19 日，普朗克在德国物理学会的一次会议上公布了他的新公式。然而，他深知新公式只是一个半经验公式，没有理论解释，所以经过反复论证后，于同年 12 月 24 日在德国物理学会上宣布了自己的假说。由此，人们将那一天定为量子论的诞生日。

1918 年，普朗克在斯德哥尔摩瑞典皇家学会上宣读了《量子论的诞生及其发展》，对量子理论做了全面的阐述。普朗克还向世界公布了他的重要发现——基本量子。因为在黑体问题上的成功研究和量子概念的创立，普朗克荣获了 1918 年的诺贝尔物理学奖。

普朗克晚年退出科学界。由于他呼吁希特勒停止对犹太人的迫害，1935 年，被免去了德国威廉大帝科学研究会会长的职务。

第二次世界大战结束不久，普朗克恢复原威廉大帝科学研究会（那时已改称马克斯·普朗克学会）会长的职务。1947 年 10 月 3 日，普朗克在哥廷根去世，享年 89 岁。

泰戈尔

泰戈尔是印度著名诗人、作家、艺术家和社会活动家。他积极参与印度的民族解放运动，许多作品描写了印度人民在帝国主义统治时期水深火热的生活。无法比拟的人格魅力、经典亘古的文学作品，使他成为世人敬仰的一代文学宗师。

泰戈尔是印度近代伟大的作家，他为印度近代进步文学开辟了先河。同时，他还成功地运用生动的孟加拉口语写诗，给印度诗歌开拓了一片新天地，为后人留下了无尽的文学宝藏。

同时，泰戈尔是一位伟大的人道主义者、爱国主义者，他一直关心着世界的前途和人类的命运，特别是劳苦大众的命运；他热爱祖国，反对殖民主义的侵略和奴役政策，为祖国的独立自由大声疾呼和辛勤奔波；他热爱印度古老的民族文化，但并不排斥对西方文化的学习和借鉴；他的创作取材于印度的现实生活，反映印度人民在殖民主义、封建主义和愚昧落后思想重压下的悲惨命运。在创作中，他既吸收印度民族文化的营养，又借鉴西方文化的长处，是使东西方文化相互交融的先驱者。特别是他的诗歌，哲理深邃，抒情浓郁，格调清新，语言优美，深深打动读者的心弦，为诗歌艺术做出了开拓性的贡献。

泰戈尔的全名是罗宾德拉纳特·泰戈尔，他于 1861 年 5 月 7 日出生在印度东部的加尔各答。这是一个学术气氛浓郁的家庭，他的祖父和父亲是著名的社会活动家和宗教改革家，他的 13 个哥哥姐姐中，有哲学家、音乐家、戏剧家、小说家、爱国志士等。

泰戈尔 7 岁开始接受教育，先后被送到当地的 4 所学校学习，和所有在少年时就展现出才华的孩子一样，他不满学校的教育方法和刻板的教学内容，13 岁那年便辍学回家。泰戈尔真正走上文学创作之路，是从他的第一首长诗《野花》开始的。从此，他的创作欲望一发而不可收。1878 年，泰戈尔到英国学习法律，但却把主攻方向转为英国文学与欧洲音乐。两年后，他回到印度，开始专心从事文学创作。

1883 年，泰戈尔与一位名叫帕瓦达莉妮·黛维的女子结婚。同年，他发表了诗集《晨歌》，抒发了个人的浪漫主义情怀。1884 年，他受父亲的委托，到谢里达庄园管理田产。丰富的田园生活扩大了他的视野，从而加深了他对社会的认识。此后，他的创作中也加入了更多的现实主义因素。

1905-1908 年。随着印度民族解放运动的高涨，泰戈尔也投身于反殖民主义的斗争。他参加游行示威，并公开发表演说痛斥英帝国主义的侵略。泰戈尔是个温和的改良派，他反对暴力，幻想通过宗教、教育和道德手段来改造社会。因此，当第一次民族解放运动转入低潮时，他又回到了圣地尼克坦，开始过着一种半隐居的生活。在这个时期，他创作了 4 部极为著名的英文诗集：《吉檀迦利》《新日集》《园丁集》和《飞鸟集》。

《吉檀迦利》因为表现了最优秀的"理想主义倾向"，且技巧完美，"含意深远，清新而美丽"，使泰戈尔成为亚洲第一位诺贝尔文学奖的获得者。"吉檀迦利"是孟加拉文的音译，意思是"奉献"，这就表明了这些诗都是献给作者心目中的神的。全书是以颂神、敬仰神、渴望与神结合为主题的，是泰戈尔哲学观的艺术体现。

1913 年，泰戈尔荣获诺贝尔文学奖，他是获得这一殊荣的第一位东方作家。他的获奖评语是"富于高贵、深远的灵感，以英语的形式发挥其诗才，并糅合了西欧文学的美丽与清新"。由于路途遥远，泰戈尔无法亲自出席颁奖典礼，他在致谢电报中写道："请向瑞典学院转达我的热忱，他们广阔的理解力使得天涯若比邻，陌路成兄弟。"

20 世纪二三十年代，是泰戈尔在晚年的又一个创作高峰期。这时印度国内民族解放运动高涨，第二次世界大战也在国际范围内造成了很深的影响。这种形势使泰戈尔的政治观点发生了巨大变化，他逐渐放弃改良主义，结束半隐居的生活，再一次投身于民族解放运动的洪流之中。他还多次出访英、法、美、日、中等国，为真理、正义而呼吁。1924 年泰戈尔访问中国，并发表《在中国的谈话》。这个时期出版的重要作品有诗集《生辰集》、剧本《摩克多塔拉》等，表现了鲜明的反帝反殖民主义的政治倾向。

1941 年 8 月，泰戈尔因病在加尔各答逝世。泰戈尔的一生是光辉灿烂的，他为世人留下了许多值得回味的文学作品，他的英文诗集《园丁集》《飞鸟集》《吉檀迦利》成为光耀世界的文学作品。泰戈尔的创作力惊人，60 余年笔耕不辍，其中有诗歌上千首，歌词 1200 余首，并为其中大多数歌词谱了曲，中长篇小说 12 部，短篇小说 200 多篇，戏剧 38 部，还有许多有关哲学、文学、政治的论文及回忆录、书简、游记等，此外还创作了 2 700 余幅画。同时，泰戈尔的一生又紧密联系着印度的民族解放运动。他的一生正如他诗中所写的那样"生如夏花之绚烂"。

福特

　　福特是一位伟大的发明家和实业家，福特汽车公司的创建者，也是世界上第一位使用流水线大批量生产汽车的人。福特不仅在汽车发展史上写下了光辉的一页，同时也为现代文明的发展做出了巨大贡献。

　　伴随着人类文明地向前推进，实用主义作为一种哲学思潮越来越为人们所重视。福特设计并研制成功了第一辆汽车，并不断进行改进，终于使汽车变得更加先进和完善。福特作为一个伟大的实业家和发明家，他所信仰的"福特主义"也渐渐成了世人关注的焦点。

　　1863年7月30日，亨利·福特诞生在美国底特律附近的一个小镇。他少年时就喜欢摆弄各类机械制品，父亲很支持他，在家里给他设了一个工作台。12岁的时候，福特甚至已经可以帮助周围的人修理钟表了。后来，福特又从父亲那里知道了关于蒸汽机、火车头和动力机床等产品的详细情况，他对机械领域充满着新奇与向往。

　　1880年春天，未满17岁的福特独自离家来到了底特律。那个时候，底特律正在快速步入机器时代，福特虽然没有正式当过学徒，但他小时候对机械的偏爱使他成了一名成熟的机械师。熟练工人在任何地方都会受到青睐，所以福特没费多大周折就转到底特律最大的造船公司去工作。

　　1893年，福特在一张五线谱上画出了世界上最早的福特汽车设计图——"福特"一号。根据这个设计，他不分昼夜地工作，"福特"一号终于试制成功了。"福特"一号诞生3年后，汽车逐渐问世，但价格昂贵，车身大，极不经济。福特设想着要制造出一种任何人都可以买得起且易于驾驶的汽车，于是他辞去了工厂的工作，开始专门研究汽车。

　　1901年，福特的第一辆赛车问世，并在比赛中夺得了冠军。这之后，福特又夜以继日地造出了两部赛车，均为4个汽缸，58.84千瓦。这两部车一部被命名为"999"号，另一部为"飞箭"号。1903年，福特用"999"号参加赛车比赛，不仅赢得了预期的胜利，而且为他带来了名誉和商机。

　　第一次世界大战之后，福特开始组建工厂。此时，福特公司的汽车销售总量已达全美之最，为他带来了极大的利润，他也开始了越来越大的商业活动。1912年，福特买下了林肯工厂，在德、法、比利时等国也设立了工厂。第二年，福特用50万美元修建了一个大型飞机场，他的兴趣也慢慢从汽车转向了飞机。然而，第二次世界大战时，由于其他汽车公司制造了大量的新型汽车，使福特汽车的销售受到了极大的影响，于是，福特又以旧时的热情全身心地投入对下一代新车的研制中。研制成功的A型汽车不仅外形新颖，而且轻便舒适，功率大，速度快。1929年，福特公司共售出185.1万辆车，占整个汽车工业总数的34%，远远高于其他汽车公司。1909年时，汽车业在工业中排名第20位，而到1929年，它一跃成为工业中的首强，是美国的支柱产业。

　　1947年4月8日晚，福特去世。同世界上许多传奇人物一样，福特的死引起了世界性的关注，杜鲁门总统、丘吉尔、斯大林都发来了唁电。福特走了，但他所创建的汽车王国却没有倒下，在亨利·福特后辈的带领下，这个汽车王国又迈向了新的征途。

莱特兄弟

飞机，如今已经成为最现代、最方便、最快捷的交通工具。1903 年 12 月 17 日，莱特兄弟驾驶着他们设计制造的第一架飞机，实现了人类梦寐以求的飞行梦想，人们将永远记住这个被载入史册的日子。

任何一项成功的发明都不是偶然的，威尔伯·莱特和奥维尔·莱特两兄弟为了实现人类飞上蓝天的梦想，奉献出了他们毕生的精力。

威尔伯·莱特生于 1867 年 4 月 16 日，奥维尔·莱特则生于 1871 年 8 月 19 日，兄弟俩都出生在美国的代顿市。虽说兄弟俩年龄相差 4 岁，但从幼年起，兄弟俩就对机械产生了浓厚的兴趣，很自然地就玩到了一起。小时候，兄弟俩经常将街上的破铜烂铁搬回家"研究"，常常弄得院子无处下脚。开明的父母并没有阻止他们的行为，对儿子们的爱好总是给予支持和鼓励，兄弟俩身上共有的创造性思想和机械制造才能从小便得到了很好的发挥和展示。

学习期间，兄弟俩不仅是学校里品学兼优的好学生，而且还利用课余时间发明了一种可用来折叠报纸的机器。同时，他们还创办了一份新闻周报《西城新闻》，兄弟俩自己担任编辑，负责出版、发行。

共同的爱好促使兄弟俩和童年的好友辛斯共同成立了一家"莱特——辛斯印刷公司"，由于印刷业务的增加，他们想要制造一台效率更高的印刷机，虽然这架机器违背了机械原理，但却提高了工作效率，使印刷厂越来越红火。由于难以割舍这份工作，他们放弃了上大学的机会，可是并没有放弃学习。此后，他们也不断地做着各种各样的试验。他们发明了有前后座的双人自行车，制造了一台新式计算器，他们还造了一台比当时所有的打字机都简单得多的新式打字机。

1896 年，一个名叫奥托·李林塔尔的德国青年在进行一次滑翔飞行试验时不幸失事，这件事深深触动了莱特兄弟，他们决定投身到飞机的研制中。他们吸取前人的经验，深入钻研了几乎所有关于航空理论方面的书。几经磨难，他们终于造出了第一架飞机"飞行者"1 号，但是试飞并不理想，兄弟俩于是又忙于对飞机的改进工作。

真正的奇迹诞生在 3 天之后，1903 年 12 月 17 日上午 10 时 30 分，奥维尔驾驶着"飞行者"1 号在北卡罗来纳州的基蒂霍克海滩成功地进行了一次动力飞行，飞行距离为 36 米，在空中逗留了 12 秒，随后，又由威尔伯做了一次飞行，结果在 59 秒内飞行了 200 多米。人类飞上蓝天的梦想终于实现了。

此后，莱特兄弟又分别造出了"飞行者"2 号和"飞行者"3 号，这两架飞机的技艺提高到了令人惊讶的专业水平。1906 年，他们的飞机在美国获得了发明专利权。后来，经过不断的尝试和努力，飞机愈加完善，他们成立了莱特兄弟飞机制造公司，并成为最早制造飞机的企业之一。

1912 年 5 月 30 日，威尔伯因病医治无效，离开人世，年仅 45 岁。1948 年 1 月 30 日，奥维尔因心脏病突发逝世于霍桑庄园，享年 77 岁。莱特兄弟让人类飞上蓝天的梦想得以实现，他们对航空事业一往无前、不怕牺牲的精神鼓舞着一代又一代的后继者。

居里夫人

"在我所认识的所有著名人物中，居里夫人是唯一不为盛名所颠倒的人。"爱因斯坦这样评价居里夫人。的确，作为一位女性，她做出了让世人瞩目的成就，成为迄今为止唯一一位两次获得诺贝尔奖的女科学家。

居里夫人是 20 世纪伟大的女科学家，她做出了在男性主导的科学领域内的成就，对于一位女性而言，是尤为可贵的。谦虚严谨、不骄不躁的处世态度，让她的人格魅力熠熠生辉，不愧是世界杰出女性的典范。

居里夫人原名玛丽·斯可罗多夫斯卡娅，1867 年 11 月 7 日出生于波兰首都华沙的一个教师家庭。她父亲是一所中学的数学和物理教员，母亲曾当过一所私立学校的校长。在父母的影响下，玛丽从小就对科学产生了兴趣，酷爱学习。然而玛丽的童年却很不幸，当时，波兰正处于沙皇俄国的践踏之下，父亲因对抗沙皇，在学校里备受排挤，经济收入也逐渐减少，姐姐及母亲因病相继去世，玛丽受到了很大的打击。

15 岁时，玛丽以优异的成绩完成了中学学业，并获得了金质奖章，后来用自己做家庭教师赚的钱去巴黎留学。在巴黎大学索尔本理学院，玛丽深深迷恋上了科学，她如饥似渴地埋头于书本。1893 年，玛丽获得了物理学学士学位，第二年，又取得了数学学士学位。

1894 年，玛丽受法国实业促进委员会的委托，研究各种钢铁的磁性。因工作的需要，她结识了法国年轻的科学家皮埃尔·居里，对科学的共同爱好让他们之间产生了爱情，并幸福地结合了。

1897 年，居里夫人发表了第一篇论文《回火钢磁性的研究》。这期间，她以敏锐的观察力注意到法国科学家贝克勒耳发现铀盐矿物不受外界条件的影响，能放射出一种新的射线，但究竟是什么力量使铀盐放射出这种新的射线呢？她决定解开这个射线之谜。

1898 年 2 月，居里夫人测量了当时已知的 83 种化学元素，发现除了铀之外，一种名为钍的元素也能发出类似的射线，居里

居里夫人

夫人把这些射线命名为"放射性"。此外，居里夫人还发现在沥青铀矿中还存在某种比铀和钍的放射性更强的物质。为了证明这个重大的发现，皮埃尔·居里放弃了自己的研究来协助妻子。

然而，这一发现却引起了科学家的怀疑，为了消除人们的疑虑，居里夫妇决定提炼镭。在经历了无数次的失败后，1902 年，居里夫妇以顽强的意志克服了种种困难，终于提炼出了 0.12 克镭盐，并初步测定出了镭的原子量，证实了镭元素的存在。同年，居里夫妇获得了该年度的诺贝尔物理学奖。

1906 年，皮埃尔因一场车祸不幸去世，悲痛的居里夫人毅然投入他们未完事业的研究中。1910 年，居里夫人分离金属镭获得了成功，并分析出镭元素的各种性质，精确地测定了镭的原子量，与此同时，她还发表了《论放射学》一书。因此，居里夫人在 1911 年第二次获得诺贝尔奖。

多年的实验研究使居里夫人长年累月处于镭辐射之下，身体健康每况愈下，后来经医生诊断，她患了恶性白血病。1934 年 7 月 4 日，居里夫人——这位伟大的女科学家离开了人世，享年 67 岁。

卢瑟福

卢瑟福是 20 世纪最伟大的实验物理学家之一，在放射性和原子结构等方面，都做出了重大的贡献，与牛顿和法拉第齐名。卢瑟福开创了物理学中一个新的分支——放射学。他关于原子核和原子有核结构的发现，是物理史上一个划时代的贡献。

欧内斯特·卢瑟福 1871 年 8 月 30 日诞生在新西兰纳尔逊附近乡村的一个工匠家里，他有 12 个兄弟姐妹，他排行老四。

15 岁时，卢瑟福考取了莫尔伯勒省奖学金，1887 年 2 月进入了纳尔逊学校接受中等教育。在中学里，卢瑟福的数学和化学成绩非常好，这也为他日后走上科学道路打下了坚实的基础。1888 年，卢瑟福考取了初级大学奖学金，第二年年初他便进入新西兰大学坎特伯雷学院学习。在那里，数学和自然哲学教授库克、化学和物理教授毕克顿教给他科学的思维方法和扎实的实验技术。在校期间，卢瑟福以非常好的成绩取得了文学硕士学位。同时因为他在数学方面的特长，获得了继续留校深造的机会。在此期间，他成功地设计了一部高效率的检波器。

1894 年，卢瑟福以《使用高频放电法使铁磁化》的论文获得了理学学士学位。同年，他又当选为新西兰科学学会会员。从此，这个 23 岁的青年人迈出了他科学研究的第一步。1895 年，因他在科学领域的开拓性研究工作而获得英国"博览会科学奖奖学金"，随后他又被选送到剑桥大学卡文迪许实验室进一步深造，成为汤姆逊教授的研究生。

1895 年，X 射线被发现之后，卢瑟福与汤姆逊一起投入 X 射线的本质及其对气体导电所产生影响的研究工作中。在实验中，他们发现 X 射线可以产生大量带正负电的离子，不久，卢瑟福又自己发明了测定这些离子速度和复合率的方法。后来，他用镭来检验 X 射线。在研究中，他又发现了两种射线，就是我们今天耳熟能详的 α 射线和 β 射线。在他的论文《铀辐射及其产生的电传导》中，他详细地说明了 α 射线和 β 射线的性质，指出 α 射线易于被吸收，β 射线具有很强的穿透性，这就为后来人们广泛地应用它们指明了方向。

随着研究的不断深入，卢瑟福与英国化学家索迪共同研究放射性。在对钍的研究中，他们分离出了一种放射性比同重量的钍大千倍以上的新物质，并命名为"钍 X"，这就是后来我们知道的同位素。

正是对 α 粒子散射实验的系统研究，使得卢瑟福对"原子是组成物质的基本单位"的说法产生了怀疑，他提出了原子核的存在，并据此提出核式原子模型，最终代替了在原子论思想领域统治了 2300 年之久的德谟克利特原子观念。1908 年 12 月，诺贝尔奖委员会基于卢瑟福在"元素蜕变和放射性物质化学方面的研究"成就，授予他 1908 年度诺贝尔化学奖。

卢瑟福对元素放射和原子结构的研究，为他赢得了世界性的声誉。他被选为许多学术机构的会员，并被封为爵士，成为核物理学当之无愧的奠基人。1937 年 10 月 19 日，卢瑟福与世长辞，享年 66 岁。

马可尼

马可尼在无线电通信的研究方面取得了令世人震惊的成就，他首次让无线电穿越英吉利海峡，穿越大西洋，实现了两个国家之间的第一次无线电联络。如今，无线电通信已成为全球性的事业。

19 世纪末期，一些人开始意识到电磁波可以应用于无线电通信技术中。马可尼对无线电通信进行了深入研究，并取得了令世人震惊的发明，因此被誉为"无线电之父"。

1874 年 4 月 25 日，古列尔莫·马可尼出生在意大利的古城波伦亚。他的家庭十分富裕，从小在家庭教师的指导下学习。少年时，马可尼就对科学产生了极大的兴趣，经常自己动手做一些小玩意。16 岁时，他接触到了有关赫兹实验的文章，并且受到了很大的震动，开始一边收集资料一边进行实验。

1894 年，马可尼利用简陋的设备，如感应线圈、接收机上的金属检波器、火花放电器（即振荡器）以及几个电池等进行了简单的无线电实验，并取得了初步成功。在此后的研究中，他不断进行改进，1895 年秋天，电波信号已经可以发射到 2.7 千米左右。这一成功使马可尼更加确信无线电在通信中的潜力，他从此产生了让无线电布满全球的伟大理想。

为了进一步扩展无线电事业，马可尼于 1896 年来到了伦敦，为无线电申请了专利。1897 年 5 月，马可尼发送的信号第一次越过布里斯托尔海湾。在实验中，为了增加天线的高度，他用风筝做收发天线，距离一下子扩大到了 14.5 千米。不久，马可尼又筹办了电报与电信公司，还在英国维特岛的阿鲁姆湾建立了一座命名为尼特的无线电台，使更多的人了解到了无线电的神奇力量。

1898 年 7 月，爱尔兰首都都柏林的《每日快报》成了第一份用无线电发送新闻的报纸。第二年 10 月，在美国举行的美国杯国际帆船大赛中，马可尼在两艘船只上装备了无线电设备，向纽约市报界报道了这次盛大比赛的进展情况。这次报道的成功，使社会各阶层更加关注无线电。

1899 年 3 月，无线电穿越英吉利海峡，英法两国间第一次进行无线电联络。当时，马可尼的名字几乎传遍了全世界，他被邀请到澳大利亚、巴西、中国等地做无线电通信的示范。同年 7 月，无线电通信装置第一次在英国海军演习中使用，并获得了极大的成功。随后，马可尼又产生了让无线电横跨大西洋的设想，可是他的这一设想却遭到了一些人士的嫉妒与诽谤，但马可尼仍然坚持不懈地进行研究。经过大量艰巨的实验，1901 年 12 月 12 日，无线电信号终于成功地飞越了 3200 千米的大西洋，从遥远的英国传到了加拿大的纽芬兰。

1909 年 12 月，35 岁的马可尼因为在无线电通信史上的贡献，获得诺贝尔物理学奖。

马可尼晚年的研究都是在海上进行的，他专门为自己买了一艘游艇作为海上实验室。1926 年，马可尼用埋头研究了 6 年的短波无线电，完成了一套用此系统覆盖整个英国的宏大工程。此后，短波电台在南非、印度等许多国家陆续建立，马可尼完成了让无线电台布满全球的理想。1937 年 7 月 20 日清晨，马可尼因病去世，享年 63 岁。

爱因斯坦

爱因斯坦是 20 世纪最伟大的自然科学家，也是人类历史上最具创造性才智的人物之一。他提出了举世闻名的狭义相对论。爱因斯坦视科学如生命，一生执着于事业，他的研究成果在科学的发展道路上矗立起了一块块里程碑。

爱因斯坦是科学、智慧、公正、真理的化身，他永远虚怀若谷地探索着未知的真理世界。1999 年 12 月 26 日，爱因斯坦被美国《时代》周刊评选为"世纪伟人"。

1879 年 3 月 14 日，阿尔伯特·爱因斯坦出生于德国南部乌尔姆城内一户普通的犹太人家里。因经济原因，爱因斯坦的童年生活很动荡，历经数次搬家。尽管家庭经济困难，但他的父亲有着极高数学天赋和文学造诣，母亲受过良好的音乐熏陶，所以为爱因斯坦的成长创造了一个良好的文化氛围。爱因斯坦 6 岁时，就在母亲的指导下开始了小提琴的指法练习，他成为科学家时，已有了很高的音乐造诣。音乐为他驱散了忧郁和喧嚣，也开启了他非凡的思维能力，引导他在科学的王国里自由地遐想。

爱因斯坦年少时就有着强烈的好奇心和求知欲。1894 年，爱因斯坦的家由德国慕尼黑迁往意大利米兰。1896 年 10 月，爱因斯坦考入瑞士苏黎世工业大学师范系，学习物理知识。在大学里，爱因斯坦并不是一个很突出的学生，他离群索居，不为人喜欢。爱因斯坦曾说过："我总是生活在寂寞之中，这种寂寞在青年时代使我感到痛苦，但在成年时却觉得其味无穷。"1900 年，爱因斯坦毕业于苏黎世工业大学，并完成他的第一篇科学论文——《由毛细管现象所得的推论》。这一年，也是爱因斯坦科学探索之路的起点。

1905 年是爱因斯坦在科学生涯中取得辉煌成就的一年。他完成了多篇科学论文，其中有 4 篇成为物理学不同分支发展道路上的重要标志。其中《分子大小的新测定法》使爱因斯坦获得了博士学位，另一篇名为《论运动物体的电动力学》，爱因斯坦在这篇论文中提出了举世闻名的狭义相对论，这一划时代的成就，是他 10 年心血的结晶。1916 年，爱因斯坦在老同学格罗斯曼的帮助下，发表了《广义相对论的基础》，这篇论文是广义相对论在理论上的完整形成。在这个理论中，爱因斯坦将相对性原理推广到引力场中。他将同时代的科学家们远远抛到了探索的后面，在科学的发展道路上矗立了一块新的里程碑。这一年，无疑也是爱因斯坦在科学探索之路获得最大成功的一年。

1933 年，爱因斯坦的生活出现了重大转折。德国纳粹势力获得政治权力后，对犹太人、和平主义者、民主主义者进行残酷迫害。爱因斯坦一贯主张和平，反对战争和暴力，此时他迁居美国，在普林斯顿高等研究院从事理论物理的研究工作，并发表了《不回德国声明》。他还亲自给当时的美国总统罗斯福写信，建议抢在德国之前制造出原子弹，以免德国纳粹先造出原子弹给人类带来巨大的危害，体现了他的和平主张。

爱因斯坦晚年致力于统一场的研究。1949—1950 年，他发表了《关于广义引力论》，虽然被许多科学家驳斥，但他依然不知疲劳地进行着研究。1955 年 4 月 18 日，爱因斯坦在普林斯顿的家中病逝。

海伦·凯勒

海伦·凯勒是一位杰出的女性。作为一名残疾人，她克服了自身的种种障碍，顽强地拼搏着。海伦·凯勒通过自己的工作，为全世界盲人及其他残疾人做出了巨大贡献。她的自传体作品《我的生活》鼓舞了许多人，为人类带来了无限光明。

海伦·凯勒的一生可以说是极不平凡的一生，她以超乎常人的毅力和进取精神，为自己的生命创造了奇迹。

1880 年 6 月 27 日，海伦·凯勒生于美国南部阿拉巴马州图斯库摩比亚的一个小镇上，她的父亲是一名上尉军官，母亲是一位温柔和蔼的女性。海伦·凯勒是家里的第一个孩子，她的降临给父母带来很多欢乐。然而不幸的是，在 20 个月左右的时候，她突然得了一种疾病，医学称之为"大脑急性出血"，这场病改变了她的一生。

病愈后，海伦·凯勒虽然保住了性命，却从此失去了听力和视力。对于一个不足 2 岁的孩子来说，这就意味着她将永远幽闭于黑暗、沉寂、孤独的世界中，未来的生活难以想象。仿佛是上帝仁慈的安排，此时，她的生命中出现了一位影响她一生的人，这就是她的家庭教师——安利·沙利文。安利·沙利文小姐的出现成为海伦·凯勒一生决定性的转折，这位家庭教师和蔼善良、有耐心并具有牺牲精神。在她的耐心指导下，海伦·凯勒幼小的心灵被开启，不仅获得了知识、意识和对人生的理解，而且充满了仁爱、光明和希望。

在最初学习的日子里，沙利文小姐想尽一切办法来让海伦·凯勒认识这个世界。将水滴在她的掌心，然后再在她的掌心中用手指写上"水"这个单词，让她触摸事物，继而写出它们的名称……渐渐地，海伦·凯勒掌握了 26 个字母，学会了大量单词，学习模仿器官运动的方法进行发音。最终，海伦·凯勒说出了模糊的字母发音，逐渐能与外界进行交流了。在医学的年鉴上，海伦·凯勒是第一个学会语言交流的盲聋哑儿童。

1900 年 9 月，海伦·凯勒考入哈佛大学拉德克利夫女子学院，实现了她上大学的夙愿。在大学里，除了上课之外，她坚持写作，她的文章文字优美，组织巧妙。此时她的父亲已经去世，母亲无力供她继续上学了，她便通过写作来赚取生活费用。她的写作才能被文学教授发现后，大加赞赏与鼓励。她开始以自己的生活为原型，着手《我的生活》，尽管出版后并不畅销，但已经足以让她过上自给自足的安定生活。

海伦·凯勒渐渐成为公众人物，并开始从事社会工作，但她并没有停下手中的笔。在《我的生活》完成之后，她用了 10 年的时间，写完《老师》一书，这是献给沙利文小姐的，字里行间流露出无比的感激之情。

20 世纪 30 年代，海伦·凯勒在沙利文的陪同下，访问了欧洲和亚洲各国。她非常关心聋哑盲人的状况，为他们呼吁，为他们募捐。为此，许多国家授予海伦荣誉学位和奖章。

1968 年 6 月 1 日，海伦·凯勒与世长辞。她坚强的意志和卓越的贡献感动了全世界，各地人民纷纷开展了纪念她的活动。

谷登堡

谷登堡是欧洲金属活字印刷术的奠基人，他对印刷术所做的贡献具有划时代的意义。从此，大量的印刷图书代替了繁重落后而又容易出错的手抄图书，为新思想、新作品的传播提供了物质基础，使文艺复兴和宗教改革空前高涨，大放异彩。

谷登堡于 15 世纪中叶开始活字印刷的发明研究，他选用金属材料来制作活字，并确定了每种金属的含量配比。此外，谷登堡还发明了铸字盒、冲压字模、铸造活字的铅合金、木制螺旋印刷机、印刷油墨和一整套印刷工艺。

谷登堡，这位默默无闻的工匠所发明的西方活字印刷术几乎改变了整个世界，然而对于这位伟大发明家的身世，我们却知之甚少。谷登堡一生中的许多时间都耗费在与人纠缠不休的官司上。有一个案子是关于他父亲遗嘱的争端；另一个则是关于一份本应属于他母亲财产的官司；还有一个叫安娜的女人告他违背了原先答应娶她的婚约；连一个鞋匠也向法院起诉，说谷登堡是一个谎话连篇的大骗子。直至他生命的最后一刻，他还在为一些债务而与他人对簿公堂。我们正是从这些案件的记录中，对谷登堡的生平有了一些大致的了解。

大约在 1400 年，谷登堡出生于德国的战略重镇美因茨，他早年家境还算富裕，曾学过一段时期的金工。1430年，美因茨城镇居民之间发生冲突，谷登堡家族所在的一方被击败，他们一家不得不搬到美因茨以南160千米的斯特拉斯堡居住。

大约在1435年，谷登堡开始研究印刷术。在这以后的20年时间里，谷登堡最关键的发明就是金属活字的铸造。近代印刷必备的活字、印刷机、油墨和纸张四大要素中，只有纸张是谷登堡时代已经具备的，其余三个要素则是谷登堡经过自己的努力，或进行重大改造或独立发明而创制出来的。

1450年，谷登堡的研究已初见成效。他回到美因茨后，为了购置印刷工具，从富裕律师约翰·福斯特那里贷了800荷兰盾，开办了自己的印刷厂。

1455年，谷登堡开始使用新技术印刷拉丁版的《四十二行圣经》。为了实现自己的发明创造，谷登堡甘冒一切风险来推行这项工作。他原想这项工作完成以后，便可带来可观的收益，然后再利用这笔钱来偿还贷款。然而债权人福斯特却不能等到这一天，《四十二行圣经》还没有印刷完，他便将谷登堡告上了法庭。法庭的裁决令谷登堡悲痛不已：他要连本带利偿还福斯特的一切贷款。这样，谷登堡只好把铅活字、印刷机和所有还在手上的印刷品全部抵给福斯特。因此，《四十二圣经》的印刷最后是由福斯特和谷登堡的女婿彼得·舍弗尔共同完成的，而谷登堡本人根本没见到《四十二行圣经》出售之后所赚回的一分一厘。他多年来奋斗的结果，最终却成为福斯特和舍弗尔新公司的资产。

可是，谷登堡并没有放弃自己的希望，后来他又通过各种渠道筹到一些资金，拥有了全套印刷设备，继续经营印刷业，但他始终未能摆脱债务的纠缠。

至于谷登堡的晚年生活，像他一生中的许多阶段一样遮掩在云雾之中。我们仅知道，作为一名美因茨的杰出公民，他于1465年得到了一份为数不多的年金，大约3年以后，谷登堡在美因茨去世。

弗莱明

青霉素是医学史上第一种有效实用的抗生素，它的发现标志着人类医学史进入了一个新的纪元。提起青霉素，我们自然会想起弗莱明。在医学已经相当发达的今天，弗莱明的功绩依然熠熠生辉。

亚历山大·弗莱明1881年8月6日出生于英国，他从小家境贫寒。长女后，弗莱明到伦敦一家船务公司做小职员。5年后，他考上了当地具有悠久历史的圣玛丽医学院，因为他成绩优异，所以毕业后留在了圣玛丽医学院预防接种科。

初到实验室的时候，弗莱明被任命为细菌学讲师，他一方面给学生讲课，一方面做研究工作。他主要研究细菌的生长状况以及消灭致病菌的方法，同时寻找和研制能消灭病原菌的各种药物，力图找到一种既能杀灭病原菌，又对患者身体没有任何毒性的药品。

1922年，弗莱明无意间发现了"溶菌霉"。溶菌霉的发现使弗莱明对抗菌类药物的研究进入了更深一层的探索，鼓舞他去发现作用更大的抗菌物质，并最终导致了青霉素的发现。

从青霉菌溶液中提炼出青霉素，成了弗莱明面临的重大难题。几经磨难，在德国青年化学家钱恩的帮助下，1940 年冬天，弗莱明终于提炼出了一些浓度较高的青霉素。钱恩将这些青霉素注射到 4 只感染了致病菌的小白鼠身上，结果 4 只小白鼠全部奇迹般地活了下来。后来青霉素的生产被推向了工业化道路，从此，青霉素被大量生产，并很快应用于二战中，大大降低了战争所带来的死亡率。

1945 年，弗莱明因在这一领域的杰出贡献荣获了诺贝尔生理学及医学奖。1955 年，弗莱明逝世，终年 74 岁。

毕加索

毕加索是西班牙著名的画家、艺术家。他的作品抽象、前卫，是立体主义革命派的代表，他本人也被誉为"立体主义之父"。毕加索终身致力于艺术创作，在艺术的发展史上写下了光辉的一页。

巴布罗·毕加索于 1881 年 10 月 25 日生于西班牙的马拉迦市。1900 年，他首次来到向往已久的浪漫艺术之都巴黎，尽情享受着艺术的熏染，并于 1904 年定居于此。

1906 年，毕加索受野兽派领袖马蒂斯的影响，开始热衷于原始艺术。此后他对原始艺术和抽象艺术加以实践，《亚威农少女》的草图就是在这个时期完成的。这幅画宣告了他与过去 500 年来西方艺术主流传统的决裂，成了理解和表现空间的一种新方式，一种完全具有革命意义的方式。

1917—1924 年，毕加索进行了两种不同方面的创作：一种是古典主义的传统绘画，以描写自然或生活为主；另一种则是立体主义的创新。

西班牙内战爆发时，毕加索创作了大量关于战争的作品。1937 年，西班牙驻法国大使邀请毕加索为巴黎世界博览会的西班牙展馆绘制一幅画作，他利用积累的大量素材，凭借其丰富的想象力完成了被称为"超越了所有流派的艺术作品"《格尔尼卡》。

1949 年，毕加索又把自己热爱和平的心情倾注在经典之作《和平鸽》中，并将这幅作品献给"世界热爱和平者大会"。由于他对国际和平事业做出了重要贡献，所以荣获 1950 年国际和平奖。

毕加索晚年时仍然醉心于创作，他曾说："有人说我疲倦了，不再工作了，让他们瞧着吧！"1973 年 4 月 8 日，正当他忙着筹备亚威农和尼斯两地举行的展览时，却因心脏病突发溘然长逝，享年 92 岁。

亚伯拉罕·林肯

亚伯拉罕·林肯，生于美国肯塔基州哈丁县一个贫苦家庭。父母是英国移民的后裔，以种田和打猎为生。因为家里很穷，林肯小时候没有受到什么学校教育，仅受过

18 个月的非正规教育，他很早就跟着父母一起劳动了。为了维持家计，年少的林肯当过俄亥俄河上的摆渡工、种植园的工人、店员和木工。但是，林肯勤奋好学，一有机会就向别人请教，或是自己看书学习。

长大后，林肯离开家乡，四处谋生。他先后干过店员、村邮务员、测量员和劈栅栏木条等多种工作。在艰苦的劳作之余，林肯始终不忘记学习知识。在青年时期，林肯通读了莎士比亚的全部著作，还读了《美国历史》及许多历史、文学书籍。通过自学，林肯成了一个博学而充满智慧的人，并深深感受到了美国南方奴隶制度的黑暗。为此，他还到处发表演说，抨击蓄奴制，受到公众的热烈欢迎，树立了良好的印象。

1834 年 8 月，25 岁的林肯当选为伊利诺伊州议员，开始了自己的政治生涯。此后，林肯在友人的帮助下钻研法律，并自学成为一名律师。1847 年，林肯又在积极努力下，因反对奴隶制，当选为国会众议员。从此，林肯成为美国政治中举足轻重的人物。

1858 年，林肯发表"裂开了的房子"的演说，抨击黑奴制，提出一些有利于公众事业的建议，表达了北方资产阶级的要求，也反映了全国人民群众的愿望，为他赢得了很大的声誉。1860 年，林肯成为共和党的总统候选人。11 月，选举揭晓，林肯以 200 万票当选为美国第 16 任总统，但在奴隶主控制的南部 10 个州，他却没有得到 1 张选票。

大选揭晓后，南方 11 个州先后退出联邦，宣布成立"美利坚诸州同盟"，并制订了新的宪法，选举总统，企图分裂美国。1861 年 4 月，南方叛乱武装首先向北方挑起战争。随即，林肯政府号召民众为维护联邦统一而战。于是，美国南北战争爆发。

战争开始阶段，由于南方种植园主蓄谋叛乱已久，而林肯政府试图以和平的方式解决叛乱，致使战事节节失利。随着战争的深入，林肯认识到，要想阻止国家分裂，真正废除奴隶制，就必须流血牺牲，和平的方式根本解决不了任何问题。为扭转战局，林肯政府于 1862 年 5 月颁布了《宅地法》，规定美国公民交付 10 美元即可在西部得到 160 英亩的土地，连续耕种 5 年就可成为其主人。9 月，林肯政府又颁布《解放黑人奴隶宣言》，废除了黑奴制，规定叛乱各州的黑奴是自由人。随即，战争形势发生明显变化，许多奴隶纷纷支持并参加北方军队，北方军队由防御开始转入反攻。1865 年，南方叛军向北方军队投降，持续 4 年的内战以北方胜利告终。林肯政府在南北战争中的胜利，为美国资本主义的发展彻底扫清了道路。

1864 年，林肯再度当选为总统。对此，南方奴隶主十分仇恨，欲谋刺杀林肯。1865 年 4 月 14 日晚上，林肯在华盛顿的福特剧院里看戏时，不幸被南方奴隶主收买的一个暴徒刺死。林肯逝世，举国哀痛，他的遗体在 14 个城市供群众凭吊了两个多星期，有 700 多万人停立在道路两旁向出殡的队伍致哀，有 150 万人瞻仰了林肯的遗容。林肯被安葬在家乡橡树岭公墓。

富兰克林·德拉诺·罗斯福

富兰克林·德拉诺·罗斯福，生于美国纽约海德公园一个富豪之家。他的父亲詹姆斯·罗斯福是外交界和商业界的活跃人物，母亲萨拉·德拉诺来自一个富裕法裔大家族，他是父母唯一的儿子。生活在这样的富裕家庭中，罗斯福从小就受到了很好的教育，他很早便随家庭教师学习拉丁语、法语、德语、书法、算术和欧洲历史。

1900 年，罗斯福被哈佛大学录取，攻读政治学、历史学和新闻学。在哈佛，罗斯福当了校刊《绯红报》的出色助理，临毕业时升为主编。其间，他于 1902 年在白宫招待会上遇到了未来的妻子——美国第 26 任总统西奥多·罗斯福的侄女埃莉诺·罗斯福。

1904 年，罗斯福进入哥伦比亚大学法学院学习法律。次年 3 月 17 日，罗斯福在母亲的反对下，还是与埃莉诺·罗斯福结婚。结婚当天，总统西奥多·罗斯福亲自参加了他们的结婚仪式，使得婚礼现场非常隆重。但是，罗斯福发现，大多数人都是因总统而来，由此激发了他从政的决心。

1907 年，罗斯福从哥伦比亚大学辍学，原因是他已通过纽约州律师考试。1908 年，他为声誉卓著的华尔街卡特、莱迪亚德和米尔本律师事务所所雇用，主要处理有关公司法的事务。虽然身为律师，但罗斯福却一直在寻找从政的机会。

1910 年，罗斯福以民主党人的身份竞选纽约州参议员获胜，从此踏入政坛。1913 年~1920 年，罗斯福出任海军部助理部长。此外，罗斯福还出任马里兰信用与储蓄公司的副董事长，同时又重操律师业。1921 年 8 月，罗斯福因参加森林灭火后即下海游泳而得了脊髓灰质炎，造成下肢终身瘫痪。但是，高烧、疼痛、麻木以及终身残疾并没有使罗斯福放弃理想和信念，他一直坚持不懈地锻炼，企图恢复行走和站立能力，以重返政坛。

1929 年，罗斯福在纽约州长竞选中险胜，得以重返政界。在担任纽约州长期间，美国发生严重的经济危机，罗斯福果断采取措施，建立救济机构，得到了广大人民群众的支持。可以说，纽约是罗斯福培养其进行政治活动和管理国家事务的能力的实验场所。

1932 年 11 月，美国总统选举在严重经济危机的背景下进行，作为民主党总统候选人的罗斯福参加了本次竞选。在竞选期间，罗斯福提出了实行"新政"和振兴经济的纲领。1933 年，罗斯福最终以绝对优势击败胡佛（美国第 31 任总统），成为美国第 32 届总统。从此，罗斯福开始了蝉联四届的总统生涯，他分别于 1933 年 3 月 4 日~1937 年 1 月 20 日、1937 年 1 月 20 日~1941 年 1 月 20 日、1941 年 1 月 20 日~1945 年 1 月 20 日、1945 年 1 月 20 日~1945 年 4 月 12 日在位。就任总统期间，罗斯福做出了为他赢得巨大声誉的突出贡献，一是成功应对经济危机，二是领导美国赢得反法西斯战争的胜利。

1933 年首次就职时，美国正值经济大萧条的风暴席卷，银行纷纷倒闭，工业生产水平下降，比1929年下降了56%，失业人数达1300万，农民极为贫困，到处可见的是痛苦、恐惧和绝望。针对严重的经济危机，罗斯福对内积极推行以救济、改革和复兴为主要内容的"罗斯福新政"。

"新政"抛弃了传统的自由放任主义，加强政府对经济领域的干预，实行赤字财政，大力发展公共事业来刺激经济。其具体措施主要包括：维护美国金融资本的私人所有制，同时加强国家对金融制度的管理与控制；建立农业调整总署，提高农产品价格，恢复农业繁荣；向大中企业贷款，刺激商业；建立专门机构，对失业工人提供救济和就业机会；等等。

到1939年，罗斯福实施的新政取得了巨大的成功。从1935年开始，美国几乎所有的经济指标都稳步回升，国民生产总值从1933年的742亿美元又增至1939年的2049亿美元，失业人数从1700万下降至800万。"新政"使美国避免了经济大崩溃，恢复了国民对国家制度的信心，摆脱了法西斯主义对民主制度的威胁，使危机中的美国避免出现激烈的社会动荡，为后来美国参加反法西斯战争创造了有利的环境和条件，并在很大程度上决定了二战以后美国社会经济的发展方向。

罗斯福能成为世界性的历史人物，是与他在反法西斯斗争中做出的巨大贡献是分不开的。

1939年9月，第二次世界大战爆发。二战开始阶段，罗斯福对德、意、日法西斯采取以"中立"为名的绥靖政策，企图用牺牲别国利益的办法来缓和与法西斯德国的矛盾，推动德国去进攻苏联，然而法西斯德国却首先把矛头指向英法，并对美国磨刀霍霍。1940年6月，法国投降、英国危急、美国受到威胁。为了维护美国资产阶级的利益，罗斯福和美国国内的和平主义、孤立主义做坚决斗争，使国会撤销《中立法》，通过《租借法》，使美国可以对反希特勒联盟各国出租武器、粮食等物资，这表明罗斯福在反法西斯斗争中跨出了一大步。

1941年12月7日，日本突然偷袭珍珠港，太平洋战争爆发。次日，罗斯福在国会发表咨文并对日宣战，美国正式参加第二次世界大战。随后，罗斯福积极开展外交活动，促进反法西斯联盟的形成和扩大。1942年1月1日，在罗斯福倡议下，中、美、英、苏等26国代表在华盛顿签署《联合国家宣言》，国际反法西斯同盟正式成立。从1943年起，同盟国由战略防御转为战略进攻。

为了协调盟国的作战行动和探讨盟国的战后政策，罗斯福曾先后与盟国首脑举行一系列重要会议。1943年，罗斯福与丘吉尔、斯大林在德黑兰举行会议，决定开辟欧洲第二战场。1945年2月，罗斯福在雅尔塔与斯大林、丘吉尔再次会晤，就分区占领德国、对德实施管制、波兰边界划分和政府组成、联合国安理会的表决程序等问题达成协议。同时，罗斯福与斯大林达成秘密协议，同意苏联对日作战条件，确认苏联在中国东北和旅顺、大连享有一些特权。

雅尔塔会议之后，罗斯福因繁重的政治与战争事务使得他的健康状况受到严重威胁，被查患有脑血管硬化症后期。1945年，4月12日，罗斯福在乔治亚州的温泉因突发脑溢血去世。他去世后25天，德国无条件投降。3个月后，日本无条件投降。

玛格丽特·希尔达·撒切尔

　　玛格丽特·希尔达·撒切尔，生于英格兰东部林肯郡的格兰瑟姆一个杂货店商人的家庭。撒切尔从小聪明好学，在小学和中学的学习成绩常常名列前茅。1943年，撒切尔考入牛津大学萨默维尔女子学院化学系。此时正值二战时期，民主运动蓬勃发展。受其影响，玛格丽特在政治上也十分活跃，加入了大学的保守党协会，结识了不少保守党的知名人士，还于1946年当选为该校保守党协会主席，这为她日后步入政坛打下了基础。大学毕业后，撒切尔谋得化学师的工作，但心却向往实现政治上的宏伟大志。于是，她开始自修法律，并积极参加居住区保守党支部的活动。

　　1949年～1950年，撒切尔两度作为保守党的候选人参加竞选，均告失败。但是，她果敢、坚强的精神颇受人们称赞。此后，她又参加了律师资格考试，并顺利通过，从而进入法律界，选择了税务律师的工作。在律师事务所工作期间，她邂逅了丹尼斯·撒切尔，后与其结婚，生下一对孪生儿女。丹尼斯·撒切尔是一家大公司的总经理，家道殷实，他在经济上给撒切尔参与政治提供了很大帮助。

　　1959年，撒切尔终于在芬奇莱选区竞选成功，进入下院。从此，她的政治生涯开始一步步走向辉煌。1961年，麦克米伦首相破格提拔撒切尔为年金和国民保险部政务次官。1964年保守党下台后，撒切尔先后任保守党影子内阁的住房和土地、财政和经济、动力和燃料以及教育事务的发言人。1970年，保守党上台，撒切尔进入爱德华·希思内阁，担任教育和科学大臣。1974年，保守党政府安排了两次大选，两次失利，党内对希思首相的不满渐起，要求重新选举党的领袖。撒切尔这时果断参加了竞选，一举获胜，成为保守党历史上的第一位女党魁。

　　成为保守党领袖后，撒切尔一方面改组影子内阁，拨乱反正，恢复保守党的基本原则；另一方面，频频出访，树立国际政治家的形象。经过一番努力，撒切尔在对工党政府发动了几轮攻势后，终于在1979年率领保守党重夺政权，她也因此出任英国历史上第一位女首相。在1983年和1987年的大选中，撒切尔又获得连任，成为战后任职时间最长的英国首相。

　　在任职期间，撒切尔大力推行自己的政治哲学与政策主张，通常称为"撒切尔主义"，主要包括：财政上，推行货币主义政策，压缩公共开支，降低税收；经济上，实行大规模私有化政策，减少对经济活动的政府管制；在社会政策领域，努力摆脱"福利国家"色彩，削减、控制与改革社会福利制度。

　　通过推行撒切尔主义，英国的经济、社会与文化面貌发生了很大的变化：工会力量被削减，彻底失去了左右政局的能力；因政府对经济活动的干预减少，大多数国营企业实现私有化，劳动力市场变得更具弹性，英国经济基本上走出了长期滞胀的"欧洲病夫"局面——自1981年以后，英国年实际增长率达3%以上，仅次于日本；因大力抨击福利制度衍生的"不劳而获"思想，颂扬传统的中产阶级道德，鼓吹通过努力工作创造财富，政府所受褒贬不一；等等。总体来说，撒切尔政府的一系列改革措施取得了巨大成功。1990 年撒切尔下台后，继任的保守党梅杰政府以及工党布莱尔政府，依然沿行了她所推行的经济变革，该政策方向一直持续到 2008 年世界金融危机爆发。

在对外关系上，撒切尔与意识形态相近的美国总统罗纳德·威尔逊·里根结成紧密盟友，深化了"英美特殊关系"。基于此，撒切尔对外高姿态反对共产主义，因此还被苏联媒体戏称为"铁娘子"。此外，通过 1982 年的马尔维纳斯群岛战争，撒切尔在一定程度上重塑了英国的大国形象，使英国人重新恢复了自信。

在执政后期，撒切尔为了平衡预算，全力推动将地方税改为以人为单位征收的社区收费，即俗称的"人头税"。这项政策在国内引起了强烈的批判，撒切尔的声望由此迅速下滑。与此同时，撒切尔反对深化欧洲一体化进程，这使得保守党内部出现严重分裂，她在党内的威信也越来越小。1990 年，撒切尔夫人选择辞任首相和党魁，退为后座议员。

辞任首相后，撒切尔仍十分活跃于政坛。她一方面为保守党献言献策，一方面到世界各地发表演说，树立英国对外友好形象。她还写有两部回忆录，名为《通向权力之路》和《唐宁街岁月》。2002 年 3 月 22 日，撒切尔遭受几次轻微的中风困扰，身体变得非常虚弱。经医生劝告后，她宣布不再发表任何公开演说。从此，撒切尔开始专心养病，慢慢淡出政治舞台。

2013 年 4 月 8 日逝世。

温斯顿·丘吉尔

温斯顿·丘吉尔，生于英格兰牛津郡声名赫赫的马尔巴罗家族。他的祖先马尔巴罗公爵是英国历史上的著名军事统帅，是安妮女王统治时期英国政界权倾一时的风云人物；他的父亲伦道夫勋爵是 19 世纪末英国的杰出政治家，曾任索尔兹伯里内阁的财政大臣。他的母亲珍妮·杰罗姆是美国百万富翁、《纽约时报》股东之一伦纳德·杰罗姆的女儿。祖先的丰功伟绩、父辈的政治成就以及家族的荣耀和政治传统，为丘吉尔提供了学习的榜样，树立了奋斗目标，也培育了他对国家的历史责任感，成了他一生不断追求和建功立业的强大驱动力。

与其他典型的贵族子弟一样，丘吉尔在 7 岁时便被送到寄宿学校，1888 年入读哈罗公学。丘吉尔在学校十分顽皮、性格叛逆，学业成绩除了英文科和历史科的表现出色外，其他学科并不太好，因此常受老师责罚。不过，他曾是校内剑击冠军。1892 年离开哈罗公学后，丘吉尔经三次考试，进入桑赫斯特皇家军事学校学习骑兵专业。两年后，丘吉尔从军校毕业，以陆军中尉的身份被分配到女皇第四轻骑兵团。

1895 年 10 月，丘吉尔利用假期到古巴亲身体验西班牙和古巴人民起义的战争。由于父亲的关系，丘吉尔为英国情报部门收集西班牙军队所使用的枪弹的情报。此外，《每日纪事报》聘请他为随军记者，为该报发稿。一个月后，丘吉尔历经战火，身佩一枚西班牙红十字勋章回到英国。古巴之旅使丘吉尔专情于写作和向往记者忙碌的生活。

1896 年，丘吉尔随部队调往印度，参加镇压印度民族起义和苏丹马赫迪起义。在这里，他写出了第一部著作《马拉坎德野战军纪实》，1898 年在英国出版。之后，他又相继出版了小说《萨伏罗拉》和《河上之战》。

1899 年 9 月，丘吉尔辞去军职，以《晨邮报》记者的身份前往南非，采访英国与荷兰移民后裔布尔人重新瓜分南非的英布战争。途中丘吉尔被布尔人俘虏，因他携带武器并参加战斗，布尔人拒绝释放他。但是，丘吉尔却大胆地独自一人越狱成功，并在当地一个英国侨民的帮助下逃到了洛伦索——马贵斯（今莫桑比克首都马普托）的英国领事馆。越狱事件使得丘吉尔在英国的声名大噪，也促使他踏入了政坛。1900 年，丘吉尔当选为下院议员，加入保守党，从此踏入政坛，开始了漫长的政治生涯。

1906 年，丘吉尔首次入选内阁，先后担任了殖民部次官、商务大臣、内政大臣、海军大臣和军需大臣、陆军大臣兼空军大臣、殖民大臣等要职。在任海军大臣期间，丘吉尔大力加强海军实力，以回击德国对英国海上霸权的挑战。一战爆发后，他因达达尼尔海峡战役失利而于 1915 年 11 月引咎辞职。之后，任步兵营长赴法国作战。1917 年~1931 年，丘吉尔先后任军需大臣、陆军大臣、空军大臣、财政大臣等职。1931 年 1 月，他因对保守党领袖的政策不满，退出鲍德温的影子内阁。此后，丘吉尔被排斥在政府公职之外，专心从事写作。

第二次世界大战爆发以后，丘吉尔被张伯伦内阁召回，重新担任海军大臣。1940 年 5 月 10 日，他继张伯伦任首相，并兼国防大臣，之后迅速把国民经济转入战时轨道。丘吉尔政府拒绝德国的诱和，坚持对德作战，同时争取美、苏作为同盟者参战。1941 年 7 月 12 日，他与苏联签订《英、苏在对德战争中联合行动的协定》。8 月 9 日，与罗斯福签署《大西洋宪章》。太平洋战争爆发后，丘吉尔与美国缔结一系列条约，其中包括联合使用两国的军事和经济资源、成立联合参谋部等内容。丘吉尔还先后参加了德黑兰会议、雅尔塔会议等国际会议。丘吉尔为世界反法西斯战争的胜利以及战后重建做出了不可磨灭的贡献。

1945 年 7 月，保守党在英国大选失败，丘吉尔辞去首相职务。1946 年 3 月，丘吉尔在美国密苏里州富尔顿发表《和平砥柱》的"铁幕演说"，主张美英联合对抗共产主义，拉开了战后东西方"冷战"的序幕。1948 年 10 月 9 日，丘吉尔在英国保守党年会上正式提出一个把英美联盟、联合的欧洲、英联邦和英帝国连接在一起的三环外交的总方针。但是，由于战后英国的衰落未能实现。1951~1955 年，丘吉尔再度出任首相。在执政期间，他签订了 1954 年《巴黎军事协定》，并缔结《东南亚防务条约》，继续对苏采取强硬态度。1953 年，丘吉尔被封为爵士，获嘉德勋章，同年因作品《第二次世界大战回忆录》（6 卷）获诺贝尔文学奖。1955 年 4 月 5 日，丘吉尔正式退休，但直到 1964 年 7 月一直任下院议员。

1965 年 1 月，丘吉尔因患脑溢血而昏迷，1 月 24 日逝世，享年 91 岁。1 月 30 日，英国为他举行了隆重的国葬。

奥托·冯·俾斯麦

奥托·冯·俾斯麦，生于普鲁士勃兰登堡阿尔特马克雪恩豪森庄园。他的家族为传统容克，拥有很多土地及庄园。他的父亲是一位地主，曾当过军官，母亲出生于资产阶级家庭。

俾斯麦幼时受到了良好的教育。8 岁时，他被送往柏林小学读书。12 岁时，他进入中学，学会了英语、法语、俄语、波兰语、荷兰语，成了一个多语言的天才，为日后的外交官生涯打下了基础。未满 17 岁时，他便入读哥廷根大学，后又转入柏林大学攻读法律。

1835 年毕业后，俾斯麦当上了一名律师，但是他对从政却产生了浓厚兴趣。随后，他投考政府的官职，当上了一个小书记员。后来，由于失恋、欠债，俾斯麦被迫回到家乡，当上了庄园主，可是他并不满意这种生活。

1848 年，欧洲各国爆发了反抗君权独裁的资产阶级民主民族革命，德国也没例外，结果普王被俘。作为王权的坚定维护者，俾斯麦在自己领地上组织了一支军队，准备前往柏林勤王救驾，武力镇压革命，途中，他遇上了威廉亲王的妻子，要求他协助其夫称王，但俾斯麦拒绝了这个请求。后来，腓特烈·威廉四世成功镇压了这场革命。由于俾斯麦在革命中的坚定立场和信念，俾斯麦很快得了国王的赏识和重用。从此，俾斯麦在政界崭露头角，影响力与日俱增。

1851 年~1858 年，他被任命为普鲁士邦驻德意志联邦代表会的代表，1859 年任驻俄公使，1861 年改任驻法公使。1862 年 6 月，俾斯麦出任普鲁士的首相兼外交大臣，他的权力达到了一人之下、万人之上的高度。

担任首相后，俾斯麦面对德国境内公国林立，严重阻碍德国发展的现实，决定用武力实现德国统一。他宣称："当代的重大问题不是通过演说与多数人的决议所能解决的——这正是 1848 年和 1849 年的错误——而是要用铁和血。"他信奉"强权胜于真理"的哲学，认定武力是取得政治和外交成就的基石。他的"铁血宰相"的别称也由此而得名。很快地，他便开始筹划三场统一德国的战争。

1864 年 4 月 18 日，普鲁士军队打败丹麦军队，丹麦放弃石勒苏益格、荷尔施泰因两地，将石勒苏益格划归普鲁士统治，荷尔斯泰因则归属奥地利。

1866 年 7 月 3 日，普鲁士以 29.1 万军力在萨多瓦与 23.8 万奥军进行决战，即萨多瓦会战，最后奥军战败。8 月 23 日，双方签订《布拉格条约》，普鲁士给予奥地利极为宽容的讲和条件，以便于保持对奥的良好的关系。普奥战争结束后，妨碍德国统一的就只剩下在背后控制着南德诸邦的法国了。

1870 年 9 月 17 日，普法战争爆发。不到一个半月，法国就被击败。1870 年底，南德四邦宣布加入北德意志联邦。从此，北德意志联邦扩大为"德意志帝国"。1871 年 1 月 18 日，威廉一世在法国凡尔赛宫加冕为德意志皇帝，宣告德国的统一，成立德意志帝国。同时，俾斯麦出任德意志帝国的总理。

统一德国后，俾斯麦积极改革内政和外交。对内，他积极发展德国的经济，在政策上为大资产阶级和贵族地主利益服务，但同时也制定了很多保障工人的措施，如建立了世界上最早的工人养老金、健康和医疗保险制度，及社会保险。对外，他不希望德国再有对外战争，以便让德国可以休养生息，培养国力。因此，他采取结盟政策，极力巩固德国在欧洲大陆的霸权地位。1873 年，德意志帝国与奥匈帝国、俄罗斯帝国缔结"二三帝同盟"。1879 年，德奥同盟建立。1887 年，德国与俄国签订《再保险条约》。1882 年，德国与意大利、奥匈帝国建立三国同盟。这一系列政策使得德意志帝国在一段时期内避免了内忧外患的干扰，而能够较快稳定的发展。

1888 年 3 月 9 日，威廉一世逝世，俾斯麦失去自己最强有力的合作伙伴。随后，俾斯麦与继任的威廉二世在很多问题发生了分歧，最终俾斯麦心灰意冷，于 1890 年 3 月 18 日辞职。

阿道夫·希特勒

阿道夫·希特勒，生于奥地利布劳瑙小镇一个海关文职人员家庭。小时候，希特勒特别喜欢画画，常幻想将来成为一名艺术家，但他父亲坚决要让他成为和自己一样的公务员。为了使父亲让步，希特勒还故意使自己各科成绩一落千丈，唯有绘画一门是"优"等。

1903 年 1 月 3 日，希特勒的父亲死于胸膜出血。1906 年，希特勒带着母亲前往维也纳求学，想要在艺术上有所成就。但是，他两次报考维也纳美术学院都未被录取。1907 年 12 月 21 日，希特勒的母亲因乳癌不治也去世。从此，希特勒一人留在维也纳过着流浪生活，靠出售临摹画或做零工糊口。

在维也纳流浪期间，希特勒受到了极端国家主义、极端民族主义、反犹主义的影响，并大量阅读了他们的小册子。希特勒还注意观察奥地利各政党的活动，他特别注意阅读了奥地利社会民主党的报刊，分析该党领导人的演讲，总结经验，在反复琢磨后得出结论：政党必须与群众运动结合，必须掌握在群众中进行宣传的艺术，否则将一事无成。他发誓要"为德国复兴而奋斗"。

1913 年 5 月，对大德意志民族充满狂热情绪的希特勒，离开维也纳移居慕尼黑，想在这里找到自己的追求。此时，他一方面继续靠卖画为生，另一方面扎进从图书馆借来的一大堆政治书籍中，并特别集中研究了尼采的意志的学说。当第一次世界大战爆发、德皇对俄宣战后，希特勒立即志愿参加了德国巴伐利亚预备步兵团第 16 团。他先后参加了第一次伊普雷斯战役、索姆河战役、阿拉斯战役与巴斯青达战役等战役，并因作战勇敢获得一枚"一级铁十字勋章"和一枚"二级铁十字勋章"。

一战后，德同战败投降，被迫在凡尔赛和约上签字，希特勒回到慕尼黑，加入了德国工人党。1920 年 2 月，他在德国工人党会议上提出《二十五点纲领》，要求所有日耳曼人在一个大德意志国家内统一起来，建立一个强大的中央集权国家等。为了吸引农民和小资产阶级，这个党纲也提出了一些蛊惑人心的改革措施。同年 4 月，德国工人党改称民族社会主义德国工人党（即纳粹党，"纳粹"为民族社会主义两词缩写的音译）。1921 年，希特勒成为该党党魁。

1923 年，希特勒在慕尼黑南郊的比格布劳凯勒啤酒店发动政变，即"啤酒店暴动"。他利用人们对现状的不满，企图首先在巴伐利亚夺取政权，然后向柏林进军，推翻魏玛共和国，撕毁《凡尔赛和约》，建立南他和纳粹党主宰的法西斯主义的德国。结果，政变失败，希特勒被捕入狱。

在狱中，希特勒口授完成《我的奋斗》上篇，在书中鼓吹反动的种族论，仇视马克思主义和民主制度，主张由日耳曼人这一主宰民族通过武力夺取生存空间。《我的奋斗》下篇，又称《第二本书》，由希特勒 1928 年口授完成，它宣扬日耳曼民族必须用战争取得约为德国双倍的土地才能解决德国的"领土饥荒"。《我的奋斗》一书被看作是法西斯的理论和行动的纲领，是纳粹党的圣经。它为希特勒涂上了一层迷人的色彩，迎合了当时广泛存在于德国的愤懑情绪，因而发行量很大，流传极广。

1924 年出狱后，希特勒重建纳粹党及武装组织冲锋队，又另建党卫军。自 1929 年起，希特勒发展了一种恐怖的、法西斯主义的群众运动。他常常在武装的党卫军和冲锋队的簇拥下，召集群众集会，发表蛊惑性演说，同时又指使他的武装党徒打击政敌。结果，在 1930 年 9 月的国会选举中，纳粹党一跃成为第二大党。到 1932 年 7 月的选举中，纳粹党竟跃升全国第一大党。1933 年 1 月 30 日，希特勒受命出任德国总理并组织政府。

希特勒一上台，就立刻开始实施一党专政的法西斯独裁统治。首先，他大肆搜捕、迫害和屠杀共产党人、犹太人和一切反法西斯主义者。其次，为加强对人民的恐怖统治，他建立了秘密国家警察体系，即所谓的"盖世太保"。1934 年 8 月，总统兴登堡去世，希特勒立即宣布德国总统和总理的职务合并为一，独揽立法和行政大权于一身。1938 年，他自任最高统帅，独掌武装部队的最高统帅权。

希特勒特别重视军队的组建，他大力重整军备，加速国民经济军事化。1933 年 10 月，法西斯德国退出裁军会议和国际联盟。1935 年 3 月 9 日，希特勒政府通告重建空军。16 日，希特勒宣布恢复普遍义务兵役制。6 月 18 日，希特勒与英国签订海军协定，重建海军。于是，德国的军事力量得到不断加强，这也促使希特勒开始实施他的侵略扩张政策。

1937 年，德、意、日法西斯联盟形成。同年 11 月 5 日，希特勒在柏林总理府召集陆、海、空三军最高将领，举行秘密军事会议，制定出了发动战争的计划。从 1938 年初起，德军先后吞并了奥地利、捷克斯洛伐克。1939 年 9 月 1 日，德军大举入侵波兰，导致第二次世界大战全面爆发。随之，德军攻战丹麦、挪威、荷兰、比利时和法国。此后，德军开始征服英国的"海狮计划"和进攻苏联的"巴巴罗沙计划"，这两个计划都未能得逞。尤其是 1942 年底至 1943 年初，德军 22 个陆军师在斯大林格勒被歼灭，接着在 1943 年夏季的库尔斯克战役中再遭惨败后，德军从战略进攻转向了战略防御，此后便是节节败退。在战争期间，希特勒在欧洲建立起了许多集中营，约有 450 万~600 万犹太人被杀害，其他民族人民死于其屠刀下的也难以胜数。

1944 年 6 月，美、英联军在法国的诺曼底登陆，开辟了欧洲的第一战场，德国失败的命运已成定局。1945 年 4 月，苏军攻入柏林。4 月 30 日，希特勒眼看战争获胜已经无望，举枪自杀，结束了自己罪恶的一生。

夏尔·戴高乐

　　夏尔·戴高乐，生于法国西北部边境城市里尔。父亲是耶稣教会学校的教师，参加过 1870 年的普法战争，民族主义和爱国主义情绪非常强烈，这对童年的戴高乐影响很大。因此，戴高乐从小就向往成为一个军人。

　　小时候，戴高乐并不是一个好学生，顽皮、好斗、不听话、专横、甚至令人讨厌。他的家人常说："只要夏尔一出现，家里就没有平静日子了！"但是，从 15 岁开始，戴高乐决定报考圣西尔高等军事学院，从此便变得十分好学，而且具有惊人的记忆力，各科成绩很快跃居全班第一名，最终顺利通过了圣西尔高等军事学院的入学考试。1909 年，戴高乐考入高等军事学院。

夏尔·戴高乐

　　1912 年毕业后，戴高乐赴驻阿腊斯的第 33 步兵团任少尉军官，受到团长贝当的青睐。1914 年第一次世界大战爆发后，戴高乐英勇作战，多次受伤，也多次受到表彰。1916 年 3 月，戴高乐在法国东北部都奥蒙指挥一个连队作战时，中弹昏死在阵地上。贝当将军把他列入"阵亡"名单，追授一枚最高荣誉十字勋章。等到戴高乐醒过来后，他成了德国的俘虏。他曾 5 次试图越狱未遂，直到 1918 年 11 月德国战败投降，才重获自由。

　　一战后，戴高乐回国先后任圣西尔陆军学校和高级军事学校军事史教授、最高军事法院副院长、贝当元帅办公厅参谋、国防常设委员会最高军事会议秘书等职。他还出版了几部军事理论著作，如《未来的军队》（1934 年）。《未来的军队》在法国并未受到重视，却在第二次世界大战中受到敌国德国纳粹坦克部队将军重视研究，并由此制定了"闪电战"。

　　二战爆发后，戴高乐升为第四装甲师师长，在前线积极阻击纳粹德国对法国的突然袭击。1940 年 6 月 5 日，总理雷诺改组政府，任命戴高乐为国防和陆军部次长。但这时，升为副总理的贝当和总司令魏刚等投降派在政府中占了上风，当德军逼近巴黎时，他们不组织抵抗，宣布巴黎为"不设防城市"，拱手将巴黎让给了敌人。随后，雷诺政府垮台，贝当出任总理，向德国宣布无条件投降，法军全部解除武装并交出武器。贝当出任总理后，戴高乐仍坚决主张法国同法西斯德国血战到底，由此得罪贝当，于是出走英国，继续领导法国的抵抗运动。

1940年6月18日，戴高乐在伦敦通过广播号召法国人民继续进行反抗德国法西斯的斗争，并发起"自由法国"运动。随后，戴高乐创建并领导法兰西民族委员会（后改称自由法国政府，法兰西民族解放委员会），抗击德国的侵略。同时，他还着手组建"自由法国"武装力量，并以司令的名义宣称接受英国统帅部的统一命令。到1940年11月，"自由法国"的军队已拥有3.5万人，其中有1000名飞行员、20艘军舰和60条运输船。

1944年6月，戴高乐根据与英、美同盟国的协议，4个师的法国远征军参加了在意大利的战斗行动，法国坦克师和美英军队一起在诺曼底登陆。同月，戴高乐担任法兰西共和国临时政府主席。1944年8月，法国第1集团军在法国南部登陆，参加了解放祖国的行动。26日，戴高乐凯旋巴黎。据说，当他来到凯旋门时，欢迎的人们挤满了星形广场和爱丽舍田园大街。

回到巴黎后，戴高乐当选为临时政府总理，着手重建满目疮痍的法国。但是一年过去了，戴高乐对三个政党组成的联合政府非常不满，而自己主张的总统制未能建立，于是在1946年1月宣布辞职，隐退乡间，暂时停止了自己的一切政治行动。此后，戴高乐开始埋头撰写回忆录，《战争回忆录》于1947年写成，它与丘吉尔的《第二次世界大战回忆录》并称为姐妹作。

1958年5月，阿尔及利亚发生军事叛乱，随之引起法国政治危机，国民议会的多数要求戴高乐出来执政。6月，戴高乐出任总理，提出加强总统权力和行政权力的新宪法，并获得通过。自此，法兰西第五共和国取代第四共和国。并且，法国由议会制过渡到事实上的总统制。12月，戴高乐当选第五共和国总统。1965年，他再次当选。

在任总统期间，戴高乐在对内、对外方面，尤其在外交方面，做出了一系列重大决策。他支持发展核武器、制定泛欧洲外交政策、努力减少美国和英国的影响、促使法国退出北约、反对英国加入欧洲共同体、承认中华人民共和国，这一系列政策被称为"戴高乐主义"。1969年4月，戴高乐在关于对地区改革和参议院改革所举行的公民投票中因为失败，被迫辞职。下野后，戴高乐又回到家中，继续写回忆录。直到病逝前，戴高乐仍在写着未完成的《希望回忆录》。

列宁

列宁，生于俄国伏尔加河畔的辛比尔斯克（今乌里扬诺夫斯克）。他的父亲是一位具有民主主义思想的教育活动家，母亲虽然是位家庭妇女，但她品质高尚，为人善良正直，富有智慧。他们夫妻关系亲密，相敬如宾。他们热爱孩子，又很重视孩子的教育。因此，列宁和他的几位兄弟姐妹从小就受到了很好的教育，并具有同样的教养和品德。他们都先后参加了反对沙皇统治的革命斗争活动。

1887年秋，列宁进入喀山大学法律系学习，然而，不久他因为参加学生运动而被学校开除学籍，并遭到逮捕，被流放到喀山附近的柯库什基诺村监视居住，后因母亲向政府当局申请，改到萨马拉省他姐夫所居住的农村继续被警察公开监视居住。在这段流放时间内，列宁自学了大学法律系课程以及马克思主义著作，特别是《共产党宣言》《资本论》等，他更加相信马克思主义，一生坚信共产主义。

1888 年，列宁回到喀山，成为喀山马克思主义小组的积极分子。1889 年，列宁迁居萨马拉，组织了当地第一个马克思主义小组。这时，列宁已经成为一位热情的马克思主义者。1892年，列宁进入彼得堡一家律师事务所从事见习律师，并参加了当地马克思主义者组织的工人小组活动。这一年，他将《共产党宣言》译成了俄文，还写下了第一本著作《农民生活中新的经济变动》。此后，列宁由一个革命民主主义者真正转变为一个共产主义者。

列宁

1893 年，列宁移居彼得堡，为在俄国建立一个无产阶级革命政党做了大量工作。1895 年，列宁把彼得堡各马克思主义小组统一起来，建立了工人阶级解放斗争协会，这标志着科学社会主义与俄国工人运动开始结合。这年 12 月，列宁由于参加革命活动被沙皇政府逮捕，坐了 14 个月的监狱，随后被流放到西伯利亚。在西伯利亚流放期间，列宁开始使用"列宁"这个化名，写出了《俄国资本主义的发展》一书，对民粹派的错误理论，特别是唯心主义世界观进行了全面批判。他还和另一位革命者克鲁普斯卡娅结成了终身伴侣。

1900 年 2 月，列宁在西伯利亚的流放结束，返回彼得堡。不久，列宁赴瑞士日内瓦大学留学，然后又到斯图加特、慕尼黑、莱比锡、布拉格、维也纳、曼彻斯特和伦敦等地，开始了长达 15 年的反政府的职业革命生活。

1900 年 12 月，列宁在德国与马尔托夫合作创办了第一份俄国社会民主工党的机关报《火星报》。1902 年写成《怎么办?》，批判伯恩斯坦修正主义及其俄同变种经济主义，指出其主要根源在于崇拜工人运动自发性，强调"没有革命的理论，就不会有革命的运动"，为建党奠定了思想基础。1903 年 7 月、8 月，俄国社会民主工党在布鲁塞尔召开代表大会，会上社会民主工党分为两派——拥护列宁的布尔什维克派和拥护马尔托夫的孟什维克派。大会通过了国际共产主义运动史上第一个以争取无产阶级专政为基本任务的党纲。

1905 年，俄国第一次资产阶级民主革命爆发。11 月，列宁回到彼得堡直接领导革命，提出了无产阶级政党在民主革命中的策略。12 月，莫斯科武装起义失败，列宁又开始了长达 10 多年的第二次流亡生活。流亡期间，列宁写下了《唯物主义和经验批判主义》《马克思主义和修正主义》等一系列著作，使马克思主义得到了全面的发展。1912 年 1 月，列宁领导在布拉格举行社会民主党的第六次代表会议，会议决定将孟什维克驱逐出党。从此，布尔什维克成为一个独立的无产阶级革命政党。

第一次世界大战（1914 年 8 月~1918 年 11 月）期间，列宁侨居瑞士。1915 年，列宁发表了《论欧洲联邦口号》，科学地提出了"社会主义可能首先在少数或者甚至在单独一个资本主义国家内获得胜利"的重要论点。1916年，列宁在《帝国主义是资本主义的最高阶段》一书中全面分析帝国主义的本质、特征和基本矛盾，揭示它的产生、发展和灭亡的客观规律，指出帝国主义是无产阶级社会革命的前夜。

1917年3月，沙皇政府被推翻。听到沙皇垮台的消息以后，列宁立即返回俄国，积极准备发动武装起义。在列宁的领导下，俄国人民终于取得了十月社会主义革命的胜利。这一伟大胜利开辟了人类历史发展的新纪元。革命胜利后，列宁当选为第一届苏维埃政府主席。随后，他领导人民粉碎了帝国主义的三次武装进攻和国内的叛乱，使苏俄的经济建设逐步走上了正轨。

1922年5月，列宁患了严重的中风，从此直到1924年去世，他几乎完全处于瘫痪状态。1924年1月21日，列宁因脑溢血去世，终年54岁。他去世后，苏联政府和人民为了纪念他，对他的遗体做了认真的防腐保存处理，在莫斯科的红场建造列宁墓并将他的遗体保存在水晶棺内供人永久瞻仰。

曼德拉

曼德拉，生于南非特兰斯凯一个大酋长家庭。他是家中长子，被指定为酋长继承人。但他自幼性格刚强，崇敬民族英雄，表示要"以一个战士的名义投身于民族解放事业"，"决不愿以酋长身份统治一个受压迫的部族"。他很早就毅然走上了追求民族解放的道路。

1944年，曼德拉参加了主张非暴力斗争的南非非洲人国民大会（简称非国大）。1948年，他当选为非国大青年联盟全国书记，1950年任非国大青年联盟全国主席，1952年任非国大全国副主席。1952年6月，他成功组织并领导了"蔑视不公正法令运动"，赢得了全体黑人的尊敬。为此，南非当局曾两次发出不准他参加公众集会的禁令，并将他软禁，1956年获释。

1961年6月，非国大决定建立一支武装组织——"民族之矛"，由曼德拉负责筹建工作并担任总司令。次年，曼德拉又为寻求国际社会的支持，访问了英国工党领导人，参观并接受了阿尔及利亚的短期军事训练。但是，8月回国后，曼德拉即被南非白人统治当局逮捕，以"煽动罢工"罪和"非法越境"罪判处5年监禁。1964年6月，他又被指控犯有"企图以暴力推翻政府"，改判为无期徒刑。

在狱中，曼德拉备受迫害和折磨，但他始终未改变反对种族主义，建立一个平等、自由的新南非的坚强信念。与此同时，国际、国内众多支持曼德拉的拥护者也不断呼吁要求释放他。1989年，新上任的德克勒克总统迫于国内外形势，采取了逐步恢复曼德拉自由的方式，并于1990年2月无条件释放了曼德拉。曼德拉终于结束了长达27年的牢狱之苦。

1991年7月，曼德拉当选为非国大主席。同年，民主南非大会召开，揭开了多党制宪的帷幕。1993年，各派一致通过《过渡宪法草案》，南非开始向一个没有种族隔离和歧视的新时代过渡。为此，曼德拉和德克勒克共享了1993年度的诺贝尔和平奖。

1994 年南非大选，非国大在首次不分种族的大选中获胜，曼德拉成为南非第一位黑人总统。此后，曼德拉领导政府以和解、稳定和发展为中心，采取温和、务实和稳妥的内外政策，实现了从白人政权向多种族联合政府的过渡，南非政局大体稳定，经济发展势头良好，全面重返国际舞台。

　　1997 年 12 月，曼德拉毅然辞去非国大主席一职，主动让贤姆贝基，并表示不再参加 1999 年 6 月的总统竞选。这一举动震惊国内外。他说："他（姆贝基）比我这老头强。" 1999 年，曼德拉功成身退。

第六章　历史之最

第一个测算地球大小的人——埃拉托色尼

埃拉托色尼，古代希腊人。公元前240年6月21日中午，埃拉托色尼测得地球周长为46240千米，是世界上测算地球大小的第一人。

埃拉托色尼在位于北回归线上的古埃及城市诺涅进行测量。他利用铅垂线试验，当时，太阳居于天空正中，井栏圈照不出影子，太阳光线正好与铅垂线重合。而处于同一时刻的亚历山大里亚城却照出影子来，并且太阳光线与铅垂线成7度12分的角。于是，埃拉托色尼测出了地球的周长。

现在所测的地球赤道周长为40076.5938千米，虽然埃拉托色尼所测得的数据比现在的数据约大了15%，但从当时的条件来说，得出这个数据已是难能可贵了。

最早的女数学家——海帕西娅

海帕西娅（约370~约415），出生于亚历山大里亚，是世界上最早的女数学家。

海帕西娅写了很多关于数学的论文，阐明了古希腊大数学家阿波罗尼斯得圆锥曲线理论。

海帕西娅在自然科学上也有很大的造诣，注释了很多柏拉图、亚里士多德等古希腊哲学家的著作，还发明了星盘。可惜的是，她的全部著作都已经失传。

人们为了纪念这位最早的女数学家，把月亮上的一座环形山命名为"海帕西娅山"。

最古老的数学文献——阿赫美斯纸草

公元前1850年前后，古埃及人用墨水在一种治沙草"纸"上记录各种文献，其中的一种"阿赫美斯纸草"记述了当时人的一些数学观点，是世界上最古老的数学文献。

"纸草"是一种类似芦苇的植物，生长在尼罗河流域，古埃及人将这种植物的髓部撕开，压平晒干后切成薄片，当作纸来用。

"阿赫美斯纸草"大小为544厘米×33厘米，内容包括分数计算，圆周率的大致数字，球、棱台的体积的计算，以及用一次方程来解题等等，充分显示了古埃及人的数学智慧。

最巨大的数学专著——《数学原书》

《数学原书》是一部体系崭新的数学专著，第 1 卷出现于 1939 年，到 1973 年已经出了 35 卷，至今仍在继续编写，现有七千多页，是最巨大的数学专著。

《数学原书》的作者是布尔巴基，原名尼古拉·布尔巴基，而实际上，这个名字是20 世纪一群法国数学家的笔名，该团体的正式称呼为"尼古拉·布尔巴基合作者协会"，在法国巴黎的高等师范学校设有办公室。

《数学原书》因吸收最新数学成果并加以剖析而受到重视，以其严谨而别具一格的方式，将数学按结构重新组织，形成了自己的新体系。

火车的发明者——乔治·斯蒂芬逊

1813 年，乔治·斯蒂芬逊改装了"装有轮子的蒸汽锅炉"，后又采用蒸汽鼓风法，把废气导引向上喷出烟囱，带动后面的空气，加强通风。人们把这一蒸汽机车称为"火车"，一直延续至今。

乔治·斯蒂芬逊（1789~1848），英国工程师，铁路机车的发明家，机械工程学会第一任主席。

1781 年，火车先驱乔治·斯蒂芬逊出生在一个英国矿工家庭。直到 18 岁，斯蒂芬逊还是一个目不识丁的文盲。斯蒂芬逊不顾别人的嘲笑，开始和七八岁的孩子一起坐在课堂里学习。

1810 年，斯蒂芬逊开始制造蒸汽机车。

1825 年 9 月 27 日，第一列由斯蒂芬逊设计的、用机车牵引的列车，从达灵顿运载着 450 名旅客，以 24 千/小时的速度驶到斯托克时，铁路运输事业便从此诞生。

此外，1817 年，斯蒂芬逊主持修建了从利物浦到曼彻斯特的铁路线。利物浦——曼彻斯特铁路成为世界上第一条完全靠蒸汽机运输的铁路线。

电报的发明者——莫尔斯

塞约尔·莫尔斯，美国人。1844 年，莫尔斯拍发了世界上第一封电报，内容是《圣经》中的一句话："上帝啊，你创造了何等的奇迹！"

1844 年 5 月，莫尔斯在美国国会大厦首次通过电报线，传出圆点和横划的符号，拍发了这封电报，尽管这份电报只传送了 65 千米，但它开创了长距离通讯联系的新时代。

莫尔斯利用电磁感应原理，操纵顶端装有记录头的控制棒。当电流脉冲通过电路时，引起控制棒运动，使记录头触及纸带，从而在纸带上有顺序地留下符号图形，这便是电报码。

电话机的发明者——贝尔

1875 年，亚·贝尔发明了世界上第一台电话机。1878 年，亚·贝尔在波士顿和纽约之间成功进行了首次长途电话通话。

亚历山大·贝尔（1853~?），苏格兰人。年轻时，贝尔就被聘为美国波士顿大学的语言教授。

一天，在实验时，贝尔惊奇地发现一个现象：当电流导通和截止时，螺旋线圈会发出噪声。

对于一个科学家来说，实验中的任何细节，都可能是打开科学迷宫的大门。贝尔重复实验了几次，发现结果都是一样的。于是，贝尔脑海中突然闪起一道灵感之光：如果我们在讲话时，能使电流强度的变化模拟声波的变化，那么，用电传送语言不就能实现了吗？

想到这里，贝尔就去向大物理学家约瑟夫·亨利求教，亨利听了他的想法后表示强烈支持，鼓励他大胆去干。

贝尔便与青年助手沃特森艰苦实验了两年，但都失败了。

有一天，贝尔听见有人在弹奏吉他，听着听着，突然，吉他的共鸣启示了他。原来，他们的送受话器灵敏度太低，导致声音微弱，难以辨别。贝尔立即设计了一个助音箱的草图，接着又改装机器。

重新实验时，贝尔将门紧闭，沃特森则在与其相隔几个房间的一间屋子里。

贝尔对着送话器说："听见了吗？沃特森。"

沃特森惊喜地说："我听见了！听见了！"

贝尔终于把当初的灵感变成了现实。此后，贝尔又花了半年时间，制成了世界上第一台可供使用的电话机。

电灯泡的发明者——爱迪生

1879 年 10 月 21 日，科学家爱迪生用一根直径为 0.025 厘米、碳化了的棉线做灯丝，置于玻璃球内，照明度为 4 烛光，持续亮了 45 小时，而且光度稳定、明亮，这就是世界上最早的电灯泡。

托马斯·阿尔瓦·爱迪生（1847~1931），举世闻名的美国电学家和发明家，一生约共有两千项创造发明，包括留声机、电灯、电话、电报、电影等方面，以及矿业、建筑业、化工等领域，被誉为"世界发明大王"。

在研制灯泡的过程中，爱迪生发现棉线在空气中一下子便会烧成灰烬，而将碳棉线放入处理过的玻璃球内则会发出炽光。于是，爱迪生采用碳化了的棉线做灯丝，终获成功。1879年11月，爱迪生又改用碳化后的卡纸做灯丝，延长了电灯的寿命。

1910年，美国人库利厅用钨丝做灯丝，发明了钨丝灯泡，一直沿用至今。

第一张元素周期表的制定者——门捷列夫

德米特里·伊万诺维奇·门捷列夫（1834～1907），生于俄罗斯西伯利亚。1869年，他发表了世界上第一张元素周期表。

元素周期表把杂乱纷纭的元素按原子序数（即原子核电荷数）增加的次序，排列成一个有条不紊的整体，它指出元素的性质随原子核电荷数（或原子量）的增加而呈周期性的变化。

第一个预言水星凌日的人——开普勒

约翰尼斯·开普勒（1571～1630），出生在德国威尔德斯达特镇，是德国天文学家，1629年他曾预言：1631年11月7日将发生稀奇天象——水星凌日。当日，在法国巴黎，天文学家加桑迪亲眼目睹到这一现象——水星（当时只是一个小黑点）在日面上由东向西徐徐移动，因此开普勒成为世界上第一个预言水星凌日的人。

据记载，从1631～2003年，共出现了50次水星凌日，其中有35次发生在11月，15次发生在5月，根据科学论断，每100年就会发生13.4次水星凌日。

水星凌目发生的原因是什么呢？

其实，水星凌日的原理与日食相似。水星和地球的绕日运行轨道有一个7度的倾角，当水星和地球的轨道处于同一个平面上，而太阳水星地球三者又恰好排成一条直线时，才会发生水星凌日。

每年的5月8日前后，地球会经过水星轨道的降交点，每年11月10日前后，又经过水星轨道的升交点，因此水星凌日只能发生在这两个日期的前后。

那么怎样观察水星凌日呢？

观察水星凌日必须借助望远镜。一般有两种方法：一是投影法，通过望远镜，把太阳在一张白纸上投影，然后可以观察到；二是目视法，把滤光镜装在望远镜的物镜（前方）上，再进行观察。

需要注意的是，由于太阳光可能灼伤眼睛，所以在观察水星凌日时，千万不能用肉眼直接看太阳。

太空航行的理论奠基人——齐奥尔科夫斯基

基康斯坦丁·齐奥尔科夫斯基（1857~1935），俄罗斯人，1903 年发表专著《利用喷气装置研究宇宙空间》，从理论上奠定了星际航行的基础，成为太空航行的理论奠基人。

齐奥尔科夫斯基是举世闻名的科学家，为航空航天科学的发展贡献了毕生精力，做出了卓越贡献，被誉为"宇航天文学之父"。1932 年，苏联政府授予齐奥尔科夫斯基劳动红旗勋章；1954 年，苏联科学院设立齐奥尔科夫斯基金质奖章，表彰在星际航空领域内有杰出贡献的人员；苏联天文博物馆、莫斯科航空学院都以他的名字命名；月球上的一座环形山也以齐奥尔科夫斯基命名。

齐奥尔科夫斯基还是科幻作家，他的小说令人大开眼界、大为惊叹，代表作有《在月球上》《宇宙的召唤》《地球之外》等，西方的空间科学学者称他为"预言人类太空移民的先知"。

最早提出河外天文学的人——哈勃

爱德温·哈勃（1889~1953），美国天文学家。1922~1924 年期间，哈勃发现星云并非都在银河系内，而是距离我们远达几十万光年；1925 年，哈勃又做出第二项重大发现：星系看起来都在远离我们而去，且距离越远，远离的速度越高，基于这些理论，哈勃成为河外天文学奠基人。

哈勃的结论意义深远，因为一直以来，天文学家都认为宇宙是静止的，而现在发现宇宙一直处于膨胀状态。

哈勃将一生中的大部分时间致力于天文事业，他之所以对天文感兴趣，还有一个小故事：

哈勃 10 岁的时候，有一天一个小朋友告诉他，6 月 23 日的子夜之后，将会出现月全食。

为了不错过观看月全食的机会，6 月 23 日那天，小哈勃在夜幕开始降临就一直守候着。

那个夜晚的天空非常晴朗，小哈勃和朋友来到广阔的原野，望着皎洁的明月，默默期盼着……

终于，子夜过后，随着时光的推移，月亮逐渐被地球的影子遮笼，古铜色的月亮悬挂在西天，从望远镜里观察，依稀可以看到月亮上的"海洋"和"环形山"。小哈勃被这美妙的现象彻底陶醉了，直到月亮在晨曦中慢慢落入地平线，他才恋恋不舍地离开。

正是由于这次观测，小哈勃决心成为一名天文学家，因此在以后的日子里，他为了实现自己的梦想，不断地拼搏、努力，最终如愿以偿。

第一位太空观光客——丹尼斯·蒂托

丹尼斯·蒂托（1940~），美国纽约人。2001年5月6日13时41分，经过八天的太空遨游，他和两名俄罗斯宇航员乘坐"联盟TM-31"号飞船的返回座舱，安全降落在哈萨克斯坦首都阿斯塔纳以西约300千米处，成为世界第一位太空观光客。

丹尼斯·蒂托，纽约大学航天学学士，伦斯勒工业学院工程科学硕士和名誉博士，美国航空航天局喷气推进实验室科学家。

1972年，丹尼斯·蒂托在加利福尼亚成立维尔夏公司，创立了维尔夏5000股票指数。1998年开始，维尔夏公司成为美国第三大投资管理资讯公司，丹尼斯·蒂托也成为一位富翁。

此次太空遨游，丹尼斯·蒂托花费2000万美元"旅费"。

最早的现代物理实验室——卡文迪许实验室

卡文迪许实验室，位于英国剑桥自由学校，于1872年破土动工，1874年建成，是最早的现代物理实验室。

最大的高能物理实验室——欧洲核子研究中心

欧洲核子研究中心，又称欧洲原子核研究委员会，位于法国——瑞士边界，组织机构在日内瓦，共占地500多公顷，是世界上最大的高能物理实验室。

欧洲核子研究中心创立于1954年9月，由英国、法国、德国、奥地利、瑞典、瑞士等十几个国家联合建成，约有上千名科学家在这里从事科学研究。

欧洲核子研究中心主要用于研究粒子物理，其设施主要包括加速器，如回旋加速器、质子同步加速器、质子对撞机、超级同步加速器；探测系统，如气泡探测器和电子学探测器；重液沧室，如大沧室、加加梅尔沧室。

世界科学的最高奖——诺贝尔奖

诺贝尔（1833~1896）是瑞典著名化学家和发明家，他获得专利的发明有255项，其中最主要的是1863年发明的水银雷管，1867年发明的安全烈性炸药和1875年发明的爆炸胶等。诺贝尔临终前立下遗嘱，规定从遗产中提取920万美元作为基金，以每年的利息约 20 万美元，奖给对世界科学事业有卓越贡献的科学家，即后来的世界科学的最高奖——诺贝尔奖。

诺贝尔奖奖金设有物理、化学、生理或医学、文学及和平、经济学奖六项奖金，每年由瑞典皇家科学院、世界各国诺贝尔奖奖金获得者及各方面权威人士推选，然后由各专业的评审委员会经过长期的调查研究，确定出真正的得奖人。

现存最古老的法典——《汉穆拉比法典》

《汉穆拉比法典》，也称《巴比伦法典》，是古巴比伦王朝（遗址在美索不达米亚平原）的著名法典，由国王汉穆拉比（前 1792~前 1750 在位）编纂，是世界上现存最古老的法典。

《汉穆拉比法典》法典使用的是楔形文字，内容刻在 232 厘米高的黑色玄武柱上，因此又称《石柱法》。

《汉穆拉比法典》分为序言、正文和结语三部分。正文共有 282 条，其中包括诉讼手续、盗窃处理、租佃、雇佣、商业高利贷、债务、婚姻、遗产继承和奴隶地位等条文。

《汉穆拉比法典》比较全面地反映了当时的社会情况，现珍藏于法国巴黎的卢浮宫。

最早的长篇叙事史诗——《荷马史诗》

《荷马史诗》是《伊利亚特》和《奥德赛》的合称，古希腊长篇叙事史诗，创作于公元前 8 世纪，反映了公元前 11 世纪到公元前 9 世纪的希腊社会情况，展现了迈锡尼文明，是世界上最早的长篇叙事史诗。

《荷马史诗》相传为古希腊盲诗人荷马根据民间传说创作而成，《伊利亚特》着重刻画了希腊英雄阿喀琉斯的伟大形象，《奥德赛》记述了希腊神话人物俄底修斯的故事，集中写他 10 年海上漂泊中最后 40 天的事情，歌颂俄底修斯的智慧、勇敢和忠诚。

最早的悲剧作家——埃斯库罗斯

埃斯库罗斯（前 525~前 456），出生于希腊阿提卡的埃琉西斯，相传他一生共创作了 70 部悲剧，流传至今的只有 7 部——《乞援人》《波斯人》《七将攻忒拜》《被缚的普罗米修斯》《阿伽门农》《奠酒人》和《报仇神》，是世界上最早的悲剧作家，被称为"悲剧之父"。

埃斯库罗斯的悲剧大部分取材于希腊神话，内容多以赞扬雅典民主，反对暴政为主，人物形象雄伟、高大，剧本情节不复杂，但矛盾冲突激烈，抒情色彩浓厚。

最早的喜剧作家——阿里斯托芬

阿里斯托芬（前446~前385），生于古希腊阿提卡的库达特奈昂，一生写过44部喜剧，得过7次奖，流传下来的有11部，代表作有《阿卡奈人》《骑士》《和平》《鸟》《蛙》等，被誉为"喜剧之父"，是最早的喜剧作家。

阿里斯托芬的喜剧尖锐、深刻，俗称旧喜剧，属政治讽刺剧，触及了重大的社会政治问题。

最早的寓言集——《伊索寓言》

《伊索寓言》，约成书于约公元前3世纪，相传为古希腊人伊索根据民间流传的寓言故事创作而成，是世界上出现最早的寓言集，被誉为西方寓言的始祖，它的出现奠定了寓言作为一种文学体裁的基石。

《伊索寓言》共收集了300多个小故事，主角大多是拟人化的动物，通过描写动物之间和人与动物之间的相互关系，反映当时的社会生活，表现奴隶、平民反抗压迫的斗争经验和生活教训，著名的有《狼和小羊》《狮子和狐狸》《农夫和蛇》《龟兔赛跑》《狐狸和葡萄》等。

最早的科幻小说——《真实的历史》

《真实的历史》，约成书于2世纪，讲述了一个旅行者乘船时遭遇狂风，被吹到月球上，目睹了"太阳人"与"月球人"的大战，还遇到了迁徙而来的地球人的故事，是世界上最早的科学幻想小说。

《真实的历史》作者是古希腊讽刺作家卢奇安，生卒年不详，出生在罗马帝国统治下的叙利亚萨莫萨塔城，作品多达84篇，著名的有《冥间的对话》《被盘问的宙斯》《丧失遗产的人》《苍蝇颂》《宙克西斯》《普罗米修斯》《神的对话》等。

最早的长篇写实小说——《源氏物语》

《源氏物语》约成书于1001~1008年间，描写了日本平安朝时代宫中的斗争，反映了当时妇女的无权地位和苦难生活，被称为日本的"国宝"，是世界最早的长篇写实小说。

《源氏物语》作者为日本女作家紫式部（978~1016），姓藤原，曾给一个官吏做过小妾，在寡居10年后，进宫做侍读女官，该书是她写给皇后消遣的读物。

创作时间最长的一部书——《浮士德》

《浮士德》成书于1831年，作者歌德（1749~1832），德国法兰克福镇人。作者于1773年开始构思写作，共花了60年时间完成此书，成为世界上创作时间最长的一部书。

《浮士德》取材于德国16世纪的民间传说，采用诗剧的形式，共分两部，12111行。第一部共25场，不分幕，第二部分为五幕。

全剧没有首尾连贯的情节，而是以主人公浮士德的思想发展为线索，写他探索真理的一生。浮士德是一个年过半百的老学者，仍然孜孜不倦地博览群书，钻研各种学问，希望了解自然的秘密。到了老年，他才发现自己所学的知识毫无用处。

《浮士德》是当时欧洲文学的最高成就，在世界文学史上享有极高的地位，与《荷马史诗》、但丁《神曲》齐名，被认为是史诗性的巨著。其作者歌德，是18世纪中叶到19世纪初最重要的作家、诗人，成名作为《少年维特之烦恼》。而《浮士德》这本书的创作，却贯穿了歌德的全部写作生涯。

最早的漫画家——贺加斯

威廉·贺加斯（1967~1764），出生于伦敦附近的巴多罗摩，英国著名油画家和版画家，也是世界上最早的漫画家。

贺加斯的作品范围极广，涉及卓越的现实主义肖像画和连环画，多以辛辣的手法，揭露当时贵族阶级上层社会的丑恶面目，并对下层社会表示同情，其代表作有《妓女生涯》《浪子生涯》《时髦婚姻》。

贺加斯的漫画，无论在形象还是在情节处理上，都运用夸张、幽默的手法，带有辛辣的讽刺性，对现代漫画具有深远影响。

最大的词典——《牛津英文词典》

《牛津英文词典》，由牛津大学出版社出版，1857年出版4卷，到了1928年增加到10卷，1972年到1986年又出版了4卷《牛津英语大词典补编》，目前仍在编纂更新，它是一本历史悠久、具有权威性、声誉经久不衰的世界上最大的词典。

《牛津英文词典》之所以具有权威性，是因为它的编写原则严谨，全书浑然一体，被称作做有极高学术价值和使用价值的辞书。

收入汉字最多的词典——《汉韩大辞典》

《汉韩大辞典》，共 15 卷本（索引除外），除收集了在韩国、中国、日本等汉字文化圈内使用的约 6 万多个汉字外，还增加了包含专名的 50 多万条汉字词汇，以 200 字原稿纸计算，共 224 万张，成为世界上最大的汉字词典。

《汉韩大辞典》由韩国檀国大学东洋在经过 30 年的艰辛努力后，终于在 2008 年 5 月隆重上市。

30 年来，累计共有 600 多名专业人士参与了此次编撰工作，该辞典规模超过了曾经的东亚"三大汉字辞典"：日本诸桥辙次编辑的《大汉和辞典》（1960 年，收录了约 4.9 万个汉字和 40 万条词汇）；中国台湾地区出版的《中文大辞典》（1962 年，约 5 万个汉字和 40 万条词汇）；中国大陆编纂的《汉语大词典》（1994 年，约 5.6 万个汉字和 37 万条词汇）。

内容最广泛的百科全书——《不列颠百科全书》

《不列颠百科全书》，又称《大英百科全书》，原存于哥伦比亚与伦敦两地，最初在 1768 年，以芝加哥大学为基础编纂，编辑人员是苏格兰人贝尔·麦克法夸尔和斯美利，由苏格兰爱丁堡出版社出版，其内容分三卷，包括生命科学、自然科学、社会科学、工程技术、历史、地理、人文等，共 2689 页，并有 160 幅铜板插图，是世界上内容最广泛的百科全书。

受现代科技日益发展的影响，《不列颠百科全书》所涉及的"自然科学"和"工程技术"逐渐增加，衍变成学术水平很高的大型综合参考书。

1902 年，《不列颠百科全书》公司迁至美国芝加哥，芝加哥大学副校长 W·本顿于 1943 年买下该书版权。

1974 年，第 15 版《不列颠百科全书》全新问世，打破了传统的标准型百科全书模式，将全书分为三个部分：《详编》《简编》和《类目》。

《不列颠百科全书》自出版以来，经过两百多年的修订、再版与发展、完善，现在已形成英文印刷版装订 32 卷，电子版本和在线版本也已推出。

最大的网络百科全书——维基百科

维基百科是一个自由、免费、内容开放的百科全书协作计划，开始于 2001 年 1 月 15 日，此后每天都有来自世界各地的参与者编辑和创建新条目，目前已经具备 50 种语言的 600000 篇条目，是最大的网络百科全书。

第一个飞越英吉利海峡的人——布莱里奥

路易·布莱里奥（1872~1936），生于法国的康布雷，法国发明家、飞机工程师、飞行家。1909年7月25日，布莱里奥驾驶单翼飞机从加莱附近起飞，跨越35千米，历时37分钟，降落在多佛堡，成为第一个飞越英吉利海峡的人。

为了纪念布莱里奥的创举，2006年睿雯德尔自行车公司以"布莱里奥"命名发布了一款自行车，其显著特征是在坐凳下方印有布莱里奥的肖像。

第一个登上珠穆朗玛峰的人——埃德蒙·希拉里

1953年5月29日上午11时30分，埃德蒙·希拉里登上珠穆朗玛峰，成为世界上第一个登上珠穆朗玛峰的人。

埃德蒙·希拉里（1919~2008），世界最著名的登山家之一，生于新西兰第一大城市奥克兰，1936~1943年及1957~1970年，从事养蜂业，1943~1945年，在新西兰皇家空军服役，1951年首次进入喜马拉雅山区登山，加入以英国登山家亨特为队长的英国珠峰登山队，1953年5月29日，与尼泊尔向导丹增·诺尔盖成功登顶珠峰，1958年率英国南极探险队首次到达南极点，1960~1965年，屡次在珠峰地区探险，1966年，首次在珠峰地区建立医院，1985年，出任新西兰驻印度高级专员，1990年，希拉里人像上了新西兰货币，2008年1月11日，因心脏病去世。

最早人种——乍得人

乍得人，化名杜马伊，当地土语的意思是"旱季前出生的孩子"，于2002年由法国普瓦捷大学的米歇尔·布吕内教授及其同事在非洲南部博茨瓦纳奥卡万戈三角洲的乍得沙漠中发现他们的下颚碎片、牙齿和头盖骨。经过一系列研究，乍得人是此前从未被发现的一个新人种，生活在距今约700万年，是世界上迄今为止发现的最早人种。

科学家认为，乍得人犬齿较小，有臼齿和前臼齿，牙齿的珐琅质较厚，与后来的人类特征极似。研究人员发现，乍得人的头骨平衡在脊柱上，能直立行走。所以，乍得人是"人"，而非一些舆论所谓的"猿"。最大的金字塔——埃及胡夫金字塔

胡夫金字塔，高达137米，四周底边各长220米，塔底占地面积5.29万平方米，是世界上现存最大的金字塔，被称为"世界古代七大奇迹"之一。

胡夫金字塔位于埃及首都开罗西南约10千米的吉萨高地，是在埃及发现的90多座金字塔中最大的一座，是古埃及第四王朝法老胡夫陵墓。

金字塔，阿拉伯语为"方锥体"，是一种方底、尖顶的石砌建筑物，是古代埃及埋

葬国王、王后或王室其他成员的。形状很像汉语中的"金"字，中文便译为"金字塔"。

世界第二大金字塔是海夫拉金字塔，位于埃及开罗郊外吉萨地区，高143米，建于公元前26世纪，为古埃及第四王朝第四位法老海夫拉的陵墓。

最大的史前冢林——巴林冢林

巴林冢林，靠近沙特阿拉伯海岸，在巴林岛北部首都麦纳麦以西，有绵延数十里占地30多平方千米的冢林，是世界上最大的史前时期的冢林。

最高的教堂——德国乌尔姆大教堂

乌尔姆大教堂，位于德国巴登符腾堡州乌尔姆市，教堂主塔高度达161.6米，是世界上最高的教堂。

德国乌尔姆大教堂

813年，查理曼大帝建造了最初的乌尔姆教堂，大教堂长126米，宽52米，共有三座塔楼。1392~1419年，当地建筑师恩辛格主持建造砖石结构的教堂主塔，设计高度 156 米，后经几代人努力，直到 1890 年在建筑师拜尔主持下，终于实现了恩辛格的设想。

唯一的岩石教堂——拉利贝拉岩石教堂

拉利贝拉岩石教堂，位于埃塞俄比亚的拉利贝拉，始建于 12 世纪后期（拉利贝拉国王统治时期），教堂通体均由岩石建造而成，是世界上唯一的岩石教堂。

关于埃塞俄比亚岩石教堂建造有这样一个传说：

12 世纪的时候，埃塞俄比亚第七代国王拉利贝拉（1176~1207）出生之际，一群蜂围着他的襁褓飞来飞去，他的母亲认为那是儿子未来王权的象征。长大后，拉利贝拉当政的哥哥哈拜嫉妒他，给他灌了毒药。拉利贝拉昏睡了三天，在梦里，上帝指引他到耶路撒冷朝圣，并得神谕："在埃塞俄比亚造一座新的耶路撒冷城，必须用一整块岩石建造教堂"。

于是，拉利贝拉按照神谕，动用 2 万人工，花了 24 年的时间，在埃塞俄比亚北部海拔 2600 米的岩石高原上，凿出了 11 座岩石教堂。

从此，拉利贝拉成为埃塞俄比亚人的圣地。

1979 年，联合国教科文组织已把埃塞俄比亚的岩石教堂列为世界文化遗产。

最大的教堂——圣伯多禄大教堂

圣伯多禄大教堂是梵蒂冈（世界上最小的国家）的主要大殿，建于 1506~1626 年，占地 23000 平方米，可容纳六万余人，教堂中央是直径 42 米的穹隆，顶高约 138 米，前面有两重用柱廊围绕的巴洛克式广场，是世界上最大的教堂。

圣伯多禄大教堂的设计者众多，包括意大利文艺复兴时期的建筑师与艺术家勃拉芒特、拉斐尔、米开朗基罗和小莎迦洛，广场的设计人是贝尼尼。教堂内保存着许多壁画与雕刻，大都起源于欧洲文艺复兴时期，其创作者有米开朗基罗、拉斐尔等。

最大的木结构教堂——凯里迈基教堂

凯里迈基教堂，位于芬兰东部，芬兰著名的特色旅游景点之一，长 45 米，宽 42 米，高 27 米，可容纳 5000 多人，是世界上最大的木结构教堂。

凯里迈基教堂由 Anders. Granstedt 设计，建于 1844 年，1847 年落成。它融合了新拜占庭和新哥特风格，结构布局严谨，外观宏伟，色彩淡雅。每逢夏季，来凯里迈基教堂观光的各国游客络绎不绝，这无形中为凯里迈基教堂增加了一道风景。

最大的盐岩矿山建筑——希帕基腊镇盐岩教堂

1950 年，在哥伦比亚圣菲波哥大以北 50 公里处的希帕基腊镇，人们开始在一座盐岩矿山上雕琢教堂，直到 1954 年，教堂最终建成，总面积达 5500 平方米，可容纳 5000 人，教堂的大厅有 4 个长 100 米宽 13 米的大厅，由 120 米的游廊连接，这就是世界上最大的岩盐矿山建筑。

这座盐岩矿山也是世界上最大的，即使每天有 5 万矿工同时开采，历经 500 年也无法把它采尽。

最古老的木造建筑——法隆寺

法隆寺，又称斑鸠寺，位于日本奈良生驹郡斑鸠町，法隆寺始建于 607 年，分为东西两院，西院保存了金堂、五重塔，东院建有梦殿等，占地面积约 187000 平方米，合计 2300 余件，是世界上最古的木构建筑群。

法隆寺现保存着各种建筑及文物珍宝，有文化价值的文物约 190 类，最早的源自飞鸟时代（约始于公元 600 年，止于迁都平城京的 710 年），皆被指定为国宝。1993 年，法隆寺建筑物群和法起寺共同列为世界文化遗产，均被授以"法隆寺地区佛教建造物"的称号。

最大的木造建筑——日本东大寺

东大寺是日本华严宗大本山，又称大华严寺、金光明四天王护国寺等，位于平城京（今奈良）东，其中的大佛殿，正面宽 57 米，深 50 米，是世界最大的木造建筑。

东大寺名列日本南都七大寺之一，距今约有 1200 余年的历史。据载，728 年由信奉佛教的圣武天皇建立。

远在中国唐代，中国高僧鉴真和尚就曾在东大寺设坛受戒，1997 年秋，出席"中韩日三国佛教友好交流会议"的三国代表，在这里共同举行了祈祷世界和平的法会。1998 年，东大寺作为古奈良历史遗迹的组成部分被列为世界文化遗产。

最大的清真寺——费萨尔清真寺

沙阿·费萨尔清真寺，位于巴基斯坦首都伊斯兰堡西部，在巴基斯坦国际伊斯兰大学附近，占地 18.97 公顷，祈祷大厅的面积是 0.48 公顷，其大厅和庭院能容纳 10

万名朝圣者，相邻的一个场地上能容纳 20 万名朝圣者，是世界上最大的清真寺。

沙阿·费萨尔清真寺由土耳其著名建筑设计师达罗凯设计，沙特阿拉伯费萨尔国王基金会资助，始建于 1982 年，1986 年竣工。

沙阿·费萨尔清真寺是"清真之国——巴基斯坦"首都的主要象征，它设计独特，庄严凝重，带有浓厚的伊斯兰文化特色，包括礼拜殿、宣礼尖塔、院内广场、回廊、办公楼、宿舍和沐浴室等，寺前广场设有巴基斯坦前总统齐亚·哈克墓。

现存纪念释迦牟尼的最伟大建筑——婆罗浮图塔

婆罗浮图塔又称千佛塔，梵文意指"山丘上的佛塔"，位于中爪哇首府日惹城 40 公里外，印尼基杜平原的一个小丘上，约建造于 750~850 年，旨在纪念佛教始祖释迦牟尼，是现今遗留世间的最伟大的佛教建筑物。

婆罗浮图塔是一座上圆下方的四边形金字塔，塔基约 115 米见方，塔有十层，其中第一、二层是埋于地下的坛基，第八至十层是圆形平台。

婆罗浮图塔共有 1460 幅浮雕图画，1212 幅装饰图案，全部浮雕连接起来总长近 5 千米，布满了精深奥妙的佛教妙义和祷文，被誉为"石头上的画卷"。

1991 年婆罗浮图塔被联合国教科文组织世界遗产委员会列为文化类世界遗产。

最大的宗教建筑群——吴哥窟

吴哥窟，位于柬埔寨暹立市吴哥城南，由吴哥王朝国王苏耶跋摩二世建于 1113~1150 年间，占地 2440 余亩，是世界上最大的宗教建筑群。

吴哥窟用沙石砌成，周围有石砌内、外墙各一道，主殿建在 187215 米的三级台基上，殿上有五座尖塔，其中最高的一座距地面 65 米。

吴哥窟是吴哥王朝最盛时期的象征，据记载，1357 年时，僧民多达 90000 人。

最高立佛——牛久大佛

牛久大佛位于日本茨城县，高 120 米，是世界上最高的立佛，也是目前世界上最大的青铜佛像。

牛久大佛于 1985 年动工建造，花费约 10 年才建成，内部是钢筋结构，完全的现代设计，是一种现代化气息浓烈的佛教建筑。

最大的古代圆形剧场——弗拉维圆形剧场

弗拉维圆形剧场，又名格罗塞穆剧场，位于罗马广场东侧，整体呈椭圆形，舞台居中，四周筑有阶梯形的露天观众舞台，古罗马弗拉维王朝（70~82）时期建立，分4层，设5万余观众席，是世界上最大的古代圆形剧场。

最大的梯形剧场——科里塞梯形剧场

科里塞梯形剧场，位于意大利罗马，建于80年，占地2公顷，最宽处为157米，长187米，可以容纳87000观众，是世界上最大的梯形剧场。

最早的雕塑艺术——维纳斯

维林多夫的维纳斯，石灰石圆雕，高约10厘米，宽5厘米，约产生于公元前3万年，是世界上最早的雕塑艺术。

维林多夫的维纳斯，发现于奥地利摩拉维亚的维林多夫山洞，雕像的头部和四肢十分笼统，头部上均匀排列着卷曲的头发，基本没有脸部特征，胸部突出，腹部宽大，女性特征被强调得极其夸张。

最大的室内雕像——宙斯神像

宙斯神像，在宙斯神殿内，建于公元前470年，于公元前456年完工，由雕刻家菲迪亚斯负责。宙斯是希腊众神之神，人们为表崇拜而兴建的宙斯神像，是世界上最大的室内雕像。

宙斯神像所在的宙斯神殿是以表面铺上灰泥的石灰岩建成，殿顶则使用大理石兴建而成，神殿共由34条高约17米的科林斯式支柱支撑着，神殿的面积达41.1米×107.75米。是奥林匹克运动会的发源地，部分奥运项目就曾经在此举行，遗址位于希腊西岸奥林比亚的古城中。

最大的地面图案——哪兹卡图形

哪兹卡图形，位于秘鲁哪兹卡沙漠，图形轮廓主要有线条、植物、动物等，图形的范围很大，其中一条直线就达 11.3 千米，只有在飞机上才能观察清楚，是世界上最大的地面图案。

哪兹卡图形被发现于 1928 年，据考证，该图形绘制于公元前 100～公元前 700 年间，而其形成的原因，至今令许多专家百思不得其解，目前初步推测它与当时的宗教或天文、气象有关。

最重的雕像——自由女神像

自由女神像，位于美国纽约赫德森河口的"自由岛"，它由金属铸造，置于一座混凝土制的台基上，高 46 米，加基座为 93 米，重 200 多吨，是世界上最重的雕像。

自由女神像的设计者和主持建造者是法国的艺术家奥古斯特·巴托第，巴托第从 1874 年开始设计，到 1884 年 5 月全部工程才告完成。

自由女神像

自由女神雕像锻铁的内部结构由居斯塔夫·埃菲尔（巴黎埃菲尔铁塔设计者）设计，它在 1886 年 10 月 28 日落成并揭幕。

自由女神像是法国赠送给美国的珍贵礼物，目的是纪念美国独立 100 周年和美法人民的友谊。

自由女神象征着自由、挣脱暴政的约束。女神右手高举象征自由的长达 12 米的火炬，左手捧着刻有 1776 年 7 月 4 目的《独立宣言》，脚下是打碎的手铐、脚镣和锁链，气宇轩昂，神态刚毅，宣布获得的自由，故称为"自由女神像"。

自由女神穿着古希腊风格的服装，头戴光芒四射的冠冕，有象征世界七大洲及四大洋的七道光芒。

最高的塑像——祖国·母亲

祖国·母亲塑像，坐落在现今俄罗斯伏尔加勒的玛玛耶夫高地上，建立于 1966 年，是纪念苏联斯大林格勒大会战的纪念性建筑，它是由世界知名的苏联雕塑家符切提奇等设计与创作的。占地面积 1000 平方米，雕像重 8000 吨，"母亲"身高 52 米，连同右手高举的宝剑，为 85 米，再加后座共 104 米。内部有阶梯直通雕像的肩部。是世界上最高的塑像。

塑像是一个愤怒的母亲形象。她正一脚前跨，仿佛要急剧地转过身来，她挥动着手中的长剑，好像在向自己的儿子们发出"保卫祖国""保卫母亲"的庄严号召。她那波浪般的衣衫和掉落在肩上的头巾，更加强了这一动作的急剧性，充分展现出"祖国母亲"的愤怒、决心和正义者必胜的坚强信念。右手的宝剑长 30 米，是钛金属合金铸造的剑，在阳光的照射下放射出璀璨光芒，更增添了塑像壮美的气氛。

最高的方尖纪念碑——华盛顿纪念碑

华盛顿纪念碑，位于华盛顿市中心，国会大厦、林肯纪念堂的轴线上，是一座大理石方尖碑，底部面积为 39 平方米，高 169 米，是世界上最高的方尖纪念碑。

华盛顿纪念碑是 1848 年为纪念美国首任总统——乔治·华盛顿而建造的。纪念碑内有 50 层铁梯和 70 秒到顶端的高速电梯，游人登顶后通过小窗可以眺望华盛顿全城、马里兰州、弗吉尼亚州和波托马克河。

纪念碑内墙镶嵌着 188 块由私人、团体及全球各地捐赠的纪念石，其中一块刻有中文的纪念石是当时清政府赠送的。

华盛顿纪念碑整个碑身上没有一个字母，仿佛是在告诉世人，华盛顿一生的伟业是难以用文字来表达的。

最高的纪念碑——休斯敦市圣哈辛托战役纪念碑

休斯敦市圣哈辛托战役纪念碑，矗立在美国得克萨斯州休斯敦市圣哈辛托河岸，是为了纪念 1836 年 4 月 21 日爆发的圣哈辛托战役，1936～1939 年由得克萨斯州政府负责筹建的。它外观像一根锥形柱子，顶端安装一个重 200 吨的星星，柱基占地 14 平方米，观望塔占地 9 平方米，高 173.7 米，是世界上最高的纪念碑。

第一斜塔——德国教堂钟楼

2007 年 11 月 8 日，《吉尼斯世界纪录大全》证实，一座 15 世纪建成的德国教堂钟楼击败了意大利的比萨斜塔，赢得了世界第一斜塔的荣誉。

这座钟楼位于德国西北部埃姆登附近的苏乌尔胡森村，高 25.7 米，倾斜 5.07 度；而著名的意大利比萨斜塔则高 58 米，倾斜角度为 3.97 度。

据史学家称，这座教堂于 1450 年使用橡树树干做根基，在烂泥地里兴建。几世纪以来，教堂的木质地基一直浸泡在地下水中。19 世纪，这块地里的水被排干，木质根基也随之腐烂，导致钟楼逐渐倾斜。

最早的天文台雏形——巨石阵

巨石阵，又称索尔兹伯里石环、环状列石、太阳神庙、史前石桌、斯通亨治石栏等名，位于英格兰威尔特郡索尔兹伯里平原，占地约11公顷，主要由每块约重50吨的蓝砂岩组成。巨石阵约建于公元前4000～2000年，是欧洲著名的史前时代文化神庙遗址，也是世界上最早的天文台雏形。

巨石阵的主轴线、通往石柱的古道和夏至日早晨初升的太阳，在同一条线上；其中还有两块石头的连线指向冬至日落的方向，因此，人们猜测它是天文台最早的雏形。

最早的王国灯塔——法罗斯岛灯塔

法罗斯岛灯塔，位于埃及亚历山大港，约建于公元前280年，高达85米，塔上日夜燃烧木材，以火焰和烟柱作为助航的标志，是最早的灯塔。

法罗斯灯塔曾被誉为古代世界七大奇观之一，14世纪毁于地震。

灯塔，是海上来往船只的指明灯，最主要的作用是引导远处船舶接近港口，或指示礁石、浅滩等危及航行的障碍物。

最大的太阳钟——奥古斯都太阳钟

奥古斯都太阳钟是古罗马艺术品之一，构造分为钟面和指针两部分，钟面是一块很大的平地，上刻表示时辰的字面：指针是一根耸立在平地中央的华表，高20余米，顶端有根尖圆形的小柱作为指针尖，华表在平地上的投影表示时辰（投影在夏至时长9.5米，冬至时长65米），是世界上最大的太阳钟。

最古老的大学——亚历山大大学

2004年5月，在埃及地中海历史名城亚历山大市东部古迹区，一支波兰考古队发掘出13个演讲大厅，经鉴定，这些建筑是古埃及亚历山大大学的遗址，约修建于公元前295年，并于公元4世纪被焚毁，是世界上最古老的大学。

亚历山大大学的13个演讲大厅布局相同，阶梯式学生座椅呈半圆形，大厅中央有一个较高的座位，专门为演讲者设计，一共可以容纳5000名学生。

最大的大学——纽约州立大学

美国纽约州立大学位于纽约波茨坦，最初于 1816 年成立，直至 1948 年趋于完善，现有学生 40 多万名，教授或讲师有 1 万多名，设有 4 个分校，2 个医学中心，13 个艺术和科技学院，4 个专业学院和 6 个农业学院，共计 64 个学院，6688 个学习项目，是世界上最大的大学。

第一所海外孔子学院——首尔孔子学院

2004 年 11 月 21 日，在韩国首尔，一所孔子学院正式揭牌，成为世界上第一所孔子学院。

孔子学院现在已经在全世界得到认可，日后将逐步在亚洲、非洲、欧洲等地区开办，其主旨是借孔子之名在全世界推广汉语，国外的孔子学院将由中国委派教师教授汉语课程。

据统计，目前在国外使用和学习汉语的人数已近一亿人，有约 100 多个国家在各级各类的教学机构内教授中文课程。

最大的图书馆——美国国会图书馆

美国国会图书馆，位于美国华盛顿国会山，创建于 1800 年 4 月 24 日，是世界上规模最大的图书馆。

美国国会图书馆是早期启蒙运动胜利的产物，起初有美国第三任总统杰斐逊的藏书 6400 多卷，以后迅速扩大，至今藏有 470 多种语言的各种资料，已超过 7560 万件，其中仅图书就拥有 362.4 万种，1893 万册以上，成为世界最著名的藏书库。

杰斐逊（1743~1826），原名托马斯·杰斐逊，生于弗吉尼亚的沙德威尔，美国政治家、思想家、教育家和科学家，第 3 任美国总统（1801~1809），著名的《独立宣言》的起草者，《弗吉尼亚宗教自由法令》的制定者，"美元之父"，美国领土的最大扩疆者，美国民主党的鼻祖，弗吉尼亚大学的创始人。

杰斐逊好书，他的《书信集》，记录朋友和熟人写给他的信件及他自己写的信；《园艺簿》记录了他对花草植物等大自然的观察；《农艺簿》记录了他对农耕种植的观察。美国国会图书馆，在战争中曾被英国人一把大火烧得面目全非，是杰斐逊捐献了私人藏书的一部分，使其得以重建。

最大的书店——巴恩斯·诺布尔书店

巴恩斯·诺布尔书店，位于美国纽约，占地面积 14430 平方米，书架全长 20. 17 千米，是世界上最大的书店。

第一书镇——海伊镇

海伊镇，位于英国英格兰和南威尔士交界处，人口不到 1500 名，却拥有 39 家书店。10 英里长的书架、100 万册图书和 50 万人次的年访问率，因此成为世界第一书镇，又被誉为"天下旧书之都"。

海伊镇建于中世纪，直到 20 世纪 60 年代初，被当地一个名叫理查德·布斯的人筹建成书镇。在理查德·布斯的呼吁下，海伊人走遍英国各地，搜罗旧书，经过多年经营，最终达到平均 34 人就有一家书店的成效。

自 1988 年起，海伊镇开始举办每年一届的"海伊文学节"。耐人寻味的是，海伊镇的幽静和文学节的喧嚣，海伊的传统和文学节的现代，海伊的旧书和文学节的新书都形成了鲜明对照。

最早的博物馆——缪斯神庙

缪斯神庙是在古代希腊时的一种收藏机构，专门保存珠宝、王室的旗帜和权杖以及其他珍贵饰物，是人类历史上最早的博物馆。

"博物馆"一词源自希腊神话，意思是"祭祀缪斯的地方"，缪斯是掌司历史、天文、诗歌、舞蹈、音乐、美术、科学等活动的九个女神的通称。

人们创造了辉煌的文明，却终将被历史的烟尘湮没，人类不断地创造着文明，文明却无法永生——这是永恒的法则。于是，人类就通过缪斯神庙去寻找这些文明的踪迹。不幸的是，缪斯神庙在 5 世纪时毁于战乱。

直到 18 世纪，英国的一个收藏家汉斯·斯隆，想让自己的收藏品永远"维持其整体性、不可分散"，便将自己的近八万件的藏品捐献给英国王室，王室决定成立一座国家博物馆，直至 1753 年，"大英博物馆"正式建立。

有了博物馆，就需要建立管理协会，1946 年，国际博物馆协会在法国巴黎成立，并在 1974 年对博物馆进行了明确定义——博物馆首要职责是公益性。从 1977 年开始，国际博物馆协会确定了"国际博物馆日"，即每年的 5 月 18 日，并且每年都会确定一个主题。

第一个对公众开放的博物馆——大英博物馆

大英博物馆，又名不列颠博物馆，位于英国伦敦新牛津大街北面的大罗素广场，1759年1月15日起正式对公众开放，成为世界上第一个对公众开放的博物馆。

大英博物馆拥有藏品600多万件，是世界上历史最悠久、规模最宏伟的综合性博物馆。与纽约的大都会艺术博物馆、巴黎的卢浮宫同列为世界三大博物馆。

最大的博物馆——斯密斯绍年恩研究院

斯密斯绍年恩研究院，位于美国华盛顿特区，现储藏着1.4亿件展品，雇佣6000多个职员进行管理，并且包含16个博物馆和1个国家动物公园，是世界上最大的博物馆。

最大的艺术博物馆——乌菲兹美术馆

乌菲兹美术馆，坐落在意大利艺术之都、文艺复兴的发源地——佛罗伦萨。建于1560年，1580年竣工，展出面积1.3万平方米，是世界上最大的艺术博物馆。乌菲兹美术馆收藏着许多知名大师的杰作，包括米开朗琪罗的《圣家族》、拉斐尔的《金翅雀的圣母》和达·芬奇的《三博士的朝拜》。每年吸引着各国游客，被艺术爱好者称为"佛罗伦萨最为瑰丽的奇葩"。

最大的汽车博物馆——比尔·哈拉汽车博物馆

比尔·哈拉汽车博物馆始建于1989年11月5日，位于美国雷诺城，其展厅有3个足球场那么大，收藏了1200辆各个时期的老式汽车，是世界上最大的汽车博物馆。

比尔·哈拉汽车博物馆的展品大部分是非卖品，其中有1898年制造的"奔驰"，1908年在汽车竞赛中获得优异成绩的"弗利厄"赛车，1929年生产的"戴克赛"，以及美国其他名牌汽车，每部车都是闪闪发光，全部都可以开动。

比尔·哈拉汽车博物馆专门设置了一个工厂，可以将每辆老式汽车的所有零件，从螺钉到车灯，从汽缸到仪表，甚至踏板橡皮等，均按原来的形状和规格整饰一新。

最大的宇宙航行博物馆——美国宇宙航行博物馆

美国宇宙航行博物馆，坐落在华盛顿市独立大街，长 208 米，高 28 米，是世界上最大的宇宙航行博物馆。

宇航博物馆实物展品繁多，有 240 架飞机、40 个空间飞行器、50 枚导弹。其中包括"阿波罗"登月飞船登月舱以及反地舱，21 米的"丘比特"火箭，苏联第一颗人造地球卫星的复制品，新型"民兵Ⅲ"固体洲际弹道导弹等。

在美国宇宙航行博物馆中，所有实物都给人以身临其境的特殊感觉，被称作人类宇航知识的一个最大宝库。例如，在"空中运输"大厅展示的民航机，可以让人看到一部活生生的航空发展史；进入"太空"大厅，就像进入广漠无垠、漫天星斗的宇宙之中，从天花板到墙壁上挂满了五花八门的飞行器，能够给人留下深刻的真实感和立体感。

最古老、最富有的中央银行——英格兰银行

英格兰银行是英国的央行，位于伦敦市，成立于 1694 年，全球最昂贵的纸币——英镑，从这里流向市场，英格兰银行是世界最古老、最富有的中央银行。

英格兰银行是伦敦城区最重要的机构之一，主要职能机构分三个部分，包括政策和市场、金融结构和监督、业务和服务，具有典型的中央银行的特点，即发行的银行、银行的银行、政府的银行。

英格兰银行的领导机构是理事会，下设五个特别委员会：常任委员会、稽核委员会、人事和国库委员会以及银行券印刷委员会。理事会由总裁、副总裁及 16 名理事组成，是最高决策机构，成员由政府推荐，英王任命。

英格兰银行下设 15 个局（部），并在伯明翰、布里斯托、利兹、利物浦、曼彻斯特、南安普顿、纽卡斯尔及伦敦法院区设有 8 个分行。

最古老的旅馆——法师旅馆

法师旅馆，位于日本石川县栗津温泉，创业于 718 年，距今 1300 年之久，是世界上最古老的旅馆。

法师旅馆的主人以世袭制代代相传，由长子继承家业，到今天的法师善五郎已是第 46 代。

法师旅馆的大厅由几个原木梁柱支撑，设有青色墙壁、朱红毛毯装饰，游客可在这里感受一下传统和式待客礼仪。

法师旅馆的庭园环境幽雅，有参天巨木、石径、流水、池塘、石灯笼等景象。

最年轻的人类文化遗产——巴西利亚

巴西利亚是巴西首都，旧址原是一片荒野，后于 1956～1960 年建成新都，其城市格局充满现代理念，建筑物构思新颖别致，艺术雕塑寓意丰富，1987 年 12 月 7 日被联合国教科文组织确定为"人类文化遗产"，成为世界上最年轻的人类文化遗产。

巴西利亚的城市布局由卢西奥·科斯塔设计，形状宛若一架巨型飞机，"机头"部分包括总统府、议会、最高法院及 20 多个部门大楼，"机身"由 EX A O 车站大道和绿地组成，左右"机翼"分别是商业区和住宅区，"机尾"有火车站和长途汽车站。

第一个国家公园——美国黄石公园

美国黄石国家公园，成立于 1872 年 3 月 1 日，被誉为"世界上最著名的野生动植物庇护所"，是世界上第一座国家公园。

黄石公园横跨怀俄明、蒙大拿和爱达荷三州，96% 分布于怀俄明州，这是一个冰火磨砺的世界，拥有丰富的火山地质景观，如间歇泉、硫黄池、火山泥流等。

黄石公园诞生于近 200 万年前的一次火山爆发（至今仍未停止），面积达 7988 平方千米，其中 99% 尚未开发。公园分布在洛基山脉的最高峰，有丰富的雨水和降雪，成为美国众多大河的发源地；黄石地区天然森林中也形成了 150 多眼间歇泉，成为世界上最大的间歇泉集中地带——全球三分之二的间歇泉都集中在这里。

"老忠实泉"是这里最著名的温泉。该泉每隔一小时喷发一次，喷发过程历时 4 分钟，喷水量近 40 吨，因准时而得名"老忠实"。

第一座迪斯尼乐园——沃特·迪斯尼乐园

1955 年 7 月 18 日，沃特·迪斯尼乐园在美国加州安那汉落成，里面有米老鼠等卡通人物，并可以驾驶未来车，搭乘密西西比的船尾舳车，嬉游于中世纪的城堡，或在美国大街上漫步，是世界上第一座迪斯尼乐园。

沃特·迪斯尼乐园由美国动画片大师沃特·迪斯尼创办，共占地 64.7 公顷，耗资 1700 万美元，每天需要 2500 名工人维护，可分为四个区域：冒险世界、西部边疆、童话世界和未来世界，这是世界上构思最精巧的游乐公园。

沃特·迪斯尼乐园把严肃的教育内容寓于娱乐形式之中，因此深受大人和孩子的喜爱，每年吸引几百万游客来到这里。1967 年之后又修建了其姊妹乐园——佛罗里达州奥兰多的华尔·迪斯尼世界。

奥兰多迪斯尼乐园，位于美国佛罗里达州，投资 40,000 万美元，1971 年 10 月开放，总面积 124 平方千米，拥有 3 座水上乐园、4 座超大型主题乐园、32 家度假饭店和 784 个露营地，是全世界最大的主题乐园。

奥兰多迪斯尼乐园也是迪斯尼的总部，每年接待游客约 1,200 万人。里面设有五座 18 洞的国际标准高尔夫球场和综合运动园区，另有各式商店、夜间游乐区和超过 250 家的餐厅，是很好的度假旅游胜地。

最大摩天轮——新加坡摩天观景轮

新加坡摩天观景轮，高达 165 米，有 42 层楼那么高，比英国伦敦的"千禧眼"摩天轮还要高 30 米，摩天轮直径 150 米，一共有 28 个座舱，每个观景舱宽 4 米、长 7 米，室内面积近 300 平方米，可容纳多达 28 位乘客，是世界上最大的摩天轮。

新加坡摩天轮的设想产生于 2000 年，正式计划开始于 2002 年，轮体于 2008 年开始运转，由德国 Melchers 项目管理公司，东方和太平洋管理公司合资开发。

最大的动物园——艾托夏动物保留地

艾托夏动物保留地，从 1907～1970 年，面积扩大到近 10 万平方千米，比爱尔兰（总面积 70282 平方千米）还要大，是世界上面积最大的动物园。

最早的国际博览会——伦敦世博会

1851 年，英国政府为了彰显其工业革命后的巨大成就，由维多利亚女王的丈夫阿尔巴特公爵倡议，在伦敦海德公园玻璃宫举行了一次博览会，邀请了欧洲各国、中国、美国、加拿大、印度等国参加，这是最早的国际博览会。

这次博览会于 5 月 1 日正式开幕，至 10 月 15 日闭幕，展品达到 13937 件；其中以英国展品居多，包括大功率蒸汽机、轨道蒸汽牵引机、高速汽轮船、机床、照相机等；美国展品有霍卜的锁、科尔特的左轮手枪、马柯密克的收割机等；其他国家大多都展出了手工业产品和工艺美术品。

最古老最现代化的音乐厅——维也纳音乐厅

维也纳音乐厅，又称"金色大厅"，正式的名称为音乐协会大厅，始建于 1867 年，落成于 1869 年，是意大利文艺复兴式建筑，距今有一百多年的历史，是世界上最古老、最现代化的音乐厅。

维也纳音乐厅由建筑大师奥菲尔·汉森设计。外墙黄红两色相间，屋顶上竖立着许多音乐女神雕像，非常古雅别致。

金色大厅并非一座独立的建筑，而是音乐之友协会大楼的一部分，该建筑物中有多个音乐厅，除金色大厅外，还包括勃拉姆斯厅和莫扎特厅等演出大厅，以及办公室。金色大厅是维也纳音乐生活的支点，也是维也纳爱乐乐团的常年演出场地。

大厅内共有1654个座位和大约300个站位，金碧辉煌的建筑风格和华丽璀璨的音响效果使其无愧于"金色"的美称，也正是"金色大厅"孕育了维也纳爱乐之声。所以，能在维也纳新年音乐会的"金色大厅"举行音乐会令世界无数的音乐爱好者神往。

金色大厅也见证了中国民乐走向世界的历程。1998年，中国民乐乐团第一次在此演出便引起了轰动，中国民乐开始在世界广泛传播，成为西方上层社会素质和品位的表现。

最长的古典交响乐——《第三交响曲D小调》

最长的古典交响乐，由奥地利音乐家马勒（1860～1911）创作，是古典交响曲中最长的一曲。

《第三交响曲D小调》的创作花费了马勒三年时间，从1895年到1898年，作品内容反映了整个世界，在这上面，人不过是一种乐器，宇宙本身用这件乐器在演奏。

马勒（1860～1911），全名古斯塔夫·马勒，生于波希米亚的卡里什特（现属捷克），是世界著名的作曲家、指挥家。

马勒的交响曲继承了维也纳古典交响乐的传统，作品题材渊源于维也纳民间风格型音乐，具有构思宏伟、规模庞大的特点。除《第一交响曲》外，他的交响曲都加入了人声合唱，大大丰富了交响乐的表现力，只有巨型的交响乐队才可以演奏。

马勒的代表作有交响乐《巨人》《复活》和《大地之歌》等，对20世纪音乐的发展起到了重要的作用。

最早的油画——阿富汗古壁画

阿富汗古壁画，位于巴米扬山谷洞穴中，绘于公元650年左右，其壁画颜料由油（胡桃或罂粟油）制成，是世界美术史上最早使用油性涂料创作的作品。阿富汗古壁画的发现，颠覆了之前人们对油画起源的共识，即油画源自公元14～15世纪的欧洲人，此发现表明亚洲人才是最先发明油画的人。

欧洲油画艺术起源于文艺复兴时期，大约在1400～1600年。

欧洲最早的油画出现于15世纪，由尼德兰（现在的比利时、荷兰、卢森堡三国所在的地区原称尼德兰王国）画家凡·爱克兄弟创作，颜料使用亚麻仁油和核桃油，其

特点是运笔自如、逐层覆盖、色彩明亮，立体感强，充分地表现了物体的真实感和丰富的色彩效果。

油画技术很快在西欧其他国家传开，尤其在意大利的威尼斯得以迅速发展。

最著名的肖像画——《蒙娜丽莎》

《蒙娜丽莎》由著名画家达·芬奇创造，以其神秘的微笑而著名，她的微笑，不同的观者或在不同的时间去看，感受都会不同，有时觉得她笑得舒畅温柔，有时又显得严肃，有时像是略含哀伤，有时甚至显出讥嘲和揶揄，因此《蒙娜丽莎》成为世界上最著名的肖像画。

关于《蒙娜丽莎》的原型之谜、微笑之谜、背景之谜、失踪之谜等等，现在各领域人物众说纷纭，尚没有确切定论。

最著名的歌剧首演圣地——德累斯顿

德累斯顿，位于德累斯顿易北河河谷盆地中，是德国的音乐中心，许多伟大的歌剧都在这里首演，如理查·施特劳斯的《火荒》《莎乐美》，瓦格纳的《黎恩济》《漂泊的荷兰人》《唐豪塞》等等，因此也是最著名的歌剧首演圣地。

在历史上，德累斯顿曾长期是萨克森王国的都城，灿烂的文化艺术史达数百年，并拥有无数精美的巴洛克建筑，被誉为欧洲最美丽的城市之一。1990 年德国重新统一后，德累斯顿成为德国东部文化、政治和经济的中心，并逐渐发展为丰富的旅游资源城市。

最大的电影城——好莱坞环球影城

好莱坞环球影城，位于美国加利福尼亚州洛杉矶市区的西北郊，占地 525 英亩（约 2.1 平方千米），实际使用面积为 485 英亩（约 1.9 平方千米），由 48 个电影制片厂组成，其中有 32 个致力于影片的拍摄，是世界上最大的电视制片厂、电影城。

好莱坞城原是一个荒凉的小村镇，1903 年当地居民自行投票开始进行建设；1910 年成为洛杉矶市的一个区；1911 年美国一些电影界人士在这里成立了第一家制片厂；1912 年起很多电影公司陆续在这里落户；1923 年好莱坞白色大字布设在好莱坞的山坡上（如今已经成为好莱坞的象征）；1929 年奥斯卡金像奖首次在这里颁发；此后经过多年发展，好莱坞最终成为举世闻名的"世界影都"。

好莱坞环球影城在美国文化中具有重大的象征意义，可以说，好莱坞环球影城的发展史就是美国电影的发展史。

第一部电影——《火车到站》

《火车到站》，路易·卢米埃尔拍摄，1895年12月26日在巴黎的"大咖啡馆"放映，是电影诞生的标志，也是世界上第一部电影。

《火车到站》描述的场景：空无一人的火车站里，一个中年搬运工手推轻便行李车出现在月台上，一列火车向前冲来，火车头一度占据了大部分画面。

路易·卢米埃尔（1864~1948），法国电影发明家和电影导演，1894年秋发明"卢米埃尔活动电影机"，并摄制了世界上第一部影片《火车到站》。

最早的彩色影片——《浮华世界》

《浮华世界》，罗伯特·马摩里安1935年于美国拍摄，改编自英国名作家萨克雷的小说《名利场》，讲述一个平民少女费尽心机，巧妙钻营，跻身上流社会的故事，是世界上最早的彩色影片。

最早的奥林匹克运动会——奥林匹亚运动会

奥林匹亚运动会于776年举行，是世界上最早的奥林匹克运动会。

奥林匹亚，位于古希腊地中海沿岸，是最早的奥林匹克运动会起源地。奥林匹亚运动会当时的比赛项目只有180米短跑，运动员科洛波斯·德埃利斯获得冠军，成为世界上奥林匹克运动会的第一个冠军。

奥林匹克运动会，简称"奥运会"，因起源于古希腊奥林匹亚而得名。

奥林匹克运动会每四年举行一次，古代奥运会从公元前776年到公元393年，共历经293届，后被罗马皇帝狄奥多西以异教活动罪名而废止。

1894年，通过巴黎召开的国际体育会议后，国际奥委会正式成立，并恢复奥运会。

现代第一届奥运会于1896年在希腊雅典举行，此后在世界各地轮流举行，每届会期16天。奥运会比赛项目共有30多个大项，1924年开始举办冬季项目的奥运会。一般原则，将非冬季项目的奥运会称为"夏季奥运会"或"奥运会"。

最长的战争——英法百年战争

百年战争，1337~1453年发生在英国大不列颠鹰与法国高卢雄鸡之间，断断续续进行了116年，是世界上最长的战争。

1328 年，法国国王查理四世去世，英王爱德华三世以法王查理四世的外甥及法国卡佩王朝绝嗣之借口，与新的法国国王瓦卢瓦家族的腓力六世争夺王位，1337 年 11 月率军进攻法国，战争开始。1453 年 10 月，驻波尔多英军投降，百年战争以法国的胜利而结束。百年战争在法国的土地上进行，法国变得满目疮痍，英国也大受创伤，它是"打了一百年，人民也哭了一百年"的两国皇族及贵族为了各自利益而发生争夺的战争。

最古老的国旗——丹麦国旗

"红色大白十字旗"是丹麦国的国旗，这面旗自 1219 年起一直沿用至今，共 789 年的历史，因此可以算是历史上最古老的国旗。

国旗是一面象征国家的旗帜，其样式、图案和使用方法等都是由宪法或专门的法律规定。

关于丹麦的"红色大白十字旗"有这样一个传说：

1219 年，丹麦胜利王瓦尔德马进攻爱沙尼亚，当时战斗进行得异常激烈。

正当双方酣战的时候，忽然有一面白色十字的血红大旗从天空徐徐飘下来。

瓦尔德马于是对士兵们说："这是'来自上帝的旗'"，并立即将这面旗命名为"丹麦人的旗"。接下来，士兵们士气大振，竖着大旗全面进攻，最后大获全胜。

后来，这面旗就被定为了丹麦的国旗。

最值钱的照片——《池塘月光》

《池塘月光》，长约 19 英寸，宽约 16 英寸，是美国著名摄影师爱德华·斯泰肯于 1904 年在美国长岛地区拍摄的作品。照片中，清淡的月光透过稀疏的树林安闲地洒在静静流淌的池塘水面上，展现了月光洒落在池塘树林的梦幻景色。在纽约举行的一次拍卖会上，从 140 件摄影作品中脱颖而出，以 292.8 万美元的天价被成功拍卖，成为有史以来拍价最高的摄影作品。

《池塘月光》现存 3 幅照片，拍卖会上成交的拍品是其中之一，一张保存在纽约大都会博物馆，另一张保存在美国现代艺术博物馆。

第一枚邮票——《黑便士邮票》

1840 年 5 月 6 日，面值 1 便士的《黑便士邮票》正式发行，邮票的图案为英国维多利亚女王侧面浮雕像，颜色为黑色，选用带水印的纸张印刷，涂有背胶，并标有"邮政"字样，是世界上第一枚邮票。

关于《黑便士邮票》问世，曾流传有一则小故事：

某天，一个名叫罗兰·希尔的人在乡间散步，看到了一件很奇怪的事：

一个邮递员把一封信交给一个年轻姑娘，那姑娘接过信只看了一下，又把信退给邮递员，执意不肯收下。

希尔走过去，问那姑娘为什么不收下这封信，姑娘凄然地告诉他，这是她远方未婚夫的来信，可是由于邮资昂贵，她付不起钱，只好把信退回。

这次偶然的巧遇，使希尔下定决心改革邮政制度，于是他向英国政府建议：今后凡寄信，须由寄信人购买邮票，贴在信封上，作为邮资已付的凭证。

后来，英国政府采纳了希尔的建议，开始实施新邮政法，信函基价规定为每 14 克收费 1 便士，并开始印制《黑便士邮票》。

最猛烈的火山爆发——塔巴拉火山爆发

塔巴拉火山，地处印度尼西亚松巴哇岛，1815 年 4 月 5 日～7 日发生的一次火山爆发，内部的压力为 2109.24 万公斤/6.4516 平方厘米，释放的能量达 8559.60 焦耳，喷出物质的总量估计达 151.709 立方千米，使松巴哇岛的高度从 4099.6 米降低到 2850 米，火山高度降低于 1250 米，形成了一个直径为 11.265 千米的火山口。这次火山爆发，是世界上有记载以来最猛烈的火山爆发。

最强大的龙卷风——3·18 龙卷风

1925 年 3 月 18 日，美国发生了运动时速为 96.6 千米，行程达 354 千米的龙卷风。它穿过密苏里、伊利诺、印第安三州，直接造成 689 人死亡，1980 多人受伤，大量城市、农庄、山岭、乡村等随之狼藉一片，它是世界上迄今为止记录较为详细的最大一次龙卷风。

第一个父亲节——1910 年诞生

最初的父亲节，起源于美国。

在美国华盛顿州士波肯市有一位杜德夫人，她的母亲去世很早，遗留下六名子女。

杜德夫人的父亲名叫威廉·斯马特，他在妻子过世后立志不再续弦，此后他独自一人父兼母职，白天在当地一家农场辛劳地工作，晚上回家照料家务与每一个孩子的生活。

经过几十年的辛苦，斯马特终于将儿女们抚养成人，当子女们盼望能让父亲安享晚年之际，斯马特却因为经年累月的过度劳累而病倒辞世。

1909 年，正好是斯马辞世之年，有一天，杜德夫人参加完当地教会的母亲节感恩礼拜后，心里感触很深，她心想：父亲在养育儿女过程中所付出的爱心与努力，并不亚于任何一个母亲的辛苦，为什么这个世界没有一个纪念父亲的节日呢？

于是，在 1910 年春天，杜德夫人开始推动成立父亲节的运动，不久得到各教会组织的支持。她又给市长与州政府写信，表达了自己的想法与提议。最终，在她的奔走努力下，士波肯市市长与华盛顿州州长公开表示赞成。1910 年 6 月 19 日，美国华盛顿州举行了世界上第一次父亲节聚会。

1924 年，美国总统科立芝支持父亲节成为全美国的节日；1966 年，美国总统詹森宣布当年 6 月第 3 个星期日，也就是斯马特先生的生日月份为美国父亲节；1972 年，美国总统尼克森签署正式文件，将每年的 6 月第三个主日，定为全美国的父亲节，并成为美国永久性的国定纪念日。

即使在今天，人们对于父亲节的庆祝活动，也不像对母亲节那般地重视与热闹。但是，父母对我们的关爱是一致的，当母亲含辛茹苦地照顾我们时，父亲也在无私地关爱着我们！

第一个母亲节——1914 年创立

通常人们所说的母亲节，起源于美国。

美国南北战争结束后，一个叫贾维斯的妇女，在格拉夫顿城教会主日学校担任教师，负责讲述美国国殇纪念日的课程。

战争中那一个个为正义捐躯的英雄的故事，无数次感动着心地善良，极富同情心的贾维斯。

有一天，一个想法猛然涌上贾维斯心头：当年英勇牺牲的战士为祖国贡献了这么多，夺取了战争的胜利，可最后承受着最大的痛苦和牺牲的，却是他们那含辛茹苦的母亲！难道不应该设立一个纪念日或母亲节，给这些平凡的女人一些慰藉，表达儿女们对母亲的孝思吗？

可惜的是，这个良好的愿望还没有实现，贾维斯夫人便与世长辞了。

贾维斯的女儿安娜深知母亲抚养儿女成人的辛劳，深感母亲的提议非常适合天理人心。因此，她写出了几十封信，发给美国国会、地方州长和妇女组织等，提议创立母亲节。

终于，在安娜一再呼吁下，创立母亲节的提议在社会上得到广泛响应和支持。

1914 年，美国总统威尔逊郑重宣布，把每年 5 月的第二个星期天，也就是贾维斯夫人的忌日，定为母亲节。美国政府还规定，母亲节这天，家家户户都要悬挂国旗，以表示对母亲的尊敬。由于贾维斯夫人生前喜爱康乃馨花，这种花也就成了母亲节的象征。

第一座核反应堆胜利建成

1942 年 12 月，美国首先实现了铀原子核可控链式裂变反应，为了研制原子弹，由美籍意大利物理学家 E·费米领导，在美国芝加哥的典型实验室中，建成了世界上第一座核反应堆。

第一颗原子弹爆炸成功

1945 年 7 月 16 日，在美国新墨西哥州的沙漠中，一颗原子弹成功爆炸，标志着人类掌握核裂变与核聚变的巨大能量的时代正式降临，这就是第一颗原子弹。

人类第一颗原子弹的研制，起源于 1942 年美国的"曼哈顿计划"，美国物理学家奥本海默及一批著名的科学家成为其研制主力。

第一枚氢弹爆炸成功

1952 年 11 月 1 日，在太平洋的比基尼珊瑚礁，由美国原子能委员会研制的一枚氢弹成功爆炸，这枚氢弹的威力非常巨大，约为 1945 年摧毁日本广岛的那颗原子弹的700 多倍，是世界上第一枚真正的氢弹，从此核武器竞赛进入了一个新的阶段。

迄今为止，核武器是人类制造的杀伤破坏威力最大的武器。核武器之所以具有强大的杀伤破坏作用，是因为其爆炸瞬间能够释放出巨大能量，并且可以转化出的多种杀伤破坏因素。这些杀伤破坏因素分为两类：第一类作用时间仅为数十秒，称为瞬时杀伤因素，包括光辐射、冲击波、早期核辐射、核电磁脉冲等 4 种；第二类作用时间可持续几天甚至更久，主要是指爆炸产物的放射性污染。

核武器尽管能体现一个国家的军事实力，但它对人类的生存空间构成威胁，因此我们应该抵制核武器的进一步研制与增加。

第一颗人造卫星——斯普特尼克 1 号

1957 年 10 月 4 日，世界上第一颗人造地球卫星"斯普特尼克 1 号"从苏联拜科努尔发射场由一支三级运载火箭成功升空。这颗卫星虽然只会在太空噼啪作响，但却标志着人类的活动疆域已经从陆地、海洋、大气层扩大到了宇宙空间。

人造地球卫星 1 号直径 58 厘米，重 83.6 千克，本体是一只用铝合金做成的圆球，圆球外面附着 4 根弹簧鞭状天线，其中一对长 240 厘米，另一对长 90 厘米。卫星内部装有两台无线电发射机，频率分别为 20.005 及 40.002 兆赫，卫星还安装有一台磁强计，一台辐射计数器，一些测量卫星内部温度和压力的感应元件及作为电源的化学电池。

1957 年 12 月 1 日，卫星 1 号的运载火箭于进入稠密大气层陨毁。卫星在天空中运行了 92 天，绕地球约 1400 圈，行程 6000 万千米，于 1958 年 1 月 4 日陨落。

世界上第一颗人造地球卫星的总设计师是谢尔盖·科罗廖夫（1906~1966），苏联著名火箭和航天系统总设计师，苏联科学院院士，载人航天的开创者。

谢尔盖·科罗廖夫 1924 年毕业于敖德萨建筑职业学校，同年进入基辅工业学院，1929~1930 年先后从莫斯科高等技术学校和莫斯科飞行员学校毕业，1942 年担任特别设计局的发动机副主任设计师，设计和制造战斗机使用的液体火箭助推器。

为了纪念人类进入宇宙空间的伟大时刻，苏联在莫斯科列宁山上建立了一座纪念碑，碑顶安置着这个人造天体的复制品。

第一个成功的行星探测器——水手 2 号

金星探测器"水手 2 号"，1962 年 8 月 27 日发射成功，同年 12 月 14 日，"水手 2 号"在距金星 34838 千米处飞过，成为一颗人造卫星，永远环绕太阳飞行，每 345.9 天绕太阳一周，是世界上第一个成功的行星探测器。

金星探测器"水手 2 号"由美国研制，重量为 202.80 千克，飞行电源由两片 183 厘米×76 厘米和 152 厘米×76 厘米的太阳能板供应，其任务是飞越金星并传回金星大气、磁场以及质量等数据。1963 年 1 月 3 日，金星探测器"水手 2 号"传回侦测资料，成功完成任务。目前，"水手 2 号"仍然运行于太阳轨道中。

第一个空间站——礼炮 1 号

"礼炮 1 号"，是 1971 年 4 月 19 日由苏联发射的世界上第一座空间站。

该空间站由轨道舱、服务舱和对接舱组成，总长约 12.5 米，最大直径 4 米，总重约 18.5 吨，呈不规则的圆柱形。

"礼炮 1 号"在约 200 多千米高的轨道上运行，上面装有各种照相摄影设备和科学实验设备。在太空运行 6 个月后，礼炮 1 号空间站相继与联盟 10 号、联盟 11 号飞船对接组成轨道联合体，每艘飞船各载三名宇航员，共在空间站上停留 26 天。礼炮 1 号完成使命后，于同年 10 月 11 日在太平洋上空坠毁。

威力最大的运载火箭——土星 5 号火箭

"土星 5 号火箭",也称月球火箭,是多级可抛式液体燃料火箭,其起飞重量 2950 吨,起飞推力 3400 吨,能够将 47 吨的有效载荷送上月球,或将 139 吨的有效载荷送上近地轨道,主要用于美国国家航空航天局的两项太空计划,即运载阿波罗登月飞船和天空实验室,是世界上威力最大的运载火箭。

1967 年 11 月,"土星 5 号火箭"在肯尼迪空间中心首次实验成功,它由美国马歇尔航天飞行中心的冯·布劳恩主持研制,主要承包商包括波音、北美人航空、道格拉斯飞行器公司以及 IBM。

1969 年 7 月 16 日,"土星 5 号火箭"运载"阿波罗 11 号"载人飞船飞向月球,实现了人类千百年来登上月球的理想。

第一架火星探测器——凤凰号着陆探测器

2007 年 8 月 4 日,在美国在佛罗里达州卡纳维拉尔角空军基地,"凤凰"号着陆探测器由一枚德尔塔 2 型火箭成功发射。2008 年 5 月 26 日,经过长达 10 个月、行程 6.79 亿公里的漫长飞行之后,"凤凰"号着陆探测器在火星北极平原瓦斯蒂塔斯——伯勒里斯上成功着陆,成为第一架勘测火星北极平原的探测器。

"凤凰"号着陆探测器由洛克希德·马丁公司制造,外行是一个由 3 条腿支持的平台,直径 1.5 米,高约 2.2 米,其中心是一个多面体仪器舱,舱左右两侧各展开一面正八边形太阳能电池阵,跨度 5.52 米。

"凤凰"号着陆探测器具备很强的科研能力,携带了一整套专门研制的作业工具和先进的科研分析仪器,包括机械挖掘臂、机械臂照相机、热量和释出气体分析仪、显微镜以及电化学和传导性分析仪器、立体照相机、气象站、火星降落成像仪。

"凤凰"号着陆探测器主要任务是研究火星上水的演变历史,寻找水和其他支持生命所需化学物质生存的证据,证实那里是否曾经有过适合微生物生存的条件。如果它能顺利完成任务并幸存下来,将变成一个气象站,用于收集有关火星大气层的数据。

第一名航天员——加加林

尤里·阿列克谢耶维奇·加加林（1934~1968）,白俄罗斯人,苏联红军上校飞行员,1961 年 4 月 12 日,驾驶"东方 1 号"飞船在离地球表面 302 千米的轨道上绕地球飞行 1 圈,是世界第一名宇航员。

第一个女宇航员——捷列什科娃

瓦莲京娜·弗拉基米罗夫娜·捷列什科娃（1937~），俄罗斯联邦雅罗斯拉夫人，俄罗斯国际科学和文化合作中心主任、加加林宇航员训练中心高级研究员、空军少将，1963年6月16日9时30分至19日8时16分，驾驶"东方6号"宇宙飞船环球飞行48圈，是世界上第一位进入宇宙空间的女宇航员。

第一个在太空行走的人——列昂诺夫

列昂诺夫·阿列克谢·阿尔希波维奇（1934~），苏联航天员，1965年3月18日，乘"上升2号"飞船进入太空，系安全带离开飞船行走达5米，是世界上第一位在太空行走的人。

最先登上月球的航天员——阿姆斯特朗

1969年7月16日美国"阿波罗11号"载人飞船飞向月球。

7月20日美国东部夏令时晚上10时56分，美国航天员阿姆斯特朗、奥尔德林先后走出登月舱。阿姆斯特朗从"鹰"号登月舱走到月球上，踏着积满尘土的月球表面，并说"对一个人来说，这只是小小的一步，但对全人类来说，这却是巨大的飞跃"。

他们在月球表面进行了两个半小时的行走，于7月21日离开月球，7月24日返回地球，阿姆斯特朗成为世界上最先登上月球的人。

尼尔·阿姆斯特朗（1930年~），美国俄亥俄州人，宇航员、试飞员、海军飞行员。

巴兹·奥尔德林（1930年~），原名埃德温·尤金·奥尔德林，美国新泽西州人，飞行员、航天员。

飞行时间最长的女宇航员——香农·卢西德

1996年3月22日，香农·卢西德乘坐美国的"亚特兰蒂斯"号宇宙飞船，抵达"和平"号空间站，同年9月26日乘"亚特兰蒂斯"号返回地面，她在空间站的停留时间超过任何其他美国宇航员，飞行时间纪录是188天4小时14秒，是世界上飞行时间最长的女宇航员。

香农·卢西德（1943~），出生于中国上海，1963年获得俄克拉荷马大学的化学学士学位，1970年与1973年分别取得该校的生物化学硕士和博士学位，1979年8月成为一名宇航员，曾五次上太空，在太空的总时间达到了223天2小时50分。

首次环球飞行——1924年

1924年4月6日至9月28日，由美国飞机设计家道格拉斯设计与制造的道格拉斯式双翼机第一次环球飞行成功，这次飞行是由一班美国陆军航空勤务队（美国空军前身）的飞行员完成的，历时176天，行程44312千米，是人类首次环球飞行。

整个飞行总共用了四架相同型号的飞机完成，四架飞机分别被命名为"西雅图号""芝加哥号""波士顿号"和"新奥尔良号"。同时并为此准备了大量的备用零件（包括15具自由L-12引擎，14套浮筒和足以建造多两架飞机的机身部件。）放在沿途的补给站上，以备不时之需。于1924年3月17日离开加州的圣塔摩尼卡，飞往华盛顿州的西雅图。

1924年4月6日他们离开西雅图正式开始旅程，他们的目的地是阿拉斯加。他们绕过没有准许他们飞越的苏联，经过日本、韩国、中国沿岸、香港、印支半岛、泰国、缅甸、印度、中东之后到达欧洲。在7月14日法国国庆日抵达巴黎。后又由巴黎飞到伦敦，飞抵英国北部继续横越大西洋，途经冰岛和格陵兰，抵达加拿大，然后踏入了旅程最后阶段，他们飞到美国西岸，短暂停留圣塔摩尼卡后，于1924年9月28日到达终点西雅图。完成了整个环球航行。

第一架太阳能飞机——太阳高升号

"太阳高升号"仅重57千克，装有500个太阳能光电池，外面罩衣用透明塑料制成，是世界上第一架太阳能飞机。"太阳高升号"飞机由美国飞行员莫罗制造，1974年4月29日中午，莫罗驾驶"太阳高升号"飞机在12米的高度上飞越了800米，历时一分钟后安全降落。

人类多年来试图用太阳能作为载人飞机动力的理想，因为这次飞行而实现，这在漫长的科学探索道路上迈开了有意义的一步。

第一架航天飞机——哥伦比亚号

1981年4月12日，由美国研制的"哥伦比亚号"航天飞机，在肯尼迪航天中心进入绕地轨道，是世界上第一架航天飞机。

"哥伦比亚号"航天飞机，机舱长18米，载重36吨，飞机外形像一架大型三角翼飞机，机尾装有三个主发动机，以及一个巨大的推进剂外贮箱，里面装着几百吨重的

液氧、液氢燃料。

　　航天飞机是一种可多次重复使用的宇宙飞船，能像火箭一样升空，像飞机一样滑翔降落。

　　深邃的太空浩瀚无际，广袤的宇宙高深莫测，而航天飞机的出现，使人类在探索和开发空间领域方面，又迈进了坚实的一步。

第一架可操纵的动力飞机——飞行者一号

　　1903 年 12 月 17 日，在美国北卡罗来纳州的基蒂霍克，奥维尔·莱特驾驶"飞行者一号"飞机，在空中飞行 12 秒，飞行距离达 36.6 米，这架飞机就是世界上第一架可操纵的动力飞机，也是世界上第一架具有实质意义的飞机。

　　"飞行者一号"由美国人莱特兄弟研制，它是一架双翼机，前面有两只升降舵，后面有两只方向舵，操纵索连在操纵手柄上。整架飞机翼展达 12.3 米，翼面积 47.4 平方米，机长 6.43 米，连同驾驶员在内总重约 360 千克。

　　"飞行者一号"的出现，为人类征服天空揭开了新的一页，标志着飞机时代的来临。

第一架喷气客机——哈维兰彗星号

　　"哈维兰彗星"号喷气客机，于 1949 年 7 月 27 日在英国哈特菲尔德首次试飞，是世界上第一架喷气客机。

　　"哈维兰彗星号"客机由英国哈维兰公司研发，是第一种以喷射引擎为动力的民用飞机。"哈维兰彗星号"客机有 4 个喷气发动机，以 0.5 厘米的铝制蒙皮包覆，密封座舱中可装载 36 人，飞行高度达 4 万英尺，时速 500 英里，比当时任何飞机都要快得多。

　　"哈维兰彗星号"客机的出现，结束了活塞式螺旋桨运输机统治航空舞台几十年的历史，开创了喷气式运输机的新时代，并使英国占据了当时世界航空的领先地位。

载客量最大的客机——空客 A380

　　2005 年 4 月 27 日，在法国城市图卢兹，由空中客车公司制造的客机 A380 顺利完成首飞。空客 A380 由 4 台遄达 900 发动机作动力装置，起飞重量为 421 吨，采用最高密度座位安排可承载 850 名乘客，在典型三舱等配置（头等—商务—经济舱）下也可承载 555 名乘客，是世界上最大的客机。

　　空客 A380 是一架真正意义上的双层双通道客机，其特点是，乘坐更舒适、航程更远、运营成本更少，发动机噪声、油耗和污染物的排放都更低。

空客 A380

空客 A380 首飞成功，代表着民用航空历史的巨大进步，并且在世界一些主要航线上，起到了缓解大机场的拥挤的作用。

最大的飞艇——齐柏林硬式飞艇

2007 年 10 月 23 日，"齐柏林硬式飞艇"飞越日本东京，是世界上最大的飞艇。
"齐柏林硬式飞艇"由德国齐柏林公司制造，全长 75 米，最宽处为 19.5 米。高 17.4 米。该飞艇采用了不燃性瓦斯，即便出现 30 厘米的漏洞，气体要全部漏光也需要 8 个小时，安全性能大大提高。该飞艇客舱包括两名乘务员在内，共可容纳 14 人，卫生设备一应俱全，可与大型客机媲美。

飞艇不同于直升机，它上升时几乎呈垂直状态，故而压力感很小。飞艇内的振荡较小，声音也很，并且可以在其中自由行走。飞艇尾气排放及噪声污染较少，利于环保，还可在灾害发生时用于受害调查。

最小的单人直升机——GENH-4

代号为 GENH-4 的直升机，由 75 岁的日本人平贺柳泽制作，并于 2008 年 5 月成功完成试飞，它仅重 75 千克，有 2 个向相反方向旋转的水平旋翼，最大飞行速度为每小时 50 千米，是世界上最小的单人直升机。

这架单人直升机的问世，为人们的出行提供了更大的便利。

最先进的弹道导弹核潜艇——俄亥俄级导弹核潜艇

俄亥俄级弹道导弹核潜艇，水上排水量 16600 吨，水下排水量 18700 吨，艇长 170.7 米，宽 12.8 米，下潜深度可达 300 米，水下航速 20 节，自给力 70 天，编制 155 人，是世界上最先进的弹道导弹核潜艇，被誉为"当代潜艇之王"。

俄亥俄级弹道导弹核潜艇，由美国于 1976 年 4 月 10 日开始建造，1979 年 4 月 7 日下水，1981 年 11 月 11 日正式服役，到 1997 年 9 月该级潜艇已经的建造了 18 艘。

最大的航空母舰——"里根"号航空母舰

"里根"号航空母舰，长 334 米，宽 40.8 米，吃水 11.3 米，满载排水量近 10 万吨，载有高性能作战飞机 80 架，备有供 6000 多人生活两个月的食品、淡水及大量的弹药等，是世界上最大的航空母舰。

"里根"号航空母舰由美国纽约纽斯船厂建造，1984 年 2 月 9 日开工，2001 年 3 月 5 日下水，2002 年 12 月 31 日服役。

"里根"号航空母舰的结构分为三部分：指挥塔、甲板和下层船舱。指挥塔位于航母甲板上层，安装着雷达和通讯设备，工作人员在这里控制行进方向，指挥空中交通，监视甲板上的活动。飞行甲板是供飞机起飞、降落的场所，暂不使用的飞机可停放在甲板下面的机库。下层船舱设备齐全，包括生活区、用餐区、推进系统以及动力装置。

美国打造 21 世纪新式航母战斗群的计划，由于"里根"号航空母舰的出现，而进入了一个全新的阶段。

最大的潜水艇——台风级潜水艇

"台风"级潜水艇，属俄罗斯阿库拉级潜艇，全长 171.5 米，宽 22.8 米，水面航行时吃水深 13 米，水下排水量可以达到 2.65 万吨，水面航速达到每小时 30 千米，潜航速度可以达到每小时 50 千米，最大下潜深度 500 米，储蓄潜航时间达到 120 天，是世界上最大的潜水艇。

"台风"级潜水艇由俄罗斯红宝石设计局设计完成，1977 年动工，1980 年下水，1982 年服役，是典型的冷战时期的产物。

第一艘核动力潜艇——鹦鹉螺号核潜艇

1954 年 1 月 24 日，美国潜水艇"鹦鹉螺"号，在康涅狄格电船公司的船坞下水，是世界上第一艘核动力潜艇。

"鹦鹉螺"号核潜艇，由美国科学家海曼·里科弗倡议并研制和建造，于 1952 年 6 月开工制造，1954 年 1 月 24 日成功试航，1958 年首次成功穿越北极冰层，1980 年退役。

"鹦鹉螺"号核潜艇总重 2800 吨，共花费 5500 万美元，整个艇体长 90 米，航速平均 20 节，最大航速 25 节，比当时普通潜艇的航速约快一倍，可在最大航速下连续航行 50 天，全程 3 万千米而不需要加任何燃料。

"鹦鹉螺"号核潜艇不仅成为一种强有力的武器，同时也在和平使用原子能方面产生巨大影响，因为，产生动力的核反应器可以充当大型民用核电站的原型。

第一艘燃料电池潜艇——U31 号潜艇

2003 年 4 月 7 日，由德国研制的潜艇"U31"号在基尔港下水，开始首次试航，是世界上第一艘燃料电池潜艇。

"U31"号潜艇由霍瓦尔特造船厂制造，于 1998 年 7 月开始装配，长 56 米，宽 7 米，高 6 米，潜航排水量 1830 吨，水上排水量 1524 吨，满载时最大潜航速度 20 节，水面速度 12 节，最大下潜深度 400 米。

"U31"号潜艇的最大特点是驱动力来自燃料电池，并配备了先进的指挥和武器控制系统，将传感器、武器系统等和中央控制设备高度集成，战斗能力大大提高。

最大的科研钻探船——"地球"号钻探船

"地球"号钻探船由日本海洋研究开发机构和三菱重工业公司联合建造，于 2005 年建设完工，全长 210 米、宽 38 米、排水量 5.7 万多吨，是世界上最大的科研钻探船，第一个利用石油工业提升技术的科研船只，也是有史以来钻探地幔深度最深的船只。

"地球"号钻探船配备了最先进最精密的海上仪器，包括航行控制系统、航海图、雷达系统、可旋转 360 度的推进器，以及全球最高的钻井架。

"地球"号钻探船能够钻探到海底以下 7000 米深处，科学家可从海底深处取回岩石样本，通过分析地幔的物质成分来预测地震，了解地球过去气候变化的痕迹，还能揭示地球生命起源之谜。

最古老的计算机——安蒂基西拉机器

1900 年，在安蒂基西拉岛附近海底一艘沉没的古罗马货船残骸中，一名叫作艾利亚斯·斯塔迪亚托斯的潜水员发现了一个古希腊青铜机械装置，经检测发现，该装置是一个研究天文的机械计算机，其制造日期可以追溯到公元前 100 年到 150 年左右，是世界上最古老的计算机。

这台青铜机械装置后来被称作"安蒂基西拉机器"，拥有超过 30 个齿轮和转盘，可以通过一个手摇曲柄进行转动，能够预测太阳和月亮的圆缺状态，是否会出现日月食以及任何一天在十二宫图中的具体位置，甚至还能预测古希腊时期已知的水星、金星、火星、木星和土星的运动状态。

第一台计算机——ENIAC

1946 年 2 月 14 日，世界上第一台电脑 ENIAC，在美国宾夕法尼亚大学诞生。

这台计算机是由"莫尔小组"承担开发的，包括四位科学家和工程师：埃克特、莫克利、戈尔斯坦、博克斯，其中，总工程师埃克特当时年仅 24 岁。ENIAC 每秒执行 5000 次加法或 400 次乘法，是手工计算的 20 万倍，目的是用来计算炮弹弹道。

这部机器使用了 18800 个真空管，长 30.48 米，宽 1 米，占地面积为 170 平方米，重达 30 吨（约是一间半的教室大，六只大象重），耗电量 150 千瓦。据传，ENIAC 每次一开机，整个费城西区的电灯都为之黯然失色。

运算速度最快的超级计算机——"走鹃"超级计算机

"走鹃"超级计算机，运算速度达每秒 1000 万亿次，相当于 10 万台配置最好的笔记本电脑的运算能力之和，是世界上运算速度最快的超级计算机。

"走鹃"超级计算机造价 1 亿多美元，占地 557 平方米，重 226.8 吨，包括 6948 个双核计算机芯片，由 IBM 公司和洛斯阿拉莫斯国家实验室的科研人员耗时 6 年联合开发而成。

"走鹃"超级计算机主要用于美国核武器等政府机密研发项目，并可应用于民用工程和医药等诸多领域。

"走鹃"超级计算机的出现，促使未来几年超级计算机在各行业得到应用成为一种趋势。

最小的生物计算机

2003 年 2 月，以色列科学家研制出一台生物计算机，其运算速度达每秒 330 万亿次，由 DNA 和生物酶分子制成，并利用 DNA 来储存和处理信息，是世界上最小的生物计算机。

生物计算机现处于起步阶段，但在病理学和生物医学应用领域内，它将发挥极其重要的作用。

最接近人类智能的机器人——P3 机器人

P3 机器人，身高 160 厘米，肩宽 60 厘米，身体厚 55 厘米，体重 130 千克，内置三维视觉系统，头部能自如转动，双脚能躲开障碍物，可以自动改变方向，被推撞后能够自我平衡，是最接近人类智能的机器人。

P3 机器人由日本本田公司开发，从 1986 年开始制造，历时 11 年，到 1997 年才研制成功，参与制造的工程师达 150 位，总耗资 8000 万美元。

P3 机器人能够与人类共存并合作，做人类做不到的事，开拓机动性的新领域，从而对人类社会产生附加价值。

运行旅途最长的机器人——旅居者机器人

1996 年 12 月，携带"旅居者"机器人的美国"火星探路者"号探测器发射升空，1997 年 7 月"旅居者"机器人在火星上完成了长达 1290 万千米的旅行，成为世界上运行旅途最长的机器人。

最早的天文望远镜——伽利略望远镜

伽利略望远镜，意大利科学家伽利略 1609 年制造，用平凸透镜作为物镜，凹透镜作为目镜，口径 4.2 厘米，长约 1.2 米，是世界上最早的天文望远镜。

伽利略·伽利雷（1564~1642），意大利文艺复兴后期的天文学家、物理学家、力学家和哲学家，近代实验物理学的开拓者。

最大的折射望远镜——德国施密特望远镜

德国施密特望远镜，1960 年制造完成，安置于德国陶登堡天文台，其改正透镜口径为 1.34 米，球面镜直径为 2 米，焦距为 4 米，是世界上最大的折射望远镜。

折射望远镜由德国光学家施密特于 1931 年所发明，因此得名，具有光能损失较少，改正透镜薄，制作材料容易解决，口径可以做得较大等优点。

最大的自动望远镜——遥控光学望远镜

遥控光学望远镜，位于加那利群岛大加那利岛上的拉斯帕尔玛斯市，其口径达 2 米，是世界上最大的自动望远镜。

遥控光学望远镜，由英国利物浦大学天体物理研究所乔治·穆尔博士与英国 Tele-scopeTechnologies 公司专家共同设计研制，专门用米研究超新星和宇宙中的伽马射线源。

遥控光学望远镜反应速度很快，可以不"漏过"一切的突发天象，并且能够跟踪最近发现的天体——彗星或向地球方向运动的小行星，同时能准确计算出它们随后的运动路线，并对它们潜在威胁的几率做出评估。

最大的光学仪器——哈勃空间望远镜

哈勃空间望远镜，1990 年 4 月 24 日由航天飞机运载升空，是世界上最大的光学仪器，也是目前世界上最先进的光学仪器。

哈勃空间望远镜的名称取自天文学家哈勃（哈勃空间望远镜的发明者），主要是在轨道上环绕着地球进行观测。

哈勃空间望远镜可以在大气层外进行观测，能够克服厚厚的大气层对天文观测的影响，而且空间没有重力，仪器也不会因自重而变形。它能够接收宽得多的波段，短波能够延伸到 100 纳米，还能观测会被臭氧层吸收的紫外线。

哈勃空间望远镜已经过 4 次大修，但仍处于"带病坚持工作"状态。

最大的全动射电望远镜——绿岸射电望远镜

绿岸射电望远镜设置在美国西弗吉尼亚绿岸，它高 485 英寸（147.83 米），重 7700 吨，碟形天线为 100 米×110 米，是世界上最大的全动射电望远镜。

绿岸射电望远镜通过轮轨装置调节碟形天线，并能调整每一块铝制面板的位置，从而获得 5 度多的仰角的天空全视图。它的最新任务是追踪美国宇航局的"凤凰"号火星着陆器。

最大的双目光学天文望远镜

2007 年，在亚利桑那州海拔 3200 米的葛理翰山，美国科学家安装了一台双目光学天文望远镜，该望远镜由两个直径 8.4 英尺的镜片组成，比哈勃空间望远镜要清晰 10 倍，是目前最大的双目光学天文望远镜。

最高倍的电子显微镜——"S-5200"扫描式电子显微镜

"S-5200"扫描式电子显微镜，其分辨能力能够观察到 0.5 纳米（1 纳米 = 10 亿分之一米）的微小物质，是世界上最高倍的电子显微镜。

"S-5200"扫描式电子显微镜由日立制作所研制，可以测定观察物质表面的状况和立体图形，进行超细微领域的观察，且耐震性能良好。

最早的激光器——红宝石激光器

红宝石激光器，由美国科学家梅曼于 1960 年制成，原理是将闪光灯光线射进一根特殊的红宝石晶体，创造出相干脉冲激光光束，这是最早的激光器。

激光器对人类做出了贡献巨大，现已成为医学、工业以及众多科研领域不可或缺的基本仪器设备。

梅曼（1927~2007），生于美国加利福尼亚州洛杉矶，物理学家。1949 年，梅曼毕业于科罗拉多大学毕业后，1955 年在斯坦福大学获得博士学位，1964 年获得诺贝尔奖提名，1984 年被列入"美国发明家名人堂"。

最大的 DNA 模型——英国 DNA 模型

2002 年 3 月，在英国斯塔福德郡，一座高达 12 米的 DNA 模型成功问世，这座 DNA 模型由 1500 多个模拟原子构成，是目前世界上最大的 DNA 模型。

这座模型由英国 Keele 大学与 Daresbury 实验室共同建造，目的是为迎接英国国家科技周。

DNA，又称脱氧核糖核酸，是染色体的主要化学成分，同时也是组成基因的材料。

DNA 可用于亲子鉴定，一个人有 23 对（46 条）染色体，同一对染色体同一位置上的一对基因称为等位基因，一般一个来自父亲，一个来自母亲。如果检测到某个 DNA 位点的等位基因，一个与母亲相同，另一个就应与父亲相同。

最小的电动转子——纳米管转子

2003 年 7 月 26 日，美国阿列克斯·泽特尔博士及其同事研制出的一种电动转子，其直径只有人体头发的二千分之一，单叶片长度不超过 300 纳米，可以安放在用多极碳纳米管制成的轴承尖上，这是世界上最小的电动转子。

纳米管转子的成功研制，标志着纳米技术进入一个新的里程碑，因为该转子的应用范围非常广泛，可以在高温、化学腐蚀介质乃至真空中发挥作用，为以后人们研制显微光学仪器，高灵敏化学传感器提供了坚实的基础。

第一个开创电气化时代的人——法拉第

法拉第（1791~1867），全名迈克尔·法拉第，出生于英国伦敦附近的钮因哥顿，是 19 世纪最伟大的实验科学家之一。法拉第 1831 年发现了电磁感应现象，预告了发电机的诞生，开创了电气化的新时代，因此是世界上第一个开创电气化时代的人。

法拉第为电气化做出了突出贡献，给我们现在的生活提供了便利，而他的成功却源于在坎坷环境中的顽强拼搏。

法拉第出生在一个贫困的铁匠的家里，在他那个时代，命运对穷人从来不露出笑脸。但是法拉第的父亲总是不断地激励他：铁匠面前永远没有顽铁。

法拉第经常看到，烧红的铁块，在父亲的大锤的锻打下，经过千锤百炼，终于按照人的意志变成各种工具。

因此，法拉第从小就有了与命运顽强拼搏的性格。

一次，法拉第给当时的英国皇家学会会长写信，希望在皇家学院找个工作，哪怕在实验室里洗瓶子也行。然而，他整整等了一个星期，却杳无音讯。

法拉第忍不住跑到皇家学院去打听，只得到一句冰冷的回答："会长说，你的信不必回复！"

尽管受到屈辱的打击，但法拉第毫不气馁，他想起自己学画的经历。

一位著名画家曾答应教法拉第画画，条件是法拉第要替画家擦皮靴和收拾房间。这位画家教得很认真，可脾气不好，经常责骂法拉第。但是法拉第逆来顺受，坚持跟他学画，终于学会了投影和透视。

受这段经历的启发，法拉第又鼓起勇气，给当时的大化学家戴维写信。最终，法拉献身科学的精神感动了戴维，被邀请到皇家学院化学实验室当戴维的助手。科学圣殿的大门，从此向学徒出身的法拉第打开了！

法拉第的种种经历告诉我们：只有顽强拼搏，敢于向命运挑战，才能把本来不属于自己的东西追求到手。

法拉第的名言也很有教育意义：

一、希望你们年青的一代，也能像蜡烛为人照明那样，有一分热，发一分光，忠诚而踏实地为人类伟大的事业贡献自己的力量。

二、一旦科学插上幻想的翅膀，它就能赢得胜利。

三、我不能说我不珍视这些荣誉，并且我承认它很有价值，不过我却从来不曾为追求这些荣誉而工作。

四、拼命去争取成功，但不要期望一定会成功。

最早测定热功当量的人——焦耳

焦耳（1818~1889），生于英国曼彻斯特，物理学家。1840年，焦耳发现：通电导体所产生的热量，跟电流强度的平方、导体电阻和通电时间成正比，即焦耳定律，焦耳也因此成为世界上最早测定热功当量的人。

焦耳从小体弱，不能上学，是一位自学成才的科学家。由于他对机械当量出色的研究，导致了以后能量转化和守恒定律的确定，因此人们为了纪念他，把现代物理学中"功"和"能"的单位确定为"焦耳"。

但是焦耳从没有为自己的伟大贡献而骄傲，他在去世前两年曾对自己的弟弟说，"我一生只做了两三件事，没有什么值得炫耀的。"可是，对于大多数物理学家而言，焦耳的这些小事，他们只要能够做到其中一件，就会感到很满意了。

焦耳的谦虚是非常真诚的，值得我们每一个人敬佩、学习！

第一个创立相对论的人——爱因斯坦

爱因斯坦（1879~1955），全名阿尔伯特·爱因斯坦，最突出的成就是创立了相对论，相对论揭示了高速运动物体的力学规律，根本上改变了几百年来所形成的有关绝对空间和绝对时间的概念，这是人类认识史上的一次重大飞跃。

爱因斯坦生于德国乌尔姆城，14岁移居瑞士，1900年毕业于苏黎世工业大学，1909年开始存大学任教。1914年任威廉皇家物理研究所所长兼柏林大学教授，后因二战爆发移居美国，1940年入美国国籍。

发现镭元素的人——居里夫人

居里夫人（1867~1934），原名玛妮雅·斯卡洛多斯卡，波兰裔法国籍女物理学

家、放射化学家。从 1898 年一直工作到 1902 年，居里夫人从几十吨矿石残渣提炼出 0.1 克镭盐，并测定出其原子量是 225，从此居里夫人成为世界上第一个发现镭元素的人。

镭元素的出现，促使全世界都开始关注放射性现象。镭的发现，同时在科学界爆发了一次真正的革命。

居里夫人以自己的勤奋和天赋，在物理学和化学领域，都做出了杰出的贡献，并因此而成为唯一的在两个不同学科领域、两次获得诺贝尔奖的著名科学家。爱因斯坦在评价居里夫人一生的时候说："她一生中最伟大的功绩：证明放射性元素的存在并把它们分离出来——所以能够取得，不仅仅是靠大胆的直觉，而且也靠着难以想象的和极端困难的情况下工作的热忱和顽强。这样的困难，在实验科学的历史中是罕见的。居里夫人的品德力量和热忱，哪怕只有一小部分存在于欧洲的知识分子中间，欧洲就会面临一个比较光明的未来。"

尽管居里夫人为人类做出了巨大贡献，但她却是个淡泊名利的人。

居里夫人一生获得各种奖金 10 次，各种奖章 16 枚，各种名誉头衔 107 个。

有一天，她的一位朋友来她家做客，忽然看见她的小女儿正在赏玩一枚金质奖章，这英国皇家学会刚刚颁发给她的，于是惊讶地说"居里夫人，英国皇家学会的奖章对你来说是极高的荣誉，你怎么能给孩子玩呢？"居里夫人笑了笑说："我是想让孩子从小就知道，荣誉就像玩具，只能玩玩而已，绝不能看得太重，否则就将一事无成。"

第一个打开铀原子核的科学家——恩里科·费米

恩里科·费米（1901~1954），生于罗马，美籍意大利裔物理学家，是世界上第一个打开铀原子核的科学家。

恩里科·费米 33 岁的时候，就开创了"β 衰变"定量理论，成为现代基本粒子理论奠基人，并因此荣获 1938 年的诺贝尔物理学奖。

恩里科·费米还是一位优秀的教师，1924 年在意大利佛罗伦萨大学教数学物理和力学，1927 年当选为罗马大学的理论物理学教授，1938 年到 1942 年期间任纽约哥伦比亚大学教授，直至去世。

第一次用机械方法分裂原子的人——科克罗夫特

约翰·科克罗夫特（1897~1967），英格兰托德莫登人，英国物理学家，第一次以人工方式实现了原子核分裂。

约翰·科克罗夫特，1914 年进入英国曼彻斯特大学学习数学，第一次世界大战以后，他进入大都会维克斯工程公司当学徒，该公司将他送到曼彻斯特理工学院学习电机工程，稍后进入剑桥大学，毕业于数学系，并成为卡文迪什实验室的欧内斯特·卢瑟福小组的成员，1932年他第一次以人工方式实现了原子核分裂，并因此获得1951年诺贝尔物理学奖。

最早的气泡室发明人——格拉塞

格拉塞（1926~），生于美国俄亥俄州的克利夫兰，物理学家，气泡室发明人。1949年至1959年，格拉塞在美国密执安大学担任物理学教学与研究工作；1952年秋开始进行气泡室实验；1959年以后在加利福尼亚大学工作；1961年至1962年，担任美国科学基金委员会研究员和古根海姆研究员；1964年以后，担任加利福尼亚大学物理学及分子生物学教授；现在伯克利加利福尼亚大学从事微生物、分子生物学和细胞生物学的研究。打开啤酒瓶盖时，会有大量的气泡产生，如果把一粒米扔进啤酒里，米粒下沉的时候周围会冒出气泡，这些气泡能够很清晰地展现米粒下沉的轨迹。1952年，格拉塞受这一现象的启发，制造了世界上第一台泡室，并成功观察到宇宙射线粒子的轨迹，1960年获得诺贝尔物理学奖。

最早的无线电通信机

1895年5月7日，在俄国圣·彼得堡物理化学学会会议上，俄国科学家亚历山大·斯捷潘诺维奇·波波夫（1859~1906）公开表演了他的新发明——无线电接收机；1896年，在同一学会的会议上，波波夫又成功拍发了250米的世界上第一份无线电报："亨利希·赫兹"；1900年，波波夫制作的无线电发报机，发射与接收范围已达148千米；波波夫发明的无线电接收机即是最早的无线电通信机。

尽管波波夫发明的无线电通信机发送的信号十分简单，而且不能在很宽的频带范围内产生电磁振荡，但它却开创了无线电技术的新时代，其意义是非常深远的。

最大最强的人工磁场制作物——45-T 混合磁体

45-T混合磁体，位于美国佛罗里达州国家高磁场实验室，其高达6.7米，重35吨，能产生45特斯拉的磁场，比地球磁场大约强100万倍，比核磁共振成像仪产生的磁场强20倍，是世界上最大最强的磁体。

45-T混合磁体，由一个11.5特斯拉的超导磁铁和一个33.5特斯拉的电阻磁铁组成，能在1.8开氏度（或零下456华氏度）的温度下正常运转，可以为超导材料（电阻是零）所能提供多种条件。

最大的飓风模拟器

在美国佛罗里达州大学的飓风模拟器，能产生时速 208 千米的风——相当于 3 级飓风，形成的高压水柱能模拟每小时 89 厘米的降雨，是最大的飓风模拟器。

这个飓风模拟器主要作用是，可以用来模拟骤雨和飓风对建筑物所造成的影响。

最标准的 1 千克计量物——硅-28 同位素制作物

2008 年，一个由多领域、多国科学家组成的阿伏伽德罗项目科研小组，利用硅—28 同位素成功制造出世界上最完美、最圆的物体，它同时成为地球重量"1 千克"的世界新标准，世界上所有使用公制计量单位的国家，全都要依照它来制定 1 千克的质量。

人类近 120 年使用的"1 千克"重量标准，原是以一个铂铱圆柱体砝码为准，这个砝码由铂铱合金制成，直径和高度均为 3.9 厘米，在 1889 年第一届国际计量大会上被定为"1 千克"。但是，与众多复制品的平均质量相比，这个标准砝码轻了 50 微克。因此，硅—28 同位素制作物成为新的"1 千克"重量标准具有重要的科学意义。

最早发明温度计的人——伽利略

伽利略，全名伽利略·伽利雷（1564~1642），生于意大利西部海岸的比萨城，1603 年发明了世界上最早的能测量温度的仪器——温度计。

伽利略发明的温度计是一个底部为球状的玻璃管。测量时，首先用双手握住玻璃管的球部，球内空气受热膨胀就会溢出一部分，然后把玻璃管口插入水中，管内空气受冷收缩就会把水吸上玻璃管。

伽利略发明的温度计属于空气温度计，当玻璃球周围温度变化时，由于球内空气热胀冷缩，使管内上升的水柱随着升降，玻璃管上刻着相应的刻度，就可以反映被测物体的温度。

第一个提出细胞的人——胡克

胡克（1635~1703），全名罗伯特·胡克，生于英格兰南部威特岛的弗雷施瓦特，是英国科学家。1665 年，胡克发表了《显微图集》一书，开始使用"细孔"和"细胞"来说明观察到的微小物体，从而引起了人们对细胞学的研究，因此胡克成为世界上第一个提出细胞的人。

胡克不只在细胞学方面具有显著成就，他的贡献也是多方面的，包括天文学、生物学、化学、钟表和机械、物理学、气象学、生理学等，因此被誉为"英国的达·芬奇"。

最先揭示燃烧现象实质的人——拉瓦锡

拉瓦锡（1743~1794），生于巴黎，法国化学家。1777 年 9 月 5 日，拉瓦锡向法国科学院提交了划时代的报告《燃烧概论》，系统地阐明了燃烧的氧化学说，彻底地推翻了燃素说，使化学自此切断了与古代炼丹术的联系，促进化学开始蓬勃发展起来，成为世界上最先揭示燃烧现象实质的人。

拉瓦锡的发现，终于使人们掌握了燃烧过程的实质，自此现代的化学系得以建立，因此拉瓦锡又是近代化学的奠基者。

第一个发现遗传的人——孟德尔

孟德尔（1822~1884），出生在奥地利西里西亚（现属捷克），从 1945 年开始，孟德尔经过 8 年的豌豆实验，发现了生物遗传奥秘的基本规律，并得到了相应的数学关系式，即"孟德尔第一定律"和"孟德尔第二定律"，1865 年，在布鲁恩科学协会的会议厅，孟德尔将自己的研究成果公布于世，从而成为世界上第一个发现遗传的人。

孟德尔的遗传定律是具有划时代意义的，因为人们从此知道了为什么"儿子长得像父亲，女儿长得像母亲"，为什么"种豆得豆，种瓜得瓜"，这些全都是遗传的原因。

孟德尔能够成为举世闻名、发现遗传规律的伟大的生物学家，其中有一个原因，那就是他童年时便对植物的生长和开花非常感兴趣。

最早制作出合成塑料的人——贝克兰

贝克兰（1863~1944），美国化学家，生于比利时港口城市根特，1882 年毕业于根特大学，1884 年获夏洛滕堡工业大学博士学位，1887 年任布鲁日大学物理和化学教授，1888 年在根特大学从事照相化学研究，1889 年移居美国并发明了高光敏性照相纸，1905 年致力于研究苯酚与甲醛，1909 年获得酚醛高温热压成型专利权，1924 年任美国化学学会会长，是世界上最早制作出合成塑料的人。

1905 年，贝克兰在一次实验中，将苯酚和甲醛放在烧瓶里，以酸做催化剂，然后进行加热反应，得到了类似于松脂的材料，即塑料最初的原形。

贝克兰用纯粹的化学方法合成的塑料，不仅是合成塑料的鼻祖，而且在当今依然具有广泛的用途。

第一次成功的人工降雨——拉尔特人工降雨

1930 年，荷兰拉尔特教授将干冰用飞机运载到 2500 米的高空，并在飞行过程中投掷了近 200 千克的干冰碎块，实现了世界上第一次成功的人工降雨。

使积雨云中的水滴体积变大，直至掉落下来，是人工降雨的基本原理。

现代人工降雨主要运用云和降水物理学原理，其做法是向云中撒播催化剂（盐粉、干冰或碘化银等），促使云滴或冰晶增大到一定程度，降落到地面，形成降水。撒播催化剂的方法有多种，主要包括用飞机在云中撒播，用高射炮或火箭将催化剂炮弹射入云中，或者在地面燃烧催化剂焰剂等。

人工降雨对于增加降水，缓解干旱威胁，起到了积极的作用。

第一座钢铁结构的高塔——埃菲尔铁塔

埃菲尔铁塔，位于法国巴黎市中心的塞纳河畔，除了四个脚由钢筋水泥打造，全身都用钢铁构成，是世界上第一座钢铁结构的高塔。

埃菲尔铁塔由法国居斯塔夫·艾菲尔设计，1887 年 1 月 26 日破土动工，历时 26.5 个月，1889 年 3 月完工，共花费 780 多万个当时的金法郎（折合美元 100 多万）。

埃菲尔铁塔塔身总重 7000 吨，塔分三层，第一层高 57 米；第二层 115 米，第三层 274 米，从塔座到塔顶共有 1711 级阶梯，其用水泥和钢材建筑拱门底座的技术，是以后出现的钢盘混凝土的先驱，因此成为世界建筑史上的一个创举。

埃菲尔铁塔是巴黎的象征，它的建造具有重大意义：一是为了迎接世界博览会在巴黎举行，二是纪念法国大革命 100 周年。

埃菲尔铁塔现在还是法国广播电台的中心，同时也是法国气象台、电视台的发射塔。

最高的自立式铁塔——东京铁塔

东京铁塔，位于日本东京都港区芝公园西侧，1958 年以法国埃菲尔铁塔为蓝本建造而成，高 333 米，被视为东京市区的象征性建筑，是最高的自立式铁塔。

东京铁塔建立之初具有重要的实际用途，即作为日本 NHK 等 7 大电视台、21 家电视中转台和广播台的无线电发射塔。

东京铁塔在 150 米和 250 米处分别设有大展望台和特别展望台，从展望台的落地玻璃可看到东京市区的建筑布局，甚至西方的富士山和横滨地区，都在视野之内。

最高的独立式建筑物——加拿大国家电视塔

加拿大国家电视塔，位于加拿大安大略省的多伦多市，塔身断面呈 Y 型，基部每翼宽 30. 48 米，厚 6. 7 米，逐渐向上收缩成单一的柱，335 米处有一个圆形天空仓，最上面 102 米是发射天线钢塔，塔身总高 553. 33 米，是最高的自立结构。

加拿大国家电视塔内还建有高 447 米的金属阶梯，共 1776 级，是世界上最高的金属阶梯。

加拿大国家电视塔现在是多伦多市的标志性建筑，由加拿大国家铁路公司建造于 1973～1976 年，最初目的是显示加拿大强大的工业。

最高的大厦——迪拜塔

迪拜塔到 2008 年建至 630 米，最终高度 818 米，超过 160 层，是世界上最高的大厦，也是世界上最高的建筑。2004 年开始兴建，计划将于 2008 年底竣工。

迪拜塔位于阿联酋第二大城市迪拜的中心城区，项目由美国芝加哥公司的美国建筑师阿德里安·史密斯设计，韩国三星公司负责实施。大厦内拥有 56 部电梯，速度达每秒 10 米。

迪拜塔高度和层数已超越中国台北的 101 大楼（508 米），也超过加拿大多伦多市电视台（553. 33 米）。

最长的单孔拱桥——悉尼港湾大桥

悉尼海港大桥，位于澳大利亚悉尼的杰克逊海港，全长 503 米，像一道横贯海湾的长虹，巍峨俊秀，气势磅礴，成为悉尼的象征之一。

跨径最大的混凝土斜拉桥——卢纳桥

卢纳桥位于西班牙北部，跨越卢纳湖，1983 年建成，全长 654. 6 米，主跨 440 米，是世界上跨径最大的公路预应力混凝土斜拉桥。

最长的桥——庞恰特雷恩湖桥

庞恰特雷恩湖桥，位于美国路易西安纳州庞恰特雷恩湖上，连接纽奥良和曼德韦尔。全长 38.4 千米，是世界上最长的桥，被收录在吉尼斯大全中。

庞恰特雷恩湖桥由两座平行桥梁组成，1 号桥长约 38406 米，1956 年建成通车；2 号桥长约 38422 米，1969 年建成通车。

最长的吊桥——明石大桥

明石大桥，位于日本本州岛至四国岛之间的明石海峡上，1998 年 4 月开通，全长 3910 米，是世界上最长的梁式吊桥。

明石海峡大桥，跨越日本本州岛——四国岛之间的明石海峡之上，主跨约 1991 米，两边跨各 960 米，打破英国汉巴大桥跨度 1410 米的世界纪录，是世界上主跨最大的悬索吊桥，也是世界上最长的双层桥，能承受里氏 8.5 级强烈地震和 80 米/秒的暴风。

最高的桥——米约高架大桥

米约高架大桥，位于法国西南部的米约市，横跨法国塔恩河谷，桥面高 270 米，长 2.46 千米，主体架构由 7 根桥柱组成，最高桥墩 341 米，是世界上最高的桥。

米约高架大桥由国际著名的建筑设计师诺曼·福斯特设计，这座桥梁工程历时 3 年多的时间，于 2004 年 12 月 18 日正式通车。

最长的桥梁隧道——切萨皮克湾大桥

切萨皮克湾大桥，位于美国马里兰州和弗吉尼亚州之间，全长 37 千米，是世界上最长的桥梁隧道，被称为"现代世界七大奇迹之一"。

切萨皮克湾是大西洋伸入美国东部内陆最深入的海湾，1964 年建成的切萨皮克湾大桥连接了诺福克和特拉华半岛，是一座双向越洋大桥，犹如在切萨皮克湾和大西洋之间架起了一座水上长廊。

最长的海底隧道——青函海底隧道

青函海底隧道，位于日本北海道岛和本州岛之间的津轻海峡，连接青森与函馆两大城市，总长为 53.85 千米，海底部分长约 23.3 千米，是世界上最长的海底隧道。

青函海底隧道南起日本青森县东津轻郡今别町，然后穿过津轻海峡，向北延续到北海道上矶郡知内町，于 1971 年 4 月正式动工，历经 12 年，最后于 1983 年 1 月 27 日正式凿通。

青函隧道内铺设有光缆、高压输电线、天然气管道和运输系统等，对北海道地区的经济发展有着极为重大的意义，被誉为"20 世纪的巨大工程"。

最长的单孔公路隧道——洛达尔隧道

洛达尔隧道，位于挪威西部地区，东起洛达尔城，西至艾于兰城，2000 年 11 月 27 日通车，全长 24.5 千米，是世界上最长的单孔公路隧道。

最长的陆上隧道——勒奇山隧道

勒奇山隧道，位于瑞士南部伯尔尼阿尔卑斯山，辛普朗隧道的西北，全长近 35 千米，是世界上最长的一条陆上隧道。

1994 年，在瑞士首都伯尔尼以南 56 千米处，勒奇山隧道正式开凿，从山的南北两头分别修建，最后在隧道的正中央汇合，2007 年勒奇山隧道正式投入使用。

瑞士地理位置独特，自 1980 年以来，南北欧之间繁忙的交通令瑞士不堪重负。勒奇山隧道的投入使用，将在很大程度上减缓这种运输压力，并令欧洲中部穿越阿尔卑斯山的交通迈向新纪元。

最早的运河——苏伊士运河

苏伊士运河，处于埃及西奈半岛西侧，横跨苏伊士地峡，连接红海与地中海，全长 170 多千米，河面平均宽度为 135 米，平均深度为 13 米。公元前 500 年，在波斯王朝国王大流士一世的带领下，苏伊士运河第一次竣工，它是世界上最早的运河。

苏伊士运河是连通欧亚非三大洲的主要国际海运航道，使大西洋、地中海与印度洋联结起来，承担着全世界每年 14% 的海运贸易。

最大的水闸式运河——巴拿马运河

巴拿马运河，位于南美洲的巴拿马共和国境内，运河全长81.3千米，河面最宽处为304米，最窄处只有91米，水深13.5米至26.5米，是世界最大的水闸式运河。

巴拿马运河是连接大西洋和太平洋的咽喉，于1881年由法国人首先开凿，1903年开凿使用权转交给美国，1914年运河正式完工通航。

巴拿马运河大部分河段的水面比海面高出26米，为了调整水位差，在运河上建造了6座船闸，从太平洋一侧进口时，通过米腊弗洛雷斯双闸阶，经米腊弗洛雷斯湖和佩德罗米格尔单闸阶，将船只由海平面提升26米，进入加通湖，另一端经过三级加通船闸将船降低，与大西洋海面齐平。

最大的人工湖——沃尔特水库

沃尔特水库，位于加纳沃尔特河的下游，北达塔马利港，南至阿可桑布大坝，长900千米，最宽24千米，最深74米，年平均每秒流量达1180立方米，枯水期最小流量只剩14立方米，总面积8502平方千米，流域面积40万平方千米，是世界面积最大的人工湖。

1961~1965年，加纳政府在离海岸10千米的阿科松博峡谷筑了一座长640米，高141米，体积794万立方米的大坝，在水库东岸筑了一座长350米，高36米的马鞍形小坝，解决了当时加纳7.8万居民的饮水难题。

吞吐量最大的海港——鹿特丹港

鹿特丹港位于荷兰，港区面积达100平方千米，码头岸线长达90千米，有泊位656个，深水港可停靠最巨大的货轮，港口的年吞吐量超过5亿吨，是世界上吞吐量最大的海港。

最古老的游船——伊丽莎白女王二号

"伊丽莎白女王二号"，船长293.6米，宽32米，船上除了1000名服务员和水手外，还能装载1800名旅客，载重为69916吨，是当今世界上最大的一艘食宿海上环球旅行的巨型游船。

"伊丽莎白女王二号"，具有完善的电子计算机系统和卫星导航系统，其设施豪华，包括电影院、舞厅、歌厅、游泳池、网球场、饭店、理发室、药房等，游船远观就像一座雄伟的海上城市。

最大的邮轮——玛丽王后二世号邮轮

"玛丽王后二世号"邮轮总长 345 米（长过 3 个足球场），高度为 71.9 米（高过纽约的自由女神像），最多载客数达到 2620 人，是世界上最大的邮轮。

"玛丽王后二世号"邮轮是新世纪的"泰坦尼克号"，由法国圣纳泽尔船厂建造，于 2003 年 9 月 25 日环法国海域试航。

"玛丽王后二世号"邮轮设施齐全，包括娱乐场、美容 SPA 会馆、5 个游泳池，天文观测台。

"玛丽王后二世号"邮轮的船费也高得惊人，其最低船费约 3000 美元，最贵则高达 60000 美元。

最快的大帆船——翼艇"黄页努力"

1993 年 10 月 26 日，在澳大利亚墨尔本附近的沙滩，翼艇"黄页努力"达到每小时 86.21 千米的速度，成为世界上最快的大帆船。

翼艇"黄页努力"帆高 12 米，有 3 个短滑行船身，由澳大利亚人林赛·坎宁安设计制造。

最早的电动火车——西门子机车

1879 年 5 月 31 日，柏林的工业博览会上展出了一台"西门子"机车，其重量不到 1 吨，只有 954 千克，车上装有 3 马力支流电动机，是世界上第一台电动火车。

"西门子"机车车身很小，没有驾驶台，操纵杆和刹车都装在靠前轮的地方，因此司机只好骑在车头上驾驶。

现在，"西门子"机车陈列在慕尼黑德意志科技博物馆内。

最大的火车站——纽约大都会终点站

纽约大都会终点站，位于美国纽约市，21 世纪初由富豪威廉姆·范德贝尔德出资，建筑公司里德和斯泰姆公司、沃伦和怀特摩尔公司联合承建。它占地 19 公顷，是世界上最大的火车站。

纽约大都会终点站分上下两层，上层有 41 条铁路线，下层有 26 条铁路线，每天经过 550 多列火车，平均每天客流量超过 21 万。

第一条地铁——大都会地区铁路

大都会地区铁路，位于英国法林顿和主教路之间，是世界上第一条地铁。

大都会地区铁路由英国人皮尔逊于 1843 年设计，直到 1853 年才被英国议会批准修建，经过近 10 年的建设，最终于 1863 年 1 月正式开始运营。

大都会地区铁路最初只有 6.5 千米，但这条线路相关成功，第一年就运载了乘客 950 万人次，成为伦敦有史以来第一个多数市民可以负担和使用的公共交通工具。

最长的铁路——西伯利亚铁路

西伯利亚铁路，1904 年 7 月 13 日通车，连接俄罗斯首都莫斯科和太平洋岸的符拉迪沃斯托克，穿越分割欧亚的乌拉尔山脉，在西伯利亚的针叶林和大草原上延伸，全长 9288 千米，是世界上最长的铁路。

第一条国际航线——巴黎到伦敦

1919 年 2 月 8 日，从法国的巴黎，穿越英吉利海峡，到英国的伦敦的国际航线终于诞生了。这是世界上第一条国际航线。

这是自 1913 年 11 月 29 日，法国飞行驾驶员罗朗德·加罗斯第一次驾驶着简单的飞机穿越地中海，完成了一次从法国到非洲的飞行以后，人们首次可以坐着飞机这种交通工具往来于国与国之间、大陆与大陆之间。

最大的航空港——吉达国际机场

吉达国际机场，位于沙特阿拉伯红海之滨，建成于上世纪 80 年代中期，总投资约达 45 亿美元，目前占地面积 103 平方千米，吞吐量约达 1300 万人次，是世界上最大的航空港。

吉达国际机场现在仍处于扩建之中，扩建后预计吞吐量可达 2100 万人次。

最弯曲的街道——旧金山九曲花街

旧金山九曲花街，路面坡度达40°以上，是世界上最弯曲的街道。

19世纪20年代，为了使繁忙的交通有所喘息，设计建造了旧金山九曲花街。如今，九曲花街成为旧金山最吸引人的一条街。九曲花街位于旧金山的心脏处，那一带山坡绵延，其中有两座山分别叫俄国山和电报山，据说是有钱人的聚居地。

九曲花街处于一个很短的街区，长度不过400米，因为有8个急转弯，弯曲像"Z"字形，所以车子只能往下单行。花街以其盘桓九曲的陡峭山路，以及花艳草碧的匠心设计而闻名于美国。

为防止车辆上下坡时发生交通事故，旧金山人特意在弯曲的车道两旁修筑了许多花坛，让车辆绕着花坛盘旋行驶；各个住户也在自己门前栽树种花，为街道添姿增彩。

五角大楼

最大的行政建筑——五角大楼

五角大楼高22米，共有5层，占地面积235.9万平方米，总建筑面积60.8万平方米，使用面积约34.4万平方米，是世界最大的办公大楼。

五角大楼是美国国防部所在地，坐落在华盛顿附近波托马克河畔的阿灵顿镇。从空中俯瞰，这座建筑成正五边形，故名"五角大楼"。

五角大楼当时造价8700万美元，由伯格斯特龙设计，于1943年1月15日建成，同年5月启用，可供2.3万人办公。大楼南北两侧各有一大型停车场，可同时停放汽车 1 万辆。

最大的住宅公寓区——巴比肯住宅区

巴比肯住宅区，位于英国伦敦，1959 年由建筑师邦德、鲍威尔和钱伯林共同设计。巴比肯住宅区有 2014 套公寓，占地面积 16 公顷，停车场可以停放 1710 辆的汽车，是世界上最大的住宅公寓区。

最高的住宅大楼——湖心大厦

湖心大厦，坐落在美国伊利诺伊州芝加哥市的约翰·汉考克中心，由芝加哥建筑学派密斯·凡·德·罗大师的两个学生设计，1968 年建成。该楼 70 层，高 195 米，有公寓 879 套，是世界上最高的住宅大楼。

湖心大厦外观以黑色覆盖，楼身采用具有现代感的三翼圆弧形。由于它坐落在密歇根湖湖畔，观赏风景位置绝佳，很快成了芝加哥有名的高档住宅大楼。

最高的办公建筑——双峰塔

双峰塔，位于马来西亚首都吉隆坡，由建筑师塞萨尔·佩利设计，马来西亚国营石油公司出资，1996 年完工，1997 年使用。大楼 88 层，总高度 444.6 米，主体设计高度 950 米，被《吉尼斯世界纪录大全》评定为世界上最高的办公建筑。

目前，"双峰塔" 1 号塔楼用于国营石油公司办公，2 号塔楼用于写字楼出租，每周星期二到星期日上午 10：00~12：45，下午 3：00~4：45 供游客参观游览。"双峰塔" 已成为马来西亚整个国家的骄傲。

最大的人工喷泉——财富之泉

财富之泉，位于新加坡新达城中央，整个占地为 1683.07 米，1998 年财富之泉作为世界最大的喷泉，登上吉尼斯世界大全。

财富之泉由四只高达 13.8 米的巨大青铜支柱拱立成一个直径为 21 米的青铜圆环而成。整个设计取意于佛教和印度教的曼荼罗思想，以巨环的坛场象征着完整与圆满，为无尽的力量源泉。

根据风水学理论，新达城方位极佳，有利于聚财。而财富之泉的流动泉水负离子能够散发出强烈的能量，让人感觉身心安泰，喷泉便由此而得名。

最大的水族馆——佐治亚水族馆

佐治亚水族馆，位于美国佐治亚州首府亚特兰大市中心，在奥运百年纪念公园旁边，各种水族箱总蓄水量达3万吨，海洋生总数量超过10万，是世界上最大的水族馆。

佐治亚水族馆，由俄裔美国亿万富翁伯纳德·马库斯投资，工程从2001年开始动工，耗时4年建成，总共耗资约2亿美元。

佐治亚水族馆是一个大型休闲娱乐中心，同时可供海洋学家进行科学研究。

最大的游泳池——智利游泳池

2008年，在南美智利的度假胜地"圣阿方恢复三月"（音译），一个花费5年时间建造的游泳池对外开放，其总长1千米，深35米，宽100到150米，容水量可达250000立方米，相当于6000个标准泳池的大小，是世界最大的游泳池。

最大的音乐喷泉——迪拜音乐喷泉

在阿拉伯联合酋长国第二大酋长国迪拜的"迪拜塔"附近，有一个将于2009年投入使用的音乐喷泉，高达150米，长275米，相当于两个足球场长，而且可以变幻1000种造型，是目前世界上最大的音乐喷泉。

最大的停车库——奥黑尔机场停车库

奥黑尔机场停车库，位于美国芝加哥市的奥黑尔机场，共能存放9250辆的轿车，是目前世界上最大的停车库。

最高的旅馆——桃树广场旅馆

桃树广场旅馆，位于美国南部乔治亚州亚特兰大，旅馆高200.3米，共70层，是目前世界上最高的旅馆。

桃树广场旅馆于1976年落成，由美国青年建筑师波特曼设计，是一座现代化的多层内院大厅式圆形建筑，旅馆的主楼是一个直径35米的圆塔，所有自动电梯及服务台都设在靠近圆心的地方。

客房最多的旅馆——俄罗斯旅馆

俄罗斯旅馆，坐落在莫斯科市，现有 3200 间客房，工作人员 3000 名，装有电梯 93 部，可以同时接待 6000 名旅客住宿，是世界上客房最多的旅馆。

唯一的七星级酒店——泊瓷酒店

泊瓷酒店，又称阿拉伯塔，位于阿拉伯联合酋长国的迪拜的一个人工岛上，拥有

泊瓷酒店

202 套复式客房、200 米高的可以俯瞰迪拜全城的餐厅以及世界上最高的中庭，是世界上唯一的、建筑高度最高的七星级酒店。

泊瓷酒店共 56 层，高 321 米，是一个帆船形的塔状建筑，由英国设计师阿特金斯设计，1999 年竣工。

泊瓷酒店因其优良设施和高档服务而号称"七星级酒店"：酒店客房的面积从 170 平方米到 780 平方米不等，最低房价也要 900 美元，最高的总统套房则要 18000 美元。

金灿灿的总统套房在第 25 层，家具是镀金的，设有两间卧室，两间起居室，一个餐厅，一个电影院和出入有专用电梯。

此外，住店旅客可以乘坐豪华的劳斯莱斯汽车直接往返于机场；也可从旅馆 28 层专设的机场乘坐直升机，用 15 分钟俯瞰迪拜美景；也可以乘坐潜水艇到海鲜餐厅，边就餐边欣赏海底奇观。

最大的冰建筑物——瑞典冰旅馆

瑞典冰旅馆，位于瑞典尤卡斯耶尔维，室内总面积 5000 平方米，每晚可接待宾客 150 位。目前，瑞典冰旅馆设有世界上独一无二的冰制祈祷室，每年 12 月修缮一次，以电影院、桑拿浴、冰吧和冰雕为特色，是世界上最大的冰建筑物。

容积最大的建筑物——美国波音公司装配厂厂房

美国波音公司装配厂厂房，建于 1968 年，位于华盛顿州首西雅图市北郊的埃沃雷特城，厂房占地面积 27.14 公顷，约有 40 个足球场那么大，最大高度 35 米，容积约 567 万余立方米，是目前世界上容积最大的建筑物。

第一座水上造纸厂——南美水上造纸厂

南美水上造纸厂于 1978 年 5 月建成，位于巴西亚马逊河支流雅里河的交口处，外貌如白色城堡，有两个足球场那么大、16 层楼那么高，是世界上第一座水上造纸厂。

南美水上造纸厂被誉为"世界首次尝试""工业界新创举"。它由两艘相连的船舶组成。一艘长 230 米，船上安装着先进的、自动化控制的造纸设备；另一艘长 220 米，船上安装火力发电设备、一个供应蒸汽的锅炉以及向纸厂供应水和化学品的设备。

南美水上造纸厂没有航行动力，但可借助拖轮在水上自由地移动。

最大的太阳能站——哈伯湖太阳能站

哈伯湖太阳能站，位于美国加利福尼亚州莫哈维沙漠，由加州大学操作服务部运作，其发电能力可达 160 兆瓦，总覆盖地区面积为 518 公顷，是世界上最大的太阳能站。

太阳能取之不尽、用之不竭，大约 40 分钟照射在地球上的太阳能，就足以供全球人类一年能量的消费。而且太阳能发电绝对干净，不产生公害，不受资源分布地域的限制，能源质量高，所以太阳能发电被誉为理想的新能源。

第一条海底电缆——艾斯克河海底电缆

1910 年 4 月 14 日，在英国惠特比的艾斯克河中，一条海底电缆正式投入使用，成为世界上第一条海底电缆。

海底电缆又称海底通讯电缆，是用绝缘材料包裹的导线，铺设在海底，用以设立国家之间的电信传输。

艾斯克河海底电缆的出现，开创了一个从早期工业化到现代工业的时代。

截至 2005 年时，除南极洲之外，海底电缆已经覆盖了世界上其他所有洲。

第一辆吉普车——布利兹帕奇

1938 年，美国五角大楼拟定研制"低车身侦察车"计划，这种车重量不足半吨、载重 1.25 吨、短轴距、四轮驱动，车仅高 1 米，前风挡可以放倒，以便架设武器。1940 年，美国设计大师卡尔领导研制了第一辆"低车身侦察车"样车，名为"布利兹帕奇"，该车简洁、坚固、灵敏、耐久性大，这就是世界上第一辆吉普车。

吉普车后来被喻为像狗一样忠诚、像骡子一样强壮、像羚羊一样机敏，又被称作是美国对第二次世界大战的最大贡献。

最快的汽车——超级汽车"美洲之鹰"

超级汽车"美洲之鹰"，跑一英里（1.6 千米）只需 4 秒钟，速度可达每小时1287 千米，比声波的速度每小时 1224 千米还快，是世界陆地上最快的汽车。

超级汽车"美洲之鹰"，由前 IBM 公司工程师萨德尔和波音公司工程师扎恩西领导设计，车身是一架报废的战斗机外壳改装而成，动力装置采用加拿大英属哥伦比亚航空公司一台喷气飞机引擎。

"美洲之鹰"全长 17 米，宽 2 米，重量 12 吨，比世界上首次突破声障的汽车"推进号"更有优势。

"超音速推进号"汽车，由英国理察·诺伯与朗·艾尔合作设计，总长 119 米，重16.4 吨，以军用涡扇引擎作为动力来源，轮子采用纯铝轮毂无外胎轮，车体为全铝制外壳。

1997 年 10 月 13 日，在美国内华达州的沙漠上，英国皇家空军机械师安迪·格林驾驶"超音速推进号"进行测速试验，车速达到每小时 1227.985 千米，比同环境下音速还提高了 2% 的速度，成为世界上第一台突破声障的地面车辆，打破了陆地速度不可能达到声速的预言。

超级汽车"美洲之鹰"与"超音速推进号"汽车，尽管不可能成为人类的交通工具，但是关于超音速车的研究，却极有可能成为改变未来汽车面貌的触发点。

第一辆能潜水的汽车——斯库巴

2008年3月，在日内瓦车展上，瑞典超级跑车公司展出了一款名为"斯库巴"的汽车，它不但可以在普通道路上行驶，而且能够潜入10米深的水下航行，是世界上第一辆能潜水的汽车。

"斯库巴"之所以具备水陆两栖的功能，是因为其车身尾部有一套双驱动装置，其中一个引擎用于陆地行驶，另外两个则专门为水下行驶提供动力。

"斯库巴"车身由纳米碳纤维制成，仅重920公斤，并拥有零排放污染的环保概念，可以在世界的所有水域中畅行无阻。

最大的挖土机——德国挖土机

德国krupp公司制造的一台挖土机，高311英寸，长705英尺，重45000吨，需要五人进行操作，是世界最大的挖土机。

这台挖土机铲斗机轮的直径为70多英尺，共有20个铲斗，每个铲斗可以承受530多立方英尺泥土，每天可以移开76455多立方米泥土（1辆大型卡车每天可以运送40立方米），主要用于开采煤矿。

最小的钟表齿轮——纳米齿轮

2002年2月18日，日本信州大学教授远藤守信与日本三家企业合作研制成一种钟表齿轮，该齿轮使用直径为80纳米到100纳米的碳纤维和树脂复合材料制成，直径仅有0.2毫米，是目前世界上最小的钟表齿轮。

这种纳米齿轮的耐磨性提高了10倍，滑动性提高了5倍，防止带电和热传导等性能也良好，它能够与钟表上其他齿轮组合起来，驱动钟表秒针走动。

纳米齿轮的研制技术，同时可以应用到自动化机器、医疗器械和汽车等结构零件的制造上。

最大液晶电视——LB-1085

2007年，在美国拉斯维加斯CES大展上，日本夏普公司展出的LB-1085液晶电视样机，其屏幕尺寸达2386毫米×344毫米对角线长度为2738毫米，具有1920×1080的高清分辨率，是世界上最大的液晶电视。

第一台笔记本电脑——T1100

T1100电脑，于1985年由日本东芝公司生产，被命名为"theKing of the Laptop"，电脑主机采用Intel 8086（1MHz）微处理器，MS—DOS操作系统，3.5寸或者5.25寸磁盘驱动器，内存共计256KB，没有硬盘，显示屏大小为9英寸，分辨率为640×200，电脑总重量为6.8千克，运行需要依靠外接电源，是世界上第一台笔记本电脑。

最早的电脑鼠标

1964年，美国人道格·恩格尔巴特制做出一个木质的小盒子，里面有一个按钮和两个互相垂直的滚轮，它能够使变阻器改变阻值，并产生位移讯号，经电脑处理后，在屏幕的指示位置呈现可以移动的光标，这就是世界上最早的鼠标。

鼠标的发明为当代计算机的操作提供了便利，被列为计算机诞生50年来最重大的事件之一。

第一种电脑病毒——Morris

1988年11月2日下午5时1分59秒，美国康奈尔大学的计算机科学系研究生，23岁的莫里斯将其编写的蠕虫程序输入电脑网络，致使数万台电脑的网络被堵塞，后来人们把这种蠕虫程序取名为Morris，即世界上第一种电脑病毒。

Morris病毒起初只是一种普通软件，并非用来瘫痪电脑，而是用于自我复制，但由于程式的循环没有处理好，致使服务器不断执行复制Morris，最后导致电脑死机。计算机病毒发展到当代，已经极具破坏性，不但会造成资源和财富的巨大浪费，而且有可能造成社会性的灾难，因此我们必须加强预防计算机病毒的入侵。预防病毒需注意以下事项：

一、给电脑安装系统之后，应该及时做一张启动盘，以备不时之需。

二、资料是最重要的，必须备份，否则遗失后将无法还原。

三、不要随便用别人的电脑，否则有可能把病毒带到自己的电脑上。

四、使用新软件时，先用扫毒程序检查，可减少中毒机会。

五、准备一份具有杀毒及保护功能的软件，将有助于杜绝病毒。

六、电脑遭病毒入侵后，可以重建硬盘，将资料恢复至受损前状态。

七、病毒可能潜伏在网络上的各种可下载程序中，因此不要在互联网上随意下载软件。

八、许多造成大规模破坏的病毒，都是通过电子邮件传播的，所以不要轻易打开电子邮件的附件。

第七章　历史之谜

远古疑难

诺亚方舟究竟停靠在何处？

在《圣经》的传说中，诺亚方舟拯救了人类，最后停靠在了亚拉腊山脚下。探险家经过不懈的跋涉，在亚拉腊山找到了船形的岩石，那么它是诺亚方舟吗？

"诺亚方舟"是出自圣经《创世纪》中的一个引人入胜的传说。远古时期，神创造了天地，最后创造了人。由于偷吃禁果，亚当夏娃被逐出伊甸园。此后，该隐诛弟，揭开了人类互相残杀的序幕。人类打着原罪的烙印，上帝诅咒了土地，人们不得不付出艰辛的劳动才能果腹，因此怨恨与恶念日增。人们无休止地相互厮杀、争斗、掠夺，犯下了许多使神不能容忍的罪孽。

在罪孽深重的人群中，只有诺亚受到上帝恩宠。上帝认为他是一个好人，很守本分：他的三个儿子在父亲的严格教育下也没有误入歧途。诺亚也常告诫周围的人们，应该赶快停止作恶，从充满罪恶的生活中摆脱出来。但人们对他的话都不以为然，继续我行我素。为了惩罚堕落的人类，上帝决定制造一次史无前例的大洪灾，使地上的人类灭绝，重新创造一个新的世界。因为诺亚心地善良，神决定只救出他和他的家属，于是命令诺亚用歌斐木制作一条方舟，分一间一间地造。里外抹上松香。这只方舟要长一百二十五米，宽二十二点五米，高十六米，共三层。方舟上边要留有透光的窗户，旁边要开一道门。除了他的家属外，另可搭乘雌雄各七只的鸟、野兽等一切活的动物。

方舟制成后，诺亚及其家属还有一些动物上了船。不久，天上下起雨来。连续下了四十天，地上的一切都被水冲走了。水一直漫到高山的山顶，除了乘在诺亚方舟上的生命之外，全都死亡了。雨停后，诺亚方舟在汪洋中漂浮了整整 7 天，最后停泊在亚拉腊山脉。

诺亚方舟是真的存在，还是纯属虚构？在土耳其东部有一座海拔 5000 多米的高山，名叫亚拉腊山。据基督教《圣经》载，方舟是一只排水量四万三千吨的巨大木箱，大洪水后诺亚方舟即停于亚拉腊山。诺亚方舟是不是停在亚拉腊山？过去虽有不少方舟被发现的传言出现，但都仅止于传言。诺亚方舟真的是一个不解之谜。

为了解开诺亚方舟之谜。许多人对亚拉腊山展开了探索研究。现代第一个有据可查的登上亚拉腊山的探险者是德国医生弗里德里希·帕罗特，他于1829年登上了那座山但并未找到诺亚方舟留下的明显遗迹。不过，他欣赏到了埃奇米阿津修道院中（它在亚拉腊火山1840年的一次爆发时被毁）东正教神甫们顶礼膜拜的一个十字架，这个十字架很像是用《圣经》里记载的那艘船上的木材制成的。

不解之谜是不是停在亚拉腊山？1949年，俄国飞行员罗斯科维斯基拍下了第一张诺亚方舟的照片。照片中显示，一个模糊的暗色斑点出现在山顶厚厚的冰层下，因而不少专家怀疑那就是《圣经》中记载的"诺亚方舟"。然而，由于亚拉腊山地势险峻，当地居民长期处于封闭状态，所以半个多世纪以来，关于"诺亚方舟"的猜想仍然是一个谜。

1957年，土耳其几名空军飞行员驾驶飞机考察亚拉腊山顶，发现这个物体呈船型，这更引起了各国考古学家的浓厚兴趣。后来，美国卫星图像分析专家波尔谢·泰勒也开始关注这个被称为"亚拉腊山奇观"的神秘物体。他花了几年时间，收集了大量卫星成像图片，并对它们进行分类，终于发现这是一个长180多米的庞然大物，不过他也不知道它究竟是什么东西。

20世纪80年代末90年代初，人们又重新开始寻找诺亚方舟。美国政府曾经公布了由埃罗斯卫星和U-2间谍飞机拍摄的一组照片，这些照片显示在3000米高空可隐约看到亚拉腊山俄国一侧山坡终年冰层下的"异物"。有人认为这就是诺亚方舟，可是在地质学家和美国中央情报局看来，这可能是在公元1000年左右爆发过的一个火山口，或者由于终年冰川中一块巨大的冰下滑导致的不正常的积雪堆积。

事实上，自从这些神秘的物体被发现之后，半个多世纪以来，有许多探险家都曾经来到亚拉腊山，试图揭开"诺亚方舟"的秘密。但是亚拉腊山恶劣的地理环境为考察工作带来了许多困难，山里的土著居民们更是视这些神秘的山丘为神灵。他们深信"诺亚方舟"的存在，因而世代以来，从不愿意向外来的人们透露有关这些山丘的秘密。

尽管《圣经》上所记载的"诺亚方舟"就位于土耳其的这些群山之间，但是，这些方舟状的神秘物体究竟是不是"诺亚方舟"曾经存在过的证明，人们还有很多的猜测。有人说这是"诺亚方舟"的化石，有人说这是"诺亚方舟"留下的印痕，当然，也有人不以为然，认为这些外形奇特的山丘不过是大自然的杰作。不管《圣经》记载的诺亚方舟是真是假，它都为我们留下一些谜团，至少现在的人们无法解释。

女神雅典娜为何从父身诞生？

雅典娜是希腊传说中的智慧女神，在我们的印象里，她是美丽与智慧的化身。然而，雅典娜是从她父亲的身体里诞生出来的，你相信吗？

雅典娜是希腊奥林匹斯十二主神之一，也是奥林匹斯三处女神之一（三处女神分别是雅典娜、阿特姆斯、赫斯提亚）。在远古的神话中，雅典娜是一位女天神，乌云和雷电的主宰者，丰产女神，和平劳动的庇护者，女战神。在希腊神话传说中，智慧女神雅典娜集其父母的智慧于一身，更让人奇怪的是，雅典娜是从父亲的身体里诞生的。

雅典娜是天神宙斯和智慧女神墨提斯的女儿。天神宙斯知道智慧女神墨提斯将生育两个孩子，一个女儿雅典娜，另一个是智慧超群，毅力过人的儿子。临产前墨提斯对宙斯说，将要出生的孩子一定会比宙斯更强壮、更聪明。宙斯唯恐降生后的孩子会危及他在奥林匹斯山的统治地位，于是他用甜言蜜语麻痹墨提斯，在她还未生下女儿雅典娜之前便将她吞到肚子里去了。不料，过了一些时日，宙斯突然感到头痛欲裂，急忙让火神赫菲斯托斯用斧子劈他的脑袋，以摆脱难以忍受的疼痛和耳鸣的折磨。赫菲斯托斯挥起斧子猛地一砍，劈开了宙斯的颅骨，但没伤着他的要害。这时强大的女勇士雅典娜便从雷神的头颅里出生了。她全身披挂，头戴闪闪发光的战盔，手持长枪盾牌，出现在目瞪口呆的奥林匹斯众神面前，全身显现出俊美绝伦、令人倾倒的艳丽。于是众神赞美从宙斯头颅中诞生的可爱的女儿。这就是雅典娜不寻常的诞生。

那么，雅典娜为什么不是脱胎于母腹，而是由父亲产出呢？她为什么偏偏从脑袋里蹦出来呢？

许多人认为，这个传说反映了早期人类一定的历史状况，即人类父权制开始取代母权制的情况。而且，雅典娜就曾经说过："我不是母亲所生的人。我，一个处女，是从我父亲宙斯的头里跳出来的。因此，我拥护父亲和儿子的权力，而反对母亲的权力。"这就说明传统的母权制已被父权制所取代。人类已经进入了父系社会。但是，也有人提出异议，据传说宙斯的妻子是宙斯的同胞姐姐。他们在洪水灾难中死里逃生，并结为夫妻。从这里可明显看出族内婚的痕迹，那么人类族内婚阶段是不可能出现父权观念的。在希腊，父权制取代母权制是在英雄时代，而雅典娜出生距英雄时代还有相当长的一段时间，因此雅典娜的出生是否说明是父权制取代母权制还有待于考证。

也有人认为这段传说应该与雅典娜在希腊神话传说中的地位和作用有关。雅典娜在希腊神话中是聪明过人的智慧女神，所以神话的作者便把她说成是智慧女神和天神宙斯的女儿。为了显示出雅典娜的独特，便让她从父亲的身体里诞生出来。这样更能显示出她的过人智慧。她高贵的出生，使她成了神圣家族的成员。

还有人干脆认为这段传说只是一种希腊神话中常用的造神方法，这种方法可使彼此孤立的神之间产生一种类似于人类的血缘关系，从而构成一定的体系，增强了神话的故事性和神秘色彩，与氏族观念等没有关系。

究竟在神话创作的时候为何将雅典娜写成从父亲的身体里诞生出来，还有待于进一步的研究，但从雅典娜的诞生经历中我们似乎可以看到古代希腊历史演变的某种象征。宙斯代表创造了迈锡尼文明与后期克里特文明、公元前 2000 年左右迁入希腊本土的真正希腊人的祖先——阿该亚人的神灵宗教信仰，而墨提斯则象征着原先希腊本土土著居民的精神信仰。将墨提斯视为智慧女神可能代表着当时希腊本土的文明要优秀于后来的移民们的文明；当宙斯将她吞入肚中时，便是土著居民、阿该亚人和西亚移民不同的宗教与文明的融合，从而形成了新的希腊古典文明体系——雅典娜。当然，希腊正统宗教的象征仍然是宙斯而不是雅典娜，她最终并没能真正取代宙斯。这多少代表了当时被征服的民族的屈从；不过墨提斯虽然被吞，但她仍留在宙斯肚里，又象征着这些民族仍多少保留着他们自己的传统。

神话的创作都是源于一定的社会背景的，雅典娜奇特的诞生经历也必然与神话创作时的社会状况有关，只是由于时间非常久远，考证起来比较困难。

印第安人的水晶头颅传说是天方夜谭吗？

在美洲印第安人中流传着一个古老传说：祖先有 13 个水晶头骨，能说话，会唱歌。这些水晶头骨里隐藏了有关人类起源和死亡的资料，能帮助人类解开宇宙生命之谜。

古时候有 13 个水晶头骨，总有一天人们会找到所有的水晶头骨，把它们聚集在一起，集人类大智慧于一体，发挥它们应有的作用。这个传说在美洲流传了上千年。一直以来，人们都认为它只是一个美丽的神话或是天方夜谭而已。

19 世纪欧洲的探险家们却对这个传说深信不疑，尽管一直没人找到过那些传说中的水晶头骨。

1924 年，英国的探险家、大英博物馆玛雅文化委员会的成员米歇尔组织了一支探险队从英国利物浦出发，沿水路到达中美洲，在鲁班埃顿古城发现了一个水晶头颅。这个水晶头骨长 17 厘米，宽和高各是 12 厘米，重量是 5 公斤，它是用一大块完整的水晶，根据一个成年女人头颅的形状雕制而成的。它做工非常细致，鼻骨是用三块水晶拼成的，两个眼孔处是两块圆形的水晶，它的下颌部分可以跟头盖骨部分相连，也可以拆开，整个构成异常精巧。

尽管头颅本身没有什么色泽，但是它能放射出一种明亮无色的光，仿佛夜晚明月的光环一样。如果把它放在房间里，将会有某种声音不时地从屋子的四周发出来。那声音不像是乐器发出的声音，而更像是从人的嗓子里发出的柔和的歌唱声，在它发出的声音中还有一阵阵响亮悦耳的银铃声伴随其中。

水晶头颅还能刺激人的大脑中枢神经。使人产生五种感觉：味觉、触觉、嗅觉、视觉和听觉。当人们看着头颅时，它的颜色和透明度会出现明显的变化，同时还会有一种香味散发出来；它能使观者听到声音，让人浮想联翩，并使人感到口渴。凡是站在水晶头颅前静静深思的人都有这些感受，同时身体以及脸部也会感受到某种压力。如果一个感觉灵敏的人把手放在头颅附近，他就会感到一种特别的震颤和推力，而且手的冷热感觉随手在头颅上下左右的位置不同而发生变化。

一位玛雅老人告诉米歇尔这颗水晶头骨至少有 10 万年的历史，是为了纪念一位伟大的玛雅祭司而制作的。然而，没有多少人相信他这一说法。科学家们试图弄清楚它确切的制作时间，但是石英水晶的物理属性决定了它永远不会被知晓。

要知道，水晶是世界上硬度最高的材料之一，用铜、铁或石制工具都无法加工它，而 1000 多年前的玛雅人又是使用什么工具加工的呢？另外，这种纯净透明的水晶虽然硬度很高，但质地脆而易碎。科学家们推断：要想在数千年前把它制作出来的话，只可能是用极细的沙子和水慢慢地从一块大水晶石上打磨下来，而且制作者要一天 24 小时不停地打磨 300 年，才能完成这样一件旷世杰作。

根据传说的内容，水晶头骨里隐藏了人类起源和死亡的秘密资料，能帮助人类解开宇宙生命之谜。如果这是真的，那么它会以什么方式来告诉人们这些秘密呢？难道有一天它真的会开口说话吗？科学家们认为，如果传说是真的，那么水晶头骨就有可能是一个储存秘密资料的信息存储器。

科学家们做过这样的实验，他们把水晶当作信息的存储介质，用激光把一些信息写进去，一段时间后又用指令将它恢复，里面的数据完好无损。实验证明，如果在数千年、数万年前有人把数据写进水晶头骨的话，它依然可以保存到今天。

如果水晶头骨真的是一个信息存储器，那么，数千年前的古代玛雅人是怎样将信息储存进去的呢？他们是不是已经掌握了现代人还没有掌握的科学技术呢？人们又该如何将信息提取出来呢？科学家们对此束手无策。

同时，如果玛雅人掌握的科学技术真的比我们所想象的还要高超得多，那么他们又是怎样获得这些科学技术的呢？这就更是难解之谜了。

示巴古国确实存在过吗？

示巴女王究竟是女神还是恶魔？示巴古国真的存在过吗？

示巴女王，是《圣经·旧约》中略用文字提及的人物。在传说中，她是一位阿拉伯半岛的女王，在与所罗门王见面后，慕其英明及刚毅，于是发生了一场甜蜜的恋情，并孕有一子。传说中的示巴女王有两种形象，一是惊艳绝伦，一是丑陋无比。

在非基督教信仰的世界里，示巴女王的形象是基本上被丑化了的。犹太教的传奇故事，把示巴女王描绘成有着毛茸茸双脚的恶魔形象，并把她比喻为古代亚述和巴比伦神话中诱人堕落的淫妇。而在伊斯兰教的传说中，示巴女王受到了更大的贬斥，她被称为"比尔基斯"，意为妖怪，说她所行之事对人类来说意味着灾难。

不过，在许多国家较为流行的民间传说中，示巴女王还是更多地被描绘成天生丽质、聪颖不凡的动人形象。并传说所罗门在耶路撒冷见到她的时候，就为其美丽的外貌和端庄的仪表所倾倒，两位互相爱慕的君主还结成了金玉良缘。

示巴女王在《圣经》中偶然闪烁的神秘色彩，引起了历代史学家、文学家、诗人和民间艺人的极大兴趣，由此而生的种种臆想、传说更显得浪漫离奇甚至荒诞不经。在中世纪流传很广的一个传说里，示巴女王被说成是晓谕耶稣将受难于十字架的女先知。除了这种神乎其神的传闻外，示巴女王在中世纪和文艺复兴时期的宗教艺术中，时而作为美丽的女王形象，时而又作为丑陋的女巫形象交替出现。有关示巴女王的种种传说尽管充满了传奇色彩，但显而易见的是它们都缺乏考古或文字所提供的可靠依据。

示巴女王是否确有其人，至今还是一个谜。但经过长期的考察和新的考古发现，人们已经初步判定，《圣经》中提到的示巴王国位于濒临红海的阿拉伯半岛西面，在现今阿拉伯也门共和国境内。据考证示巴王国的首都就是现今阿拉伯也门共和国的东部城市马里卜，现在这个城市还是沿用着古代名称。公元前1世纪希腊史学家奥多勒斯曾形容马里卜是一个用宝石、象牙和黄金做艺术品装点起来的城市。这种描写也许有些过分，但马里卜故去的华美、繁荣也可从中窥见一斑了。

据说，示巴商人当时已经会利用红海的季风之便远洋航行了。他们在每年2~8月海风吹向印度洋和远东时，便加大对这个地区的贸易运输量。等到8月以后海风回吹时，他们又溯红海而上与以色列和埃及交往。这个季风的秘密长期未被泄露，直至公元1世纪时才被希腊人发现。示巴的陆路贸易也很发达，骆驼商队活跃在阿拉伯半岛和西亚的广阔地带上。

过去传说马里卜建有一个规模巨大的蓄水坝，水坝都用大石块铺砌，石块之间密接无缝，显示了示巴人民高超的建筑和工艺水平。这座水坝维持供水达12个世纪之久，公元543年，因年久失修而塌陷。人们还在马里卜郊外沙丘上发现了一处设计奇巧的建筑物废墟．考古学家们证实它是公元前4世纪所建的"月神庙"。当地人把它称为"比基尔斯后宫"，而比基尔斯是他们对示巴女王的称呼。

示巴古迹的发掘，已透射出这个文明古国的奇光异彩。但失落的示巴文化这个历史之谜，还远未全部揭开。

神秘的大西国

大西国是一个美丽的传说——美丽富饶，科技发达，然而它究竟在哪里，又为何突然消失了呢？它是否真的存在过呢？这是考古学家一直在探究的谜题。

传说12000年以前，在大西洋中曾存在过一个神秘的大陆，名叫亚特兰蒂斯大陆，或者大西洲，面积有2000多万平方公里，这里气候温和，物产丰富。在大西洲上，有一个历史悠久、具有高度发达文明的神奇古国——亚特兰蒂斯王国，即大西国。大西国经济繁荣，科学发达，人们通晓天文学、数学、水利灌溉以及冶金术，过着富裕欢乐的生活。那里是远古时代的"人间天堂"和"乐园"。

后来，大西国的社会开始腐化了，邪恶代替了圣洁，贪财爱富、好逸恶劳、穷奢极欲代替了天生的美德，最后甚至对外发动侵略战争。这触怒了海神，上天决意要狠狠惩罚背叛大西国传统信仰的人。不久，灾难终于来临，在一次特大的地震和洪水中，整个大西国仅在一日一夜中沉沦海底，消失于滚滚的波涛之中。

古希腊著名哲学家柏拉图（公元前427～公元前347年）曾在他的两篇对话录（《泰密阿斯》和《克利斯提阿》）中，比较详细地记载了关于亚特兰蒂斯的传说。亚特兰蒂斯一直是全世界历代许多学者普遍关注和高度重视的一大文明遗址。神秘的大西国究竟存不存在，为何消失，位于何处等等一系列问题便成了人们颇为关心的事情。

用现代地质学的观点来看，地球上沧海桑田的变化是不足为奇的。偌大的陆地可以被海洋吞噬，茫茫大洋中也会升起一块新陆地。气候变迁、冰川融化、海面上升，以及诸如火山、地震等地质灾变，都可能造成像大西国那样的厄运。令人费解的是，那失落了的大西国文明竟出现在12000年以前，这在人类历史上正值旧石器时代晚期，难道地球上还存在过比古埃及、古印度等已知古文明更早的史前文明吗？

在古代和中世纪，有不少富有兴趣而又勇于探险的考古学家便进行过尝试，以期找到柏拉图描绘的那片富于诗意的绿洲。有的学者认为大西国位于现在的直布罗陀海峡以西的大西洋中，具体地点在亚速尔群岛和加那利群岛一带。加那利群岛上的关西人语言是非洲柏培拉语系，而柏培拉语言就是传说中的大西国语言。

在 1909 年，弗洛斯特教授提出，柏拉图描述过的亚特兰蒂斯可能是克里特岛上延续至公元前 1400 年左右的米诺斯文明。米诺斯文明与亚特兰蒂斯文明有许多相似之处，但克里特岛并没有因为一场浩劫而陆沉。1939 年，希腊考古学家马里纳托斯试图解释这一疑点：公元前 1470 年发生了一次火山爆发，毁灭了克里特岛西北、爱琴海中的基西拉岛的一部分，这场大灾难也可能毁灭了米诺斯文明。火山首先喷出大量灰尘，然后大爆发，继而发生海啸和地震。近年来，由于考古学家在桑托林火山遗址发现了大量米诺斯人的文物，这样马里纳托斯的说法获得了更多人的支持。

1967 年的一天。美国一飞行员在大西洋巴哈马群岛低空飞行时，突然发现在水下几米深的地方有一个巨大的长方形物体。1968 年。美国范伦博士在巴哈马群岛的北彼密尼岛附近发现了一座规模宏大的海底城墙，长达 1600 米，组成城墙的石头每块有 16 立方米大，还发现了码头。在彼密尼岛海底发现了一座城市，那里有街道、车站、城墙、完整无缺的城门和残缺的建筑群。另一个考察组在巴哈马群岛的安德罗斯岛附近的海面下发现了一座非常古老的寺庙遗址。在比米尼岛北部西北端水下 5 米处发现了平坦的石头大平台，石头有的为长方形，有的为多边形，大小厚薄不一，肯定是加工过的。考察组掌握的地质资料表明：从尤卡坦半岛到安的列斯群岛，长约 3000 多米的这部分地区，在大约 1．2 万年以前曾发生过强烈地震，当时大部分土地沉入海底，变成了现在的群岛。科学家根据种种发现加以推测，已经消失了的古代大西国——亚特兰蒂斯王国，可能就沉没在波涛滚滚的大西洋底。

长期以来，人们不懈地努力探索，把眼光从大西洋海域移向太平洋海域，也从海域移向邻近水系的广阔陆地，墨西哥、北欧、北非和澳大利亚乃至中国和印度都成了人们对大西洲的"怀疑对象"。然而，这种种假设都没有足够的证据证明大西国的存在。

大西国究竟在哪里？它什么时候存在？为什么消失？这些至今仍是无法揭开的谜，这一旷日持久、长达 20 多个世纪的探索或许还要继续下去。在科学技术高度发展的今天，千古疑谜的揭晓，也许为期不远了。

亚瑟王与圆桌武士传说之谜

亚瑟王和圆桌武士是英吉利不朽的传说，也是勇敢与坚强的化身。那么。他们究竟是怎样成了人们心中永远的传说的呢？

在古老的西方一直流传着亚瑟王和他的圆桌武士的传说。在大多数人的心目中，亚瑟王及其所率领的圆桌武士便是一个充满罪恶的世界中的坚忍忠勇志士的代表，是维护文明、抵制外敌入侵的英雄。那么为何称其为圆桌武士呢？圆桌一词从何而来呢？

亚瑟王传说，是公元十二世纪，由遍历欧洲的吟游诗人开始传颂的。曾经统治英国的凯尔特民族在公元一世纪的时候被罗马帝国所统治，历经六世纪以后，日耳曼民族相继入侵，其势力渐趋衰微，终于被迫让出英国王位。

亚瑟是威尔士王尤瑟·潘德拉贡与英格兰女士（她在怀上亚瑟后嫁给了康沃尔公爵格尔莱斯）之子。亚瑟出生后，术士默林把他交给了一个叫赫克托的人。亚瑟虽系皇族，但作为私生子被寄养在普通贵族的家里，未曾获得特别的照顾。亚瑟的父亲死后，国内形势动荡，臣子们争夺权势，几乎要演为内乱。默林为此建议主教，在圣诞节的时候在伦敦召集所有的贵族骑士举行盛大的祈祷。祈祷中石台和插入其中的剑出现，以及上面一句著名的话："凡能从石台上拔出此剑者，即为英格兰的天命之王"，但是无数骑士尝试之后都无法拔出。

既然没有更好的办法，于是骑士们一致决定通过比武选王。亚瑟也去了，但他没有参加比武的资格，由他所寄养的家族的儿子凯代表家族参战。然而凯进入会场后才发现竟忘了带剑，于是请求亚瑟回家去取。亚瑟赶回家发现大门紧锁，又来不及返回比武会场取钥匙，情急之下跑到教堂前拔出石中剑交给凯，这令所有人大惊失色。大家怀疑地把剑插回石头里，但就算重复了很多次，仍然是除亚瑟之外无人能将其拔出。就这样，骑士们终于接受了新王。从这天起，亚瑟被尊称为亚瑟王。

亚瑟王在位期间，不列颠迎来了空前的统一和强大。他扶贫济弱，建立起一个繁盛的王国，骑士精神和最早的骑士的行为准则就是在这时形成的。后来，亚瑟率领圆桌骑士团和各部落在名为巴顿山之役的交战中一举击溃属于日耳曼民族一支的撒克逊人，统一了不列颠群岛，被视为中世纪英国著名的传奇人物。

圆桌骑士是中世纪传说中亚瑟王的朝廷中最高等的那些骑士，因他们聚会的桌子是个圆桌而得名。亚瑟的皇后吉娜薇的父亲有一张大圆桌子，供他麾下的骑士聚会使用。在结婚时亚瑟从岳父那里得到桌子与武士，从此，圆桌骑士就成了亚瑟王麾下的骑士。他们来自不同国家，甚至会有不同信仰。圆桌就放置在亚瑟王宫廷正中央，它象征了蔓延到全国各地的荣耀和王权，和国王加冕时手握的宝剑作用相同。由于圆桌的含意是平等和世界，一共能坐下 150 个人，所以所有圆桌骑士彼此平等，并且互为伙伴。任何在圆桌周围坐着的武士都不会觉得地位比别人低，不会觉得委屈。但是亚瑟王也规定，只有最杰出的"威猛无比、本事极大"的武士才能成为圆桌武士。

在英国人心目中，亚瑟王和圆桌武士是正义与希望的象征。在那个野蛮黑暗的年代，正是这群英雄以勇敢和坚强驱逐了强敌，带领不列颠人寻找到光明，使群岛各部归于统一。在圆桌武士中，有大名鼎鼎的兰斯洛特、高文、凯伊等人，后来英国乃至欧洲的骑士们都将他们视为楷模。时至今日，"圆桌武士"已不再仅仅是一个历史名词，而成为"英勇""忠诚"和"信任"的代名词。这群骑士们的故事已成传奇。

如今，在英国的温切斯特城，尚有一处大厅，厅内可看到所谓的"亚瑟王的圆桌"陈设在墙边，供游人观赏。

不管亚瑟王及其武士是否曾经坐过这张圆桌，它的存在不再仅为单纯的家具之用，更成为亚瑟王及其武士忠勇坚毅的一种象征。真正的圆桌抑或早已灰飞烟灭，抑或至今尚存在某个不为人知的偏僻角落，而传奇的武士们则将千古流芳。

特洛伊战争真的爆发过吗？

特洛伊仅仅是古希腊神话中的城市，还是一座确实存在过的"失落之城"呢？
在《荷马史诗》中有一个脍炙人口的故事，它讲述了三千多年前发生在特洛伊的一场激烈的战争。

当时特洛伊国力强盛，城池牢固，国王有 50 个儿子，最小的儿子帕里斯为寻求世界上最漂亮的美女来到希腊。希腊斯巴达王麦尼劳斯盛情地款待了他，但是帕里斯却拐走了麦尼劳斯的妻子。麦尼劳斯和他的兄弟决定讨伐特洛伊。由于特洛伊城池牢固，易守难攻，攻战十年未能如愿。最后英雄奥德赛献计，让迈锡尼士兵烧毁营帐，登上战船离开，造成撤退回国的假象，并故意在城下留下一具巨大的木马。特洛伊人把木马当作战利品拖进城内。当晚，正当特洛伊人酣歌畅饮欢庆胜利的时候，藏在木马中的迈锡尼士兵悄悄溜出，打开城门，放进早已埋伏在城外的希腊军队，结果一夜之间特洛伊化为废墟。

正是这场战争引出了两大史诗，从而成为西方文学的源头。那么，这场战争是真是假呢？在那样一个人神界限特别模糊、人类很像神灵而神灵身上又表现出太多人性的时代，特洛伊成为这一时代人神之中最伟大者交锋的场所。

历史上很多人认为这是历史事实，并真正发生在希沙立克。但是，自从 18 世纪开始，学者们对此提出了质疑。许多人怀疑特洛伊曾经发生过战争，甚至更有一些人怀疑荷马的存在，至少怀疑荷马作为一个单独的个人而非一系列诗人的存在。

到了 19 世纪下半叶，只有极少数学者相信《荷马史诗》是对历史上的真实事件的记录。而相信特洛伊——假如它真的存在过的话——在希沙立克的人则更少。然而，还是有人相信特洛伊的存在，这其中包括业余考古学家弗兰克·卡尔弗特——美国驻这一地区的领事。19 世纪 60 年代中期，卡尔弗特与其合作者德国富翁海因里希·谢里曼对希沙立克进行了发掘，发现了古典时期的神殿和一些高大的建筑物。后来，曾做过谢里曼助手的威廉·德普费尔德继续进行他未完成的事业。德普费尔德发现了更多的大房屋、一座望塔、300 码长的城墙。

德普费尔德的看法一直流行，直到 40 年后。一支美国探险队在卡尔·布利根的带领下来到希沙立克。布利根认为，特洛伊的覆灭，绝对不可能是希腊人入侵造成的。因为城墙的一部分地基发生了移动，而其他部分则似乎彻底坍塌了。他认为这种破坏不可能是人为的，可能是一场地震导致如此。

究竟是特洛伊战争成就了《荷马史诗》，还是《荷马史诗》成就了特洛伊战争。特洛伊战争究竟是真是假，这一切都只能淹没在漫漫的历史长河之中了。

罗马起源的传说

罗马城邦是古罗马文明的起点，被意大利人骄傲地称之为"永恒之城"。这个已经在大地上出现了两千七百多年之久的城邦，它的起源除了一个动人的传说，就没有可证的信史……

在今天的意大利著名的卡彼托林博物馆中，人们可以看见一尊青铜母狼雕像，狼的身下有一对正在吮吸乳汁的男婴。母狼形象很高大，身材颀长精瘦，四肢健壮有力，脚爪紧叩地面。两耳竖起，嘴唇略张，牙齿微露，双目圆睁，直视前方，带着一股沉着、冷静与警觉。肚腹下的一对男婴仰着头贪婪地吮吸乳汁，对周遭的一切恍若无知无觉。

据说，这座母狼铜像是公元前6世纪的作品，弥足珍贵；两个男婴是16世纪文艺复兴时期的艺术家添加上的，艺术价值不菲。二者珠联璧合，不但是上乘艺术佳品，而且向人们讲述了罗马城市的起源。

传说罗马城是由两个孪生兄弟——罗慕洛和勒莫建立的。他们是希腊神话中特洛伊英雄之一伊尼亚的后代。在特洛伊城被希腊人攻陷的时候，伊尼亚带领一部分人逃了出来，经过漫长的漂泊，来到意大利半岛。伊尼亚的儿子在这里修筑了亚尔巴龙伽城，并当了国王。传至第15代国王努米托时，其弟阿穆留斯篡权，杀死努米托的儿子，又强迫努米托的女儿西尔维亚做了贞女塔的女祭司，保证一生不结婚。阿穆留斯以为这样一来就能使哥哥断了"香火"。

然而人算不如天算。战神使被迫当祭司的西尔维亚怀了孕，生了一对孪生兄弟。阿穆留斯得知后，又恨又怕。他立即下令处死侄女，并派一个奴隶把孪生兄弟扔到河里去。奴隶提着装着两个婴儿的篮子来到台伯河边，当时台伯河正在泛滥，看到不断上涨的河水不敢靠近。他想，如果把篮子放在河边，不一会就会被水卷走的。于是，奴隶把篮子放在河岸上就回去了。没想到，篮子被河水漂起后，没冲多远就被岸边的一根树枝挂住了。河水退下后，一只母狼恰好来河边喝水，它发现了篮子里嗷嗷待哺的孩子，不但没有把他们当作一顿丰盛的晚餐，反而用自己的奶水来喂他们。

两个孩子渐渐长大，后来，一个牧人发现了哥俩，于是把他们带回家抚养。牧人还给他们起了名字，一个叫罗慕洛，一个叫勒莫。牧人后经多方打听，得知这两个孩子是老国王的后代，于是一直对他们的身世守口如瓶。这对孪生兄弟在牧人的一手调教下渐渐长大，练就了一身好武艺。牧人看到时机成熟后，告诉了他们自己的身世。于是，兄弟俩开始行动，领导亚尔巴龙伽人民起义，推翻了残暴的阿穆留斯。兄弟俩又找到了退居乡间的外公，并让他重新当了国王。

此后，兄弟俩离开亚尔巴龙伽城，打算在昔日遇救的地方另建新城。新城建好后，兄弟之间却因为新城命名、由谁来统治等问题发生争吵。最后双方决定让神来做出选择。至于神意如何，通过占卜测知。勒莫首先在自己的占卜地看到6只秃鹫飞过，便认为神选择了他。当他派人通知罗慕洛时，罗慕洛正看到有12只秃鹫飞过。一方声称先见秃鹫者为王，另一方则坚持以秃鹫的数目多寡定夺。双方爆发了一场舌战，激愤的谩骂导致格斗。罗慕洛杀死了勒莫，用自己的名字命名新城市。古罗马人对此传说坚信不疑，他们还根据传说推算出了罗马城的建立时间是公元前753年4月21日，并把这一天作为古罗马的开国纪念日。

当然，这只是传说中故事。这个传说是如何形成的？它有多少历史真实性？罗马城市建立的真实情况到底怎样呢？史学家已经争论了百年之久，人们还是各执一端。

一般认为，大约到公元前3世纪中叶，关于罗马起源的传说已经定型并被大家公认。直到16世纪，西欧的人文主义者才起来否定伊尼亚和罗慕洛的故事。于是，有不少学者开始对上古传说的真实性表示怀疑。17、18世纪，疑古之风已经走向极端，一切古代传说统统被斥为"胡编乱造""纯粹神话"。

但是也一直有人持保留意见。他们认为这个传说是比较可信的。事实上，关于罗马建城的故事，肯定有许多情节是后人胡乱附会上去的。但也不能否认，传说多少会"折射"历史的真实。因为，世界上古老民族的历史几乎都是从夹杂着神话的传说开始的。

斯芬克斯之谜

现在的"斯芬克司"已经成了狮身人面像的代名词。

埃及最令人神往的地方在哪里？不用说，当然是金字塔了。而和金字塔齐名的斯芬克斯（sphinx）狮身人面像，位于埃及的开罗市西侧的吉萨区，在哈夫拉金字塔的南面，距胡夫金字塔约350米。斯芬克斯本是希腊神话中的带翼狮身女怪，在欧洲很多国家的古代雕塑中都有类似的形式。吉萨的这尊斯芬克斯应是世界上最大最著名的一座，而且像是由一整块巨型岩石雕制而成。斯芬克斯身长约73米，高21米，脸宽5米，仅一只耳朵就有2米长。

相传，金字塔前本来并没有狮身人面像，但是，大约在公元前2611年的一天，法老哈夫拉在巡视自己未来的陵墓时，看到墓前有一块光秃秃的大岩石，有碍金字塔的雄伟和法老的威严，便下令将这块岩石处理掉。这时，一名工匠向法老建议，可以把这块巨石雕成一头雄狮，头部则换成法老的头像，象征法老至高无上的权威。哈夫拉法老高兴地采纳了这个建议，并下令马上动工。从此，在哈夫拉金字塔旁就多了一个终日面朝东方，默默守护着法老金字塔的狮身人面像。

经过多年的风化，现在的斯芬克斯狮身人面像是后人从沙土中再次挖掘出来的。它凝视前方，表情肃穆，雄伟壮观。据称，马穆鲁克（中世纪埃及的一个军事统治阶层的成员）攻打埃及时，士兵以斯芬克斯狮身人面像的鼻子和胡须作为练习大炮射击的靶子，被打掉的鼻子和胡须现存于伦敦的大英博物馆。

岁月的流逝已经抹去了狮身人面像的真名实姓。从埃及末期到希腊罗马时代，人们称狮身人面像为"霍尔·艾姆·艾赫特"，也就是"地平线上的哈鲁斯"；现在"斯芬克司"则成了狮身人面像的代名词。斯芬克司最初源于古埃及的神话，它被描述为长有翅膀的怪物，通常为雄性，是"仁慈"和"高贵"的象征。当时的传说中有三种斯芬克斯——人面狮身的Androsphinx，羊头狮身的Criosphinx（阿曼的圣物），鹰头狮身的Hierocosphonx。亚述人和波斯人则把斯芬克司描述为一只长有翅膀的公牛，长着人面、络腮胡子，戴有皇冠。到了希腊神话里，斯芬克司却变成了一个雌性的邪恶之物，代表着神的惩罚。"Sphinx"源自希腊语"Sphiggein"，意思是"拉紧"，因为希腊人把斯芬克司想象成一个会扼人致死的怪物。

据阿波罗多洛斯记载，斯芬克司是厄喀德那同她的儿子双头犬奥特休斯所生。斯芬克司的人面象征着智慧和知识。

天后赫拉派斯芬克司坐在忒拜城附近的悬崖上，拦住过往的路人，用缪斯所传授的谜语问他们，猜不中者就会被它吃掉。这个谜语是："什么动物早晨用四条腿走路，中午用两条腿走路，晚上用三条腿走路？腿最多的时候，正是它走路最慢，体力最弱的时候。"

后来，希腊青年俄狄浦斯经过这里，猜出谜底就是人。自以为聪明的斯芬克斯受不住打击，跳崖自尽（一说为被俄狄浦斯所杀）。为了记住这个恶魔，人们在它经常出没的地方，用巨石刻了它的形象。

许多学者认为，埃及金字塔身边的狮身人面像，就是源于古希腊的斯芬克斯的传说。

腓力斯丁人——"海上民族"从何而来？

在历史上，许多文明的消失都被怀疑与腓力斯丁人有关，传说他们航海技术发达，到过许多地方，那么他们到底从哪儿来呢？

从公元前13世纪下半叶起，在南起埃及、北至希腊半岛、东抵小亚细亚和巴勒斯坦、西达塞浦路斯和克里特岛的地中海东部广大地区内，出现了许多古代文化中心迅速衰落以至灭亡的现象。这究竟是为什么呢？

众多的考古学家和历史学家做过不少的发掘和探索，认为出现这种现象的一个重要原因是腓力斯丁人的入侵。

古代希腊人称腓力斯丁人的居住地为巴勒斯坦，意即腓力斯丁人的国家，这就是巴勒斯坦地名的由来。古代巴勒斯坦的地理范围是在埃及和叙利亚沙漠之间，西邻地中海的广大地区。显而易见，腓力斯丁人和巴勒斯坦地区的历史发展紧密联系在一起，特别是和希伯来文明密不可分。

据科学家考证，腓力斯丁人是居住在地中海东南沿岸的古代居民，被称为"海上民族"。公元前12世纪在巴勒斯坦南部沿海一带建立加沙、阿什杜德等小城。由于腓力斯丁人已广泛使用铁，掌握了制造武器的秘方，其士兵的装备也很精良，战斗力极强。因此很多人将这一时期许多文明突然消失归咎于他们。当然，盛极必衰，公元前1025年，希伯来君主国建立，首任新王扫罗首先把全部精力投入反击腓力斯丁人的斗争。继任君王戴维则将腓力斯丁人赶出了巴勒斯坦地区，使腓力斯丁人的地盘缩小到南方狭窄的沿海地带。

既然腓力斯丁人曾经如此强大，那么，他们究竟源自何处？他们与犹太人的历史发展有何关系？这些问题一直是古代文化史中的难解之谜。

有人认为腓力斯丁人就是以希腊人为主而形成的一个强大的部落集团。古代希腊人自称达那俄斯人，又名亚该亚人。公元前13世纪至公元前12世纪，亚该亚人联合加里亚人、西里西亚人、条克里人等部落，由海上大肆入侵埃及，后来他们分散于地中海诸岛和沿岸之间。埃及文献曾经把进攻他们的腓力斯丁人称作"北部丘陵诸国"的西部亚洲人。

后来有人考证认为，在古埃及文献中出现的海上民族，是古代世界许多不同部落集团在不同历史时期的总称。有些人可能来自西亚西北角的安那托利亚、塞浦路斯和叙利亚北部；另一些人则来自爱琴海的一些地区，诸如希腊半岛的美塞尼亚、克里特等等，还有一些则来自意大利南部和西西里岛。每个部落集团的活动范围和规模都相当小，在古埃及所见的腓力斯丁人乃是他们活动的尾声。西西里人、撒丁人、腓利斯人和色雷斯人也曾是"海上民族"的一部分，而后来活跃于世界历史舞台上的雅典人、吕底亚人、腓尼基人、以色列人、阿拉美亚人和罗马人等则是"海上民族"各部落集团因迁移而相互融合所产生的新部落集团。

现代美国著名的历史学家爱德华·麦克诺尔·伯恩斯和菲利普·李·拉尔夫认为，腓力斯丁人是从小亚细亚和爱琴海诸岛进入巴勒斯坦地区的。以色列著名政治家、历史学家阿巴·埃班也认为，腓力斯丁人是爱琴海上的一个民族，入侵的北方部落把他们从家乡克里特岛和小亚细亚的沿海地区赶了出来。腓力斯丁人最初想在埃及找到立足之地，但没有成功，然后他们才进入巴勒斯坦的。

总之"海上民族"腓力斯丁人究竟源于何处？他们是一个民族还是多个地方的人组成的集团？一些突然消失的文明是否与他们有关？他们最终去向何处？这一系列的问题目前仍在讨论之中，没有形成统一的定论。

阿兹特克人起源之谜

阿兹特克人曾经在墨西哥的土地上创造了璀璨的文明，然而长久以来，人们却不知道他们起源于何处，又是为何迁到了墨西哥。

关于墨西哥阿兹特克人的来源有这样一个故事：大约在十二世纪，印第安人阿兹特克部落为了躲避敌人的追击，从北方的故乡迁徙到墨西哥河谷。传说有一天，战神对正在寻找栖息地的阿兹特克人说："你们去寻找一只鹰，它栖息在一株仙人掌上，口中还衔着一条蛇，找到之后，那个地方就是你们居住的地方。"

阿兹特克人遵照战神的指示，来到了特斯科科湖畔的一个岛上，果然看到一只鹰叼着一条蛇站在仙人掌上的奇特景象。于是他们便在岛上居住下来，开始建立新的城市，并把这个城市称之为"特诺奇蒂特兰"，意为"仙人掌之地"。

14世纪初，阿兹特克人定居于墨西哥中部谷地。后不断扩张，16世纪初形成东达墨西哥湾、西抵太平洋的庞大国家。公元15至16世纪初，中部美洲的阿兹特克人在吸收了墨西哥谷地的其他发达文化的基础上，创造和发展了自己独特的璀璨文化；同时在政治和军事上行使霸权。1521年，西班牙殖民者侵入墨西哥，阿兹特克国家灭亡。

据考古学家研究，曾经称霸墨西哥的阿兹特克人可能在13世纪从墨西哥北部迁移而来。那么，它究竟起源于北方的哪个地方呢？又是因何迁移到墨西哥中部地区的呢？

在现存的各种历史文献中，关于阿兹特克人迁移出"阿兹特兰"，到他们抵达图拉这一历史阶段的事件和日期的记叙与解释都非常模糊，也十分难懂。而且，在记叙或描写阿兹特克人起源的不少文献中，往往把历史事实和神话传说混杂或交错在一起，因此，人们很难断定其起源地的确凿地点。

根据阿兹特克人的本族传说，他们在12世纪以前是墨西哥平原北部一个狩猎兼营采集的部落，后来才出现于中美洲。在西班牙殖民者侵入美洲大陆后不久，墨西哥便出现了一本名为《漫游书卷》（或《博图里尼古抄本》）的古抄本。在书卷中阿兹特克人记载了自己的历史：他们从一个神秘的起源地出发，经过长期漫游，而到达墨西哥谷地的特斯科科湖定居地。据说其起源地叫作"阿兹特兰"，其民族的名称"阿兹特克"就是从这个地名中产生而来的。

在《漫游书卷》的第一幅插图中，画有第一批来自一座小岛的阿兹特克人形象，他们正在横渡大湖。有位学者认为，叫作"阿兹特兰"的神秘地方位于今墨西哥的墨斯卡系蒂坦岛，它可能就是古抄本插图中所显示的地方；而所述的岛位于纳雅里特海岸的一个滨海湖内，那里至今还有一个叫作"阿兹特兰"的地方。由于古抄本记叙的历史不详细，且其中可能存在臆想的成分，因此不可以完全按照它来推测阿兹特克人的起源地，至今人们还不能完全确定其现实的地点。

据一个神话说，阿兹特克人的另一个起源地叫作"奇科莫斯托克"，意思是"七洞穴"或"母亲之地"。西班牙的一些学者认为，12世纪末到14世纪，是阿兹特克国家开始形成的时期，因此是一个非常混乱的时代，其特点是墨西哥谷地的特斯科科湖周围建立各个不同的城市——国家。这一时期也是属于同一个种族系统的部落集团相互征战的时代，但是所有这些集团都有一个共同的起源地——"七洞穴"或"奇科莫斯托克"，它位于今美国的新墨西哥州境内。

还有的学者把阿兹特克人的起源地推向更加遥远的北方。他们认为，按照神话指点，"阿兹特兰地区"是阿兹特克人的起源地，但是它不在今墨西哥境内，而是在美国的加利福尼亚，或新墨西哥，或佛罗里达，甚至可能在亚洲。

由于在西班牙征服之前，定居在墨西哥谷地的许多印第安部落集团，其中包括阿兹特克人，都是从北方的"契契梅克"地区迁移南下的；他们原先都是游牧部落集团，所以其行踪飘忽不定，因此人们很难判断他们到底是从哪儿来的。迄今为止，关于阿兹特克人的起源的问题仍是一个历史难题。

白人、黑人起源之谜

白人、黑人是特征明显的两个人种，关于他们的故事很多，然而，他们是从哪儿迁到目前居住的广大地区的呢？长久以来，人类学家一直在寻找这个答案。

人类起源有二层含义：一个是人类的起源，指的是从古猿怎么演变成人或者是人是何种动物演变而成的问题。另一个是现代人的起源，指的是现地球上黄、白、黑、棕四色种人是何处、如何起源的。这一段是整个人类进化中离现代最近的、局部的一个阶段，也是很重要的一个阶段。

人类起源于非洲，这是考古学家通过长期的考古发掘得出的结论。人类诞生后，必然会不断地迁移，由于迁移的地方不同，所处的环境不同，从而产生了不同的肤色。居住在非洲的因为阳光强烈，肤色变黑；欧洲因为阳光较弱，肤色就白；亚洲居中，肤色也居中。那么，世界上多色人种都起源于何处，特别是在当今世界上颇有影响的白人与黑人的最早起源地，这是长期以来科学家们关心考证的热门问题。

现在，大多数黑人集中在非洲地区，此外，美洲等地也有黑人生活，那么黑人是起源于哪里呢？在以前，科学家们认为非洲的黑人起源于非洲西部，然后向南迁移。但后来根据考证研究，在南非瓜祖卢的边界洞中发现了据说是11万年前的一个破碎的成人头骨，两个成人的颌骨和一个婴儿的骨骼，具有现代黑人的性状。结合其他的证

据，从而认为非洲最早的黑人起源于非洲南部，然后再向北向西迁移的。黑人起源于非洲已经是不争的事实了，但到底起源于非洲的哪个地区，还有待于进一步考古研究。

在当今世界上，白人的分布范围非常广泛，欧洲、北美、西亚、北印度、北非等地都有白种人的踪迹，白种人是流动力最强的种族。由于不断流动，人们很难确定白种人的来源。关于白种人的起源地，目前有三种说法：一种意见认为，生活在尼安德特河谷的早期智人尼安德特人是欧洲白种人的祖先；第二种认为尼安德特人并非白人的祖先，是西亚或非洲人入侵了他们的居住区域，消灭了土著居民，成了现代白人；第三种意见是综合说，即认为欧洲的白种人是由当地的尼人和外来人群混杂而成的。由于尼人的某些特征，如高耸的鼻子，与今天的欧洲人相似。另一方面又有一些化石证据表明欧洲邻近地区现代人形成的年代远早于欧洲。他们后来迁入欧洲，虽有可能有时与当地的尼人发生冲突，但结果总是互相混杂，产生了现存于欧洲的人群。总之，白种人的起源地目前还存在很多争议。

当然，也有科学家认为黑人白人起源于一个地方，这个地方有可能是亚洲，因为在18—36万年前，他们都具有相似的遗传基因。据美国加利福尼亚大学的布朗博士通过解析人体细胞中的线粒体这个小器官的遗传基因的研究，认为不管黑人、白人还是黄色人种，如果追溯到18万年到36万年前，可以发现是同一个祖先。"线粒体"是细胞内的"能源供给工厂"，具有独自的小遗传基因。布朗博士从13名白人、4名中国人、4名黑人共21人的细胞里取出线粒体基因，用18种酶切碎，把基因组成型做比较。结果，每种型的片段的组成要素出现了和每个人种非常相似的型。因此认为"人种间的差别是由于在漫长的岁月发生突然变异而造成的"。计算数据认为遗传基因是共同的时期，如果认为18万年到36万年前具有共同的线粒体基因，是合乎逻辑的。因此他认为各色人种可能起源于一个地方，人种间的差别是后来突变而形成的。

白人、黑人起源何处？就目前科学发展水平而言，还无法给出确切的结论。相信随着科学技术的发展，人类肤色之谜会逐渐被解开。

复活节岛上的最早居民是谁？

复活节岛的神秘不仅仅在于它有许多来源不明的巨大石像，它更神秘的地方在于：岛上最早的居民是谁？他们又是如何发现复活节岛的？

复活节岛位于南太平洋上的智利西海岸，长久以来它只是一个鲜为人知的荒凉小岛。1722年4月，由荷兰探险家雅各布·罗格文率领的三艘战舰发现了这个小岛，由于这一天是复活节，所以他们把这个小岛命名为复活节岛。以后陆陆续续有不少考古学家、历史学家、地理学家、探险家登上小岛。

复活节岛以神秘的巨像名闻遐迩。面积仅117平方公里的小岛四周却密布着600多尊巨石雕像。这些巨人石像最重的可达90吨，高9.8米，就连最普通的也有二三十吨重。更加令人惊异的是，这些巨大石像还大都顶着巨大的红石帽子。一顶红石帽，小的也有20吨，大的重达四五十吨。此外，在岛上还发现了一种奇特的"文字"，这种文字实际是用石器或鱼齿刻凿在木板上的一些奇形怪状的符号，类似古代的象形文字。

这些文字至今没能被人破译。神秘的巨像、古怪的文字引起人们探索岛上居民渊源的强烈欲望。岛上最早的居民究竟是从哪里来的呢？

据第一个到达岛上的罗格文回忆录写道：当时的岛民有的皮肤为褐色，就颜色的深浅而言与西班牙相似，但也有皮肤较深的人，而另一些完全是白皮肤，也有皮肤带红色的人。只有数百口人，却分为多种肤色，这更加让人不可思议。至今，这些不同肤色的人还生活在岛上。

最早登陆复活节岛的一些探险家、航海家当时见到岛上的居民有不少是头戴红帽的白皮肤人，因此就推断岛上居民为来自西方的白人，甚至设想是古代埃及人和腓尼基人把西方文明带到了岛上。依据是岛上遗留下的高大石像和将尸体埋在巨石建筑物中的做法，以及发现的那些象形文字，与古埃及文化有类同之处。可是众所周知，古埃及人和腓尼基人的主要航海活动范围是在地中海，即使有人驶出直布罗陀海峡，也从没有进入太平洋水域，所以他们不可能登上复活节岛。

有的学者将复活节岛上居民的生活习俗、宗教信仰与西南太平洋上美拉尼西亚群岛居民的习俗、信仰相比较，发现二者极为相似。于是认为岛上最早居民是从西南太平洋美拉尼西亚群岛上迁徙过来的。

有人认为岛上最初的居民是现在岛上生活的波利尼西亚人的祖先。大约公元 8 至 9 世纪，太平洋上的马克萨斯群岛的波利尼西亚人历经艰辛，漂洋过海来到此荒岛。他们带来了石刻文化和波利尼西亚语言。至今岛上居民仍以该语言作为通用的语言。也有一部分人认为，波利尼西亚人本来就是岛上土著居民，不是外来的，而且星散在太平洋四周的波利尼西亚群岛原是整块大陆，后来由于地壳变动，主大陆沉入洋底，剩下零星一些岛屿，而复活节岛上的波利尼西亚人就是劫后幸存者。波利尼西亚人到达复活节岛后，也将雕琢石像的风俗带到复活节岛上，并由于多种原因雕琢石像之风愈演愈烈。

也有人认为复活节岛上的原始居民来自南美大陆，因为它离南美大陆最近，大陆上的居民乘坐原始的简易木筏完全可以漂渡到复活节岛。此外，考古学家还在岛上发现了许多与印加蒂亚瓦讷科文化相同的古文物，如具有典型印加文化的石砌墙垣建筑，双膝跪地、双手抚膝的虔诚石像；双手安放在腹部，围着腰带的石像；悬崖峭壁上刻有月牙形船的壁画等。这些巨石建筑物几乎与印加时代的巨石文化没有两样。因此，岛上最早居民很可能是南美印加时代的印第安人。

有的人更加离奇地说，复活节岛人的祖先是来自大西洋沉没了的古国大西国的后裔或天外来客。各种意见，莫衷一是，使这个本来就很复杂的问题变得更加扑朔迷离了。

谁也不怀疑，现代复活节岛人是波利尼西亚人。但是，最早来到复活节岛的人是谁呢？是波利尼西亚人还是别的民族呢？复活节岛上居住着一个民族还是两个民族呢？他们又是怎样漂洋过海来到这个大洋孤岛上的呢？

他们是外星人遗落在地球上的种族吗？

在地球上，有一些奇怪的种族，在他们的遗址里发现许多类似外星文明的文物，科学家们一直在研究，他们是外星人遗落在地球上的后代吗？

由于 UFO 现象的频繁出现，现在有很多人已经相信外星人的存在，相信他们在地球上有自己的基地，但这些都无法求证。可是，人们在地球上发现了一些与外星人联系十分紧密的奇特部族，难道他们就是生活在地球上的外星人种族？

山洞中的外星人遗骨

1988 年，巴西著名考古学家乔治·狄詹路博士带领 20 名学生到圣保罗市附近山区寻找印第安人古物，却意外在深山中发现了一个外星人居住过的地下城市遗址。当时是考古队中的一名学生失足跌落到一个洞穴中。狄詹路和其他学生下去救他发现了这个又湿又黑的洞穴内竟然别有天地。这个洞穴不但宽大，而且深不可测。在洞穴中他们找到一个巨大的密室，里面堆满了陶瓷器皿、珠宝首饰，还有一些只有 1．2 米高的小人状骸髅。骸髅的头颅很大，双眼距离较一般人近得多，每只手只有两个手指，脚上也只有 3 个脚趾。

他们在洞内还发现了一批原子粒似的仪器和通讯工具。根据对洞内物件年份的鉴定，显示它们已超过 6000 年的历史。毫无疑问，这是一个曾在南美洲生活过的外星种族。博士所发现的那些外星人骸骨不但身体结构与人类不同，其智慧也远远超出人类。从发现的通讯器材来看，他们应该来自另一个星系。

西藏深山中的神秘民族

1935 年，在中国西藏深山中，有人发现了一群以狩猎和放牧为生的小矮人，自称朱洛巴人和康巴人。他们认为自己的家乡在遥远的星空。在村子外有几个被视为"圣地"的山洞，科学家们在洞中发现了数百具身高不足一米的人体骸髅，同时还有 716 张刻有文字的电磁盘。磁盘上的文字说，康巴人的飞船发生故障，"飞船无法修复，制造另一艘飞船亦不可能"。于是他们不得不永远留在了地球上。朱洛巴人与康巴人的遭遇相似，也是因为飞船被撞坏了才不得不留在了地球上。随着时间的推移，朱洛巴人和康巴人的生理结构发生了退化，文明程度也随之降低，慢慢沦为不开化的部族。在山洞里，考古学家还发现了一些已有 1．2 万年历史的金属残片。而在西藏，使用金属则是公元后的事情。如果山洞里的一切都是真的，那么可以断定早在 1．2 万年以前，在西藏曾经存在着比当时人类文明先进得多的文明。

火星人的村落

1987 年 4 月，瑞典科学家希莱·温斯罗夫等人在扎伊尔东部的原始森林里进行考察时，意外发现了一个火星人居住的村落。这些火星人带领温斯罗夫等人参观了他们当年来地球时乘坐的飞船残骸。这些火星人说。他们是为了躲避火星上流行的瘟疫，才于 1812 年乘飞船来地球避难的。当年来地球的共有 25 人，有 22 人已经先后死去了，剩下的人至今还活着，经过繁衍，他们的后代已经有 50 多人了。科学家们发现，这些火星人特别喜欢圆形图案。他们的房屋、室内的陈设以及使用的工具及佩戴的饰品等大都是圆形的。直到现在，他们还珍藏着太阳和火星的详细地图。

来自天狼星的多贡部落

在非洲马里共和国境内，居住着一个叫多贡的黑人土著部落。他们没有文字，多数人还居住在山洞里，生活非常贫苦。20 世纪 20 年代，法国人类学家格里奥和狄德伦通过多贡人的高级祭司了解到一个惊人的现象：多贡人竟然知道天狼星有一个伙伴，并称它为"朴托（指细小的种子）鲁（指星）"。还说这是一颗"最重的星"，是白色的。多贡人甚至可以准确地画出天狼伴星运行的椭圆形轨道。而在 1928 年，天文学家才认识到天狼伴星是一颗体积很小而密度极大的白矮星，直到 1970 年才拍下了这颗星的第一张照片。

那么，多贡人是怎样获得有关这颗星的知识的呢？据多贡人说，他们是乘坐飞行器来到地球的。多贡人说过，天狼星系中还有第三颗星，叫"恩美雅"。也许"恩美雅"有一天真的会出现，那时多贡部落之谜也该揭开了吧！

上述这些奇怪的种族是外星种族吗？外星人的飞船是否曾经降临过地球？如果他们只是普通的地球人类，那么那些奇怪的考古发现又如何解释呢？

吉卜赛人故乡之谜

一部《巴黎圣母院》让许多人了解了吉卜赛人，这是一个始终流浪的民族，一直没有停止过。那么，他们为何不停地流浪呢？他们的故乡在哪里呢？

看过电影《巴黎圣母院》的人都不会忘记那个体态优美、能歌善舞的美丽少女。这个少女就是电影中的女主角、吉卜赛女郎埃斯梅拉达。她纯洁善良，以卖艺乞钱为生，却无辜地受到一位神父的诬陷和迫害，这从一个侧面反映了吉卜赛人的生活境遇。吉卜赛人是一个聪明智慧、能歌善舞但社会地位很低的少数民族，长期以来他们备受歧视和惨遭迫害，四处漂泊。

吉卜赛人是以过游荡生活为特点的一个民族，他们到处流浪，足迹遍及欧洲、亚洲、美洲、北非和澳洲各国。但自从第二次世界大战后，巴尔干成为全世界吉卜赛人最为集中的地区。在巴尔干各国的大小城市，吉卜赛人无所不在，在南斯拉夫，甚至有"没有吉卜赛人就不能称作城镇"的谚语。

吉卜赛人为什么四处流浪？何处是他们的故土？为了揭开这个谜底，几个世纪来，各国学者深入吉卜赛人住地，搜集资料，进行探讨。但由于原始数据匮乏，谜底难以揭晓，长期以来，学者们各执己见，无法达成一致。

有人从人种上来看，吉卜赛人颧骨高起，皮肤黄色，瞳孔毛发黑色，颇似东亚地区的人。因此，在德国北部及北欧诸国，则以为他们是鞑靼或蒙古人；法国人在称他们为吉卜赛人的同时，又叫他们是波希米亚人，认为他们来自波希米亚（捷克斯洛伐克西部地区旧称）；西班牙除称他们为吉卜赛人、波希米亚人外，还称他们为茨冈人或希腊人，理由是他们可能来自希腊，在苏联也称吉卜赛人为茨冈人。总之，吉卜赛人有许许多多的名称，但这些名称都是其他民族强加的，而且根据主观臆断确定了吉卜赛人的族源，因此是不可靠的。

英国学者从"吉卜赛"（Gypsy）一语来推出，认为吉卜赛人源出于埃及，因为在英语中，"吉卜赛"含有"从埃及来的"的意思。但是吉卜赛这个名字本身就是错误的，由于 15 世纪时欧洲人对于流浪到他们那里的异乡人不太了解，误以为他们来自埃及，所以就称他们为"埃及人"，慢慢就变成"吉卜赛人"了。吉卜赛人自称罗姆人

（Rom），这个名字在吉卜赛人的语言中，原意是"人"的意思。

18世纪80年代，两位德国学者鲁迪格与格雷尔曼，以及英国学者雅各布·布赖恩，他们都是语言学家。这三位专家在18世纪80年代通过对吉卜赛人方言的研究，他们各自，而且几乎又都是同时考证出欧洲吉卜赛人的语言来自印度。其中很多词汇与印度的梵文极为相似，也与印度语族的印地语十分相似，因而推断吉卜赛人的祖籍在印度。后来，各国学者通过吉卜赛人的语言的研究，从而得出结论：吉卜赛人的语言源出于印度；吉卜赛人的发源地是在印度，他们的祖先是早就居住在北印度的多姆人。

考古学家通过考证得知，古代印度的多姆人早在公元四世纪就以爱好音乐与占卜著称。他们中有些人能歌善舞，常以此卖艺谋生，闯荡江湖，没有固定的职业。虽然个别技艺高超者受到当时统治者的青睐，但多数人仍从事诸如更夫、清道夫等低贱职业，受到其他民族的歧视，不许他们与外族人通婚。据说有些地方的多姆人，为了适应各地的生活条件，能讲两三国语言，并有冶炼和制造金属器皿的技艺。多姆人在历史上往往同冶炼和制造金属器皿联系在一起，这一技艺传给了他们的后裔吉卜赛人。通过对多姆族习俗、文化和历史的研究，考古学家得出这样的结论：古代多姆人是吉卜赛人的祖先。

考古学家经过推断认为，吉卜赛人在10世纪左右离开印度，11世纪到波斯，14世纪初到东南欧，15世纪到西欧。到20世纪下半叶，吉卜赛人的踪迹已遍布北美和南美，并到达澳大利亚，逐渐成为世界闻名的流浪民族。

当然，有支持就有反对，目前还有许多人不支持吉卜赛人是印度多姆人的后裔之说。到底何处是吉卜赛人的故乡，还有待于进一步考证。

谁是美洲印第安人的祖先

印第安民族是一个强悍的民族，然而，长久以来，关于他们的来源却一直存在着争议，他们究竟是来自亚洲，来自大洋洲，还是土著的美洲人呢？

印第安人是对除爱斯基摩人外的所有美洲原住民的总称，美洲土著居民中的绝大多数为印第安人。1492年，哥伦布登上圣萨尔瓦多岛，误将美洲大陆当作东方的印度，并且一误再误地把包括因纽特人、阿留申人和易洛魁人等在内的当地土著居民叫作"印第安人"。事实证明哥伦布并没有到达印度，但"印第安人"这一称呼却流传下来，直到今天还在使用。

印第安人为黄种人，体格强悍，有自己独特的文化风俗。16世纪前，印第安人尚处于母系氏族阶段，也有少数像玛雅人、阿兹特克人和印加人等已形成早期奴隶制国家和有相当高的文化。由于此前从未有人去过美洲大陆，印第安人也没有与欧洲国家联系，因此美洲印第安人一被发现，人们就在议论：这些土著居民究竟最初生活在世界的哪个角落？他们是土生土长还是从其他大陆迁徙而来？从16世纪起，围绕着这一问题，人们提出了形形色色的猜测和假说。

新大陆开辟后，进入美洲大陆的传教士们认为原先居住在巴勒斯坦北部的希伯来人部落，于公元前7世纪时因战祸来到美洲避难而定居下来，他们是美洲人的真正祖先。还有人以古代传说为依据，认为大西洋中曾经有过一个阿特兰提斯岛，在一场地震后遭到灭顶之灾。岛上居民纷纷逃离，其中一部分人来到美洲，成为印第安人的祖先。显然这些猜测都是没有历史根据的，难以令人相信。

19世纪以来。许多考古学家在美洲大陆进行考古研究。由于长期以来没有找到类人猿或直立猿之类的人类近亲的遗迹，因此人们认为印第安人是从别的地方迁徙到美洲大陆的，而他们的来源可能是从西伯利亚移居而来的蒙古族旁系种族或蒙古族以前的种族派生的。据地质学家测定，在冰川时期，亚洲东北部与美洲西北部有陆桥相连。因此人们推测，当时蒙古人型的亚洲人通过白令海峡的"陆桥"从阿拉斯加进入了美洲大陆，后来又从北美向南迁移，逐渐遍布美洲大陆。

有人认为大洋洲人也是一部分美洲印第安人的祖先。南太平洋中有连绵不断的岛屿，有些人据此认为印第安人的家乡在大洋洲，他们提出南美洲印第安人在种族特征上与亚洲蒙古人种之间存在着一些差异，就是受了大洋洲人影响。一些地区出土的古人类化石在特征上的共同点表现为：身材短矮、下巴突出、脑壳后伸和眉弓突出等。此外，在最早的印第安人语言中，也存在着数百个被认为来自大洋洲的词语。因此说南美印第安人中有的来自美拉尼西亚，有的来自波利尼西亚，有的来自马来西亚。

也有人认为美洲印第安人的祖先是从欧洲大陆向北经过冰岛和格陵兰岛进入美洲的。至于是哪一支人进入了美洲，有的说是爱尔兰人，有的说是日耳曼人，有的说是苏格兰北部和西部的盖尔人，有的说是丹麦的弗里松人，还有的说是克尔特人。还有一种不同的意见，认为美洲印第安人的祖先来自南北极，指出地球在形成以后，南北两极最先开始冷却；因此，那里是最早具备了生态条件的地方，能够生长动植物乃至养育人类。后来，由于南北极条件的恶化，印第安人的逐渐南迁或北迁，进入美洲大陆。

当然，也有学者认为美洲印第安人是美洲土著人。他们认为，既然世界上其他大陆能够产生人类，那么美洲大陆所具备的生态条件和成长环境也能够产生自己的人种，甚至还有人进一步认为地球上所有地区的人类都发源于美洲大陆，并随后向世界各地扩散。

总之，关于美洲印第安人的起源问题一直争论不休，综合起来看，人们大都认为美洲印第安人是从自己的大陆或国家迁徙过去的，这其中包含了狭隘的世界观。无论怎样争辩，到现在也没能确切地解答美洲印第安人的起源问题。

绿孩子——传说中的外星人

英国和西班牙曾经出现过全身绿色的孩子，这种肤色是地球上的人类所没有的，难道他们真的是来自于外星球？

在十一世纪，据传说从英国的乌尔毕特的一个山洞里曾走出来两个绿孩子。他们的皮肤真是绿色的，身上穿的衣服面料也从来没有见过，他们说来自一个没有太阳的地方。但是这两个奇怪的绿孩子的事件并不是在地球上独一无二的，后来西班牙也出现过绿孩子。

1887年8月的一天，对西班牙班贺斯附近的居民来说，是终生难忘的。这天居民正在地里干活，突然看见从山洞里走出两个绿孩子，一个男孩一个女孩。只见这两个孩子皮肤呈绿色，绿得像树叶一样。他们身上穿的衣服不知道是用什么材料做的。两个孩子讲的话，村民们一句也听不懂。人们简直不敢相信自己的眼睛，就十分小心翼翼地走到跟前仔细观看。两个孩子皮肤上的绿颜色，不是涂抹的，而是皮肤里的绿色素所致。这两个"绿色孩子"的面庞很像黑人，但眼睛却像亚洲人。

当时，两个孩子看起来不知所措，只是惊恐地站着。好奇和同情心使人们很快给孩子弄来了各种各样的食品，他们都不吃。后来，有人给他们送来刚摘的青豆，他们很香地吃了起来。男孩由于体力太弱，很快就死掉了。而那绿女孩比较乖巧，被当地的治安法官收留以后，她那皮肤上的绿颜色慢慢地消退了，居然还学会了一些西班牙语，并能和人们交谈。据她后来自己解释自己的来历时说。他们是来自一个没有太阳的地方，始终是一片漆黑，但与之相邻的却是一个始终光明的世界。有一天，他们被旋风卷起，后来就被抛落在那个山洞里。这与当初英国绿孩子的经历非常相似。这个绿女孩后来又活了5年，于1892年死去。至于她到底从哪里来，为什么皮肤是绿色，人们始终无法找到答案，于是人们猜测，也许他们真的来自一个遥远而神秘的地方。

一般而言，地球上的人有四种肤色，白种人分布于欧洲、美洲，黄种人大多在亚洲，黑种人大多在非洲，某些太平洋岛国的皮肤呈棕色，而绿色显然是人们没有见过的肤色，或者可以说他们不属于地球人类。在一些神秘的飞碟事件或者外星人事件中，有些自称见过外星人的人在说到外星人时，总是把他们描绘成身材矮小、发出绿色的类人生物。这不禁使人们想到，在英国和西班牙发现的绿孩子是不是也与外星人有关，他们是外星人的后裔吗？而绿孩子自称的"没有太阳的地方"，到底是哪儿？他们是如何到达地球的？这些问题始终让人们困惑不解。

我们已经知道，在浩瀚的宇宙中，除了地球以外，应该还有其他星球可能存在智慧生物。据科学家研究，仅仅在银河系就有一亿颗星球完全有望能有生命存在。其中有1.8万颗行星适合类人生物居住，这里面至少有10颗行星的文明能得到发展并很可能超过地球，所以如果绿孩子事件是真实的，那么他们很可能来自其他星球。

也许随着人类探测太空脚步的加快，随着地外文明与地球文明接触的频繁，我们真的可以见到外星人，希望那一天会到来，并且不会太遥远。到那时，绿孩子也许就不再是个秘密了。

宫廷谜案

古埃及金字塔仅仅是法老的葬身之地吗？

金字塔是人类文明史中的一项伟大奇迹，更是永恒的谜团，数千年以来，它矗立在古老的尼罗河畔，迎曙光，浴暮霭，闪着神奇的智慧之光。然而，关于金字塔的起源问题，经过历代学者的激烈的论争，至今仍众说纷纭。

在中世纪，很多作家都认为，在埃及粮食充裕时期，金字塔是用来储藏粮食的大仓库。近几年来，金字塔被人描述为与日晷仪和日历、天文观测台、测量工具甚至与神秘的外星生命相联系的东西，把金字塔当作天外宇宙飞船的降落点。

然而，大部分有声望的埃及学者认为金字塔是法老们的坟墓。这一理论也最能被人们所广泛接受。金字塔散布于尼罗河的西岸，根据埃及神话，这里与通往来世的路途相通。考古学家们在金字塔附近发现了许多在葬礼仪式中使用的小船，据说，这些小船就是法老们驶向来世的工具。

许多金字塔中都有石棺或木棺，这早已被证实。19世纪之前，在石棺上或在石棺附近发现的神秘图画被确定为用来帮助法老们从一个世界通往另一个世界的咒语。

然而，一个铁的事实却让坟墓理论缺乏了最主要的依据，就是学者们在金字塔中找不到法老们的尸体，而且许多法老好像建造了不止一个金字塔。

20世纪著名的物理学家库尔特·门德尔松坚持认为法老们建造金字塔的目的是在到处是散落的部落的时代巩固埃及的国家地位，而金字塔不是坟墓。门德尔松的理论使坟墓理论不能解释的问题得以解决。

还有一些人认为金字塔中没有尸体，却有大量的陪葬品，说明金字塔是衣冠冢——死去的法老们的纪念碑，但不是他们真正的坟墓。

绝大多数埃及学者仍然认为，尽管金字塔也具有其他用途，但它们首先是作为坟墓而被建造的。它们的周围环绕着其他坟墓，这些坟墓的主人在当时的地位都在法老之下。

另外，关于金字塔的一个折中的观点认为，金字塔可以被理解为古代建筑进步的标志之一，这一种建筑从矩形、平顶、砖泥结构的坟墓开始，今天我们称之为古埃及墓室（里面曾经发现过尸体）。然后，建筑师们开始把一个平顶结构垒在另一个上，这样就建成了今天被我们称为"台阶式金字塔"的建筑物，其中最著名的那些现在仍坐落在撒哈拉地区开罗南部。

几乎所有的延续了埃及文明的东西都关系到了死亡，死亡好像成了他们宗教、文学的限定力量。法老们认为，他们的目的不是今生而是来世，不管是通过小船、台阶还是借助太阳光，只要能成功即可。因此，金字塔被设计成能存放他们遗体的式样，也就是坟墓，这是目前一种最合理的推测。

不过科学是永无止境的，历史在延续，人类的天性在于探索无限的未知世界，随着科学的发展，随着探索者们坚持不懈的努力和灵感的产生，金字塔之谜一定会真相大白，也许一个新的、不为人知的理论又摆在世人面前，也许又有更多的谜团不能解开，到那时又会怎样呢？

古埃及图坦卡蒙法老是死于谋杀吗？

古埃及以其灿烂的文明和神秘的传说吸引了无数历史和考古学者。在开罗南700多千米的尼罗河西岸，埋葬着30多个法老，学者们称之为"帝王之谷"。

1922 年，考古工作者在"帝王之谷"内发现了距今 3000 多年前十八王朝的法老图坦卡蒙的陵墓。图坦卡蒙是著名的阿蒙普特四世（即埃赫那吞）王后尼费尔提提的女婿。这位君主政绩平平，没有什么大作为。他大约于公元前 1361 年登基，当时年仅 10 岁，娶了一个 12 岁的少女。19 岁时他便死去了（也有人认为他死时 18 岁）。这些就是史料传说对他生平的全部介绍。图坦卡蒙的陵墓是迄今为止所发现的最完整、最有价值的古代埃及法老的陵墓。

1972 年和 1976 年图坦卡蒙墓中出土的部分珍贵文物先后在伦敦、华盛顿展出，吸引了成千上万的欧美观众，再次轰动了整个世界。图坦卡蒙又一次成为人们津津乐道的话题。

古老、神秘的图坦卡蒙之墓发掘成功后，人们终于见到基本上完整的法老墓葬，也第一次看到了法老的葬制。

整座墓由前室、墓室、耳室、库室组成。除墓室外，所有的地方都放满了家具、器皿、箱匣等各类器物，其中包括墓主人的宝库。墓中的每件器物，都以金银珠玉装饰而成。在墓室中还发现了两尊真人大小的乌木镀金雕像，据学者们认为是图坦卡蒙的形象。这两尊雕像生动逼真、栩栩如生，充分反映了古代艺术家们高超的技术和丰富的想象力。在 8 年的挖掘过程中，卡特在墓中发现了 2000 多件文物，墓中奇珍异宝非常丰富。

图坦卡蒙的木乃伊被密封在重重的棺椁之中，在棺材外面的 4 层是涂金的木椁。最里面的是黄金打制成的棺椁。当揭开裹在木乃伊脸部的最后一层亚麻时，人们突然发现图坦卡蒙的脸上靠近左耳垂的地方有一处致命的创伤，创伤是怎么造成的？凶手是谁？这一切都成了谜。

我们结合一些文献史料的记载和刚出土的壁画文物可以大体得知：

由于图坦卡蒙登基时年纪非常小，只是同老臣阿伊共掌大权。他在 19 岁时突然死去。在他死后，他的年轻皇后请求赫梯王派一王子与她完婚。可是赫梯王子在来埃及途中被人杀害。接下来，老臣阿伊继承了王位。

可是，我们从这些零散的资料与传说中无法揭开图坦卡蒙猝死之谜，谜底在哪里？也许仍长眠于尼罗河充满神奇色彩的土地下，我们只有期待更多的出土资料来揭开这个谜底，也许会由此发现更多不为人知的谜团，从而为世人留下更多的悬念、无限的遐想。

"万王之王"大流士是怎样获得波斯王位的？

被尊称为"万王之王"的大流士登上王位的手段到底是怎样的呢？有一天，冈比西斯过去的一个王妃发现新皇帝没有耳朵。她把这件事透露给了她的父亲、大臣欧塔涅斯。欧塔涅斯立即断定新皇帝是僧侣高墨达，而不是巴尔迪亚。因为在居鲁士当皇帝时，曾因高墨达有过失而将他的双耳割去。欧塔涅斯立刻将真情告诉了另外的 6 名波斯贵族，以后的皇帝大流士一世就是其中的一员。他们决定发动一次政变，把高墨达杀死以夺回政权。

这 7 个大臣先是派人在首都到处散布新皇帝是高墨达而不是巴尔迪亚的消息。很快，假巴尔迪亚的消息便在京城传开。

高墨达发现真相败露之后，十分惊慌，马上逃到米底的一个地方，最后被大流士和欧塔涅斯等人杀死。

根据希罗多德的《历史》记载，当 7 个起义的贵族把局势平定之后，在讨论波斯的统治权的时候，欧塔涅斯第一个发言说："我认为应该停止一个人的独裁统治，因为这既不是一件快乐的事，也不是一件好事。当一个人愿意怎样做便怎样做而自己对所做的事又可以毫不负责的时候，那么这种独裁的统治有什么好处呢？把这种权力给世界上最优秀的人，他也会脱离他的正常心情的……相反，人民统治的优点首先在于它那美好的名声，那就是，法律面前人人平等。其次，那样也不会产生一个国王所易犯的错误……任职的人对他们任上所做的一切负责，而一切意见均交给人民大众加以裁决。因此我的意见是，我们废掉独裁政治并增加人民的权利，因为一切事情是必须取决于公众的。"美伽比佐斯则主张实行寡头统治而反对民主制。大流士则主张独裁。他说："没有什么能够比一个最优秀的人物的统治更好，他能够完美无缺地统治人民，为对付敌人而制订的计划又可以隐藏得最严密。"他接着论证了民主或者寡头制由于互相争斗都会最终导致独裁，结果，大流士的意见以 4 比 3 而获得通过，在决定由谁当这个独裁者的时候，7 个贵族还约法三章：第一，欧塔涅斯明确表示未来的国王不能支配他及他的后代，相反，每年都要给予其奖赏；第二，7 个人不经通报就可以进入皇宫，当然，国王正在和一个女人睡觉时除外；第三，国王必须在同谋者的家族里挑选妻子。

他们进行了一次比试，在一个清晨他们来到市郊，据说因为马夫在那个时候把摩擦过母马阴部的手放到了大流士的马的鼻子上，结果大流士的马首先嘶鸣起来。根据约定应由大流士当国王。

大流士自从坐稳王位以后，为自己树立了一个石碑，石碑上面有这样的句子：

"叙斯塔斯帕之子大流士，由于他的马和他的马夫欧伊巴雷的功绩，赢得了波斯帝国。"

和他一起杀高墨达的那几个大臣，这时都不敢提出异议了。其中有个叫尹塔普列涅的大臣因不识时务而冲撞了大流士，结果其全家都被大流士杀了。

大流士在公元前 500 年发动了对希腊的战争。在公元前 490 年的马拉松战役中，希腊人把波斯军队打得大败。10 年后，大流士的儿子薛西斯第二次远征希腊又惨败而归。从那以后，波斯帝国逐渐走向衰落。

埃及艳后自杀之谜

在埃及，几乎无人不识克里奥帕特拉。她常像诡异壮观的金字塔群一样为众人所津津乐道。这不单得益于她沉鱼落雁、闭月羞花般的容貌和维纳斯般的身段，更得益于她那富有传奇色彩的一生及至今不为人知的死亡之谜。

公元前 51 年，托勒密十二世逝世后，依照埃及当时法律和遗诏规定，21 岁的克里奥帕特拉和小她 6 岁的异母弟弟结为夫妻，共同执掌政权。公元前 48 年，在宫廷争斗中失败的她被其弟从亚历山大城逐出去。克里奥帕特拉野心极大，她在叙利亚和埃及边境一带招兵买马，打算重返埃及从弟弟手中夺取王位。

此时，适逢罗马国家元首恺撒追击庞培来到埃及，克里奥帕特拉的一个同党在此过程中为她献计：派士兵扮成商人，把包在毛毯里的女王抬到恺撒的行馆。恺撒打开来看，惊喜万分，在他面前出现的竟是克里奥帕特拉七世——她的美貌立刻使恺撒着迷了。自此，两人共浴爱河，成为一对佳偶。

作为克里奥帕特拉夜闯军营这一"壮举"的回报，她成了埃及女王，独揽大权。克里奥帕特拉不久后便为恺撒生了一个儿子，取名恺撒·里昂或托勒密·恺撒。天有不测风云，公元前44年3月15日恺撒遇刺身亡，她失意地离开了罗马。

公元前31年，屋大维与安东尼在阿克提乌姆海角会战。

公元前30年，屋大维逼近埃及，此时埃及军队发生内乱，安东尼眼看大势将去，便把披甲解去，抽出佩剑，自杀了，时年52岁。

被屋大维活捉的克里奥帕特拉得到她将被作为战利品带往罗马游街示众的消息后，便请求屋大维让她祭奠去世的安东尼。之前，她已把自己的遗书写好了。沐浴后，她用了一顿丰富的晚餐。此后，便失落地进入自己的卧室，躺在一张金床上，非常安详地睡去，但从此没有再醒过来。

匆忙赶到的屋大维把她的遗书展开，女王请求把她与安东尼埋葬在一起，对她的自杀屋大维虽然有些失望，但由衷地佩服她的伟大，便依照她的遗书，把她的遗体葬在安东尼身边。

那么她究竟是用何种方法自寻死路的呢？

大多数人认为，女王提前安排将一只藏有一条叫"阿斯善"的小毒蛇的盛满无花果的篮子带进墓中，再让小毒蛇咬伤自己的手臂，因中毒昏迷而死亡。抑或是，女王早就在花瓶里喂养了毒蛇，然后用一支金簪在蛇的身体上刺，引它发狂，直到把她的手臂缠住。持这种观点的人依据考证资料提出：卧室朝向大海的一边开着一个窗户，从这里受惊的毒蛇完全可以溜走。此外，女王的医生证明："她的手臂上，的确有两个不是很明显的疤痕。"

也有不少人不同意上述两种观点，因为咬伤或刺伤的痕迹没有在死者尸体上发现，在卧室中也没有发现任何有毒的小蛇。他们认为服毒而死的可能性最大。

古罗马皇帝提比略为何选择自我流放？

古罗马的诸多皇帝在合上眼的那一刻不是轰轰烈烈战死疆场，就是暴虐过度被碎尸万段，要不就是毫无防备遇刺身亡。唯有提比略显得如此另类与安静。喜欢过离群索居生活的提比略直至生命的最后一刻依然驻守在自我放逐之地康帕尼亚。

可是，他为什么自我流放呢？罗马史学家塔西佗认为，提比略自我流放的原因有两个：一是由于提比略手下大将谢雅努斯的阴谋。但是塔西佗考虑到这样一个事实，那就是在谢氏被处死后，他同样离群索居达6年之久，所以另一面怀疑是出于己意，"目的是想借此来掩盖那由于他的行动而昭彰于世的残酷和淫乱"。这可能是其经过深思熟虑和下定决心才实施的。苏托尼乌斯则认为因为提比略的儿子分别不幸在叙利亚和罗马死亡，所以他想独自一人静一静。还有一种说法认为提比略老年时对自己的外貌特别敏感。他长得比较高，肩部下垂，却又瘦得出奇，脑袋上一根头发也没有，满脸又都长着脓疮，经常涂着各种膏药。当他隐退后已经习惯于不和人们见面，而只是自己偷偷地享乐。

与前述众说截然不同的是，提比略的出走是由于他母亲的专横性格而致。他不能容忍他母亲与他一起共掌大权，但又不可能除掉她。

总的说来，古代人对其放逐的原因侧重在他的体质弱点和伦理道德方面，而近代史学家对此的看法和猜测则偏重于社会和政治方面的考虑。苏联史学家科瓦略夫认为："早在公元 26 年，在病态的对人的厌恶和谢雅努斯的劝说的影响下，提比略离开了罗马。"爱德华·特·萨尔蒙则认为：提比略的目的可能是"第一使他的继承人可以获得经验，第二是为了逃避阿格里帕那的对一个自然海岛堡垒的密谋"。

无论如何，猜测与推断终不能最终得出提比略长期自我放逐的真正原因。自我恐惧也好，心理变态也好，都可能只是诸多原因之一。现在，大量的中外史学家们正在全力以赴地揭开这个谜。至于提比略，只要死得其所，足矣！

"傻子"皇帝克劳狄

公元 41 年 1 月 24 日，罗马正是乍暖还寒的时候，地中海沿岸的初春，带着咸味的海风不时吹来，更是增加了几分寒意。但这一天却并不显得冷清，罗马城中的人们三五成群地伫立在街道两边翘首期盼，或是在街头巷尾走来走去。元老院议事厅里灯火通明，人声鼎沸，这样熙熙攘攘的情况已经持续了两天，一切似乎还没有停止的迹象。原来在三天前，罗马帝国皇帝盖乌斯被近卫军在皇宫里刺杀，现在元老院正在为新皇帝的人选争执不下。突然，大墙外面一阵混乱，人们疑惑地看过去，只见皇帝的近卫军正众星捧月般地簇拥着一个人走过来，他就是被暗杀的皇帝的叔叔，罗马人众所周知的"傻子"克劳狄。

事情是这样的：当皇帝被暗杀的时候，当时已 50 多岁的克劳狄正好亲眼目睹了一切经过，吓得躲在窗帘后面簌簌发抖。近卫军发现后将他拖了出来，本来准备杀了他灭口，但看到他又老又丑、胆小怕事，才放过了他。当元老院的元老们为了新皇帝的人选几天来争论不休的时候，近卫军们就恶作剧般地拥立他为皇帝。

军营里的士兵们不断高呼着克劳狄的名字，议事厅里却如死了一般的寂静，元老们面面相觑，好长时间才缓过劲来。近卫军和士兵们拥有强大的武装，他们的意志不能违反，尽管内心有一万个不愿意，元老们还是赶紧争先恐后地把元首一切惯有的权力和头衔授给了克劳狄。于是，罗马历史上第一个由近卫军拥立的、也是唯一以"傻"著称的皇帝克劳狄，就这样在垂暮之年传奇般地登上了罗马权力的最高峰。更叫人百思不得其解的是，当时的罗马帝国经过长期的对外扩张，已经成了一个以地中海为内海、横跨亚非欧三大洲的大帝国，这个"傻子"皇帝统治这个庞大的帝国竟达 13 年之久。人们不仅要问：他到底仅仅是貌似痴呆、大智若愚呢，还是真的低能、受人操纵、愚弄？

克劳狄的"傻子"称呼由来已久。克劳狄于公元前 10 年出生于罗马行省高卢的首府——鲁恩，他的父亲德鲁素斯就是这个省的总督。虽然出身高贵，但童年和少年时期的克劳狄是不幸的。无情的病魔不仅损害了他的健康，毁坏了他的容貌，而且影响了他的智力和思维正常发育，身体弱不禁风，行动迟缓笨重，也不善于和人交谈，为此他饱受痛苦、歧视和嘲笑，是奥古斯都家族有名的"丑小鸭"。

不过，历史记载中的克劳狄却充满了矛盾，众说不一，并由此引发了后人长期的争论。

根据一些史料记载，貌似痴呆的克劳狄一世，不但学术上有自己的见解，在政治上也颇有建树。克劳狄当政前的皇帝胡作非为，使罗马帝国事实上已经陷入了危机，国库空虚，元老大半丧亡，整个国家处在一个非常危险的境地。克劳狄面对这么一大堆烂摊子，处理问题时所表现出来的信心、意志和智慧令所有人都赞叹不已。登上帝位后做的第一件事就是重赏近卫军士兵，感谢他们的拥戴之功，并因此缓解了皇帝与军队之间的关系；以宽容、合作的姿态同元老院建立了良好关系；下令取消对有关被控叛国罪者的审讯；召回了一些被放逐的元老，并归还了他们被没收的财产等等。这些措施在国家政治生活中创造了一种难得的团结气氛。在外交上，他归还了前皇帝从希腊不择手段弄来的雕像等一些珍贵艺术品；同时又御驾亲征，率领罗马军队横渡泰晤士河，征服了一些重要的城市和小国家。克劳狄也很重视与民众的关系，一上台就宣布废除了一些不合理的赋税，向行省居民赠送公民权，提高他们的政治地位，扩大了帝国统治的基础。

当时罗马最著名的斯多葛派哲学家塞涅卡，对他的描述、评价却是前后截然相反，甚至是自相矛盾。在公元 42 年的一封信里，他称赞皇帝是"恺撒之后最好心的人"；但在不久后的一篇讽刺文里，他又把皇帝描绘成一个暴君、傻瓜，讥讽他会在死后变成一个南瓜，在当时的人眼中，南瓜是愚蠢的象征和代名词。后来的历史学家塔西佗等人也沿用了这种说法，一面称赞克劳狄在统治初年宽厚仁慈，把国家治理得井井有条，赢得了士兵和公民的喜爱；另一面又嘲笑他是个毫无主见的笨蛋，只会听从妻子和奴仆们的意见行事，不像是一个皇帝，更像是一个奴仆，苏托尼乌斯在他的《十二恺撒传》里写道："由他自己决断的事甚至没有他的妻子和被释奴命令的多，因为他总是依他们的利益和希望做事。"总而言之，同时代的历史学家大都倾向于否定他，认为他的确是一个傻子。

在 20 世纪上半叶西方历史学界掀起了对克劳狄个性特征、功过是非的再评价、再研究的热潮，但结果同以前大致相同，学者们各执己见，看法不一。看来要想彻底揭开蒙在克劳狄脸上的面纱，只有期待更多的考古资料的问世，从而还历史的本来面目。

克劳狄死于公元 54 年，死因不明，据说是被他的妻子用毒蘑菇害死的，经过 12 个小时的痛苦，一句话没说就死去了，死后被元老院奉为神。

这样，克劳狄从生到死，都留下了一个个难解之谜。

英王威廉二世真是死于意外吗？

自古宫廷多纷争。在权势和财富的驱使之下手足相残、杀母弑父之事可谓比比皆是。人称"红面庞"的威廉二世似乎也是因为此类原因而丧命于狩猎场的。

1100 年 8 月的一个下午，黄昏时分，英王威廉二世在新林骑马狩猎。新林占英国南部一大片土地，当时是皇家狩猎苑。威廉的弟弟亨利和一些随从同行。一行人分为几个狩猎小组，国王和他的亲信顾问蒂雷尔一组猎鹿。国王看见一只赤鹿跑过，立刻射了一箭，射中了赤鹿，但是它没有死。很长一段时间威廉坐在马鞍上不动声色，他用手挡着夕阳的斜照光线，想看清楚那只受伤的赤鹿的行走路线。

蒂雷尔就在此时射了一箭，鹿没有射到，却把国王射中，国王向前面倒下去，那支箭在国王摔到地上的时候更深地插入他的胸膛，国王当时便没了气息。蒂雷尔急忙跑出树林向法国逃去。亨利则和其他的人策马飞奔，赶到临近的收藏皇室财宝的曼彻斯特，亨利把财宝抢到并确实予以掌握后，便马上赶回伦敦，加冕登基为亨利一世。此时，距威廉去世之日仅 3 天，众人从猎鹿的树林离开时，威廉二世仍然暴尸荒野。

但是国王之死至今仍是疑点重重：威廉二世是死于意外，还是被他那充满野心的弟弟谋害了呢？或是如最近有人所说的威廉二世心甘情愿依照异教徒的可怕教规自杀身亡呢？大多数人当然相信传说中所出现的凶兆，这凶兆是威廉到新林行猎前夕所做的一个噩梦，梦见自己躺在血泊中而被惊醒，惊醒时不断狂叫。此外，还有人说听见国王命令蒂雷尔杀死他，因为根据威廉信仰的"宗教"，他已经老而无用，作为一个权力逐渐衰落的国王，必须在仪式中引颈就戮。

威廉一世共有 3 个儿子，威廉二世是老二。威廉一世在世时已给 3 个儿子分家，留给长子罗伯特的是法国的诺曼底，给次子威廉的是英国，亨利则没有土地，只获得一笔财富。大哥与二哥经常争执不下，甚至兵戈相见，但是二人在 1096 年以诺曼底为抵押，向威廉借了他们所需的钱。罗伯特在 1100 年夏季启程返国时，还娶了一个十分富有的女人。威廉决定，决不让哥哥还债把诺曼底赎回，他开始计划强夺诺曼底。新林猎鹿驾崩事件就是在做这种准备的时候发生的。

同时，如果亨利真的企图篡夺英国王位，他一定已把形势看得非常清楚，出乎意料之外的新发展对他篡位的计划有所妨碍。所以亨利先下手为强，其后只需对付一个哥哥而不必再与两位兄长争雄。威廉驾崩，罗伯特又远在他乡，亨利就能篡夺他原本无权过问的王位。证明亨利要对猎鹿时发生"意外事故"负责的一个有力证据是：他从未试图抓蒂雷尔回来以弑君之罪论处，甚至没有没收蒂雷尔的土地以示惩罚。

可是，以亨利的本领和为人是否能组织这样一个谋朝篡位的大阴谋呢？蒂雷尔跟主谋勾结杀掉恩公和朋友，又会得到什么好处呢？事实上自惨祸发生后直到去世时，蒂雷尔都不承认他有弑君行为。

依上所述，亨利的嫌疑不可不谓是最大。但他要策划这样一个缜密的阴谋却也不是件容易的事情。真凶何在，我们拭目以待。

伊凡雷帝杀死了亲儿子吗？

伊凡雷帝是俄国历史上第一位沙皇，他三岁就继承了莫斯科和全俄罗斯大公位，号称伊凡四世，但他性情凶残又生性多疑，独断专行且手段残酷，因而得名"雷帝"。这与伊凡四世幼年的生活环境有着重要的关系，他 17 岁亲理朝政以前的岁月可以说是生活在一片黑暗中，先是他的母亲倒行逆施，接着她不明原因的暴亡，然后是贵族们为了争权夺利而每天火并厮杀，没有人顾及年幼的小沙皇的教育。从这种尔虞我诈的环境中成长起来的伊凡四世，过早地目睹了宫廷生活的黑暗和丑恶，在他的性格中埋下了暴戾多疑的种子。俗语说：虎毒不食子，伊凡雷帝却被怀疑亲手杀死了自己的儿子。

俄国著名画家列宾创作过一幅名为《伊凡雷帝杀子》的油画：在灰暗压抑气氛笼罩下的画面上，奄奄一息的皇太子伊凡头无力地靠在父亲的胸前，伊凡雷帝惊恐地搂着儿子，他用一只苍老的、血管突出的手抱着伊凡的身体，另一只手紧紧按住儿子流血的伤口，试图挽回儿子的生命，但死神已经快要降临了，儿子的身体软绵绵地支撑在地毯上，用一双绝望而宽恕的眼睛看着衰老的父亲，而伊凡雷帝的双眼中充满着悔恨，两人的眼神形成了强烈的对比，整幅画有着一种摄人心魄的艺术魅力。

人们为什么会怀疑伊凡雷帝呢？主要是伊凡雷帝的性格非常残忍，还是个孩子时就经常把捉住的小鸟一刀一刀地杀死，或是站在高高的墙上，将手中的小狗摔死，从而发泄心中的不满。而在他 13 岁的时候，就放出豢养的恶狗，将执掌朝政的皇叔伊斯基活活咬死，暴尸宫门。而当他刚登上皇位后，为了加强皇权，就在全国范围内实行恐怖政策，惩罚反对皇权的大贵族，也不可避免地杀害了许多无辜的平民，用尖桩刑、炮烙、活挖人心、抽筋剖腹等酷刑处死了数万人，得到了"雷帝"的称呼，意思就是"恐怖的伊凡沙皇"。

他的暴政和独裁不仅使遭到镇压的大贵族们心怀怨恨，也引起了广大人民的强烈反对，就连沙皇身边的人，也有"伴君如伴虎"的危机感。本来，伊凡雷帝的这种暴戾性格在他娶了年轻美貌、温柔善良的皇后之后有所改变，她能理解他，开始以自己的爱温暖着沙皇那颗受伤的心灵，总是像天使一样地抚慰着他。可是，保佑他的天使没有永远伴随他，1560 年，他亲眼看着心爱的女人被疾病夺去了生命，失去了皇后之后，童年时期养成的性格又激发出来了。到了晚年，孤独的伊凡雷帝性情更加乖戾、喜怒无常，他总是疑神疑鬼，总觉得有人要害他。但是，对于他的长子、未来的皇位继承人伊凡，他还是宠爱有加的，时常让他跟随在自己左右，可以说，除了这个儿子，他已经不再相信任何人了。可是这位皇太子却死在伊凡雷帝的前面，上演了一出"白发人送黑发人"的悲剧。

伊凡太子的死因有着不同的说法，最普遍的一种是：从 1581 年起，伊凡雷帝开始怀疑太子有夺取皇位的嫌疑，多疑的性格使这种想法日益强烈，父子关系也因为他的提防而紧张起来。有一天，伊凡雷帝看见伊凡的妻子叶莲娜只穿了一件薄裙在皇宫中走来走去，违反了当时俄国妇女至少要穿三件衣裙的惯例。伊凡雷帝勃然大怒，动手打了儿媳，使已经怀孕的叶莲娜因惊吓而流产。伊凡听到这个消息后，对伊凡雷帝大吼大叫，伊凡雷帝也很生气，一边大骂着"你这个可耻的叛徒"，一边举起手中的铁头权杖向儿子刺去。晚年的伊凡雷帝手里常常拿着一根铁头杖，这是一根顶端包有铁锥尖、柄上刻有花纹的长木杖。伊凡四世一旦发怒，就会随时用这个铁尖木杖向对方刺去，所以宫内的人只要听到木杖敲击地面的声音，就会吓得赶紧躲起来。可是没想到当时伊凡雷帝的铁杖正好刺中了儿子伊凡的太阳穴，然后就是列宾笔下《伊凡雷帝杀子》悲剧场面，最后伊凡因伤势过重而死去了。

俄罗斯历史学家斯克伦尼·尼科夫却不同意这种说法，他认为，当时伊凡父子虽然发生了激烈的争吵，但父亲只不过在儿子身上用权杖敲了几下，并没有造成致命的伤害。太子伊凡原先就有病，再加上丧子和恨父，心情极度悲伤，以致癫痫病发作，后来又引起并发症死去了。因为伊凡雷帝在争吵前几天的信中曾谈道："儿子伊凡病倒了，今天他仍在病中。"所以，伊凡的死主要是病死，而不是伊凡雷帝失手杀死了他。

各国历史上宫廷内部血雨腥风，像这样的父子相残、兄弟反目的事情层出不穷。伊凡雷帝有没有杀死自己的亲儿子，只有让历史来慢慢寻找真实答案了。

夭折的征服者：亚历山大猝死之谜

公元前 4 世纪 30 年代，在欧亚非大陆交汇之处，出现了一位伟大的征服者——亚历山大，这位比中国的秦始皇还早 100 年的年轻帝王，率领其军队纵横世界，兵锋所至，所向披靡。短短的 10 年间，希腊、埃及、巴比伦、波斯、印度这些古代世界的辉煌文明，纷纷向他低下了高傲的头，被迫将各种尊贵的称号赠给他。然而，仅仅 10 年后，横亘在三大洲大地上的庞大帝国，却因亚历山大的猝死而轰然倒塌，迅速走向分裂和衰落……

昙花一现的帝国

公元前 356 年，在希腊北部的马其顿王宫，一名王子呱呱坠地了。他，就是后来的亚历山大大帝（公元前 356~前 323 年），古代世界最著名的征服者。

这名天资聪慧的王子，深得国王腓力二世的喜爱。当他长到 13 岁时，父王就聘请了当时世界最著名的哲学家亚里士多德给他当老师，希望其受到良好的教育。亚历山大从小就具备勇敢、倔强而自负的个性。据说，有一次，当目睹儿子年纪轻轻就驯服了一匹成人都束手无策的烈马后，腓力二世曾意味深长地对儿子说："我的孩子，我这个王国对你已经不够大了，你去开辟新的王国吧！"

后来的事实证明，腓力二世的确是一位具有远见卓识的国王。实际上，当时的马其顿王国，经过腓力二世的锐意改革，已成为希腊地区一个举足轻重的国家，尤其是其军队的战斗力不可小视。公元前 337 年，经过几次规模不大的战争，希腊大部分地区都已归入马其顿的势力范围。随后，这个新兴的王国就跃跃欲试，跨越赫勒斯旁海峡，向古老的、庞大的波斯帝国发动攻击了。

公元前 336 年，一切准备就绪，在准备出兵之前，腓力二世为一位女儿举行了盛大的婚宴。然而，就在宴会上，突然窜出一位青年，手持匕首刺杀了国王。腓力二世死后，马其顿马上陷入了一片混乱。但是，继承王位的亚历山大，凭借其勇敢、才智和抱负，迅速稳定了局势，而此时他刚满 20 岁。两年后，与父亲一样怀有勃勃野心的亚历山大，再次把注意力转向了东方的波斯。当时的波斯统治着从地中海一直蔓延到印度的广阔领土，并多次入侵希腊，如赫赫有名的马拉松战役就发生在其间。那时，虽然波斯帝国的鼎盛时期已成为过去，但仍是当时地球上最庞大、富强的帝国。

公元前 334 年，经过一番准备后，亚历山大发动了对波斯帝国的进攻。尽管手中仅有 3.5 万人的部队，但亚历山大凭借其杰出的军事天才和训练有素的士兵，获得了一个又一个的胜利。据说在临行前，他把自己的所有地产收入、奴隶和畜群都分赠给人。一位大将迷惑地问他："请问陛下，您把财产分光，给自己留下什么？""希望。"亚历山大说，"我把希望留给自己，它将给我无穷的财富！"将士们被亚历山大的雄心所激励，他们决心随他到东方去掠夺更多的财富。

经过短短几年的征服，亚历山大先后打败了波斯，逼死了该国国王大流士三世；占领了埃及，在那里被奉为法老；进入阿富汗乃至印度。在印度，由于气候炎热，士兵们水土不服，加上连年征战，十分疲惫，拒绝再向东前进，才使亚历山大的征服行动暂告一段落。返回波斯后，亚历山大开始对其闪电般建立起来的横跨欧、亚、非三大洲的庞大帝国进行整顿。毕竟是亚里士多德的学生，这位军事天才并不只会打仗，文化修养也很高，行政管理能力很强。在他的努力下，希腊文化和中亚文化很好地融合在一起，从而开启了长达 300 年的希腊化时代。据历史记载，亚历山大后来还试图继续开展征服活动，在其计划中，甚至包括了阿拉伯、不列颠等地区。但是，这一切都终未发生。因为在公元前 323 年 6 月，身在巴比伦的亚历山大突然死去，时年仅 33 岁。据说，他最喜欢的书是荷马史诗《伊利亚特》，他一心想成为史诗中阿喀琉斯那样的神话英雄，创造辉煌的伟绩。可是，神话英雄阿喀琉斯却也是短命而死。

接下来，在同样短暂的时间里，这个庞大的帝国就如同其创立者本人一样猝然死亡了。由于死时非常年轻，亚历山大生前没有指定接班人，结果在他死后不久，帝国内部就展开了一场场夺权斗争。在这些夺权斗争中，包括亚历山大的母亲、妻子和孩子在内都惨遭杀身之祸。而在他的几位得力部下各自分割地盘、自立王国之后，盛极一时的亚历山大帝国也宣告结束了。尽管亚历山大帝国只存在了 13 年就崩溃了，但该帝国的存在，客观上却促进了东西方经济和文化的交流，以至于直到今天，仍有许多以亚历山大命名的著名城市。

神秘而复杂的人格

至今，亚历山大这个名字仍响彻世界，说他是西方有史以来最伟大的领袖人物之一，一点都不过分。同时，亚历山大在其短暂的一生里，留给后人太多的疑问，尤其是关于他的英年早逝，几千年来一直是人们所热烈关注和探讨的话题，并产生了观点各异的说法。在探究亚历山大的死因时，人们又不得不首先为其极为复杂的人格而迷惑。

毋庸置疑，这位像流星一样划过历史天空的伟人，引来了后世无数惊叹的目光。法国著名作家蒙田在其随笔《论盖世英雄》中评价亚历山大是与荷马并列的英雄人物，他感慨道："亚历山大大帝，他很早就开始他的事业，用那么少的手段完成那么辉煌的理想；当他还是一名少年，已在追随他在全世界作战的名将中间树立了威信；命运对他的特殊眷顾，使他完成了许多偶然的，有的我甚至要说是轻举妄动的功勋。"的确，当他只有33岁时，已在广阔的大地上所向无敌，以致人们无法想象，他若有常人的寿命，还会做出什么来。那些褒扬他的评论者认为他一身集中了众多的美德：正义、节制、豁达、守信、笃爱，几乎是无可挑剔。亚历山大在世界历史上的影响无疑是巨大的，据说，在他逝世后很多年中，人们普遍笃信：他颁发的奖章会给佩戴的人带来幸福。在将他与古代另一位伟大的征服者恺撒进行对比时，大多数人认为他要远胜于后者。

然而，所谓人无完人，这位一代英才也有许多人格上的缺陷。这些缺陷，就如同互相矛盾的水火一样交织在他的身上，令人大惑不解，也招致人们的非议。

对许多人而言，亚历山大是令人敬爱的，因为他对被打败的敌人也能经常给予宽容和爱护。在对波斯的战争中，大流士三世是被自己手下的一名总督贝苏斯杀死的。但贝苏斯去向亚历山大投降并请求宽恕时，性格爽直的亚历山大由于向来痛恨搞阴谋诡计、反复无常的小人，非但没有收留这个背叛者，反而下令处死了他，但是他却娶了贝苏斯之女罗克珊为王后，不久又娶了大流士三世之女斯塔提拉。但有时他却没有这种宽容，尤其是对那些被征服的平民百姓。当他攻打底比斯、腓尼基等城市时，曾因为遇到过顽强抵抗而下令屠城，将大批居民卖为奴隶；当占领波斯后，曾将大量战俘屠杀；当进军印度时，曾背信弃义地处决许多投降者；甚至在占领科赛时，曾残暴地杀戮许多儿童。在对待部下和朋友时，他通常慷慨而宽厚，但有时却又凶暴残忍，自私自利。有一次，因酒后发生争执，他竟亲手杀死了他的亲密朋友、救命恩人克雷图斯，而在酒醒后又表现得极度悔恨。

还有，亚历山大对待文化艺术的方式也让人很不解。作为亚里士多德的学生，他智慧非凡，并且尊重文化界人士。据说，他非常尊敬亚里士多德，为其创造了良好的工作环境，在行军中，他常把沿途的各种见闻写信告诉他的老师。有一次，当碰到敢于瞧不起自己的希腊哲学家戴俄泽尼时，他居然没有发怒，而是羡慕地说："假使我不是亚历山大的话，我就想做戴俄泽尼。"但同样是这个人，却犯下一些毁灭人类文化成果的罪行，其中之一就是焚毁了壮丽的波斯王宫。

波斯王宫位于今伊朗法尔斯省首府东北60公里处，是国王大流士在位时期于公元前6世纪至公元前5世纪建造的。据记载，这座王宫规模宏大，有许多精美的雕像和高大的石柱，还有很多珍贵的壁画和黄金、象牙装饰物，可谓当时世界上的艺术宝库。公元前330年，亚历山大打败大流士三世后，素来珍爱文化艺术的他，竟然在占领波斯王宫后，下令将其焚毁，使这一宏伟壮丽的建筑化为灰烬。一些历史学家认为，亚历山大之所以焚毁波斯王宫，是为了取悦一位名叫泰绮思的妓女。古罗马著名的历史学家普鲁塔克在其名著《希腊罗马名人传》中，曾对这一事件进行了详细的描述。据说，亚历山大在一次庆功宴上喝得酩酊大醉，而坐在他身边的雅典名妓泰绮思对他开玩笑地说，愿不愿意放一把火把波斯王宫烧掉？亚历山大一时冲动，真的就放起火来了，一时之间整个宫殿都陷于一片火海之中，当将士们匆忙赶来时，只见烂醉的亚历山大正不停地放火取乐，因此谁也不敢阻止。尽管当亚历山大清醒之后，对自己的鲁莽行为非常后悔，但波斯王宫的被焚却是无可挽回的。

还有一件趣闻值得关注，那就是亚历山大与其密友赫费斯特翁之间暧昧的关系，这导致很多人甚至认为他是一个同性恋者。尽管亚历山大娶了两位王后，其中一位还为他生下了王子，但大多数人认为他和好友赫费斯特翁的关系暧昧，而这一切并不是空穴来风。据记载，亚历山大是一位外貌非常出众的人，他眉清目秀而气宇轩昂，是个十足的美男子。赫费斯特翁是马其顿贵族，从小就在王宫中生活，深得腓力二世的喜爱，并成了亚历山大儿时最亲密的好友，乃至后来成为他传说中的爱人。实际上赫费斯特翁在军事和外交方面也很有才干，并跟随亚历山大赢得了许多战役的胜利。亚历山大迎娶王后时，正是赫费斯特翁充当男傧相，而他本人后来也迎娶了一位波斯公主。但在公元前324年，赫费斯特翁因病去世，亚历山大似乎受到了严重的打击，从此竟郁郁寡欢，不到一年的时间就因病身亡。

作为历史上最富有戏剧性的人物，后世许多人往往将亚历山大同拿破仑、希特勒进行比较，因为他们都有军事才能、强烈的征服欲和复杂的人格。但客观地说，亚历山大的影响要比其他两个人更加深远。

父子猝死之谜

亚历山大留给后世最大的谜团，就是他的猝死，因为他到底死于何种原因一直是人们希望解答的悬案。巧合的是，亚历山大的父亲腓力二世，同样属于猝死，而且其被刺杀的背后同样有众多疑点。在探讨亚历山大父子二人的猝死时，有一个人是非提不可的，她就是亚历山大的母亲奥林匹亚斯。

奥林匹亚斯本是伊庇鲁王国的年轻公主，在嫁给腓力二世时只有14岁，从现存硬币上的图案来看，她曾是一个非常美丽的女人。然而在历史学家的描述中，这个女人带有浓重的巫婆色彩，还被描绘成性情乖张的妖女，迷信一些原始邪教，甚至把蛇带到他们夫妻的卧房里。奥林匹亚斯的种种怪癖，很快就使腓力二世对她丧失了兴趣，日渐充满了厌恶之情，并转而另觅新欢。而受到冷落的奥林匹亚斯除了对儿子倾注更大的心血外，更加沉溺于那些邪恶的巫术。

公元前336年，正当腓力二世准备集结希腊各城邦的力量向波斯进军时，却在为女儿举行的婚宴上遇刺身亡。这年夏天，腓力二世在王国的旧都皮拉为即将嫁给伊庇鲁斯国王的女儿举行盛大的结婚典礼。婚礼场面热闹而奢华。腓力二世当天身穿节日的白袍，喜气洋洋，没有佩带武器，在一群喜庆的宾客簇拥下，走进礼堂。正当腓力二世通过礼堂入口时，突然，一名卫兵打扮的人猛冲出来，拔出短剑直往腓力二世胸前刺去，腓力二世未及躲闪，转瞬间就倒在血泊之中。凶手早已备好马匹，打算事成后立即逃跑，不料马脚被野藤绊住，他从马鞍上摔了下来，当场被人击毙。经查证，凶手名叫鲍舍尼亚斯，是一个年轻的贵族。尽管当时马其顿宣称刺客是波斯人所派，其意图很明显是为了阻止远征波斯战争的进行，但大多数人认为，谋划刺杀腓力二世的是马其顿贵族，因为腓力二世的政治改革损害了他们的利益。不过，从一开始，就有人暗地里怀疑是腓力二世的妻子策划了这起阴谋，而亚历山大很可能也参与其中！

据有的学者分析，由于当时腓力二世已对其妻奥林匹亚斯极度疏远，而且人们都风传他将娶另一位美女为新的王后，而这无疑也会大大威胁身为王子的亚历山大的继承权。

古希腊史学家普鲁塔克也怀疑刺杀阴谋一事与亚历山大有关，他认为：刺杀腓力二世的罪行最主要应该归咎于奥林匹亚斯，正是她指使刺客采取行动，同时应直接受到怀疑的还有亚历山大本人；而亚历山大即位后，马上宣布这件谋杀案完全是出自波斯的国际阴谋，是为了阻止马其顿的东征而使出的手段，但这种冠冕堂皇的解释实际是为了掩饰其真正的动机。在丈夫死后，奥林匹亚斯在国家政治生活中常常扮演重要角色。在亚历山大离开马其顿王国去东征期间，曾任命安提帕特治理国家，然而野心勃勃的奥林匹亚斯每每从中作梗。不过当亚历山大死后，安提帕特的儿子卡山德却成了摄政王。公元前316年，卡山德宣判奥林匹亚斯死罪，并不准她以基督教仪式入葬。

至于亚历山大的猝死，历史上一直有多种说法，至今仍没有绝对使人信服的结论，尽管当时的历史学家曾对他最后的一段日子做了详细的记录。著名历史学家阿利安记录道：（公元前323年）5月29日他因发烧睡在浴室中。翌日沐浴后进入寝宫，与米迪厄斯整日玩骰子。晚间沐浴，献祭神明，进餐，整夜烧未退。5月31日依例再沐浴、献祭，躺于浴室中之际，听尼尔朱斯讲述航行大海探险经历取乐。6月1日烧得越发厉害，他整夜难安，次日整日高烧。他命人将床移至大浴池旁，躺在床上与诸将领讨论军中空缺及如何挑选补足。6月4日病况更为恶化，须由人抬至户外进行献祭。之后他命高级将领在宫廷院内待命，命亲兵指挥官夜宿寝宫外。6月5日他被移至幼发拉底河对岸的王宫中，略睡一下，但高烧不退。当将领们进到宫中，他已不能言语，直到6月6日均是如此……

根据历史记载，亚历山大在临死前曾一直过量饮酒，发病期间有高烧不退症状。古罗马历史学家阿利安在其著作中，对此有详尽的记载。他写道：自从其密友赫费斯特翁死后，在最后的一段日子里，什么都不能制止亚历山大贪恋杯中物，连王后临盆也不顾，反而喝得更凶，以麻痹自己；那年5月他又为尼尔朱斯举办盛大的饮宴，在连喝两天后开始感觉发烧，而且烧得越来越严重，他口渴，又喝更多酒解渴，结果昏迷不醒，最终引发肝功能衰竭而死去。

一些正统的史书认为他是在征服期间不幸感染上了恶性疟疾，由此发烧多日而死的。也有人认为，他是因过量饮酒而导致身体虚弱得病而死的。不过在最近，有一些研究者从医学的角度提出了新的观点。美国弗吉尼亚州卫生健康部的流行病学家约翰·马尔和科罗拉多州立大学的传染病专家查尔斯·卡利谢尔通过研究宣称：亚历山大是感染了一种名为"西尼罗河"的病毒而死亡的，他们声称这是在通过对历史的分析以及先进的测试后得出的结论。他们还认为，这种"西尼罗河"病毒很容易以鸟类或者其他动物作为宿体，通过蚊子传播进而感染人类，而历史著作的记载在很大程度上也与其推理吻合。这两位医生为此引证了历史学家普鲁塔克的记载："当亚历山大三世到达巴比伦一处断壁残垣时，发现空中盘旋着许多乌鸦，它们互相叼啄，一些死乌鸦从空中摔落下来，掉在亚历山大身边。"根据这一细节，他们分析这些乌鸦很可能就是感染了"西尼罗河"病毒，然后将病毒传染给亚历山大。此外，二人还将亚历山大的呼吸道感染、肝功能紊乱以及皮疹的症状输入到一种诊断程序，程序测试结果显示，亚历山大感染"西尼罗河"病毒的几率是100%，这验证了他们观点的正确性。不过，对于这种推断，同样有一些医学家表示怀疑。美国罗得岛大学的流行病学家托马斯·马思虽也赞同这是一项值得关注的研究，但是对上述结论却表示异议，其理由在于：易受"西尼罗河"病毒感染的人群一般是老人或者是免疫力低的人，而亚历山大当时只有33岁，且年轻健壮，因此他感染此病毒的几率会很小。

不过，无论是在当时还是后世，人们最关注的是，亚历山大到底是否被人投毒，因为许多人根本就不相信他是因病而死。虽然当时包括历史学家普鲁塔克在内的传记作者，基本上无人怀疑亚历山大是遭人下毒而死。但在亚历山大死亡5年后，国内突然有传言说他是中毒而死，而其母后奥林匹亚斯也曾因此处死许多人，并命人把亚历山大的斟酒官艾欧拉斯的骨灰散入风中，理由就是怀疑他下毒。甚至有一些历史学家认为，策划毒死亚历山大的，正是其老师亚里士多德，而毒药也完全是由他提供的。多年以来，希腊人一直对马其顿的统治心怀怨恨，对亚历山大本人也深恶痛绝。当下毒者是艾欧拉斯的说法传到雅典时，民主派们一片欢呼，雄辩家狄摩西尼提议大家表决向艾欧拉斯致谢。

还有的研究者认为，亚历山大极有可能是死于慢性番木鳖咸中毒，而聪明的下毒之人正是亚里士多德，因为亚里士多德的弟子兼友人植物学家锡奥夫拉斯特斯曾提及此物的用途及剂量，并说"掩盖其苦味之上策，即使用于纯酒中"，相信这不会完全是巧合。不过对这一段历史了解最清楚的普鲁塔克也没有明确告诉人们真相，他只写道："初时亚历山大对亚里士多德评价极高，敬爱他超过其父，但最后几年渐渐对他产生怀疑。他从未实际害及他，但其友谊已丧失原有之热情与爱，显见两人已渐行疏远。"除了亚里士多德，一些亚历山大的部下也有谋杀的嫌疑。因为随着军事上的极度成功和威望的不断增长，亚历山大当时已变得具有东方专制君王的诸多做派，而这是向来有希腊民主传统的多数人所无法容忍的。结果，很有可能，亚历山大许多昔日的好友和亲信，在目睹他染上东方化的奢靡作风、动辄杀人的暴怒，甚至竟敢自封为神以后，觉得他已变成暴君，为所欲为而喜怒无常，从而终于走出了这一步。正如亚历山大的老师亚里士多德自己说过的："无人可自由地忍受如此统治。"

更离奇的是，在亚历山大死亡600年后，他被葬在埃及亚历山大城的尸骸竟突然失踪，这又在后世引起了轩然大波。该事件发生后，考古界就一直将寻找亚历山大的尸骸列为最值得关注的课题之一。不久前，一位名为安德鲁·楚格的英国考古专家公布了他的重大发现：亚历山大的尸骸就埋在位于意大利威尼斯的圣·马可墓中，他主张应掘出墓中的遗骸进行尸检。此言一出，随即招来众多非议，因为圣·马可是天主教的圣徒。

作为研究亚历山大的专家，楚格曾出版过多本相关著作。他坚信在4世纪的基督教混乱之中，有人将亚历山大的尸骸伪装成圣·马可的尸骸而秘密埋在当时的亚历山大城，随后遗骸又被辗转运至威尼斯。他进一步论证道："据记载，亚历山大大帝和圣·马可的遗骸都是用亚麻裹住，经过干尸化处理。亚历山大的尸骸遗失不久就出现了圣·马可的坟墓，而且都是在亚历山大城的中心广场附近，地理位置几乎相同。很有可能是教会中的高层神职人员，甚至有可能是大主教亲自下决定把亚历山大的尸骸伪装成圣·马可的遗体。几个世纪后，威尼斯商人将尸骸偷出并运至威尼斯。"

目前学术界对楚格的观点存有很大分歧，牛津大学的专家罗宾·福克斯认为这是无稽之谈。但是剑桥大学的希腊历史教授保尔·卡勒吉则对这一观点持积极态度。甚至有人提出："如果能将尸骸挖出并进行 DNA 测试，再和亚历山大的父亲的尸骸进行对比，问题就可以水落石出了。"相信这一系列谜案，绝不会在短期之内得到彻底解答。

独裁者的悲剧：恺撒之死

他是古代西方最伟大的统帅和征服者之一，与亚历山大齐名。伟大的戏剧大师莎士比亚曾专门为他创作了一部戏剧：《尤利乌斯·恺撒》。他虽然生活在古罗马共和时期，却常被人们称为："大帝"。在后世的欧洲，他的名字就被作为帝王的专用词，最典型的当属俄国的"沙皇"。然而，他又是一位悲剧性的人物。正当他处于事业顶峰之时，却被阴谋者所刺杀，身中 23 刀而死。更可悲的是，刺杀者当中，居然有他最信任的、被他认为是自己的私生子的人。那么事实的真相究竟如何呢？

伟大的征服者

公元前 100 年 7 月 13 日，罗马著名的尤利乌斯家族诞生了一名男婴，他就是罗马历史上最伟大的人物之一，政治家、军事家尤利乌斯·恺撒。

公元前 1 世纪时的罗马，正面临一个转型时期，虽然它的国力强盛，但同时也出现了许多社会问题。一方面是由于在对外征服中屡屡获胜，大量的奴隶和财富源源不断地流入罗马，从而滋生了一批腐朽的贵族元老。另一方面，国内的阶级矛盾日趋激烈。下层人民不断起来反抗罗马贵族的统治，著名的斯巴达克起义就使得罗马元气大伤。此前的几百年，罗马实行的一直是共和体制，但这时却越来越走向集权和独裁。在恺撒出生的那个年代，罗马就先后出现了马略、苏拉等统治者。正是这一特殊的历史背景，造就了恺撒的成就。恺撒的家世可谓相当显赫，他在父系亲属和母系亲属都出身纯粹的贵族家庭。赫赫有名的马略还是他的姑父，而他外祖父也曾担任过执政官，并在早年给予了恺撒强有力的支持。为此，在登上罗马最高权力宝座后，恺撒还努力为自己创造了一个神圣的家谱，声称自己是罗马神话英雄伊尼阿斯的后裔。

在早年，恺撒接受了良好的教育，学习辩论、哲学、法律以及军事等。经过严格训练，他能讲一口流利的希腊语，而且对希腊历史产生了浓厚的兴趣，并对希腊古代伟大的征服者亚历山大大帝充满了崇敬和羡慕之情，发誓长大后要做亚历山大式的人物，成为"罗马第一人"。

公元前 82 年，恺撒通过在海外活动开始了他的政治生涯，并迅速显示出了非凡的军事和外交才能。公元前 75 年，他曾在旅途中被海盗劫持，最后以 50 塔兰特的赎金获释。而他获释之后做的第一件事就是组织一支舰队，然后捕获所有劫持他的海盗，并把他们全部钉上十字架。30 岁时，恺撒通过选举当选为财务官，并获得元老院议员的资格。此后，他又曾在西班牙负责财政事务。就是在西班牙期间，发生了改变他命运的一件事。有一天，恺撒在神庙中看到了亚历山大大帝的塑像，联想到亚历山大在 30

岁时已征服世界，而自己却依然无所作为，于是抱负宏大的他主动辞职离开了西班牙。再次回到罗马后，恺撒先后担任了市政官、祭司长、大法官以及西班牙总督等显赫的职务，从而一步步登上权力的顶峰。

公元前60年，通过一系列政治手腕，恺撒、庞培和克拉苏（庞培是军事实力派，克拉苏则是罗马第一富豪）缔结了政治联盟，这就是罗马历史上著名的"前三头同盟"。三人结盟后，恺撒的势力大增。但为了获取能与另二人相抗衡的资本，恺撒于公元前58年发动了对高卢地区（相当于今天的法国）的战争，在长期的高卢战争中积蓄了实力。其间，恺撒率军征服了外高卢，并占领了不列颠岛北部800多个城市。当他回到罗马城时，率领着部下风光无限地通过凯旋门，身后则是抬着缴获的2800顶金冠的士兵，罗马城万人空巷，民众纷纷去欢迎他。随着大量战利品和奴隶源源不断地送到罗马，恺撒的声望几乎达到了顶峰。公元前53年，克拉苏在亚洲战场上阵亡，于是恺撒与庞培之间的对抗也日趋激烈。公元前49年，恺撒与庞培之间的内战终于爆发了。结果，恺撒的军队势如破竹，庞培仓皇逃往希腊，不久又逃往埃及，最终在那里被杀。内战结束后，恺撒被选为终身独裁官，而且还拥有统帅、大教长和"祖国之父"等尊号，集各种大权尊荣于一身，成为名副其实的军事独裁者。后来，西方的一些帝王便纷纷以"恺撒"自称，如俄国的"沙皇"就由此而来。

在西方历史上，恺撒是与亚历山大和汉尼拔齐名的伟大军事家和征服者。他在军事战术上的主要贡献，就是善于选择主要突击方向，巧妙地分割敌军，将其各个击破；在战斗队形中通常留有强大的预备队作为重要组成部分，用来加强部队在主要方向上的突击力量，这是一项伟大的创举。另外，由于他决定采用的历法成为现在大多数国家通用的公历的前身，并且把7月以自己的名字命名为JULY，他成为家喻户晓的人物。更难得的是，恺撒还是一位杰出的作家。他一生勤于著述，流传到后世的著作有《高卢战记》《内战记》等，都是他自己亲身经历的战争回忆录，文笔清晰简朴，行文巧妙。

"祖国之父"的结局

打败庞培，赢得罗马内战后，恺撒被罗马公民大会和元老院授予了终身荣誉头衔——"祖国之父"。恺撒顺理成章地把军、政、司法和宗教大权都掌握在手中，建立起个人的独裁而开明的统治。首先，他对已经非常腐败的共和制度进行了改革，在元老院增补了300名成员，而这些成员多数来自被元老贵族轻视的商业和一般职业阶层，他们宣誓绝不反对恺撒的任何命令。另外，恺撒还慷慨地授予自由奴隶的子女和高卢人以公民权，给受迫害的犹太教徒以宗教信仰的自由，还将许多居民移居到法国、西班牙、希腊等地。他采取种种措施制止了税收官的投机活动，保证了货币的稳定和流通等。总之，独裁的恺撒却给人民带来了一个公平、仁慈、开明的社会，将罗马塑造成一个强大的中央集权帝国，使罗马成为古代最鼎盛的帝国之一。正是因为如此，很多历史学家称他是才干卓绝、仁慈大度的君主，一位出类拔萃的政治家。

然而就结局而言，恺撒又是一个悲剧人物，而其根源之一就在于他的自负。事业上的巨大成功，使踌躇满志的恺撒认为，几百年的罗马共和政体已经名存实亡了，他甚至对亲信说："共和国，这是一句空话，现在已经没有内容了！"恺撒的军事独裁，引起了一部分以共和派自居的罗马元老贵族的严重不满，而有些原来支持他的人也因他的自负而感到失望。于是，有一部分人，包括守旧集团、对改革失望者和宿敌残余逐渐结合起来，为了共同的目的，组织起一个阴谋集团，以保卫"共和"之名密谋采取恐怖袭击。据说当时恺撒已察觉一些危险的迹象并听到暗杀传言，但他却不顾那些善意的警告，未做防范，甚至曾在回答死亡的问题时戏称："突如其来的死是最好的死法。"

公元前44年3月15日，阴谋集团的成员身藏匕首，邀请恺撒来元老院议事，只待恺撒一到，突然行刺。虽然有人已事先警告他这天有人要暗杀他，恺撒却没带卫队，只身一人来到元老院开会。在他从容地坐上黄金宝座后，一个刺客假装恳求他办事，抓住他的紫袍，其实是行动的暗号，随后所有阴谋者一拥而上，刀剑像雨点般落在他的身上。起初，恺撒还极力反抗，但当他看到最为信任的布鲁图也举刀向他刺来时，便放弃了抵抗，最终身中23刀，死在元老院大厅庞培的雕像旁边，时年56岁。恺撒死后，罗马元老院按照法令将其列入众神行列，尊称为"神圣的尤利乌斯"，并决定封闭他被刺杀的那个大厅，同时决定将3月15日定为"弑父日"，元老院永远不得在这天集会。

2000年来，在西欧，3月15日这一天一直被视为不祥的日子。不过，恺撒虽然死了，但罗马国家体制变化的历史走向却已不可逆转。不久，他的继承人屋大维建成了真正的帝国，使罗马进入了空前的繁荣。历史也似乎证明，以帝制替代共和制，的确是无法阻挡的趋势，而恺撒只是顺应了这一历史潮流而已。

恺撒与布鲁图

据记载，恺撒在临死前所说的最后一句话是："还有你，我的孩子？"这句话是针对刺杀者之一布鲁图而说的。长期以来，关于恺撒与布鲁图之间的神秘关系，有着太多的说法，至今没有绝对准确的结论。

布鲁图（公元前85~前42年），也是古罗马一位杰出的政治家。他是罗马显贵家族的后裔，而他的母亲塞尔维利娅年轻时曾是恺撒的情妇。一些历史学家认为，尽管恺撒有许多情妇，但他最爱的却是布鲁图的母亲塞尔维利娅。早在公元前59年，在恺撒出任第一任执政官期间，曾买了价值600万塞斯退尔的珍珠送给塞尔维利娅，可见他们当时的感情绝非一般。事实上，恺撒年轻时确与塞尔维利娅疯狂相爱，而布鲁图就恰好出生于那个时候。因此，恺撒私下里一直认为布鲁图是自己的儿子，许多罗马人也相信这样的传言。

可惜的是，布鲁图本人却一直憎恨这种说法。公元前77年，布鲁图的父亲被庞培暗杀，布鲁图被叔父收养。成年后，他靠发放高利贷迅速地成了显贵，并进入了元老院，开始在政治上崭露头角。不过，在政治上，他属于保守共和派，从而与恺撒站在对立面。因此，在公元前49年爆发的庞培与恺撒的罗马内战中，尽管与庞培有着杀父的不共戴天之仇，布鲁图却加入了前者的阵营。不久，在希腊战场上，庞培大败。可能的确是出于慈父之情，恺撒对反对他的布鲁图非常仁慈。他命令部下，在战争中不得伤害布鲁图。最终，布鲁图写信向恺撒请求原谅，而恺撒也慷慨地既往不咎，将他召入了自己的阵营。据说，恺撒当时把一柄长剑和一把犀利的匕首交到布鲁图手中说："孩子，这些是作为军人不可缺少的，留在身边用吧。"但是，他做梦也不会想到这武器有一天却用在了他的身上。

归顺恺撒后，布鲁图的仕途可谓一帆风顺。由于他机智过人，富有管理国家的才干，所以得到了恺撒的宠爱和信任。恺撒在征服高卢，建立独裁统治制度之后，把总督大权交给了布鲁图，还使其担任城市法官等显要职务。正像古罗马著名历史学家普鲁塔克所说："恺撒不但深爱塞尔维利娅而且也爱布鲁图，虽然他不过是私生子。"恺撒一直把布鲁图当作最亲密的朋友，甚至在遗嘱中将他作为第二顺序继承人。

然而，政治立场上的冲突最终导致布鲁图再次站到了恺撒的对立面。面对恺撒在罗马的独裁统治，一直以共和传统维护者自居的布鲁图开始发生了动摇。的确，恺撒的一系列政治举措给罗马共和制造成了巨大的威胁。他对元老院熟视无睹，任意处置贵族高官，这些都招来了保守派的憎恨。公元前44年3月，恺撒开始全力准备对小亚细亚地区的帕提亚人的战争。当时许多罗马人都深信一种预言：只有国王才能打败帕提亚人。于是社会上流言四起，认为恺撒将真的要在罗马称王。

还有一段有趣的插曲，在某种程度上加深了共和保守派对恺撒的憎恨，也进一步将他推向了死亡的边缘，这就是恺撒与埃及艳后克丽奥帕特拉的关系。

据记载，当初恺撒与庞培发生内战时，曾追杀后者到托勒密王朝统治下的埃及。当时，该王朝内部正陷入争夺王权的混乱之中。争斗的双方都希望获得恺撒的支持，以巩固自己的权力。有一天傍晚，恺撒驻地的卫兵通报，说埃及国王要将一件珍贵的礼品送给他。随后一名埃及仆人扛着一条毛毯进来，结果里边躺着一位绝代佳人，她就是后世闻名的埃及艳后克丽奥帕特拉。很快，两人陷入了热恋当中。恺撒在埃及逗留了相当一段时间，并在这里迎来了儿子恺撒里昂的诞生。在平定了小亚细亚的庞培余部之后，恺撒带领着克丽奥帕特拉和他们的儿子回到了罗马。据说，当恺撒班师凯旋，全罗马都沉浸在狂欢之中。游行队伍抬着2800多个金冠进入城市，威风凛凛的恺撒高坐在战车上接受人民的欢呼致敬；在恺撒身后是规模庞大的步兵、骑兵和壮观的战斗表演；晚上还表演了非洲人与400头雄狮的搏斗，以及亚洲和希腊的舞蹈。

但是，在欢迎他们的同时，本来就对恺撒的威望惴惴不安的元老们，对于一同前来的克丽奥帕特拉及其儿子，表现出了高度警觉。他们怀疑恺撒会照搬埃及的东方传统，自立为罗马国王，并让他那并非罗马公民、在罗马没有继承权的埃及儿子接管王位。并且，他们担心热恋中的恺撒很可能把克丽奥帕特拉看得比罗马的统治还重要。

于是，一些与恺撒水火不容的人开始秘密联合起来，并成功地将布鲁图拉拢过来。面对有称王企图的恺撒，布鲁图表示了坚决的立场："为国家自由而死，是我们刻不容缓的职责！"事实证明，布鲁图对恺撒可谓是恨之入骨。在他心中，恺撒就是暴君的代表，而除暴安良是他的"天命"，刺杀恺撒天经地义。而且，布鲁图从来不把自己看作是恺撒的儿子。另一方面，当时整个罗马城有许多人动员布鲁图行动起来，别再犹豫。他们还不断提及他的先祖，以此来鼓动他，因为他是第一任执政官布鲁图的后裔，而母系则起源于另一个高贵的塞尔维留斯家族。

虽然后来意大利的著名政治理论家马基雅维利曾说过一句经典的话："如果布鲁图装成一个傻瓜，他就会成为恺撒。"不错，只要布鲁图能够与恺撒站在一起，他迟早会得到一切。然而，布鲁图却选择了与反对派一起策划推翻恺撒的阴谋。

公元前44年3月15日这一天，当谋杀者们将刀剑刺向恺撒时，恺撒起先还奋力抵抗，并一面喊叫一面挣扎。可是，当他看到布鲁图手里的匕首时，几乎不敢相信自己的眼睛，然后绝望地喊道"还有你，我的孩子?"于是用外袍蒙上了头，心甘情愿地死于乱刃之下。因此，很多后世的历史学家认为，即使恺撒在临死之时，仍认为布鲁图就是自己的孩子，而他也绝对想不到布鲁图会参与谋杀自己。

恺撒死后，其部下宣读了他生前立下的遗嘱。在这遗嘱中，恺撒指定自己姐姐的孙子屋大维为自己的继承人，给其3/4的财产，并指定屋大维为自己的家庭成员，同时将自己的名字传给他；为自己可能出世的孩子指定了监护人，具有讽刺意味的是，其中几个竟是参与阴谋的凶手；此外，他还把台伯河的花园留给人民公用，并赠予每个公民300塞斯退尔。值得一提的是，当中还指定了布鲁图为第二顺序继承人。

2000年来，对于布鲁图的这一行为，众说纷纭。有的人认为，他是大义灭亲、勇于反抗暴政的英雄，在戏剧大师莎士比亚的名作《尤利乌斯·恺撒》中，就称他是"一个最高贵的罗马人"。然而，有些人却将他列入了叛徒和背信弃义者的名单，文艺复兴时代的诗人但丁，在《神曲》中就将他视为一个邪恶的出卖者，在地狱里受到无情鞭笞。但布鲁图始终认为自己的行为是天经地义的伟大之举，正像他曾说过的"我爱恺撒，但更爱罗马"。恺撒死时年已56岁，而这时的布鲁图才40岁，只要稍有耐心，深受恺撒器重的布鲁图很有可能获得罗马的最高权力，他这么做确实非同寻常。但是，不同的立场决定了对他的评说将不会停止争议。

杀死恺撒之后，布鲁图等人立即宣布，这是"自由面对暴政的一次胜利"，但是大多数罗马人并不接受布鲁图等人的说法。事实是，恺撒的突然遇刺，使拥有百万人口的罗马城很快陷入了骚乱，帝国处于动荡分裂的危险边缘。恺撒最好的朋友、军事副统领安东尼果断地采取行动，很快平息了骚乱。在恺撒的葬礼上，安东尼将象征权力威望的斗篷，高高举过朋友的脸庞，发誓要为他报仇雪恨。布鲁图等人逃亡希腊，在那里筹集资金、征募士兵、组建军队，但他们根本就不是恺撒派的对手。最后，布鲁图战败自杀，还有一种说法称他是见到恺撒的鬼魂后惭愧而自尽的。其他人也难逃惩罚，阴谋刺杀恺撒的人中，几乎没有谁在他死后活过3年的。所有人都被判有罪，并以不同方式死于非命，其中有些就是用刺杀恺撒的同一把匕首自杀的。

传奇女王：终身未嫁的伊丽莎白一世

众所周知，当今英国的国王伊丽莎白二世女王在全世界都享有崇高的威望。其实，在英国历史上，曾先后出现过不少女王。除了我们目前所熟知的伊丽莎白二世之外，还有两位也在世界历史上扮演过重要角色：16世纪时的伊丽莎白一世和19世纪时的维多利亚女王。尤其是伊丽莎白一世，她在执政时期，鼓励海外贸易，推行殖民活动，使英国国力大增，并于1588年打败海上强国西班牙的无敌舰队，为日后英国成为"日不落帝国"奠定了坚实的基础，是英国在近代成为欧洲强国的当之无愧的奠基人。同时，这位集美貌、智慧、权力、财富于一身的女王，却给后世留下了一大悬案——终生未嫁，这也成为几百年来人们一直谈论的话题。

不平凡的王者之路

伊丽莎白一世，1533～1603 年，英国都铎王朝的最后一任也是在位时间最长的一位君主（1558～1603）。1533 年，伊丽莎白一世出生在英国的格林威治，她的父亲就是著名的亨利八世，此人因实行宗教改革而成为英国乃至欧洲历史上相当有影响力的一位国王。她的母亲安娜·波琳是亨利的第二个妻子，由于亨利八世和安娜·波琳的婚姻一直得不到英国国会的承认，所以伊丽莎白也一直被认为是私生子。在伊丽莎白 2 岁的时候，安娜王后再次怀孕。不幸的是，亨利八世此时已经开始厌倦这位妻子，并另觅新欢。于是心惊胆战的安娜只好希望自己能够生出一位皇子以避免重蹈前王后凯瑟琳的覆辙。由于终日在惊惶中生活，安娜流产了——是个已经成形的男胎。亨利八世勃然大怒，让武士们从格林威治宫里把正在养身体的安娜王后拖了出来，关进了阴森可怖的伦敦塔；后又借题发挥，把曾经入宫安慰表妹的王后表兄乔治也捉了起来，随

伊丽莎白一世

即以通奸罪为名将二人送上了断头台，此时的伊丽莎白年仅 3 岁。半个月之后，亨利八世又迎娶了他的新王后。

尽管如此，伊丽莎白还是在皇室中生活，并受到了良好的教育。幼小的伊丽莎白显得异乎寻常的早熟和敏感。据说，在为人处事方面，她 8 岁时的表现就已经超过了 40 岁的女人。她知道怎么保护自己，怎样讨人喜欢，为了讨好父亲和继母，她从来不在任何人面前提到自己惨死的母亲；她甚至还学会了精良的手工，为弟弟做衣服、为父亲和继母制作小礼物。与此同时，伊丽莎白如饥似渴地学习各种知识，如同一块海绵，把她能够接受的全部吸收进去。她能说希腊语、法语、意大利语，而且都像她的母语英语一样流利。另外，她对神学和音乐、文学也掌握得十分熟练，还能翻译难度极大的法文诗，以至于有些研究者认为她就是莎士比亚戏剧的真正作者。在她那个时代，如此学识渊博的年轻贵族小姐，简直就是凤毛麟角。

1547 年，当伊丽莎白 13 岁的时候，亨利八世死了。继位的是伊丽莎白同父异母的弟弟爱德华六世，但他执政没几年也死了。随后，伊丽莎白同父异母的姐姐玛丽即位。在这位玛丽女王统治期间，英国恢复了罗马天主教，她还下令迫害国教徒，据说大约有 300 人被处以死刑，这使她赢得了"血腥玛丽"的不光彩的绰号。更不幸的是，由于伊丽莎白的母亲安娜·波琳当年为了维护自己女儿的利益，曾让正迷恋着她的亨利

八世强迫已近成年的玛丽去做婴儿伊丽莎白的侍女，并促使议会通过了一件《继承法案》，将王位继承权全部归属给了自己的孩子。因此，当时的玛丽曾受了不少委屈。当登上王位后，报复心极强的玛丽立即找借口逮捕了伊丽莎白，并将其关押在伦敦塔内。伊丽莎白后来虽然被释放了出来，但在一段时期内仍处于危险之中。1558 年玛丽死去，25 岁的伊丽莎白终于继承了王位，是为伊丽莎白一世。

一代女王的传奇

当时，年轻的伊丽莎白即位之初就面临着许多问题：与法国的战争，与苏格兰和西班牙的紧张关系，尤其突出的是英国国内的宗教派别之间的尖锐矛盾。不过在解决这一系列问题的过程中，伊丽莎白很快就显示出了非凡的才能。

伊丽莎白执政不久就通过了"至高权力与同一性法案"（1559 年），确立英国圣公教为正式的英国宗教，同时允许天主教的存在，并在其整个统治期间使这一折中法案得到了坚决的贯彻执行。就这样，她领导英国在没有严重流血的情况下通过了宗教改革的第二阶段。不可否认，伊丽莎白的正确决策在一定程度上解除了英国天主教和新教徒之间的深仇大恨，她成功地保持了民族的统一。

伊丽莎白同时开展灵活多变的对外政策。1560 年她缔结了《爱丁堡条约》，提出了一个与苏格兰和平解决争端的办法。英国与法国的战争结束了，而且两国的关系也得到了改善。伊丽莎白企图避免战争，但是由于 16 世纪西班牙有好战的天主教势力，西班牙和英国之间的战争无法避免。伊丽莎白是个智慧超群的女子，她显然讨厌战争和流血，但是需要时她毫不犹豫。由于当时的英国国力远不如西班牙，于是伊丽莎白长年不断地发展英国海军，终于在 1588 年双方进行的一场大规模海战击败了西班牙的"无敌舰队"。这场胜利使英国一跃成为世界头号海军大国，直到 20 世纪它还保持着这种海上霸王的地位。

这位女王的功绩还有：1563 年出台了"穷人法"，该法的颁布使得当地政府可以从市民身上收取经费去帮助最穷苦的农民，这对后来欧洲社会的福利制度产生了深远影响。伊丽莎白时代的英格兰以其非凡的作家和作曲家闻名，最著名的英国作家威廉·莎士比亚就产生在这个时代。这当然包含着她的一份功劳：因为她曾不顾伦敦地方当局的反对，支持莎士比亚剧院。伊丽莎白时代也是英国探险的时代，有开往俄国的探险，有马丁·弗罗比歇和约翰·戴维斯发现通往远东的西北之路的创举，有弗朗西斯·德克雷爵士路过加州的环球航行，有沃尔特·罗利爵士和其他人在北美无意中发现了英国移民的奇遇。

虽然在伊丽莎白的统治时代，英国还不是一个世界强国，但是她给英国留下了世界上最强大的海军，为随后发展起来的大不列颠帝国奠定了坚实的基础。

她为什么终身未嫁

俗话说，"男大当婚，女大当嫁"，可是，拥有至尊地位的伊丽莎白却始终独身，一再错过结婚的时机，这到底是为什么呢？

据历史记载，伊丽莎白登基时年方 25 岁。她身材修长，略显瘦削，当时的宫廷服饰特别适合她的身型，在鲸骨紧身衣的作用下，她的腰围仅有 13 英寸；而轮状皱领恰到好处地遮掩住她稍长的颈项，散开的大篷裙则更进一步地衬托出她的高贵。女王漂亮的鹅蛋脸上嵌着一双水汪汪的大眼睛，虽然略有一些近视，但却并不妨碍她的美丽，反而使得她的眼神具有一种特别的诱惑。她有一头浓密而光润的金红色长发，皮肤雪白得几乎透明，还有一双纤长如艺术家的玉手。女王不仅喜欢打扮，而且也很会打扮自己，天生的丽质配上闪亮的珠宝，时髦的衣饰，优雅的谈吐，绝对是当之无愧的美女，再加上头顶上的王冠，吸引着欧洲大陆不少王公贵胄争相拜倒在她的石榴裙下，用尽心机，渴望成为她的王夫。由于关系到以后英国王位的继承和国家的稳定，伊丽莎白女王的婚事曾被作为国家大事提上英国的政治日程。在议会里，大臣们纷纷强烈要求女王早日结婚。可是，一年又一年过去了，伊丽莎白却仍旧保持独身。

关于美貌的伊丽莎白女王为什么终身不结婚，后人有过种种猜测。有的人认为，最大的可能就是因为其父亨利八世曾两次杀妻、六娶王后，使伊丽莎白从小就蒙上了一层心理阴影，不信任男人和家庭，患上了婚姻恐惧症。还有人认为，从古至今各国王室成员的婚姻，无不烙上深深的政治烙印，只是国家政治、国际关系的附属物，包含了太多的阴谋与利益关系，所以聪明的女王宁愿选择独身也不愿终生生活在龌龊的交易中。更有一些女王的政敌宣称，伊丽莎白根本就没有正常的生理功能，是一个阴阳人，因为宫中曾传出女王的月经少得可怜之类的流言，而另一些持相反意见的人则说女王有过私生子。从这些观点看来，有些虽说是猜测，但似乎不无道理。

首先，父亲亨利八世对伊丽莎白的影响可以说是相当深刻的。亨利八世的第一任妻子是其亡兄的遗孀、西班牙亚拉冈公主凯瑟琳，这次婚姻的目的是为了继续与西班牙的联盟以共同对付法国。后来亨利八世为了与王后的女侍安娜·波琳也就是伊丽莎白的生母成婚，不惜与教廷决裂，自立英国教会。然而安娜·波琳很快就被亨利八世厌弃并被冠以通奸不贞的罪名而遭到处决。再后来亨利八世又娶了四位王后，她们或因生育而死，或被亨利遗弃，或与安娜·波琳同样结局。只有最后一位凯瑟琳·帕尔活得比亨利久，她后来嫁给海军大臣托马斯·西摩，于1584年9月死于难产。父亲的寡情让伊丽莎白领略到了男人的薄幸，性和死亡的阴影也如梦魇一般紧紧地盘踞着伊丽莎白的内心世界。

在弟弟爱德华六世当政时，摄政大臣西摩让自己的亲弟弟托马斯当上了海军大臣，又让他娶了亨利八世的遗孀凯瑟琳·帕尔，没想到帕尔却因难产而死。王太后妻子就这么死了，让满怀野心的托马斯无比懊丧，因为他做梦都想有朝一日能登上英国国王的宝座。于是，英俊的托马斯盯上了伊丽莎白公主，妄图以男色引诱她。而他的哥哥摄政大臣却不能容忍弟弟明目张胆窥视王权的做法，将他毫不留情地丢进了伦敦塔，并以此为名声讨伊丽莎白。年轻的公主义正词严地驳斥了这种无稽的指控，对别人诬陷她与托马斯养下私生女的说法予以反击，摄政大臣无奈之下只好砍了弟弟一个人的脑袋。但是尽管如此，朝臣们仍然通过小爱德华国王对伊丽莎白"不清白的名誉"加以惩处：一年半都不准姐姐踏入宫廷，还把她身边的忠实仆从予以监禁。这是年轻的伊丽莎白第一次的情感经历——追求她的男人动机如此卑劣，又为她带来了如此不堪的后果。这恐怕进一步加深了她对婚姻的恐惧感。

但是女王的婚姻无疑是英国上下关注的最大焦点，大臣们轮番向女王进言，请求她尽快选择一位合适的丈夫，尽早为王国诞育接班人。实际上，早在女王一登基，欧洲各国的求婚大使便踏上了英国的土地。最早的一群使节中当数法国和西班牙的客人最为醒目，然而女王对这两国都没有丝毫的好感。因为在玛丽女王时期，法国夺去了英国在欧洲大陆上的最后一块领地，并迫使伊丽莎白最后在放弃的条约上签了字；而西班牙国王腓力二世对英国干过的那些事，就更不用说了：掀起宗教迫害狂潮，使用酷刑，还在最后关头抛弃了身为前英国女王的妻子。又因为西法两国本就是敌对国，答应谁也不合适。不过，初登王位的伊丽莎白由于私生女的身份，英格兰女王的合法地位一直得不到承认，而西班牙在当时的国际社会中有着举足轻重的地位。于是聪明的女王不动声色地利用起腓力二世，对他的求婚态度暧昧，既不回绝又不应允，使腓力二世对联姻一直抱有希望，求婚之事因此拖了好几个月，以致当时西班牙驻英大使惊呼道："这个女人真是为十万妖魔所纠缠着。"直到伊丽莎白的地位得到国际社会的承认后，她才以宗教信仰不同为由明确拒绝了腓力二世。后来，伊丽莎白又经常以自己的婚姻为筹码，周旋于欧洲各大国之间，为英国谋求利益。

尽管如此，这位"童贞女王"并不缺乏罗曼史。据说，早在被姐姐玛丽一世囚禁在伦敦塔里的时候，伊丽莎白就认识了罗伯特·达德利，从此就一直对他情有独钟。伊丽莎白把绝境中降临的爱情看得十分重要，终其一生都矢志不渝地将达德利称为"我的眼睛"。1558 年伊丽莎白一世即位以后，立即封达德利为御用马夫，后来达德利还得到了莱斯特伯爵的封号。本来达德利可以说是英国国内最适合成为女王丈夫的人选，然而摆在眼前的事实却是残酷的：罗伯特·达德利已有妻室。伊丽莎白只好接受了这个事实，自己虽然贵为女王，却不可能遂心所愿地嫁给自己想嫁的人，这也许是上天为了让她更好地服务国家所做的安排。从痛苦的爱情里渐渐解脱出来的伊丽莎白，仍然一如既往地和罗伯特出双入对。就在此时，突然传来了罗伯特·达德利之妻艾米死在乡间居所的消息。从现场来看，这位可怜的妻子是不慎从楼梯上摔下来，扭断了脖子而死的。但是谣言立即像风一样传播开来，认为达德利一定是幕后主谋，他担忧女王日渐移情别恋，为了尽快升做王夫而扫除了这块绊脚石。甚至有人认为，女王才是幕后黑手，她为了和心爱的达德利双宿双飞，派人谋杀了这位可怜的妻子。这样的谣言，令女王大为恼火。她珍视自己历尽艰辛才得来的王座，怎么会为了一个男人、一个愚蠢的村妇损害自己在臣民间的好名声、动摇统治权呢？关于这件事的调查，持续了一年半之久，最后的结论是：达德利夫人确实死于意外。但是女王已经不太可能下嫁达德利了，无论什么时候，只要她嫁给他，人们马上就会联想到这起事故，那些可怕的谣言势必会影响伊丽莎白的威信，甚至让她失去王位。

在 29 岁时，伊丽莎白女王不幸患上了天花，病重的她非常清楚地意识到自己如果死去，国家和王位将面临怎样的将来。她似乎有些追悔莫及，没有早日结婚，没有给王国留下合法的继承人。她甚至留下遗嘱，封罗伯特·达德利为英国的大护法。没想到，女王的病情却奇迹般地逐渐好转起来。所有的人都认为，经过了这次生死考验，女王一定会毫不犹豫地下嫁达德利了。然而事实并非如此，病中的女王看清了很多人的真实面目，她的当务之急是要清除这些企图取自己而代之的王位威胁者。她的外甥女、苏格兰的玛丽女王可以说是其中最强劲的一个。玛丽本是法国王后，因国王丈夫早死，自己又和婆婆不和而返回苏格兰。她的"未婚"身份必然使得企图攀上她这根高枝的各国政要、本国政敌想要利用她来推翻伊丽莎白的统治。因此，伊丽莎白决定，要先促成玛丽的婚姻，让她的"未婚"身份消失，大掉其价。不久，玛丽就嫁给了表哥汤利——这位汤利也拥有英国王位继承权，伊丽莎白就这样不露声色地把窥视王位的汤利远远地赶到了苏格兰去。伊丽莎白没有想到的是，欧洲各国君主见风使舵的本领如此之强，前一刻还在向玛丽许诺政治利益的使节，一旦知道玛丽已婚，下一刻就转而奔向英格兰，将利益转送给未婚的伊丽莎白。因此伊丽莎白决定，要好好地保护自己的未婚身份。不久以后，从苏格兰传来的消息也进一步地坚定了她不嫁的念头。

　　玛丽女王和汤利结婚一段日子之后，就有了身孕。刚刚得知这个消息时，伊丽莎白很是不安，唯恐玛丽生下儿子而威胁到自己的地位。好在汤利完全是一只绣花枕头，真正能够协助玛丽料理国政事务的，是她的秘书瑞其欧。就在玛丽即将分娩的时候，她那愚蠢自大的丈夫汤利，在近臣的怂恿之下，竟当着玛丽的面，在荷里路德宫中率众杀害了瑞其欧。玛丽十分伤心痛苦，她万万没有想到，自己主动将苏格兰国王的宝座和权柄让给汤利，放弃女王的尊贵身份做王后，最后居然成了汤利富贵的跳板，由堂堂女王沦为这个轻浮男人的囚徒。玛丽的血泪史为伊丽莎白敲响了一记警钟，无论是达德利还是别的情人，他们真的仅仅是在爱着自己吗？如果自己也像玛丽那样，由女王变成王后，那么得偿所愿的男人难道就不会像汤利那样翻脸无情吗？汤利不过是个纨绔子弟，就已经如此大胆器张，更何况自己这些老练而富于心机的情人？伊丽莎白的王位是她历尽艰险，几次与死神较量后才得来的，她是绝不甘心将王座拱手相让的。更何况，嫁人是为了什么呢？让自己由女王变成王后？6位母亲和一个姐姐的教训难道还不够吗？

　　从父亲亨利八世那里，伊丽莎白深刻地了解到，男人总是认为自己的性别占有优势，认定女人是弱者。伊丽莎白于是决定将自己的性别变成优势，耍弄那些自认为可以在两性关系上占上风的男性君王。她是个女人，而且是个未婚的女人。她非常清楚自己的身份，也决定将这身份好好加以利用。于是，一旦有哪个国家与英国关系紧张，或是英国需要哪个国家的支持的时候，女王便会暗示自己的重臣们出面，向对方国家的使节提出建议——为什么不向我们的女王求婚呢？一旦成功，就可以不费一兵一卒地得到整个英国。欧洲大陆上所有的王公贵族都无法抵挡这个具有巨大诱惑力的建议，一般都是几乎立刻改变主意，不仅不跟英国过意不去，还想方设法地百般讨好伊丽莎白和她的国家。面对这些求婚，女王将拖拉的"爱情游戏"玩得无比纯熟，很轻巧地就把他们拖进了迷宫。当英国的困境得到摆脱，求婚者就会发现费尽心机和钱财之后，自己收获的只是一场空欢喜。明明知道自己上了当，他们却不能够再挑起战端，因为求婚不成恼羞成怒的行径在欧洲是会遭到讥笑的。另一方面，伊丽莎白却为她的英国赢得了宝贵的时间，将英国的实力再一次提升。令人惊叹的是，在伊丽莎白登基为英国女王之后，这样的"求婚游戏"，竟成功地进行过20多场。

　　1573年，伊丽莎白已经40岁了，如果再不结婚，那她将永远不能结婚，因为她即将失去生育能力，婚姻也就失去了意义，于是大臣们再次向她提出结婚的请求。然而结果却是，伊丽莎白用嘲讽的口气对大臣们说："那你们认为我该嫁给谁？"大臣们一时哑口无言。伊丽莎白威严地扫视着御座下或站或跪的大臣们，将手中的戒指戴在了一直空着的无名指上，将一句令人震惊的话甩给了目瞪口呆的大臣们："我只可能有一个丈夫，那就是英格兰。"就这样，伊丽莎白一世成为英格兰历史上最夺目的一朵玫瑰，对于英国人来说，她就是都铎玫瑰的化身。

1578 年，仍待字闺中的伊丽莎白差点就结婚了。当时，法国国王亨利二世的四弟、年仅 23 岁的安佐公爵到英国做客，年龄相差近一倍的两人一见钟情，手拉手地在御花园里嬉笑调情，甚至当众拥抱。安佐公爵弗兰西斯一心迷恋已是半老徐娘的女王，年龄的差距丝毫不影响弗兰西斯追求爱情的决心，他曾滚烫肉麻地向女王表示，自己将是欧洲最执着的求爱者，并且分别于 1579 年和 1581 年两度向女王求婚。对于女王来说，这个穷追不舍的小子虽然其貌不扬——天生一双罗圈腿、满脸大麻子，但以自己的"高龄"要想找到更合适的郎君谈何容易，没准他还真是自己结婚生育后嗣的最后指望。渐渐地女王有点喜欢上了他，并亲切地叫他"我的小青蛙"。眼瞅着这件好事有了眉目，按捺不住的安佐公爵终于沉不住气了，居然大言不惭地向来访的西班牙大使表示女王和自己不日将举行婚礼。此事顿时在王宫里传得沸沸扬扬，女王因此苦不堪言，龙颜大怒。

前不久，人们从哈德菲尔宫堆积如山的历史档案中发现了一封写于 1581 年的情书，这封长达 4 页的情书就是安佐公爵就此事向女王表示歉意的。在信纸的顶端标上了罗马字母"E"，并配以公爵家族徽章和一个利箭穿心的符号，让人第一眼便能够看懂信中强烈的示爱信号。由于这封情书是用法文写成的，而且"关键处"还使用了大量密码，所以时至今日它里面的内容还未被人们全部读懂。这封情书上端空白处有几行潦草的字迹，据专家分析这是女王当时为破译信件内容而打的草稿。历史学家、英国国家海洋博物馆客座研究员戴维·斯塔基博士说："伊丽莎白一世，她的行为就像一个女中学生。面对那些如同天书一般的密码，身为女王的伊丽莎白居然亲自动手破译，简直让人不可思议。"据说伊丽莎白曾经答应了安佐公爵的求婚，但后来不知道是什么原因，也许是考虑到英、法、西班牙之间复杂的国际关系，在将要举行婚礼的前几天，女王突然变了卦。她郑重宣布解除婚约，并表示会一辈子独身。同时她向国民发表了一番这样的谈话："我无须再选佳婿结婚，因为我在举行加冕典礼时，已将结婚戒指戴与我国臣民的手指上，意即我与全体臣民为伴，将我的生命与贞节献于英国。"从此，大受感动的英国人民也常用"贞洁女王"的美名来称呼伊丽莎白女王。

另据英国有关媒体报道，最新发现的一份材料表明，16 世纪的俄国沙皇伊万四世（又被世人称作"恐怖的伊万"），在自己的第一任妻子去世后 10 年，也曾经秘密地向当时的英国女王伊丽莎白一世写信求婚。然而由于求婚失败，于是他向伊丽莎白一世亲笔写了一封内容粗鲁、充满恶毒语言的攻击信，信中竟将一生未婚的英国女王称作是"老处女"。

最终，在位 45 年的伊丽莎白女王，选择了一条令全世界都为之困惑的人生道路。至于其中的真正缘由，恐怕也是非常复杂的，而以上一些解释，也只能是一种猜测罢了。

俄国女皇叶卡捷琳娜二世是怎样登上王位的？

沙皇俄国在其长期的君主统治中出现了一位赫赫有名的类似中国的女皇武则天式的女沙皇——叶卡捷琳娜二世。那么叶卡捷琳娜二世是怎样登上皇帝的宝座呢？众说纷纭，有人说是继承，有人说是通过发动宫廷政变，那么她又是怎样发动宫廷政变的？这还得从她成为王室成员开始说起。

叶卡捷琳娜是俄皇彼得三世的妻子，她在为俄皇室完成传宗接代任务后，地位岌岌可危，丈夫彼得早已对其厌倦，人们早已将其忘记，她只是苦苦忍受耻辱和孤寂。

叶卡捷琳娜这位不同凡响的女人绝不可能心甘情愿做一名忠实的妻子和殉难者。她一方面靠追逐声色犬马的生活来满足自己已被激起的肉欲；另一方面，她在卧薪尝胆，耐心地等待着能使她成为女皇的机会。伊丽莎白通过没有流血的政变登上皇位就是她面前最好的例子。她将要在政坛上小试锋芒了。

叶卡捷琳娜为了达到目的，开始培植私党。她把禁卫军军官格里戈利·奥尔洛夫列为首选对象，奥尔洛夫的4个兄弟阿列克谢、费多尔、伊凡和弗拉基米尔都是禁卫军军官。叶卡捷琳娜如愿如偿，奥尔洛夫成了他的情夫。这既满足了她野马般的欲望，又为未来的宫廷政变提供了很好的机会。

彼得大公也并不是吃素的，他对叶卡捷琳娜的阴谋早有所闻，他也在积极行动。这个骨子里流着普鲁士的血液的昏庸之君，早就打算与他的情妇伊丽莎白·沃沦佐娃结婚而把叶卡捷琳娜甩掉。

1762年，荒淫暴戾的伊丽莎白终于死去。根据遗诏，彼得做了皇帝。新登基的彼得三世注定是俄罗斯的克星，他把俄国推到灾难的边缘。而他的登基，也将为他的妻子叶卡捷琳娜带来灭顶之灾。

彼得决定把叶卡捷琳娜幽禁在舒吕塞尔堡要塞，并且以他凶残乖戾的性格，他下一步就要动手杀妻子。

彼得三世好像也预感到有某种阴谋正针对他而来。他将叶卡捷琳娜的党徒之一帕塞克逮捕了。叶卡捷琳娜明白只有先下手，否则就只能做阶下囚甚至是命归黄泉。事不宜迟，1762年，在奥尔洛夫兄弟的支持下，叶卡捷琳娜发动宫廷政变。士兵们穿着俄罗斯的传统军服，簇拥在新女皇叶卡捷琳娜周围并且冲上前吻她的手、她的脚和她的衣服的下摆。女皇置身于欢乐的喧嚣中。所有的俄国人好像都很兴奋，他们高呼着"叶卡捷琳娜！我们的母亲叶卡捷琳娜"，宫廷显贵、各国公使、神父争先恐后地欢迎他们的新女皇。

软弱无能的彼得三世被迫退位，接着又被软禁起来。在给叶卡捷琳娜的信中他这样写道："请陛下对我放心，我既不会想，也不会去做反对您本人和您的统治的事。"

虽然彼得对她已不构成威胁，但叶卡捷琳娜并不愿轻易放过曾给她耻辱的彼得，彼得不久就遭谋杀。叶卡捷琳娜的诏示说彼得死于剧烈绞痛，实际情况并非如此，彼得死时全身发黑，向遗体告别而吻他嘴唇的人自己的嘴都肿了。可见，叶卡捷琳娜对其十分怨恨，可能不管彼得对叶卡捷琳娜怎样，她都要当上女皇，但彼得对其确实起了极大的刺激作用。

亚历山大一世爱上了自己的妹妹吗?

亚历山大一世被称作"北方的斯芬克斯",一生中留下了无数个未解之谜。他与胞妹叶卡捷琳娜的关系是纯洁的兄妹之情,还是违背伦理的乱伦之爱,就是一个令很多人疑惑的难解之谜。

"别了,我眼中的娇娃,心中的爱神,你这本世纪的光彩,大自然的尤物,或毋宁说扁鼻子的比西安·比西安夫娜","我亲爱的小鼻子在做什么呢?我多喜欢压扁和亲吻你的小鼻子……""你要算个疯子,至少是世间绝无仅有的可爱的疯子,我为你疯狂了………""知道你爱我是我幸福的源泉,因为你是世界上最完美的尤物之一","我像疯子一般爱你!……看到你,我高兴得如痴如狂,我像个着魔的人,四处奔波,多希望能在你的怀里甜蜜地松懈下来","可惜,我已不能像过去那样(是你的双脚,你明白吗?),不能在你的卧室里最温柔地亲吻你"。如果你觉得这些香艳肉麻的语言是热恋中的男子,在情书中抒发自己对爱人的一片深情,那么你就大错特错了。这些只不过是俄罗斯沙皇亚历山大一世写给自己妹妹的信。而这些甜言蜜语使很多人怀疑它究竟是纯真无邪的兄妹情谊的表露,还是变态的乱伦的表现?

保罗一世与皇后玛丽娅·费多罗夫娜共生有三子二女,其中长子亚历山大,长女叶卡捷琳娜,兄妹俩年龄相近,从小一起长在皇宫中,父母太热衷于权力斗争,备受忽视的两个孩子自幼就建立了很深的感情。但是他们的祖母是俄国历史上赫赫有名的叶卡捷琳娜二世,她的私生活极其放纵,当时整个上流社会在她的影响之下,到处都弥漫着一股淫靡的气氛。在这种风气的熏陶下,亚历山大少年时代就已经情窦初开,显出他多情的性格特征。宠爱他的祖母在他只有16岁的时候,就为他娶了巴登王国14岁的小公主路易莎(后改名伊丽莎白)。美丽温柔的妻子让新婚中的亚历山大新鲜了好一阵子,但时间一长,这股新鲜劲就过去了,亚历山大又开始了在外面拈花惹草。特别是在他即位之后,那些垂涎他地位的女人纷纷对他投怀送抱,因此他身边常常是美女娇娃成群。其中既有上流社会的贵妇,还有法国女歌唱家,甚至在访问普鲁士期间,还与普鲁士王后路易莎眉目传情。但是亚历山大一世和他的祖母非常不同的是,在和这些女人交往时非常有节制,即使在情醉神迷的时刻也能克制自己,把关系限制在谈情说爱和精神恋爱的范围里。那些贵妇人的丈夫们对自己的妻子和皇帝的暧昧关系也沾沾自喜,对于亚历山大的风流韵事整个宫廷上下也早已习以为常,大家背后议论的倒是亚历山大一世与妹妹叶卡捷琳娜之间的特殊关系。

叶卡捷琳娜是当时公认的大美女,所有人都觉得她美艳照人,才华横溢,但是孤傲自负,举止唐突,有时甚至行为放肆,令人惊奇。兄妹俩经常单独闲坐,彻夜长谈,有时动作过分亲昵,许多宫中随从都觉得他俩之间有些行为太出格了。

亚历山大一世和叶卡捷琳娜都住在皇宫之中,每天都可以见面,但却几乎每天都要相互写信,如果亚历山大一世外出巡视或是出国访问,兄妹俩的书信往来就更加频繁。当亚历山大一世的情妇怀上小皇子后,亚历山大第一个将这个消息告诉了叶卡捷琳娜,在信中他写道:"我在家里给你写信,我的伴侣的孩子都向你致意……我在这个小家庭里的幸福和你对我的深情，是生活对我仅有的吸引力"。

1808年威镇欧洲的法兰西皇帝拿破仑突然向叶卡捷琳娜求婚，这使亚历山大非常不高兴。他不能忍受将心爱的妹妹嫁给法国的"食人怪物"，婉言谢绝说："如果仅仅由我一个人做主，我很愿意同意。但我不能独自做主，我母亲对自己的女儿仍然享有权利，对此我不能表示异议。我将试图劝导她同意。她有可能接受，但我不能担保。"叶卡捷琳娜知道这件事后，却有些不快，她一方面表示不愿意离开"亲爱的哥哥"远嫁异国他乡，另一方面又责怪兄长回绝得太早。

亚历山大一世害怕拿破仑又来求婚，于是匆忙将叶卡捷琳娜嫁给相貌平常、地位一般而且性格懦弱的德国奥登堡公爵，婚礼举行得非常仓促，婚后，叶卡捷琳娜仍常住在圣彼得堡。当她的丈夫病死后，兄妹之间的感情又像以前一样无所顾忌了。

亚历山大一世和他的妹妹之间到底是一种什么样的感情？很让人捉摸不透，作为一个庞大帝国的一国之君，他会做出乱伦的事情来吗？而且，亚历山大一世也算得上是俄罗斯帝国历史上比较洁身自好的沙皇了，他和皇后伊丽莎白的感情后来也一直不错。而更令人不能理解的是，作为一个女人和公主，叶卡捷琳娜能违背人伦纲常，不顾世人的唾骂，而和自己的兄长玩这种危险的感情游戏吗？

这个不解之谜将来是否能真正揭开就不得而知了。

朝鲜皇帝李熙为何暴死？

李熙是朝鲜第26代皇帝，1919年1月22日，他在旧王宫中突然死去，在朝鲜国内掀起了一场轩然大波，直接导致了震惊世界的朝鲜"三一起义"。

1863年，当朝鲜国的哲宗去世时，由于没有子女，王室成员决定立大院君李罡应的次子李熙为新皇帝，号高宗。李熙的童年时代可以说是享尽了荣华富贵，正当他长大成人，亲掌政权时，朝廷内部却展开了争权夺利的斗争。李熙的妻子、皇后闵氏虽然出身寒门，但却是个少见的女子，她不仅美貌多才，而且善于玩弄权术，软弱的李熙被她牢牢掌握在手中，甚至与自己的亲生父亲反目为仇。正当闵后与大院君争权夺利的斗争达到白热化时，一直对朝鲜虎视眈眈的日、俄两国乘虚而入，插手这场宫廷斗争。俄国支持闵后，日本支持大院君，宫廷之争变成了两大帝国主义国家在朝鲜的势力之争，李熙成了一名不折不扣的傀儡皇帝。

在斗争中，日本的气势最为嚣张，有一次，他们无视皇帝李熙的存在，带兵公然冲进王宫，把李家王朝500年来聚积的珍宝洗劫一空。面对扬长而去的日本强盗，李熙被吓得面如土色，浑身抖个不停。为了彻底将俄国势力逐出朝鲜，日本把目标对准了亲俄的闵后，他们先派兵包围王宫，然后40多名日本军人持刀闯入皇帝寝宫，将躲在密室中的闵后抓住，揪住她的头发拖到外面杀害。为了掩饰罪行，日本人残忍地把她的尸体搬到王宫后面的松林里，淋上汽油焚烧。看到这一切的李熙更是惊恐万分，魂不附体。除掉闵后之后的日本更加得寸进尺，要求朝鲜人改变蓄长发梳髻的传统习惯，颁布了一道断发令，命令全体男子一律剪短发。李熙以正在为皇后办理丧事为理由，苦苦哀求延缓几天，但日本公使不由分说地拒绝了，并给李熙下了最后通牒：留发不留头，留头不留发，无奈的李熙只得和儿子带头剪去长发。

受尽侮辱的李熙对日本忍无可忍却又一筹莫展，只好幻想依靠俄国人来帮他出口气，他乘坐一顶轿子偷偷地躲进了俄国驻朝公使馆里。可实际上他也只是方离狼穴，又投虎口，俄国只是想要挟李熙，为自己捞取更多的好处。醒悟过来的李熙只好趁机溜出俄国公使馆，回到了自己的王宫里。

1905年日俄战争爆发，俄国战败，日本终于独霸朝鲜，马上宣布朝鲜为它的"保护国"，把朝鲜纳入自己的势力范围。走投无路的李熙为了维护国家的独立和国王的尊严，向"万国和平会议"的代表要求保护朝鲜独立，废除日本强迫朝鲜签订的保护条约。事情没有成功，反倒引起了日本人的不满，李熙被迫让位给儿子，自己被尊奉为太上皇。1910年，日本干脆提出《日韩合并条约》，公开正式吞并朝鲜，宣布朝鲜成为日本的一个行省，派了一个总督来管理朝鲜，将李熙父子囚禁在旧王宫中，终日过着寂寞怨恨的亡国生活。1917年，当李熙听说他的第四个儿子被迫与出身日本皇族的姑娘芳子结婚的消息后，悲愤交加，从此就卧床不起。1919年，李熙突然死去，日本方面宣称他因受精神刺激，突发脑溢血死亡，但没有公布详细病情报告。

而对于国王的死，朝鲜民众并不相信日本方面的说法，他们认为，李熙是被毒死的。据说日本指使奸细把毒药放到他食用的醋里，李熙吃过了之后，很快毒性发作，在痛苦挣扎中还问道："我吃了什么东西这样难过呀？"死后两眼通红，全身有红斑，根本不像是病死的样子。这个说法流传很广，但没有确凿的证据，可愤怒的民众不管这些，即使李熙是一个毫无作为的皇帝，他们依旧把他看作是自己国家的象征，不能接受他不明不白的死去，因此民众披麻戴孝，从各地涌进汉城（首尔）吊丧，反日的呼声一浪高过一浪。3月1日，成千上万的民众以祭奠之名，在汉城举行了大规模的反日示威游行，并不断升级，李熙的国葬最后变成了一次反日民族大起义。

作为一个亡国之君，李熙是无法把握自己的生死的，病逝或是被毒死都有可能。朝鲜人民以他的死亡为契机，开始了掌握自己民族命运的斗争。至于李熙的具体死亡原因，只能是一个永远的谜了。

梅林宫悲剧

1889年1月30日早上七点半，仆人发现当时奥匈帝国的皇太子和他的情人在梅林宫的房间里开枪自杀了。人们想不通年轻有为的皇太子为什么要自杀，为情？还是为争权？谁也不知道真正的答案是什么？梅林宫的悲剧也成为17世纪末至20世纪初欧洲六大历史之谜中的一个，可惜直到如今也没有人能弄清事情的真相。

有人直截了当地从皇太子和他的情妇自杀于梅林宫这一事实断定，梅林宫的悲剧是一出爱情悲剧。皇太子鲁道夫在16岁的时候就和比利时公主斯德法妮订婚，然而他们婚后的生活并不幸福，尤其让鲁道夫感到灰心丧气的是斯德法妮在生了一个女儿之后就不能再生育了，所以好几年以来鲁道夫一直想要离婚，但是奥匈帝国的皇帝不同意他这么做。有一次鲁道夫甚至采取了一次胆大妄为的行动：在没有征得皇帝的同意的情况下，他向罗马教皇提出了解除婚姻的要求。教皇没有给他直接的答复，而是把这件事告诉了约瑟夫皇帝。皇帝的震怒是可想而知的，他把鲁道夫叫来狠狠地训斥了一顿，警告他不要痴心妄想。幻想破灭后的皇太子则以到处寻欢作乐来消解他的精神痛苦，结交了许多漂亮的舞女和卖弄风情的伯爵夫人，经常夜不归宿，通宵达旦地和她们在一起厮混。

1887 年末，在波兰人举行的一次舞会上鲁道夫经人介绍认识了一位名叫玛丽·维兹拉的少女，她对英俊潇洒、风流倜傥的皇太子一见钟情，疯狂地爱上了他。在几个月中间，玛丽写了大量燃烧着炽热爱情之火的情书给皇太子，最后鲁道夫似乎也被少女的痴情融化了，感到了一种别人不曾给予过他的热烈无比的爱情。两人之间的感情越来越浓烈，简直片刻也不能分开，还酿出了一起大伤皇室风雅的丑闻：1888 年 6 月，皇太子夫妇应邀去英国参加维多利亚女皇登基五十周年庆典，玛丽在皇太子夫妇之前就赶到了英国，等待和鲁道夫会合，醋意大发的皇太子妃闻讯后拒绝陪皇太子前往。这件事情之后皇太子夫妇之间的关系闹得更僵了，鲁道夫有一次公然对斯德法妮说："既然没有什么解决的办法，那么只好我先打死你，而后我再自杀了事。"这些威胁性的话语传到了皇帝的耳朵里，实在是令他头疼不已，最后只得决定对儿子摊牌，让鲁道夫为了皇室的稳定断绝与情人的关系。

1889 年 1 月 28 日，皇太子原本约好了胡约伯爵和他的妹夫一起乘火车去梅林宫附近的森林中打猎。凌晨五点半，皇帝突然召见了皇太子，一个半小时以后，鲁道夫从父亲那儿出来，回到了自己的办公室，在那里他迅速写了几封信，分别是给斯德法妮、他的妹妹、他的母亲以及一些朋友。然后他回到自己的寝宫，告别妻子和女儿后独自动身去梅林宫了，过了一会儿，另一辆马车悄悄地把玛丽也送到梅林宫去了。

在皇太子生命的最后一个晚上，他给自己的贴身仆人洛斯歇克写了一张便条，让他去找一名牧师为他祈祷，要他"把我和女男爵合葬在一起"。悲剧发生后，人们从皇太子写给妻子的信中看到这样的话语："你终于在我的羁绊之中和我为你带来的痛苦之中解脱出来了，祝你万事如意……"人们还从玛丽写给她妹妹的遗书中也读到大致相同的意思："你只能为爱情而结婚。我未能这样做，然而我情愿到另一个世界去。"因此，很多人认为，皇帝突然召见鲁道夫时一定严厉地训斥了他一顿，并且逼他立即与情人绝交，痴情的鲁道夫无法和心爱的人分开，只得和情人双双选择了殉情的绝路。

也有一些人不同意这种为情自杀的观点，他们认为皇太子的死应从政治角度找原因。鲁道夫作为皇位继承人，自幼就受到与众不同的教育，他的老师们在学问方面都是帝国最出色的，可是却没有考虑他们的政治观点。有一段时间，小皇太子居然跟着一位被皇帝长期流放过的、参加过革命军的祭司学习。因此，鲁道夫在血气方刚的年纪，就匿名在奥地利报刊上发表抨击奥地利贵族制度的文章，尖锐嘲讽"那些贵族们愚昧无知，根本不适合担任任何官职"。他的叛逆性格和活动致使他每一次外出都有一些伪装的警方人员跟踪，他的住处也受到监视。

据传说，鲁道夫曾答应只要匈牙利人起兵反对他的父亲，他就会宣布奥匈分治，而他可以就任匈牙利国王，因此鲁道夫是出于政治原因自杀的。当然要证实这一点还缺乏足够的材料，不过他在写给妹妹的信中说："我是违心地辞别人世的。"似乎可以间接证明鲁道夫的死是被迫的。

皇太子的死讯使整个皇宫里充满了沮丧和恐慌。官员们、侍从们在长廊里跑来跑去，不了解情况的人紧张得不知所措。下午两点，皇帝才稳住了神，召集起全体皇室成员和大臣们，通报并紧急处理这一突发事件。最后皇室公布皇太子是因为"极度兴奋，于今日凌晨死于心肌梗死。"2月2日午夜，一辆灵车将皇太子的尸体悄悄运回了维也纳，5日，皇太子的灵柩被送往皇家墓地。皇帝也没有让很多的人去参加葬礼，不过据说皇帝哭得很伤心。

其实整个事件有一个关键的地方，那就是28日清晨皇帝紧急召见皇太子，在那一个半小时里，如果知道他们父子之间到底谈了些什么，那就能够很清楚地知道鲁道夫自杀的真正原因。皇帝是这个悲剧故事中唯一的知情者，然而当他撒手尘世的时候却将整个梅林宫悲剧的谜底带走了。

日本天皇在二战后未被处死之谜

众所周知，日本是发动第二次世界大战的三大轴心国之一，而在二战的中国战场上日本军队更是对中国人民犯下令人发指的滔天罪行。那么为什么日本许多战犯被送上了国际军事法庭接受世界的审判，而作为当时日本最高统治者的天皇没有对战争罪行负责？而在众多日本战犯被处决的同时，天皇又身处何处呢？这在二战历史上不能不说是一件十分蹊跷的事情。

1945年8月15日，日本裕仁天皇《终战诏书》的播出向日本民众乃至世界正式宣布日本无条件投降。日本投降后，日本国内部分民众、一些受害国、国际仲裁机构乃至裕仁本人都认为天皇对战争应负起责任。日本国内一些进步群众团体的领袖以及部分深受战争创伤的同盟国呼吁：裕仁作为战争期间的国家元首是发动战争的元凶，理应作为头号战犯接受国际法庭的审判与惩罚；并再三提出应废除日本天皇制，改变日本现存的政治体制。为清算法西斯余孽，重建世界和平与公正，战后在东京设立了远东国际军事法庭。澳大利亚法官威廉·维著作为军事法庭的审判长也认为："如果不审理天皇，战犯一个也不能处以死刑。为了维护法律的公正，他应在国内或国外受到拘禁。"甚至裕仁本人也感到理亏，难以面对愤怒的世人，他觉得应理所当然地负起战争的所有责任。

于是，一个历史性的会面便决定了裕仁天皇的命运，世界历史也添上了几许神秘的色彩。1945年9月27日上午9时，裕仁头戴大礼帽，身穿燕尾服，亲自正式地晋见了美国五星上将麦克阿瑟将军，当时这位声名显赫的将军是盟军驻日占领军的最高官员。在这次具有特殊意义的会见中，裕仁表现得体、态度坦然，勇敢地承认"对于日本政府的每一个政治决定和军事行动……我是唯一的责任者"。也正因如此，裕仁天皇给麦克阿瑟留下了非常好的印象，若干年后这位上将回忆起裕仁时曾说："在当时，我感到我面对着日本第一个当之无愧的有素养的人。"作为盟军驻日占领军总司令，麦克阿瑟指示裕仁否定日本注定统治世界的"大东亚"观点，维护世界和平，肃清国内黩武精神，另外否定天皇的神圣性，天皇由神回归为人。裕仁都一一照办。

在通盘考虑美国国家利益和盟军面临的形势后，麦克阿瑟在向总统杜鲁门的汇报中声称，"不能把日本昭和天皇作为战犯逮捕"。因为基于长久以来天皇在日本的特殊地位及对日本民众的影响，保留天皇有利于帮助盟国占领控制日本。根据麦克阿瑟的建议，并考虑到政治上的需要，远东国际军事法庭审判员以表决的形式做出了裁决：凡涉及日本天皇的各类起诉，均不予受理。这在很大程度上可以说是美国基于国家利益及全球战略的考虑而给日本天皇的一块"免死牌"。

第二年4月3日，远东委员会决定对天皇不予起诉。

6月18日，远东审判首席检察官基南在华盛顿宣布对天皇不以战犯论处。

与华盛顿相呼应的远东审判日本辩护团一致通过决议："不追究天皇及皇室。"

历史就这样给我们开了个玩笑，当东条英机等7名日本甲级战犯接受绞刑之时，战争中日本的最高领袖裕仁天皇却安然无恙。

不爱江山爱美人——英王爱德华八世放弃王位之谜

浪漫电影中常常出现"不爱江山爱美人"让人心动的情节。然而现实世界中，面对权与利，英王爱德华八世却做出了这一惊人之举。1936年12月11日，爱德华八世自愿放弃王位，而与一个曾两次离婚的平民妇女结婚，确实让人惊叹。

这位平民妇女就是沃丽丝·沃菲尔德，她既没有漂亮的容貌也没有超人的才华。可是1931年王太子在伦敦第一次遇到沃丽丝时，就为她通晓事理、举止潇洒的风度所倾倒，沃丽丝虽已近中年，但依然窈窕如初。王子对沃丽丝一见倾心，但是父母、王室、内阁及各自治政府上上下下竭力反对王子的这一举动。身患重病的乔治五世曾满怀忧虑地对首相鲍尔温说："我死之后，这个孩子很快就会把自己毁掉！"

乔治五世病逝之后，王子登上王位以后就马上宣布要迎娶沃丽丝。他的决定遭到了包括首相鲍尔温在内的谋臣们的一致反对，而爱德华八世却回答："我现在考虑的唯一问题就是自己配不配当沃丽丝的丈夫，和她在一起就是我永远的幸福……无论当国王还是不当国王，我都要娶沃丽丝，为了达此目的，我宁愿退位。"

由于政治风暴骤然来临，沃丽丝在"存心勾引国王，妄想当王后的'美国冒险家'"等各种诽谤、咒骂声中悄然离去，她不愿由于自己的爱而使国王受到伤害。于是远在国外的沃丽丝写信给爱德华八世，要求分手。可是爱德华八世却说："即使因为和你在一起我一无所有，我也没有怨言，比起你来，王冠、权杖和御座都不重要。"这爱情高于一切的誓言使沃丽丝在各种诽谤、咒骂声中得到安慰。

1936年12月11日，在位不到10个月还未加冕的爱德华八世发表了告别演说，他满怀激情地说："我的朋友们，没有我所爱的那个女人的帮助和支持，我感到不可能承担我肩负的重任。"几个小时后，他便在皇家海军驱逐舰的护送下离开了英国，去有沃丽丝的地方了。

1937年乔治六世继位，封爱德华八世为温莎公爵。终于，爱德华八世与沃丽丝在法国结婚，并一起幸福地生活了35年。1972年，78岁的温莎公爵病逝，沃丽丝在对丈夫的思念中度过人生最后的14年。沃丽丝每天都要将丈夫的遗物整理好，并一直保持他生前的模样。在她的晚年整理了回忆录，并整天沉浸在她丈夫喜欢的音乐中。

1986 年 4 月 24 日，沃丽丝因肺炎在巴黎郊外逝世，享年 90 岁，他们之间动人的爱情故事也暂告一个段落。但是作为"历史上伟大爱情一例"，它将永远被人们津津乐道。

人们对爱德华八世"不爱江山爱美人"的举动有着不同的看法和猜测，对此褒贬不一：有人认为，王子是受"现代派思潮"影响，要以此来冲击腐朽的君主制度；也有人认为是王子经受不住沃丽丝美色的引诱；还有人认为王子是为了真挚的爱情。更让人无法理解的是沃丽丝从来不公开地为温莎公爵辩解，也不为自己洗刷冤屈，是被世俗和礼教所束缚，还是另有隐私？有朝一日人们也许可以了解这爱情的真正意义，也希望人们会从他们已公布的 80 多封情书中发现什么。

孤岛疑案：拿破仑去世之谜

拿破仑·波拿巴，法兰西第一帝国的皇帝，伟大的军事家、政治家。这个个子矮小的法国人，拥有传奇的一生。他在战场上所取得的举世无双的胜利，令无数征伐者为之汗颜；他带给欧洲的巨大政治冲击，曾影响了千万人的命运。然而，这样一位绝代英雄，却最终在一个名为滑铁卢的地方遭到了人生最大的打击，并被他的政治敌手流放到大洋中的一个孤岛上，最终寂寞地在那里结束余生。不过，人们并没有彻底将他忘记，180 多年以来，这位英雄是如何死去的，已成为世界历史上著名的一大谜案。

辉煌的一生

拿破仑·波拿巴（1769 年 8 月 15 日～1821 年 5 月 5 日），法国近代史上伟大的军事家和政治家。他出生于科西嘉岛阿雅克修城的一个破落贵族家庭，10 岁就进入军校学习，年仅 16 岁就被任命为炮兵团少尉军官。1789 年法国资产阶级革命爆发时，拿破仑同情革命并成为雅各宾派的拥护者。1793 年 7 月，由于一举攻下了保王党的堡垒土伦，拿破仑深受革命领袖罗伯斯庇尔的赏识，被任命为少将、炮兵旅长。1795 年 10 月，拿破仑率炮兵击溃了巴黎保王党人的武装叛乱，被督政府晋升为陆军中将、巴黎卫戍司令，从此开始成为军界和政界的重要人物。

1796 年 3 月，年仅 26 岁的拿破仑被任命为法国意大利军司令官，从此开始了独立作战的生涯。出发前，拿破仑与巴黎著名的交际花约瑟芬举行了婚礼。在意大利，他与处于优势的第一次反法同盟军连续作战，取得了一系列的辉煌胜利。1798 年 5 月，拿破仑又受命远征埃及。1799 年 8 月，拿破仑看到国内局势急转直下，人民怨声载道，认为时机已到，立即率亲信离开埃及，冲过英国海军的封锁，秘密返回巴黎，并于 11 月 9 日发动了著名的雾月政变，成为第一执政。1800 年 6 月，拿破仑打败第二次反法同盟。同时在国内，他利用欧洲大陆短暂的和平，励精图治，发展国力，一时间法国出现了繁荣昌盛的局面。1802 年 5 月，经全民投票通过，拿破仑成为"终身执政"，集行政、司法、立法大权于一身，为向帝制过渡铺平了道路。1804 年 5 月 18 日，拿破仑正式加冕，宣告自己为法兰西第一帝国的皇帝，称号为"拿破仑一世"。在位期间，他还颁布了著名的《拿破仑法典》，该法典确立了资本主义立法规范，至今还对西方社会发挥着作用。

此后，拿破仑又多次打败奥、英、俄等国结成的反法同盟，迫使对手或割地、或赔款求和，期间还占领西班牙等国。1810 年 3 月，他与约瑟芬离婚，娶奥地利国公主玛丽亚·路易莎为妻。1812 年，拿破仑发动了对俄国的远征，这成了他一生中的重大转折点。起初，他的军队长驱直入，直捣莫斯科城。然而，当地的严寒气候和俄国军民的抗法斗争终于使法军大败而归。18135，欧洲第六次反法同盟成立，拿破仑率军 40 万余联军作战，结果在莱比锡战役中一败涂地，各附庸国及诸小邦乘机起来摆脱法国控制，拿破仑陷入四面楚歌的境地。1814 年，反法联军向法国本土进军。很快，巴黎沦陷，拿破仑被迫于 4 月 6 日宣布退位，并被放逐到意大利的厄尔巴岛，波旁王朝复辟。然而，拿破仑再次创造了世界历史上罕见的奇迹。不到一年的时间，他竟成功地从厄尔巴岛上逃了出来，并迅速集结了数以万计的支持者，于 1815 年 3 月 20 日，不费一枪一弹进占了巴黎，重新登上皇帝宝座，建立了"百日王朝"。当时正在维也纳开庆功会的欧洲各君主国慌忙调集重兵，组成第七次反法同盟军。1815 年 6 月，拿破仑在滑铁卢战役中几乎全军覆没，被迫第二次退位。10 月，他被流放至更遥远的圣赫勒拿岛。

1821 年 5 月 5 日，拿破仑在岛上病逝，终年 52 岁。19 年后，法国的七月王朝派军舰到圣赫勒拿岛迎回了拿破仑的遗骨，将其安葬在塞纳河畔的荣军院。

官方的说法：拿破仑死于胃癌

拿破仑去世后，有关方面对他的尸体进行了解剖。但在当时复杂的政治环境下，为了避免难以预料的政治风波，解剖的过程和病情结论，始终未对外界做任何披露，最终只是由法国当局出面宣称拿破仑死于"心血管疾病"。然而，一位名叫科斯坦的专家，在对拿破仑生前最后一位医生弗兰斯西科·安东马奇书写的病历进行仔细研究后，提出了新的观点：拿破仑死于胃癌，其理由主要有 3 个方面。

第一，从遗传学的角度来看，癌症可以说是拿破仑家族的遗传病，这是支持拿破仑死于胃癌一说最有力的论据。研究者发现，拿破仑一家三代人中大多数死于胃癌，这其中包括他的祖父、父亲与 3 个妹妹。有关专家也介绍说：第一，存在着纯遗传性的胃癌，也就是说由患胃癌的父母等直系亲属直接遗传给下一代；第二，胃癌的遗传性更多的是体现在遗传物质上，它不同于遗传病，父母有就一定会传给下一代。就目前病因学研究结果看，有些癌瘤可能是在一定的遗传特征的基础上，再加外界致癌物作用所致。既然拿破仑一家有多位成员因胃癌而死，并且基本上都是他的直系亲属，那么拿破仑患胃癌的概率自然是很大的。

其次，拿破仑本人也一直认为自己得的是癌症。研究人员根据文献记载发现，拿破仑平时总是喜欢把右手插在马甲中，这个细微的生活习惯正好反映出他一直遭受着严重胃痛的折磨，而恶性胃溃疡发展成为胃癌的可能性相当大。同时，止痛药在拿破仑的日常生活中频繁出现也是一个很好的佐证。据说人们在给拿破仑做尸体解剖时，发现其胃已溃烂，肝部微肿，其他内脏完好。拿破仑的私人医生弗兰斯西科·安托马奇在病历中有这样的记载：拿破仑死前上腹部剧痛难忍，打嗝呼出的气味非常难闻；他还有慢性神经衰弱和厌食迹象；拿破仑患有慢性泌尿系统疾病，夜里常咳嗽，并出冷汗，而这些症状同胃癌病人发病的症状非常相像。科斯坦还表示，报告中用医疗术语暗示，医生在拿破仑体内发现了一个胃瘤。由于当时做尸体解剖的除了有拿破仑的私人医生弗兰斯西科·安东马奇外，一同在场观看的还有 5 位英国医生，因此一般认为，医生在尸体解剖时做手脚的可能性不大，这一结论性的病情报告的真实性还是有保障的。所以它在相当长的一段时期内，在史学界享有绝对的权威。

第三，近年来又有一项新的研究成果表明，拿破仑确实死于胃癌，这项研究是由瑞士巴塞尔大学医院解剖病理学院专家艾利桑德罗·鲁格里领导的小组和苏黎世大学医学史研究所的科学家们联手进行的。研究的手段则很奇特，它通过对拿破仑不同时期所穿的裤子进行分析得出结论。研究者们共分析了 12 条拿破仑生前穿过的裤子，其中有 4 条裤子是他被流放之前穿过的，另外 8 条是他在流放圣赫勒拿岛的 6 年期间穿的，包括他临死前穿的那一条。研究者们从死于胃癌的病人的尸检报告中获取了体重下降的信息后，又测量了健康人的腰围，并由此推算出腰围和实际体重之间的关系，随后这些数据被用来作为推测拿破仑死前几个月的体重情况的依据。瑞士科学家们测量了这 12 条裤子的腰围，然后又研究了一些活着的胃癌病人的腰围变化，结果发现，拿破仑的腰围变化和胃癌病人的腰围变化完全一致。拿破仑生前穿的最大号裤子腰围尺寸是 110 厘米，而在他 1821 年去世前，他所穿的裤子腰围已缩小到了 98 厘米，也就是说裤子腰围的最大差异达到了 12 厘米。

法国人民的愤怒：拿破仑是中毒而死

由于在法国人民心目中，拿破仑享有无上的威望，所以当他被流放后，在短短的时间内就逝世的消息传出时，很多人都曾对此事表示了怀疑。尤其是在法国人民中间，当时就有拿破仑被毒害致死的传言，并逐渐流传开来。他们认为，既然在英国人眼中，拿破仑是"刽子手"和"最可怕的危险人物"，那么当昔日的敌人成了自己的阶下囚，面对如此绝佳的机会，他们岂能放过他？同时，法国人民并不仅仅是出于对自己民族英雄的爱戴，才产生这种怀疑的，而是有所凭据的。

第一，据说在拿破仑贴身男仆的日记中曾记载到，拿破仑在狱中经常忍受慢性疼痛，这也一度成为他被人投毒致死的证据之一。曾随拿破仑一起流放到圣赫勒拿岛的仆人路易·马尔尚，在其日记中写道：拿破仑去世前"经常失眠，腿部肿胀无力，掉头发，偶尔抽搐，总是觉得口渴"。后来，瑞典牙医和毒药专家佛舒伍德在对日记进行仔细研究后认定，上述症状均与人服食砒霜后的情形类似。

第二，人们后来在对拿破仑的头发进行化验时，从结果中也发现了一些疑点。1957 年 11 月，佛舒伍德在哥德堡的图书馆里，读到一篇新奇的论文，其中提到只需用一根头发就能分析出砒霜含量，这促使他开始着手验证自己的推论。3 年后，他专程到巴黎从拿破仑侍从的后裔处索取拿破仑的头发。经过 23 年的努力，佛舒伍德用现代技术鉴定了拿破仑头发的化学成分。他发现越是接近头发根部，所含的砷就越多，而一般人头发中砷含量是极低的。因为砷是一种有毒的化学元素，它的化合物——三氧化二砷就是砒霜，一种剧烈的毒药。拿破仑头发中的砷含量比正常人头发的含量高出40 多倍。这一结果似乎足以证实拿破仑死于"中毒"的说法。后来，法国斯特拉斯堡的科学家也通过对拿破仑发样分析确认，其砷的含量是正常人的7~38倍。这些科学家认为，只有长时间的慢性砷中毒才会达到如此高的指标，所以他们据此认定拿破仑很可能是死于砒霜中毒。再后来，美国联邦调查局和法国巴斯德大学也对拿破仑的一根头发进行了分析，并从中发现了相当数量的砒霜。所有这些结果，无疑都在向人们昭示拿破仑死于中毒的"事实"。

至于凶手为何选择砒霜作为杀人的工具，怀疑者推测，除了因为它的毒性之外，还在于它无臭无味，难以在尸体上被检验出来，而且人们往往容易将砒霜中毒的症状与其他一些疾病的症状相混淆。但另一方面，有专家认为，根据历史记载，拿破仑是个非常小心谨慎的人，总是时刻保持着高度的戒备心理，他的皇后约瑟芬就曾亲口说过皇帝总担心被下毒害死的话；即便是在去往圣赫勒拿岛的船上，拿破仑也从不随意享用自己喜欢的食品，而是通常要让大臣们亲口尝过一小时后，才开始品尝。那么，如此小心谨慎的拿破仑又怎么会轻易中毒呢？究竟又是谁下的毒？围绕这些问题，多年来出现了各种各样的说法。

英国历史学家钱德勒等人认为，毒害拿破仑的最大嫌疑犯应是拿破仑的好友查尔斯·蒙托隆伯爵，他当年正是利用自己的这种身份所创造的便利条件，秘密在拿破仑饮用的酒中放入了砒霜，毒死了这位蒙难的法国皇帝。不过，在蒙托隆为何要投毒的问题上，研究者们又存有很大争议。

有人认为蒙托隆是谋财害命，持这一观点的研究者认为，根据当时的文件记载，拿破仑在其遗嘱中为蒙托隆留下了价值200万法郎的金币，在蒙托隆后代家中发现的文件也显示，身为律师的蒙托隆当时陷入了非常严重的财务困境。所以他们推测，很可能蒙托隆是为摆脱这种困境，才产生了"提前获得拿破仑遗产"的想法，并将之付诸行动。

还有一些历史学家则宣称，这是一起政治谋杀。他们分析蒙托隆应该是法国保皇党和英国的间谍。由于这两派力量都不希望他长命百岁，尤其是拿破仑的卷土重来，曾使他们胆战心惊，只有拿破仑的死亡才能彻底让他们放心。再有，当年为了防范拿破仑从南大西洋逃跑，英国还派遣了一支舰队和5000名士兵日夜轮流地监视圣赫勒拿岛，仅此一项每年所需的军费开支就高达800万英镑，如果拿破仑不在了，这笔额外的军费开支岂不是就节省下来了吗？在这种情况下，蒙托隆进入了他们的视野，成为他们除掉拿破仑的最好人选。对于蒙托隆伯爵而言，此举可谓是"一箭双雕"了，他当然会竭尽所能的不辱使命。有人认为，在法国国王路易十八的兄弟阿图瓦公爵指使下，蒙托隆曾多次阴谋杀害拿破仑。这位阿图瓦公爵作为法国王室的继承人，当然担心拿破仑复出推翻君主政体，所以非常支持暗杀拿破仑的行动。

还有一种离奇的说法，认为蒙托隆是因为"爱"才投毒的，提出这一说法的正是当年投毒者的后人——弗朗索瓦·德·孔戴·蒙托隆，他提出这种说法的依据是一本手记。近30年以来，弗朗索瓦一直潜心研究拿破仑在圣赫勒拿岛上度过的最后日子的记录。一次偶然的机会，弗朗索瓦在自家祖传的宅院中发现了一个暗室，暗室里藏有其先人蒙托隆伯爵撰写的一部关于圣赫勒拿岛生活的手记，伯爵在这本手记中记载了他和拿破仑在圣赫勒拿岛生活的情景。此外，历史学家还发现了伯爵与同时流亡到岛上的古尔戈将军合写的 8 卷回忆录和一些信件，其中一封信可能就是拿破仑的亲笔信。这些历史文献再一次证实了拿破仑被毒死的说法，凶手正是拿破仑的忠实随从——蒙托隆伯爵。手记中说，伯爵在圣赫勒拿岛上经常给拿破仑吃含有小剂量砷的药，但他此举并不是为了暗杀拿破仑，而是出于对他的无限忠诚的"爱"。伯爵希望能通过给拿破仑服食这种小剂量的毒药，使"伟大的皇帝"身体日渐衰弱，给人以一种患了重病的印象，从而最终促使狱卒能允许拿破仑返回欧洲大陆接受治疗。那么这个伟大的计谋为什么最终没能实现呢？弗朗索瓦推测，也许原因就在于拿破仑一直认为自己胃部有肿瘤，为了减轻胃部疼痛而经常服用止痛药。不幸的是，正是这些止痛药与砷发生了致命的"化学效应"，从而使他命丧黄泉。

不过，也有相当一部分研究者从科学的角度分析，认为拿破仑的中毒并非是人为的，而是另有根源。据介绍，拿破仑被放逐到圣赫勒拿岛时，在他所居住的卧室里贴着一种特殊的墙纸。这种墙纸长不到 1 米，但其成分中有一种富含高浓度砒霜的绿色涂剂。一些专家指出，圣赫勒拿岛位于南大西洋，岛上的气候非常潮湿，含有砒霜的墙纸受潮后会蒸发出水汽，这些水汽中同样也充满了高浓度的剧毒砷化物，进而污染了整个卧室的空气。拿破仑长期呼吸这种有毒物质，不可避免地导致慢性中毒而死亡，这大概就是我们今天所说的室内装修污染吧。当年监狱看守的记录上曾记载道："拿破仑在生命的最后阶段，头发脱落，牙齿露出了齿龈，脸色灰白，双脚浮肿，心脏剧烈跳动而死去"——这类似于砷中毒的症状。英国文献专家理查德认为，这或许能证明导致拿破仑死亡的真正原因的确是砒霜中毒，但并不是人为的。

有趣的是，近年来，随着科学技术的发展，"中毒"说也日益面临质疑。2002 年10 月，应法国《科学与生活》杂志之邀，法国 3 位权威人士利用同步加速器射线对拿破仑遗留下来的头发进行了细致的分析。这 3 位权威人士分别是巴黎警察局毒物学实验室负责人里科代尔、法国奥赛电磁辐射使用实验室专家舍瓦利耶，以及巴黎原子能委员会专家梅耶尔。《科学与生活》杂志将拿破仑遗留下的一些头发交给了 3 位专家，希望他们能据此为拿破仑之死下个结论。据介绍，这些头发共有 19 绺，有的是在拿破仑死后从其尸体上取下来的，也有的是在拿破仑在世时保留下来的。三位专家对每绺头发都进行了上百次的测量，结果显示：无论是在 1821 年拿破仑死后取下的头发里，还是在 1805 年和 1814 年拿破仑在世时保留下来的头发里，砒霜的含量都超出正常值许多倍，这一结论本来正是拿破仑被下毒致死的铁证。然而科学家们认为，关键的问题在于这些头发的取留时间相距 16 年。疑问也随之产生了，首先是不可能有人连续投毒16 年，而且如此大量的砒霜足以使拿破仑在被流放前就至少被毒死三次了。其次是在长达 16 年的时间里，这些头发中的砒霜含量几乎一致，并均匀分布在整根头发上。这就表明头发上的砒霜不是拿破仑摄食到体内的，而是来自外部环境。专家们由此断定，拿破仑不可能是死于砒霜中毒。对此，专家们做出的推测是，头发中的砒霜可能来自以木材取暖、放置老鼠药、摆弄含砒霜的子弹等，而最可能的是来自某种护发剂，因为在 19 世纪时，法国非常流行用砒霜保护头发。

在此之前，曾提出"胃癌"说的瑞士研究小组也表示，拿破仑头发中所含的超过正常人数倍的砷，很可能与他嗜酒的习惯有关。因为当时的葡萄酒制造者通常用砷来干燥盛酒的盆和桶，而拿破仑是极其喜欢享用葡萄酒的。甚至还有一种解释认为，处处对人设防的拿破仑为了防止有人毒害自己，故意服食砒霜以增加抵抗力。

庸医制造的医疗事故

2004 年，美国旧金山法医检验部的法医病理学家史蒂文·卡奇公布了自己的新观点——拿破仑死于一名庸医导致的灌肠医疗事故，从而使有关拿破仑之死的谜团又增加了新的说法。卡奇认为，拿破仑生前曾出现胃部不适及肠痉挛等症状，而他的医生天天用灌肠的方法缓解症状，结果导致拿破仑体内水电解质平衡紊乱，最终引起心律失常而死。

卡奇指出，对拿破仑之死应负直接责任的是他的那些好心办坏事的医生，因为他们对拿破仑的病痛采取了不适当的医疗措施。拿破仑生前由于常年肠胃绞痛，为了缓解症状并且减轻痛苦，医生们时常给他使用灌肠剂。卡奇认为，"那些医生时常使用又大又脏的类似注射器之类的东西"给拿破仑灌肠，并定期把通常用来引发呕吐的石酸氧锑钾注入拿破仑口中，使他因此而经常呕吐。结果却是体液中的钙离子大量丢失，出现水电解质平衡紊乱，同时体重也急剧下降，变得瘦骨嶙峋。随后，医生们又给拿破仑使用了 600 毫克大剂量的氯酸汞导泻剂（一种灌肠剂），使其本已偏低的体内钙离子水平再次"一落千丈"。而身体已经极度虚弱的拿破仑在经过这般摆布之后，体内严重缺钾，其直接后果就是引发扭转型室性心动过速症状，即由于心跳不规律，输往大脑的血液突然中断，最终导致病人死亡。据史料记载，正是在这种野蛮治疗之下，叱咤一时的法兰西第一帝国皇帝仅仅两天就一命呜呼了。另外，卡奇还指出，拿破仑体内的砷可能来自吸烟或其他外部环境因素，但这无疑使他变得更容易患上扭转型室性心动过速症这种心脏疾病。

尽管卡奇的新理论讲得有板有眼，但这一说法还是遭到了一些人士的强烈反对。美国康涅狄格州著名医生菲尔·科尔索便认为这一推理有些牵强。他坚持认为，拿破仑遭受肠胃病痛折磨已经持续了相当长时间，从症状上来看很可能是胃癌。因此，无论医生采用了何种治疗措施，最终都无法使他逃脱死于癌症的厄运。

除了以上几种主要的观点以外，有关拿破仑的死亡原因还有一些影响不大的说法。比如有的人认为他是在桃色事件中被情敌所谋害；有的人认为他早在远征埃及和利比亚之时，就曾经染上过一种热带疾病，后来虽然经过治疗而痊愈，然而在流放期间恶劣的生活环境导致了他旧病复发，最终夺走了他的生命；还有一些人认为他是死于曾一度在圣赫勒拿岛上猖獗流行的肝病等等。

毫无疑问，伟大人物的死，总是会受到世人的关注。拿破仑的死因，之所以长期成为人们所关注的焦点，一方面是因为他生前的确创造了太过辉煌的业绩，成为无数人所仰慕的对象；另一方面也因为他又是在一种具有悲剧色彩的形势下去世的，而且死时年龄也不算老。所以，一代又一代的历史学家和科学家对这一事件进行研究，试图得出石破天惊的结论，也就在情理之中了。但事情的真相究竟如何，看来需要人们继续研究探索。

埃及艳后克里奥帕特拉的情爱纠葛

有人说，克里奥帕特拉是"尼罗河畔的妖妇"，是"尼罗河的花蛇"。罗马人对她痛恨不已，因为她差一点让罗马变成埃及的一个行省；埃及人称颂她是勇士，因为她为弱小的埃及赢得了 22 年的和平。

人类历史上的众多女性当中，"埃及艳后"——克里奥帕特拉无疑是其中一位焦点人物。这位古埃及托勒密王朝的末代女皇，曾经以自己惊人的美丽、出众的才华和令人倾倒的魅力，先后征服了罗马历史上两位叱咤风云的人物恺撒和安东尼，而且使强大的罗马帝国的帝王纷纷拜倒在其石榴裙下，在当时罗马帝国势力如日中天的时候，她以个人的力量使埃及国土一度得以保全，同时也改变了罗马历史。

克里奥帕特拉是托勒密的后裔，当她 18 岁时，她的父亲托勒密十二世去世了，遗嘱让克里奥帕特拉和她的弟弟托勒密十三世共同执政。但权力欲望特别强烈的克里奥帕特拉这时就已经不能容忍弟弟和她分享王位，两人因派系斗争和争夺权力而失和。克里奥帕特拉于公元前 48 年被逐出亚历山大里亚后，在埃及与叙利亚边界一带聚集军队，准备攻入埃及。

此时，适逢恺撒追击庞培来到埃及，对埃及的王位之争进行调停。克里奥帕特拉得此消息，乘船于夜间潜入亚历山大里亚，以毛毯裹身，由人抬到恺撒房门前。克里奥帕特拉突然出现于恺撒面前，她的勇气和美貌深深打动了恺撒，于是很快就成了他的情妇。后来，托勒密十三世在对恺撒的亚历山大里亚战争中遭到了失败，溺死于尼罗河。恺撒征服了埃及后，本想宣布埃及为罗马的一个行省，但克里奥帕特拉施展她的柔情和智慧，使恺撒放弃了原来的想法，恢复了克里奥帕特拉的王位。克里奥帕特拉成了埃及实际的统治者。

公元前 44 年，恺撒被暗杀，他的朋友安东尼当上了罗马帝国的元首，称雄于罗马。在腓力比战役中最后击败共和派领袖布鲁图斯和喀西约的军队后，安东尼按照与屋大维的协议巡视东方行省，筹措资金。公元前 41 年他到达西利西亚的塔尔苏斯，遣使传讯克里奥帕特拉，想剥夺她的王位，宣布埃及为罗马的一个行省。埃及王国又一次陷入危机之中。

克里奥帕特拉是一位非常理智的女子。她深知埃及的军事力量太薄弱，随时都有被罗马统治者吞没的危险。为了保护她的祖国和保全她的王位，必须和罗马的强权人物结婚。安东尼很快就被这位美女迷得神魂颠倒，把统治帝国的大事都抛到脑后，终日与克里奥帕特拉形影不离，甚至跟着她到埃及的亚历山大港去度过了公元前 41~前 40 年的冬天。

公元前 37 年，安东尼离弃了自己的妻子，正式与克里奥帕特拉结婚。为了满足克里奥帕特拉的野心，安东尼把埃及、科埃雷一叙利亚和塞浦斯路，赠给克里奥帕特拉，这引起了罗马元老院的不满，也给屋大维反对安东尼提供了良机。

公元前 32 年，安东尼和克里奥帕特拉率领声势浩大的军队在阿克蒂姆和屋大维开始了最后的对决，结果痴情的安东尼在这场战争中一败涂地。

为了保证埃及的安全，克里奥帕特拉没有征得安东尼的同意，就向屋大维表示了臣服。绝望的安东尼发现克里奥帕特拉的佣兵开始投降，又风闻克里奥帕特拉战败被杀了，信以为真，就绝望地自杀了。克里奥帕特拉用埋葬国王的豪华仪式为安东尼举行了葬礼，然后就悲哀地自杀了。在遗言中，她恳求将自己和安东尼埋在同一个坟墓中。

克里奥帕特拉以她的美貌、魅力和才智挽救了埃及，使它能在强大罗马的夹缝中生存。虽说野史、传说和文学作品总能见到这位"埃及艳后"神秘的影子，但有关她本人的文物资料却是少之又少。

伦敦大英博物馆曾经展出过这位传奇女人的雕像，从所展出的雕像来看，女王不过是长相一般，脸上轮廓分明，看起来极为严厉的女人。她的个头矮小短粗，身高只有 1.5 米，身材明显偏胖。衣着也相当朴素，甚至脖子上有很明显的赘肉，牙齿长得毫无美感。考古学家根据出土的古埃及雕像也证实，真实的女王相貌平平甚至有些丑陋，而埃及人为了保持血统的纯净，有近亲婚配的制度，女王有可能还有某方面的缺陷。如果这是真的话，她有什么特殊的魅力使安东尼对她生死相随？这真是一个难解之谜。

冈比西斯是"自死"身亡吗？

"自死"是一个模糊的词语，是"自杀身亡"还是"自然死亡"呢？波斯国王冈比西斯为我们留下了这样一个谜题。

公元前 6 世纪，在今伊朗高原的西南部，崛起了一个强大的帝国——波斯。波斯帝国的缔造者是居鲁士，居鲁士死后，他的儿子冈比西斯子承父业，于公元前 522 年起兵征服埃及。

战争期间，国内一个名叫高墨达的祭司起兵反抗波斯，夺取了政权。冈比西斯决定立即回国处理叛乱。然而，在从埃及返回波斯途中，这位内外交困的国王突然"自死"身亡。

古希腊历史学家希罗多德在《历史》中这样记载了冈比西斯的死：古埃及人说，冈比西斯是因刺杀了埃及神牛"阿庇斯"，遭到神的"报复"才死去的。

古代埃及实行多神崇拜，他们认为牡牛都是属于阿庇斯神的。"阿庇斯"是一只永远不会再怀孕的母牛所生的牛犊。根据埃及人的传说，母牛因受太阳照耀而怀孕，生出"阿庇斯"，其标志是：黑色，前额上有一块四方形的白斑，背上有一个像鹰那样的东西，尾巴上的毛是双股的；在舌头下面又有一个甲虫状的东西。在注重农业的古埃及人的心目中，阿庇斯是最伟大的一位女神，他们举行最隆重的节庆，用洁净的牝牛和牝牛犊作牺牲来奉祀这位女神。

当冈比西斯溯尼罗河而上远征埃塞俄比亚人失败，从底比斯返回孟菲斯时，埃及人正在举行这种盛大的祝祭。据说，阿庇斯神要隔很久才会出现一次，这是一个难得的机会，所以这次的祭祀活动场面尤其壮大。在心情沮丧的冈比西斯看来，埃及人的这种狂欢行动就是对他吃败仗的最大嘲笑，于是把报告这一消息的为首几个埃及贵族杀死，并责令埃及祭司将"阿庇斯"带来。当祭司把"阿庇斯"领进来时，冈比西斯立即拔出他的短刀，向牛犊的腹部戳去，但戳中的却是它的腿部。接着，冈比西斯又下令痛笞祭司，杀死那些正在庆祝节日的埃及人。"阿庇斯"卧在神殿里，也因腿被戳伤而死去。

古埃及人说，冈比西斯由于做了这样一件错事而变得疯狂起来，犯下了一件件令人发指的罪行，如杀死亲兄弟，残害亲姐妹，活埋波斯知名贵族等。

后来，他从埃及前往苏撒，想惩办篡夺了波斯王位的米底祭司，但在途中有次上马时，他的佩刀刀鞘的扣子松掉了，于是里面的刀刃就刺中他的股部，正好伤着了他自己过去刺伤埃及神牛"阿庇斯"的同一部位。结果骨头坏疽，大腿溃烂，冈比西斯便因此而死掉了。

在古代，除了埃及人的这一说法之外，波斯国王大流士镌刻在贝希斯敦岩壁上的著名楔形铭文也谈到冈比西斯之死，但写得极为简略，其中的波斯文原文仅用一组词语表示。"uvāma r iyu amariyata"这组词语是什么意思呢？

有人认为铭文中词组的意思是"自杀"，因为冈比西斯在埃塞俄比亚战败，本来心情就很沮丧，这时国内又传来高墨达篡夺王位的消息，内外交困的情况下，冈比西斯在绝望中以自杀来结束自己的生命。也有人认为铭文中词组的意思是"自然死亡"，但到底是如何自然死亡却无法解释。还有人认为铭文中词组的意思是"自死而死"，很难将其解释为"自杀"，并且在亚述楔形铭文中表示"自杀"的词语完全是另外一种样式；这组词语也不表示"自然死亡"，因为阿卡德异文中未含此意，其他的波斯铭文中表示"自然死亡"的词语也与此不同。他们认为，"自死"之说和希罗多德的记述相吻合，即冈比西斯之死未能逃脱因其所犯罪行而遭受的惩罚。

此外，还有一些学者认为冈比西斯是被"他杀"身亡的，可能是被米底的玛高斯祭司所杀。也有人说冈比西斯"是军人中的阴谋的牺牲品"。

关于冈比西斯死亡的地点，同样也有不同的说法。据希罗多德记载，冈比西斯在临死之前曾询问他所在的那个城市的名字，人们告诉他说是阿格巴坦那。但近代有人考证，古时叙利亚无此城名，因此推测冈比西斯可能死于叙利亚某个乡村，而希罗多德不知其名。也有人认为他死在了巴比伦、死在了大马士革等等。冈比西斯是否"自死"？怎样"自死"？在历史上留下了众多的谜团。

查理大帝为何"被加冕"？

古代中国有赵匡胤黄袍加身而建立北宋王朝，在遥远的意大利也有一出这样的奇闻——查理大帝突然被教皇"皇冠加顶"，这到底是预演的阴谋，还是突降的幸福？

公元800年12月25日，在意大利的罗马城，发生了一件举世瞩目的事情：洛林王朝的皇帝查理大帝被罗马教皇破天荒地戴上一顶金皇冠，加冕为"罗马人的皇帝"。这件事情影响深远，甚至改变了欧洲的政治格局。

查理的祖父查理·马特是墨洛温王朝大权实握的宫相，以打败外族的进攻和实行采邑改革而驰名遐迩。查理的父亲"矮子丕平"于751年与教皇相勾结，废黜了墨洛温王朝的末代国君，取而代之，创建了加洛林王朝，但新王朝最强大的局面却是由丕平的儿子——查理大帝开创的。

查理生活的年代正是西欧封建化过程急剧进行的时候，查理所实行的政策措施客观上加速了这一进程，得到新兴封建地主阶层的拥护。查理是位好战的国王，为了建立一个强大的国家，他长年累月率军四处征战，使法兰克王国的版图不断扩张。经过五十多次战争，查理使法兰克王国成为控制西欧大部分地区的大帝国：西临大西洋，东到多瑙河，北达北海，南至意大利中部，差不多囊括了昔日西罗马帝国的全部国土。

795年，罗马教皇阿德一世逝世，查理支持立奥三世当选为新的教皇，立奥三世为了答谢查理，在罗马为他大唱赞歌，从而引起了罗马贵族的不满。罗马贵族首领以教皇对法兰克人软弱为借口，将立奥三世逮捕入狱，倍加虐待，几乎使立奥三世致盲致哑。立奥逃出监狱后向查理求援，查理于800年12月亲率大兵护送立奥三世回罗马，用武力平息了这场纠纷，他召集所有主教、神职人员及贵族开会，帮助立奥三世复位，并对反对立奥三世的人处以重刑。

立奥三世对查理感激涕零，为答谢查理的支持，立奥三世决定以特有的方式报答他。公元800年12月25日，当查理跪在圣彼得大教堂做弥撒时，立奥三世便为查理戴上一顶金皇冠，封他为"罗马人皇帝"，并高声宣布："上帝为查理皇帝加冕，这位伟大的和带来和平的罗马皇帝，万寿无疆，永远胜利！"参加仪式的教徒也齐声高呼："上帝以西罗马皇帝的金冠授予查理，查理就是伟大、和平的罗马皇帝和罗马教皇的保护人。"从此，法兰克王国被称为"查理帝国"，查理国王变成了"查理大帝"，亦称"查理曼"。

关于查理加冕称帝的问题，历史上存在着不同的说法，有人认为查理根本无意被加冕，那只是教皇一厢情愿的报恩行为。据为查理作传的爱因哈斯所述，查理对"加冕"一节事前毫无所知，立奥本想以此给查理一个惊喜，但他的做法却没有收到预期目的，反而使得查理感到突兀。查理认为，自己并不需要被授予尊贵荣誉。他甚至于对"奥古斯都""皇帝"等称号持有反感态度。他肯定地说，假如当初能够预见到教皇的意图，他那天是不会进教堂的，尽管那天是教堂的重要节日。依此看，查理大帝是不愿意被加冕称帝的。很多学者采取这一说法，是因为爱因哈德从20岁起便被查理聘请到宫中掌管秘书，参与机要，一生中大部分时间都跟随在查理左右，深得查理的宠信，他的记载应该是比较可信的。

事实果真如此吗？现代许多西方历史学家对此表示怀疑。有人认为，查理既拥有至高无上的权力，又能严密控制局势，绝不可能容许心非所愿之事，从当时立奥三世的处境看，他也绝不敢做冒犯查理的事。由此他们认为，查理加冕可能是他身边那些向往帝国梦的宫廷学者怂恿的结果。不过，人们普遍认为，查理不愿称帝的最大可能，还是他忌讳教皇立奥三世。教皇主动给自己加冕不仅仅是为了报恩，而想趁机重新得到一些失去的权力。

事实上，不管查理是否愿意罗马教皇为他加冕，他在实质上已经成为古罗马帝国的合法继承人和基督教世界的保护者，这次加冕是中世纪历史上的一件大事，影响极其深远，奠定了教廷和王廷对西欧进行双重统治的政治思想基础，开创了中世纪教皇为皇帝加冕的先例，也为日后的教权与王权之争埋下了祸根。

查理"加冕"的真相究竟如何？是教皇立奥三世别出心裁的偶然性举动，还是经过精心策划的历史事件？这一历史谜团，尚须认真研究、考证，才能揭开。

伊凡雷帝杀子之谜

历国历代宫廷内部都充满了血雨腥风，父子相残、兄弟反目的事情层出不穷。以暴虐成性而闻名的伊凡雷帝真的忍心杀死自己的亲儿子吗？

伊凡四世是俄国历史上第一任沙皇，16世纪俄罗斯的专制统治者。他生性残暴，17岁时杀死握有实权的摄政王，自立为帝。为了巩固政权，他曾毫不留情地屠杀所有反对他的政敌，镇压叛乱、绞死主教。他的政权是建立在恐怖基础上的，所以世称他为"伊凡雷帝"，即"恐怖的伊凡"。

俄国著名画家列宾曾创作过一幅《伊凡雷帝杀子》的油画：在灰暗压抑气氛笼罩下的画面上，奄奄一息的皇太子伊凡头无力地靠在父亲的胸前，伊凡雷帝惊恐地搂着儿子，他用一只苍老的、血管突出的手抱着伊凡的身体，另一只手紧紧按住儿子流血的伤口，试图挽回儿子的生命。但死亡的阴影已经笼罩着伊凡，他无力地支撑在地毯上，用一双绝望而宽恕的眼睛看着衰老的父亲，而伊凡雷帝的双眼中充满着悔恨，两人的眼神形成了强烈的对比。

整幅画有着一种摄人心魄的艺术魅力，它同时也记载了俄国历史上的一个传闻：俄国沙皇伊凡雷帝盛怒之下，用铁头权杖刺中太子伊凡的太阳穴，后者最终不治而死。

俗语说：虎毒不食子，伊凡雷帝却被怀疑亲手杀死了自己的儿子。人们为什么会怀疑伊凡雷帝呢？主要是伊凡雷帝的性格非常残忍。伊凡雷帝还是个孩子时就经常把捉住的小鸟一刀一刀地杀死，或是站在高高的墙上，将手中的小狗摔死，从而发泄心中的不满。在他13岁的时候，就放出豢养的恶狗，将执掌朝政的皇叔伊斯基活活咬死，暴尸宫门。而当他刚登上皇位后，为了加强皇权，就在全国范围内实行恐怖政策，惩罚反对皇权的大贵族，也不可避免地杀害了许多无辜的平民，用尖桩刑、炮烙、活挖人心、抽筋剖腹等酷刑处死了数万人，得到了"雷帝"的称呼。他的暴政和独裁不仅使遭到镇压的大贵族们心怀怨恨，也引起了广大人民的强烈反对，就连沙皇身边的人，也有"伴君如伴虎"的危机感。

关于伊凡太子的死因有着不同的说法，最普遍的一种是：从1581年起，伊凡雷帝开始怀疑太子有夺取皇位的嫌疑，多疑的性格使这种想法日益强烈，父子关系也因为他的提防而紧张起来。11月15日，伊凡雷帝看见伊凡妻子叶莲娜仅穿一件薄裙在宫中走动，违反了俄国妇女至少要穿三件衣裙的惯例，勃然大怒，动手打了儿媳，使怀孕的叶莲娜当即因惊吓流产。太子伊凡闻讯后，对伊凡雷帝大吼大叫，这激怒了伊凡雷帝。他一边大骂"你这个可耻的叛徒"，一边举起铁头权杖向儿子刺去，正中伊凡的太阳穴，最后伊凡终因伤势过重而死去。法国传记作家亨利·特罗亚在《一代暴君——伊凡雷帝》中也记述了这一事件。

苏联历史学家斯克伦尼科夫对此却有不同的看法。他认为1581年11月15日，伊凡父子虽发生激烈争吵，但父亲只是用权杖在儿子身上敲了几下。并未造成致命的伤害。太子伊凡主要因丧子和恨父所导致心理极度悲伤，以致突发癫痫病，后又继发热病死亡的。这个观点的主要论据是伊凡雷帝在1581年11月9日的信中曾谈道："儿子伊凡病倒了，今天他仍在病中。"因此可以证明伊凡是病重而死，而非父杀。

当然，历国历代宫廷内部都充满了血雨腥风，父子相残、兄弟反目的事情层出不穷。伊凡雷帝有没有杀死自己的亲儿子，至今尚无定论，只有让历史来慢慢寻找真实答案了。

法国国王亨利四世死因之谜

法国国王亨利四世在将要出征的时候被刺身亡，凶手是为了阻止一场一触即发的战争吗？显然其中有更深的政治目的。

亨利四世是法国波旁王朝第一位国王，也是一个很有作为的君主。他原为法国南部又小又穷的纳瓦拉王国国王，是法国瓦卢瓦王室的远亲。在1562年由顽固天主教分子挑起的胡格诺宗教战争中以新教领袖的身份参战，凭借出色的军事才能和善于利用敌方矛盾，成为这场内战中笑到最后的人，在1589年加冕为法国国王，开始了波旁王朝。

亨利四世结束了困扰法国多年的宗教战争。由于首领亨利公爵死去，长期在法国政坛占主导地位的吉斯家族再也不能成为和平的阻碍。法国的经济在他统治时代发展起来。亨利四世执政后励精图治，他加强了国王的专制权力，镇压反叛，大力发展经济。在他统治期间，法国国力增强，国际地位明显提高，亨利四世也因此成为一个深受人民爱戴的君主。但是，亨利四世始终有一块心病，那就是没有改变哈布斯堡王朝在西班牙、奥地利和佛兰德尔对法国形成的三面包围之势。

1610年5月14日，正当他准备出征与哈布斯堡王朝决一雌雄之际，在巴黎街上乘马车兜风时被一个据说有弑君狂的天主教徒刺死，落得个出师未捷身先死的结局。

亨利四世传奇的一生是同数不清的阴谋交织在一起的，人家暗算他，他也算计人。与他打过交道的一大批法国显要如科利尼海军上将、吉斯公爵兄弟、亨利三世都先后成了各种阴谋的牺牲品，亨利四世最后也没能逃脱厄运。

由于亨利四世是哈布斯堡王朝不共戴天的仇敌，又是在他出征前夕遇刺身亡的，所以人们纷纷议论亨利四世是所谓"西班牙阴谋"的牺牲品。但是从审问刺客的结果来看，刺杀之事似乎与哈布斯堡王朝并无关系。刺客名叫弗朗索瓦·拉瓦莱克，原是来自安古列姆城的一个狂热的天主教徒。他自称对亨利四世姑息胡格诺教派极为恼怒，多次求见国王面陈利害均遭拒绝，于是刺杀了亨利四世。后来尽管对凶手进行了多次刑讯，他仍一口咬定没有任何同谋。

不过凶手的话毕竟不可完全相信，亨利四世遇刺的案件中有不少可疑的现象。当亨利四世的轿式马车驶过狭窄的巴黎街道时，前面突然出现几辆四轮马车堵住去路，身材高大的拉瓦莱克就是这时窜出来并顺利得手的，看来有人配合。

如果说拉瓦莱克有同谋，那么同谋又是谁呢？这其中哈布斯堡王朝的嫌疑无疑最大。人们发现，1610 年 4 月底到 6 月初期间的西班牙国家档案中的一些重要档案"失窃"了，这些文件无疑同西班牙的劲敌亨利四世之死有关。

鉴于亨利四世是哈布斯堡王室的头号仇敌，因此他死于"西班牙阴谋"是完全合乎逻辑的。据亨利四世宠爱的德·维尔涅伊侯爵夫人的仆人查克林·台斯科曼透露，侯爵夫人与觊觎王位的台彼尔农公爵是这次阴谋的组织者，这伙阴谋分子一直跟马德里宫廷保持着密切联系。另外，一个叫拉德尔加大尉的人也说是西班牙王室策划了刺杀亨利四世的阴谋，他曾把危险告诉了亨利四世，但是亨利四世并没有在意。不过也有人认为台斯科曼的证词不可信，后来她也以伪证罪判了终身监禁，至于那位拉德尔加大尉写的回忆录更是有许多信口雌黄的东西。

更令人觉得奇怪的是，对于皇帝遇刺事件，当时的法国司法机关竟没有查个水落石出，这是为什么呢？

有人认为这是王后玛丽·美第奇的主意。原来亨利四世是个十足的好色之徒，王后深恐丈夫同自己离婚而使她失去在宫廷中的地位和影响。因此她已对丈夫不怀好感。甚至可以说盼他早死。亨利四世遇刺后，当台斯科曼声称掌握了阴谋分子的确凿证据而要求王后接见的时候，玛·美第奇却避而不见，任凭这件事情不明不白地成为历史。

亨利四世到底是不是"西班牙阴谋"的牺牲品，四百多年年过去了，至今也没有弄清楚。

伊凡六世遇害之谜

尚处襁褓便被立为皇帝，自此再未见过天日，伊凡六世就这样度过了悲惨的一生，直到现在。人们也不知道是谁对他下了毒手。

俄罗斯沙皇伊凡六世出生在不伦瑞克—沃尔芬比特，他的父亲是不伦瑞克的安东·乌尔利克，母亲是梅克伦堡女公爵安娜·利奥波德耶夫娜。1740 年 10 月，还在襁褓中的伊凡当上了俄国沙皇。因伊凡六世才出世 3 个月，便由其母摄政，总管国事。

安娜上台后，肆意地颁布法令、任免大臣、发动战争、鱼肉百姓，招致社会各阶层的不满。无论支持伊万五世还是彼得大帝的贵族都无法忍受安娜的统治，他们联名请彼得大帝最后的继承人，伊丽莎白·彼得罗夫娜公主继位。

1741 年 11 月 24 日，俄国宫廷再次发生政变，彼得一世的女儿伊丽莎白依靠皇族和禁卫军的支持，逮捕了伊凡六世及他的父母，自立为皇，于是"执政"仅 13 个月的伊凡六世又成了阶下囚。为防止有人假借伊凡六世名义叛乱，伊丽莎白女皇下令将他单独看押。从此，伊凡离开父母，终日与牢房为伴。1756 年，年满 16 岁的伊凡被秘密押送到施利色堡，编号为"一号囚徒"，并单独关押，任何人都不知道他的姓名和真实身份。奉命看守伊凡的两个禁卫军军官弗拉谢夫和车金直接向伊丽莎白女皇宣誓，每半个月还要向帝国枢密院呈报一份有关一号囚徒情况的秘密报告。

长年的牢房生活，使伊凡的体质、心理、性格都发生严重畸变。他头发蓬松，脸白如纸，身患多种疾病，目光呆滞。他每天除了读《圣经》和《使徒列传》以外，没有别的事可做，因此他对外面的世界一无所知。长大后，他不知道伊丽莎白女皇死后，彼得三世和叶卡捷琳娜二世相继做了沙皇。彼得三世和叶卡捷琳娜二世执政期间都曾秘密来施利色堡要塞看过他，但伊凡六世并不知道来者的身份。

1762 年叶卡捷琳娜二世登上了沙皇宝座。在彼得三世死后，她又害怕有人拥戴伊凡六世而危及她的统治，于是她亲下手谕，命令看守者弗拉谢夫和车金阻止任何未持有女皇的手谕或枢密院命令的人进入一号囚犯牢房，否则一律格杀勿论。1764 年 7 月 5 日晚，人们发现"一号囚徒"身着数剑，倒在血泊中，已死去多时。这样年仅 24 岁的伊凡，在度过了 23 年的铁窗生涯后，终于成了俄国宫廷政治的又一牺牲品。8 月 17 日，枢密院宣布：前沙皇伊凡六世因病去世。

伊凡六世死于凶杀已是不可争议的事实了，可是他死于何人之手？又因何而死呢？

有人认为是看守者弗拉谢夫和车金杀死了伊凡六世。自 1756 年伊凡六世被押送到施利色堡要塞，这两人就奉命看守伊凡。他们两人常年与伊凡一起住在监狱里，不能离开要塞一步，也不能与亲友见面，无异于被判处了终身监禁，只要"一号囚徒"不死，他们就永无自由之日。两人曾多次向枢密院请求调换他人，但上边除了不断给他们加官增薪外，对他们的请求置之不理。因此忍无可忍，杀死了伊凡，寻求解脱。

也有人认为是米罗维奇少尉准备拥戴伊凡六世为沙皇发动政变，看守者被迫杀死伊凡六世。米罗维奇少尉是施利色堡要塞的驻守军官，当他了解了"一号囚徒"的真实身份后，就准备推翻叶卡捷琳娜二世统治，拥戴伊凡六世为王。7 月 5 日晚，他带兵冲进伊凡六世牢房，发现伊凡六世已被杀死。

可怜的伊凡六世没有真正地当过一天皇帝就这样死去了，更可悲的是他的死因永远无法查清，宫廷的斗争就是这么的可怕，伊凡六世只不过是宫廷内乱的牺牲品。

铁面人之谜

法国的"铁面人"是人类历史上最富传奇色彩的人物之一，谁也没有见过他的真正面目，铁面的后面究竟隐藏了一副怎样的面孔呢？

1789 年 7 月 14 日清晨，成千上万的巴黎市民拿着火枪、长矛、斧头愤怒地向巴士底狱奔去，呐喊着摧毁了巴士底监狱。在监狱的入口处，人们发现了一行字，上面写着：囚犯号码 64389000，铁面人。可铁面人到底是谁却无从考证，从此囚犯的身份成了一个永远的谜。

1929 年英国的电影公司根据法国著名作家大仲马的小说《布拉热洛公爵》进行改编，首次将"铁面人"的故事搬上银幕，在当时引起了轰动。1939 年和 1998 年美国的电影公司又两度将其搬上银幕，电视剧也是进行了多次翻拍。那么，这个神秘的"铁面人"究竟是谁呢？

最早在作品中提到"铁面人"的是法国思想家、哲学家伏尔泰，在他的名著《路易十四时代》一书中，有这样的记述：1661 年，圣玛格丽特岛上的一座城堡迎来了一位特殊的客人，那是一个身材颀长、举止典雅的年轻人。之所以说他是特殊的客人，是因为他的头上被罩着一个特制的铁皮面罩。无论是在其被秘密押解的途中，还是在被囚禁期间都被严令禁止摘掉，因此，从来没有人见到过这个年轻人的真正面目。

在圣玛格丽特岛上关押了一段时间后，这个年轻人又被秘密押送到了巴士底狱。虽然巴士底狱是令人不寒而栗的政治犯监狱，然而在那里，年轻人却受到了特殊的待遇，生活条件良好：头等的饭菜，精美的衣着，还允许他弹奏他心爱的乐器——吉他，并且还定期为他检查身体。由于年轻人对自己的身世守口如瓶，所有的监护人员对他的了解也仅限于身材优美，皮肤略带棕色，举止文明，谈吐风趣。1703 年，这个在监狱中度过了大半生的神秘人突然死去，当晚便被葬在圣保罗教区。随着他的神秘离世，他原本神秘的身世也似乎更加神秘了。

伏尔泰的记述到此为止，此外再无更多的信息。伏尔泰还曾说过："这个囚犯无疑是个重要的人物"，"他被送到圣玛格丽特岛时，欧洲并没有什么重要人物失踪。"以上种种对于"铁面人"的描述，为后人留下了无限的想象空间。

那个神秘的"铁面人"究竟是谁呢？据说在 18 世纪，法国国王路易十五、路易十六都曾下令调查过"铁面人"，但调查的结果却无人知晓。只是传说路易十六曾明确表示。要严守"铁面人"的秘密。

几个世纪以来，人们对"铁面人"身份的猜测众说纷纭，概括出来，有以下几种。

第一种猜测认为，"铁面人"是路易十四的生父。路易十三和王后安娜婚后不和，长期分居，后经担任首相的红衣大主教黎塞留从中调解，重归于好。但此时的安娜在与一贵族情人交往中已身怀六甲，不久即生下了路易十四。为了掩住马脚，安娜的情人、路易十四的生父只得流落他乡。路易十四登基后，其生父偷偷返回，向儿子乞求赏赐，路易十四既怕丑闻暴露，又不忍心加害生父，于是，就有了一个戴面罩的终身囚徒。

第二种猜测认为，"铁面人"是当时的法官兼警察拉雷尼。拉雷尼的叔叔帕·科其涅是一位著名的医生，在宫中服侍路易十三的妻子安娜。路易十三死后，他奉命解剖尸体，谁知竟然发现死者并非路易十四的生父，他将此事告诉了拉雷尼。路易十四得知后，为防止丑闻外泄，于是下令逮捕拉雷尼并给他带上铁面罩，以防止被人认出来。

第三种说法认为，"铁面人"是路易十四的长兄，他为人忠厚老实，凶险狡诈的弟弟以阴谋的手段夺走了本该属于他的法国国王的王位，自己登上了国王的宝座。为了不让世人知道他的存在，路易十四对亲哥哥判处了终身监禁，用铁面罩掩盖他的真实面目，让他一辈子待在监狱里。但是，皇室的权势之争向来万分残酷，以凶残著称的路易十四既然能夺取王位，为什么不用毒药和秘密处死的方式来彻底解决问题，这在当时并不稀奇，反而大发善心地让"祸根"活在世上，还给予种种优待，这太不合常情了。

第四种观点是由法国历史学家托拜恩提出的，他认为"铁面人"是意大利的马基奥里伯爵。当时路易十四曾经企图将意大利曼图亚斯公爵领地的卡赞列要塞据为己有，并答应公爵在事成之后给公爵 10 万艾克。公爵在慎重考虑之后派自己的亲信马基奥里伯爵前往法国谈判。为了阴谋得逞，路易十四企图用金钱贿赂马基奥里，没曾想，马基奥里不为金钱所动，反而将此事告诉了公爵夫人。可由于公爵夫人与路易十四有暧昧的关系，因此路易十四很快就逮捕了马基奥里，将其变成了阶下囚。

无论哪种观点，似乎都有一定的道理，但同时也有很多的漏洞。时至今日，"铁面人"的身份依然是个谜，我们也只能根据电影中的故事去想象了。

法国王冠钻石失踪之谜

混乱的国家，混乱的政局，在这样一个混乱的时间，珍贵的宝物能不丢失吗？可是法国王冠钻石真的是被小偷所窃吗？

1789年法国爆发资产阶级革命，法王路易十六表面接受立宪政体，实则力图绞杀革命。1791年6月20日路易十六偕同王室逃至法奥边境瓦伦，两天后被群众押回巴黎，历时一千五百多年的法国封建王朝从此崩溃。

几天之后，法国制宪议会一位议员向公众提出了警告，提醒人们内外敌人正在试图夺取王冠上的钻石。法国王冠上有世界上最美丽的钻石与珠宝，每逢圣马丁复活节的星期二，在保安警察的监护下，巴黎人民才可在陈列柜前匆匆走过，观赏珍宝。历代法国工匠都为王冠添上新的珠宝感到荣幸，这些稀世珍宝，历来都是保存在珍宝贮藏室里。自从路易十六执政以来，这些珍宝就交给忠诚可靠的克雷图看管。

在议员的警告下，制宪议会组成了由3位议员和11位专家参加的专门委员会，负责清点保存法国王室的稀世珍宝。经过3个月的紧张工作，委员会共清点出钻石9547颗，总值达3000万法郎之巨。此后，每星期一人们都可参观这些珍宝。然而负责看管的克雷西对此却十分担心，他怕给不法之徒们以可乘之机。可是不知为什么，克雷西的职务很快被吉伦特派领袖罗兰的心腹雷斯图所代替。

1792年9月，路易十六因阴谋复辟而被废黜。此时，法国处在危机之中，外部面临欧洲联盟的入侵，国内各派争斗激烈，到处是失业与饥荒、恐怖与暗杀。在这严峻的时刻，为了安全起见，珍宝贮藏室被贴上了封条。但令人惊奇的是，这么多奇珍异宝竟然无人看守。9月17日，内务大臣罗兰在国民议会突然宣布："珍宝贮藏室门被撬，钻石全部丢失！"这个消息震惊了法国人民。

据称，自9月11日深夜至14日深夜，盗匪3次光顾珍宝贮藏室，无人觉察。在16日当盗匪第四次盗窃时才被国民自卫军巡逻队抓获。至此，罗兰才于17日宣布钻石失盗。

这起骇人听闻的盗窃案，确实令人深思。为什么议员会事先提出珍宝被盗的警告？为什么忠实可靠的克雷西被撤职？为什么不多派人看守珍宝贮藏室？为什么会连续发生4次盗窃案？谁是幕后策划者？

盗窃案发生后，内务大臣罗兰指控他的政敌、国防大臣丹东及丹东的朋友应该负责，丹东又反过来指责罗兰和罗兰的朋友应完全负责，各派唇枪舌剑，指责对方。

9月21日，刑事法庭审判了抓获的2名盗匪，并判处他们死刑。次日死刑即将执行的时候，一个临死的囚犯向庭长供出了藏在他家厕所的一袋共有一百多颗的钻石。不久，警察又抓住了一个叫勒图的窃贼，在他的供认下，警察又抓住了一个17岁的盗匪。这个年轻人的父亲得知儿子入狱时，声称要揭发一桩耸人听闻的案子。但是第二天早上，他就被人毒死了，他的儿子也死在监狱。这一连串的事情，使人莫名其妙。

路易十六因阴谋复辟而被废黜，这隐藏着什么样的秘密呢？在珍宝失盗的1792年9月，法国正处于内忧外患、形势危难之际。当时法国正在进行瓦尔密战役，很快就因敌方撤军而取得了胜利。从战略上讲，敌方指挥官不应发布撤退命令。这使人怀疑在战线后是不是进行了某种交易。事实上，当双方军队打仗时，举行了某次秘密会议，法国得花一大笔钱，以换取敌方撤军。8 月 11 日，法国特使就已答应付给从杜伊勒利宫掠夺来的 3000 万法郎，然而贪得无厌的敌人想要更多的钱。法国议员帕尼斯知道这笔交易后，就建议从珍宝贮藏室找差额部分。他的建议被采纳了。9 月 17 日，罗兰宣布珍宝贮藏室失盗一周后，敌我双方举行了瓦尔密会议，于是出现了瓦尔密战役神秘的胜利。

人们只知道拿破仑指挥瓦尔密战役的胜利，拯救了巴黎和法兰西民族。然而，瓦尔密战役胜利的奥秘，过去、现在以至将来也永远不会被揭开。法国王冠上钻石失踪的秘密究竟与瓦尔密战争的蹊跷胜利是否有关，这也是一个未解之谜。

亚历山大一世是弑父篡位者吗？

亚历山大一世统治的时间尽管不长，但却给后世留下了许多未解之谜。他究竟是不是弑父篡位者，仍是一个未解之谜。

亚历山大一世是俄国罗曼诺夫王朝的第 13 位沙皇，后人称他为"神秘沙皇""北方的斯芬克斯"，普希金则认为他是"一位懦弱而狡猾的君主"。他之所以有名，不仅因为他曾经三次打败野心勃勃的拿破仑，而且还因为在他的人生经历中充满了神秘和离奇。

亚历山大一世的父亲保罗是女皇叶卡捷琳娜二世与情夫萨尔蒂柯夫的孩子，自保罗出生后，叶卡捷琳娜二世就对他极其冷淡。保罗成人后，母子关系更加紧张。保罗怨恨母亲给了他一个"不光彩"的出身，也怨恨母亲久占皇位，使他不能成为显赫的沙皇，因此终日颓废消沉，不事政务，热衷于操练军队。

亚历山大出生于 1777 年 12 月 12 日，叶卡捷琳娜二世很疼爱亚历山大，她认定这个新生儿将取代保罗成为真正的皇位继承人，因此她亲自为孙子取名亚历山大，希望他将来有俄国古代英王亚历山大的风采。为了培养亚历山大，叶卡捷琳娜二世对他的要求很严格，每天早晨都要求他在低于 15 摄氏度的房间里开着窗户洗冷水澡，以磨炼他的意志。在亚历山大 6 岁时，叶卡捷琳娜二世将家里的女保姆赶走，找了 12 名家庭男教师教育他，以造就他威猛、坚定的性格。

亚历山大一世

在叶卡捷琳娜二世统治末期，更将皇位继承人的选择看成是件大事。由于对儿子保罗的厌恶和失望，她决定另立孙子亚历山大为自己的皇位继承人。她私下秘密起草了一份诏书，宣布废除保罗的皇位继承权，立亚历山大为未来的新沙皇。她准备在1796年11月24日，即俄历圣叶卡捷琳娜日正式公布这份诏书，晓谕天下。在宫中她公开表示只有亚历山大继位才能执掌朝纲。亚历山大知道此事后，立即给祖母写信，表示心领神会。同时他也给父亲保罗写信，在信中提前称他为"皇帝陛下"，表示宫中所传，实为谣言，发誓说承认父亲是合法的帝国皇帝继承人。

然而，1796年11月6日，显赫一时的叶卡捷琳娜女皇因中风去世，保罗趁机夺取了皇位，称为保罗一世。保罗一世即位之初，便大反其母叶卡捷琳娜二世的政策而行之，削弱军人地位及其作用，加强书报检查，实行恐怖统治，致使全国上下怨声载道。

保罗一世虽然将亚历山大立为皇储，但对他管教很严，随时会召见他，让他汇报一些琐事的细枝末节，而且经常训斥他。渐渐地，亚历山大结交了一些有实权的朋友，他们都对沙皇保罗的统治不满，常常在一起商量如何废除妨碍自由的桎梏，实现全体公民的平等，建立公正博爱的社会。随着保罗自负、狂躁的升级，越来越多的人开始反对他，并着手策划推翻他的统治，扶植亚历山大即位。

1801年3月11日夜里，密谋集团主要成员朱波夫、本尼格森、帕伦带领亲信冲进皇帝卧室，逼迫保罗一世退位。保罗一世死命拒绝，在众人推搡之间，烛灭光息。黑暗中，有人将保罗杀死。当夜，亚历山大对百官宣布保罗一世因不幸中风身死，宣布即位称帝，俄国开始了亚历山大一世统治时期。

保罗一世死于非命确定无疑，但亚历山大是否参与此活动，众说纷纭。很多人怀疑亚历山大一世与此事有关，但无从证明。有人认为他直接参与密谋策划活动，甚至其弟君士坦丁还亲自参加3月11日晚的暗杀活动。也有人表示亚历山大事先了解反对保罗的密谋活动，副首相潘宁曾隐晦地将计划向他透露，他虽然拒绝了，但未加制止，而是置身其外，静观事态发展。

当然，也有人认为无论出于人伦纲常，还是出于父子亲情，亚历山大都不可能参与密谋活动，因为亚历山大与保罗父子关系一直不错，而且保罗即位之初就确定了亚历山大的首席皇储地位。作为唯一的皇储，亚历山大似乎没有必要做这样违背天条的事情。亚历山大一世究竟是不是一个弑父篡位者，至今尚无定论。

亚历山大一世与胞妹的关系之谜

亚历山大一世一生中留下了无数个未解之谜。他与胞妹叶卡捷琳娜的关系是纯洁的兄妹之情，还是违背伦理的乱伦之爱，就是一个令很多人疑惑的难解之谜。

亚历山大年仅十三岁时，祖母就为他找好了未来的妻子——德国巴登公国的公主路易莎·玛丽亚·奥古斯特，后来改名为伊丽莎白·阿列克谢耶夫娜。1793年，当亚历山大十六岁的时候，二人成婚。

1796年，叶卡捷琳娜二世逝世，保罗一世登基，亚历山大正式被立为皇储。1801年3月11日夜，宫廷发生政变，皇帝保罗被反对党杀死，亚历山大即位称帝。

亚历山大即位后，那些垂涎他地位的女人纷纷对他投怀送抱，因此他身边常常是美女娇娃成群。其中既有上流社会的贵妇，还有法国女歌唱家，甚至在访问普鲁士期间，还与普鲁士王后路易莎眉目传情。虽然是妻妾成群，但在亚历山大心中却始终只有一个女人的位置——她就是叶卡捷琳娜公主。叶卡捷琳娜公主是亚历山大的大妹妹，是当时公认的大美女，所有人都觉得她美艳照人，才华横溢，但是孤傲自负，举止唐突，有时甚至行为放肆，令人惊奇。由于二人年龄相当，从小一起长大，朝夕相处的岁月竟让两人产生了超出兄妹的感情。在亚历山大的婚姻名存实亡的时候，兄妹二人的感情达到了顶峰。他们经常单独闲坐，彻夜长谈，有时动作过分亲昵，许多宫中随从都觉得他俩之间有些行为不符合伦理。

亚历山大一世和叶卡捷琳娜都住在皇宫之中，每天都可以见面，但却几乎每天都要相互写信。如果亚历山大一世外出巡视或是出国访问，兄妹俩的书信往来就更加频繁。亚历山大在给妹妹的信中这样写道："知道你爱我是我幸福的源泉，因为你是世界上最完美的尤物之一"，"我像疯子一般爱你！……看到你，我高兴得如痴如狂，我像个着魔的人，四处奔波，多希望能在你的怀里甜蜜地松懈下来"。当亚历山大一世的情妇怀上小皇子后，亚历山大第一个将这个消息告诉了叶卡捷琳娜，在信中他写道："我在家里给你写信，我的伴侣和孩子都向你致意……我在这个小家庭里的幸福和你对我的深情，是生活对我仅有的吸引力"。这些甜言蜜语使很多人怀疑它究竟是纯真无邪的兄妹情谊的表露，还是变态乱伦的表现？

1808年，威镇欧洲的法兰西皇帝拿破仑突然向叶卡捷琳娜求婚，这使亚历山大非常不高兴。他不能忍受将心爱的妹妹嫁给法国的"食人怪物"，于是婉言谢绝了。叶卡捷琳娜知道这件事后，却有些不快，她一方面表示不愿意离开"亲爱的哥哥"远嫁异国他乡，另一方面又责怪兄长回绝得太早。亚历山大一世害怕拿破仑又来求婚，于是匆忙将叶卡捷琳娜嫁给相貌平常、地位一般而且性格懦弱的德国奥登堡公爵，婚礼举行得非常仓促。婚后，叶卡捷琳娜仍常住在圣彼得堡。当她的丈夫病死后，兄妹之间的感情又像以前一样无所顾忌了。

亚历山大一世和他的妹妹之间到底是一种什么样的感情，很让人捉摸不透。作为一个庞大帝国的一国之君，他会做出乱伦的事情来吗？更何况他和皇后伊丽莎白的感情一直不错。而更令人不能理解的是，作为一个大国公主，叶卡捷琳娜能违背人伦纲常和兄长乱伦吗？

皇女和宫为何下嫁将军德川家茂？

和宫是仁孝天皇的第八个女儿，贵为皇女的她在4岁时被许配给了贵族有栖川宫炽仁亲王。然而，长大后她却嫁给了第14代将军——德川家茂，这究竟是什么原因呢？

和宫是仁孝天皇第八个女儿、孝明天皇的妹妹，原名亲子。她4岁时被许婚给贵族有栖川宫炽仁亲王。德川幕府后期，由于西方列强的侵迫，掌握政治大权的幕府虽然拖延再三，最终也不得不屈从于列强的强大压力，同意开国并与西方各国通商，因此受到了朝廷和尊王攘夷派的激烈攻击。为了缓和幕府与朝廷的紧张关系，平息普遍的不满情绪和政局动荡，幕府决策机构一方面重新明确幕府受命朝廷的上下委任关系，另一方面推进"公武合体"运动，即朝廷幕府的联合。

作为"公武合体"的一项重大步骤，幕府奏请朝廷，希望将孝明天皇之妹和宫下嫁第14代将军家茂。为此，幕府进行了许多活动，比如中止家茂与贵族伏见宫贞教亲王之妹伦宫的婚姻谈判，散布和宫的婚约者有栖川宫因为封禄甚少而对与和宫结婚感到不安等流言。尽管和宫一再地加以拒绝，幕府还是再三奏请，以至于人们纷纷指斥幕府的蛮横无理，但幕府仍置之不理。

历史上弱女子被作为政治交易的筹码比比皆是，贵为天皇之女的和宫也难逃这样的命运。孝明天皇迫于无奈，曾想让自己未满二岁的女儿代替和宫嫁给将军家茂，无疑幕府不同意。万般无奈之下，16岁的和宫只得满心不情愿地于1861年12月从京都来到江户，次年2月，与同年龄的德川家茂正式举行婚礼。

婚姻生活持续了4年后，德川家茂为了征讨反对幕府的长州藩而扎营大阪，在第二次征讨中因狭心症发作而亡，死时年仅20岁。德川家茂死后，和宫剃发为尼，遁入空门，改称静宽院。

1866年孝明天皇突然病死，两年之后，维新派推举有栖川宫炽仁亲王为东征大总督，举兵倒幕，德川幕府已处于岌岌可危之中。后来，在江户面临一场战火浩劫之际，和宫接受了幕府大臣胜海舟的请求，致信有栖川宫请求停止攻击江户，并且请求宽大处理德川一族。有栖川宫炽仁亲王念于旧情，网开一面，最后促成了江户的和平开城，避免了生灵涂炭。1877年，和宫因病去世，年仅31岁。

和宫的一生在很多人看来是悲剧的一生，她失去了掌握自己命运的机会，一开始虽然顽强地拒绝与将军结婚，但最终被迫无奈与之结婚，然而短暂的婚姻生活仅仅持续了4年就戛然而止了。作为政治交易的牺牲品，和宫博得了许多人的同情。然而有人认为和宫下嫁德川家茂并不是一场悲剧，据将军府中的人说，和宫与德川家茂感情甚笃，家茂出征前一夜夫妻俩谈至深夜，和宫还要求家茂顺路到她的故乡京都时替她买西阵出产的腰带。后来德川家茂死后，按照他的遗言，腰带仍被送到和宫手中，和宫接到后，睹物思人，异常伤心。而且，德川家茂并未娶第二夫人，这在德川将军中也仅此一人了。

就和宫而言，与有栖川宫炽仁亲王的婚约是年幼时长辈所定，并非出于她自己的选择。长大后，和宫本人也希望避开传统的皇族内部的通婚，寻求新的人生。如此说来，与家茂结婚并不是纯粹的政治牺牲品和不幸者，相反倒是成全了和宫走出皇室的愿望。

和宫被迫下嫁将军，但后来又似乎与将军感情甚笃，她究竟算不算个悲剧性人物，这个谜只有和宫自己才能解开了。

奥匈帝国皇太子自杀之谜

1889年1月30日，奥匈帝国的皇太子自杀身亡。年轻有为的皇太子为什么要自杀，为情？还是为争权？谁也不知道真正的答案是什么。

1889年1月30日早上7点半，当时奥匈帝国皇太子鲁道夫的贴身仆人洛斯歇克发现，皇太子和他的情人玛丽·维兹拉在梅林宫的房间里开枪自杀了。皇太子的死讯被报告给奥匈帝国皇帝弗朗索瓦·约瑟夫后，他非常伤心，不久就召集起全体皇室成员和大臣们，通报并紧急处置这一突发事件。人们被告之，皇太子鲁道夫"因极度兴奋，于今日凌晨死于心肌梗死"。2月2日午夜，一辆灵车将皇太子悄悄运回维也纳。5日，皇太子的灵枢被送往皇家墓地。皇帝不让各地诸侯王来参加简单的葬仪，不过据在场的人说皇帝哭得很伤心。

根据皇帝的命令，两位著名医生曾对皇太子的尸体作了解剖检验。他们的报告确认皇太子是"因一时精神错乱而自杀"，但是皇帝根本不相信。人们想不通年轻有为的皇太子为什么要自杀，纷纷猜测事情的原因。

有人从皇太子和他的情妇自杀于梅林宫这一事实断定，梅林宫的悲剧是一出爱情悲剧。皇太子鲁道夫在16岁的时候就和比利时公主斯德法妮订婚，然而他们婚后的生活并不幸福。一直以来鲁道夫想要离婚，但是奥匈帝国的皇帝不同意他这么做。幻想破灭后的皇太子则以到处寻欢作乐来消解他的精神痛苦，经常夜不归宿，通宵达旦地和别的女人在一起厮混。

1887年末，在波兰人举行的一次舞会上鲁道夫经人介绍认识了一位名叫玛丽·维兹拉的少女，她对英俊潇洒、风流倜傥的皇太子一见钟情，疯狂地爱上了他。两人之间的感情显然是王室所不能容忍的，这大大有损皇室的风雅。皇太子夫妇关系闹得越来越僵，以致鲁道夫有一次公然对斯德法妮说："既然没有什么解决的办法，那么只好我先打死你，而后我再自杀了事。"这些威胁性的话语传到了皇帝的耳朵里，实在是令他头疼不已，最后只得决定对儿子摊牌，让鲁道夫为了皇室的稳定断绝与情人的关系。

1889年1月28日清晨，皇帝突然召见了皇太子，两人谈话的内容不得而知。鲁道夫从父亲那儿出来，回到了自己的办公室，在那里他迅速写了几封信，分别是给斯德法妮、他的妹妹、他的母亲以及一些朋友。然后他回到自己的寝宫后，告别妻子和女儿后独自动身去梅林宫了，同时玛丽也悄悄去了梅林宫。

在皇太子生命的最后一个晚上，他给自己的贴身仆人洛斯歇克写了一张便条，让他去找一名牧师为他祈祷，要他"把我和女男爵合葬在一起"。悲剧发生后，人们从皇太子写给妻子的信中看到这样的话语："你终于在我的羁绊之中和我为你带来的痛苦之中解脱出来了，祝你万事如意……"人们还从玛丽写给她妹妹的遗书中也读到大致相同的意思："你只能为爱情而结婚。我未能这样做，然而我情愿到另一个世界去。"因此，很多人认为，皇帝突然召见鲁道夫时一定严厉地训斥了他一顿，并且逼他立即与情人绝交，痴情的鲁道夫只得和情人双双选择了殉情的绝路。

也有一些人认为皇太子自杀的背后深藏着政治原因，不单单是为情所困。鲁道夫作为皇位继承人，自幼就受到与众不同的教育，他的观点非常另类，甚至匿名在奥地利报刊上发表抨击奥地利贵族制度的文章。他的叛逆性格和活动致使他每一次外出都有一些伪装的警方人员跟踪，他的住处也受到监视。据传说，鲁道夫曾答应只要匈牙利人起兵反对他的父亲，他就会宣布奥匈分治，而他可以就任匈牙利国王，因此鲁道夫是出于政治原因自杀的。当然要证实这一点还缺乏足够的材料，不过他在写给妹妹的信中说："我是违心地辞别人世的。"似乎可以间接证明鲁道夫的死是被迫的。

其实整个事件有一个关键的地方，那就是 28 日清晨皇帝紧急召见皇太子的过程中到底谈了些什么，这很可能是导致鲁道夫自杀的真正原因。皇帝是这个悲剧故事中唯一的知情者，然而当他撒手尘世的时候却将整个梅林宫悲剧的谜底带走了，梅林宫的悲剧也成为 17 世纪末至 20 世纪初欧洲六大历史之谜中的一个，可惜直到今天也没有人能弄清事情的真相。

俄国末代公主生死之谜

在沙皇尼古拉二世一家被枪毙的几十年内，有数人声称自己是死里逃生的末代公主，然而人们怀疑她们只是为了得到沙皇的遗产。

1917 年 2 月，彼得格勒爆发了资产阶级民主革命，在人民运动的强大压力下，尼古拉二世终于在 3 月 15 日宣布退位，统治俄国 300 年之久的罗曼诺夫王朝就这样退出了历史舞台。

当时，沙皇尼古拉二世的家庭成员都被逮捕，押送到乌拉尔地区。不久以后，尼古拉二世全家（包括皇后、22 岁的女儿奥尔加、21 岁的女儿塔吉扬娜、19 岁的女儿玛丽亚、17 岁的女儿安娜斯塔西娅、13 岁的有先天性血友病的儿子阿列克谢），以及他们的医生、厨师和皇后的女佣，都被执行枪决。行刑队枪决后把这些人丢到废矿井用硫酸处理后又用汽油烧毁了。

令人难以置信的是，不久后在欧洲的各大报纸上都登出了这样的消息：俄国公主安娜斯塔西娅奇迹般地逃脱了布尔什维克的"魔掌"，已辗转到达了欧洲。这个消息引起了极大的轰动，并且报道得非常详细，使人不能不信。据报道称是一位看押士兵在皇恩感召下在处决前夜将安娜斯塔西娅偷偷放走，在西欧她见到了侨居丹麦的祖母——俄国皇太后玛丽亚·费奥多罗夫娜，皇太后承认了她的身份。报纸上还刊登了许多她本人及其与祖母合影的照片，但是苏维埃政权很坚决地否定俄国公主生还出逃的说法。

1920 年 2 月，在欧洲梅克佳堡有一位叫巴巴拉的公爵夫人自称是沙皇尼古拉二世的幼女安娜塔西娅公主，她以继承人的身份向政府索要俄国沙皇在英国银行的存款及皇后的珠宝。这则消息使整个世界为之震惊。然而，在这件事情还没有水落石出的时候，在美国又有一位安娜·安德森夫人宣称自己才是安娜塔西娅公主。一时间，世界所有报纸的头条都在报道这些消息。

当新闻的爆炸性渐渐平息的时候，在梵蒂冈修道院做了 20 年总管的修女帕斯库亚丽娜在临终前向人披露了一个秘密，那就是在 1928 年西伯利亚的叶卡特琳堡落入红色卫队手中时，俄国皇室的成员并没有全部被击毙，仅仅是沙皇、皇后和王子阿列克谢被枪杀。四位女公爵全都死里逃生，并几次受到梵蒂冈教皇的秘密接见。

虽然这个秘密与安娜·安德森夫人当年所陈述的相距甚远，但使人们再次将视线落到安娜·安德森身上。虽然屡被质疑，但安娜·安德森一直没有放弃过证明自己的身份，并为之奋斗了 60 年。人们对此案的疑惑一直未能消除：到底谁说的是真的呢？假如帕斯库亚丽娜修女说的是真的，安娜的姐姐们都还活在人世，为什么不出来为她作证却要保持缄默呢？如果安娜·安德森在冒充公主，为何要为证明自己的身份而坚持了 60 年呢？

数十年后，1991 年，考古学家在乌拉尔地区发现了沙皇家族被杀的残骸，令他们吃惊的是，小公主安娜斯塔西娅和王子阿列克谢的尸骨并未找到。有人分析指出，阿列克谢患有血友病，身体状况很差，他可能在逃亡的路上就死去了，即便不是这样，他的生命也不会持续太长。而小公主安娜斯塔西娅的去向却令人迷惑不解。

1995 年，又有一个老太太自称她才是真正的"末代公主"。2000 年，这个年近百岁的"公主"宣称：1917 年俄国革命前，她父亲尼古拉二世早将大笔金钱和黄金运送到欧洲的几家银行，作为幸存的继承人，她有权继承这笔庞大遗产。这名"末代公主"称，如果这笔财产被追回，她愿意将其全部捐赠给俄罗斯国库。

从沙皇一家被处决后的几十年中，已有 30 多位不同国籍的女人自称是安娜斯塔西娅，要求继承罗曼诺夫家族的遗产和爵位。这样一来，好像全世界都有这位俄国公主的存在，尽管事关几百吨黄金的继承人问题，然而"钱"在这件事情上并不是主旋律，人们只想解开公主之谜。

爱德华八世放弃王位之谜

不爱江山爱美人，英王爱德华八世为了佳人而放弃了王位。1936 年 12 月 11 日，他自愿放弃王位，而与一个曾两次离婚的平民妇女结婚，确实让人惊叹。

浪漫电影中常常出现"不爱江山爱美人"让人心动的情节，然而现实世界中，面对权与利，英王爱德华八世却做出了这一惊人之举。不管从什么角度来说，他与沃丽丝之间的爱情绝对要算得上"历史上最伟大的爱情"的一个例证而永远留在人们的记忆中。

爱德华八世生于 1894 年，他是乔治五世的长子，英国女王伊丽莎白二世的叔叔。1910 年，爱德华 16 岁时，被封为"威尔士亲王"（英国皇太子的称号）。

1931 年 11 月，当时还是皇太子的爱德华八世在伦敦的一次宴会上邂逅了沃丽丝·沃菲尔德。沃丽丝是美国人，她的第一个丈夫是美国海军军官。1927 年离婚后，她东渡大西洋，来到伦敦，同巨商辛普森先生结了婚。她既没有漂亮的容貌也没有超人的才华，和追逐皇太子的众多美女根本不可相比。可是王子第一次遇到沃丽丝时，就为她通晓事理、举止潇洒的风度所倾倒，沃丽丝虽已近中年，但依然窈窕如初。王子对沃丽丝一见倾心，为了进一步讨得沃丽丝的欢心，先后从王室的珠宝库中，悄悄拿出价值十万英镑的黄金、玉器、钻石、首饰等英国王室的传世之宝，送给沃丽丝；王子还觉得不尽心意，又把一颗价值连城的祖母绿珠宝也弄了出来。

但是父母、王室、内阁及各自治政府上上下下竭力反对王子的这一举动。身患重病的乔治五世曾满怀忧虑地对首相鲍尔温说："我死之后，这个孩子很快就会把自己毁掉！"

1936 年，英王乔治五世驾崩。王储按王位继承法，继承王位，封号爱德华八世。爱德华八世王登基不到一年，就在 1936 年 11 月提出要与沃丽丝互结秦晋。英国王室、政府、议会两院大惊，因为这极其不符合王室遴选后妃的惯例。英国首相鲍德温代表政府、王室、议会提出：英国不能接受一个美国人为王后，国王只能在王位和沃丽丝之间做选择，如一定要与沃丽丝结婚，就必须辞去王位！爱德华八世经过几天考虑，做出决断：坚辞王位，与沃丽丝结婚！

由于政治暴风骤临，性格刚强的沃丽丝在"存心勾引国王，妄想当王后的'美国冒险家'"等各种诽谤、咒骂声中，悄然离去，不愿因自己的存在，而使国王遭到恶意中伤。于是她从国外写信给爱德华八世，表明愿做自我牺牲，劝国王割断情丝。可是爱德华八世却说："即使我独自一人同你在一起，也比一顶王冠、一块令牌和一座御座更令我心悦。"这把爱情高于一切的誓言使沃丽丝在忍辱中得到了安慰。

1936 年 12 月 10 日，刚继承了 325 天王位的爱德华八世向全国人民宣告退位。他的逊位讲话中有这样一句："没有我所爱的那个女人的帮助和支持，我感到我不可能承担肩负的责任。"为了一个结过两次婚的美国女人，爱德华抛弃了王位。从此，世上少了一个国王，而温莎公爵和沃丽丝却成了人们心中一个永恒的爱情神话。

1937 年，爱德华八世的弟弟约克公爵继位为王，称号乔治六世。43 岁的爱德华八世辞去王位后，受封为温莎公爵。不久，即与沃丽丝在法国顺利成婚。二人婚后，双宿双飞，恩爱无比。公爵被任命为英国驻法军事代表团成员，参与军机。法国败亡后，公爵携带夫人转往西班牙。后来被任为大英帝国巴哈马总督，于 1940 年 7 月远渡重洋赴任。1972 年，温莎公爵无疾而终，老死泉林，享年 78 岁。

1986 年 4 月 24 日，沃丽丝因肺炎在巴黎郊外逝世，享年 90 岁，他们之间动人的爱情故事也暂告一个段落。但是作为"历史上伟大爱情一例"，它将永远被人们津津乐道。

由于世俗的虚伪，礼教的约束，沃丽丝一生未能为公爵的举动进行公开的辩解，也更不可能为自己洗刷所蒙受的种种恶语。人们对爱德华八世"不爱江山爱美人"的举动有着不同的看法和猜测，对此褒贬不一：有人认为，王子是受"现代派思潮"影响，要以此来冲击腐朽的君主制度；还有人认为他是受了沃丽丝的迷惑，一时失去了理智。因为有谣传说，在二战时，温莎公爵曾计划借助希特勒的力量，推翻丘吉尔政权，然后逼乔治六世退位，而让他重登王位。还为德国法西斯提供了许多英国和法国的军事防御机密，致使德军在六周内先后击溃了法军和英军。但是很多人怀疑这种说法，也没有有力的证据证明温莎公爵做过英国的叛徒。

当然，大多数人还是认为爱德华八世是为了真挚的爱情才放弃王位的。不管事情如何，我们所看到的事实是，爱德华八世与沃丽丝夫人一起度过了 35 年的幸福生活，用行动向世人证明了爱情的伟大，在他们离开人世时，带走了一切的秘密。也许有朝一日，人们能从他们已公布于众的 80 多封情书中，探究出这爱情的真谛。

肯尼迪遗孀再嫁之谜

肯尼迪的遇刺身亡给他的遗孀留下了痛苦的心里阴影，据说她因此嫁给了一个老态的希腊船王，可是有人说她是出于金钱的目的，真的是这样吗？

1968 年 10 月 20 日，在希腊的一个小教堂里举行了一场轰动世界的婚礼。39 岁的新娘显得年轻出众，美丽动人；而 62 岁的新郎尽管穿着一双高跟鞋，可是看起来还是比新娘矮上一大截，而且已显出老态。这就是美国前总统约翰·肯尼迪的遗孀杰奎琳·肯尼迪和希腊船王、亿万富翁亚里士多德·奥那西斯的婚礼现场。他们的婚礼引起了全世界的瞩目，在舆论界引起的震动不亚于前总统约翰·肯尼迪的遇刺消息。

婚礼的第二天，各大报纸就纷纷发表了言辞激烈的报道，来表达他们对杰奎琳再嫁的不满。《纽约时报》发表了标题为《气愤、震惊和失望是我们的回答》的文章，西德的一家报纸则用《美国失去了一位圣人》作为题目来表示他们对杰奎琳的不满。电视评论员指责她贪得无厌，而在报界则普遍认为杰奎琳已经成了国家叛徒。只有一些很熟悉她的朋友们为她鸣冤叫屈，认为她的选择是一个明智之举。

自从肯尼迪总统遇刺之后，民众们普遍同情这位守寡的前第一夫人，把她当作完美的象征，因此当杰奎琳出现在各种社交场合的时候，总能引起一阵阵小的轰动。四年多来，她把全部的精力都花在纪念亡夫的活动和抚养一双儿女上，可是没过多久就嫁给了这位六十多岁的老头，实在是很难让人理解。由于杰奎琳是个神秘的、绝不让人了解她内心的女人，所以除非她自己说出来，否则谁也不能了解她再嫁船王的真正原因。

对于杰奎琳再嫁的真正原因，人们进行了诸多的猜测，其中大多数人认为她嫁给船王完全是因为经济上的原因。希腊船王奥那西斯是世界上有名的亿万富翁，当他在 1975 年死去时，遗产总数高达 10 亿多美元。而众所周知的是，杰奎琳有着疯狂的购物欲，她在做第一夫人期间，已习惯了在最高档的商店购物而且从来不问价钱。事实上，嫁给奥那西斯之后，她就更变本加厉地疯狂购物。杰奎琳需要找一个强有力的经济后盾，才把自己的终身托付给了这个只有 5 英尺高、既无魅力又不可爱的乏味透顶的老头子。

可是，好莱坞著名影星伊丽莎白·泰勒从女人的角度分析，认为杰奎琳找到了一个"迷人、和谐、体贴的伴侣"。这位"机智的希腊船王"以他地中海式的幽默吸引了寡居中的杰奎琳。其实当时社交界的许多女性也认为，其貌不扬的船王其实自有他与众不同的魅力，有着一种无法言说的吸引人的气质，令很多女性为他着魔。而杰奎琳就是被他的这种气质吸引，投进船王的怀抱，与金钱和地位没有任何关系。

此外，还有人认为杰奎琳嫁给船王是为了逃避厄运。肯尼迪家族有"美国王室"之称，不仅拥有数不清的财富，更是在政坛上呼风唤雨，才俊辈出，但同时它也是个多灾多难的家族。当肯尼迪总统遇刺身亡后，杰奎琳一直害怕自己和子女再遭毒手。从此对周围的环境时刻充满着警惕。1968 年 6 月 6 日，肯尼迪的弟弟参加总统竞选时遇刺身亡，杰奎琳认为肯尼迪家族已经成为暗杀的目标，为了保护儿女，在葬礼上，悲痛的杰奎琳当众宣布她要离开美国。自从杰奎琳嫁入肯尼迪家族以后，她就无时不因这个家族的权势和荣耀带来的种种灾难而忧心不已，自我保护的意识早已在她的心中扎下了根，也许正因如此，她才无奈选择了逃离这个家族。

这场婚姻的背后到底有着什么样的秘密，除了当事人之外，恐怕谁也无法知道。1994 年，杰奎琳因病去世，她为何嫁给奥那西斯也将永远是一个不解之谜。

风中之烛：戴安娜车祸追踪

1997 年，一首名为《风中之烛》的歌曲在全世界广为流传，歌中唱道："你就像那风中的烛光、即使在凄风苦雨的黄昏、也从不熄灭、你的足迹印在山河大地、遍布英格兰的青山绿水、你的烛光熄灭已久、而你的事迹永远存留、永别了，英格兰的玫瑰、失去你让我们心碎、多少人怀念你的爱心、超出你知道的数倍。"这首歌就是专门为纪念当时在车祸中罹难的英国王妃戴安娜而创作的。戴安娜，作为 20 世纪 90 年代最具魅力的女性，她的身世、她的气质、她的爱情、她的遭遇……无不引起世人的极大关注。令人痛心的是，在 1997 年 8 月 30 日深夜，一代传奇王妃却在巴黎的一次车祸中永远地离开了人世。同时，她的死因至今仍是众说纷纭的一大悬案。

"英国玫瑰"的婚姻悲剧

戴安娜·斯宾赛，1961 年 7 月 1 日出生于英国一个贵族家庭——奥索普子爵家族，其家族与英王室有着密切的关系。遗憾的是，这位出身名门的少女却在学业方面没有取得多大的成就。在中学草草毕业后，没有正式工作的她来到一所贵族幼儿园充当保育员。不过，这位漂亮的女孩儿似乎命中注定要得到上帝的垂青，因为他不久就认识了一个叫查尔斯的男人。这位查尔斯，正是当时英国的王储。由于古老王室传统的影响，已到而立之年又身为王储的查尔斯在择偶方面一直是世人所关注的话题。正是在这种情况下，戴安娜逐渐走进了人们的视野。1980 年，年仅 19 岁的戴安娜与查尔斯相识了。由于出身、容貌和单纯的性格，她迅速成为王室所认可最恰当的王妃人选。于是，一个现代版的灰姑娘童话上演了。1981 年 2 月 24 日，查尔斯与戴安娜正式宣布订婚。

1981 年 7 月 29 日，一个让世人都铭记的日子，英国王储查尔斯和戴安娜正式结婚。当天，伦敦城内所有教堂的钟声都在上午 9 时一起敲响，服饰鲜艳的英国皇家骑兵仪仗队护送着王室的婚礼车队驶向教堂，沿途是上百万欢呼的民众。英国广播电视公司用 33 种语言向世界转播了婚礼的盛况，全球有 7 亿多观众收看。毫不夸张地说，查尔斯与戴安娜的婚礼绝对是 20 世纪最隆重的盛典之一。

成为英国的王妃后，戴安娜曾一度沉浸在婚后的幸福当中。名誉、地位、金钱，她似乎拥有了一切，更何况她还先后生下了两位可爱的小王子。殊不知，她生命中的阴影也正悄悄地降临。那就是，她将失去爱情。

其实，比戴安娜年长不少的查尔斯，在结婚前就绯闻不断，曾先后与三任女友正式论及婚嫁。与其相比，戴安娜几乎单纯得像一张白纸。更致命的是，教育、兴趣等方面的巨大差异，决定了他们的夫妻感情不会持久。身为英国王位继承人的查尔斯，从小就接收到系统的、正规的传统教育。毕业于剑桥大学的他，爱好历史、哲学、考古学、人类学。大学毕业后，又按照王室的惯例，先后进入英国皇家空军学院、英国皇家海军学院、格林威治海军学院进行严格的深造。可以说，作为王储，查尔斯具有高贵的品位，良好的教养。在个人兴趣方面，查尔斯喜欢打猎、钓鱼、打马球、听歌剧、绘画等。相比之下，已成为英国王妃戴安娜自然难以让查尔斯满意。戴安娜喜欢的是时尚杂志和通俗小说，逛街购物和流行音乐。当戴安娜成为王妃后，尽管她可以学会王妃所需要的礼仪、着装、言谈，但本质上的差异注定了他们在现实生活中会产生裂痕。不久，一个叫卡米拉的女人就进入到戴安娜的生活中来。

戴安娜·斯宾赛

提起这位卡米拉，在英国几乎无人不知，因为他是直接导致查尔斯与戴安娜婚姻破裂的原因。实际上，在查尔斯与戴安娜结婚前，查尔斯与卡米拉已经有了很长时间的恋情了。早在1969年，二人就认识了。卡米拉出身贵族，其父是富有的酒商，兄弟是作家和探险家，更有趣的是，她的曾祖母还曾是查尔斯的曾祖父英王爱德华七世的情人。论外貌和气质，卡米拉根本无法与戴安娜相提并论，但她却令查尔斯那么的痴迷，因为她和他一样爱好骑马和打猎，她也喜欢阅读历史书籍，她拥有超群的智力。1994年，在为纪念查尔斯被立为英国王储25周年的一次电视节目上，查尔斯竟公开承认了他与卡米拉25年的感情。当时，全世界都无法理解查尔斯的公开表白。然而，甘愿因离婚放弃王位的查尔斯不想放弃他所渴望的感情，对他来说，没有娶卡米拉为妻是毕生憾事。

另一方面，感情上长期受到冷落、备受打击的戴安娜却获得了世人的同情，并以其独特魅力赢得了巨大声望。在与丈夫的感情逐渐破裂后，戴安娜开始将全部身心投入到各种慈善事业中，其中最典型的就是对艾滋病人的关怀。据说，在1991年7月的一天，戴安娜与当时的美国总统夫人芭芭拉·布什一同探访一家医院的艾滋病病房时，曾与一位病得已经起不来的患者拥抱，这一幕让世人都为之感动。由于巨大的国际声望，婚姻不幸的戴安娜的影响力已超过了英国王室，她也由此成了整个英国的骄傲，被人们亲切地称为"英国玫瑰"。在历次公布的民意测验中，她都是王室最受欢迎的成员之一。许多外国游客来到英国，其原因竟只是为了一睹戴安娜的芳容。所以很多经济学家认为她为英国的工业、旅游、健康等领域创造了巨大的经济价值和社会价值。据有关方面的估计，戴安娜为英国带来的旅游价值可达1000万美元。

即使这样，依然不可能弥补戴安娜感情上的缺憾。在与查尔斯的感情走到尽头之后，她也曾有过自己的几次恋情，但似乎总是遭到伤害。其中与皇家骑兵队一名叫休伊特的男子的故事，尤其令她伤心。由于精神上的苦恼，戴安娜认识了休伊特，而后者给予她的激情和赞誉也曾一度满足了她的感情生活。当1991年休伊特被派往海湾时，戴安娜还不停地给对方写情书。然而，她的感情却遭到无耻的欺骗和出卖。无耻而贪婪的休伊特竟将他与英国王妃的恋情以300万英镑的价格出卖给公众，出版了《爱河中的王妃》一书。这一事件，使戴安娜备受打击。

1992年12月9日，英国首相梅杰在众议院宣布，查尔斯和戴安娜正式决定分居。1995 年 11 月 20 日，戴安娜在接受英国广播公司的采访时，第一次说出了自己感情生活的不幸。后来，她还曾对女友表示她永远不愿离婚。但是事态的发展又决定了她必须离婚，因为英国王室不会允许这种现状一直存在下去。1996 年，查尔斯与戴安娜正式宣布离婚。接下来，双方就封号、赡养费、孩子监护权等一系列问题达成协议。根据协议，查尔斯将一次性付给戴安娜 1500 万英镑至 2000 万英镑的赡养费，并负担她每年 50 万英镑的私人办公室开销；离婚后的戴安娜将失去"殿下"封号，但仍以威尔士王妃身份被视为王室成员，并会获得王室邀请出席国家公开活动；戴安娜和查尔斯会共同拥有两名小王子的抚养权，戴安娜可就有关小王子的事做决定。戴安娜仍可继续在肯盛顿宫居住，她的私人办公室也将由圣詹姆斯宫搬往肯盛顿宫；另外，戴安娜还必须签署一项"缄默条款"，即不得在离婚后谈论任何使查尔斯或女王尴尬的话题。

1996 年 8 月 28 日，白金汉宫宣布，王储查尔斯与储妃戴安娜的离婚申请于早上 10 时 27 分正式生效。

神秘的车祸

与查尔斯离婚后，戴安娜的一举一动同样成为世界目光所关注的焦点。无论她走到哪里，进行什么活动，总有大批记者跟踪采访，试图获得"猛料"新闻。1997 年 8 月 30 日深夜，一桩震惊世人的惨剧发生了。当时，戴安娜正与新男友、埃及巨富多迪·法耶兹一起在法国游玩，他们乘坐的是巴黎利兹饭店的司机保罗驾驶的梅赛德斯豪华轿车，车速很快，为了躲避摄影记者们的追踪，当汽车经过巴黎高速公路的一处隧道时，突然失控而发生车祸。最终，司机保罗、戴安娜及其男友法耶兹均不治身亡，有关方面宣布，戴安娜于凌晨 4 时去世。消息一经传出，世界都为之震惊。9 月 6 日，英国为戴安娜举行了隆重的葬礼，英国广播公司用 44 种语言向世界转播了葬礼的实况，全球总共有 25 亿人收看这悲痛的一幕。

车祸发生后，几乎所有人都认为这起事故太过扑朔迷离。究竟当时发生了什么情况？是什么原因导致了这起车祸？这些疑问都一直困扰着人们，而有关戴安娜之死的原因竟流传有十几种说法。在各方的压力下，事发地法国有关方面为此展开了调查。经过两年多的努力，法国当局于 1999 年裁定，车祸是因司机保罗过量饮酒以及车速过快而引起的，其报告指出，经检验，保罗当时的酒精度远远高于法定标准，而且饮用的还是掺了药的鸡尾酒。不过相当多的人一致认为，当时正对戴安娜等人进行跟踪的摄影记者"狗仔队"应该负主要责任，因为据说戴安娜所乘之车正是为摆脱他们的追逐才发生车祸的。但不久之后，法国最高法院对戴安娜车祸一案做出了终审判决，认定车祸是因为司机酒后高速驾驶，而并不是"狗仔"摄影队追踪造成的。

对于法国方面的判决，包括遇难者亲属在内的很多人都表示不能接受，尤其是有关司机保罗众多疑点的结论，更使他们强烈不满。

首先，关于保罗是否酒后驾车的问题。对于法国调查机构的定论，保罗的父母曾予以强烈反驳，他们坚决否认儿子会酒后驾车，而且他们还怀疑法国当局当时从事发现场取到的血样根本就不是保罗的。为此，他们曾要求法国方面交出血样进行 DNA 检查，但没有得到回应。另外，一些与保罗非常熟悉的人也站出来表示质疑。巴黎一位名叫米里亚姆的男子曾亲口说："没有人相信保罗喝醉酒的说法，因为我们太熟悉了，他星期天经常到这里吃午餐。他用餐时所饮用的饮品当中，最烈的也只不过是'尚蒂'（啤酒和柠檬汁的混合饮料）。"

第二，调查机构认为保罗喝的是掺了药的鸡尾酒，但据有的报纸披露，他在驾车前竟被人下了毒！因为经检测，保罗死时血液内含有浓度高达20.7%的一氧化碳，这对于常人来讲是根本不可能的。所以很有可能保罗体内的一氧化碳对他的影响大过酒精。这一消息传出后，立即引来大量揣测和疑问。保罗是如何中毒的呢？调查员怀疑，由于在去接戴安娜之前在家逗留了两个多小时，所以保罗在驾车前不是被人哄骗就是被迫吸入气体。

第三，关于司机保罗生前曾收到巨额神秘汇款的疑问。据英国《每日快报》前不久的报道，据调查戴安娜车祸事件的英国警方披露，就在事发前不久，为戴安娜开车的巴黎司机保罗的银行账号上刚刚收到75000英镑的"神秘汇款"，而他的年薪只有20000英镑。据说保罗在全世界各大银行竟开有13个银行户头，其银行户头上总共有超过10万英镑的财富。而且，据了解内幕的时人透露，这笔不菲的款项是从英国汇到了保罗的银行户头上的。不过，到底是谁向保罗汇了这笔钱，以及他为什么要汇这笔钱？调查仍没有结果。

第四，车祸中唯一的生还者是否真的失忆？车祸发生时，只有戴安娜的保镖李兹·琼斯侥幸逃生。令人奇怪的是，作为事件中的唯一生还者，这位琼斯一直坚称自己已经完全记不清当时发生的事了。更多的时候，琼斯选择的是沉默，这也使得整个案件的调查难以取得关键性的突破。

第五，戴安娜等人为什么要更换车辆？在英国政府公布的一批秘密文件中，曾专门涉及该问题。其中一份在车祸当天送交给英国首相布莱尔的备忘录认为，戴安娜和男友法耶兹一抵达巴黎里兹饭店，就立刻引起了媒体的注意，第二天一早，他们准备离开饭店时，被记者团团包围。尽管他们希望尽快离开，但第一辆车子却发动不了，于是不得不临时换车，乘坐另一辆由保罗驾驶的车子。因此这可能也是导致惨剧发生的原因之一。但是，这一论断却受到各方质疑。

最重要的一点就是目击者们的说法也大相径庭。据曾经目击车祸经过的证人穆罕默德·马吉德称，这完全是一起事故，没有任何人为的因素。他说，当时他正开车在戴安娜的梅赛德斯豪华轿车前行驶，后来在一个地下通道里，由于轿车的速度过快，整个车子失去了控制，于是发生了事故。据他描述："她的汽车快速穿过马路，完全失去了控制，等我加快油门闪开时，汽车一头撞到了路边的柱子上。我随后听到巨大的响声，就像炸弹爆炸一样。汽车的前头裂开了，碎片飞向四面八方。"该男子还信誓旦旦表示，没有迹象表明有狗仔队摄影师乘摩托车跟踪戴安娜一行，也没有所谓的神秘白色菲亚特汽车将梅赛德斯豪华轿车撞到柱子上。他说，这绝对是一场悲剧，但这只是一场事故，而众多阴谋说只是某些隐藏在背后的人编造出来的谎言。奇怪的是，与该男子同乘一车的一名叫苏娅德的巴黎女子却声称，在车祸发生时，现场的确有一辆神秘"乌诺"轿车出现。苏娅德向记者们描述了当时的情景：那辆"乌诺"轿车以极快的速度超过她的座车，然后又突然减速跟她的车一起行驶。开车的是一个30来岁的男子，表情十分奇怪，苏娅德于是让马吉德加速超过他。过了一会儿，他们就听到了后面的轮胎摩擦声，结果看到后面一辆奔驰的车失控撞上了隧道。等他们回头再看"乌诺"时，它已经不见了。相比之下，苏娅德最新透露的情况显然更为可信，因为对戴安娜座车的现场勘测结果显示，戴妃乘坐的轿车在失事前确与一辆"乌诺"轿车发生过碰撞，但不知道这次碰撞对车祸有什么直接的联系。但是为什么此二人的说法有如此大的差异呢？苏娅德的一番话似乎意味深长，她说自己此前之所以一直保持沉默，是因为害怕会被杀死，但她没有说她究竟害怕谁。

看来，这绝对不是一起简单的车祸。

一封神秘的亲笔信

戴安娜车祸发生后，英国王室立即成为世人所注目的焦点，不过这种关注却使得他们的处境极为尴尬，因为很多人认为他们对戴安娜的死难脱干系。根据一项调查，近半数伦敦人认为戴安娜之死存在阴谋。不过，如果这种阴谋将与王室发生联系，英国民众还是难以置信的。

2003年，正当英国有关部门调查戴安娜案件时，一家著名的报纸《每日镜报》突然刊登出一条爆炸性的新闻：戴安娜生前的管家巴勒尔透露，戴安娜生前曾写信给他，一直怕"有人"给她的车做手脚，让她死于车祸，这个人是英国王室的高级成员！该报还刊出了这封信，其中写道："这是我一生中最危险的时刻——××想制造车祸害死我！"而那个写有威胁人名字的地方被编辑涂黑了。不久，该报再次在头版头条点出那个人竟是查尔斯，其标题是："戴安娜的信：是查尔斯想杀我"！据说这封信写于戴安娜死前10个月左右，其中写道："我的丈夫正在策划制造一起车祸，使刹车失灵，给我造成严重的脑外伤，以为他的结婚铺平道路。"

这条消息立即在全世界引发了极大反响。这位巴勒尔，曾靠出售戴安娜的秘密赚了130万英镑，然而，他与报纸约定，绝对不允许向外界透露那个"潜在杀手"的名字。所以当《每日镜报》刊出查尔斯的名字之后，巴勒尔非常愤怒，强烈要求解雇该报的总编。当然，也有人认为这只是媒体的炒作。但不管怎么说，英国王室似乎也难以洗脱嫌疑，而有关调查部门也准备为此传讯皇室成员。

还有一种说法认为，英国王室之所以要谋害戴安娜，是因为后者当时已怀有身孕。至于杀人动机，就是为了避免戴安娜与查尔斯的儿子、未来的国王威廉有个同母异父兄弟，王室便策划了这起阴谋。戴安娜到底有没有怀孕，迄今为止也还是个谜。如果真能查证出戴安娜死时已怀孕，那么戴安娜之死系谋杀的可能性将大大增加，英国政府和王室将陷入极度难堪的境地。而如果调查的结果说明戴安娜没有怀孕的话，那么一切传闻和阴谋论将不攻自破。

2003年12月21日，一位法国警方高级官员向英国《独立报》披露了戴妃死因调查的一些最新内幕。该警官说，在法国警方对戴妃死因的调查中，他曾经翻阅过有关戴妃之死的所有文件，一份从未公开过的医学报告，详细叙述了戴安娜车祸后在法国医院接受抢救时的情景，其中有部分内容显示，戴安娜死亡时已经怀有身孕。然而，由于当时并没有公布这些资料，就使得这种说法成了一面之词。与此同时，另一些当事人则提出了完全相反的结论。

据前英国王室验尸官、曾亲手给戴安娜做尸检的约翰·波顿大夫披露，戴安娜当时并没有怀孕。这位大夫说："尸检时我就在现场，她没有怀孕，的确没有怀孕。"

那么，到底事实的真相是怎样的呢，恐怕只有对戴安娜进行开棺验尸了，但要做到这一点，恐怕又不是验尸官和英国王室能做得了主的。

事故，阴谋，还是……

除了英国王室的嫌疑外，很多人都怀疑这是一起更复杂的阴谋。2001年，在戴安娜的忌日，她的儿子威廉王子曾跪在墓前发誓："我知道你是被谋杀的，直至凶手被法律制裁之前，我绝不会罢休。"据威廉密友透露，威廉相信其母亲之死有太多疑点，最明显的是戴妃平时即使穿上隆重晚礼服也坚持要戴安全带，但车祸当晚她却没有这样做。为了早日找到凶手，威廉还曾暗中找来军情五处前探员协助。另外，戴安娜男友的父亲穆罕默德多年来始终坚信儿子和戴安娜是被阴谋致死的，并一直呼吁有关方面进行重新调查。这位埃及巨富曾在多次接受采访中认为，那起车祸绝对是一次有预谋、有计划的谋杀。他认为，自己的儿子和司机当时都遭到了激光手枪的射击，逃生的保镖琼斯也在事后被买通了，而戴安娜也是因有意拖延抢救而致死的。

令人生疑的是，据报道，美国情报机构竟存有182份有关戴安娜的情报档案，其中39份被列为"最高机密"，而英国媒体相信这些资料可能有助当局调查戴安娜车祸的真相。当穆罕默德要求美国情报部门交出这些资料时，却遭到了拒绝。所以，穆罕默德认定美国中情局和其他政府部门卷入了这起事故。

总之，由于当时法国法庭公布的调查报告疑点颇多，根本无法让人信服，所以在社会上就产生了众多有关该事件的说法。其中有些说法可谓稀奇古怪，例如有人认为戴安娜之死是爱尔兰共和军所为，是他们派摩托车手混入"狗仔队"中行刺。有一种说法指出，由于戴安娜一直关心地雷带来的祸害，倡议全球禁制地雷，从而损害了地雷商们的利益，所以他们就杀害了戴安娜，甚至有人说在出事当时听到一声状似地雷爆炸的响声。还有的观点认为，戴安娜其实是政治斗争的牺牲品，因为她逾越本身的权限，牵涉到了政治圈子里去，所以被英国特工在法国谋害，借以推卸责任。更离奇的是，竟有人声称戴安娜并没有死，而是因为她想摆脱传媒的追踪，重新过平淡生活，以逃避世俗的纷扰，而且居然有英国媒体煞有介事地报道说，有5名为悼念戴安娜而轮候了10小时的男女，曾亲眼看到戴安娜现身。

为了给公众一个满意的答复，英国政府在几年前曾下令警方成立一个专门调查戴安娜之死的小组，并将该行动命名为"帕吉特行动"。据最新的消息称，随着调查的不断深入，他们发现的神秘疑点也越来越多，使他们不得不怀疑戴安娜确有被人谋杀的可能。尽管自2004年以来，英国政府为这项调查已花费了不少资金，但目前为止，戴安娜的死因仍疑云重重。

政界悬案

古罗马政治家苏拉退隐之谜

谁不想拥有最高的权力，谁不想处万人之上，君临天下？然而，古代罗马著名的政治家、军事家苏拉在夺得最高权力以后却又自愿放弃。他的突然引退，一直是千百年来人们感兴趣的问题。

苏拉公元前 138 年出生于古罗马的一个破落贵族家庭，他自幼喜爱文艺，善于交际。30 岁之后，他时来运转，经济状况大为好转，战争中机缘巧合使其成为民族英雄，50 岁时，他在元老院的支持下当选为执政官，后又经过与马略的两次斗争，终于建立了他的独裁统治。苏拉为了终身掌握国家的最高权力，不惜践踏民主传统，强奸民意，威慑元老院，最后终于取得终身独裁官职位，集军政财权于一身。苏拉为了确保自己的终身独裁统治，进行了种种"宪政改革"。他取消了民众大会的否决权，削减了保民官的权限，把自己的大量亲信安插在元老院。

可是，令人不解的是，苏拉在取得终身独裁统治权的第三年突然宣布辞职，最后竟以一个普通公民的身份到他的一座海滨别墅隐居。他曾经为争夺最高权力赴汤蹈火，甚至不惜以道德的堕落、国家的灾难和人民的生命为代价，而现在，正当他的权势如日中天的时候，他却自愿放弃了这种最高权力，这是为什么呢？

至于引退的原因，苏拉本人没有说。据说，当他决定放弃他的权力时，曾在广场上发表过一次演说。他在演说中提出，如果有人质问他的话，他愿意说明辞职的原因，可是，在那种情况下，绝不会有人敢冒着生命的危险去质问他。辞职以后，一个青年曾当面辱骂他，苏拉竟然默默忍受了这个青年的辱骂，但他说过这样一句话："这个青年将使以后任何一个掌握这个权力的人都不会放弃它了。"

由于苏拉本人并没有说明引退的原因，人们纷纷猜测。有人说他在三年独裁统治后还政于民是明智之举；有人说他是由于改革无望而急流勇退；有人说是他在满足权力欲望后厌倦战争、厌倦权力、厌倦罗马而向往田园生活；更有人认为是他患了严重的皮肤病，无法亲理朝政而无可奈何地放弃了政权。

虽然说人生的价值在于过程而不在于结果，虽然说要只问耕耘，不问收获，但苏拉由一个权力狂一下子转变为笑观花开花落的隐士，这其中的谜团只有他自己才能解开了。

华盛顿为什么拒绝竞选第三任总统？

在美国历史上，乔治·华盛顿绝对是一位重量级人物，作为美国的开国元勋，是他领导美国人民进行了艰苦的独立战争，从而彻底摆脱了英国殖民者的统治，使美国走上了自由之路。而且在战后，他组建了第一个合众国政府，确立了国家信誉，为美国的国家形态奠定了基本的结构形式。同时，他还很注重国家经济发展，促进了海上贸易的繁荣，制定了影响深远的土地政策。这一切，足以使他终生受到美国人的爱戴。

在他第二次担任总统任期即将结束时，很多人准备再次推举他继续担任美国总统，并且当时的宪法上对总统连任也没有任何限制。可是，华盛顿毅然谢绝竞选第三任总统，并在1796年9月发表了著名的《告别词》，说服国会，让他卸任回家养老。

对于华盛顿这一出人意料举动的真实原因，许多历史学家已经进行了长期的探讨和研究，但是一直没有一个定论。而华盛顿本人不管是在当时，还是在回到家乡后，都没有公开表示过他拒绝连任的真实原因。尽管如此，历史学家们还是根据华盛顿的生平经历进行了大胆的猜测，以探究华盛顿拒任的原委。

有些历史学家认为，华盛顿主要是担心自己会卷入激烈的党派斗争中去，因而不想继续从政。当时美国历史上第一次出现了激烈的党派斗争，华盛顿本人也觉察到了选民中间日益增长的党派情绪，因此在其告别演说中，语重心长地呼吁团结，反对党派斗争，反对其他分裂势力。不幸的是，在党派斗争中他虽然一直保持中立，但在第二任总统后期，他失去了非党派的立场，成了一个联邦党人。在这种形势下，他中断自己的从政生涯是一个开明政治家的最好选择。

另一些历史学家认为，舆论的攻击对华盛顿做出拒绝连任第三任总统的决定产生了主要影响。英国一位历史学家说："由于想要空闲，由于感到体力衰退和受到反对派的谩骂而气馁，华盛顿拒绝接受要他担任第三任总统的要求。"

美国许多历史和政治学家看法也大致相同。随着党派斗争的加剧，舆论界的斗争也愈演愈烈。在两派报刊互相攻击的同时，华盛顿在他第二任总统期间，也受到反对派无情的攻击。这种攻击如此激烈，以致弄得他焦头烂额，十分难受。他被指责为"伪君子""恺撒"，说他藐视公众。当他提出不连任第三任总统时，许多杂志在其头版头条中还把他的举动称为"恶毒的谎言"。费城的《曙光报》在华盛顿告退的次日宣称："这一天应成为合众国的纪念日……因为，原是我国一切灾难根源的那个人，今天已降到与他同胞们的平等地位。"

华盛顿在1797年3月2日的日记中写道："我现在把自己比作要寻找一个休息之处，并正在屈身倚伏其上的疲惫旅客。但是，人们听任你安安静静地这样工作，这未免太过分了，不是某些人能够忍受得了的。"

其实，上面两种意见是有着密切关系的，但究竟是哪一种在华盛顿的思想深处占主导地位，并产生了决定性影响，人们无法知道。除此之外，还有没有更深一步的原因促使华盛顿不想再继续担任总统，比如说华盛顿本人是否对权力的欲望开始淡薄，或者是身体的原因，现在也还是一个正在进行讨论的问题。

不管怎么样，华盛顿不顾公众的压力，坚决拒绝连任第三任国家总统，从而创立了美国总统两任传统的举动，是有深远影响的。在当时，美国宪法还没有对总统连任做出规定。华盛顿创立的这一传统一直延续到1940年富兰克林·罗斯福当选第三任总统为止。1947年国会鉴于总统权力不断扩大和有可能形成终身制的趋势，才制定了第二十二条宪法修正案，即"任何人不得任总统之职两届以上"，该修正案于1951年正式批准实行，从而又恢复了华盛顿创立的传统。

在退休不到3年后的一天，华盛顿由于偶感风寒，最后病情转重，可能是当时医疗技术的低下和医生的误诊，最后不治身亡。这位美国的国父虽然去世了，但他为美国留下的许多精神财富却永远留在了世世代代人民的心中。当他拒绝竞选第三任总统时，他是否会想到他的这一行为给美国政治带来的巨大影响呢？

也许这个历史之谜并不需要我们想方设法地去解开，记住华盛顿的名字就够了。

华盛顿死因难明

美国第一任总统华盛顿在完成了历史赋予他的使命之后，于1798年初冬，悄悄回到了自己离别16年的家乡——弗农山庄。66岁的他准备在这里安度自己的晚年，一年以后，死神却奇迹般地夺去了他的生命。而对他的死因，至今没有一个确切的说法，两个世纪以来一直困扰着史学家们。

1799年12月12日，天空阴沉沉的，好像要有一场大雪。对于这天的天气，华盛顿早有预见。但他仍旧骑上马开始巡视，他是上午10点钟出去的，下午3点钟才回来。

第二天早晨，他感到嗓子痛，不能再出去巡视了。下午，他的嗓子开始嘶哑。到了晚上，嗓子哑得更加严重。但到了夜里，他冷得全身发抖，呼吸不畅，凌晨两

弗农山庄

三点钟，他叫醒了夫人，但又怕她着凉，没让她起床。清晨，女仆进来生火，才把利尔先生叫来。此时华盛顿已呼吸困难，话也说不清了。他让人去把克雷克大夫请来，同时，在医生没来之前，让罗森斯给他放血。

大约4点30分，他让夫人在写字台中取出他早就写好的两份遗嘱。他看了一下两份遗嘱后，让夫人把其中一份遗嘱烧掉，另一份保留，放到她的密室里。夫人从密室回来后，华盛顿握着妻子的手，说："这场病可能马上让我离开这个世界，如果真是这样，你要清理一下账目，把款项结清，另外你还要把我那些关于军事的书信文件仔细整理一下。"

大约5点钟，克雷克大夫来到房间里。

华盛顿说："医生，我现在很痛苦，从一得病我就知道死神这次是不会放过我的。不过，死对我来说并不可怕。"

华盛顿又说："谢谢你们的照顾，不用替我操心，我很快就要去了。"

他接着又躺了下来，大家也都走出了房间，只留克雷克大夫一人照看。

晚上，又采取了其他的治疗方法，但都收效甚微，这次医生让他服什么药他就服什么药了，利尔先生后来在书中叙述道：

"大约10点钟，他几次都要说话，但都无法说出。最后，他终于说了一句话：'我快不行了。我死后的三天再下葬，葬礼要尽量简单。'我这时已难过得说不出话，只好向他鞠了一躬，表示同意。但他没有理解我的鞠躬，说：'我的意思你明白吗？'我说：'明白了。'他说：'那我就放心了。'

"在他去世前大约10分钟，他的呼吸通畅了很多。他变得很安详。他还伸手，摸自己的脉。忽然他的脸色变了，我连忙叫克雷克大夫，坐在火边的大夫急忙到了病床边，但一切都结束了：华盛顿的手从腕部垂了下来，停止了呼吸。克雷克大夫蒙着脸哭了起来。华盛顿就这样没有叹息、没有挣扎地离开了我们。"

华盛顿的死因却一直没有被查实，他得的是什么病、医生为他诊断的结果是什么、给他吃的药对病情有没有作用、药名等都无人知道，而他生前为自己准备两份遗嘱的目的是什么？是不是其中另有隐情？

解放者的悲剧：林肯被刺之谜

在美国内华达州的一座山上，雕刻着美国历史上4位最伟大总统的巨大头像，他们中有美国之父华盛顿、《人权宣言》的起草者杰弗逊、美国鼎盛时期的奠基者西奥多·罗斯福，还有一位就是黑奴的解放者林肯。亚伯拉罕·林肯，这位具有传奇经历的总统，以其巨大的勇气和魄力，领导了一场旨在废除奴隶制的斗争。他的胜利使无数的黑奴获得了解放，开辟了美国乃至人类历史的新纪元，也使他成为美国历史上最伟大的总统之一。然而，就是这样一位伟人，却在1865年4月14日，被一颗罪恶的子弹击中，永远地倒下了。当载着他遗体的列车从华盛顿开向他的家乡斯普林菲尔德时，千百万人默默地站在铁路边目送列车远去。同时，关于他的被刺，也成了美国历史上众多的政治悬案之一。

美国历史上最伟大的总统之一

亚伯拉罕·林肯（1809~1865年），美国第16任总统。与其他大多数美国总统相比，林肯的一生可以说是充满了艰辛和坎坷。林肯的出身比较贫寒，正如他曾经感慨的，他的童年简直就是"一部贫穷的简明编年史"。1809年2月12日，林肯出生在肯塔基州哈丁县的一个伐木工人家里。从幼年起，他就开始帮助父母劈柴、提水、做农活等。更不幸的是，当他9岁时候，母亲因病去世了，这对少年林肯而言无疑是非常残酷的打击。不过，命运似乎又在补偿这位未来的总统，因为他遇到了一位非常善良、贤德的继母。尽管条件有限，继母仍常常教林肯识字学习，但林肯正式读书时已经15岁了。长大后，林肯离开父母，开始独立谋生，迫于生计，他先后做过店员、村邮务员、测量员等工作。1833年，林肯与朋友合开了一个杂货店，由于经营不善，被迫倒闭，使他用了10年的时间才还清了杂货店的债务。一年后，他的恋人安妮又因病去世，使他悲痛万分。然而，自强不息的林肯一直坚持勤奋自学，于1835年成为一名律师。1842年11月4日，林肯与一名富商的女儿玛丽·托德拉结婚，不过由于妻子脾气暴躁，他的婚后生活并不幸福。

1830年，林肯一家迁居到伊利诺伊州，而林肯也就在这里开始了他的政治生涯。1832年，林肯初次参加伊利诺伊州议会竞选议员，结果失败了。此后，针对当时美国社会存在的一些问题，林肯常常通过政治演说表达民众的心声，他所提出的一些有利于公众事业的建议，也得到广泛的响应。1834年，林肯加入了辉格党，并终于在1834年当选为伊利诺伊州的议员，从而正式开始其政治生涯。不久，林肯又当选为州议会辉格党领袖。1846年，他进一步当选为国会众议员。

当时的美国社会，正面临着一个十分严峻的社会问题，这就是南方诸州所实行的奴隶制不但日益引起奴隶的反抗，而且越来越影响到整个美国的国家利益。由于历史所造成的原因，当时美国南方诸州的奴隶制非常猖獗。一方面，在奴隶主的残酷压榨和迫害下，广大黑奴过着暗无天日的生活，遭到了世界各国所有具有正义感的人士的谴责；另一方面，由于美国的版图日益扩大，而南方的奴隶主们竟妄图把这种野蛮的制度扩张到新加入联邦的西部各州，这就与北方的工业资本主义产生了矛盾。于是，在废奴主义者们的发起下，一场轰轰烈烈的解放黑奴的运动开始了。而奴隶制度的废除，就成为当时美国社会最敏感的政治问题，北方与南方各州之间形成了水火不容之势。

亚伯拉罕·林肯

1854年，主张废除和限制奴隶制的北方各州人士成立了共和党，而林肯很快就成为这个新党的领导者。不久，南部奴隶主竟派遣一批暴徒拥入堪萨斯州，试图用武力强制推行奴隶制度，从而引起了堪萨斯内战。这一事件使林肯意识到斗争的尖锐性，于是他明确宣布了"为争取自由和废除奴隶制而斗争"的政治主张。1856年，林肯作为共和党副总统候选人竞选失败。1858年，林肯发表了著名的废奴主义宣言，要求限制黑人奴隶制的发展，实现祖国统一，他说："一个分崩离析的国家是维持不久的，我坚信，我们这个政府不会永远容忍这种半奴隶制、半自由制的状况。我不希望联邦制解体，更不希望我们这个国家崩溃。我相信奴隶制终究要归于灭亡的，不分地域，南北奴隶们都会获得自由的。"这一宣言立即震动了美国，因为它不仅表达了北方资产阶级的愿望，同时也反映了全国人民的意愿，因而为林肯赢得了巨大声望。

1860年3月，众望所归的林肯作为共和党候选人，以高票当选为美国第16届总统，但他马上就不得不面对前所未有的严峻的国内外形势。由于与林肯的政治主张有不可调和的矛盾，南方诸州决定起来反抗，甚至不惜以分裂美国作为代价。在林肯当选后的 3 个月中，先后就有 11 个州宣布退出联邦，他们组建"南部联盟"，另外组成美国政府，还推举出总统和副总统，并制定了新宪法，开始公开叛乱。内战一触即发，北方政权岌岌可危。1861 年 4 月 12 日，南方联盟开始向联邦军队发起攻击，内战正式爆发，这就是美国历史上著名的南北战争。在战争初期，由于各种复杂的因素，联邦军队一再失利，而黑奴问题也没有根本解决。为了获得包括黑奴在内的广大民众的支持，在关键时刻，1862 年 9 月 22 日，林肯宣布了亲自起草的具有伟大历史意义的文献——《解放黑人奴隶宣言》草案（即后来的《解放宣言》），宣布废除奴隶制，解放黑奴。从此，由于极大地调动了广大民众的热情，北方联邦军队获得了最广泛的支持，战争形势才开始发生了明显的变化，北部军队很快地由防御转入了进攻，终于在 1864 年获得了彻底的胜利。而《解放宣言》，也由此成为"联邦成立以来美国历史上最重要的文件"。

美国内战终以北方的胜利而告终，也使得美国继续向着民主、自由、平等的道路前进。因而，林肯被美国人视为历史上最伟大的总统之一，足以与华盛顿、杰弗逊、罗斯福等并列。

由于林肯的卓越功绩，1864 年 11 月 8 日，他再次当选为美国总统，开始了他的第二个任期。随后，他着手进行战后重建工作，然而，还没等林肯把他的战后政策付诸实施，悲剧发生了。1865 年 4 月 14 日晚 10 时 15 分，当林肯在华盛顿福特剧院看戏时，突然被一名凶手开枪刺杀，该凶手据说是一个同情南方的精神错乱的演员。1865 年 4 月 15 日清晨，林肯与世长辞，时年 56 岁，任总统 4 年又 42 天。林肯去世后，他的遗体在 14 个城市供群众凭吊了两个多星期，后被安葬在普林斯菲尔德。他本来希望总统任期结束后，能回到家乡去开一个律师事务所，但他的愿望最终没能实现。

但是，历史不会忘记这位伟大的总统、伟大的解放者，也不会忘记他在《解放宣言》中所宣布的："我，亚伯拉罕·林肯，合众国总统，今依宪法授予的权力……宣布，在上述各州及区域，所有被视作奴隶的人立获自由并于以后永保自由；合众国政府包括陆海军当局将承认和维护他们的自由。我同时在此嘱咐上述获得自由的人们，除非为了必要的自卫，应当避免使用任何暴力；并劝告他们在任何可能情况下，为了合理的工资而忠诚地从事工作。我特此宣告并希周知，凡条件适合者被吸收为合众国的武装部队，参与守卫堡垒、据点、兵站和其他地点，并于上述部队各类船舰上服役。我们大家确信这是一个正义的行动，它出于军事必要并为宪法所认可，我请求人类对之详加审鉴，上帝为之赐福。"

革命导师马克思曾高度地评价林肯说，他是一个"不会被困难所吓倒，不会为成功所迷惑的人，他不屈不挠地迈向自己的伟大目标，而从不轻举妄动，他稳步向前，而从不倒退……总之，他是一位达到了伟大境界而仍然保持自己优良品质的罕有的人物"。

福特剧院的枪声

随着美国内战的结束，林肯所领导的解放黑奴的伟大事业也迅速在全国开展起来。

然而，就当千千万万的黑奴获得解放的同时，一场针对林肯的阴谋却在悄悄地进行着。

1865 年 4 月 14 日，似乎注定是一个悲哀的日子。这天，林肯为自己预定的日程表是这样安排的：8 点以前办公，然后进早餐，在 10 点内阁开会前接见来访者；午餐，再接见客人；傍晚偕同夫人乘马车兜风，同伊利诺伊州的旧友非正式会晤；去陆军部 2 次；再次会客，然后和夫人及几名随从去福特剧院观看演出。

上午 10 点钟，内阁会议准时召开，前来参加会议的有陆军部长、代理国务卿弗雷德里克·西华德，以及从前线返回华盛顿的格兰特将军等一些重要人物。不过由于意见分歧，会议非常短暂，最终决定在 4 月 18 日再开一次会议，讨论关于如何医治国家的战争创伤等问题。午餐时，还发生了一个小插曲。一位名叫南希的黑人妇女来到白宫大门口，要求面见总统。可是，卫兵拦住她，告诉她总统正在用午餐，现在不能接见她。不料，南希一下子叫了起来："看在上帝的面上，让我去见林肯先生吧；我是忍受饥饿步行了 5 英里才走到这个鬼地方的！"她的叫喊引起一阵小小的骚动。就在这时候，林肯开门走了出来，他温和地说："让这位善良的妇女进来吧，我有时间同所有需要我帮助的人交谈。"原来，南希和她的丈夫托姆原是里士满附近一个种植园的奴隶，直到《解放宣言》发表后他们才来到华盛顿。目前，托姆参加波托马克军团去了，家里留下一对双胞胎男孩和一个女婴，起先托拇的军饷还按月送来，可现在却不知在哪儿才能领到托姆的军饷。她的孩子们嗷嗷待哺，她想问总统能否帮她领到托姆的军饷。总统听她讲完后对她说："你有权得到你丈夫的军饷。明天这个时候再来吧，我会把签好的条子交给你的。"当深受感动的南希转身要走时，总统又叫住她并语重心长地说："我善良的妇人，也许你以后还会遇到更加艰难的日子，甚至家里全部食物只有一块面包；即使这样，也要分给每个孩子一片，并把他们送去上学。"说完，还对她深深地鞠了一躬。

到下午，林肯按计划和夫人乘坐马车兜风，他们一路谈笑风生。林肯还对夫人表示，希望第二次任职期满后，能出国旅游一次，然后回到故乡，或是重操律师旧业，或是经营一个农场。总之，这一天林肯的心情似乎也不错，唯一美中不足的就是妻子上午的表现让他大失颜面。原来，上午的内阁会议结束之后，格兰特将军曾和林肯讨论晚上的社交活动安排。本来外出的建议是林肯夫人提出来的，她想和丈夫一起放松放松心情。但是玛丽一看到格兰特的妻子朱莉娅·格兰特也要一同去的时候，立即打翻了醋坛子。因为玛丽容不得任何一个别的女人接近她的丈夫，而且她还担心声名鹊起的格兰特的锋芒会盖过林肯。结果玛丽竟然用粗鲁的言行来对待格兰特夫人，恼怒的格兰特夫妇遂拒绝了总统的邀请，借口说要去新泽西州看望家人。

当天晚上，林肯偕同夫人如约前往罗德岛大街的福特剧院看戏，随同的有志愿兵少校亨利·里德·拉恩伯恩和他的未婚妻丽娜·吉米卡特，负责总统林肯警卫的是约翰·帕克，他的任务就是寸步不离地守护总统，严密监视任何可能伤害总统的行为，因为当时不断有关于刺杀总统的传言。晚上 9 时 10 分，总统一行进入剧院，由引座员莉丽莎·加里福斯带着进了包厢房。在场的 1000 多名观众听说总统林肯到来，便一起鼓掌欢迎，许多人都站了起来欢呼，林肯也礼貌地走出包厢向欢迎他的观众挥手致意。接下来就是看戏，演出的是英国戏剧作家托姆·泰勒的作品《我们美国的表兄弟》。当时的情形是：林肯在包厢内坐在扶手摇椅上，他只能看到包厢里同他坐在一起的几个人，以及舞台的演员演出；包厢内有两道门，前门是开着的，便于看戏，后门是锁着的，有利于保卫工作。然而，谁也没有留意到，在林肯侧面的后门上竟然有一个约10公分的小洞，显然是有人故意凿穿的，而其目的便是能在包厢外面往里看窥探到林肯所坐的位置，然后选择时机溜进包厢采取行动。

渐渐地，戏剧的演出达到了高潮，人们的注意力都被吸引到了舞台上。就在这时，最令人震惊的事情发生了。有一名男演员，从容地走进了总统的包厢，然后突然掏出一把手枪瞄准林肯的左耳和背脊之间，随即扣动了扳机，只见总统猝然倒下。由于现场非常吵闹，观众中只有很少人听见枪声。最先反应过来的是坐在林肯旁边的夫人和几个陪同看戏的人，他们纷纷尖叫起来。接下来包厢里一片混乱，而那位刺客则立即从包厢里跳到舞台上，转身向观众喊了句"一切暴君都是这个下场"后，转身就向外逃跑了。

据当时人回忆，全场观众都被眼前所发生的一幕惊呆了，以至于尽管凶手在仓皇逃跑时将自己的脚扭了竟没有一个人反应过来去追拿凶手。结果，短短的几分钟后，凶手就骑马成功脱逃了。当人们将总统送往医院时，一切都为时已晚了。尽管林肯总统被击中后并没有立即身亡，尽管他的夫人紧紧地握住他的手，再三地告诉他："活下去！你必须活下去！"但是几个小时后，当时钟指向 1865 年 4 月 15 日凌晨 7 时 22 分 10 秒时，这位将自己的一生都献给了黑奴解放事业的伟大总统——亚伯拉罕·林肯，终于永远地停止了心跳。巧合的是，这一天正好是耶稣殉难日。

是什么人策划了阴谋？

回头说那罪恶的凶手。事后，经过有关方面的调查，人们得知，他的名字叫约翰·威尔克斯·蒲斯。据说，蒲斯本出身于美国戏剧界名门之后，是一位著名演员的儿子，他哥哥也是一位著名演员。但是，26 岁的蒲斯却是一位平庸的演员。不过，这名演员还有不为人知的一面，那就是：渴望出名，同时在政治上是一个坚定的南部联邦的极力支持者，对林肯所领导的事业极度仇视。还在内战进行期间，蒲斯就纠合了一群人暗中活动，包括他的死党米切尔·奥劳夫林和萨姆·阿诺德，马里兰州一个制造马车的乔治·阿茨罗德，药店员工大卫·赫罗尔德，前南部联邦士兵路易斯·鲍威尔，以及曾为叛军提供过情报的约翰·萨拉特等人。他们试图通过一些极端手段包括绑架暗杀等来破坏联邦政府的事业，为此他们曾经在华盛顿的一所公寓密谋了绑架林肯以交换南部被俘战士的计划，但这些计划都先后流产了。

但是，始终贼心不死的蒲斯等人一直在寻觅新的机会。4 月 14 日那天，他们获得一个重大新闻，因为海报上说，林肯和格兰特等将前来观看演出。于是，蒲斯立即召集死党实施他们的最后计划，他们决定兵分三路：由阿茨罗德去刺杀副总统约翰逊，由佩因和赫罗尔德去刺杀国务卿西华德，而蒲斯本人则亲自去刺杀总统林肯。不过他们的行动并没有达到预期目的。根据有关资料的描述，首先，临阵退缩的阿茨罗德根本就没有去刺杀副总统约翰逊。至于佩因和赫罗尔德二人，倒似乎进行得不错。他们摸到了西华德家外面，由赫罗尔德守在马车上接应，佩因直接进了西华德家，他拿着一包药，这也是早就策划好的。西华德的儿子告诉佩因，他的父亲正在睡觉，现在还不能吃药。但是佩因坚持要送药进去，小西华德感到此人不可理喻，命令他立即滚蛋。由于害怕被看穿阴谋，佩因立即掏出了手枪，对准小西华德的头部就是一下，可惜不知什么原因，手枪居然没响。佩因赶紧握紧枪，用枪托猛砸小西华德的头，可怜的小西华德头骨被打裂了。扫除了门外的障碍，佩因从包裹里抽出一把大刀冲进了西华德黑暗的卧室，这时他才发现卧室里除了西华德还有西华德的女儿和一个男护士。男护士见势不妙，立即跳将起来冲向佩因，佩因抡起大刀就把他的前额砍破了，而西华德的女儿在惊吓之余也被佩因打晕了过去。随后，佩因冲到西华德的床边，一刀一刀地猛刺国务卿。这时，西华德的另一个儿子听到声响也冲了进来，不料被手持凶器的佩因在前额划了一刀，并且砍伤了手。佩因感到此地不宜久留，于是迅速离开卧室，跳下楼梯，在楼梯上他又撞见了一个倒霉的国务院信使，佩因一不做，二不休，把这信使又砍伤了。直到逃到大门前，狂奔的佩因不停地尖叫："我疯了！我疯了！"更令人不可思议的是，所有遭到佩因袭击的人最后都康复了，西华德在继林肯之后的约翰逊总统的任期里还继续做他的国务卿。

再说元凶蒲斯，他在剧场内径直走向总统所在的位置，右手握着一把八盎司重的单发大口径袖珍手枪，左手持着一把匕首，然后从容不迫地开后门进入包厢，最后冷酷地把一颗直径不到半英寸的铅弹头射进总统的后脑。当枪声响时，最先反应过来的拉思伯恩少校一跃而起，扑向刺客，却被他手中的匕首刺伤。不过凶手在纵身往下跳时，被装饰包厢的联邦锦旗缠住了马靴上的马刺导致失去了平衡，一下从10英尺的高处跌落到舞台上，折断了胫骨。但凶手仍以惊人的速度冲过舞台，跑出了剧场大门。后来人们计算了一下，凶手从射出子弹到跑出大门，总共才不过六七十秒的光景。不过，警察总算得以沿着血迹去追踪。4月26日上午，负责缉拿凶手的联邦侦探和纽约第16骑兵队终于在弗吉尼亚州的加勒特农场将凶手包围并将其击毙。

尽管看起来林肯遇刺案就是如此的简单：一个支持南方奴隶主的凶徒将仇恨发泄在总统身上。然而事实似乎并非如此，多年来人们始终对此存有许多疑问。

首先最大的疑点就是关于总统包厢上的那个大洞。当时，林肯的包厢有前后两道门，而且都上了一把大锁。林肯总统坐在扶手摇椅上，除了能看清舞台上的演员外，再能看到的就是和他一同坐在包厢里的夫人和几个站立他周围的护卫。这一切看起来再安全不过了。然而，谁也没有料到包厢的后门早已被人做了手脚。门上的那个窥视孔显然是刚钻不久的，而且那把形同虚设的大锁也早被人弄断了锁簧，而这道门离总统还不足5英尺，这也正好使得凶手能够轻而易举地进入总统的包厢行刺。那么，人们不禁要问：为什么锁坏了没有人报告？

第二个疑问是：护卫林肯的警察当时都干什么去了？本来为确保总统的安全，除了随从总统的4名白宫卫士之外，陆军部还特意派来一名颇受信任的武官布莱恩携其未婚妻同往。另外据说，忽然有不祥预感的林肯为了自身的安全考虑，曾亲自要求作战部长斯特顿派一个名为埃克特的陆军上校来做自己的保卫，但斯特顿通知总统，埃克特早已在当晚安排了任务，后来只得委派布莱恩作为总统当晚身边的警卫官。而按照事先安排，警察约翰·派克本来应该是守在大厅通往包厢的必经之路上的，但是他对看戏毫无兴趣，竟趁演出换幕的间隙，躲到另一个房间去喝酒去了，使得凶手能溜进包厢。这一切，难道都是巧合吗？

第三，一直有很多人怀疑，刺杀林肯一定是一起政治阴谋。尽管公开的说法是，凶手之所以要刺杀林肯，一方面是为南方奴隶主报仇，同时也想使自己出名。但这只是官方的调查结果，很多人并不相信这种说法，他们认为刺杀总统一案一定有不可告人的内情。正如人们所知，林肯在去剧院之前曾有过不祥的预感，所以对作战部长点名要求要埃克特陆军上校担任自己的警卫，作战部长则借口说埃克特上校当晚要执行别的任务而改派他人。而据事后的调查得知，事实上埃克特当晚根本就没有执行什么任务，他在家里待了一晚上，那么作战部长为什么要说谎？至于派去顶替埃克特的布莱思，一向行为不轨，认识他的人对他都没什么好印象。至于对凶手的追捕，抓活口也不是不可能的，可最终却把唯一的直接参与者击毙了，是谁开枪打死他的的？又是谁下命令要把凶手杀死的呢？更令人奇怪的是，在后来的凶手缉拿报告中，人们惊奇地发现上面居然写着：凶手系自杀身亡。人们对这些问题都希望能有所了解，只可惜直接犯罪嫌疑人已被击毙，看来这又将是一桩永久的悬案了。

许多资料披露，林肯在遇刺前似乎已有某种预感，如果这是真的，是否意味着他已觉察到了什么针对他的阴谋？其实在林肯当总统时，各种暗杀总统的计划就满天飞了。据说就在被暗杀的那天早上，林肯同一直不和的副总统安德鲁·约翰逊突然摒弃前嫌，似乎他知道自己大限已尽。林肯在任时，由于经常发生恐吓事件，周围的人非常担心他的安全问题，他们经常提醒林肯要小心。面对这一切，林肯虽然他表现得满不在乎，但似乎也早有心理准备。就在他遇刺的当天傍晚，当林肯在陆军部谈完公事后，突然对随从而来的克鲁克说："克鲁克，我相信有人想要杀害我，你知道吗？"这令所有在场的人都大吃一惊。因为在平时别人常常告诫他要注意自己的安全时，他总是一笑置之，而这次却相当严肃，而且据说他还曾自言自语地说："我毫不怀疑，他们会这样干的。"

因此，尽管当时联邦军事法庭判定凶手与其他 8 名同伙共同策划了这次暗杀，并将其中 4 名判处绞刑，另 4 名被判罚苦役。但社会各界对此产生了大量的推测，究竟谁是这次暗杀行动的幕后策划者？有一些人认为，当时的副总统约翰逊可能由于某种原因介入了此事。有的历史学家认为，幕后策划人是当时陆军部情报机构的负责人拉斐特·贝克，因为他在组织和领导那次追击中打死了蒲斯。而大多数人则推测，由于对林肯的重建政策不满，陆军部长斯坦顿为了共和党激进派的利益而策划了这次暗杀。甚至有一些作家认为，在弗吉尼亚被击毙的并不是蒲斯，而是一位与他长得十分相像的人作了替罪羊。不过由于上述说法均缺乏有力的证据，也只能是一种假设而已。

最令人遗憾的是，目前解答这一疑问的希望似乎已很渺茫了，因为在 1926 年时，林肯的儿子罗伯特·托德·林肯也离开了人世。在他去世之前，竟把父亲的一些私人文件付之一炬。当朋友表示困惑时，他说，他要把那些文件毁掉的原因是这些文件里有内阁成员犯有叛国罪的证据。如果他说的是真的，则进一步证实了刺杀林肯是一场政治阴谋的猜测。

恶魔幽灵：希特勒身世之谜

阿道夫·希特勒，一个曾经令全世界恐怖的名字，纳粹德国的缔造者，第二次世界大战的罪魁祸首，屠杀千百万无辜生灵的凶手……他是一位专横、粗暴、傲慢、狡猾、残酷的独裁者，曾以其闪电战蹂躏了整个欧洲。1945年4月30日，当苏军攻入德国首都柏林时，这位曾经不可一世的战争狂人，在一间秘密地下室里，与其情妇一同自杀，死后尸体由部下焚毁，就此结束了他罪恶而可耻的一生。至此，关于希特勒的一切似乎都已经结束了，然而又似乎远未结束。因为几十年来，关于他复杂而神秘的一生，人们一直有太多的疑问没有得到解答。

来路不明的德国元首

大多数人认为，希特勒出生于奥地利。1889年4月20日，阿道夫·希特勒出生在位于奥地利和德国巴伐利亚边境的一个叫布劳瑙的小镇，其父是小镇上的一名海关官员。希特勒3岁那年，因为父亲要在德国巴伐利亚的帕骚市管理一个属于奥地利的海关，他们一家曾搬到那里居住。1903年和1908年，希特勒的父亲和母亲相继去世。此后，学业不佳的他便开始流浪般的生活。在维也纳，他曾凭借自己唯一的特长，靠画明信片、水彩画谋生。在此期间，希特勒阅读了不少大肆鼓吹极端国家主义和极端民族主义、反犹主义的小册子。很快，他就成为一名狂热的种族主义者，笃信他所属的"雅利安种族"天生就是高贵的，而犹太种族则恰恰相反，是低贱的。

1913年5月，对大德意志民族充满着狂热情绪的希特勒，离开维也纳移居慕尼黑。第二年，第一次世界大战爆发。对战争充满热情的希特勒作为志愿兵加入了巴伐利亚步兵第一团，期间曾负伤，并还获得过两枚铁十字勋章。当德国战败后，希特勒决定投身于政治。

阿道夫·希特勒

1919年春天，希特勒被调到陆军军区司令部的政治部新闻局工作。1919年9月，希特勒加入了德国工人党，并担任该党主席团的第七名委员。随后，他就开始按照自己的观点和目标来改造这个党。由于的确具有演讲方面的天才，希特勒很快就吸引了大批追随者。他利用德国当时盛行的民族主义和社会主义两股潮流，将德国工人党正式改名为"德国国家社会主义工人党"，也就是纳粹党。经过努力，加上合适的政治土壤，纳粹党迅速壮大起来。《凡尔赛和约》的巨额赔款使魏玛共和国初期经济困难、政治动荡，敏感的希特勒认为这正是他推翻共和国的良机，于是策划了慕尼黑啤酒馆暴动，结果却以失败而告终。希特勒被判入狱8个月，期间他撰写了《我的奋斗》，这本书是一个集国家主义、帝国主义、反犹主义和反对民主主义思潮于一体的大综合，被看作是法西斯的理论和行动的纲领，是纳粹党的圣经。啤酒馆暴动的失败使希特勒认识到不能通过政变去剥夺台上统治者的权力，而是要通过与他们的合作才能取得政权。1925年2月27日，纳粹党正式重建，希特勒又获得了独裁元首的身份。

1929年10月，一场世界性经济危机爆发，德国局势又开始动荡。利用这个机会，希特勒一方面为国家社会主义展开更强大的宣传，对各阶层人民不断做出符合其愿望的慷慨许诺。一方面又通过纳粹党的宣传机器，重点向中下层的中产阶级发动讨好攻势，以争取得到他们的支持。到了1932年，纳粹党人数骤增到100万，在这一年举行的国会选举中，纳粹党获得了230个议席，一跃成为国会中最大的党派。1933年1月30日，希特勒终于登上了总理的宝座，第三帝国由此诞生。后来他又将总统和总理这两个职务合二而一，成为实际的独裁者，并逐步走向战争之路。

有趣的是，希特勒死后，一些专门研究其身世的学者，仍在不断制造关于他的新闻。众所周知，希特勒是一位疯狂的种族主义者，他坚信所谓日耳曼人是世界上最优秀的人种，尤其仇恨犹太人，并直接策划了对犹太人进行"解决"的屠杀命令。然而，令人甚感惊奇的是，有关"希特勒是犹太人"这样的说法却一直都在流传。有些历史学家认为，这种传言并非空穴来风，因为的确有一些事实让人颇感蹊跷。比如，尽管纳粹曾经制定了禁止犹太血统的人加入军队的法律，然而希特勒本人却亲手签署了不少血统证书，证明一部分犹太人是纯日耳曼人："我，阿道夫·希特勒，根据种族法，宣布你为日耳曼血统。"如此一来，德国军队中也存在了不少犹太人，其中有一些犹太人还能够成为高级军官甚至将军，相传米尔希元帅就有犹太血统。不仅如此，党卫军特工部的头子莱因哈德·海德里希的祖母也是犹太人。当希姆莱曾经就此事向希特勒汇报时，一向主张反犹的希特勒并未采取任何措施，而是让海德里希继续留任，这些做法未免让人感到奇怪。如果要寻找答案，那么"元首其实是犹太人"的说法的确不无可能。不过，由于没有确凿的证据，这种传闻终究不会得到人们的承认。况且，在希特勒的一手导演下，二战中被纳粹德国杀害的犹太人达600万之多，如果"希特勒是犹太人"的说法被证实，对全世界的犹太民族而言，企图灭绝自己民族的人竟然是"自己人"，这在心理上恐怕是很难让他们接受的。

甚至有一位叫戴维的英国历史学家宣称，经他研究发现，希特勒竟然可能是英国女王伊丽莎白二世的祖母玛丽王后的私生子！只是在他在13岁时，才被送到德国，乃至后来当上了第三帝国的元首。戴维之所以敢发表这一石破天惊的结论，依据就是他母亲留下来的一本相簿。据戴维披露，这本相簿中收藏着一些珍贵的照片，还有印着大教堂、宫殿和欧洲风景的明信片。戴维的母亲表示，这本相簿的主人就是希特勒。在仔细研究了希特勒的照片以及明信片背面手稿的笔迹后，戴维发现，这些字迹与德国学者马泽尔编纂的《希特勒的书信及笔记》一书中所有文章中的笔迹，可以说非常相似。

另外，在1953出版的《我的少年朋友》一书中，作者库彼切克曾详细地描写了第三帝国元首的生活，而笔迹鉴定家对该书中作者所写的序言以及序言下面的作者签名进行了细致的鉴定后，也认为其字迹与希特勒字迹的雷同度高达百分之百。由于希特勒年轻时曾有个叫库彼切克的朋友，因此戴维大胆推论《我的少年朋友》一书就是希特勒假借朋友之名写的，这就是说，希特勒并不像人们通常所认为的那样，是在战争结束时自杀而死，而是一直活到战后。同时，由于希特勒的部分个人书信和老照片的签名都是用英文或拉丁文书写的，而希特勒在学校里根本就没有学过英文和拉丁文，这当然令人禁不住怀疑他是从小就熟知这些语言的。戴维还有一条证据，就是当他将约翰王子与希特勒的照片进行仔细对照后，竟发现约翰王子的耳朵与希特勒的几乎一模一样。通过以上种种佐证，戴维相信，希特勒就是玛丽王后的第五个儿子约翰王子。虽然据记载约翰早在1919年，也就是13岁的时候就病死了，但也有传言说他并没有死，而是被秘密送往德国，寄养在某个家庭里，直至后来成为德国元首。

魔鬼到底终结了吗

1945年4月30日，苏军攻占了国会大厦，希特勒的总理府已在炮火的射程之内。下午3点30分，绝望的希特勒在安排完后事后，回到地下室的避弹房间，先服用了毒药，然后又对自己开了一枪。与此同时，刚刚与希特勒仓促举行完婚礼的爱娃·勃劳恩也吞下了毒药。随后，两人的尸体被侍从用军毯包上，抬至总理府的花园里，浇上汽油，在熊熊大火中化为灰烬，骨灰被埋进了一个炮弹坑。苏军来到这里后，开始到处寻找希特勒的尸体。5月5日，一名苏军士兵注意到花园的一处废墟中露出了灰色毯子的一角。当他们搬走瓦砾、掀开毯子时，看到的是两具烧焦了的尸体，旁边还有一条已经死去的阿尔萨斯狗和一条幼犬。他们怀疑这就是纳粹头子道夫·希特勒。但斯大林接到报告后认为希特勒没死，只是隐匿起来了。因为尸体已经焚烧得难以辨认，所以专家便提出通过牙齿来确定身份。法医学专家欣喜地发现，这具尸体的下颚骨居然保存完好。由于世界上所有人的牙齿都不会相同，所以牙齿鉴定的结果是最具说服力的。于是苏联成立了一个以瓦西里·戈尔布申上校为首的秘密机构，这个机构的唯一任务就是验明死者身份。经过在柏林展开的一场大搜索后，他们终于找到了希特勒的牙医布拉什克教授的助手霍伊捷尔曼。她找到了希特勒牙齿的X光照片以及制作好但从未使用过的金牙套，戈尔布申等人与从那具尸体上取下的实物仔细对照，最终确认那牙齿应该就是希特勒的。至此，一段公案似乎也有了定论。

然而，在战后，仍有相当一部分人对希特勒的去向问题表示怀疑，他到底是死了，还是消失了？如果确实死了的话，那是自杀还是他杀？他的遗骸又到哪里去了？

最近，美国一位女历史学家德伯拉·海登又提出了全新的说法：希特勒是因为梅毒缠身而万念俱灰，才饮弹自尽的。她甚至认为，正是因为对病情的绝望才促使希特勒演变成了一部疯狂的"杀人机器"。海登女士多年来搜集了大量有关希特勒晚年生活及身体状况的内部资料，在对资料进行整理和综合分析之后，她认为希特勒晚年"顽疾缠身"，实际上就是晚期梅毒。根据希特勒的个人首席医生莫雷尔掌握的病例，希特勒的心脏一直有问题：经常心律不齐，或者说鼓膜有伴音，而那是由于梅毒感染伴发主动脉炎引起的。希特勒晚年动辄癫狂暴怒，很可能是梅毒浸染了他的大脑，使他患上了脑炎，以致神经功能紊乱。在生命的最后几年里，希特勒常常被各种疾病困扰，如头晕目眩、胸闷气短、胸口疼痛、肠胃不适、颈部长满脓包、胫骨受损导致小腿肿胀，有时甚至连皮靴都穿不上……而诸如此类的病症都是梅毒感染的典型症状。希特勒从1941年开始定期要接受碘盐注射，这在当时是治疗所有性传播疾病的常规手段。另外，希特勒之所以选中莫雷尔作他的长期私人医生，也极有可能与他深知自己的病情有关。莫雷尔不仅是一位资深的皮肤科专家，更是当时德国最著名的性病治疗权威。在当时的医疗条件下，感染上梅毒就意味着宣判了死刑。同时，梅毒也解释了希特勒的性冷淡，也解释了他为何要在自己唯一的个人传记《我的奋斗》中花13页纸的笔墨来阐述德国根除梅毒的重要性。至于希特勒究竟是如何感染上梅毒的，据说是1908年（或者是1910年）他在维也纳时曾与一位街头妓女发生了关系，从此落下病根。而且据野史记载，这个让希特勒一见倾心的红尘女子居然还是个犹太人。当然这只是一种传闻，缺乏史实证据，但是希特勒却在《我的奋斗》书中认为犹太人对传播梅毒负有不可饶恕的责任。

有关希特勒遗体的下落，在过去几十年里也一直是个谜。最近，俄国一位记者在有关方面提供的档案协助下，终于解开谜底。报道透露，希特勒的尸体残骸后来被重新埋葬了多次，最终被火化。第一次尸体掩埋是在1945年4月30日，希特勒、他的新婚妻子爱娃和他的两条狗被埋在总理府花园内。苏军士兵5月4日在一个弹坑内发现了两具不明身份的尸体。他们搬走了尸体，但因为当时苏军认为已经找到了希特勒的尸体，所以同日又将尸体掩埋。5月5日，尸体再次被挖出，并被送往布赫镇的一个诊所。对尸体残骸的医学检查于5月8日完成后，在苏军反间谍部门的监视下，尸体残骸在费诺夫镇第三次下葬。为了让从莫斯科赶来的米什克将军对尸体残骸进行重新检查，尸体残骸于5月17日被再次挖出。1970年3月13日，克格勃负责人安德罗波夫向当时的苏共总书记勃列日涅夫送去一份请示文件称："第三集团军的克格勃特别部门1946年2月在我们驻马格德堡军营内埋葬了希特勒、爱娃、戈培尔、戈培尔妻子和孩子的尸体。由于作战需要，上述营地将转移给德国方面。考虑到工程建设或者其他土方开挖工程可能会使埋葬地被发现，我建议挖出这些尸体以进行火化。"文件于3月16日得到了苏联最高领导层的批准。克格勃特别部门的工作人员于1970年4月5日早上挖出了希特勒、爱娃等人的尸体残骸。他们将这些骸骨放入盒内，并于当天早上完成了对尸体残骸的"物理摧毁"，骨灰则撒入了比德里兹河。报道还透露，希特勒还剩下两块头骨碎片，现存于莫斯科。

著名的研究者列昂·阿尔巴茨基在他的《第三帝国最后的秘密》（副题"希特勒消失之疑案"）中，根据有关史料，对希特勒于1945年4月死于自杀一说提出了疑问。1972年，希特勒的牙医在同德国作家马泽尔的谈话中，也说自己无法肯定那的确就是希特勒的颅骨；他的助手也发表了同样的言论，而当初他俩的证言恰恰就是苏联尸检专家鉴定的依据。另外，莫斯科犯罪学实验室对据说是希特勒开枪自尽时在沙发上留下的血迹进行了鉴定，竟发现那不是血，而是色泽相像的液体。被认为是希特勒的那具焦尸的血型，同希特勒的真实血型也不相符，焦尸的大脑内也未发现弹痕。苏联内务机关在数月后对尸体做鉴定时，也未发现服毒痕迹。因此，有人提出，很可能是替身掩盖了"元首"潜逃的事实，而爱娃·勃劳恩的死不过是为了让戏演得更逼真些。在生还下来的所有目击证人中，只有近侍林格一人见过死后的希特勒。希特勒的副官京舍说，他曾下令让警卫离开通向希特勒套间的房舍。所以其余的人只是见过裹在毯子里的尸体从希特勒办公室抬出，至于毯子里究竟是谁，他们并不知道。而实际上，希特勒极有可能在隔壁换了装，改变了外貌，由于在4月30日午夜逃出总理府，防空洞的人多达4万名，所以希特勒很容易夹在人群中混了出去。希特勒警卫队成员凯尔瑙也供称，他在5月1日还曾看到希特勒活着。后来，人们又曾在丹麦的北海海滨发现过一只密封的玻璃瓶，里面装着一名德国潜艇水兵的信，说希特勒就在这艘潜艇上。由于潜艇撞上了沉船，破了个大洞，仅有部分艇员逃生。而希特勒在艇尾紧闭的舱内无法脱身，极有可能葬身海底。

总之，有许多人相信希特勒不过是伪造了自杀现场，然后以移花接木的手法逃之夭夭。据说此后希特勒做了易容手术，隐姓埋名定居在南美某国，苟延残喘，而后来确实有大批纳粹战犯都将南美作为隐身地。但也有人认为，这种说法不过是那些不甘心失败的纳粹余党散布的谣言而已。

美国历史上最大的悬案：肯尼迪遇刺之谜

20世纪60年代，美国产生了历史上最年轻的总统：年仅43岁的约翰·肯尼迪。这位出身名门的总统，以其出色的领导才能、非凡的人格魅力以及流利的口才获得了广大美国民众的支持。然而当时任何人都不会想到，他也将成为美国历史上悲剧性的总统。1963年11月22日，美国南部城市达拉斯，肯尼迪总统携夫人杰奎琳一同在这里为下一年的总统选举做准备，他们沿途受到了民众的热烈欢迎。12时30分，当总统的车队经过一座大楼时，突然传来几声枪响，之后，只见敞篷轿车上的肯尼迪先用手护住颈部，接着向后倒在了夫人杰奎琳的膝上。随即，肯尼迪被紧急送往帕克兰医院。13时，院方宣布，总统因抢救无效死亡。消息一经传出，举国震惊。令人费解的是，在一向号称政府效率很高的美国，整整40多年过去了，肯尼迪遇刺事件的真相却仍然扑朔迷离。究竟谁是凶手，谁是幕后策划者？这一秘密为何历经40多年都未被揭开？

美国历史上最具魅力的总统

约翰·肯尼迪，美国历史上最年轻的总统。对美国人来说，他是一个传奇人物。肯尼迪出身名门望族，从小就接受到良好的教育，在新闻、军事、外交、经济等学科领域都有相当大的成就。在成为总统之前，他曾是一位优秀的新闻记者和畅销书作家，其主要作品《英国为什么沉睡》《英勇的人们》等，先后被译成了好几十种文字。1957年，肯尼迪因其传记作品获得了美国文学的最高荣誉——"普利策奖"。当选为美国总统后，由于其年轻而充满朝气的形象、开拓而务实的政策，肯尼迪得到了越来越多美国人的拥护。

当时，由于国内经济低迷、民权运动的高涨，国际上深陷越南战争和与苏联军事竞争的泥潭，美国的国家形象大受损害。肯尼迪上任后，凭借其非凡的领导才能，领导美国逐步走出了困境。在国内事务方面，他将美国当时最优秀的一批经济学家聚集在周围，认真倾听他们的意见，结果在他就职后的4年里，美国经历了历史上少见的时间长、势头猛的经济发展。对外政策方面，他推行"新边疆"政策，与苏联签署了禁止核试验的条约，并成功地化解了古巴导弹危机。尽管肯尼迪时期的美国已非常强大，但肯尼迪却坚持认为，所有国家都应该自由地采用自己的制度。他的开明、和平立场深受世界各国的称赞，他成为当时世界上"最受人钦佩的人物"。在越战问题上，肯尼迪也表现出了灵活而现实的态度。据透露，早在1963年春，肯尼迪就有计划打算在1964年选举结束后从越南撤出所有美军。不料天有不测风云，这样一位年轻而富有才华、具有无穷感召力的总统，却将面临悲剧的命运。

1963年11月22日，肯尼迪携其夫人杰奎琳一道抵达美国南部城市、德克萨斯州的达拉斯，进行一次例行的公务巡视。德克萨斯州州长康纳利夫妇前去迎接，随后与肯尼迪夫妇一起乘坐一辆林肯牌敞篷大轿车，由机场开往市区，并准备在那里发表一篇演说。车队沿途受到群众的热烈欢迎。中午时分，当车队进入埃尔姆大街，经过一座八层的教学图书馆大楼时，肯尼迪突然遭到刺客的枪击，头部与颈部中弹，半小时后，就在医院里死去；同车的州长康纳利也被击中两枪，受了重伤。

约翰·肯尼迪

在肯尼迪死后不久，陪同肯尼迪访问的副总统约翰逊立刻护送肯尼迪灵柩返回华盛顿，并于当天下午3点38分在回航华盛顿的"空军一号"总统专机上宣誓接任美国总统。11月23日清晨，肯尼迪遗体从贝塞斯达海军医院移送到白宫。11月25日，美国政府为肯尼迪举行葬礼，以法国总统戴高乐为首的92个国家的代表团前来参加。

调查疑点丛生，结论众说纷纭

在美国历史上，自从1865年林肯总统被人暗杀以来，就曾发生多起针对总统的刺杀案。然而，在这众多的事件当中，肯尼迪遇刺案无疑是最扑朔迷离的。美国公众百思不得其解的是：肯尼迪竟在联邦特工的眼皮底下，当着摄影记者的面被人一枪"灭口"，而开枪杀人者不久之后又神秘死去。如今40多年过去了，肯尼迪被刺的一些具体内幕仍然神秘莫测。尽管当时美国官方宣布，奥斯瓦尔德是刺杀肯尼迪的唯一凶手，是他致命的两枪击中了肯尼迪的要害部位，导致了肯尼迪的身亡。但更多人则怀疑奥斯瓦尔德的被抓和被枪杀只不过是官方的一个掩人耳目的骗局而已，根本不能令人信服。多年来，不断有人对这一案件提出各种假设。据粗略估计，关于肯尼迪遇刺的内幕至少有36种不同的版本，但至今没有一种版本真正令人信服。

备受质疑的奥斯瓦尔德说

在肯尼迪中弹以后，他的保卫人员和警察等便立刻行动起来，寻找行刺者，最后

在那座大楼五层的一间房间里发现了一支步枪，上面装有瞄准器，旁边还有几发弹壳。很快，警方就在一家电影院里抓获了暗杀刺客，经查，此人名叫李·哈维·奥斯瓦尔德，24 岁，是美国前海军陆战队的神枪手，曾旅居苏联。11 月 25 日，当达拉斯警察局准备将奥斯瓦尔德转移时，当场被一位名叫杰克·鲁比的夜总会老板开枪打死，而鲁比本人最后也死于监狱之中。当时，继任总统林登. 约翰逊曾亲自任命了一个总统特别委员会，调查肯尼迪被杀事件的真相。经过近 10 个月的调查，有关方面寻访了 552 位证人和 25000 其他人员。1965 年 9 月 25 日，委员会做出了一份 912 页，包括照片、图表、证据、证言和其他文件共 25 册，总字数达百万字的《总统特别委员会关于肯尼迪总统被暗杀的调查报告》（即"沃伦报告"），向全国人民提供总统暗杀事件的真相。报告中称，奥斯瓦尔德行刺肯尼迪是一个"孤立的事件"，他开枪没有纯粹的政治动机，因为奥斯瓦尔德是一名精神病患者。而且"没有任何证据证明有人帮助过他"。奥斯瓦尔德当时藏身于达拉斯学校书库，他是在总统车队驶过后，从后面开了三枪。但是，该报告一经出台，就遭到广泛质疑。

关于奥斯瓦尔德刺杀肯尼迪的动机，有人认为他是一位狂热分子，喜欢看 007 间谍小说，一直梦想叛逃出美国。此前他曾经试图偷渡到中美或古巴，但都失败了。所以有关研究者据此认为"在看过 007 小说两个月后，奥斯瓦尔德就执行了行刺肯尼迪的计划。刺杀肯尼迪也许是奥斯瓦尔德一时冲动的决定，他一厢情愿地以为，刺杀肯尼迪也许可以作为他向古巴赠送的一个礼物，以便在自己叛逃出美国后，梦想古巴能够收留自己"。还有一种说法，认为奥斯瓦尔德患有抑郁症，他刺杀总统的唯一动机就是想引人注意，为了表现自己，他不惜选择了极端的方式。2003 年，奥斯瓦尔德的哥哥罗伯特在接受美国全国广播电台的采访时确认了这一点。

然而，当时官方的报告中漏洞百出，实在是令人疑窦丛生。

第一，关于凶手发射的子弹数目及方向的疑点。当天，为了保护总统出行的安全，达拉斯警方曾在总统车队的汽车上安装了麦克风，以便对现场进行录音。尽管当时现场非常混乱，录音十分模糊，但有关专家仍有惊人发现。在录音带中有 3 声枪响听起来比较清楚，一位数学家经过详细测算，判断出这 3 声枪响的时间都与肯尼迪中弹的时间有着非常明显的间隔。但是，数学家还认为录音带中出现的一些"听起来像枪声的噪音"，事实上也是枪声，而它的出现与肯尼迪被击中的时间恰好吻合，这也正是置肯尼迪于死地的一枪。更令人惊奇的是，这发子弹是在奥斯瓦尔德开枪前 7/10 秒射出的。也就是说，当时射向总统车队的并非委员会报告中称的 3 发子弹，而是 4 发。然而一些武器专家指出，凶手所使用的是一支 1940 年意大利制造的旧式步枪，没有自动装置，瞄准十分不便。它在袭击总统的五六秒内，最多只能射出 3 颗子弹。由此又有一些人设想，当时是有两个人从不同的方向向总统开枪。现场的一位铁路工人就曾证明说：当天肯尼迪总统车队经过的路边停车场上停放了几辆汽车，在枪声响起时，那里有几名军人和一名持报话机通话的人忙乱地离开了停车场。其他一些目击者声称：子弹是从教科书仓库大楼对面的草坪附近射出的，而不是楼内。当时，许多警察及目击者为捕捉凶手而冲向草坪。这些都足以证明，行刺肯尼迪的枪手至少有 2 个人。但因缺乏实际证据支持，这种猜测当时就被总统特别委员会全部推翻了。

第二，关于总统遗体查验中的疑点。案件发生后，有关部门对肯尼迪遗体进行了检查，试图发现蛛丝马迹。然而在此期间，再次出现了一些令人生疑的情况。据负责解剖肯尼迪遗体的海军医疗中心 X 光摄影师称：他在给总统遗体拍照后，联邦调查局特工坚持亲自显影，并拿走了胶卷和全部底片。他后来发现，许多底片失踪了，用来摄影的胶片在拍摄完成后也"曝光"了，剩下的只是一些模糊难辨的、不知出自何人之手的照片。根据其中的一张照片显示，躺在验尸台上的肯尼迪总统，脸部毫无损伤，眼睛睁着，嘴唇似乎还在微笑。曾在验尸时协助工作的达拉斯市退休警官保罗·奥康纳证明说，当时他发现总统的后头部被射穿，但脸部完整无伤。但是根据弹道学家的分析，按照常理，肯尼迪脸部的右半侧会被轰碎，不可能如此完整。于是有人怀疑：凶手并不是从后面向肯尼迪开枪，而是从前面将子弹射入总统头部的，然后有人将这颗子弹偷偷取了出来，并将弹道破坏，以便掩盖子弹真实的飞行方向，并且还设计了新的轨迹经过肯尼迪头后部的弹道。据当时负责解剖尸体的军医说：总统头部的伤口大概有 10 毫米×20 毫米，颅腔内空无一物，甚至连大脑也不见了！后来，肯尼迪的脑子与解剖时的照片和 X 光片被保存到国家档案馆。但 1966 年 10 月，这些资料统统不翼而飞。1992 年，曾经参与过抢救总统的帕尔克林德医院的医生克林绍出版了《约翰·肯尼迪——打破沉默》一书。书中称：总统被送来抢救时整个大脑右半部都没有了，根据头的右部情况可以断定，子弹是从总统右边太阳穴几乎沿着切线打穿颅骨的，并损伤了头顶和后脑勺骨。克林绍当时还检查出肯尼迪的喉结下部有第二处伤口，其入口似自来水笔直径一般大小。他确认，总统头部的两处伤口，是前面两次射击的结果。

第三，为什么有那么多的重要证人先后丧命？在肯尼迪遇刺后的年代里，居然有 183 名与此案有关的重要证人先后丢失了性命。那些声称奥斯瓦尔德并非真凶的目击者，先后离奇地死亡。奥斯瓦尔德的一位好朋友乔治·德希尔德，刚接到总统委员会的临讯通知便无疾而终了；报社女记者多茜西曾到达拉斯监狱对枪杀奥斯瓦尔德的凶手杰克·鲁比进行采访，不久就在家中暴死；而在监狱中死于癌症的杰克·鲁比临死前曾表示，肯定有人做了手脚，人为地使他患上了癌症；《达拉斯时代先驱报》的记者吉姆·莱德与杰克·亨特曾在鲁比枪杀奥斯瓦尔德之后，到鲁比家进行过调查采访；但不久，吉姆在自己的家中被枪杀；杰克则因警察手枪"走火"而死于非命。众多证人的先后离奇死亡，难免使人们怀疑，奥斯瓦尔德绝非是个人作案，他的背景也并不简单，肯定和政治有着千丝万缕的关系。

关于政治阴谋的猜测

由于奥斯瓦尔德被认为是一名古巴的同情者，是菲德尔·卡斯特罗的疯狂崇拜者，所以有一些人推测奥斯瓦尔德决定枪杀肯尼迪是为了表明自己的忠心。于是，当时曾有人指责古巴与这起刺杀案有某种牵连。不过在最近，古巴方面对此予以了反驳，并通过一些事实大胆推测：是美国中央情报局因不满肯尼迪对古巴制裁的约束，指使一名黑帮分子和两名古巴流亡分子暗杀了总统。古巴方面进一步指出，在总统被害的当天，有几位目击者曾在现场拍摄了照片，但事后他们的照相机、底片和摄影机都被自称为联邦调查局的人没收了，之后再也没有归还。负责救护总统的帕尔克林德医院的医生称，按照得克萨斯州法律，死者必须在当地解剖尸体，但当时一些荷枪实弹的联邦调查局特工包围了肯尼迪的灵柩并用枪威胁他们，强行带走了灵柩。事实上，以胡弗为首的联邦调查局确实与肯尼迪颇有过节。胡弗自恃统治联邦调查局多年，对任何人都不放在眼里，很多国家官员和总统也都因为有隐私和把柄握在胡弗手中而让他三分，唯独肯尼迪对他不屑一顾。1961 年，肯尼迪迫使联邦调查局服从司法部的领导，限制了胡弗的权力，甚至将撤换联邦调查局局长的决议提上了总统的工作日程。1962年，白人优越主义者因肯尼迪授予黑人平等权利的公民权法而策划暗杀肯尼迪，联邦调查局虽然曾接到警告，但是却没有采取相应的行动来保护总统。

由于奥斯瓦尔德曾有在苏联生活的背景，并可能是中央情报局的双面特工，所以有人猜测，这可能同中情局和肯尼迪的矛盾有关。

1988 年，事情似乎有了重大突破。有一个名为珍妮佛·怀特的女人和她的儿子李奇·怀特来到得克萨斯州莱特兰市的联邦调查局分部。珍妮佛称，她的丈夫罗斯克·怀特和射杀奥斯瓦尔德的鲁比共同谋杀了肯尼迪。她说，奥斯瓦尔德是丈夫罗斯克的好朋友，在到得克萨斯州教科书仓库大厦之前，他在一家印制军用地图的公司工作。当时珍妮佛在鲁比的酒吧做脱衣舞女，她看见丈夫罗斯克进来找鲁比，就在办公室外偷听了他们的谈话，而鲁比和罗斯克所商议的正是共同暗杀总统肯尼迪的计划。当时，鲁比发现了珍妮佛，立即打电话请示。然后告诉罗斯克让珍妮佛去接受消除记忆的电击治疗，并威胁他们说，一旦消息泄露出去，他们的两个儿子就没命了。1971年，珍妮佛在路上遇到一名陌生的男士，她被告知全家已经受到监视，如果罗斯克不合作，他们一家包括孩子在内都要完蛋。珍妮佛回家后询问丈夫，罗斯克说，这都是中情局的安排，自己只是执行命令，并叫她不要多问。3 个月后，罗斯克在工作时因电焊枪爆炸死亡。罗斯克死后 4 年多，联邦调查局曾从他家里搜出许多与暗杀肯尼迪总统有关的照片和证据。其中奥斯瓦尔德拿着枪的照片，被交到特别委员会，但后来都没了音信。李奇·怀特说，1975 年，有个自称是他父亲朋友的人来找他。那人告诉他说，罗斯克·怀特曾担任中央情报局秘密杀手的任务，暗杀了肯尼迪总统，但无论如何，这都是以国家的利益为重的。后来李奇在家中的储藏室里发现了他父亲的日记，日记记录着从 1957 年开始，罗斯克进入中央情报局并在远东地区执行秘密任务的生活、他和奥斯瓦尔德的友情、暗杀肯尼迪的情况，以及他在谋杀总统之后担惊受怕的心情。此外，李奇还找到一个父亲留下的箱子，里面装着罗斯克在海军情报局工作时与奥斯瓦尔德在菲律宾及其他地方的合影照片。与以前搜到的证据一样，珍妮佛和李奇提供的资料在联邦调查局后来的调查中再也没有提起过。

另外，还有各种稀奇古怪的说法，如美国有一本名为《死亡的三角地带》的书，竟认为肯尼迪遇刺案是越南人所为。其理由是 1963 年 11 月，美国政府为挽救败局，策动了南越的军事政变，并打死了吴庭艳，而吴庭艳的余党就对肯尼迪采取了报复行动。

总之，尽管在 1978 年，当初的沃伦报告因漏洞百出而被参议院推翻，但参议院也没有说出谁是幕后真凶，而是欲盖弥彰地决定在 2038 年才公开肯尼迪遇刺案的所有档案。

惊曝内幕：这是副总统干的？

20 世纪 90 年代以来，有关肯尼迪遇刺案的说法似乎渐渐有统一的趋势，越来越多的人认为，当时的副总统林登·约翰逊就是幕后的真正主使者。其实早在 40 多年前，就有人提出过这种怀疑，只是由于缺乏足够的证据而被忽略。不过近些年来，随着一些内幕的陆续曝光，情形对约翰逊非常不利。

2003 年，在美国出版的一本名为《肯尼迪，最后的证人》的新书在全世界引起了巨大轰动。该书由法国记者威廉·雷蒙和一名自称为肯尼迪遇刺案最后的证人的美国商人比利·索尔·埃斯蒂斯合著，书中大量翔实的材料证实了一桩事实：当时的副总统林登·约翰逊卷入了这桩惊天谋杀案。

据称，身为商人的比利·索尔·埃斯蒂斯曾向约翰逊提供过金钱支持，他不仅知道杀害肯尼迪的凶手，还掌握一些证据，其中包括约翰逊寄给他的 19 封信，以及一些电话记录。据埃斯蒂斯说，尽管手中掌握着有关责任人的名单，但他在多年内一直保持沉默。1984 年，他曾经通过律师和美国司法部联系，提供自己知道的细节，但由于埃斯蒂斯要求自己能够免除任何责任，和美国司法部的谈判不久便中断。

来自得州的林登·约翰逊在担任副总统前，曾被选为参议院议长，是美国最有权势的人物之一，而其背后还有一个坚实的得州集团的支持，亿万富翁埃斯蒂斯就是其中之一。当时，副总统约翰逊与肯尼迪产生了深刻的矛盾，因为后者准备在竞选连任时更换合作伙伴，另外据说肯尼迪还掌握了约翰逊等人的一些贪污劣迹，从而准备进行财政改革。于是，为了维护得州集团的利益，他们下决心要除掉肯尼迪。埃斯蒂斯还披露，约翰逊还找到了合适的政治盟友胡弗，正是由于得到了胡弗领导的联邦调查局的配合，对于肯尼迪遇刺的调查没有能够真正取得结果。

除了埃斯蒂斯以外，还有一位非常重要的证人，也于 2001 年透露了一些惊人的秘密，直接证明了约翰逊就是幕后主使人，这名证人就是约翰逊当年的情妇马德莱娜。据马德莱娜透露，刺杀肯尼迪是得克萨斯州的石油大亨哈罗德森·亨特出钱、约翰逊具体策划和幕后指挥的。马德莱娜从 23 岁时就成为约翰逊的情妇，他们的关系在极其秘密的情况下一直保持了 20 年，两人甚至还生有一个儿子。一心想当美国总统的约翰逊让马德莱娜绝对保守秘密，他担心黑手党及其政敌知道他的私情后会对他不利。马德莱娜了解约翰逊的许多情况，包括他在刺杀肯尼迪一案中所扮演的角色。可是多年来，马德莱娜一直守口如瓶，一是为了保护约翰逊，因为她始终爱着他；二是担心影响儿子的前程。现在，约翰逊早在 1973 年去世，他们的儿子也于 1990 年患癌症病故，马德莱娜也到了垂暮之年，再也没有什么好顾虑的了。于是，她站了出来，为这个震惊世界的大案作证。

据马德莱娜说，石油大亨哈罗德森·亨特是约翰逊的好朋友和金钱方面的支持者。1960 年约翰逊在民主党总统候选人提名大会上败给肯尼迪之后，他们就对肯尼迪恨之入骨。约翰逊对败于肯尼迪一直耿耿于怀，每当谈及此事，他都激烈地咒骂肯尼迪是"爱尔兰的小杂种"。肯尼迪虽然让他当了副总统，但他心里明白，因他与许多丑闻有关，在 1964 年下一届总统选举中，肯尼迪肯定不会保留他的副总统位子。1963 年 11

月21日，也就是肯尼迪遇刺的前一天晚上，马德莱娜参加了一个为埃德加·胡弗举行的晚会，晚会上富商云集。约翰逊到得很晚，他把亨特等叫到一个小屋子里开了十几分钟的会，其中一人还参加了后来调查肯尼迪遇刺事件的沃伦委员会。当约翰逊走出来的时候，他看到了马德莱娜，就凑到她的耳边小声对她说："从明天起，这个该死的肯尼迪就不会再妨害我，这不是威胁，而是说到做到。"第二天上午，在肯尼迪遇刺之前4小时，马德莱娜接到约翰逊从他与肯尼迪一起下榻的旅馆打来的电话，他将前一天晚上说的话又重复了一遍。马德莱娜当时并没弄清这句话的深刻含义，但在肯尼迪被杀后她一切都明白了。马德莱娜还回忆说，大约一个月后，她问约翰逊是否介入刺杀肯尼迪的案件，他顿时勃然大怒，责怪她不该谈论这个话题。接着，他对马德莱娜说："你不是认识我的朋友吗？是他们杀了他。"

肯尼迪遇刺身亡后，约翰逊成了白宫的真正主人。一个以最高法院大法官沃伦为首的七人调查委员会成立了，而该委员会实际上受到约翰逊的暗中操纵。大量事实证明，刺杀肯尼迪是一个精心策划的大阴谋，阴谋的背后就是野心勃勃的副总统约翰逊。肯尼迪的这次达拉斯之行就是约翰逊一手安排的。1963年6月5日，肯尼迪、约翰逊和得克萨斯州长康纳利在华盛顿一家饭店开会，两个得克萨斯人想方设法说服肯尼迪作了秋天到达拉斯的许诺。康纳利与约翰逊的关系非同一般，他的绰号就是"约翰逊的小伙计"。在刺杀案发前5个月，只有他们3人知道总统的这个计划。

到此，人们就可以结合当时的种种疑点来追踪了。首先就是总统车队在达拉斯的行车路线的选择，这条由德州州长康纳利越权强行制定的路线，在最初给白宫的报告中提到在埃尔姆街要拐弯。因为拐弯就必须降低敞篷车的车速，也就给射手击中目标提供了方便。22日那天，当车队就要出发时，秘密警察突然改变了原先拟定的计划，护送总统座车的摩托被减少了一半，向来被安排在总统座车前面的新闻车也被放在车队尾，因此，在枪击发生的一刻，现场竟然没有一个记者、一架摄影机或照相机。看来，这一切都是约翰逊安排的。再有，案发后，当肯尼迪还在医院抢救的时候，约翰逊就下达了清洗敞篷汽车的命令，接着又委派他的亲信将康纳利州长带血的衣服取回洗净，并再次下令销毁物证。肯尼迪死后几天的白宫对外联系的电话录音也透露：约翰逊利用其影响促使一些人士参加沃伦委员会，并威胁沃伦不要去追查事件真相。

2003年，白宫新任发言人麦克莱伦的父亲巴尔·麦克莱伦在新书《鲜血、金钱和权力：约翰逊如何谋杀了肯尼迪》中称，他当年和约翰逊的私人律师克拉克合伙开了律师事务所，与约翰逊一样来自得克萨斯州的克拉克早在1961年肯尼迪上任之初，就开始在约翰逊吩咐下酝酿刺杀计划。老麦克莱伦称，他手头掌握着克拉克一些从未发表过的信件、采访记录、照片以及留有他指纹的材料。

了解到种种直接指向约翰逊的证据后，如果我们结合美国的政治仔细加以分析，也就不难理解这样一个事实了：刺杀肯尼迪其实正反映了不同利益集团之间的激烈斗争，而肯尼迪只不过是这种斗争的牺牲品。至于案件本身，恐怕随着时间的推移和许多当事人的先后去世，这桩惊天谋杀案也注定要成为美国历史上最大的悬案了。

噩梦：谁谋杀了马丁·路德·金

1963 年 8 月 28 日，美国，华盛顿纪念碑下，一位年轻的黑人牧师正面对 25 万名听众发表演讲，他以充满感召力的声音说："我有一个梦想：总有一天我们能将种族不和的喧嚣变为一曲和睦的乐章。在佐治亚州红色的山丘上，昔日奴隶的子孙和昔日奴隶主的子孙同坐在友爱的桌旁，一同祈祷……我有一个梦想：我的 4 个幼小的孩子总有一天会生活在这样的国度里：鉴定他们的标准不是肤色，而是内在的素质和品格……"这个人，就是美国历史上伟大的黑人解放运动和民权运动的领袖马丁·路德·金。一直到今天，他的演讲录音，都是学习英语的人们的必备教材。尽管他在 40 多年前被罪恶的子弹击倒，但他的精神却成为后世宝贵的遗产，而美国人也专门为他设立了一个纪念日。

"我有一个梦想"

美国，一个向来标榜人权至上的国度，在其历史上曾出现过令人羞耻的记录，那就是对黑人的歧视和压制。虽然在 19 世纪 60 年代的美国南北战争结束后，由林肯倡导的解放黑奴运动使黑人的处境有所改善，但由于美国社会种族主义势力不断膨胀，黑人问题并没有得到根本解决。过了近 100 年后，美国许多州居然仍在实行"种族隔离制"。在该制度下，广大黑人不但无法享受与白人同等的社会权利，还要忍受白人的欺压和歧视，这一问题也成了美国社会的"毒瘤"，黑人与白人之间的矛盾日益激化。正是在这样的时代背景下，美国出现了一位伟大的黑人民权领袖——马丁·路德·金。

马丁·路德·金（1929~1968 年）出生于佐治亚州亚特兰大市的一个黑人牧师家

马丁·路德·金

庭，这在黑人当中属于中等阶级家庭。马丁·路德·金从小就受到家庭的熏陶，接受了系统的神学教育。15 岁时，聪颖好学的马丁·路德·金以优异成绩连跳两级，从高中毕业，进入摩尔豪斯学院学习，成为院长梅斯博士的高材生。当时正值美国战后经济发展的巅峰时期，然而在国内，曾经在战争期间维护过民主事业的黑人却在经济和政治上受到歧视和压抑。面对这一现实，年仅 17 岁的马丁·路德·金立志为社会平等与正义做一名牧师。1949 年，他进入著名的克拉泽神学院学习两年，获得神学学士学位，随后又进入波士顿大学攻读宗教学和教理神学，获得神学博士学位。在大学期间，他接触和研究了包括马克思、列宁、柏拉图、卢梭、尼采、甘地等人的多种思想，并逐步形成了自己独到的理论基础，尤其是信仰人的尊严和价值、基督教的普遍仁爱、甘地的不合作精神，构成了他的思想基础和行动准则。马丁·路德·金认为，无论是男人还是女人、黑人还是白人、富人还是穷人，人人生而平等。他主张公正无私的爱、普遍的爱，爱一切人，甚至要爱敌人。基于上述理念，马丁·路德-金对美国的种族歧视深恶痛绝，决心以自己的实际行动去改变这种现状。

1955 年，年仅 26 岁的马丁·路德·金成为蒙哥马利市德克特斯特街浸礼会教堂牧师。就在这时，美国历史上一件具有深远影响的事发生了。1955 年 12 月，一位名叫 42 岁的黑人妇女罗莎·帕克斯在乘坐蒙哥马利市公共汽车公司的汽车时，因拒绝给一位白人男子让座，竟被警察以"擅占白人专座"的罪名拘捕，判处 14 天监禁或罚款 14 美元。消息一经传出，立即激起广大黑人的义愤，他们纷纷起来进行抗议游行。在马丁·路德·金和其他黑人领袖组织的"蒙哥马利改进协会"的号召和领导下，近 5 万名黑人展开了声势浩大的抵制公共汽车运动，这同时也揭开了持续十余年之久的黑人民权运动的序幕，而马丁·路德·金则迅速成为整个运动的领袖。结果，抵制乘车运动持续了整整一年，使那家汽车公司损失惨重，难以维持。1956 年，在民权运动的压力下，美国最高法院不得不判决取消地方运输工具上的座位隔离制，并宣布在公共汽车上实行种族隔离违反宪法。在马丁·路德·金等人的领导下，美国黑人第一次以自己的力量取得了斗争的胜利。

以蒙哥马利市为发源地，美国黑人争取彻底的种族平等和公民权利的斗争迅速席卷全国。1957 年 1 月，为了在初期统一组织和行动，有效地把民权运动推进下去，60 位黑人牧师在亚特兰大组成了"南部基督教领袖联合会"，马丁·路德·金因其巨大的威望而被推举为该大会主席。从此，为了正义与和平，马丁·路德·金就不断往返于美国各大城市，四处奔走呼号。他主张运用非暴力的方式为黑人争取权益，认为只要一个国家的立国理念是人道、自由的，即使由于历史的原因，还存在许多暗角，人们对平等、正义的诉求迟早会取得胜利。在他的领导下，民权运动取得了一系列辉煌成果。

1960 年 1 月 31 日，在北卡罗来纳州格林斯博罗市，一名黑人大学生到一家连锁店买酒时遭到拒绝，理由是"我们不为黑人服务"。于是，马丁·路德·金发起"入座运动"，其做法是：平静地进入任何拒绝为黑人服务的地方，礼貌地提出要求，如得不到满足就不离开。结果不到 2 个月，该运动就席卷了美国南部 50 多座城市。在行动中，广大黑人参加者打不还手，骂不还口，服装整洁，头发一丝不苟，以最有尊严的目光请求服务，得不到服务，就坐下来读书，即使遇到嘲弄和侮辱，也不卑不亢。在起初，许多人在运动中被捕，但马丁·路德·金再次发出"填满监狱"的号召。就这样，美国南部的几十家联合商店分别在 1960 年和 1961 年取消了便餐部的种族隔离制。

1963 年，为了使世界人民关注美国种族隔离问题，马丁·路德·金会同其他民权运动领袖组织发起了历史性的"向首都华盛顿进军"的运动，要求职业和自由。1963 年 8 月 28 日，在华盛顿广场林肯纪念堂前举行的规模浩大的黑人集会上，马丁.路德·金于发表了他举世闻名的演讲——"我有一个梦想"。在演讲中，马丁·路德·金向人们描述了他梦想中的美国："我有一个梦想，希望有一天，这个国家终将会站立起来，真正履行她的信条：我们认为所有人生来平等是不言自明的真理；我有一个梦想，总有一天我们能将种族不和的喧嚣变为一曲和睦的乐章。在佐治亚州红色的山丘上，昔日奴隶的子孙和昔日奴隶主的子孙同坐在友爱的桌旁，一同祈祷；我有一个梦想，希望有一天……"他的演讲在全世界都引起了极大的反响。当天，肯尼迪总统邀请他到白宫做客。1964 年，由于巨大的国际威望和在争取民权方面的贡献，35 岁的马丁·路德·金被授予诺贝尔和平奖，成为最年轻的诺贝尔奖得主，并被誉为"世界有色人种的榜样"。在奥斯陆的颁奖大会上，他的发言又极大地影响了欧洲各国人民。他说："我们现在任重而道远。但我认为，重要的是我们正在不断地进步。"他还宣称："总有一天，地球上所有的人都会看到人与人之间和平相处，宇宙的哀号将变成友爱的诗篇。"

的确，马丁·路德·金所从事的事业是一条漫长的道路。在南部，种族隔离和种族歧视依旧存在。为了维持现状，当地政府采取各种方式进行镇压。为了黑人的自由，马丁·路德·金本人也多次遭到迫害，先后被当局以种种罪名 14 次逮捕入狱，几乎坐遍了美国南方的所有监牢。但是，这一切都没有动摇马丁·路德·金的斗争决心，他坚信黑人群众赤手空拳能够同全副武装的军警对抗，能够在白人的石块和辱骂声中前进。在这一运动影响下，包括广大白人在内的美国社会各界都强烈要求实现种族平等并结束种族歧视。1964 年，在各方压力下，美国国会通过了非常重要的民权法案，授权联邦政府取消公共膳宿方面的种族隔离，宣布在公营设备方面和就业方面的种族歧视为非法。为了纪念这一历史时刻，时任总统的林登·约翰逊向马丁·路德·金赠送了纪念钢笔。

然而，就在马丁·路德·金为实现他的梦想而不懈努力的时候，一起针对他的凶残阴谋正在策划之中。1968 年 4 月 4 日，当他在孟斐斯一家小旅馆停留时，突然被一颗子弹击中，一代民权领袖，就这样永远地离开了人世。

马丁·路德·金死后，美国社会一度陷入混乱，愤怒的黑人掀起的暴乱席卷了许多城市，导致几百人伤亡，另有 2 万多人被捕入狱，而曾经一度辉煌的民权运动也陷入了停顿，这使人们更加认识到马丁·路德·金的价值所在。马丁·路德·金死后，美国政府为了纪念这位伟人，将他的生日定为美国的联邦节日，而历史上，能够受到这种待遇的只有两人，另一位是美国国父乔治·华盛顿。

阳台枪声：莫名其妙的凶犯

1968 年 4 月，马丁·路德·金和他的追随者前往田纳西州孟菲斯市，支持清洁工人争取同工同酬的大罢工，下榻于洛兰旅馆 306 房间。4 月 4 日下午 6 时左右，当和几名助手在共进晚餐后走到阳台上时，突然从对面传来一记枪声，随即，马丁·路德·金用手捂住自己的脖子，慢慢地仰面倒下。几分钟后，一辆白色救护车急驶而来，可惜为时已晚。晚上 7 时零 5 分，医生宣布，由于子弹炸开了大动脉血管，切断了颈髓，马丁·路德·金与世长辞，年仅 39 岁。据说，早在 1964 年约翰·肯尼迪遇刺身亡之时，马丁·路德·金就曾对妻子说过："在我身上将发生同样的事。我已经对你说过，这是一个病态的社会。"在 1968 年，他有了可能丧命于某种黑手之下的预感，所以他在演说中就曾提道："人们在议论，我们病态的白人兄弟可能对我干些什么。我不知道可能发生什么事。我与所有人一样，希望活得长久。长寿自有好处。但是，死亡也并不使我看慌。"

马丁·路德·金遇刺后，愤怒的人们强烈要求美国司法部门和联邦调查局迅速查明案件的真相，及时将凶手捉拿归案。在舆论的压力下，美国警方和联邦调查局特工展开了调查。4月5日凌晨，联邦调查局就宣布他们已掌握了破案线索。

经查，袭击马丁·路德·金的枪声来自洛兰旅馆对面的一家出租公寓。据经营出租公寓的布鲁尔太太说，4月4日下午3点15分，一名穿戴入时的青年人用约翰·维拉尔德的名字为自己租下二楼一个窗户对着洛兰旅馆的房间，并预付了一周租金，但他晚上6点后就失踪了。另一位临时住户也对警方说，枪响后，他立即看到有人手拿什么东西匆匆离开了二楼浴室，他还描述了此人的外貌，联邦调查局立即根据他的描述画出了此人的模拟肖像。不久，公寓附近的游艺场老板证实：枪响后，一个身穿深色衣服的人扔下一个包袱，驾着一辆白色"野马"牌汽车飞驰而去。循此线索，警方发现了一个被人丢弃的旅行袋，内有衣物、一架望远镜及一支雷明顿公司造的760型"打猎能手"式步枪等物。经鉴定，警方在4月8日宣布，那支雷明顿步枪的购买者登记名为埃里克·斯塔尔沃·高尔特，购枪地点是阿拉巴马州伯明翰市海空军需公司的商店，购枪时间是1968年3月30日，与约翰·维拉尔德很相似。4月20日，联邦调查局终于宣布，根据步枪上的手纹鉴定，无论4月4日下午在布鲁尔太太那儿借宿的约翰·维拉尔德，还是3月30日在店铺中购买那支雷明顿步枪的埃里克·斯塔尔沃·高尔特，事实上就是同一个人，真名为詹姆斯·厄尔·雷。联邦调查局断然肯定：詹姆斯·厄尔·雷就是真凶。

詹姆斯·厄尔·雷，1928年出生，伊利诺伊州人，1946年应征入伍，在联邦德国服役，后提前退伍。退伍后，他长期失业，又因盗窃、抢劫等罪行入狱被判处长达48年监禁。1967年4月，他孤身一人越狱成功，不到一年后，就再次犯下刺杀马丁·路德·金的罪行，并成功逃脱。直到1968年6月8日，詹姆斯·厄尔·雷才在伦敦机场候机厅被抓获。据说美国联邦调查局竟为此先后投入了3014名特工人员，累计行程50万英里，花费了140万美元资金。

凶手被抓获了，但是，人们不禁要问，雷的杀人动机是什么呢？因为事实表明，尽管有过盗窃和抢劫等罪行，该犯并没有暴力摧残他人肉体的记录。为了向公众有所交代，联邦调查局提供了一些所谓的"线索"。他们认为，正是因为其顽固的种族隔离立场，才导致雷向马丁·路德·金下了杀手。据说，1955年，雷在堪萨斯州利文沃思堡联邦监狱服刑期间，曾拒绝转到荣誉监狱，因为那里不实施种族隔离制度；在密苏里州监狱时，他还曾对一个同狱犯说过，这座监狱的黑人囚犯统统"应该杀掉"；另据说他曾表示，如果赏格优厚，他愿意去杀死金博士。总之，调查人员认为雷是一个极度仇恨黑人的种族主义者，并断定他是出于自命不凡和利益驱动的心理而从事暗杀活动。联邦调查局还判定；仇恨黑人，认为民权运动是颠覆活动的雷极有可能认为，把马丁·路德·金式的人物从世界上消灭掉是自己的"义务"。

但是，联邦调查局的这种分析从一开始就引发了人们的疑问。因为记录表明，雷其实只是一个笨拙的罪犯，但他在刺杀行动后，又如何能天才般地逃脱警方的抓捕？

而且他还曾先后冒用几个姓名，堂而皇之地手持这几个假名的证件周游各地？这的确让人不可思议。那么真实的情况又是怎样的呢？

1968 年 10 月底，就在对詹姆斯·厄尔·雷进行开庭审判的前夕，在美国亚拉巴马州一份名为《展望》的杂志上，刊登了一篇由作家威廉·休伊撰写的文章。由于该文章披露了有关于马丁·路德·金遇刺事件的许多内幕，并预告将刊出连载，立即引起了广大读者的极大兴趣，使该杂志的销量大增。

威廉·休伊的文章是在向雷支付了 4.7 万美元后，根据后者的自述写成的。雷声称，他在 1967 年越狱后，遇到一个名叫劳尔的古巴人。劳尔向雷许诺，只要完成他交代的若干任务，就会得到给他一大笔钱。于是按照劳尔的吩咐，雷设法搞到驾驶执照，花了 2000 美元买了一辆"野马"牌汽车，最后又在蒙哥马利市买了一支雷明顿步枪，并于 1968 年 4 月 4 日驾着"野马"来到了孟菲斯市。他严格地执行劳尔的命令，在布鲁尔太太的出租公寓租下了 5 号房间。这个房间与浴室毗邻，从浴室窗口能清楚看到洛兰旅馆的阳台，而且正好是 306 号房门所在的位置。由于文章建立在第一手资料的基础上，人们都对此充满了兴趣，据说原本不景气的《展望》杂志当时的发行量竟达到了 100 万份。然而，就在作者即将谈到马丁·路德·金如何在 4 月 4 日被害的第三篇文章之前，出人意料的事情发生了：报纸刊出消息称文章不再发表，这在当时实在是难以理解的。当记者们去找作者威廉·休伊，以弄清连载文章夭折的真相时，休伊先是长时间不愿接见记者，拒绝回答他们的问题，后又干脆表示他认为雷是单独作案的，所谓劳尔是编造的。但是休伊的回答显然漏洞百出，因为他不可能在短暂的时间获得任何意外的补充材料，从而全盘否定了自己的观点。答案只能是：有人迫使休伊推翻密谋作案的结论，并定下雷单独作案的论调。那么这个人又是谁呢？

尽管休伊的第三篇文章没有发表，但实际上已经写完，并在编辑部被十几人看过。所以，有关这篇文章内容的消息仍然被透露了出来。雷是这样叙述的：他奉命在洛兰旅馆对面的布鲁尔太太出租公寓租了一个房间，然后，劳尔来到这个房间，而雷则按他的命令下了楼；枪响片刻之后，劳尔匆匆奔到"野马"车前，途中把装有步枪的口袋扔在人行道上，钻进汽车，躺在后座前的地板上，连头带身子用垫子盖住，而雷则驾驶汽车向市区北部疾驶；后来，劳尔就下了车，从此消失了。

看来，要想彻底了解事情的真相，唯一的途径就是对雷进行审判了。

一波三折的审判：到底谁是密谋者

1968 年 11 月 12 日，在马丁·路德·金遇刺半年之后，孟菲斯法庭终于决定对詹姆斯·厄尔·雷正式进行审判。然而意外再次发生。就在开庭的前一天晚上，雷突然宣布更换辩护律师。对此，孟菲斯司法部门的解释是，这个决定完全是由雷本人做出的，没有任何人向他施加任何压力。然而人们仍然对这个变故产生了很多疑问，首先，新律师必须从头开始工作，熟悉侦查材料，进行核查，并从中得出自己的结论，这将耗费半年多的时间；其次，雷所更换的是著名律师珀西·福尔曼，其所需的不菲律师费又是从何而来？

经过多次延期审判，最后开庭的日期终于确定在 1969 年 3 月 10 日，然而不可思议的事情再次发生了。就在开庭的前一天，孟菲斯司法当局宣布，公诉方和辩护方已达成协议：雷承认自己有罪，作为交换，他将不坐电椅，而是坐99年牢。在第二天的审判中，公诉人宣称雷是单独作案，还赞扬了被告主动认罪的配合态度，最后表示同意以99年徒刑代替电椅。结果，陪审团也一致通过了99年徒刑的方案。更让人生疑的是，在雷在被送进监狱后的29年当中，曾先后8次上诉，声称自己是在被人胁迫和诱骗下才认罪的，并请求法庭重新审理此案，但当局根本就不予理会。最终，雷在狱中死于肝癌。

对雷的审判草草结束后，立即就招来人们的一致怀疑。尤其是马丁·路德·金的家人对法院的判决非常不满，他们认为杀害马丁·路德·金的不仅仅是凶手一人。马丁·路德·金的夫人科列塔·金在获悉孟菲斯法院的判决后说："决不能让认罪掩盖犯罪过程，也不能以认罪来终结对谁帮助扣动枪机的侦查。一切对这起凶杀案并非无动于衷的人，都应该要求田纳西州和联邦政府继续侦查，直到查清所有参与这件罪行的人。"迫于舆论压力，1978年，在马丁·路德·金被害10年后，美国国会对该案重新进行了专门调查，据说收集的材料达数10万页之多，总结报告长达800页。最终，国会也得出了马丁·路德·金是死于密谋的新结论，但同时又表示无法查明密谋的具体参加者。不过，这一说法没有被美国政府采纳。

1986年8月1日，监狱中的雷与美国《进步》月刊记者约翰·伊杰尔顿进行了3个小时长谈，据说他当时曾表示，自己很可能只是联邦调查局的替罪羊。另据了解相关内幕的联邦调查局前特工阿瑟·马塔赫披露：当时的联邦调查局局长胡弗就无情地渴望从肉体上消灭马丁·路德·金。1995年，一个名叫佩珀的美国人在花了近20年时间的调查后，首次提出：很有可能是黑手党、联邦调查局、中情局以及军方人士共同策划了暗杀马丁·路德·金的阴谋。

20世纪90年代以来，由于多次有人出来作证，提出各种爆炸性的观点，使得马丁·路德·金遇刺案再次成为人们所关注的热点。

1993年，孟菲斯一家餐馆的退休老板劳埃德·乔尔斯突然在电视上承认，他就是马丁·路德·金遇刺案的主谋，还提到有人给他10万美元要他暗杀金。乔尔斯还详细描述了1968年4月4日暗杀马丁·路德·金的当天，他挑了一个射击角度好的房间，并选中孟菲斯的一名枪法好的警官刺杀金。在社会各界的压力下，孟菲斯一家地方巡回法庭的陪审团开始审理马丁·路德·金家属对乔尔斯提出的民事诉讼案。由6名白人和6名黑人组成的陪审团最终裁定：73岁的退休餐馆老板劳埃德·乔尔斯雇用孟菲斯警官谋杀了马丁·路德·金。但是，1998年8月26日，美国司法部长雷诺下令对此案再次调查。经过长达18个月的调查后，司法部宣布没有找到令人信服的证据证明马丁·路德·金被害是一场阴谋，并推翻了乔尔斯提出的阴谋论。对于司法部公布的调查结果，马丁·路德·金以及雷的家人都表示拒绝接受。正如雷的兄弟杰里·雷在接受采访时所说："马丁·路德·金的家属认为我的哥哥是无辜的，大多数美国人也是这样认为的。"

不久，新的情况发生了。1999年，美国一个陪审团裁定，1968年遇刺的黑人民权领袖马丁·路德·金的死，是多种势力的惊天刺杀阴谋，而不是由枪手单独策划的。

他们认为该刺杀案过于复杂，很难由一个人作案，显然是有预谋的。

就在 5 年前，2002 年 4 月，美国佛罗里达州的一名牧师对《纽约时报》记者透露，自己 1990 年去世的父亲就是杀害马丁·路德·金的罪魁祸首。这位牧师名叫威尔逊，今年 61 岁。他介绍说，其父亲亨利是一个 3 人小组的头目，而正是该小组在 1968 年枪杀了马丁·路德·金。至于其动机，威尔逊称，亨利虽然不是种族主义者，但他认为马丁·路德·金与共产主义有联系，因此必须要将他除掉。威尔逊说，其父亲生前曾经反复强调，杀掉马丁·路德·金是一个热爱美国的人应该做的事，为了挽救整个国家的前途命运，自己有责任这样做。虽然这条新闻足以轰动世界，不过威尔逊并没有对自己的说法提供任何其他证据。针对这一新情况，美国联邦调查局已迅速与威尔逊进行了接触。不过，由于事情太过复杂，有关马丁·路德·金遇刺案的真相大白，恐怕我们还要耐心地等待。

威廉二世死因之谜

英国国王威廉二世最让人记忆深刻的不是他的历史功绩，而是他在新森林打猎时的意外死亡。在那次狩猎中，他被一箭穿心而射杀，但事情的真实情况至今不得而知。

威廉二世又名"胡佛"（1056 年－1100 年），1087 年成为英格兰国王，直到 1100 年去世，其统治势力覆盖诺曼底，在苏格兰也具有一定的影响力。

威廉二世最让人记忆深刻的不是他的历史功绩，而是他在新林打猎时的意外死亡。在那次狩猎中，他被一箭穿心而死。

在 1100 年 8 月的一个白天，英王威廉二世在皇家狩猎苑新林骑马狩猎，他的弟弟亨利和一些随从同行。一行人分为几个狩猎小组，国王和他的亲信蒂雷尔一组猎鹿。国王看见一只赤鹿跑过，立刻射了一箭，射中了赤鹿，但是它没有死。在威廉二世观察那只受伤的赤鹿的行走路线的时候，蒂雷尔射了一箭，鹿没有射到，却射中了国王。受了重伤的国王一声不吭，只是一手折断了射入他胸口的箭，这加速了他的死亡。惊恐之下，蒂雷尔跃马而去，拼命地逃跑，尽管当时没有人在追踪他。有些人为他感到遗憾，有的人则协助了他的逃亡。

国王死后，亨利则和其他的人策马飞奔，赶到临近的收藏皇室财宝的曼彻斯特。亨利把财宝抢到并确实予以掌握后，便马上赶回伦敦，加冕登基为亨利一世。此时，距威廉去世之日仅 3 天，众人从猎鹿的树林离开时，威廉二世仍然暴尸荒野。

几个世纪以来，关于威廉二世是被谋杀的传言屡禁不止，历史学家认为像蒂雷尔那样的神箭手，是不可能出这样的纰漏。威廉的兄弟亨利曾经参与了那次狩猎活动，是威廉之死的直接受益人，在威廉死后不久他就登基。

因此，威廉二世之死疑点重重：他是死于意外，还是被他那充满野心的弟弟谋害了呢？或是如最近有人所说的威廉二世心甘情愿依照异教徒的可怕教规自杀身亡呢？大多数人当然相信传说中所出现的凶兆，这凶兆是威廉到新林行猎前夕所做的一个噩梦，梦见自己躺在血泊中而被惊醒，惊醒时不断狂叫。此外，还有人说听见国王命令蒂雷尔杀死他，因为根据威廉信仰的"宗教"，他已经老而无用，作为一个权力逐渐衰落的国王，必须在仪式中引颈就戮。

据记载，威廉二世和弟弟亨利的关系并不好，威廉一世共有3个儿子，威廉二世是老二。威廉一世在世时已给3个儿子分家，留给长子罗伯特的是法国的诺曼底，给次子威廉的是英国，亨利则没有土地，只获得一笔财富。大哥与二哥二人经常争执不下，甚至兵戈相见，但是二人在1096年以诺曼底为抵押，向威廉借了他们所需的钱。罗伯特在1100年夏季启程返国时，还娶了一个十分富有的女人。威廉决定，决不让哥哥还债把诺曼底赎回，他开始计划强夺诺曼底。新林猎鹿驾崩事件就是在做这种准备的时候发生的。如果亨利真的企图篡夺英国王位，那么在狩猎中谋害威廉二世也是可以说得过去的。而证明亨利要对猎鹿时发生"意外事故"负责的一个有力证据是：他从未试图抓蒂雷尔回来以弑君之罪论处，甚至没有没收蒂雷尔的土地以不惩罚。

威廉二世

可是，以亨利的本领和为人是否能组织这样一个谋朝篡位的大阴谋呢？蒂雷尔跟主谋勾结杀掉恩公和朋友，又会得到什么好处呢？事实上自惨祸发生后直到去世时，蒂雷尔都不承认他有弑君行为。

自古宫廷多纷争。在权势和财富的驱使之下手足相残、杀母弑父之事可谓比比皆是。威廉二世之死，亨利的嫌疑不可不谓是最大。真凶何在，只有逝去的历史知道。

沙皇彼得三世死亡之谜

可怜的彼得三世被他的王后发动政变赶下台，就在妻子成功登基的时候，他却突然暴死，政治斗争就是这么的可怕。

1725年，雄才大略的彼得大帝驾崩后，俄国就陷入了长期动荡中。从1725年到1762年短短的37年间，走马灯似的更换了3个沙皇，3个女皇。1762年6月24日，沙皇彼得三世的王后叶卡捷琳娜发动宫廷政变，推翻了彼得三世的统治。7月18日，被囚禁的彼得三世突然暴亡。彼得三世因何而死？他的死与叶卡捷琳娜是否有关呢？

1741年伊丽莎白即位后，确立了胞妹安娜的儿子彼得·费多罗维奇为皇位继承人。彼得从小生活在德国，他非常崇拜普鲁士军事制度与德国文化，却对自己的祖国毫无兴趣。他甚至认为俄国是个令他厌烦的国家，他不愿意治理这种国家。1761年伊丽莎白女皇逝世，彼得继位。由于国内政局长期动荡，人们都希望彼得三世可以整顿一下国家。然而刚刚上台的彼得三世却经常以自己的喜好对俄国现行制度和法令乱加改动，他推行的一些政策损害了教会与贵族的利益，令他们十分不满；尤其是在对外政策上，彼得三世的所作所为让政界和军界非常反感。

由于彼得三世狂热崇拜德国文化，1745 年 8 月，他娶了一个德国女子索菲亚·奥古斯都为妻，后改为俄国名字叶卡捷琳娜。这个女人不同于彼得三世的懦弱无能和狂妄自大，她是一个极会察言观色、讨人喜欢的女子。进入俄国宫廷生活之后，她勤奋学习俄语，还改信了东正教。但是婚后，叶卡捷琳娜才发现彼得是个好色之徒，他甚至把情妇领到家中。而同时伊丽莎白也对她这个异邦女子有所怀疑，并派人监视她。年轻的叶卡捷琳娜虽未做过多的反抗，却暗地记着这些仇恨。她一面刻苦读书学习如何治国，一面在政界和军队中扶植拉拢亲信，并将情夫们都安排到重要部门，以便为她夺权做准备。1761 年伊丽莎白女皇去世，彼得继位，即为彼得三世。由于国内政局长期动荡，社会各界均人心思定。然而刚刚上台伊始的彼得三世却经常以自己的个人好恶，随意改动俄国现行制度和法令，推行一系列损害贵族和教会利益的政策，遭到上层人士的反对。由于叶卡捷琳娜巧言令色的表演技巧，赢得了众人的爱戴，而彼得三世的粗暴猥琐则受到众人的非议和鄙视。与此同时，以叶卡捷琳娜的情夫、禁卫军军官奥尔洛夫兄弟为首的密谋集团正在策划推翻彼得三世的行动。

1762 年 6 月 24 日，彼得三世去奥拉宁堡发动对丹麦的进攻，叶卡捷琳娜被留在彼得堡。7 月 9 日凌晨 5 时，叶卡捷琳娜发动政变，控制了首都局势，成为女皇。彼得三世要求与女皇平分政权，但遭到断然拒绝。他只好宣布退位，最后的条件就是女皇能归还他的情人、小提琴和一只猴子，以便他能度过后半生。7 月 18 日，叶卡捷琳娜在枢密院正式宣布就任皇位，史称叶卡捷琳娜二世。就在叶卡捷琳娜宣布登基的同一天，传来被囚禁的彼得三世暴死的消息，叶卡捷琳娜对外宣称彼得三世是消化不良而死。

在俄国古老的封建宫廷中，始终充满着权力的倾轧和斗争，欺诈与不择手段的阴谋，宫廷政变同专制独裁可以说是孪生兄弟，彼得三世即是独裁政治的牺牲品。尽管他的死因扑朔迷离，众说纷纭，但有两点是可以肯定的，其一彼得三世死于谋杀，其二叶卡捷琳娜与彼得三世之死有直接或间接的关系。

但彼得三世究竟因何而死？一种说法称他是被人毒死的，当时法国外交部档案记载：一些人按照俄国风俗亲吻彼得三世的遗体以示告别，这些人的嘴唇后来却奇怪地肿了起来。还有一种说法称彼得三世是在酒后与人打骂被人失手打死的。第三种说法则是女皇为除后患，密令心腹勒死了彼得三世。彼得三世的真正死因是什么？叶卡捷琳娜又在其中做了什么手脚呢？这一切的真相都不得而知。

拿破仑死于谋杀

曾经叱咤风云的拿破仑战败后被流放在孤岛上，然而他始终是敌人的心病，随后他突然死去，让这些人松了一口气。

曾经不可一世的法国皇帝拿破仑在他亲手建立的法兰西第一帝国垮台后，被英国人囚禁在南大西洋孤岛圣赫勒拿岛上，度过了生命中的最后 6 年光阴。1821 年 5 月 5

日 17 时 49 分，这位曾叱咤欧洲大陆的风云人物与世长辞。

当时的尸检结果是死于胃癌。拿破仑的家族有癌症史，且在被解剖时他的胃已溃烂。于是人们在相当长的时间内相信了这个权威性的结果。

1982 年，一个瑞典牙医宣布拿破仑是被慢性砒霜毒死的，几乎震惊了世界。这位拿破仑的崇拜者进行了 20 多年的研究，包括关于拿破仑的论文和医疗记载。曾随拿破仑一起流放圣赫勒拿岛的仆人马尔尚在其日记中写道，拿破仑去世前"经常失眠，腿部肿胀无力，掉头发，偶尔抽搐，总是觉得口渴"。这名牙医发现拿破仑患病期间的症状完全符合慢性砷中毒的结果。而且他还找到了拿破仑生前赠送友人的几缕头发，那里面的砷含量也是远远高于正常人。这更加坚定了他的信心。

拿破仑在布伦港

拿破仑如果真的是砷中毒而死，那么这背后的黑手是谁呢？有人怀疑是英国政府，但对于英国人来说，当时的拿破仑不具有潜在威力。那他对谁才具有威慑性呢？有人认为是他的侄子路易·波拿巴，当时的法国皇帝。但是谁能证明侄子曾经派人去下毒害死自己的伯父呢？这都只是猜测。

很明显，那个谋杀犯应该在拿破仑被流放的整个时期都待在圣赫勒拿岛。拿破仑战败被囚禁在圣赫拿岛之后，从头至尾陪伴拿破仑的只有德蒙托隆和第一仆人马尔尚两个。人们从德蒙托隆第五代子女家中发现德蒙托隆写给妻子阿尔比娜的信件、私人日记、回忆文章和许多草稿等，在书信中人们发现了德蒙托隆下毒的"确凿证据"。

德蒙托隆出身贵族，是个公爵，因对拿破仑献媚而被封为将军，成为拿破仑的将军。当时，德蒙托隆欠下大笔债务，为了使自己得到资金接济，他很有可能觊觎拿破仑的钱财，希望凭借自己对拿破仑的一片赤诚和殷勤伺候，能得到拿破仑巨大遗产的一大部分。事实上，拿破仑在遗嘱中已经答应给他 200 万法郎金币的遗产。但德蒙托隆的胃口比这要大得多，因而对拿破仑产生不满。在当时，德蒙特隆伯爵是唯一有机会下毒的人。如果是通过饭菜下毒，那么岛上其他人也不能幸免，肯定是通过酒下毒。岛上有一个拿破仑私人专有的地下酒窖，而只有蒙特隆伯爵才能进入酒窖。

也有一些历史学家认为，德蒙托隆与波旁王朝皇帝路易十八的弟弟、后来的法国皇帝查理十世关系密切，是法国保皇党和英国的"走狗"，而这两派力量均希望能"尽早除掉拿破仑"，以防他再次回到法国"闹革命"。有人称，在法国国王路易十八的兄弟阿图瓦公爵指使下，德蒙托隆多次阴谋杀害拿破仑。这位公爵作为王室继承人，担心拿破仑复出推翻君主政体，因此非常热衷组织和资助暗杀拿破仑的行动。

自此，很多人相信拿破仑是被人下毒害死的。然而最近又有专家坚定地认为拿破仑最后是因胃癌去世。于是，一些专家指出，弄清拿破仑死因的最好方法就是能"开棺验尸"，并对其遗体进行"DNA测试"，但这对许多法国人来说，是件"完全不能接受的事情"。一些拿破仑亲属则认为，"有关拿破仑的死因并不重要，因为他还有许多更重要的问题需要进行研究。"

拿破仑死后19年，也就是1840年，在跟随他一起流亡的几个随从的监督下，拿破仑的坟墓被重新挖开，尸体最终被一直放置在巴黎的荣军医院教堂。现在，那里已经成为一个神殿和旅游胜地。虽然人们对拿破仑的死因仍争论不休，但法国人提起这位曾经叱咤风云的皇帝，仍感到十分自豪，因此他的墓碑前每天都围满了参观者。

斯大林之子死亡之谜

1941年7月16日，斯大林的长子雅科夫在斯摩棱斯克大卢基镇战斗中被俘，后被关押到萨克森集中营。1943年4月15日，雅科夫死于集中营内。雅科夫到底是怎么死的呢？

斯大林的长子叫雅科夫·朱加什维利，1914年3月8日生于莫斯科库兹基庄园。1937年大学毕业后在莫斯科斯摩棱斯克工程建筑学院任工程师。苏联卫国战争爆发后，雅科夫积极报名参军，并上了前线，不久，成为苏联第十六集团军十四坦克师三团二营中尉军官。

1941年6月22日，苏德战争爆发，在几乎没有准备的情况下，苏联全线溃败，主要的工业、农业区相继被德军占领。更富戏剧性的事发生在7月16日，在斯摩棱斯克大卢基镇战斗中，苏联第14坦克师被击溃，斯大林之子中尉军官雅科夫·朱加什维利成了德军的俘虏，很快被送到德国吕贝克的奥弗拉格克斯集中营里，后来转到萨克森集中营关押。

随着德国多线作战，苏联逐步掌握了战争主动权，在斯大林格勒战役中的德军将领保卢斯失利被迫向苏军投降。希特勒传信给斯大林，希望苏方释放保卢斯将军，作为交换条件，德国方面愿意释放已关押了半年多的斯大林的儿子雅科夫·朱加什维利。苏军统帅斯大林没有因此动摇，他让中立国的红十字会转告希特勒："我不喜欢用一名将军交换一名士兵。"由此苏联人民更加敬佩斯大林。为他毫不自私的精神深深感动。但这对于雅科夫无疑是当头一棒，也预示着他命运的结局。

雅可夫被俘后情绪极度低落，他为未能完成父亲誓死保卫斯摩棱斯克城的嘱托、未能率部为祖国流尽最后一滴血而深深自责，斯大林所说的"没有战俘只有叛徒"的话也使他没脸回到故土去。当听说斯大林不愿"用一名将军交换一名士兵"的消息后，雅科夫在精神上遭受重创。但是雅科夫却不知道，斯大林没有一刻不在为营救他而努力，他特别下令，责成有关方面进行过两次营救行动，但都以失败告终。

1943年4月15日晚上11时，雅科夫死在萨克森集中营。雅科夫的死对德国人来说是件很麻烦的事。德国人担心苏联人如果知道雅科夫在集中营死去，会在苏联境内关押的德国战俘身上进行报复，所以下令对雅科夫的死严格保密。

雅科夫的死亡原因一直是个谜，长久以来人们不断讨论，众说纷纭。

有人认为雅科夫是在集中营内自杀的，自杀的原因是雅科夫绝望和悲伤。斯大林所讲的在战场上没有战俘，只有叛徒，这句话对雅科夫打击最大。1943年4月15日，德国萨克森集中营的看守狱卒将德国《德意志新闻报》刊登的有关苏军在苏联境内的卡廷森林屠杀成千上万的波兰军民的报道给雅科夫看，当雅科夫看了卡廷屠杀真相后。精神受到很大的刺激，达到了绝望的地步。于是，在集中营里自杀身亡。但这一点值得商榷，因为雅科夫在集中营已经待了两年，而且在斯大林屠杀波兰军民的前后，曾和他的几位波兰难友两次策划过越狱。这一切又表明雅科夫直到死前从未放弃过生的努力。

许多人传言雅科夫是在越狱逃跑时被德国军队士兵开枪打死的。当斯大林不愿意用德国战俘保卢斯将军交换儿子时，雅科夫非常失望，加上集中营的环境恶劣，使雅科夫难以忍受。晚上11时，当集中营"放风"集合时，雅科夫突然逃跑，飞身冲过集中营的铁丝网，德国军队士兵发现后，向雅科夫开了20枪，打中11枪，雅科夫当场死亡。接着，德国军队哨兵从铁丝网外边，把雅科夫的尸体拉回来，用毯子裹着，10个小时后，雅科夫的尸体在集中营的焚尸炉里被火化。

也有人认为雅科夫是在集中营内被德国党卫队特工谋杀的。1942年12月，苏德战场形势发生了重大转折，德国第六集团军夺取斯大林格勒的企图被挫败。1943年初，进攻斯大林格勒的第四集团军在司令保卢特·拉都勒的率领下向苏联红军投降。纳粹德国在党卫队头子戈培尔·拉加利的指示下，准备利用雅科夫搞反动宣传，雅科夫顶住了诱惑和压力，没有被纳粹德军党卫队利用。4月15日晚上11时，纳粹德军党卫军上校中队长卢德维拉·艾特加指使纳粹特工格哈特·多马克中慰和巴巴罗萨·荣特金上士将雅科夫秘密枪杀。然后将雅科夫的尸体扔到集中营的铁丝网外，伪造现场，对战俘们说雅科夫因逃跑被哨兵发现而枪杀。

由于雅科夫死前没有什么遗言留下，他是自杀还是他杀可能将永远成为一个谜。

希特勒死亡之谜

许多人都认为希特勒是自杀身亡的，然而，事实上存在的种种疑点一直萦绕在人们的头脑中，希特勒死亡之谜至今尚未被解开。

到目前为止，国际社会的"共识"是：1945年4月30日，面对苏联红军对柏林的疯狂轰炸，希特勒宣称自己要与第三帝国共存亡。他和情妇爱娃·布劳恩双双服下氰化钾毒药，然后又朝自己头部开了一枪。根据希特勒生前的命令，他和爱娃的尸体被用毯子裹着搬到总理府地堡外花园内，浇上汽油焚烧了。之后，两人的尸骸被合葬于附近的弹坑中。

1945年4月，攻入德国首都柏林的苏联红军一个法医小组在总理府地堡附近挖出被认为是希特勒的尸体。这具尸体的头骨有部分缺失，疑似开枪自杀所致。但其下颌与牙齿的情形与希特勒牙医的供述完全不吻合。一年之后，那块缺失的头盖骨碎片终于在地堡外找到。这块头骨碎片与早先发现的希特勒下颌骨以及他自杀时坐的、血迹斑斑的沙发残骸一起被封存于苏联情报机构。

这块头盖骨碎片一直被认为是希特勒已死的"铁证"，而美国科学家经过 DNA 检测发现，这块头盖骨来自一名女性。这个头盖骨碎片应该也不属于当时 33 岁的爱娃，虽然她年龄和性别都符合，但过去文献中没有任何关于她开枪自杀或被枪杀的记录，她是被毒死的。这给希特勒的死亡增添了一个问号。

莫斯科犯罪学实验室对据说是希特勒开枪自尽时在沙发上留下的血迹的鉴定表明，这不是血，而是色泽相像的液体。被认为是希特勒的那具焦尸上的血型同希特勒的真实血型也不符。焦尸的大脑内也未发现弹痕。当时曾流行一个说法：希特勒 1945 年 4 月 30 日在对太阳穴开枪前曾服毒，但苏联内务机关在数月后对尸体做鉴定时，未发现服毒痕迹。

据此，有人认为当初在帝国总理府花园内发现的尸首并非希特勒。但是，现在已无法重新鉴别了，因为苏联克格勃主席安德罗波夫曾于 1970 年下令挖出并彻底焚毁埋葬在东德马格德堡苏军兵营里的希特勒和戈培尔全家的尸骨，骨灰随后抛入河中。有关焚毁过程的记录保存至今。

如果希特勒没死，那么他会去哪里呢？有的说他去了意大利隐居；有的说他去瑞士做了修道士；还有人说他在英国做了渔夫；20 世纪 80 年代末还有人声称见过他。当然，这只是传闻，不足为信。

事实上，不管希特勒当年有没有死亡，他现在肯定已经死定了，因为如果他还活着，将有 120 岁了。

巴顿将军死亡之谜

他是二战中最受争议的美国将军，是极少在闪电战中能与德军抗衡的统帅之一。然而战争刚刚结束，巴顿却在一场车祸中去世。这究竟是一场意外还是密谋的策划？

乔治·巴顿是二战时期叱咤风云的人物，他身经百战，立下了赫赫战功。然而作为一个军人，他没有马革裹尸，却死于战后的一次车祸，真是叫人慨叹造化弄人，他的死留给后人的也是一个谜团。

1945 年 12 月 9 日，巴顿将军和盖伊少将去养雉场打猎，霍雷斯·伍德送他们前去。不幸的是，上午 11：45 左右，他们在 38 号公路上发生了车祸。这是一场特别可怕的事故，但是最令人吃惊的是，除巴顿将军外，另外两人一点也没有受伤，而巴顿将军的脊柱严重错位，头骨也受了重伤。

5 分钟后，军警赶到了现场，并迅速招来一辆救护车。巴顿于 12：15 被送至城中美军陆军医院。医生们将他的头皮缝合，并将鼻骨接好。他们给巴顿输血以防止中风和破伤风，输入青霉素以防止感染。但对于巴顿受损的椎骨，他们束手无策。医生们只能在他的头骨中插入牵引器械，以固定他的头和脖颈的位置。

在医院得到救治后，巴顿逐渐恢复了清醒，他好像也知道自己前景不妙，他的四肢不能动，脖子以下没有知觉。令人高兴的是，经过医生精心救治后，巴顿将军情况有了很大好转。很快，他的一条胳膊变得有力，一条腿也有了一些较微弱的知觉。

在巴顿将军受伤住院一周后，医生们认为他已经脱离危险，至少是性命无忧了，但是能恢复到何种程度他们仍然无法预知。然而 12 月 20 日下午，血栓突然没有预兆地发生了。巴顿将军的情况急转直下，令医生们束手无策。12 月 21 日 5 点 55 分，巴顿将军停止了呼吸，死于血栓和心肌梗死。

巴顿一生经历的大小事故非常多，骨折、扭伤、被马踢、被咬过，也曾从马背上摔下来过。在墨西哥，有一次帐篷中的汽灯爆炸，他被严重烧伤。如此多的事故，唯有这一次车祸要了他的命，巴顿死后几小时就有传言，说他死于谋杀。他的不少部下、亲属听到噩耗，第一个反应就是"他被害了！"。

在人们仔细研究车祸后，发现其中存在很多疑点。车祸发生的时候，车里共有 3 人，其他两人皆毫发无损，为何偏偏只有巴顿将军受伤呢？而且，肇事司机在案发后顺利逃脱，居然没有人知道他去了哪里，实在让人感到不可思议。此外，美国当局对此次车祸的调查也十分草率，没有留下任何现场调查的官方材料，唯有一份巴顿车上司机的证明材料，上面还有明显被改动的痕迹。有人指出，宪兵队长巴巴拉思中尉曾经写下一份调查报告，但是后来却不见了。与此同时，美国国家档案馆中关于巴顿车祸和去世的记录也都离奇地消失了。车祸后，本已转危为安的巴顿却又猝然而亡。种种现象让巴顿的死变得迷雾重重……

据此，有人认为巴顿将军之死带有一定的政治背景，跟他与艾森豪威尔将军的矛盾有关。二次大战以后，巴顿将军成为"亲德派"。他曾经公开指责盟军的"非纳粹化政策"，并曾把纳粹分子和非纳粹分子的斗争极为不恰当地比喻为美国共和党与民主党两党之争。他甚至还考虑过要扶植德国 9 个未受损失的党卫军部队。他的这种亲德倾向，使艾森豪威尔非常不满意。一帮支持艾森豪威尔竞选总统的人也希望除掉巴顿，因为巴顿深知艾森豪威尔的底细，可能做出于艾森豪威尔竞选不利的事。

此外，还有人认为巴顿将军之死与"奥吉的黄金"谜案有关。"奥吉的黄金"是纳粹在二战中埋藏的一批黄金，后来，它被美军某些将领发现后窃为己有。战后，巴顿将军受命调查这件案子，就在真相即将大白之际，巴顿将军遇上了车祸。于是有人猜测是某些嫌疑人担心劣迹败露而设计谋害了巴顿将军。

作为曾经的风云人物，巴顿将军到底是因何而死？他是死于意外还是死于谋杀？他的死是否与艾森豪威尔总统有关？时至今日，这些问题依然是不解之谜。